1959-2019

天水师范学院

天水师范高等专科学校

天水师范专科学校

天水地区师范专科学校

天水专（地）区『五·七』红专学校

天水工读师范专科学校

天水教师进修学院

天水师范专科学校

天水师范学院校史

（第一卷）

《天水师范学院校史》编撰组 编

辉煌史十载

光明日报出版社

《天水师范学院校史》编委会
第一卷

主　任：杜松奇　　杨新科

委　员：刘新生　　张北方　　马建东

　　　　成　瑜　　吉建安　　安　涛

《天水师范学院校史》编撰组
第一卷

主　编：吴卫东

副主编：刘雁翔　　马　纲

成　员：（按姓氏笔画排序）

　　　　马旭光　　王小凤　　艾小刚　　付　乔

　　　　余粮才　　苏海洋　　赵世明　　晏　波

　　　　郭昭第　　韩　琦　　雍际春

编　务：胡秋萍　　刘郁华

校领导研究学院发展规划

天水师范学院校园规划图

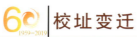

建校初期的玉泉观校址

七里墩校址

新校址未来广场

1960 年首届毕业生与教工合影

1963 年教育行政中学教师进修班暨俄语科毕业班合影

1963 年小学行政干部专修班第二期毕业生合影

1984 年 5 月 9 日，诺贝尔奖获得者、美籍华裔物理学家李政道教授来我校讲学

1985 年 6 月，中国人民大学教授、著名红学专家冯其庸先生来我校做学术报告

陕西师范大学教授、博士生导师霍松林先生受聘为我校兼职教授

全国优秀教师
张鸿勋教授在敦煌学
国际学术研讨会上做
学术报告

全国优秀教师雒江生教授

2009年9月10日,
我校隆重举行庆祝第
25个教师节大会。图
为学校领导和优秀教
师合影

1995 年 10 月，举行天水师专与天水工校联合办学庆祝大会

1999 年天水师范高等专科学校建校四十周年庆典

2000 年 6 月 10 日，天水师范学院成立庆典大会，学校领导从省委副书记仲兆隆、副省长李重庵手中接过"天水师范学院"牌匾

2002 年 12 月，中国共产党天水师范学院委员会召开第一次代表大会

2007 年 5 月 13 日，天水师范学院本科教学工作水平评估大会

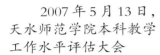

2008 年教学工作会议

2009 年天水师范学院召开深入学习实践科学发展观活动动员大会

2004 年 5 月，首届本科毕业生教育质量考核验收、增列学士学位授予单位及专业评审汇报会

2009 年毕业典礼暨学位授予仪式

2009 年获得学士学位的部分毕业生和学校领导合影

2003 年 10 月，全国第一届院校发展研究学术研讨会、全国院校研究
协作组筹备会在我校召开

2007 年 4 月，法国欧亚管理学院院长沙海威（右二）一行就两校
合作办学事宜来我校考察

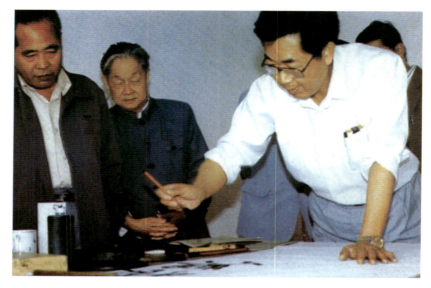

全国人大副委员长、博士生导师、教授许嘉璐先生为我校题词

2004年5月，教育部副部长张保庆来我校检查指导工作并题词

　　2007年4月，甘肃省委书记、省人大常委会主任陆浩（左二）来学校检查指导工作并题词

　　2007年4月，甘肃省省长徐守盛（中）来学校检查指导工作

2007年5月，教育部本科教学工作水平评估专家组对学校进行评估

2007年3月，学校举行教学实习工厂挂牌仪式

2007年4月，沙特发展基金会副总裁一行莅临学校，考察评估甘肃教育项目

校党委书记杜松奇同志参加 2008 年奥运会火炬接力

由天水师范学院师生组成的"天水旋鼓队"在第四届北京国际旅游文化节上盛装进行表演，该表演在第十届全国群星奖广场舞蹈比赛中获金奖

天水师范学院师生参加第 21 届世界大学生运动会火炬传递仪式

教育部新世纪优秀人才支持计划入选者、全国高校人文社科优秀成果三等奖获得者雍际春教授与秦文化考古队研究新发掘文物

全国先进工作者呼丽萍研究员给学生讲解果树栽培技术

中科院杰出科技成就奖获得者、国家自然科学基金项目主持人令维军博士做光学实验

副院长马建东教授深
入生化学院调研省级重点
实验室建设进展情况

天水师范学
院骨干教师培训
班开班典礼

2009 年 8 月，天水师范学院师生赴新疆昌吉回族自治州顶岗支教

校长徐诚（中）
党委书记刘满长（右二）
副校长张秦龄（左二）
党委副书记陈保平（右一）
副校长许书熊（左一）

党委书记李伟（右三）
校长陈保平（左三）
党委副书记王兴隆（左二）
副校长张秦龄（右二）
副校长张北方（右一）
副校长王振凯（左一）

党委书记、院长陈保平（中）
副院长张秦龄（右三）
党委副书记刘新生（左二）
副院长张北方（左三）
副院长张俊宗（右二）
副院长马建东（左一）
纪委书记成瑜（右一）

党委书记杜松奇研究员　　　党委副书记、院长杨新科教授

学校领导班子研究学校发展大计
党委书记杜松奇（中）、院长杨新科（右四）、党委副书记刘新生（左四）
副院长张北方（右三）、副院长马建东（左三）、纪委书记成瑜（左二）
副院长吉建安（右二）、副院长安涛（左一）、党委委员崔亚军（右一）

庆祝天水师范学院成立大型文艺演出"梦圆新世纪"

2008年5月21日，全体师生悼念在"5·12"汶川地震中的遇难者

第六届田径运动会

学生军训阅兵式

庆祝新中国成立六十
周年、建校五十周年教职工
歌咏比赛

1号教学楼

2号教学楼

3号教学楼
（艺术楼）

樱花路

砚湖

天水师范学院获得部分国家级奖励

序 一

杜松奇

公元 2009 年，对于每一个师院人来说，注定将成为一个极具纪念意义的特殊年份。这一年，祖国迎来了她 60 周年的庆祝盛典，10 月 1 日的天安门广场，三军整严，人民歌唱，历史见证了共和国岁满甲子、龙行经天的成熟与威武；这一年，天水师范学院也迎来了她 50 周年的华诞纪念，十月金秋的收获季节，细雨如歌，砚湖似画，人们目睹了学校风雨兼程、逐日壮大的美丽与辉煌。

春华秋实，回首学校发展五十年的历程，既是一条充满了艰辛和困苦的曲折之路，更是一条与时俱进、不断进步的更新之路。天水师范学院始建于 1959 年，建校之初，学校借宿于敝观陋庙之中，只有三个专业、数十位教师和百余名学生，然而半个世纪的风雨岁月后，经过几代师院人前后相继的努力和奋斗，学校历经三迁校址、七易其名的蛹化成蝶之蜕变，现已发展成为一所占地 600 余亩，校舍建筑面积 31 万平方米，教学仪器设备总值 6300 万元，图书馆藏书 134 万余册，下设 12 个二级分院，22 个教学系（部），39 个本科专业，教职工 900 多人，各类在校学生高达 14600 余人，具有鲜明地域特色和良好社会声誉的省属教学型大学。校园树木葱茏，绿草如茵，楼房鳞次栉比，成为广大学子陶冶情操、读书治学的胜境。

"盛世兴教"，"国富民强"。学校的发展变化和祖国的发展变化息息相关。困难时期共和国的百废待兴促使了学校的艰难诞生，其后，国家风波不断，教育事业屡受挫折，学校也历经坎坷、艰难谋日。改革开放的春风唤醒了沉睡的巨龙，中国笑迎八面来风，广纳四处河川。百业勃新，教育领先。高等教育实现了进入大众化发展的历史性跨越。学校借助国家西部大开发的战略实施，紧抓机遇，乘势发力，经过持续不断的努力，在十年时间里，先后实现了由专科到本科、由追求办学的规模到追求办学的质量的历史性转变。继2000年升本之后，2007年又顺利通过教育部组织的本科评估。近几年来，在甘肃省委、省政府的领导和社会各界的鼎力支持下，学校紧紧围绕科学发展与和谐校园建设两大主题，始终坚持正确的办学方向，巩固发展"评估"成果，"软""硬"件建设并举，狠抓质量，严格管理，启动"注重教风、学风建设，强调素质教育，深化教学改革，构建和谐校园"等"八大建设工程"，着力彰显学校的发展特色，为学校的进一步发展确立了明确的方向，奠定了可喜的基础。

"一方水土养一方人"，学校的发展和变化，也得益于学校所处的陇东南这片热土的滋养。相较于都会省城，天水可谓地处偏僻，经济也欠发达，但是长江、黄河两大水系的交织，伏羲、早期秦文化和麦积山石窟等丰富的古文化源远流长的熏陶，使天水拥有了极为深厚的文化积淀。山川沐浴，文明教化，在这片土地上，尊师重教之举蔚然成风，成了一种代代相沿的传统。正是因为置身于这样的氛围，所以，"教得出，留得住"，在普通百姓的热切关注和各级地方政府的倾力支持下，天水师范学院才能够由小变大、由弱变强，茁壮成长。

回顾过去，艰难中有着欣慰；展望未来，挑战中充满信心。学校依旧在发展中，学校的发展依旧面临各种各样的困难和问题。反思和总结学校业已创造的历史，可以清楚地发现，我们的学校之所以能够经历那么多的挫折和困难而不断壮大和成长，就在于一代代的师院人能够秉承"人一之，我十之；人十之，我百之"的甘肃精神，弘扬"困境中求生存，奋斗中求发展"的师院精神，穷则思变，励精图治，不断进行自我的超越，寻求一个又一个新的发展空间，确证自己，也回报社会。

"知古鉴今"，本校史写作的意图因此也非常明确：回溯学校 50 年的风雨历程，总结学校发展 50 年中的教训经验，鼓舞现在的努力，也开启未来的辉煌。为了确保这种意图的实现，学校在一年之前经过反复的论证，确立了编写工作进行的原则和思路，组织了相关的编写机构，指派专门的人员负责编写的实施。在长达一年的资料搜集和实际写作中，参与组织和编写的同志们也倾尽才智，辛勤努力，先后数易其稿，最终撰写出了凡六章、共计 41 节、20 多万字且认真全面总结了学校 50 年各项工作内容的一部比较成功的校史，为学校五十周年华诞的纪念奉献出了自己的一份礼物。

感谢同志们，感谢所有为天水师范学院的发展进行过努力和正在进行努力的人们。校庆来临之际，无限思绪，实难言表。

是为序。

序　二

杨新科

2009 年是中华人民共和国成立 60 周年，值此花甲之庆的大喜之年，天水师范学院也迎来了自己的五十华诞。50 年在历史的长河中只是短暂的一瞬，但对个人和学校而言，却是一段漫长而久远的历程。追溯师院 50 年发展历程，她既与时俯仰，又与时俱进，她既有白手起家、曲折负重的风雨历程，更有锐意进取、乘势前行、快速崛起的辉煌历史。在某种意义上说，师院 50 年的发展历程，也就是新中国高等教育在曲折中发展、在发展中铸就辉煌的一个见证和缩影。

50 年来，师院三迁校址，七易校名，几经风雨曲折，伴随改革开放的春风，她一路高歌猛进并快速发展崛起，成为陇东南地区唯一的本科高等学府。她深深扎根于具有悠久文明和深厚文化土壤的陇原大地，面向全省，辐射全国，肩负起为陇东南输送合格师资以及为区域经济社会发展提供智力支撑的光荣使命。国家西部大开发战略的实施，又为学院的发展提供了新的机遇和空间，全院师生开拓进取、锐意改革，一心一意谋发展，专心致志抓建设，实现了由专科教育向本科大学、由扩大规模向追求质量效益的两大历史性转折，开创了师院发展的新局面。现在学院正在向多学科性大学和陇东南地区人才培养基地、科学研究基地、信息交流基地和智力储备基地的方向和目标迈进。经过 2004 年本科办学合格评估与获得学士学位授权单位资格，以及 2007 年顺利通过教育部本科教学水平评估之后，我们审时度势，及时启动了以学科建设和教师教育改革为主的八大工程建设，这是一个系统工程，也是一次新的自我超越。可以相信，八大工程建设将为师院再上台阶、再创辉煌奠定坚实的基础。

历史是一面镜子，它可以明得失、知兴替。一所学校的历史，是她由艰苦创业、曲折发展到盛世繁荣历历脚步的真实记录。五十年来，几代师院人孜孜以求、默默奉献，齐心勠力，致力于学校的建设和发展，不仅书写了学院一次次崛起和腾飞的辉煌历史，而且孕育了在"困境中求生存，奋斗中求发展"的师院精神，这是一笔丰厚的遗产和精神财富，也是一段不应忘却的历史。为了鉴往知来，激励全院师生和所有关心支持我院教育事业发展的人们勿忘过去创业之艰辛，珍惜今日繁荣之不易，负起开创未来辉煌的历史使命，我们决定编写校史。现在展现在大家面前的《天水师范学院校史》，犹如一座时间的隧道，将50年来天水师范学院成长发展的历史，通过多角度、全方位的记述展现给大家。披阅全书，我们感到这部校史纵不断线、横有关联，客观真实、系统全面地将学院概况、发展历程、党群工作、制度建设、师资队伍、教育教学改革、学科建设、学术研究、学生工作、成人教育、后勤保障、校园文化、对外交流、学校基础建设等方方面面予以科学的记载，堪以发挥"存史、资政、教化"的功能和作用。这部校史著作是校史编写组全体成员秉持公正、客观、真实、科学的原则与精神，经过将近一年的辛勤努力，广搜博采、披沙拣金、去伪存真、精心撰著的成果，值得肯定和祝贺！

回忆过去，令人感慨良多；总结现在，让人激情澎湃；展望未来，使人豪情满怀。50年师院历史令人难忘，也令人激奋。感慨系之，聊以为序。

目　录
CONTENTS

第一章

艰苦创业：天水师范专科学校
（1959—1963 年）

1959 年 4 月，由省教育厅领导的、天水地委和天水专署管理的天水师范专科学校开始筹建，并于当年 9 月开学。学校始设在玉泉观，5 年之后的 1962 年迁新校址——天水市东十里铺，第二年便改制成了以培训教师为主的天水教师进修学院。6 年的办学充满艰辛，但学校还是奠定了良好的根基，有了一批吃苦耐劳、学识渊博的教师，虽然之后的道路并不平坦，但学校最终还是在坎坷中生存了下来。

第一节　过渡性质的天水师范学院

一、筹建背景

天水为"羲皇故里"，自古人文繁盛，教育名家辈出。民国时创办的天水师范、亦渭中学、天水中学等都是享誉陇上的名校。但 1950 年之前从未设立过高等院校。1938 年，河南焦作工学院由西安迁来天水，校址设在天水城南公园水月寺；同年 9 月，该校迁回陕西。这只能说是"寄居"，不能算作"创建"。

1955 年，为了满足全省中等学校对师资的需求，甘肃省教育厅决定设立甘肃师范专科学校，校址设在天水市。1957 年 6 月，甘肃师范专科学校奉令停办，并入西北师范学院。

1958 年 5 月，中共中央在北京召开了"八大"二次会议，提出了"鼓足干劲，力争上游，多快好省地建设社会主义"的总路线，从此，"大跃进"运动在全国范围轰轰烈烈地展开。在"大跃进"运动中，天水专署决定在一年内成立九所高等院校，并于 1958 年 6 月 12 日率先成立天水师范学院、天水工学院、天水医学院、天水农学院等 5 所高等院校，随后又成立了天水林业专科学校、天水桑蚕专科学校、徽成师范学院等大中专院校。由于主观愿望与现实条件相差甚远，办学的师资、教材、校舍、生源等一系列问题都无法解决，按期开学的高等院校只有天水师范学院一所。

二、兰州大学贺信及学院基本情况

1958 年 6 月 17 日，新成立的天水师范学院勉强开课。随后兰州大学赠书 432 册、西北师范学院赠书 600 余册，并发来热情洋溢的贺信表示支持。兰州大学的贺信是：

　　天水师范学院：

　　　　我们以无比兴奋的心情，热烈祝贺你校的创办。

　　　　当全国人民正在鼓足干劲，力争上游，多、快、好、省地建设社会主义的总路线的光辉照耀下，实现技术革命与文化革命之际，你校的创办有着极重大的政治意义。这是你们敢于破除迷信，敢于打破成规，发挥群众力量，大胆创造的结果。这是甘肃人民的大喜事，也是甘肃文化建设的大喜事，为了积极支援你校的创办，特将我校藏书拨赠 432 册，以供教学和研究之用。今后并希加强联系，共同协作，为发展甘肃省高等教育事业并肩前进，为实现甘肃的技术革命与文化革命奋斗到底。

　　此致

　　　　敬礼

　　　　　　　　　　　　　　　　　　兰州大学

　　　　　　　　　　　　　　　　　1958 年 6 月 20 日

1958 年 8 月 19 日，"天水师范学院"印章正式启用。

天水师范学院是迎合"大跃进"形势而成立的师范院校，当时师范学院没有校址和专任教师，附设在伏羲庙的天水师范学校，和天水师范学校是两个牌子，一套"人马"。筹建处负责人为李含翠。学院的主管部门为天水市（1949 年设立，县级）文教科，性质是半工半读，计划设文史、数理、化生、技能四系，均为三年制，教师全部由天水师范教师兼任。学员均为初中、高中、中师毕业已参加工作的人员。开学后，原计划由天水各县（市）带薪保送的小教或在职干部来校学习的只有天水市保送的张慎玉等 10 人，到 8 月放假时，5 人自动退回原工作岗位，学员只剩 5 人。随后又有 1 人回家不归。

9 月 1 日正式开学后，学院采用保送、招考两种办法，先后保送来小学教师 11 人，统一招考 11 人。至 12 月底，共有学员 26 人。提出的教学口号是："以虚带实，虚实并举，面向中学，要什么，学什么"。当时的"学院"还要参加"大炼钢铁"运动，没有教具，没有课本，闹休学、想偷跑者大有人在，根本无法进行正常教学。因条件有限，实际开设的只有文史一系（原计划开设四个系），课程有文学史、文学概论、现代作品选读、汉语、世界近代史、中国近代史、中国自然地理、教育学、政治等 9 门。各科无固定教材，教师选取华东师大和中师课程内容选择讲授。这些情况说明，当时名头不小的天水师范学院只有一个名目，是过渡性的，还不能算作真正意义上的学校。

第二节　天水师范专科学校

一、正式筹建

1959 年初，鉴于各地县办大学太多太滥，呈一哄而起、一哄而散的状态，甘肃省委、省政府开始整顿各地新办大学，除兰州保存几所基本具备办学条件的新建大学外，其余各地在大跃进时期创办的"大学"一律停办。并决定在兰州以外的七个专区设立师范专科学校，以培养各地县急需的初中教师。

1959 年 4 月，天水地委召开筹建天水师范专科学校（以下简称"天水师专")会议,会议决定撤销地县办的天水师范学院和徽成师范学院等学校,成立专区兴办的天水师范专科学校。会议还对师专的校址、机构、基建拨款、专业设置、培养目标等做出了相应规定。并决定原天水师范学院及徽成师范学院两校共计28名在校学生转入天水师专继续学习。

4月28日,天水专员公署发文通知:"甘肃省天水师范专科学校自1959年起纳入国家计划,在玉泉观建校,由天水师范负责筹建。"5月26日,专署再次通知:"确定天水师专校址在本市玉泉观,基建投资为8万元,因该校尚未成立,决定由天水师范筹建……其基建工程均为砖木及土木结构之平房,要求在第三季度完成。"同时确定本年度师专事业人员编制为30人,校园范围为:"以玉泉观为中心,南至公路,东至炸药厂,西至三中,北至孙家场。"

1959年5月以后,天水师专步入实质性筹建阶段。天水地委选调天水专署文教科科长杨洪涛为筹备组负责人,调原徽成师范学院校长于梅五为教务负责人,原天水师范总务主任王哲为总务负责人,组织实施筹建。所选定的校址玉泉观,坐落在市区北郊天靖山,是天水的一大名胜,始建于唐宋,元朝以后形成规模宏大的建筑群落,明清列为秦州十景之一,名"玉泉仙隐"或"玉泉仙洞"。民国以降,玉泉观作为天水城区的一处公用建筑,曾三次被用作校舍:1921年陇南镇守使孔繁锦在玉泉观兴办过陇南军事学校;1938—1946年国立五中又以玉泉观为校园办学,主要招收抗日战争期间内地流亡的学生;1956年天水市第三初级中学成立时也以国立五中留下的祠庙改建而成的房屋为校舍,1957年夏迁出。玉泉观三度办学,似乎具备相当的办学条件,其实不然。近代以来玉泉观本来就年久失修,且祠庙本来就和专一校舍的功能相去甚远,加之以上所列学校时办时停,因此,到玉泉观指定为天水师专校址的1959年,观内并没有留下多少像样屋舍,草木丛生,零散破败。一切都要重新开始,办学举步维艰,当时的建设者们迎难而上,翻新教室,修缮部分房屋,使之基本具备了招生条件。

开学前为了使教师能胜任新的教学任务,学校选调二十多名教师,由教导主任于梅五带队赴兰州大学、甘肃师范大学、甘肃教育学院考察、学习,并购买了部分仪器设备,订购图书教材,为按计划在9月正式开学做了必要的准备。

二、招生及教学人员基本情况

1959 年 9 月 1 日，"旧生"即原天水师范所设"天水师范学院"和成县师范所设"徽成师范学院"学生共 28 人开始上课，作为中语科二年级学生进入师专继续学习。9 月 9 日，"天水师范专科学校"印章正式启用。9 月 12 日，学校召开迎新会，新任副校长（无正职）杨洪涛讲话，总结师专筹建经过和取得的成绩，鼓励师生共同努力把学校建好，把学习搞好。9 月 14 日，新学校正式开学。当时有三科四班，其中中语科二年级 28 人（旧生），中语科一年级 59 人，数理科一年级 31 人，生化科一年级 48 人，共有学生 166 人。学校行政及教学组成人员如下：

天水师专党支部由杨洪涛任支部书记，王哲、黄永梅任组织委员，李桢、于梅五任宣教委员。

学校内部机构设置为一室二处。校务办公室：黄永梅、李桢；教导处：于梅五（教导主任）、张曼如、庞振；总务处：王哲（总务主任）、陆建雄（会计）、丁永寿（伙管员）、刘福安（勤杂）等。

教学单位为中语、数理、生化三科。中语科史步蟾为主任，教员：史步蟾、陈前三、何昌之、侯青林、张鸿勋、叶金镜、王义；数理科孙显耀为主任，教员：孙显耀（物理）、李莲（物理）、胡莲翠（物理）、陈荣庭（数学）、梁庆荣（数学）、丁象碧（数学）；生化科李永康为主任，教员：张汝杰（生物）、王安民（生物）、华英芸（生物）、李永康（化学）、张明德（化学）。

天水师专在业务上由省教育厅领导，人事关系、领导配置、经费划拨由天水地委、天水专署管理，属两年制大专院校。

三、课程设置

学校开学后，按省教育厅所发高等师范学校二年制大专班教学大纲要求，参考兰州大学、甘肃师范大学、甘肃省教育学院等院校相关科系的经验，从师资力量实际出发，首届中语科开设文学概论、文选与写作、现代文学、汉语、古典文学、苏联文学等课程；首届数理科开设数学分析、解析几何、三角、普通物理、高等代数、制图、初等数学及教法、微分方程、数理统计等课程；首届生化科开设动物、植物、无机化学、有机化学、人体解剖、农业基础、分析化学、达尔文主义、生物教学法等课程。此外，各科均开设心理学、教育学、政治、体育、政治经济学、形势与任务、实习、操行等公共必修课。这些课程基本上能满足培养中学教师的需要。

学校是在极端困难的条件下开办的，因此学校的进步充满艰辛。学校所在地玉泉观在天靖山半山腰，没有自来水，师生吃水只能靠架子车往山上拉。冬季无取暖设施，师生只有顶着严寒教学、读书。边上课，边建设，师生参加义务劳动是经常性的"必修课"，往往全体出动背砖拉石，准备建筑材料，为建设自己的校园贡献力量。

四、1960—1962 年的天水师专

经过一年多的努力，1960 年，学校拥有了新教室 4 间，首届学生可以在大教室上课了。同时还盖起灶房 10 间，基本解决了师生的吃饭问题。1960 年正当"三年经济困难"最严重的年份，高中毕业生严重不足，各高等院校均面临生源枯竭问题。在这种形势下，除天水师专外，全省各地 1959 年成立的师范专科学校全部撤销。师专之所以能幸免，是因为教育厅认为，天水市为甘肃省第二大城市，理应保留一所高等学校，且师专基础尚好，在各地师生大量流失的情况下，尚保留了一大批教学经验丰富的中青年教师，理应继续办下去。也就是在 1960 年，师专为适应中学俄语教学的需要，开办俄语班，招收初中应届毕业生，学制三年，毕业后按中师对待，开设基础俄语、俄语语法、文选、中国语、汉语等课程。数理科分设，成立数学科、物理科。

1960 年 7 月，师专有了自己的第一届毕业生，即原天水师范学院、徽成师范学院转来的中语科学生，共计 27 人（一人退学）。学生成绩按上等、中等、中上、中下、下等计。当时招生用的是保送办法，按 1960 年招生简章，学校计划招收二年制中国语言文学科 5 人，二年制数学科 20 人，二年制物理科 15 人，二年制生化科 10 人，三年制俄语科 50 人，总计 100 人。实际招生

81 人，报到 64 人。同年，学校设立政治、语文、数学、生物四个教研组。

1961 年秋季始，天水师专举办首届中学教师进修班，按计划天水专区各县（市）应保送在职初中语文和数学教师各 30 人就读。开学后中语班实到学员 23 人，中途自动退学 7 人，结业 16 人；数学班实到学员 14 人，中途自动退学 3 人，结业 11 人。中语班第一学期授课时数为每周 25 节，第二学期授课时数为每周 29 节，课程有古典文学、现代文学、文选习作、汉语、文艺理论等；数学班第一学期授课时数为 26 节、第二学期授课时数为 25 节，课程有初等数学、解析几何、代数、数学分析、数学实习等课程。培训学员均由天水专区所属各县（市）选送，按师专呈报天水专署和省教育厅工作总结，全专区没有一个县（市）按计划完成选派任务，天水市等市县在第二期培训班开学后尚未有人报到。1962 年 8 月，第二期中学教师培训班结业，中语科 9 人，数学科 7 人。

1962 年，按照中共中央提出的"调整、充实、巩固、提高"的八字方针，在全国范围内进行高等院校调整。甘肃省动议将天水师专改为甘肃省教育学院天水分院，其任务主要是负责天水地区初级中学教师和小学校长、教导主任以及各县（市）文教局干事的离职轮训。学校积极配合，教育工作按新的教学任务开展，按省教育厅和天水专署指示，计划招生 100 人，其中小学校长、教导主任、县（市）文卫局干事 40 人，初中语文和数学教师各 30 人，停止招收普通应届毕业生。至当年 11 月，新生报到 47 人。虽然和原计划相去甚远，不过已表明天水师专发挥了甘肃省教育学院天水分院职能。1962 年底，在校学生人数 79 人，其中初中教师语文轮训班 12 人，数学轮训班 12 人，小学教育行政干部轮训班 23 人，另有三年制尚未毕业的俄语一班32 人。中语轮训班开设哲学、古典文学、文艺概论、文选习作、现代汉语；数学轮训班开设哲学、初等数学、解析几何、数学分析等课程；行政干部轮训班开设哲学、教育学、学校行政、教育方针政策等课程。干部轮训班半年结业，而中语、数学轮训班结业期为一年。教学方式以讲授贴近中学课本的内容为主，辅之以参观见习及请有经验的教育专家来校做专题报告。

1963 年 7 月，中语、数学轮训班经过一年学习，俄语专修班经三年学习，均已毕业；半年期的小学教育行政班也于 2 月份毕业，毕业生总数为

85 人。

五、校址变迁

三年困难时期过去了，而天水师专的困难仍旧存在。学校所在的玉泉观在天靖山半山坡上，虽经各方努力，处在半山坡上的学校新建了教室、宿舍、厨房、水房等建筑，但校址狭小，且时常停水停电，难以适应学校进一步发展的需要。举一例，当时教师住在大殿上，在神像前备课，而梁应云、陈荣庭二位老师只能屈居在只有五六平方米的钟鼓楼里。1962 年 6 月学校迁到新校址——天水市东十里铺。此地原是天水市第五初级中学校址，1961 年五中停办，校址便划给正需要新址的天水师专。当时五中遗留校舍有教室、办公室和教员宿舍，最多可容纳师生 500 人教学、学习。学校占地面积 30 余亩，操场仅能安装两对篮球架、设置 200 米跑道。此后十余年，校园面积有所增加，但从未超过 50 亩，早期的这所学校就在这样狭小的校园里坚持办学。

第二章

曲折历程：从天水教师进修学院到天水地区师范专科学校（1963—1978 年）

1959—1962 年三年困难时期，尽管生源不足，政治活动和生产劳动过多，但在广大师生的坚定信念和精诚团结支撑下，天水师范专科学校还是挺过来了。1961 年 4 月开始的教育事业调整工作仍在继续，1962 年学校一度被拟改为甘肃省教育学院天水分院。1963 年 8 月 9 日，甘肃省人民委员会批复，天水师范专科学校更名天水教师进修学院。9 月 22 日，甘肃省教育厅下发《关于将原天水师专改为天水教师进修学院的通知》，天水师专正式更名。

第一节　天水教师进修学院

一、培养目的与教学计划的转变

校名改为教师进修学院，学校的主要职能转到教师培训方向，停招大专班。省教育厅明确提出其主要工作为："负责轮训、培养天水专区在职初中教师、小学校长、教导主任和专、县（市）文教科（局）主管教育的行政干部。"并承担对武都地区初中教师和在职干部的培训任务。教师培训期为一年，培训科目为中国语文和数学两科；主管教育干部培训期为半年。省教育厅还规定，学校还可招收普通师范班，学制一年，主要招收高考落榜学生和天水、武都两考区的社会青年。

二、以培训为主的教育教学

有关教师培训工作在 1962 年业已开始，学校更名后培训工作更加系统化。自 1963 年 9 月始，继续举办中学教师轮训班，当年招收人数：中国语文 7 人，数学 13 人，次年 8 月毕业。继续举办小学行政干部培训班，每期半年，至 1966 年 1 月，毕业学员 6 期，约 300 人。

据 1964 年 9 月 2 日 "中等师范学校报表"，学校基本情况如下：职工总数 49 人，其中专任教师 25 人（女 4 人；政治 1 人，语文教学法 10 人，数学教学法 6 人，化学 2 人，生物 1 人，俄语 1 人，教育学 4 人），有教室 8 间，实验室 4 间，学校占地面积约 24 亩，结业生数为 56 人，其中中学语文、数学教师 13 人，小学教导主任以上干部 43 人。在继续进行教师培训的同时，1964—1965 年度，进修学院开办一年制师范班。招生对象为 25 岁以下年龄的高中毕业生或具有同等学力者。课程设置为政治、语文、数学、农业生产知识、教育专业训练、语文、算术、教材教法、体育、教育实习、劳动等。在校期间，学生享受国家规定的助学金，当年招收新生 145 人。而接受轮训的中学语文、数学及小学教导主任以上干部只有 38 人，进修学院似又突出了 "师范" 性。当然轮训工作依然是教学的重点所在，据进修学院 "1964—1965 年度教学工作安排意见"，其培养目标为：

1. 中语和数学轮训班学员，通过一年的进修，使他们在政治思想和业务能力等方面，在原有的基础上得到提高，促进思想革命化，达到使学员能够全面正确地领会党的教育方针，进一步做好教学工作。

2. 小学教育行政干部轮训班学员，通过半年的进修，使他们在政治思想、政策水平和领导教学能力等方面，在原有的基础上得到提高，用毛主席的教育思想武装自己，促进思想革命化，达到使学员能够全面正确地贯彻执行党的教育方针和有关政策，并具有初步的辩证唯物主义观点，能够正确贯彻党的阶级路线，积极为贫下中农服务，支持勤俭办学和两条腿走路的方针，紧密结合生产，带头参加劳动，成为坚强的又红又专的小学教育的领导骨干。

其开设课程和具体时间安排如下：

1. 中国语文班课程安排

政治：全学年开设，每周讲授3课时，学员自学4课时；

历代文选：全学年开设，每周讲授5课时，学员自学8课时；

现代文选：全学年开设，每周讲授5课时，学员自学8课时；

教学法：第二学期开设，每周讲授4课时，学员自学4课时；

专题报告：第一学期开设，全期讲授20课时，讨论10课时。

2. 教学班课程安排

政治：全学年开设，每周讲授3课时，学员自学4课时；

初等代数：第一学期开设，每周讲授6课时，学员自学10课时；

初等几何：第二学期开设，每周讲授6课时，学员自学10课时；

教学法：每学期后半学期开设，每周讲授2课时，学员听课或试讲6课时（初等代数课内容较多，代数教学法可放在第二学期初进行，可适当减少一些初等几何教学时间）；

高等数学专题报告：每学期前半学期开设，每周讲授4课时，讨论4课时（第一学期开解析几何和三角，第二学期开数学分析）。

3. 小学教育行政班课程安排

毛主席著作选读（《改造我们的学习》，《整顿党的作风》，《实践论》，《矛盾论》）：前半学期开设，每周讲授2—3次，每次2~4课时，自学讨论12课时；

教育方针政策：后半学期开设，每周讲授2~3次，每次1~3课时，自学讨论10课时；

教育工作研究：前半学期开设，每周讲授或辅导1次，每次2课时，自学讨论6课时；

小学语文、算术研究：后半学期开设，每周讲授1次，每次2课时，自学讨论8课时。

4. 教学方法

有的课程以自学为主，并结合座谈，讨论和辅导报告。有的课程则以讲授为主，自学讨论为辅。并适当采取校外听课、参观、试教、作业练习等多种多样的方式。这样可以比较充分地体现在职教师学习的特点，又能调动学员学习的积极性和主动性；

在课程安排上，采取"双科或三科并进，一科为主"的办法，这样便于学员集中精力，有重点地解决学员疑难问题；

改进考试方法，减少考试科目。在学习过程中，提倡读一书，写一文（主要是心得）；有些课程结束时，只要求写出学习总结，不再进行考试；

教师必须管教管学，经常进行调查研究，采取理论联系实际的教学方法。除了课堂讲授之外，凡划归该课程的自学，讨论和辅导时间，都属于正规的教学时间，教师必须充分发挥在教学中的主导作用，把所带课程教好和帮助学员学好。

1965 年 8 月至 1966 年 7 月，继续开办一年制师范班，有学生 130 人。同时自主命题，在全省范围招收农村教师培训班两个班，语文班 48 人，数学班 47 人。教学安排为：学习一年，其中假期 4 周、教学 38 周（上课 30 周、参观调查 1 周、教学实习 1 周、考试 2 周、入学培训 1 周）。省教育厅的要求是，要适应师资短期培训的特点，课程设置、教育内容"必须贯彻'少而精'和理论联系实际的原则，并根据提高基础知识和教什么、学什么、缺什么、补什么相结合的原则，从实际出发，安排好课程，使学生能够集中时间和精力学好语文、数学两门课"。

至 1965 年 9 月，进修学院有教职工 62 人，共有各类教学班 8 个，在校生人数 345 人，校园面积 37 亩，建筑总面积 4400 平方米。

1966 年 7 月，农村教师培训班有 92 人毕业，其中天水专区 30 人，武都专区 11 人，庆阳专区 6 人，临夏专区 6 人，平凉专区 11 人，酒泉专区 5 人，张掖专区 5 人，武威专区 6 人，定西专区 9 人，兰州市 2 人。一年制师范班 211 人毕业，其中天水专区 161 人，武都专区 50 人。

第二节　天水工读师范专科学校

在天水教师进修学院最后一批学员毕业前的 1966 年 6 月 9 日，省教育厅颁发《关于将你校改为天水工读师范专科学校的通知》，学校第二次易名。文件说："为了适应我省农业中学大发展的师资需要，经报省人民委员会……同意将你校改为'天水工读师范专科学校'，暂设中语、数学两个专科，全部实行半农半读，每年招收学生二百人，尽可能招收'社来社去'和'城来城去'具有高中毕业程度的知识青年、修业青年，学校规模为四百人，专门为农业中学培养教师。现随文刊发'天水工读师范专科学校'校印一颗，收到后启用……"遵教育厅指示，"天水工读师范专科学校"校印于 7 月 1 日正式启用。

一、教育"革命"

工读学校的成立有一个大背景，即"文化大革命"。1966 年 5 月"文化大革命"在甘肃省各级各类学校展开，揪"走资派"，抓"学术权威"成为学校的主要任务，大中学校尽皆停课，而上一年度在全国范围推行的"两种劳动制度两种教育制度"有了"硕果"——半工半读工读学校的设立。其实在上一年度教师进修学院已经开办农村教师训练班，为此 1966 年 4 月 4 日，天水市人民委员会还应"学院"要求划拨吕二沟人民公社水家沟生产队荒地320 亩作为学校培养农中教师的实践用地。也就在"文化大革命"开始的1966 年 5 月，教师进修学院曾向甘肃省联合招生委员会办公室报送类似招生简章的《天水工读师范专科学校介绍》一封，对即将成立的"工读学校"有比较详尽的规划和展望，兹全文照录之，一则反映工读学校的总貌，二则体现时代特点：

　　自从在全国范围内推行两种劳动制度、两种教育制度以来，半工半读教育事业得到了迅速发展，这是我国教育革命的一个重要组成部分。

从当前看，它可以多、快、好、省地发展我们的教育事业，更迅速地普及教育，更迅速地使广大劳动人民从文化科学上得到翻身；从长远看，它可以为逐步消灭工农之间、城乡之间、脑力劳动与体力劳动之间三个差别，培养脑力劳动与体力劳动相结合的新型劳动者，为更好地过渡到共产主义社会创造条件；从无产阶级专政的经验看，这种教育制度的推行，又是培养无产阶级革命的、又红又专、又健康的接班人，防止资本主义复辟，防止修正主义产生的根本措施之一。因此，这种新的教育制度，将逐步成为我国教育的主体，它对我们的教育事业的发展将会产生极其深远的影响。

我省的半工（农）半读教育，也和全国各地一样，正在蓬勃发展。天水工（耕）读师范专科学校（原名天水教师进修学院）正是在这种大发展的新形势下创办起来的一所新型学校，它担负着培养既能做体力劳动又能做脑力劳动，既有社会主义觉悟又有文化科学知识，能文能武，能上能下的工（耕）读教育战线上的志愿兵——新型农业中学教师的光荣而艰巨的任务。根据上级指示，决定在本年秋季，招收两年制中语专修科和数学专修科学生共200名。凡符合高等学校报考条件的学生，均可报考。我们热烈地欢迎有志于我省工（耕）读教育事业的高中毕业生和社会青年报考我校。

（一）共同必修课

由于我校培养的是耕读教育战线上的志愿兵，在两年的学习课程中，以毛主席著作选读、教育方针政策、农业基础等为共同必修课，并占有较大的比例，约占所学课程时数的30%，生产劳动课约占所学课程的15%。通过上述课程的学习实践，进一步提高学生的政治思想觉悟，坚定为工农业生产服务，为广大的贫下中农文化翻身服务的决心和信心，做一个又红又专又健康的无产阶级革命接班人。

（二）专业课

在高举毛泽东思想的伟大红旗，突出政治的基础上，两个专修科都设有一定的专业课程。

1. 中语专修科：开设现代作品选讲、写作指导、现代汉语和古典作品选讲等课程。通过以上各专业课的教学，使学生能够逐步以毛主席的文艺思想观点，正确理解、评价和分析一般的现代作品、古典作品、正确地运用祖国的语言文字，初步学会批判地继承祖国的文学遗产，提高其阅读、分析、表达和将来为农业中学语文课教学的能力。

2. 数学专修科：开设初等代数、初等几何、农村应用数学、数学分析和理化常识等课程。在农村应用数学课的教学中还着重讲解简易测量、簿记、统计和珠算等。通过以上各专业课的教学，使学生能够根据三大革命运动的需要，正确认识教好农业中学数学课的重要意义，以提高政治理论水平，加强理论与实际的联系，更好地为建设社会主义新农村服务。

本年度天水工读师专招收"社来社去"中语专修科学员50人，名额分配为庆阳、平凉、天水、武都、定西五专区各10人。报考条件为：具有高中毕业或者相当于高中毕业文化程度；平均年龄在27周岁以下，参加过一年以上的工农业生产或者其他体力劳动，经过所在人民公社审查合格的，即可保送报考。考试科目只有两门，政治，语文一（作文），语文二（语文常识）。所招收学员在校期间全部享受助学金。毕业国家不包分配，不发工资，学员仍回原社、队当社员，或由公社安排，实行亦农亦医，半农半教。

二、热火朝天搞"文革"

1966年5月，"文化大革命"开始后，即将更名为天水工读师范专科学校的天水教师进修学院提出"关于学习开展'文化大革命'的安排意见"。具体措施为："小学教育行政班暂停一周集中学习和讨论。在院职工每天集中半天学习讨论。在天水、甘谷、徽县参加实习调查的师生，每天抽两小时学习文件，每周集中讨论一天（教师适当增多学习讨论时间）……"。"教育革命"伴随"文化大革命"进行，没过多久就只有"革命"没有教育了。

当时学校的景象可以用两句话概括——一次一次的声讨会，一篇一篇的大字报。声讨学校党支部，批判"有问题"教师。应形势需要，成立文革办公室和材料组。6月10日，天水地委工作组进驻学校。8月5日，毛泽东

"炮打司令部"大字报发表。8月8日，"文革十六条"公布，"革命师生惊喜若狂，奔走相告，坚决拥护，坚决贯彻'十六条'的大字报盖满了校园。"也就是在当天晚上，地委工作组撤出学校。8月18日，副校长兼总支书记杨洪涛被撤职。开始组织"五四红卫兵"等红卫兵组织。9月15日，全校学生和部分教师串联去北京，参加毛泽东主席接见红卫兵活动，而后组织"永远忠于毛主席革命路线""红色娘子军"等11个长征队，前往延安、瑞金、遵义、韶山、井冈山等地徒步串连。继续成立各种红卫兵组织，如"鲁迅战斗队""六盘山战斗队"等。

1967年始，局势更为混乱，各种"战斗队"组织或联合，或分裂，互相指斥对方为"反革命"，文斗武斗不断，"见世面""烈火红心"等"战斗队"出尽风头。12月26日，"战斗队"争斗告一段落，成立"七四革命大联合委员会"。更为狂热的"三忠于""四无限"活动又开始了。

1967年、1968年两年，学校停止招收新生，而以前招收的学生于1967年底全部分配，校园里没有了学生，而"批斗"仍在继续。在"清理阶级队伍"口号下，大批教职工遭到迫害。1968年8月，天水工读师范专科学校革命委员会成立。8月13日，举行成立庆祝大会并给毛主席发出"致敬电"。

革委会由留校学生、"见世面"战斗小组组长马步雄任主任，下设政工组、教育革命组、后勤组、办公室三组一室。

革委会成立后，着手干了两件事。一是全体职工上山办农场，搞"斗、批、改"；二是由长城磁力启动器厂接管学校。

1968年10月22日，全校工作搬入农场，革委会动员全校职工下农场劳动，时教职工总数为78人，老弱病残者外，56人"奔赴"学校在七里墩河沟源头水家沟附设的"五·七"农场，主要目的并非勤工俭学，而是"把斗、批、改"的战线搬到农场，一边劳动，一边搞"斗、批、改"。学校第一次办农场是在1959年10月，地点在天水县党川乡大坪生产队的龙王沟。师生用一个月时间垦荒六七十亩。来年播种，收获甚少。原因是农场离学校太远，管理不便，林区那时多狗熊、野猪，成果多被它们享用了。没有收获，农场只好作罢。1961年，学校又在天水市中梁公社徐家山办农场，约莫七八亩地。学校所在地玉泉观离徐家山较近，师生尽心，农场也就有了收获。除收获了少许麦子外，还收获了大量萝卜、胡萝卜及甜菜根，一举解决了大灶的冬菜。1962 年 6 月，学校迁至东十里铺，中梁徐家山的农场也就结束了。1966 年，学校申请培养农中教师实践用地获得批准，于是就有了第三次办农场（即"五·七"农场），地点在前面提到的天水市吕二人民公社水家沟大队。准确地说，农场的基地是天水市吕二人民公社水家沟大队的水家大坡和天水县二十铺公社上沟里大队架牛山，农场跨市、县，有水家大坡和架牛山两座山头。至全校教职工上山"革命"之前，农场已颇见规模，有熟、荒地 600 亩，有牛 31 头，羊 169 只，农场的基本"节目"是，白天"抓革命，促生产"，晚上批斗会。至而在山上过年，所谓"革命春节"。之后还修过上山公路。办农场耗费了学校大量财力，也耗费了师生的大量精力和心力，投入大，收获小。至 1978 年 12 月，农场停办，算是最终卸掉了这个大包袱。1981 年《天水师范学院学报》的前身《教学研究》刊登署名"生物教研组"的文章《水家沟及毗邻地区药用植物调查初报》，当是生物系教师用农场劳动间歇收集的资料撰成，记载灯芯草、半夏、地黄等药用植物56 种，足见当时的农场生态还是不错的，也可见即使在农场劳动的艰苦岁月，学校教师的科研热情依旧没有熄灭。

1968 年 11 月 9 日，校革委会和长城磁力启动器厂接洽，在"革命工人""革命知识分子"支持下决定自 12 月 11 日起由长城磁力启动器厂接管学校，接管后，天水工读师范专科学校更名"长城磁力启动器厂'五·七'学校"。学校成为一个和车间相当的基层单位，"校革委会将在厂革委会直接领导下工作，厂革委会主任或副主任兼校革委会主任，原校革委会主任做副主任，实行一元化领导。"办学思想主要是："教师来源以本厂或者附近各厂觉悟高有实践经验的优秀工人为主体，配合解放军战士和原校教师中和工农兵结合较好的同志组成。教师多是兼职，少数是专职。原校教师绝大多数要分期分批下放到本厂，本厂农场和农村劳动锻炼，接受工农兵再教育。""学员不受年龄、学历限制，人数也可多可少。主要来自本厂和附近各厂的工人，在学校学几月或几年回到工厂去"，"课程设置以毛泽东思想课为主，根据情况和实际需要开设军事课和专业课。"此时的工读师专已名存实亡了，事实上"学校"并无学生，受折腾的只有教师。

　　总之，学校在 1969 年 4 月第三次更名之前，主要工作不是教学，而是不断地斗、批、改，其中 1968 年 11 月 25 日的一份文件上介绍学校概况时是这样记述的："现有职工 78 人（已揪出 14 名），出身工人、贫下中农家庭的 14 人，中农和其他劳动人民家庭出身的 29 人，地、富、资本家子女 26 人，其他 9 人。"在"阶级斗争无时不有时时有，无处不有处处有"设定下，时时批，人人批，处处批，学校形同战场，完全没有了文化氛围。

第三节　天水专（地）区"五·七"红专学校

一、三校合并成立红专学校

　　1968 年 12 月，甘肃省革命委员会政治部决定将天水工读师范专科学校下放天水专区领导，并建议将工读学校改为红专学校。1969 年 3 月 30 日，天水专区革命委员会决定撤销天水工读师范专科学校、天水师范学校、天水卫生学校，三校合并成立天水专区"五·七"红专学校。

　　专区革委会要求，红专学校成立后"必须高举毛泽东思想伟大旗帜，全面落实毛主席的教育革命思想，活学活用人民解放军一整套政治建军的原则，坚持突出无产阶级政治，走'五·七'指示和上海机床厂'从工人中培养技术人员'的道路，把学校办成红彤彤的毛泽东思想的大学校。"并对领导体制、学生培养方向及培养目的等做了规定。"'五·七'红专学校隶属专区革委会直接领导。校址设在原天水工读师专。暂设'教师训练班'、'医疗卫生班'（根据三大革命运动的需要逐步开设其他专业）。学制不宜太长，一般以三、五个月至一年为宜。主要从有实践经验的工人、农民中选拔学生，经过学习再回到生产实践中去。要坚持理论联系实际的教学原则，积极组织师生参加工农业生产实践。要逐步地建立一支以工人、贫下中农为主体的革命化的教师队伍。要坚持勤俭办学、自力更生的方针，建立必要的生产基地，逐步做到自给或半自给。要认真搞好管理体制的改革，使学校大权牢牢地掌握在了工人阶级和贫下中农手里。"

二、"五·七"红专学校革命委员会

1969 年 4 月 17 日，天水专区革委会批示成立革命干部、军队代表、革命群众三结合的"五·七"红专学校革命委员会。组成人员为革命干部代表：宁建基、赵瑗；军队代表：胡占俊；革命群众代表：裴建国、马步雄、杨一昆、陈铭扬、钱耀曾、何缚龙、王玉珍、刘晓惠、王国军、刘永福、唐占魁。委员会编制共 15 人。宁建基任主任，裴建国、马步雄、胡占俊、杨一昆等任副主任。革委会下设教育革命组（由数学组、理化组、政教组、语文组、体音美组、卫生组、铁工厂、门诊部组成）、办事组、政工组。学生按军队建置连和排编队，当时全校设 3 连 10 排。连设连长、指导员 1 人，排设正副排长各 1 人。连、排干部均由教师担任。连有文科连、理科连、卫生连之分。1970 年新生入学后，共有 3 连 13 排。1969 年 12 月 28 日，天水地区革委会批示，成立天水地区"五·七"红专学校党支部。支部书记宁建基，副书记胡占俊；委员由宁建基、胡占俊、邓惠莹、张志文、马步雄、陈铭扬、王振烈七人组成。1970 年 8 月 3 日，韩家华调任革委会主任，宁建基另行安排工作。10 月 29 日，马步雄、陈铭扬调地区另行安排工作。1971 年 5 月 28 日草平调任校革委会副主任。

三、以"教育革命"为主的教育教学

三校合并的"五·七"红专学成立后，结束了两年没有学生的局面，至 1970 年 9 月之后，终于有了比较正规的教学。

1. 教师基本情况。1969 年 3 月，三校合并时，天水工读师范专科学校有教职工 78 人（工勤人员 10 人）、天水师范学校有教职工 75 人（工勤人员 10 人）、天水卫生学校有教职工 47 人（工勤人员 9 人），共有教职工 200 人，有学生 497 人。据 1971 年 11 月"全校教工人员下学期工作安排情况"统计，当时共有教职工 168 人，具体情况是，革委会主任 1 人，副主任 3 人；教育革命组（包括数学、语文等 8 组，铁工厂，门诊部、各连长指导员）共 114 人；办事组 44 人（其中炊事班 23 人）；政工组 9 人。

2. 1970 年招生。1970 年 2 月，红专学校向天水地区革委会提交 1970 年

春季招生计划，拟招生 500 人，分别为师范专业 300 人，卫生专业 100 人，机电专业 50 人，水利专业 50 人。学制半年。"以上各专业招收新生，虽有一定文化程度要求，但不受学历、年龄的限制，采取推荐与选拔相结合的方法，由工厂、社队保送和推荐，县革委会批准，学校审查录取。毕业后实行社来社去，厂来厂去。"半年后的 1970 年 8 月 13 日，天水地区革委会下发《关于地区"五·七"红专学校招生工作的通知》具体事宜如下：

（一）专业和学习时间

目前暂设师范、卫生、广播机电三个专业，然后再根据需要逐步开设其他专业。

师范专业。招生 300 名（其中轮训在职中、小学教师 100 名）。主要任务是为农村学校培养初中教师。

卫生专业。招生 250 名（其中包括农村赤脚医生、大队保健员 100 名）。通过学习，要求能够处理农村常见病、多发病和地方病，初步掌握新疗法。

广播机电专业。招生 50 名，为农村培养亦工亦农的广播机电人员。

学习时间。根据各种专业和学生的不同情况，初步设想，教师轮训班为半年，广播机电三至五个月，其他为一年左右。

（二）学习内容

遵照毛主席"教育要革命"和学生"以学为主，兼学别样，即不但学文，也要学工、学农、学军，也要批判资产阶级"的教导，紧密结合三大革命运动，设置：以毛主席著作为基本教材的政治课，理论和实践相结合的业务课，以战备为内容的军事体育课，师范专业根据需要实行文理分科，各种专业都要参加生产劳动。

（三）招生办法

废除修正主义的招生考试制度，实行推荐和选拔相结合的方法：由工厂、社队推荐，县（市）革委会政治部审查，招生单位按条件录取。毕业后，一般地按"社来社去""厂来厂去"的原则进行分配。

学生条件。（1）政治思想好。能活学活用毛泽东思想，突出无产阶级政治，密切联系群众，有阶级斗争和路线斗争觉悟。（2）有一定文化程度和实践经验，即具有初中（或相当于初中）文化程度，年龄在廿五岁左右（一般不超过三十岁）的工人、贫下中农、复员军人和劳动锻炼二年以上的知识青年。（3）身体健康。

招生日期。从八月廿日开始，至九月十五日结束。

（四）学习期间的生活待遇问题

参加轮训的国家职工，生活费用全部自理。其他学员由国家按具体情况发给生活补助费。口粮由国家供应。社请教师、农村赤脚医生、保健员除继续享受原有的补助费外，生活费不足部分由国家补贴。参加学习的贫下中农，一般应由社队按原标准评记工分，以解决家庭生活问题。

在学校合并更名两年后，开始有了比较正规的招生，其办法是由社（队）审查推荐，然后由各县革委会政治部填审查意见，最后由学校审查录取。一般社队意见填如"同意入学，培养赤脚医生"，政治部意见填如"同意该同志去地区红专学校师范专业进修"，学校则填如"同意录取"。按招生花名册，此次招生工作于1970年9月18日结束，招生分布情况为：徽县60人，西和66人，两当36人，天水市25人，天水县70人，秦安县60人，清水县57人，张家川县47人，甘谷县51人，武山县60人，漳县45人。共577人，比原计划600人少招23人。

3. 1971年招生。1971年7月10日，天水地委政治部批复天水地区"五·七"红专学校1971年度招生计划，同意下半年开办语文、数学、物理、化学、音乐五个单科，以培训一批初中教师。名额确定为250人，均为天水地区各县（市）年龄30岁以下，具有一定教学经验的初中以上文化程度在职教师，学习期限为半年。

4. 教学实践情况。此期的招生分配最大的特点是"社来社去"，教学突出的不是教而是"政治挂帅"的实践。如红专学校的卫生班师生动辄就被派到市医院"协助"工作。1970年恢复招生，但依旧强调"走政治建校道路"。接下来又是"两个估计"，即"文化大革命前十七年教育战线是资产阶级专了无产阶级的政""知识分子的世界观基本上是资产阶级的"。教师中清理阶级队伍仍在继续，教学工作无法步入正轨。尽管如此，学校还是为恢复正常教学秩序做了努力。以"请进来，走出去"的办法定点或巡回培训地方中学教师。"请进来"就是让地方教师到学校来参加培训班；"走出去"即是以两当、漳县为培训点，由校领导带队就地培训当地数学、语文教师。还派一批师生到两当、漳县边远山区顶班实习。语文专业师生深入山区进行教学，深入车间大队访问。机电专业师生深入关子、皂郊两公社架线实习，为农户安装喇叭。无疑，当时提倡的"又红又专"实质是只"红"不"专"，但在这种形势下，能在"专"上下功夫，的确难能可贵。

第四节　天水地区师范专科学校

1971 年 11 月，天水地区革委会决定撤销天水地区"五·七"红专学校，分别成立天水地区师范专科学校和天水地区卫生学校，实质是将原来合并来的天水卫生学校分离出去，使师范性更"纯"一些。年底，"红专学校"撤销。1972 年 1 月，天水地区师范专科学校正式成立。学校时有教职工 120 人，其中教学人员 70 人。

一、天水地区师范专科学校革命委员会

1972 年 5 月 19 日，学校更名后新的一届校革委会成立。委员会由 11 人组成，成员为韩家华、草平、余天寿、裴建国、王振烈、陆建勋、刘晓惠、刘福孔（暂缺三人学生代表）。韩家华任主任，草平、余天寿、裴建国任副主任。1972 年 11 月，任命康秉衡为校革委会副主任。1975 年 2 月，任命李民为校革委会副主任。1976 年 9 月，甄锋任校革委会副主任。

1973 年 1 月，恢复设置校革委会办公室。至此，校革委会机构为办公室、教育革命组、后勤组。教学管理设有四科一室，即语文科、数学科、理化科、体育科四科，公共课教研室一室。1973 年 7 月，成立英语科。10 月，设立二年制中师部，主要任务是培养小学教师。1975 年 9 月，天水地区革委

会派工作组进校帮助领导整风。1976 年 2 月，开始了"反击右倾翻案风"，校革委会、党支部决定在教学科建立党小组，撤销政治教研室，政治教员和工宣队员分散到各教学科，同时对一些学科的负责人进行了补充。3 月，工作组奉命撤回。9 月，天水地委组织部通知天水地区师专，"学校内设政工科、办公室、教职工管理科、总务科"。

二、中共天水地区师范专科学校委员会

1978 年 6 月，撤销天水地区师范专科学校革命委员会，成立中共天水地区师范专科学校委员会。甄锋任党委副书记，兼任副校长，主持学校工作。余天寿任党委委员、副校长。董杰为党委委员，政工组组长。8 月，任命章静林为党委委员、副校长。12 月，任命李民为党委委员、副校长。1979 年 2 月，任命孟轮昂为党委委员、副校长。在加强学校领导的同时，1978 年工宣队撤离学校。同年，根据学校恢复和发展的形势，撤销了民兵小分队，补充了教改组、后勤组、政工组的领导人员和工作人员。

三、1972 年 1 月至 1976 年 10 月的招生及教学工作

1. 招生。1972 年起，学校招生纳入省分配给地区的师范招生指标，学制二年，设中文、数学、理化、军体、外语、音乐等专业。1972 年 6 月 8 日，天水地区革委会政治部下发《关于师专 1972 年招生工作的通知》，要点有这样几条：（1）招收对象主要是年龄 20 岁左右，有相当于初中以上文化程度的工人、农民、复员军人和经过劳动锻炼的知识青年，民办教师和 1971 年高初中毕业生中选拔的少量学员；（2）学员选拔坚持自愿报名，群众推荐，领导批准，学校复审的原则进行；（3）主要培养初中教师；（4）学员都要参加生产劳动；（5）招生范围限于天水地区 12 县（市），拟招生名额为 750 人；（6）招生工作由地区招生领导小组复审。本年度招生名额分配情况为：天水市 74 人，天水县 113 人，漳县 25 人，武山县 70 人，甘谷县 90 人，秦安县 95 人，清水县 50 人，张家川县 40 人，西和县 59 人，礼县 81 人，徽县 38 人，两当 18 人，计 749 人（比原计划少招 1 人）。入学后按学员实际情况对专业作局部调整，增加一个语文班，减少一个数学班。专业人数为：语

文 5 个班 262 人，数学 4 个班 207 人，理化 4 个班 179 人，英语 1 个班 46 人，体育 1 个班 55 人。1973 年招收中师部学员 650 人。1974 年设立初中教师提高班，考政治、语文、物理、化学、历史地理（作一门考），有成绩就行。招收中师部 10 个班，美术、音乐各 1 班，体育 2 个班，共 651 人。1975 年招收收语文一个班 56 人，理化 2 个班 102 人，数学 2 个班 96 人，体育 1 个班 30 人，共计 285 人。1976 年招收农基 1 个班 47 人，体育 2 个班 65 人，音乐 1 个班 46 人，美术 1 个班 43 人，物理 1 个班 42 人，总计 243 人。1975 年和 1976 年两届招生分配除沿用上述办法外，甘肃省革委会在批转有关招生工作的报告中，增添了"积极推广朝阳农学院的经验，在我省全面试行'厂来厂去'的招生和分配办法"，据此，这两年的招生和分配，就基本上是"社来社去"和"厂来厂去"。

2. 教学计划及其他。1972 年，甘肃省教育局原则规定，中等师范开设政治、毛泽东思想教育、业务课和军体课四类。据此，学校于同年制定了二年制专科班教学计划：学习时间 104 周，其中教学时间 75 周，入学教育 1 周，劳动教育 1 周，机动 4 周，假期 12 周。其中教学时间占总数的 72.1%。在课程开设上，业务课占总课时的 70%，政治课占 16%，公共课占 14%。到了 1974 年 2 月，随着国家形势的变化，学校工作也出现了另外一种特点：学校的文科以紧跟社会形势为主，语文课以毛泽东著作、选集为基本教材，并成立了理论组、写作组、大批判组；同时，根据政治运动的需要，开展创作千首诗、举办赛诗会活动。理化课以生产为主，学习"三机一泵"（柴油机、汽油机、发动机、水泵），开展土壤肥料化学检测。数学课以统计方面的"三算"（心算、笔算、珠算）为中心，推广农业统计教材和"三算"方法。学校坚持"两对口和三下"（教材与教学对口，课程与"三大革命"对口；下农村、下工厂、下实习），继续实行开门办学，接受工农教育。这一时间，学校专业课程由 11 门减至 8 门。当时强调，要"打破小课程表的框框"，以自学和考核为主，不计成绩，考核结果以写评语的方式确定。同年，全校毕业 747 人，毕业前夕进行了为期两个月（3 月 20 日~5 月 20 日）的实习，实习地点为当时天水地区所辖 12 县（市）部分中学。1975 年美术班 26 人赴陕西户县学习农民画。1976 年，物理班、化学班工农兵学员走出校门，下到生产队进行为期 20 天的土壤调查，目的是"学习科学种田，达到合理施肥，定产投肥，达到高产丰产。"这就是当时提倡的"开门办学"。同年，全校毕业学生 650 人，全部为工农兵学员。

3. 教学形势。1972 年至 1974 年初，曾出现了短暂但很耀眼的抓教学、注重教学质量的一线阳光，学校一时生机勃勃。1972 年所招学员多为 1971 年以前毕业的高中学生和少数应届毕业生，也有"文革"前毕业、当了多年民办教师的高初中毕业生。针对这些学员年龄、文化水平差异大的现实，学校提出"依据情况，分类教学，填平补齐，共同提高"的十六字方针，期中考试摸底之后，大体按成绩编班，对专业和班次适时调整。增加文科教学班人数，减少理科教学班人数，同时对文化课较差的同学进行补课。数学专业停开物理，增加数学课时。语文专业抓拼音、普通话教学，写作实践课增加作文，有些班还布置日记，有些组织课外创作。形成了学生埋头苦学，教师干劲十足的局面。校革委会提出"教学各方面都抓起来""抓教学要抓细，推动教学、科研和生产劳动"，领导要深入听课，教师要相互听课，开展公开教学。学校出现了教师乐教学生勤学的新气象。在那个动乱的年代，这个曾被定名为"回潮"的时期，显得那么灿烂。正是由于真抓实干，1972 年入学的学生有了比较好的文化基础，有了真才实学，1974 年毕业后多成为教学和其他工作的骨干。1974 年 2 月，学校成立了"批林批孔"办公室和大批判组，毛泽东思想宣传队再次进驻学校，并参与学校的领导工作。从此，学校先后开展了一系列的运动，学校工作的重点，也迅速从抓教学转到了"以批林批孔为纲坚持开门办学的方向。改革旧的教育制度和办法，以朝农为榜样，把学校办成无产阶级专政的工具"的方向上来了。

四、1976 年 11 月—1978 年 12 月教学及招生工作

1. 恢复教学秩序。1976 年 10 月，粉碎"四人帮"以后，学校即着手整顿教学秩序，安排课堂教学，修订教学计划，恢复考试制度，选编教材，选调优秀教师。通过一系列的努力，1977、1978 两届中师学生的在校状况大为改观，注重学习的风气日渐形成。纵观这一段的工作，可以看出，学校主要采取了以下三个方面的措施：一是提高认识，建立制度。学校在组织教职工

学习有关发展教育事业的文件和《高教六十条》的同时，对学校的教学、管理、建设与发展等问题分层次进行了讨论。1978 年 8 月，党委做出"关于教学工作和加强机关组织纪律的几项决定"，提出了在尚未颁发教学大纲之前，由教改组组织讨论制定各专业教学计划，经校党委批准后执行的决定。同时，对每门课的教学大纲、教材编写、教学质量、教师进修及学术研究等，都提出了具体要求。此外，在管理方面，制定了请假制度。在教学方面，确定各教学科设立资料室，规模大的教学科成立党总支，学校成立学生会。二是引进人才，加强教师队伍建设。当时，教师队伍人数少、脱离教学时间比较长，一时不能适应教学工作的要求。于是学校提出，要对现有教师多帮助，多鼓励。除实行集体备课的办法外，还不拘一格，唯才是举，在教育局的领导下，从中学调进或聘用了一批教学骨干，学校则为这些调来的同志落实政策、解决住房、安排子女就业。三是甩掉包袱，改善办学条件。1978 年 12 月，学校果断停办了水家沟农场，将其中由天水市人委于 1966 划拨学校的 320 亩土地借给吕二公社水家沟生产队耕种，剩下的 302 亩土地归还天水县崔家山公社上沟生产队。同年，购买了车辆，添置了教学设备。

2. 恢复大专招生。从大专到中专，再到大专，这是天水师专走过的一条曲折道路。1977 年，在经历了十余年的中师教育之后，为尽快恢复和发展天水师专，省教育局拟在天水地区师范专科学校的基础上成立天水师范专科学校。同年，按省里的要求，试办高师班，招收专科班，恢复高考招生。实际招生情况为：中文 48 人，数学 51 人，物理 42 人，化学 47 人，体育 41 人。中文、数学为四年制本科班，称高师班，均是 1978 年 3 月入学。物理、化学、体育为二年制专科班，均是 1978 年 6 月入学。1980 年，高师班中文 46 人、数学 38 人转入甘肃师范大学学习（未转入者按自愿原则当年按专科分配）。1978 年 8 月，甘肃省教育局、省计划委员会《关于下达 1978 年普通高等学校招生计划的通知》中又批准：天水师范学校招收师范专修班学生 276 人。这一年计划招生 276 人，实际招生数为 281 人。招生专业和人数为：中文 104 人、数学 46 人、体育 55 人、英语 52 人、美术 24 人。本年起，教育部规定新生入学时间是秋季。

1977 年招收的新生，在 1978 年先后入学，而当时学校尚有 5 个中专班，

学生 200 人，4 个进修班，学生 230 人。这 9 个班应在 1978 年暑假和 1979 年
1 月毕业，毕业后不再招收中专生和进修生。因此学校一度既有本科生，又
有大专生，还有中专生和进修生。到 1978 年春，中专生和进修生毕业之后，
学校共有 7 个专业 12 个班，分别是语文四年制本科 1 个班、二年制专科 2 个
班，数学四年制本科 1 个班、2 年制专科 1 个班，物理二年制专科 1 个班，
化学二年制专科 1 个班，英语二年制专科 2 个班，体育二年制专科 2 个班，
美术二年制专科 1 个班，共有学生 507 人（4 人未报到）。全校教职员工 190
人，其中各科教师 91 人。这些学生不论本科还是专科均从参加高考并进入
初选线的考生中统一录取，其待遇与同类其他院校本科学生相同。但在招生
计划中，所用的校名仍然为"天水师范学校"。而实际情况是，原天水师范
已并入天水地区师范专科学校，已经招收专科班、本科班，但却仍然被误认
为是天水师范。但不论如何，天水师范（师专）确实已恢复了大专招生。天
水地区师范专科学校时期，是一段既艰难曲折，又蓬勃向上努力奋斗的时
期。这一阶段，既有"文革"后期持续的、严重的破坏，又有短暂的回潮和
粉碎"四人帮"后所带来的喜悦和光明。这一阶段，是最后丢弃"文革"而
开创新时代的日子。

第三章

重建大专：天水师范专科学校
（1979—1992 年）

1978 年 4 月，全国教育工作会议的召开，特别是邓小平同志《在全国教育工作会议上的讲话》，有力地推动了全国教育事业的发展。为尽快恢复和发展教育事业，国务院决定恢复和增设一批高等学校。为适应这一形势，当时的甘肃省革委会于 1978 年 6 月，将《关于成立庆阳等四所专科学校的情况报告》上报给教育部，决定在兰州、天水、庆阳、张掖等地筹办四所师范专科学校。1979 年 1 月 14 日，国务院电告甘肃省委，正式批准成立天水师范专科学校。1979 年 3 月 31 日，教育部给甘肃省委下发《关于同意成立天水师范专科学校的通知》。至此，天水师范专科学校正式成立，恢复大专教育。1979 年 5 月 10 日，"天水师范专科学校"印章正式启用。

第一节　关于"重建大专"需要说明的两个问题

一、批准建设天水师范专科学校的曲折经过

1979 年 3 月 31 日，教育部正式下发《关于同意成立天水师范专科学校的通知》，全文如下：

甘肃省革命委员会：

　　经国务院批准，同意你省以天水师范学校为基础，成立天水师范专科学校，设置语文、数学、物理、化学和体育五个专业，面向本省，由省领导。在校学生规模为一千人左右。

　　天水师范学校改为天水师范专科学校后，原有中等师范学生仍按原定教学计划培养到毕业，不转为专科生，待遇也不变。现有中等师范学校的经费基数应办理指标划转手续，列为高等学校经费。所需基建投资，按该校隶属关系和基建投资管理体制规定，纳入你省基本建设投资计划。

一九七九年三月卅一日

　　而事实上，在这之前的 1979 年 1 月 14 日，国务院已经电告甘肃省委，正式批准成立了天水师范专科学校。实际情况是，两年之前学校就开始招收大专生了。

　　回顾历史，1959 年 9 月 1 日，天水师范专科学校成立，之后依次更名天水教师进修学院、天水工读师范专科学校、天水地区"五·七"红专学校、天水地区师范专科学校。从红专学校成立始，学校由省辖改为天水地区革委会领导，至天水地区师专成立，学校承担的是中等师范的任务，"为本区培养又红又专的小学和初中教师。"办学的指导思想是"面向山区、面向农村。"行使的是中师职能，学生自然是按中师对待的。1977 年，高考制度恢复，甘肃省确定在天水地区师范专科学校和兰州、张掖、庆阳三所师范学校的基础上恢复重建大专，并上报国务院批准。同年，甘肃省革委会批准《省招生分配委员会关于我省 1977 年招生工作有关问题的请示报告》，批准天水师范学校（实际上是天水地区师范专科学校）招收大专生并附设高师班（本科），并注明"其中招生条件、办法、毕业后的分配和待遇与省内其他大学完全相同。"所招新生于 1978 年 3 月入学。这就是说，从 1978 年起，天水地区师专有了专科生。1978 年，按省教育厅和省教委的《关于下达 1978 年普通高等学校招生计划的通知》，天水师范学校继续招收二年制大专生。学校在缺设备、缺教师的情况下，经全校师生的艰苦努力，克服各种困难总算顺利上课。

　　这时的在校学生大多数是 1967、1968、1969 年的"老三届"高中毕业生，十年"文化大革命"，失去了上大学的机会，在已届而立之年，在上山下乡、进厂工作多年之后，才重新获得深造的机会，全校师生十分珍惜这来之不易的大好局面。教师潜心教学，学生安心学习，尽管教学、生活条件简陋，但人们心中升腾着一股渴望社会安定、经济教育发展、个人不断进步的期盼。

但在重建大专的进程中问题又来了。1979年1月10日，《光明日报》刊登"国务院批准教育部的报告"——《在全国恢复和增设169所普通高等学校》，甘肃有兰州师范专科学校、张掖师范专科学校和庆阳师范专科学校，在原校的基础上进行建设，但天水师范专科学校榜上无名。全校师生在11日获得这一消息，始而怀疑，继而惊愕，最终转化为激愤，都有种被欺骗、被遗弃的感觉。这种情绪积聚发酵，终于在1月11日晚暴发。

1月11日晚，有个别学生在校园照壁、墙壁张贴大字报，质问学校，强烈要求澄清事实真相。学生不再安心在教室学习，而是互相议论，为学校的定位和自己的前途担忧。12日，学校因学生不到教室上课而被迫停课，部分学生上街宣传和游行，并向天水地委提出质疑。12日晚，天水地委副书记带领相关部门领导来校，在大礼堂与全体学生见面。传达了地委的三条意见：继续向上呈报；在上级未批复之前，学校按大专待遇；要求学生们复课。13日下午，收到省教育局电话，主要内容是说学校仍按大专办；以大专招收的学生，以后仍然享受大专生的待遇；要学生不要到兰州请愿，立即复课。同学们对省教育局的口头承诺不放心，在学校领导劝说无效的情况下，自愿组织请愿团赴兰请愿。学校领导在向省里及时汇报情况的同时，向教育部和邓小平发去电报，内容是天水地区师范专科学校学生罢课，即将去兰州请愿。

13日晚，请愿学生去火车站，天水地委副书记贾长明和地区教育局的领导赶到车站，再次向学生传达省里的三条指示，但不为学生所接受。晚9时，300多名请愿学生乘火车去了兰州。

14日晨，请愿学生到兰州东方红广场静坐。省教育局劝说安排学生到和平饭店休息。下午3时，选派学生代表到兰州饭店一楼会议室。省委书记冯纪新、教育局局长刘海声等领导与学生代表进行座谈，再次向学生传达省委的三条意见，并简要介绍了省里向教育部上报的建设四所师专的报告内容和省里建设天水师范专科学校的设想，并谈了天水师范专科学校这次未批的原因推测和省里以后对继续申报建设天水师范专科学校的想法。冯纪新书记讲了省委上报建设四所师专的设想和天水师专未批的原因，并告诉学生，接到学校的来电，省委立即向国务院上报，并得到国务院领导同志的肯定答复，同意省里的报告，成立天水师范专科学校。至此，事情总算得到解决。这期间，省里妥善安排了学生食宿，并购买了火车票，全部请愿学生于 15 日返回天水。最终，就有了前面转录的国务院、教育部关于同意成立天水师范专科学校的批文。

1979 年 10 月 29 日，中共甘肃省委、省革命委员会下发《关于兰州、庆阳、张掖、天水师范专科学校领导和管理体制等问题的批复》，批准省教育局的《关于兰州、庆阳、张掖、天水师范专科学校领导和管理体制等问题的请示报告》，对四所师专的领导体制、专业设置和发展规模、机构设置和人员编制等问题给予明确的规定。并决定这四所师范学校由省委、省革委会统一领导，省教育局主管。至此，天水师范专科学校的建设，从上级管理层面才算走完了所有的必要程序。

二、关于天水师范专科学校的前身

按教育部下发甘肃省革命委员会的文件，"经国务院批准，同意你省以天水师范学校为基础，成立天水师范专科学校"，依此，天水师专的前身就成了天水师范学校，因此，在 1979 年 6 月 12 日的一份介绍天水师专的材料中，就有了这样的表述："天水师范专科学校前身是天水师范学校与天水工读师范专科学校。"在 1980 年 11 月 18 日上报省教育局的"天水师范专科学校的简况"中写道："天水师范专科学校，是一九七九年三月经国务院批准，在原天水师范学校的基础上建立的"。事实上，天水师范专科学校前身是天水师范的提法和实际情况相差甚远。天水师范学校是一所历史较长的学校，其前身是 1911 年成立的陇南初级师范，至今仍独立存在。1969 年 3 月 30 日，天水工读师范专科学校、天水师范学校、天水卫生学校三校合并成立天水专（地）区"五·七"红专学校。1971 年 11 月天水卫生学校分出后，更名为天水地区师范专科学校。这个学校名为"专科学校"，而实际上是中师性质的。1977年省革委会批复的招生文件中用"天水师范学校"的名称，可能就是基于当时学校的中师性质。最终国务院、教育部的批文定性"同意你省以天水师范学校为基础成立天水师范专科学校"。追根溯源，1978年成立的天水师范专科学校其前身就是1959年9月成立的天水师范专科学校，学校此后四度易名，最终恢复大专，校名也重新回到起点上。学校的教学骨干、校园都是1959年天水师专的老底子，因此将学校的前身和天水师范学校对接是与事实不符的。当时杨洪涛副校长就指出"天水师范专科学校是在原天水师范学校基础上建立的"这一提法有问题，应提为"在原天水师范专科学校的基础上成立的"，并要求向省局反应他的意见。事实上，1979年重建的天水师范专科学校前身就是1959年创办的天水师范专科学校，其建立基础是当时的天水地区师范专科学校。就在天水师范专科学校成立的1979年，天水师范学校也恢复了招生。也说明这两个学校没有沿革关系。

第二节　领导班子和管理机构

一、领导班子

1980年4月8日，中共甘肃省委批准组建天水师范专科学校第一届领导班子，调天水地委常委、宣传部部长房俊峰任党委书记兼校长，杨洪涛任副书记、副校长，章静林、甄锋任副校长。至此，天水师范专科学校全面完成体制的转换，真正成为规范化的省属高等学校。1981年9月，中共甘肃省委决定将天水师范专科学校的党政领导职务分开，房俊峰不再兼任校长职务，任命李大成为校长。1983年8月，领导班子再次调整，任命徐诚为校长，杨洪涛任顾问，章静林任副书记、副校长，增补张鸿勋为副校长。1984年3月，增补牛效如为党委委员。同年，房俊峰离休，甄锋任调研员。1984年8月，任命章静林为党委书记，增补张秦龄为副校长。

随后，天水师范专科学校党委报请甘肃省委组织部和宣传部配备一名专职党委副书记，以健全天水师范专科学校的领导班子。1985年3月，省委调刘满长任党委副书记。1986 年 1 月，刘满长兼任纪律检查委员会书记，章静林不再兼任该项职务。1986 年 2 月，章静林离休。1986 年 6 月，杨春棣任副校长。1986 年 12 月，刘满长任党委书记，郭溪若任党委副书记。1987 年郭溪若任纪律检查委员会书记。1990 年 5 月，郭溪若不再兼任党委副书记，杨春棣不再任副校长。1991 年 3 月，增补许书熊为副校长。1991 年 5 月，张鸿勋不再任副校长。1992 年 11 月，陈保平任党委副书记。至此，学校的领导班子成员是：书记刘满长，校长徐诚，副书记陈保平，副校长张秦岭、许书熊，纪律检查委员会书记郭溪若。

二、管理机构

（一）党委行政机构

1980 年 7 月，经省教育局党组批准，天水师范专科学校党委机构暂时设立党委办公室。1981 年 6 月，批准增设组织部、宣传部。1984 年 1 月，增设纪律检查委员会。1986 年 3 月，学校决定将原实行合署办公的党委办公室和校长办公室分开；校长办公室独立办公，党委办公室和党委组织部、宣传部实行合署办公，总称党委办公室。

（二）教学及行政管理机构

1980 年 7 月，省教育局批准的学校行政单位有校长办公室、人事处、教务处、总务处；教学单位有中文科、数学科、物理科、化学科、体育科、美术科、英语科、图书馆。此后，天水师范专科学校随着教学的实际需求，不断增加各类教学行政管理机构。1980 年 8 月，学校设置如下科级机构：教务处下设教务行政科、教材供应科、电化教育研究室，总务处下设总务科、财务科、伙食管理科、生产基建科。1982 年 3 月，在教务处增设教学仪器设备科，同时撤销学生科，总务处增设医疗卫生科和汽车队，中文系设立办公室。同年 10 月，教务处增设教学研究科，撤销学校办公室下的秘书科。1981 年 4 月，设立马列主义教研室。1984 年 1 月，改教学科为教学系。同年，成立教育教研室和电教中心。

（三）校内处级机构和干部管理体制的变化

天水师范专科学校成立后，校内处级机构和干部都由省教育局党组审批。从 1980 年 7 月 7 日第一次批准成立 13 个党政管理机构和教学单位、1981 年 4 月 2 日批准 25 名处级干部至 1984 年，学校处级机构和干部的调整任命都由学校党委报省教育局党组审批。

1984 年 1 月 30 日，省教育局党组最后一次审查批准天水师专的校内处级机构设置。党委机构设党委办公室、组织部、宣传部、纪律检查委员会；行政机构设校长办公室、人事处、教务处、总务处；教学单位按教育部批准的专业设系，有中文系、数学系、物理系、化学系、美术系、英语系、体育系，另设马列主义教研室、教育学科教研室、图书馆、电化教育室。同时，批准了 21 名处级干部的任命。

1984 年 9 月 6 日，中共甘肃省委、省人民政府批准省委组织部、省人事局《关于改革干部人事制度的几项暂行规定》，下放干部管理权限，其中规定大专院校的处级干部由本单位党委任免管理。此后，校内处级机构的调整和干部任免，都由学校党委按实际需要和考察结果集体讨论决定。

1984 年 1 月，学校科级机构设置为：校长办公室下设保卫科；教务处下设教务行政科、教材供应科、教学仪器设备科、教学研究科；总务处下设总务科、财务科、伙食管理科、生产基建科、医疗卫生科和汽车队；团的组织设团委。1987 年 5 月，撤销爱委会、绿化委员会、知识分子工作领导小组、核查"三种人"小组等四个临时机构，并成立保密工作领导小组和学生工作领导小组。1988 年，学校成立天水师专世界银行贷款工作小组和天水师专世界银行贷款项目办公室，后者设在当时的基建办公室行政科。1992 年，在图书馆设立行政办公室。

（四）其他管理机构

随着学校各项事业的发展，陆续又成立了一些群众组织和临时机构，主要包括：（1）教代会执委会、工会委员会、共青团、各系团总支、学生会、离退休教育工作者协会、老年体育工作者协会；（2）九三学社天水师范专科学校支社、民盟天水师范专科学校支部；（3）职称改革领导小组、计划生育工作领导小组、绿化卫生工作领导小组、教育实习指导委员会、学报编辑委员会、教师职务评审委员会、教材工作委员会、学术委员会、社会治安综合治理委员会、综合改革领导小组、增收节支领导小组、住房改革领导小组、图书情报委员会。

这些机构的设置，有的为常设机构，有的是为完成某一项特定任务而成立，有的是为某一阶段的工作任务而成立，也可根据实际的需要时撤时设。

第三节　平反冤假错案，落实知识分子政策

在 1959 年以来的历次政治运动中，尤其是"文化大革命"时期，天水师范专科学校的不少教职员工不断遭受政治运动的冲击，有的被错误批斗，有的被下放劳动，部分教职工的身心受到严重摧残。因此，完成拨乱反正的首要任务就是平反冤假错案，落实知识分子政策。在 1978 年底召开的中央工作会议上，邓小平指出："我们的原则是有错必纠。凡是过去搞错的东西，统统应该纠正"，"要尽快实事求是地解决，干净利落地解决，不要拖泥带水。对过去遗留问题，应当解决好"。因此，党中央和甘肃省委以及党和政府的有关部门就落实知识分子政策，提高知识分子政治、生活待遇等问题，下发一系列文件，做出许多具体规定。据此，学校成立七人专案复查小组，本着政治上充分信任、工作上大胆依靠、生活上关心照顾的原则，从各方面采取措施，开始全面落实知识分子政策。

从 1978 年 8 月开始，学校平反冤假错案的工作全面展开，到 1980 年初，这一工作已接近尾声。但是，遗留问题与善后工作仍然十分艰巨。这些问题和善后工作迟一天解决，都会对广大知识分子的思想和精神造成重大的影响。校党委充分认识到这一工作的重要性，在十一届三中全会精神的指导下，按照党中央拨乱反正的精神，在原天水地区师范专科学校党委的工作基础上，继续积极负责地解决各种遗留问题：为被错划为右派的同志落实家属和子女的城镇户口与工作安置；为被法院错判的同志安排工作，补发工资，改正参加工作时间；为蒙冤已故干部家属核算、发放抚恤金。这一工作的进行，使一大批教职工放下思想包袱，激发了他们努力工作的热情，调动了他们为学校的教学而奉献的积极性。据学校党委上报教育厅党组的《关于天水师专平反冤假错案工作情况简报》，至 1981 年 3 月，平反冤假错案工作共复

查平反34件"文革"案件，17件"文革"前案件，接收安置工作9人，有27人按规定补发工资。同时，从1981年至1983年，学校根据中组部精神和省、地委部署，又进行复查和清档、建档工作。在一年多的时间里，学校对全校教师、干部的档案进行普遍清理，将历次运动中放进教师档案中含有不实之词的材料，该退还本人的按规定退还本人，该销毁的进行登记销毁。

在知识分子的历史遗留问题澄清以后，学校又把关心和解决知识分子在工作和生活中的困难作为工作主题，认真落实党的知识分子政策。当时，学校条件艰苦，许多教职工不同程度地存在着各种困难，如夫妻两地分居，子女没有工作等。对此，学校都尽量设法加以解决。在教师住房方面，学校在1982至1983年修建住宅楼，解决56户知识分子的住房问题。至1984年4月，学校累计已分配家属宿舍的有136户，其中知识分子117户，占住户的86%，平均每户住房面积为41.2平方米。因照顾夫妻或子女关系而调入本校的有12户。在其他工作、生活方面，学校按职工的不同职别，配备相应的办公、学习用具，并对教学人员每月免收3度电费和6平方米的房租费。同时还对一些旧平房每年进行检查、维修，安装自来水，隔建院墙，修建厨房和柴房。学校在力所能及的范围内，每年为职工办一些福利，先后两次为中老年教职工进行健康检查，对患病者及时进行治疗。

与此同时，学校提拔重用一批思想觉悟高、业务能力强的骨干教师担任学校各级领导工作，特别是在1983年处、科级领导班子调整中，选拔一大批中青年知识分子到领导岗位，使各级领导班子的知识结构发生很大变化。在调整前，大专以上文化程度的处级领导仅占68%，科级领导占37.5%；调整后，大专以上文化程度的处级领导达到75%，科级领导达到56%。

在全面落实知识分子政策工作中，学校党委认为，"我校是知识分子比较集中的单位，全面落实党的知识分子政策，进一步做好知识分子工作，依然是当前及今后一段时间的一项艰巨而紧张的任务，完成这一任务，是我们在政治上同党中央保持一致的重要标志，也是办好我校的关键所在"。1982年5月，在给甘肃省教育厅的《关于检查知识分子工作情况的报告》和1984年4月给甘肃省教育厅党组的《关于检查落实知识分子政策情况的工作汇报》中，学校党委对学校的知识分子工作认真总结，认为"教职员工中知识分子普遍认为，学校根据党中央的部署，在落实知识分子政策上，做了许多工作，取得了一定成绩，他们感到这几年工作愉快，心情舒畅，有一种'翻身感'"。

1985 年，党中央要求，在党的十三大于 1987 年召开之前要基本完成落实知识分子政策工作的任务。按照这一精神，1985 年 12 月，学校党委通过在全校知识分子范围内进行摸底的基础上，制定《天水师专 1985 年至 1987 年落实知识分子政策工作规划》。在这一规划中，列出学校知识分子在政治、工作、学习和生活等四个方面存在的问题，并相应提出解决步骤和措施，督促逐一落实。至 1986 年，这些问题基本上得到解决。

1986 年 9 月 26 日至 30 日，甘肃省委宣教口落实知识分子政策办公室验收小组对天水师范专科学校这一工作进行验收，最后一致认为："天水师专自党的十一届三中全会以来，特别是 1985 年中央和省委知识分子座谈会以来，认真贯彻落实党的知识分子政策和干部政策，平反冤假错案，解决各种历史遗留问题，改善知识分子的工作和生活条件方面做了大量的工作。先后复查落实各类案件 58 件，清理档案，清退和销毁不当材料 4304 份；给 118 人评定业务职称；选拔 27 名知识分子担任处级以上领导职务；吸收 70 名知识分子入党；解决知识分子夫妻分居、子女就业和农转非户口 55 人；解决知识分子住房 95 户。新老知识分子心情舒畅，全校教职工团结合作，形成尊师重教的良好风气。校党委在这项工作中建立机构，充实力量，制定规划，工作做得较为深入细致，并对今后进一步全面做好知识分子工作做出规划，广大知识分子是满意的。"据此，验收组认为，天水师专已基本完成落实知识分子政策工作，符合验收标准，准予转入正常工作。至 1992 年，学校共发展 36 名优秀知识分子入党，先后选拔 60 多名教师担任科级以上领导职务，为 43 名教职工解决夫妻分居和身边无子女问题，为 13 名教师评定中级以上专业技术职务，有 140 多户教职工搬进新居，选送 18 名青年教师报考各类研究生，有 60 多名教师外出进修和培训。

第四节　确立符合实际的教学指导思想

1979 年学校重建大专初期，在办学指导思想上，学校领导层和教师中间有向本科大学看齐的思想倾向，甚至有人在当时就提出要把学校尽快建设成综合性大学。学校究竟向哪个方向发展，引起全校师生员工的关注。但当时的学校领导层并没有急于做出结论，而是先进行广泛的调查研究和谨慎论证。学校先后几次派调查组，重点对天水地区和陇南地区的中学教育状况进行比较全面的调查和了解。

从总体上来看，刚刚恢复重建大专的天水师范专科学校地处经济不发达的甘肃省的省会城市之外的天水地区，又毗邻经济更为落后的陇南地区。从学校历年生源来看，天水地区约占 50%，陇南地区约占 25%，定西地区约占 10%，庆阳、平凉地区约占 5%，其他地、州、市约占 10%。学生毕业后，一般都分配在这些地、州、市的县（区）乡一级的中学任教。在这些地县中，陇南地区是甘肃省最南部的边远山区，天水、陇南两地市的部分县是甘肃省的贫困县，定西地区是甘肃省的中部干旱地区，也是全国的贫困地区；另外，这几个地、市又是以汉族为主的多民族地区，有个别县是民族自治县。

从天水市和陇南地区的中学师资状况来看，1984 年天水市和陇南地区共缺初中各科教师 3600 人左右，按当时天水师范专科学校每年毕业人数的高限计算，至少得 10 余年时间的才能补够缺额。这两个地市的初中教师不具备大专毕业学历的约有 5300 余人，按当时天水师范专科学校的培训能力估算，需要 30 多年的时间才能对这部分教师轮训提高，而且随着九年义务教育的普及，这两地市的教师缺额还会相应增加。因此，对天水、陇南两地市来说，发展师范专科教育不仅是十分需要的，而且还必须在较长的一段时期内大力发展，这样才能改善地方初中教师师资严重缺乏的局面。

面对上述调查结论，学校领导层经过酝酿讨论，最后一致认为，天水师范专科学校作为甘肃东南部唯一一所高等学校，不应该盲目与本科大学攀比，而应以"三个面向"为指针，坚持改革方向，立足于天水、陇南两地市，突出专科性、师范性和地方性，为普及九年义务教育培养合格的初中教师。同时，随着我国经济体制改革的不断深入和经济建设的迅速发展，培养经济建设所需的各方面人才也应成为学校办学方向和培养目标的一个重要内容。因此，学校的办学思想最终确立为："除为甘肃省老少边穷地区培养初中教师外，还要为这些地区的经济建设服务。"正是在这一办学指导思想的指导下，学校在创办短线专业、调整课程设置、加强教学实践环节、培养学生能力以及鼓励教师编写教材、进行教学法研究、教师基本功训练等方面做了持久不懈的努力，使师资队伍、专业设置和招生规模、教学机构和教学管理、科研水平和学生管理等方面都得到较快发展。

第五节　教育教学及科研

一、师资队伍

师资队伍的建设，是高等学校最根本、最重要的建设，它是学校提高教学质量，培养合格人才的重要保证，也是体现学校办学水平和管理水平的重要标志。学校根据国家教委提出的高等教育"坚持方向，稳定规模，优化结构，深化改革，改善条件，提高质量"的方针并结合自身的发展目标，在经历了建校之初的恢复时期与"七五"期间（1986—1990 年）的建设发展后，教师队伍不论在数量和质量上，还是在年龄结构、专业和职务结构上，都发生了较大的变化。

1979 年学校恢复重建时，有教职工 159 人，其中教师 91 人，能担任大学课程讲授的只有 60 人，其中还有 7 名教师所学专业与当时学校所设专业不对口，所以既能讲授大学课程，又符合学校专业设置的教师只有 53 人，仅占教师总数的 58%. 加之当时学校既有二年制的专科班，又有四年制的本科班，两种学制并存，个别专业课教师就更显缺乏，甚至有些专业课程无法正常开设。面对这种情况，学校党委将师资队伍建设作为重点工作，想方设法壮大充实师资队伍。1979 年，学校一方面争取上级人事部门的支持，每年从研究生、高校本科毕业生中选拔一些有培养前途的青年才俊来校工作；一方面吸收其他单位有一定专业水平，能胜任高校教学、年富力强的中年教师来校工作。同时，有计划地分期分批选派中青年骨干教师到全国重点院校进修学习。从 1979 年重建大专到 1984 年间，共派出到外地高校进修的教师 40 余人，参加各类学术会议 21 人次；在评定职称方面更有较大突破，新评副教授 4 人，讲师 82 人，助教 21 人。还评定主治医师 1 人，医师 2 人，工程师 1 人，助理工程师 3 人，技术员 3 人。

至 1989 年，全校有教职工 363 人，其中专任教师 192 人，教授 1 人，副教授 24 人，二者共占教师总数的 13%；讲师 74 人，占 39.1%；助教 49 人，占 25.5%；在其他各专业技术职称系列中，高级职务 1 人，中级职务 14 人。年龄结构也较过去趋于合理，教授、副教授的平均年龄为 52.2 岁，讲师的平均年龄为 43.4 岁，助教的平均年龄为 26 岁。

至 1991 年，全校教师基本状况是：教师 226 人，其中教授 1 人，副教授 29 人，讲师 75 人，助教 93 人，教员 28 人。在高级职称教师中，年龄在 50～60 岁的教师占高职称总数的 86.7%；30～39 岁的教师占教师总数的 11.9%；23～29 岁的青年教师约占教师总数的 61%。高级职称与中级、初级之比例为 1：2.5：3.1；研究生学历的教师数量占教师总数的 6.6%；绝大部分教师系本科学历，中专学历的占极少数。

为建设一支具有良好政治业务素质、结构合理、相对稳定的教师队伍，学校在"八五"发展规划中提出四点措施：一是要做好现有青年教师的培训提高和队伍结构的调整工作；二是充分发挥老教师的传、帮、带作用，培养中青年教师；三是补充教师队伍，使教师队伍结构更趋合理；四是进一步深化职称改革工作，坚持德才兼备的原则，调整各种职务比例。

二、专业设置和招生

1979 年学校重建大专时，甘肃省教育局批准的专业有中文、数学、物理、化学、体育、英语、美术等 7 个专业 12 个班，在校学生人数 500 余人。在当时全党将工作重点转移到四个现代化建设的新形势下，学校努力改善办学条件，调动教与学两个方面的积极因素，着重提高教学质量。至 1984 年 7 月，学校在占地仅 49 亩、教学生活建筑面积不到 13000 平方米、学生食宿条件接近饱和的情况下，想方设法，挖掘潜力，在完成原计划招生 7 届 1903 人的同时，每年还超额录取 1%～3% 的考生入学。自国家改革高考招生制度以来，学校共培养毕业生 1378 人。

在"七五"期间，学校认真贯彻全国师范专科学校工作会议的精神，积极进行专业与课程设置的调整，使专业设置逐步适应农村教育改革的需要。同时，为给国家培养更多的合格教师，学校的招生规模也在逐年增加，其目标是"八五"期间在校学生人数达到并稳定在 2000 人左右。

1984 年，中文、数学两个专业的学制改为三年。1985 年，物理、化学两个专业改为三年制，并恢复体育专业招生，适当扩大英语、美术、体育等专业的招生人数。1986 年，英语、美术、体育 3 个专业改为三年制，当年中文、数学、物理、化学、化生、英语、体育、美术和微机应用专业等 9 个专业共招生 469 人，在校人数达到 726 人。同年 10 月，为贯彻邓小平提出的教育要"面向世界、面向未来、面向现代化"和"计算机要从娃娃抓起"的指示，向甘肃省高教局申请增设"微机应用专业"，该专业隶属于数学系，学制为三年（双学科）。同时，增设生化专业，并首次进行生化专业主辅修制的尝试。生化主辅修制是以生物为主，化学为辅，即在三年内保证主修二年制生物专业教学计划规定的课程，辅修化学专业的无机化学、有机化学、普通化学等课程。

1987 年 6 月，成立函授分部，由教务处代管。同年，增设生物教育专业和微机应用专业，当年招生 474 人，在校学生人数达到 1030 人。

1988 年，学校考虑到生化专业的师资、教学设备等实际情况，暂不招生；增设政教专业，并开始招生。当年招生 493 人，在校学生人数达到 1217 人。同年，申请独立开办中文、数学、政教、化学、物理五个专业的函授教育。

1989 年，报请成立生物系。至此，全校已有中文、数学、政教、化学、物理、生物、体育、英语、美术等九个系共 10 个专业。当年学校招生 650 人，在校学生人数达到 1467 人。

1990 年，专业设置增加到 13 个：中文、政教、英语、美术、数学、数学（辅修计算机）、物理、物电、化学、化学及化学应用专业、生物、生化和体育。当年招生 677 人，在校学生人数达到 1675 人。

1991 年，实施物理和电器、化学和应用化学、数学和计算机的主辅修制。当年招生 713 人，在校人数达到 1679 人。

1992 年，专业设置增加到 14 个：汉语言文学、政教、政史、英语、美术、数学、数学（主辅修计算机）、物理、物理（主辅修家用电器）、化学、化学（主辅修化学应用）、生物、生化和体育，并实施政治和历史专业的双学科制，全面推开主辅修制。当年招生 750 人，在校学生人数达到 1884 人。

三、教学机构和教辅机构

1981—1984 年，陆续设置的教学单位有：中文、数学、物理、化学、美术、英语、体育设系，另设马列主义教研室、教育学科教研室、图书馆、电化教育室。1984 年 3 月，成立天水师范专科学校学报编辑室，由教务处代管。1990 年 10 月，在教务处设置教学研究科，并在各系（室）设置教研室（组）：中文系设置文学教研室、汉语教研室、综合教研室；数学系设置数学分析教研室、几何代数教研室、中学数学教材教法研究教研室、微计算机应用教研室；物理系设置电学教研室、力学热学教研室、光学原子物理教研室、实验室；化学系设置无机分析教研室、有机化工教研室、物化结构教研室；马列主义教研室设置哲学教研室、党史教研组、德育教研组；生物系设置生物教研室。

1986 年 3 月，教务处制定《教师外出进修的暂行规定》和《研究生报考暂行办法》；4 月印发《天水师专班主任工作试行条例》的通知；9 月制定《天水师专教学优秀奖评奖办法》（试行）。

从 1987 年开始，学校着手进行课程教学评估，中文系率先制定汉语言文学专业的教学评估方案，并在当年通过甘肃省高等学校首次专业技术职务聘任工作验收。同年 4 月，学校成立教师职务评审委员会和学科评议组，在教师职务评审委员会下设实验技术学科评议组。

1988 年 3 月，组建教师职务评审委员会思想政治教育学科评议组。一年之后，成立专业技术职务考核小组，办事机构为校人事处，各系（部门）由学科评议组成员和系（部门）的党政领导组成系（部门）的基层考核小组。

1990 年 10 月至 11 月，"天水师专教学系（室）教学管理经验交流及研讨会"召开，重点对提高师资专业素质、加强主干课程建设、严格执行教学计划和教学大纲等内容进行研讨。同年，甘肃省教委在对学校教学情况检查后，在"关于天水师范专科学校教学情况检查的通报"中认为，"天水师范专科学校在校党委领导下，由于广大教师、干部的积极努力，辛勤劳动，在端正办学指导思想、加强校风校纪建设、严格教学管理等方面取得较大的成绩"。当时的省教委领导这样评价学校的办学特点："步履艰难，进步不小，坚持严管，收效显著。"

1991 年，学校在制定"八五"规划时再次强调："深化教育改革，提高教学质量。""学校要针对天水、陇南等地市农村教育的特点，进行专业与课程设置的调整。1992 年，学校做出"关于加强各专业课程建设的决定"，并从六个方面做出具体要求：第一，根据本专业培养目标的基本要求和课程在本专业课程设置中的地位、特点，制定该课程的教学质量目标；第二，参照教学大纲和教师职业技能的要求，制定出该课程加强三基（基础理论、基础知识、基本技能）教学的实施方案；第三，建立知识结构、年龄结构、职务结构合理的课程教学梯队；第四，有适宜师专使用的系列教材和参考书，有围绕课程教学和学术研究的资料，有课程教学所必需的设备、教学用具、图表、模型；第五，制定出本课程教与学的质量评估指标体系，作为考核质量依据；第六，建立题库。

四、科研活动

1980 年，学校制订"天水师专哲学社会科学研究规划"，对教师的研究方向、研究选题、完成时间都做了规划。1981 年教务处设立教学研究科，引导学校教师逐步开展科学研究工作。本年度，时任学校中文科讲师的张鸿勋在甘肃社会科学院所编《社会科学》杂志上发表《简论敦煌民间诗文和故事赋》等有关敦煌学研究论文 2 篇，引起有关部门的重视。1981 年，在学校下发的《关于下达 1981 年工作要点的通知》中明确要求每位教师在大力抓好教学工作的同时，要在本年度做一次读书报告或学术报告，讲师职称以上的教师每年确定与自己业务有关的研究题目，并要撰写学术论文，同时用"请进来，派出去"的思路活跃学校的学术空气。1982年，秦州文史研究组和麦积山艺术研究组成立。自此，学校的科研工作开始起步。

在"七五"和"八五"期间，学校成立科研评审小组，实施校系两级科研项目的管理，有计划、有步骤地加强科研工作的检查、管理和科研项目的评审工作，同时组织多种形式的学术讲座、学术讨论、科研报告活动，开展学术交流。1984年以来，先后邀请李政道博士，复旦大学中文系教授蒋孔阳，中国作协秘书长、北京市文联主席阮章竞，中国人民大学教授、"红学会"会长冯其庸，南京大学教授、江苏省数学学会理事长周伯勋等一些著名专家、学者来学校做学术报告。1986—1990年，先后有28人主编或参与编写适合师专特点的28门课程的教材，80余人在省内外各种学术刊物上发表论文200余篇，美术作品20余件，出版专著3本，还翻译了一些影视脚本。学校教师申请的各类科研项目和科研经费也有所提高，1986—1991年，有27名教师先后申请31项科研项目，科研申请经费从1.2万元增加到3.71万元。

学校教师在这期间所取得的一系列科研成果中，尤以张鸿勋在敦煌文学方面所获得的成绩突出，他所撰《试论敦煌讲唱文学的体制及其类型》被评为1985年甘肃省哲学社会科学优秀论文；所撰《谈敦煌本〈启颜录〉》获1987年甘肃省哲学社会科学优秀论文二等奖；1990年，其专著《敦煌讲唱文学作品选注》获1979—1989年度甘肃省高等学校哲学社会科学优秀成果奖二等奖，此前获1988年度北方十五省区第二届哲学社会科学优秀图书奖，还被介绍到海外。除此之外，雒江生在古代汉语方面的研究也取得了丰硕的成果。1984年，雒江生所撰《略论〈桃花源记〉与系诗的关系》，刊于《文学遗产》第4期；1985年所撰《释蓐食》刊于《语文研究》第3期；所撰《秦国名考》刊于校刊《教学研究》（《天水师范学院学报》前身），后经补充修改，1994年刊于中华书局主办的《文史》第三十八辑。

还有值得一提的是，1991年9月13日至9月17日为期五天的甘肃省高等师范院校数学教学研究会在天水师范专科学校举行，邀请日本东海大学横地清教授、北京师范大学钟善基教授等参加，这为学校进一步加强学术交流和教育改革起到了一定的推动作用。

五、学生管理

1982年，教务处下设学生科，负责学生的行政管理。先后制定和修订《学生守则》，并完善修订《天水师专学生学籍管理办法》（1986年）、《天水师专班主任工作试行条例》（1986年）等一系列规章制度，并于1987年5月成立学生工作领导小组。1989年，学生工作处成立。至1992年，学校在学生管理制度的建设、育人环境的优化、教师职业技能的培训等方面做了大量的工作。

一是制定适合新形势下的各项学生管理工作规章制度，积极开展"三好"、创"优良学风"活动。1989年和1990年，国家教委先后颁布《高等学校学生行为准则》和《普通高等学校学生管理规定》，根据国家教委的文件精神，结合师专实际，学校先后制定出《天水师专学生学籍管理规定》和《天水师专学生考场纪律》。1990年，制定出台《天水师专学生宿舍公约》《天水师专五星级文明宿舍评比一览表》等制度，这些制度着眼于学生管理工作中最薄弱的宿舍这一环节，对学校学生整体文明的不断提高起到了重要的推动作用。1991年秋，甘肃省大中专院校五星级文明宿舍经验交流会在天水师专召开。1992年，在天水市精神文明检查评比中，学校获"先进单位"荣誉称号。同年，为完善和深化学生管理，又制定《天水师专学生综合考评试行条例》《天水师专专业奖学金条例》《天水师专学生校内淘汰制办法》《天水师专毕业生分配工作条例》《天水师专班主任工作职责》等制度。学生管理制度的完善与健全，有力地促进了整个校园的文化文明气氛。

二是优化校园育人环境。从1989年开始，在学生处的统一策划下，学校利用各种宣传手段营造校园积极、健康的育人氛围。例如，让学生精心制作10个活动报栏，每日更换报纸11种；制作永久性灯箱语录牌10个，上书名人名言；印刷多种宣传标语，内容有节约勤俭、爱国爱校等；在教学楼悬挂"德育为首，教学为主，育人为本"和"齐心协力，争创一流"的大幅标语等。在软环境建设上，学校大力开展各项思想政治教育和美育教育，除开好马列主义思想品德和时事教育课外，还举行各类的爱国主义教育活动和讲座。同时，学校教师也开始重视大学生思想教育和方法的研究。1992 年，刘新生的《关于大学生思想教育的研究》系列论文被评为甘肃省哲学和社会科学优秀成果三等奖。除此之外，学校还组建了艺术团、民乐团和电声乐队，并在 1990 年全省大专院校文艺汇演中获得了好成绩。

三是加强教师职业技能培训，注意学生动手能力的培养。1985 年，在全省高校非数学专业《高等数学》统考中，学校取得了好成绩。1986 年，在全省师专类中文《文学概论》课统考中，获第一名。1987 年，在省教委组织的师专《文学概论》和《现代汉语》两门课统考中，均获第一名。1988 年，学校受到国家教委的表彰和奖励，认为天水师专"为基础教育培养合格师资方向明确，成绩显著"。

第六节　党建与思想政治工作

一、校、系两级领导班子建设

由于种种原因，自 1979 年重建大专以来，学校一直未召开党代会，历届党委成员都由上级任命，同时，基层党支部也没有坚持按期改选换届，支部书记由党委直接任命。从 1991 年开始，按培训计划派人参加省委党校的学习；成立党委中心学习小组，定期组织学校党政领导学习政治理论；在日常工作中强调坚持党委的集体领导，认真贯彻民主集中制原则，严格遵守党委议事规则；建立党政领导深入实际，联系师生员工的制度，转变作风，密切同职工群众的关系；定期召开党委民主生活会，交流思想，开展批评与自我批评，增强领导班子的团结。按照甘肃省委的要求，1992 年，学校经过筹备于当年召开学校第一次党代会。在党代会之后，学校开始按党章规定进行支部选举，并坚持按期改选换届。

在系级领导班子建设上，学校首先抓干部的选配工作，特别是注重选配好党支部书记。1991 年，学校党委制定《关于推荐选拔任用处科级领导干部组织程序的规定》，初步把选拔任用干部的工作纳入程序化、制度化和民主化的轨道。其次，学校明确系党支部和系主任的职责，强调书记和主任互相尊重，互相支持，团结一致，共同搞好系级工作。学校在各系还建立系务会议制度，在决策的民主化、程序化上迈出了重要一步。另外，学校还加强了对系级领导班子的考核，从 1991 年开始，每学年对系级领导班子进行一次集中考核。

二、基层党支部建设

1979 年重建大专后，由于规模小，党员人数少，党支部都建在系上。当时全校有党员 57 人，基层党支部 8 个。这样，系党支部既是最基层组织，同时又是系上的政治核心，履行着系党支的职责。因而，加强基层党支部建设，有着特殊的重要意义。学校在党支部建设上，一是注意选配好支部书记；二是明确系党支部的地位和主要任务；三是严格党的组织生活；四是深入开展"我为党建做贡献"活动和"创先争优"活动；五是加强积极分子的培养，做好组织发展工作。另外，党委还下发《关于加强党支部工作的意见》，对党支部工作提出一系列规定性的要求。1991 年 3 月，学校设立机关党的总支部委员会，包括纪委、党委办公室、组织部、宣传部、工会、团委、校长办公室、教务处、人事处、学生工作处等机关单位；设立马列主义教研室党支部委员会，包括马列主义教研室、思想教育教研室和教育学科教研室，直属校党委。至 1992 年，学校有直属党支部 13 个，机关党总支 1 个，下设 2 个党支部。在这期间，学校党支部所做的大量工作和取得的成绩得到了上级部门的认可和好评。1991 年，数学系党支部被天水市委评为先进党支部。同时，学校为进一步加强基层支部建设，拟定党支部目标管理责任制及其考核办法，使支部工作进入制度化、程序化、规范化的轨道。

三、发展党员工作

1979 年，在学校 57 名党员中知识分子所占比例较少。至 1992 年，学校共有党员总数 145 人，其中教师党员 63 人，占教师总数的 29%；干部、工人党员 67 人；学生党员 15 人，占学生总数的 0.9%。

1979 年以来，学校党委认真学习党的知识分子政策，重视从知识分子中吸收党员，经过培养和审查，至1984年，在知识分子中吸收党员12人，同时还有32名知识分子提出入党申请。老教师王义经批准入党后，在教师中间反响较大，他本人也表示："今后一定要努力执行党的方针政策，努力克己奉公，用一丝不苟的求实精神来完成自己的教学工作任务"。

1989—1990年，由于政治风波的影响，以及后来的党员重新登记工作，发展党员的工作暂停一个阶段。党员重新登记工作结束后，学校开始按照中央关于"坚持标准，保证质量，改善结构，慎重发展"的方针，认真进行组织发展工作。按照中央的要求和学校的实际，学校提出发展党员的几个重点：一是重点发展一线的教师入党；二是重点发展年轻党员；三是重点发展大学生入党；四是重点在党员人数较少的系发展党员。在发展党员工作中，突出抓以下几个环节：一是扩大入党积极分子队伍，通过业余党校对积极分子进行系统培训教育；二是严格履行中央组织部规定的发展党员工作的程序；三是把重点放在对积极分子的培养和考察上，以保证新党员的质量。为此，印制《入党积极分子考察表》和《同入党积极分子谈话记录表》，定期对积极分子进行考察。1991—1992年，先后发展党员41名，其中教职工6人，学生35人。至1992年，教职工申请入党的有50余人，约占非党教职工总数的18%，其中40岁以下的青年教师有28人，约占同类人员的20%；申请入党的学生有280余人，约占在校学生总数的17%。

第七节　新校区的筹建和旧校区的搬迁

一、建设新校区的筹备

1982年2月18日，随着上级部门《关于天水师范专科学校建设问题的复函》文件的下发，学校建设新校区的各项筹备工作正式开始，其中建设用地的筹备工作为重中之重。

1983年3月28日，学校向省教育厅呈送扩建设计的报告，报告中指出，天水师范专科学校与天水地区行署、天水市人民政府（县级天水市，1985年

7 月 8 日升为地级市）共同研究选定，在天水市东十里铺距原校址东北面一公里处征地扩建。同年 12 月 12 日，又改为在天水市西南郊的吕二公社莲亭大队征用建设新校用地，学校向天水市人民政府递送校舍建设征用土地的申请报告，提出新建校舍需要占地有效面积 120 亩，加上用于城市总体规划、布局纵横两条公路占地 30 亩，总共征地 150 亩。另外，为适应甘肃省"种草种树"的战略转移，学校拟增设生物专业，需在校舍西南预留植物研究基地以及学校发展用地共 80～100 亩。1983 年 12 月 22 日，甘肃省人民政府批准学校征用天水市吕二公社莲亭大队第一生产队川地 120 亩、第二生产队川地 30 亩，共 150 亩。这样，新校舍建设用地终于确定。

1984 年 2 月 16 日，甘肃省计划委员会同意学校校舍的具体建设计划：新建校舍总建筑面积 36600 平方米，其中教室、行政办公室等用房 5700 平方米，实验室、实习工厂及附属用房 6200 平方米，图书馆 2700 平方米，教工住宅及宿舍 10000 平方米，师生食堂 2000 平方米，其他福利及附属用房 2800 平方米，总投资额 1000 万元以内；附属中学不再新建，天水师专建成搬迁后，原校址即作为附属中学使用。学校为了新校区的建设能够尽快开始，并能按计划顺利地完成建设任务，随即成立基建办公室。

1985 年，为了"适应教育事业的发展"和落实甘肃省高教会议提出的"师范学校招生人数要尽快发展"的精神，向天水市人民政府递交关于预留扩建校舍土地 80 亩的报告，报告提出，按学校 1990 年在校人数达到 1500人、1992 年达到 2000 人的发展计划，现有校址土地面积远远不够，需要继续扩大。提出预留扩建校舍的 80 亩土地是有依据的：根据教育部规定，按每个在校学生占地 66 平方米的标准计算，需土地 72 亩，加上公共建筑设施（滨河路）用地 8 亩，共需土地 80 亩。1985 年 1 月 7 日，学校召开新校舍扩大审查会议，经过与会代表的讨论和现场勘察，最终确定在紧靠新校址西围墙以西预留土地 80 亩。同年 11 月 4 日，向甘肃省教育厅递交《关于申请增征 80 亩土地的报告》，报告表示：预留 80 亩土地已征得天水市政府的同意，预留期 2～3 年，需征地费 150 万元。

至此，新校区建设的土地筹备工作基本完成，新校区的建设即将正式开始。师专人多少年来期盼拥有一座宽敞、美丽的新校园的愿望即将成为现实。

二、新校区的建设

新校的创建是艰难困苦的，这里引一段张北方副院长的回忆文章《行走在十年迁校路上》以说明当时的情状。

"节气已进入 1984 年的秋天。我们来到新校区工作初始，这儿只是一片 150 亩撂荒菜地和我们事先安排搭建的十余小间干打垒泥砖油毡房，同志们都住在七里墩校本部或市内，每天只好骑着自行车或坐公共汽车倒车前来上班，新校区的荒凉萧瑟，使大家都不愿到这儿来办公上班，因为即使来了，也吃住无着。这种情况一直延续到 1985 年初春，基建办公室机构人员组建完成后，室务会议才确定全体人员搬迁到新校区工棚办公，学校也派出了电教室的一辆常常抛锚的小面包车，早送晚接，车抛锚了，就只好各想各的办法上班和回家。初来的日子，实在艰苦，中午吃饭是自己办的灶，柴米油盐酱醋茶，都需靠自己置办；中午要休息，只好爬在办公桌上打个盹；办公用的毡房，夏天热得人汗流浃背，冬天又冻得人坐在炉火旁也瑟瑟发抖；荒地里蛇鼠遍地，野兔随处可见。我们就在这样的条件下，组织施工队伍掘地取水，修筑围墙，开始了建校工作的艰难起步。"

1985 年，天水师范专科学校新校区的建设进入全面开展阶段。学校先后向甘肃省教育厅递交 3000 平方米教工住宅楼工程竣工的报告、申请拨款 60600 元修建 150 平方米专家宿舍楼的报告，并汇报当年基建工作的基点、委托设计情况、工程安排及进展、家属住宅楼以及"三材"问题等方面的情况：

第一，基建工作的基点。当年 9 月份新学年开始后，美术系两个年级两个班，体育系一个年级两个班约 80 名新、老学生将在新校址上课、住宿；天水市城市马路拓宽后，旧校房屋 1600 平方米将被拆除，届时 30 余户教职工住房及教工灶、辅助灶、配电室、收发室、开水炉、车库的用房将无法安排；来年在新校址就读的学生数将会增加；教学楼等主体工程必须力争列入跨年度续建工程，以争取省材料总公司在分配一般建设材料指标时，能优先保证学校主体工程的三材供应。

第二，委托设计情况。学生宿舍楼的设计已于上年完成；当年 5 月至 10 月，计划要设计完成的项目有 2276 平方米的食堂、520 平方米的锅炉、83 平方米的配电室、下水工程和 7200 平方米的教学楼；来年要委托设计的项目有单身宿舍楼、电教中心、阶梯教室、行政楼、图书馆和生化楼。

第三，工程安排及进展。计划当年要竣工的项目有学生宿舍楼、学生食堂、配电室、两个大门、四周围墙、下水工程，以及填方和豹子沟治理等后续工程；对于工程量最大的教学楼，学校计划当年年底开始施工。

第四，家属住宅楼。学校向上级申请于当年下半年在新校建设一幢家属住宅楼。

第五，三材问题。由于当年甘肃省材料总公司只承认学校 30 万元投资所含三材指标，其中钢材仅 64 吨，其他所需材料均为议价材料，材料价差数额较大。

由上可知，学校在当时建设新校址的过程中，面临着任务重、时间紧、资金缺乏等重重困难。尽管如此，新址上第一栋建筑物——3653 平方米的学生宿舍楼还是于 1985 年 8 月 23 日竣工，其建筑所用时间不到八个月。同时，为了加快新校建设的步伐，1985 年 8 月 27 日向甘肃省教育厅呈递申请世界银行贷款的报告。报告提出，为了保证规模日益扩大的在校学生的教学需求和征到 80 亩土地，需向世界银行贷款 50 万美元。

同时，为了落实省教育厅"1987 年在校学生人数要接近或达到 1200 人"的要求，在新旧址只能容纳 550 人、新址仅建成了一幢可住 740 人的学生宿舍楼的现状下，向省教育厅提出"1986 年基建投资的申请报告"，申请当年需投资 400 万元，用以新校设施的部分配套，这样新旧两址的学生人数到 1987 年可接近或达到 1200 人，现附 1986 年基建投资项目计划表，以示当年新校基建情况。

1986 年基建投资项目计划表

项目	工程量		总投资（万元）	1986 年投资（万元）	说 明
	数量	单位			
食堂	2275	m²	46	64	包括三材差价 10 万元
家属楼	3000	m²	57	57	市政马路扩宽拆除旧址家属部分住房供搬迁
单身楼	1650	m²	29.7	29.7	单身住宿及新旧各系和行政临时办公用房
教学楼	7200	m²	184.4	88.8	88 年上半年竣工，下半年投资使用
锅炉房	520	m²	12	25	包括购买 4 吨炉一台 10 万元及安装费 3 万元
室外三网	600	m²		30	
配电室	83	m²	2.5	5.5	包括设备 3 万元
校门		m²		15	包括与大门相接的北围墙 5 万元及东侧门
运动场	400m 跑道	m		15	包括篮、排、网球场施工费 5 万元
填方	30000	m³		15	
设计费			16.6	10	单项设计全部结束
不可预见费				20	
归还 85 年欠款				25	包括学生楼 5 万元，防洪工程 2 万元。市内 3000 家属楼 84 年欠款 7 万元，上下水及填方 11 万元
				400	

　　1986 年，学校在资金缺乏的情况下按部就班地进行新校建设时，久旱逢甘露，终于得到世界银行大约 2371 万元人民币的贷款（含省内配套资金 400 余万元）。尽管如此，资金的不足仍困扰着整个基建项目计划的按期实施。

于是，1987 年 5 月，学校再次向省教育厅呈送报告，请求批准《天水师范专科学校利用世界银行贷款扩大学校建设规模设计任务书》，并提出，按建设计划，学校的总建筑面积达到 53097 平方米，需再增加投资 2500 余万元。当年是世界银行贷款生效的第一年，其主要任务是想方设法在 1987 年新生入校前，做好扩大招生后的学生宿舍和教师住房的准备工作，并努力实现扩大征地任务。

至 1988 年，依总规划方案先后建成一、二号学生宿舍楼、学生食堂、教学楼和一号职工住宅楼，共完成建筑面积 27480 平方米。

1989 年 4 月，甘肃省建设委员会在《关于天水师范专科学校扩建工程初步设计的批复》中确定：扩建后学校规模为在校学生 2000 人，教职工与学生之比为 1∶3.4；由陕西省建筑设计院在总平面布置上对单身职工宿舍、职工住宅、实验楼和图书馆的位置需做一些调整；扩建工程新占用地控制在 80 亩以内，视工程建设资金情况，分期征用；总建筑面积为 43027 平方米，包括已建成的教学楼、二号学生宿舍楼、教工住宅及汽车库计 16744 平方米和新建的 26283 平方米；设计总概标要严格控制在 1437 万元以内。

1990 年，2 号职工住宅楼即将建成，图书馆和 3、4、5 号点式职工住宅楼也已破土动工，加紧建设。在建设新校区的同时，学校还要考虑对旧校舍的处理问题。1990 年，学校提出天水师范专科学校旧校舍处理意见的报告：同意在新校基建按扩初计划完成后，将旧校校舍由省教委移交天水市教委；"鉴于组织领导、生活供应、教学实验活动等安排上已经无法妥善解决"，故暂不考虑天水市四中作为学校附中一事。

同年底，学校在完成当年 470 万元的基建项目投资任务后，向甘肃省教育委员会提交《1991 年基建项目投资计划的报告》，报告提出：按省世行贷款计划的要求，在 1992 年 7 月底要完成贷款项目的全部任务，目前只完成计划的 69.7%，鉴于时间紧张，申请 1991 年除续建图书馆、3、4、5 号教工住宅楼和单身楼外，再新建以教学楼为主的四项工程，计划共需投资 450 万元。至 1990 年，学校共完成基本建设投资 1452.3 万元，固定资产总额达 1527.18 万元；校舍建筑面积达到 5.28 万平方米，生均校舍建筑面积 31.46 平方米。

1991 年，根据甘肃省教育委员会《1991 年省级教育基本建设投资计划通知》的精神，学校对当年 339 万元的基建投资作具体安排：3、4、5 号（点式）教工住宅楼、图书馆和单身宿舍楼工程，均要按施工合同要求，在当年九、十月份全部竣工验收。年底，学校按计划完成 14000 余平方米的基建任务。至 1991 年，学校已完成 5 栋教工住宅楼、2 栋学生公寓楼、1 栋教学楼、1 栋图书馆楼、1 栋单身宿舍楼和 1 栋实验室楼等共计 31758 平方米。

1992 年，甘肃省建委向天水师专下达的投资计划共计 409 万元，当年开工建设的项目有：电教楼、行政办公楼及走廊共计 33437 平方米，风雨操场 1440 平方米，教职工住宅 1602 平方米和食堂 1000 平方米。同时，省建委将学校世行贷款调至 2252.11 万元，土建建筑面积调整为 43303 平方米。

至 1993 年底，学校已建成教学楼 7045 平方米，学生楼 6019 平方米，住宅楼 12492 平方米，单身教工楼 2000 平方米，图书楼 4777 平方米，实验楼 3834 平方米，行政办公楼 1610 平方米，汽车库 550 平方米，浴室 369 平方米，配电室 190 平方米，共计 38886 平方米；在建的面积为 4417 平方米，竣工面积达 89%。1994 年，新校区的建设已大部分完成，学校整体搬迁的时机已成熟。

1994 年底竣工主要单体建筑情况一览表

项目名称	建筑面积（m²）	投资总额（万元）	质量标准	建设时间	承建单位
1#学生公寓楼	3653	75.6	合格	1985.3—1985.8	省建八公司
1#职工住宅楼	3142	93.3	合格	1985.7—1987.4	省建八公司
东餐厅	2314	126.1	合格	1985.8—1986.10	省建八公司
锅炉房	667	47.7	合格	1986.6—1986.8	甘谷 206 工程队
1#教学楼（理）	7045	263.2	合格	1987.7—1988.8	市建二公司
2#学生公寓楼	6080	146.2	合格	1987.9—1988.8	省建八公司
配电室	165	14.65	合格	1987.10—1988.3	秦城三建
汽车库楼	550	27.75	合格	1988.5—1988.10	秦城二建
2#职工住宅楼	3148	100.9	合格	1988.12—1990.6	市建二公司

续表

项目名称	建筑面积（m²）	投资总额（万元）	质量标准	建设时间	承建单位
浴室和开水房	361	25.3	合格	1989.10—1990.4	甘谷六峰公司建筑三队
3#、4#、5#职工住宅楼	4639	318.95	合格	1990.3 — 1991.7	市建一公司
学生活动中心（旧图书馆）	4838	405.5	合格	1990.3 — 1991.9	省建八公司
北校门	98.9	49.8	合格	1990.8—1991.3	甘谷 206 工程队
单身教工楼	2158	106.6	合格	1991.3—1992.5	市建一公司
1#实验楼	3957	233.6	合格	1992.2—1993.6	省建八公司
行政办公楼	1820	83.3	合格	1992.11—1993.6	市建一公司
电化教育中心	1672	155.1	合格	1992.11—1994.7	省建八公司
医务所	322	13.4	合格	1993.3—1993.10	
3#学生公寓楼	1511	72.5	合格	1993.3—1993.11	秦城二建
6#职工住宅楼	2408	122.3	合格	1993.8—1994.3	市建一公司
塑胶操场南二层平房教室	1706	117.67	合格	1994.3—1994.10	校办厂建安一队

三、旧校区搬迁

1994 年 3 月 14 日，学校正式印发《天水师专旧校教学区搬迁、移交方案》。考虑到搬迁工作的艰巨性，《方案》从组织领导、组织搬迁、旧校移交工作等诸多方面做了具体规定：物理、化学、生物三系实验室于 6 月底前搬迁完毕，其他部门的搬迁于 7 月底前全部搬迁结束；旧校各系学生考试提前结束，搬迁完毕后再放暑假。至 8 月 15 日，全部搬迁工作顺利结束，师专人拥有新校园的愿望终于实现了。

第四章

更上台阶：天水师范高等专科学校
（1992—1999 年）

　　1992 年 9 月 29 日，根据甘肃省教委下发《关于调整兰州工业专科学校等六所高校校名的通知》，天水师范专科学校更名为天水师范高等专科学校。1992 年 10 月 15 日新校名及校印启用。这一时期，邓小平同志南巡讲话发表，《中国教育改革和发展纲要》正式颁布，社会对高等教育提出了更新、更高的要求。学校紧紧抓住历史发展的机遇，按照"抓质量、上水平、创特色、增效益"的总体思路，加强专业建设和课程建设，加强教学、科研管理和改革，加强校园基础建设，在校学生规模迅速扩大，教学质量和办学水平明显提高，学校各项事业得到迅速发展。

第一节　管理机构

一、管理体制

　　1995 年，在甘肃省、天水市和学校三方共同努力下，与原天水市工业学校成功合并办学，甘肃省政府在批复中确定：学校"暂保留天水师专校名，两校合并后省、市共建，以省为主，学校直属省教委领导管理"。学校实行党委领导下的校长负责制。

二、学校领导调整

1992 年 11 月，甘肃省委任命陈保平为党委副书记。1994 年 12 月，甘肃省政府任命陈保平为第一副校长，全面主持行政工作。王振凯任副校长。1996 年 3 月，甘肃省委任命李伟为党委书记、王兴隆为副书记；甘肃省政府任命陈保平为校长、张北方为副校长。天水师专的新的领导班子形成：党委书记李伟，副书记王兴隆；校长陈保平，副校长张秦龄、王振凯、张北方。

三、校内机构

党委机构。1995 年 9 月成立党委统战部，和党委宣传部合署办公。1997 年 12 月将学校原来的 3 个党总支和 16 个直属党支部改建为 11 个党总支、6 个直属党支部。至 1999 年底，党委机构为 4 个：党委办公室、党委组织部、党委宣传部与统战部、纪律检查委员会。党的基层组织共有 11 个党总支、6 个直属党支部和 27 个基层党支部：机关党总支、中文系党总支、数学系党总支、政教系党总支、物理系党总支、化学系党总支、体育系党总支、英语系党总支、工科部党总支、后勤党总支、离退休党总支及图书馆党支部、教务处党支部、美术系党支部、音乐系党支部、马列教学部党支部、生物系党支部。1996 年 5 月在原业余党校的基础上成立天水师专党校。群众团体有中国教育工会天水师专委员会、中国共产主义青年团天水师专委员会、学生会。

行政机构。1995 年 9 月，成立校办产业处。1995 年 12 月，成立教学督导委员会。1999 年 1 月，在原学校直属财务科的基础上，成立财务处。至 1999 年底，学校的行政机构有校长办公室、人事处、总务处、教务处、学生处、产业处、教学督导办公室、财务处等 8 个部门。在科级建制上，1994 年 1 月，教务处设立成人教育科，撤销原天水师专函授部，1997 年改建为成人教育中心（副处级），隶属教务处。1997 年，学生处设立学生管理科和毕业生就业指导中心。1998 年，在财务处设立计财科和资产管理科。校长办公室下的保卫科改为学校直属科。至 1999 年底，全校共有 28 个科级单位。

临时机构。1997 年 4 月成立体育运动委员会，1998 年 4 月成立语言文字委员会。至 1999 年底，临时机构有：学术委员会、职称评审委员会、体育运动委员会、语言文字委员会、爱国卫生委员会、图书情报工作委员会、计划生育委员会等。

教学及相关单位和部门。1995 年 11 月，在与原天水市工业学校合并后成立了工科部，同年成立计算中心，1996 年成立音乐系。至 1999 年底，学校共有中文系、数学系、政教系、英语系、美术系、体育系、物理系、化学系、生物系、音乐系、工科部、马列主义教学部、教育教学部等 13 个教学单位和学报编辑部、图书馆、电教中心、计算中心等 4 个教辅单位。

科研机构。1993 年 12 月、1996 年 11 月、1997 年 4 月先后成立了三个学校直属、不占编制、不带级别的学校研究所：天水高校化学化工研究所、国学研究所和教育科学研究所。

民主党派。九三学社天水师专支社，中国民主同盟天水师专支部。

第二节　新合并的天水市工业学校历史溯源

一、肇始发源

天水地区曾在 1958 年出现过一所"天水工学院"（含大专、中专），三年经济困难时期因故停办。之后，一直是一片空白。党的十一届三中全会以后，随着经济社会的改革，天水市工农业生产迅速发展，但中高等专业技术人才匮乏，中共天水地委、天水地区行政公署决定尽快创办"天水市工业学校"，以适应快速发展的天水经济。

二、建校及发展

1984 年 9 月，天水市工业学校经省计委、省教育厅批准正式成立，它是一所工科普通中等专业学校，为县级建制，隶属天水市人民政府，由天水市经济委员会主管。学校坐落于天水市秦城区西南郊天北公路 251 号，背靠南山，东临豹子沟，北望藉水，西有著名莲花亭，和天水师范专科学校毗邻，占地 25 亩，是在原天水市电机厂下马后的旧址上改建的。开始办学时，教室、宿舍等均由旧车间改造而成，条件十分简陋。首任校长聂瑞福同志带领全校教职员工共 16 名，自力更生，艰苦创业，通过改造旧车间，建成了 6 间教室，1 间阅览室，7 间学生大宿舍，2 个饭厅，新建了灶房、水房等急需设施，并积极筹备 1985 年的招生工作。1984 年 8 月 5 日，根据天水市委、市政府领导的意见，受原天水市经济委员会委托代办 1984 级理工科机械工程、管理工程、化工工程，以及受原市建委委托开办城市规划专业共四个电大教学班，为天水市工业系统培养机械、管理人员。电大教学班由市经委负责提供经费，天水市工业学校负责组织教学、进行管理。学生拟从户口在天水市城镇并参加了 84 年高考的待业青年中择优录取，后经招生录取学生 69 名（其中城建局 6 名，铸造机械厂 2 名，印刷厂 2 名，秦城区经委 27 名，市经委 32 名），于九月初按时开学。

1985 年，学校纳入国家统一招生分配计划，并于暑期正式开始招生。招收的学生参加全国统一高考，在天水市范围内实行定向招生，定向分配，适当照顾边远山区的考生。学校首届招录新生 229 人，其中全日制大中专班 5 个，成人职工中专班 1 个。前者学制 2 年，招收高中毕业生；后者学制 2 年半，招收初中毕业生。学校主要为发展天水工业，振兴和繁荣天水经济培养牢固掌握基础知识和专业技能，有较强实践能力的中等专门技术人才和管理人才。同年，天水地区改为天水市，学校由于上述 6 个班的招生，随之产生了师资、校舍和管理力量的不足，为此市经委于 1985 年 12 月 13 日邀请市城建局、电大工作站、我校和市秦城区经委的主要领导同志在学校召开现场会议，天水市委副书记王文华同志出席并作了指示。会议决定将学校附设的 4 个 84 级理工类电大班并入有关单位开办的同类（或相近）专业电大班，即：机械工程专业并入岷山厂机械专业班，化工工程专业班并入天水塑料厂化工专业班，城市规划专业班改为土建专业班并入省建八公司土建专业班，管理工程专业班由天水电大工作站代办。该项工作由天水电大工作站牵头和天水市工业学校（代表经委、建委）共同与有关单位联系落实，天水市工业学校原附设电大教学班正式撤并交接，开启了办学的新征程。

1986 年，经过发展，天水市工业学校已有职工 30 人，其中女职工 9 人，干部 24 人，工人 6 人。正县级干部 2 人，副县级干部 1 人，科级 2 人，副科级 1 人，一般干部 18 人。内部机构包括：1. 办公室，8 人；2. 教务科，13 人，总务科，7 人；生产实习科 2 人。职工中大学本科文化程度 7 人，大专 9 人，中专 4 人。学校已建成 3100m² 教学楼一栋，锅炉房、灶房、暖气、浴池等设施基本齐全。家属宿舍楼正在新建，校园得到了较好的整理和绿化，已经初步形成了宁静优雅的读书环境。同年，学校还成立了党支部，有党员 13 名，支委会由张国强、肖德贵、陆先凯组成，由校长张国强兼任书记。

1987 年，学校逐步建立和完善了机械制造与工艺、工业与民用建筑、工业财务与会计、工业企业管理等四个专业，8 个班，303 名学生，教职工 33 人，其中教师 14 人，具有讲师职称的 1 人，主要承担基础课教学任务，专业课教学由外聘教师和中央讲师团的老师承担，实验、实习课由附近工厂、科研单位承担。各专业课程设置分政治理论课、公共基础课、专业技能课三大类。政治理论课开设：德育、马克思主义哲学、政治经济学、共产主义思想理论等；公共基础课开设：语文、数学、英语、BASIC 语言、体育等。专业技能课根据不同专业开设相应的课程，其中"工业财务与会计"专业开设：计算技术、审计学、企业管理基础、国民经济计划概论、机械识图、会计原理、统计原理、管理会计、工业统计、工业会计、经济法概论、工业企业财务管理、工业企业经济活动分析、财政与信贷、预算会计等 15 门；"机械制造与工艺"专业开设：理论力学、材料力学、机械原理与零件、机械制造工艺学、金属工艺学等 11 门；"工业与民用建筑"专业开设 12 门专业技术课，"工业企业管理"专业开设 14 门专业技术课。发展到本阶段，学校占地 25 亩，建筑面积 2415m²，开工兴建 3500m² 的教学楼一座，含标准教室 20 个，200m² 的阶梯教室一个，200m² 的图书室一个，预计 1987 年 9 月可以投入使用。学校同时还进行了专业调整，集中力量先办好两个专业八个班。1987 年 3 月，学校荣获天水市委党风工作先进集体；9 月，获天水市委、市政府教育工作先进单位。

1988 年，学校建成五层双顶教学楼一栋，还修建了花圃，美化了校园环境。同时筹建了机械工艺实验室、建筑工艺及建筑材料实验室、电子计算机实习室、工业财务会计实习室，扩充了资料室、阅览室、图书室、教材仪器室等一系列教学设施。形成了初具现代化规模、现代化教学手段，又能保持艰苦创业精神的校园。同年 4 月，学校党支部增加两名支委，设专职副书记 1 名（邢辉生担任），有党员 24 名。

1989 年，学校在原有专业和办学条件的基础上进一步扩大办学规模，从天水经济的实际出发，努力发挥专业辐射作用办起了以周边县市为依托，为天水企业培训人才、补充人才的成人职工中专班。学校共有教学班 10 个，在校学生 411 人，成人中专班学生 96 人，已毕业的 300 余名学生被分配到省、市、县（区）属厂矿企业，普遍受到用人单位的好评。现有教职工 52 人，其中专职教师 24 人，高级讲师 2 人，讲师和具有讲师任职资格的 6 人，助讲 6 人，其他教学人员 10 人。从专业发展和师生比例来看，目前基础课教师基本配齐，部分专业课教师缺额较大。学生实行定向招生、定向分配的原则，普通班生源主要来至于天水市五县二区，职工班学生主要来源于市属企事业单位，本时期由于受党政机关体制改革、事业单位编制限制及企业承包人短期行为等的影响，部分专业如工业与民用建筑专业招生和发展遭遇瓶颈，学校压缩了 1989 年的相关招生计划。根据国家教委、劳动人事部（85）职教字 0085 号文件《关于颁发〔全日制普通中等专业学校人员编制标准（试行）的通知〕》等相关文件精神，学校计划"八五"期间普通生达到 640 人，达到 640 人后，学校招收初中毕业生，学制 4 年，平均每年招收普通中专生 160 人。在专业设置上拟增设"食品工艺专业""轻纺化纤专业"等。"八五"后期学校逐步过渡为大专，名称定位"天水市工业专科学校"，学制三年，保留中专部，在校学生计划达到 960 人。同年 7 月，学校党总支荣获市经委先进党支部。

1990 年，学校坚持为社会主义建设服务、为振兴和发展天水经济服务的办学指导方针，以提高教学质量为中心，不断改革完善教学计划和教学内容，努力建立健全各项规章制度。计划 1990 年达到 10 个教学班，400 名学员，教员 70 人，职工 30 人的规模。随着办学规模的逐步扩大，教职工和学员人数的增加，学校内部设置一室三科，即：

办公室（主任王锡山）：负责办理学校日常事务，文档处理，来访接待，安排值班等；

教务科（科长李荣）：制定教学计划，设置课程，编排课程表，负责教学秩序、学员学籍管理等事务；

总务科（副科长王积德、杨琏）：负责教职工、学员生活，福利及其它后勤工作；

生产实习科（科长杨凤海）：负责联系、安排学员的学习实习与毕业实习，制定各项实习计划、内容等事务。

学校经过进一步发展，占地面积达 27 亩，校舍占地面积 6146m²，教学楼 3133m²，标准教室 15 间，办公室、会议室 19 间，电教室、绘图室、实验室、计算机室、图书阅览室等专用教室 7 间。学校机构有一室三科、一厂一部，即校党办、教务科、学生科、总务科、校办实习工厂、综合服务部等。学校图书馆藏书 1125 册，大中型工具书 2742 册，还订有杂志若干种供学生课外阅读。

1990 年 6 月，学校获天水市委、市政府"扶贫先进单位"称号；9 月，获甘肃省委、省政府教育系统"先进集体"荣誉称号。

1991 年，学校坚持艰苦创业、从严治校的方针，制定了严密的教学计划，狠抓教学的的各个环节，广泛开展教研活动，从而弥补了教学条件上的先天不足，逐渐由小发展到初具规模。学校现有建筑面积 8052m²，教职工 81 人，其中专兼职教师 39 名，高级讲师 3 人，讲师 8 人，助理讲师 20 人。近年来，学校向省、市各条战线输送各类毕业生 1082 名，其中分配到风机厂的张一帆在工作中刻苦钻研，设计出了 y7－27－7.5c 风机，填补了我国高原地区锅炉风机的空白。同年 10 月，学校获天水市委、市政府"八运会"贡献奖。

1992 年，学校在已有机械制造与工艺、工业与民用建筑、工业财务与会计、工业企业管理等四个专业的基础上，主动适应社会经济发展需要，以提高就业率为导向，深化专业改革和发展，决定在保留原来专业建制的基础上，从 1993 年起暂停工业财务会计、工业企业管理两个专业的招生，利用这两个专业的办学力量，创办经营销售专业，并采用两种学制：一是列入国家正式招生计划，招收高中毕业生，学制两年，培养具有中专学历的经营销售人才，自 1993 年开始招生；二是举办短期培训班，招收在职经营销售人员，每期两个月左右，每年办二至三期，发给结业证，从 1992 年冬季开始招生。

1995 年，天水市工业学校与天水师范高等专科学校合并办学，两校合并后留用天水师范高等专科学校校名。由省、市共建，以省为主，学校直属省教委领导管理。天水市工业学校并入天水师范高等专科学校时，其原来的教职工及编制原则上成建制一次性划入天水师范高等专科学校，划转后的人员工资及福利待遇均按高等学校的规定执行，原天水市工业学校的固定资产也全部一次性划转天水师范高等专科学校。1995 年 8 月，天水市工业学校向天水师范高等专科学校进行了资产移交。9 月，两校正式合并，开启了学校由中等教育步入高等教育序列的新的发展征程。天水市工业学校并入后改建为天水师范高等专科学校工科部（即今之机械学院和土木工程学院的前身），为系级建制，任命任振国同志担任工科部党总支书记，肖德贵、陆先凯、郭保民同志为工科部副主任。

三、机构设置

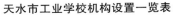

天水市工业学校机构设置一览表

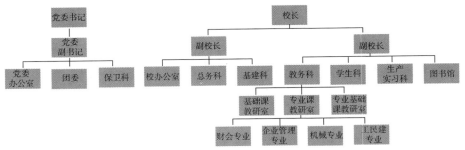

四、历任领导

姓名	职务	任职时间
张国强	党总支书记（兼）	1985.10—1991.11
董嘉培	党总支书记（兼）	1991.11—1995.09
聂瑞福	校长	1984.04—1985.10

姓名	职务	任职时间
张国强	校长	1985. 10—1991. 11
董嘉培	校长	1991. 11—1995. 09
邢辉生	党总支副书记	1988. 04—1995. 09
杨凤海	副校长	1984. 04—1985. 10
肖德贵	副校长	1986. 01—1995. 09
陆先凯	副校长	1986. 01—1995. 09
郭保民	副校长	1991. 11—1995. 09

第三节　教育教学和科研的恢复与发展

一、教育教学

1995 年初，利用一个多月的时间，组织全校教职工展开了一场"解放思想，振奋精神"的大讨论，在大讨论的基础上，把加强教学工作，提高教学质量作为学校的重点工作和全校上下高唱的主旋律，从严格教学工作常规管理入手，加强对教学过程各环节的检查。1995 年 6 月，学校召开了第一次教学工作暨教学法研讨会议，对学校如何深化教学改革、提高教学质量等问题进行了广泛的讨论和研究。会议之后，校党委和校行政联合下发《关于进一步深化教学改革，加强教学工作，提高教学质量的意见》，要求全校各部门、各单位采取相应措施，在实际工作中坚持教学优先的原则，理顺各种工作关系，摆正教学中心地位，全面提高教学质量。

1997 年 9—10 月，在全校师生员工中开展"教育思想、教育观念改革大讨论"，吸收和借鉴先进的教育思想和观念，确立符合时代要求，符合教育规律，又具有学校自身特点的教育思想和教育观念，深化教育教学改革，不断提高教学质量、办学水平和办学效益。

1998 年 11 月召开全校第二次教学工作会议，这次会议总结了第一次教学工作会议以来的教学工作经验，反思了教学工作中存在的问题，对今后一段时间如何做好教学工作进行了探讨，同时对学校准备出台的有关加强教学管理、科研、教师队伍建设等内容的若干文件进行了讨论。

这两次大讨论和两次教学工作会议，使全体师生员工解放了思想，改变了观念，强化了教学工作的中心地位，进一步促进了教学工作的迅速发展和教学质量的提高。

（一）专业建设和课程建设

天水师专是甘肃东南部唯一的一所高等学校，这就决定了其办学方向不仅要为这些地区的教育事业服务，还要为经济建设服务。根据农村教育对教师的特殊要求，学校注重培养学生具备一专多能的本领。80 年代中期开始，在部分系开设主辅修专业，试行双学科专业。1990 年代以来，为了适应职业技术教育对师资的需求，学校又把主辅修拓宽到主修一个师范专业，辅修一个职业技术专业，不断推进专业改造和建设。1994 年以来，学校努力拓宽渠道，增加办学路子，积极加强专业建设和课程建设，适应社会对各类人才的需求。

1994 年，增设文秘、政治教育辅修法律、应用电子技术、机电一体化、市场营销、计算机应用、财会、专门用途英语等 8 个专业。

1996 年，增设机电工程、会计、音乐教育 3 个专业。

1998 年，增设房屋建筑工程专业。

1999 年，增设计算机科学教育、生物教育辅修环保 2 个专业，开办电算会计和花卉 2 个高等职业教育专业，与西北师大联合在中文、数学 2 个专业试办本科班。

至 1999 年底，全校先后形成 27 个师范专业和 8 个非师范专业。

数学系 5 个专业：数学教育、计算机及应用（非师范）、数学教育辅修计算机、计算机科学教育、数学与应用数学（本科）。

物理系 4 个专业：物理教育、应用电子技术（非师范）、物理教育辅修电子技术、物理教育辅修计算机。

化学系 2 个专业：化学教育、化学教育辅修化学应用；

生物系 5 个专业：生物学教育、生物学教育辅修化学、生物学教育辅修农业技术、生物教育辅修环保、生物化学教育。

工科部 3 个专业：房屋建筑工程（非师范）、机械电子工程（非师范）、会计学（非师范）。

体育系 2 个专业：体育教育、体育教育辅修保健卫生。

中文系 3 个专业：汉语言文学教育、文秘（非师范）、汉语言文学（本科）。

英语系 4 个专业：英语教育、英语（非师范）、英语教育辅修实用英语、英语教育辅修商贸英语。

政教系 5 个专业：政治教育、政治历史教育、政治教育辅修法律、政治教育辅修经济、市场营销（非师范）。

美术系 1 个专业：美术教育。

音乐系 1 个专业：音乐教育。

同期，还先后开设计算机应用、电算会计与统计、实用英语、经济法、音乐、美术、房屋建筑、文秘与公共关系等 8 个自考短线专业，函授和夜大开设汉语言文学教育、数学教育、计算机及应用、财务会计等专业，并从 1998 年起，中文、数学、物理、体育等专业陆续开设北京师范大学本科函数专业。

经过几年的专业建设，学校能够以较大涵盖面适应社会各方面的需求，提前实现了师范与非师范并存、文理工经并举的喜人局面。

在明确培养目标的前提下，学校课程设置一直朝着"拓宽公共基础课、夯实专业基础课、优化专业主干课、学好实践技能课"的目标发展。1992 年学校做出"关于加强各专业课程建设的决定"，从六个方面提出具体要求。从 1994 年开始，积极推进课程建设。前后用 3 年多的时间，对各专业课程的教学大纲和教学计划进行大范围的修订，新修订的教学计划将课程分为公共课、教育课、专业基础课、选修课、特设课、实践课六大块，其主要内容是对课程体系和教学内容进行改革，缩短专业基础课的教学时间，加大选修课和地方特色课的活动空间，并从 1998 年开始实施。在加强课程建设的同时，学校要求各系（部室）根据各自的学科优势，积极稳妥地推进重点课程建设，1995 年下半年各系（部室）分别制定本单位的重点课程建设方案并开始实施，通过优化教学内容，改革教学方法，培养重点师资，学校的一些优势学科得到一定的发展。1998 年确定了首批 10 门校级重点课程：古代汉语、古代文学、中国通史、数学分析、大学英语、综合英语、素描、邓小平理论、计算机基础和教育学；7 门系级重点课程：哲学、武术、电子技术、声乐、无机化学实验、BASIC 语言和遗传学。并投入 4 万元作为建设经费。

（二）教学管理

完善教学管理的规章制度。1993 年以来，学校逐步将教学工作从过去的单一业务式管理引向规范化管理，根据国家和省级领导机关的各类指示精神，结合学校实际，制订和完善教学管理的规章制度。如《天水师专课程教学条例》《天水师专教学过程各环节基本要求》《天水师专学生成绩考核实施细则》《天水师专学生考勤暂行办法》《天水师专考试考场规则》《天水师专教学事故的认定及处理暂行规定》《天水师专课程考核细则》《天水师专学科带头人、学科骨干，优秀中青年教学骨干职责和任务》等。

加强教学检查、督导和评估。1994 年以来，为了强化教学管理，提高教学质量，学校实行严格的听课和检查制度，印制具有量化标准的《听课记录表》，除由教务处执行的教学常规检查外，还要求校领导、处系领导、教研组长听课；学校制定《天水师专课程评估表》和《天水师专实验教学评估表》，并聘请经验丰富的教师成立调研组，对部分课程进行全方位的调研和检查。实行每节课情况考查，执行严格的《课堂情况登记表》和《教师日志》填写制度。1995 年 12 月学校成立教学督导委员会，组织专门人员对教师教学的各个环节进行检查督导，使教师能够保质保量完成教学任务。与此同时，还在全校中青年教师中开展观摩教学活动和"青年教师优秀教学奖"评选活动。1996 年，学校重点对中文系进行办学水平的评估试点工作，并对1991 年以来毕业任教的青年教师教学情况进行检查，在积累一定经验的基础上，1997 年学校对各系（部室）办学水平进行全面细致的评估工作，对评估中成绩较高的中文系和数学系进行表彰奖励，通过评估对办学中存在的问题进行整章建制，拾遗补漏，达到了以评促建的目的。

加强学风建设，严格考试纪律。1995 年 2 月，根据教育部和省教委加强学风建设的精神，学校印发《关于学风建设评估工作的安排意见》，对各系部进行学风建设的评估。以此为契机，完善考核机制，严格考试纪律。1995年以来对命题、阅卷、登记成绩，学生考试违章违纪等方面做了系统又严格的规定和要求。在考试方式上，采用类似高考要求的标准化考试方式：实行考生单桌单列、试卷密封、考卷现场拆封、考后重新现场密封，对监考教师按照系别，进行交叉排名监考等。

（三）教学条件

1993—1996年，学校在财力十分紧张的情况下，挤出资金购置计算机等教学仪器设备，建立多媒体语音室，为英语专业学生听说能力训练提供条件。计算机中心利用现有设备，为部分教学系的上机操作提供方便，并尽可能地延长开放时间，便利学生学习。装备电化教育室，开始播放教学录像，为教学服务。改建琴房，购置钢琴，为音乐专业招生和学生学习创造条件。1997年，计算机中心加大建设力度，购置计算机，建立机房，为全校正常开设计算机基础课提供保障。1998年，加大实验室建设的工作力度，优化资源配置，对生物系、化学系、数学系和物理系以课程为主的小而分散的实验室进行整合，改建成以学科为主的生物学基础实验室、化学基础实验室、微机实验室和物理学基础实验室，新建和筹建机电实验室、财会模拟实验室、房建实验室和计算机中心实验室。1999年，学校投入教学经费400余万元用于实验室设备的配套购置、计算机中心实验室和多媒体语音室改造、校园网络建设、学校多功能厅建设和图书馆电子阅览室、视听室等建设。同年，为建设天水师范学院，省市两级政府和学校计划投入4600万元，用于征地、建设教学大楼、购置教学仪器设备等。至1999年底，学校建有电化教育和计算中心，设有8个基础实验室，2个多媒体语音室，6个计算机教室，拥有教学用计算机400余台，学校开通了校园计算机网络，与国家教育科研网等联通，全校教学仪器设备总值达1100余万元。

（四）师资队伍

"培养为主，引进为辅"的师资培养原则。1991年以来接收研究生22人，调入副高以上职称教师8人。1994年，学校制定《关于引进和培养高层次人才若干问题的暂行规定》，采取各种措施，不断提高师资队伍的整体素质。一是努力吸纳高学历者充实青年教师队伍，尽可能地从毕业研究生中选用新教师；二是有计划地安排现有中青年教师在职攻读硕士学位和双学位；三是鼓励中青年教师报考硕士生、博士生、攻读博士后；四是按需派遣中青年教师参加省内外高师师资培训中心举办的助教进修班、单科进修和岗前培训，努力提高其知识和技能水平。至 1999 年，80% 以上的专任教师通过不同的渠道得到了培训。

培养教学骨干。1995 年制定《天水师专培养和选拔学科带头人条例》《天水师专学科骨干评选及管理办法》《天水师专优秀中青年教学骨干评选及管理办法》。1996 年，按照"公开选拔、严格考核、滚动发展"的方针，认真进行了"学科带头人""学科骨干""优秀中青年教学骨干"的选拔工作。首批确定学科带头人 5 人，学科骨干 10 人，优秀中青年教学骨干 26 人，并给发放校内特殊津贴予以鼓励。另外，学校还设立"天水师专青年教师优秀教学奖""教书育人奖"，每两年评选一次，进行表彰。

建立竞争机制。从 1990 年开始，彻底打破教师职务评聘过程中的论资排辈、按届划线的方法，坚持实行公平、公开竞争，择优晋升，为优秀教师脱颖而出创造条件。1990 年以来，破格晋升副教授 6 人，评聘 35 岁以下副教授 15 人。

至 1999 年底，专任教师从 1990 年的 190 人增加到 316 人，教师中的高职称和高学历比例明显提高，专任教师中有教授 9 人，副教授 73 人，高职比例为 26%，超过了教育部规定的 2005 年前专科学校专任教师高职比的高限（教育部规定为 25%），专任教师中硕士及以上学历的（含在读研究生）占 38%。

1993 年以来，有 2 人获"全国优秀教师奖"，8 人获"曾宪梓教育基金奖"，12 人获甘肃省委、省政府颁发的"园丁奖"，4 人获甘肃省高校"青年教师成才奖"。

（五）教学改革

1993 年以来，学生规模迅速扩大，在校生人数由 1993 年底的 1800 余人增加到 1999 年底的 4500 余人（其中普通本专科生 3300 人），如何稳定和提高教学质量，如何拓宽人才培养渠道，主动为地方教育和经济社会建设服务，就成为学校面临和必须解决的一个重要问题。学校为适应社会主义市场经济的需要，在调整课程设置、优化专业设置、强化教学管理等方面进行了大胆改革。1994年学校出台《天水师专综合改革纲要》和《天水师范专科学校内部管理体制改革方案》，以体制改革促进教学改革。贯彻落实全国教育工作会议提出的"以提高教学质量和办学效益为重点发展高等教育"的方针，更好地为普及九年制义务教育服务，为当地经济建设和社会发展服务，学校教学改革进入快速发展时期。这一时期有影响的教学改革在学校层面上是"321"教改方案，在教学系层面上是政教系的"二一分流"方案。

1996年，学校开始实施"321"教改方案。"321"教改方案是一项比较系统的教学改革方案。其具体设想是，坚持"解放思想、坚持方向、深化改革、增强活力，为基础教育和经济建设服务"的办学指导思想，贯彻邓小平同志提出的"三个面向"思想，提高教育质量，适应社会主义经济建设的要求，树立为地方和区域经济、科技和社会发展服务的生存观念和规模、结构、质量、效益四者统一协调发展的观念，树立素质教育的观念，形成学校的特色。用3~5年的时间，认真抓好教研与科研、专业建设和课程建设三项工作，完善学校多学科、多层次的特点，强化为基础教育和地方经济建设服务的功能。其具体构想是：第一，在专业建设方面，普通生每年招生1200人，其中师范类占三分之二以上，2000年以前，全校普通生在校人数达3000人，各类成教生达到2000人；1996年建成音乐专业，并成立音乐系；1998年完成房屋建筑工程专业的筹建；在省教委批准开办的24个专业的基础上，1998—2000年创办2~3个师范本科专业，2~4个非师范专业，1~2个师范专科专业。第二，教学计划项目和系部建设项目方面，重点进行对各专业和系、部、室办学水平的评估。第三，加强英语、计算机等专业的普及推广工作。第四，科学研究方面，成立天水高校化学化工研究所、天水师专国学研究所、天水师专教育科学研究所；资助出版学术著作。第五，师资队伍建设方面，主要是培养高学历、高职称、知识面宽的教工队伍。

同年，在政教系开始试行"二一分流"的新教学方案。"二一分流"教学计划的培养目标，是通过这种教学改革，更好地培养德智体全面发展、一专多能的合格初中教师与社会急需的专门人才。所谓"二一分流"，就是在学生入学后，先用两个学年的时间学习专业基础课程，第三年分流学习专业课程。"二一分流"方案所涉及的专业主要有三个：历史学专业，法律学专业和经济学专业。"二一分流"各专业均为三年制，开设 9 门公共课和 14 门基础课，历史学开设 12 门专业课，法律学开设 12 门专业课，经济学开设 14 门专业课。

1997 年后，适应素质教育的要求，在全校范围内开设跨学科选修课，并实行学分制管理，受到同学们的广泛欢迎。

学校教学工作的成功，为学校赢得了声誉。1994 年和 1999 年学校教务处两次被甘肃省教委评为"全省高等学校优秀教务处"，1999 年又被评为"全国普通高等学校优秀教务处"。1997 年，学校被国家语言文字工作委员会评为"全国语言文字工作先进集体"。1998 年，学校被中宣部、教育部、共青团中央评为"全国高校学生社会实践活动先进集体"。另外，1995 年，学校在甘肃省师范类高校普通话竞赛中获得第一名；1997 年，在甘肃省体育专业大学生基本功竞赛中，学校获团体总分第一名，并代表甘肃省参加全国体育专业大学生基本功竞赛，取得较好成绩；在甘肃省大学生"神速杯"计算机程序设计竞赛中连续五年获得专科组 BASIC 语言第一名，并获优秀组织奖；在连续几年的全国大学生数学建模（甘肃赛区）竞赛活动中，数次获得特等奖、一等奖，1998 年还获得一项全国一等奖，是全国唯一获一等奖的专科学校。

二、科研工作

学校坚持科研面向教学，面向地方教育、经济和社会发展，科研与教师队伍建设相结合，与学生素质教育相结合的指导思想，学校先后出台《天水师专科研工作管理办法》《天水师专科研成果管理及奖励条例》等科研管理制度，在科研方面基本形成省、市、校确定项目和筹建经费的 3 个渠道，应用研究、基础理论研究和教学研究三线分明的科研局面，并取得较为明显的成效。

1994—1995 年，各类专业教师在省级以上刊物发表学术论文 50 余篇。学校承担省教委项目 21 项，争取经费 4 万元。获甘肃省普通高校优秀教材一等奖 1 项、哲学社会科学优秀成果奖 2 项。

1996 年，在省级以上刊物发表学术论文 40 余篇，在各种全国性学术会议上交流论文 14 篇，出版专著 6 部，其中获省级奖励的 6 篇（部）。一年来举办各类学术讲座、报告 42 场次。化学化工研究所也取得突破性进展，所研制的新型染助剂和设计的"万吨磷肥生产线"投入生产，研制的"脱氟磷酸氢钙"生产新方法、新工艺通过天水市科委的鉴定，并荣获天水市科技进步二等奖和省教委科技进步三等奖，标志着学校科研与产业相结合迈出成功的一步。1996 年教改研究也取得了进展，有 2 项获得甘肃省教委的奖励。

1997 年，在省级以上刊物发表学术论文 50 余篇，获全国、全市教育研究、科技进步及优秀论文奖等 16 项。一年来，全校共举行学术讲座、报告 80 余场次。获国家发明专利 1 项，获国家、市书画作品奖 8 项。向省教委申报科研项目批准立项 17 项，争取经费 2 万多元；校内立项 26 项，安排经费 3 万元。向天水市科委争取立项 4 项，科研经费达 8 万元，争取天水经济开发区科研经费 5 万余元，共计从校外获得 15 万多元。教科所承担的全国教育科学"九五规划"研究课题《欠发达地区教学资源配置及效益研究与实验》通过鉴定。

1998 年，在省级以上刊物发表学术论文 80 余篇，出版专著和教材各 1 部、集体和个人画册 2 集。获省高校科技进步奖 2 项、哲学社会科学奖 1 项、市科技进步奖 3 项。评选了学校首届教学成果奖 14 项。一年来举办各类学术讲座、报告 60 余场次，邀请校外专家学者讲学 15 场次。向省教委申报科研项目批准立项 20 项、教改项目 3 项，争取经费 3.4 万元，校内立项 10 项。安排经费 5 万余元，向天水市科委争取立项 3 项，争取科研经费 5 万元。

1999 年，在省级以上刊物发表学术论文 100 余篇。出版专著 1 部，主编教材 3 部。邀请国内著名学者、专家讲学 12 人次，组织校内教师学术报告会和讲座 90 余场次。校内外科研项目立项 99 项，其中省级以上 9 项，共争取科研经费 20 余万元。当年结题 29 项，6 项获省、市科研、教学奖，2 项通过市科委鉴定，具有一定的应用推广价值。

这一时期，国学研究所的"伏羲文化研究""三国研究"均在国内外产生较大影响。政教系教师完成的"天水市工业发展思路""310 国道沿线小城镇建设研究"等软科学研究课题转化为政府的决策。数学系的中学教学研究紧密结合陇东南地区的教学实际，取得一批优秀成果，为天水市遴选并培养的 100 名中学数学学科带头人，受到当地学校的高度评价。学校科研形成了以张鸿勋教授为代表的"敦煌讲唱文学研究"，以雒江生教授为代表的"古汉语训诂学研究"，以李济阻教授为代表的"杜甫陇右诗研究"，以张秦龄教授为代表的"欠发达地区高教改革研究"，以雍际春副教授为代表的"天水历史地理研究"，以徐日辉副研究员为代表的"秦文化研究"、高翔教授的无机化学研究、杨汝诚教授的数学分析研究、张吉慧教授的非线性问题研究等特色领域。

此外，学校还重视与国内外高校和科研机构的学术交流，与国内外 20 余家大学和科研机构保持经常性学术联系，先后派出数十位骨干教师出国或在国内著名高校进行学术活动，邀请蒋孔阳、冯其庸、许嘉璐、霍松林等著名学者来校进行学术活动。

第四节　招生就业

一、招生工作

1992 年以来，学校紧紧抓住历史发展的机遇，在招生方面，优化已有的专业设置，根据经济建设和社会发展的需要，申报和增设新的师范和非师范专业，努力拓宽渠道，增加办学路子，使学校形成以师范专业为主、多格局、多专业的人才培养模式，学校规模得到迅速扩大。

1993 年，学校汉语言文学教育、政治历史教育、政治教育、市场营销、实用英语、英语教育（辅修实用英语）、数学教育（辅修计算机）、物理教育（辅修电子技术）、化学教育（辅修化学应用）、生物教育、生物化学教育、工业微生物、体育教育（辅修保健卫生）、美术教育、音乐教育、机电一体化、财务会计等 17 个专业招生 930 人。

1994 年，汉语言文学教育、政治历史教育、政治教育、市场营销、实用英语、英语教育（辅修实用英语）、数学教育（辅修计算机）、物理教育

（辅修电子技术）、化学教育（辅修化学应用）、生物教育（辅修农业技术）、工业微生物、体育教育（辅修保健卫生）、美术教育、音乐教育、机电一体化、财务会计等16个专业招生860人。

1995年，汉语言文学教育、政治历史教育、政治教育（辅修法律）、市场营销、英语教育（辅修实用英语）、数学教育（辅修计算机）、物理教育（辅修电子技术）、化学教育（辅修化学应用）、生物教育（辅修农业技术）、工业微生物、体育教育（辅修保健卫生）、美术教育、音乐教育、机电一体化、财务会计等16个专业和体育教育预科招生890人。

1996年，汉语言文学教育、政治历史教育、政治教育（辅修法律）、市场营销、英语教育（辅修实用英语）、数学教育（辅修计算机）、物理教育（辅修电子技术）、化学教育（辅修化学应用）、生物教育（辅修农业技术）、工业微生物、体育教育（辅修保健卫生）、体育教育、美术教育、音乐教育、机电一体化、工业与民用建筑、财务会计等17个专业招生990人。

1997年，汉语言文学教育、文秘（现代文秘方向）、政治历史教育、政治教育（辅修法律）、市场营销、英语教育（辅修实用英语）、实用英语、数学教育、数学教育（辅修计算机）、计算机应用、物理教育（辅修计算机）、电子技术、化学教育（辅修化学应用）、生物教育（辅修农业技术）、生物化学教育、体育教育（辅修保健卫生）、美术教育、音乐教育、机电一体化、工业与民用建筑、财务会计等21个专业招生1200人。

1998年，汉语言文学教育、政治历史教育、政治教育（辅修法律）、英语教育、数学教育、计算机应用、物理教育（辅修电子技术）、应用电子技术、化学教育（辅修化学应用）、生物教育（辅修农业技术）、生物教育（辅修化学）、体育教育（辅修保健卫生）、美术教育、音乐教育、机械电工工程、工房屋建筑工程、会计学等17个专业招生1060人。

1999年，汉语言文学专业和数学与应用数学2个专业以挂靠西北师大的名义招收本科生。当年学校共有汉语言文学（本科）、汉语言文学教育、文秘、政治历史教育、政治教育（辅修法律）、英语教育（辅修实用英语）、数学与应用数学（本科）、数学教育、数学教育（辅修计算机）、计算机科学教育、物理教育（辅修计算机）、物理教育（辅修电子技术）、化学教育、化学教育（辅修生物）、生物教育（辅修环保工程）、体育教育（辅修保健卫生）、体育教育（篮球）、体育教育（武术方向）、美术教育、音乐教育、财务会计（电算化方向）、机械电子工程（辅修汽车维修与检测）、房屋建筑工程等 23 个专业和方向及预科招生 1670 人。

成人教育也得到一定的发展，1994 年后，学校陆续开设汉语言文学、数学、物理、化学、政治、财会、文秘、实用英语、计算机应用、机电一体化等专科成人夜大函授专业。1998 年建立北京师范大学和陕西师范大学函授站，中文、数学、物理、体育等专业陆续开设本科函数专业，函授生人数从 1994 年的不足 300 人增加到 1999 年底的 1170 人。

至 1999 年底，学校有各类在校生 4500 余人，其中普通本专科生 3300 人，成人 1170 人，提前完成学校"九五"规划提出的到 2000 年在校普通生人数达到 3000 人规模的目标。

二、就业工作

1992 年以来，学校毕业生分配领导小组坚持统筹安排、合理使用、加强重点、兼顾一般、面向基层、充实中等教育的原则，严格执行国家调配计划，制定切实可行的分配方案，研究制定毕业生分配的具体政策，落实解决具体问题，在充分体现"优先满足生源地区基础教育发展对师资需求"的原则下，按照充实基础教育教学第一线的方针，服从于基础教育对师资的需求，为基础教育和区域经济建设输送合格人才的宗旨，保证分配与招生改革的统一性，认真做好毕业生的思想教育工作，尽力做好派遣工作。

掌握毕业生信息。在填写《毕业生登记表》的基础上，根据毕业生招生简明登记表，逐步核对，准确掌握毕业生的基本情况，摸清毕业生的来源，分清毕业生的类别，了解毕业生的家庭情况，为毕业生分配做好准备工作。

完善就业政策。1997 年，国家教委印发《普通高等学校就业工作暂行规定》，学校以此为依据，对毕业生有关就业的方针、政策、措施及工作程序的具体要求作详细、准确的政策界定，使就业工作有章可循、有法可依，走上规范化的轨道。同时学校还印发《天水师专毕业生就业须知》，把国家和学校具体的就业政策、规定传达到每个学生，让他们明确自己的责任和义务，为顺利就业打下坚实的政策基础。

坚持分配原则。根据全省师范类毕业生的分配原则，坚持在教育系统内按计划就业，绝大部分毕业生分配到了生源地区，保证生源地区师资力量的不断加强，同时，考虑照顾部分厅局、中央在甘单位及企业学校对师资的需求。

贯彻择优分配的原则。根据学生在校期间的学习情况和思想表现，以综合考评成绩为依据，通过民主测评、系内考察、学生处审核、学校公示批准的方式产生优秀毕业生，优秀毕业生在本系调配计划内优先选择分配单位，充分体现择优分配的原则，其目的是鼓励先进，支持上进，鞭策后进，同时保证分配工作的平等性、公正性和竞争性。

号召毕业生支援老少边贫地区。每年 5～6 月份，学校都要召开毕业生动员大会，在社会主义市场经济条件下，帮助毕业生树立正确的择业观、人生观和价值观，积极引导毕业生正确处理个人和国家、生活和事业的关系，教育毕业生识大局、顾大体，把个人利益和社会需求紧密结合起来，号召生源充足地区的毕业生到基层去，到艰苦的地方去，到社会需要的地方去，真正到教学第一线去显示自己的才华和体现个人的自我价值。

拓宽就业渠道。1995 年以来，省教委根据甘肃省的实际情况，批准学校计算机、市场营销等专业毕业生先后进入人才市场，实行双向选择，学校本着对毕业生负责，对用人单位负责的精神，多次有组织地参加人才市场，积极发挥学校的中介作用，印发毕业生专业简介和来源地材料，尽量扩大影响，做好毕业生的推荐工作。1998 年以来，毕业生就业形势严峻，学校主动和各地、州、市、厅局、中央在甘单位联系，印发学校简介、专业介绍。向学生下发推荐表和协议书，动员毕业生利用假期与用人单位广泛接触，收集需求信息。动员教职工和校友通过各种关系为毕业生寻找就业路子。学校派人积极参加大中专毕业生就业洽谈会，借机宣传天水师专，寻求需求信息，学校领导深入天水、陇南等部分县乡和用人单位洽谈，想办法落实就业单位。

文明离校。加大对毕业生的管理力度，毕业生离校前夕，各系层层分工，责任到人，发现问题及时处理。同时开展形式多样的文明离校系列教育活动，如师生联谊会、座谈会、文艺汇演等各类文体活动，丰富毕业生离校前的生活。充分发挥学生党员和团员的模范带头作用，组织他们站好最后一班岗。提倡互相赠言、留影，为母校做一件好事，在派遣时营造浓厚的欢送气氛，使他们能够愉快地走上新的工作岗位。

第五节　基础建设

一、校园建设

1995 年，实现与原天水市工业学校合并，原天水市工业学校占地 26.01 亩划拨学校，使学校占地面积达到 280 亩（后来因天水市拓建公路占去 30 亩），1999 年 11 月经甘肃省人民政府批准，将天水市秦州区吕二乡莲亭村和天水郡村共 150 亩农用地征拨给天水师范高等专科学校，作为扩建工程建设用地，校园面积达到 400 亩。同期开展并完成操场、道路、围墙修建和校园绿化。

二、基础设施建设

1992—1995 年，建成礼堂 1029 平方米。1993—1995 年，建成风雨操场 1462 平方米。1997 年，建成校招待所 1076 平方米。1998—1999 年，建成西餐厅 974 平方米。1999 年 11 月，经甘肃省政府批准立项建设 16000 余平方米教学楼和 12000 余平方米的学生公寓楼。在加强基础设施建设的同时，学校通过各种渠道，积极争取资金，想方设法加快教职工的住房建设。1994—1999 年先后建成 6、7、8、9、10、11 号家属楼，极大地改善了教职工住房条件。学校校舍建筑面积也从 1993 年的 5 万多平方米迅速增加到 1999 年的近 12 万平方米（包括在建项目）。

这是天水师专基础设施建设较快的时期，这些基础设施建设的完成为教学、科研、师生生活及学校以后的不断发展创造了良好的条件。

第六节 后勤服务

1995 年 8 月 15 日学校由旧校区搬迁新校区工作全部结束。后勤部门利用假期为搬迁各部门配齐教学、实验、办公设备和用具，保证下学期搬迁部门工作的正常运转。并完成 6 号住宅楼建设、分配和 7 号住宅楼申请立项工作。

1995 年，实现与原天水市工业学校合并，学校后勤部门有计划、按步骤地完成土地和资产移交工作，实现与工科部后勤工作的衔接，保证两校联合的平稳过渡。在物价不断上涨的情况下，伙管部门经过多方面的努力，保持正常的就餐秩序。完成风雨操场、教工食堂等建设项目的扫尾工作，建设并分配 7 号住宅楼，完成 8、9 号住宅楼的申请立项工作。

1996 年前半年，伙管部门购置安装了食堂电脑售饭管理系统，同时在稳定饭菜价格、保证饭菜质量、增加花色品种、提高伙管服务水平、严格规范伙食管理制度等方面加强工作。总务部门购置安装 250 千瓦柴油发电机组，并开始启用补给供电。购置安装大学生活动中心 1023 套座椅，完成部分教学楼顶维修和落水管更新工作。财务管理统筹安排，抓重点，坚持原则，在经费困难的情况下，与审计部门协调配合，根据天水市财政、审计部门的要求，统一收管各系的二级财务。制订并报批关于提高房租和住房公积金方案；试行《天水师专车队半企业化管理办法》。完成 8、9 号教职工住宅楼从集资到主体工程建设工作；完成 10 号住宅楼的规划、设计及方案报批工作。

1997—1998 年，总务后勤工作在学校规模扩大，学生人数猛增的情况下，改善条件，强化服务意识，坚持严格管理，提高服务质量，保证全校学生的就餐。打井一眼，缓解了全校供水紧张局面。西区食堂动工，8、9 号教工住宅楼竣工并完成搬迁，10 号楼主体完工，11 号教工住宅动工兴建。

1999 年，经过较长一段时间的研究和讨论，对包括水电暖、车队、伙食等在内的后勤工作进行了较大幅度的改革，先后出台《天水师专水、电、暖供应与改革实施方案》《关于车辆管理办法的改革方案》《天水师专伙食管理改革实施方案》等，并交付教代会和工代会进行讨论，待时机成熟实施。学校按照"全面出击、重点突破"的指导方针，以伙食管理为突破口，开始对伙食管理的更大改革，决定将总务处下属的原伙食管理科改为"饮食服务中心"，并将改革后的饮食服务中心办成一个在校内相对独立的经济实体，但行政上仍隶属于总务处，成为接受总务处的领导和监督的一个新的伙食管理和服务部门。其核心内容是，实行中心主任负责制，主任拥有业务决策权，经营自主权，劳动人事权，利益分配权和技术骨干培训权；中心其他人员实行逐级聘任制，所聘人员的工资及其他待遇均由中心承担，与学校脱钩。基建完成西区学生食堂和 11 号住宅楼的建设，完成新征 150 亩土地的审批手续，1.2 万余平方米的学生公寓楼开工建设，1.6 万余平方米的新教学楼批准立项，学校总体规划开始设计。校办产业与学校整体剥离，自收自支自负盈亏。

第七节　党建和思想政治工作

一、党建工作

校党委认真贯彻执行《中国共产党普通高等学校基层组织条例》（以下简称《条例》），加强党对学校工作的全面领导。校党委贯彻《条例》精神，坚持党委领导下的校长负责制。党委全面领导学校工作，议大事、抓大事，统揽改革和发展的大事不撒手、小事不插手，支持校长独立负责地开展工作。为了实现党的有效领导，党委从制度建设和队伍建设两方面入手，在制度方面，坚持"党委会议事制度""党委中心学习组"和校领导联系教学系室等工作、学习制度，在具体工作方面制定印发《干部管理工作暂行规定》《教职工聘任暂行办法》《加强教师队伍建设的意见》《教师职责和任务》《党政各部门职责范围》等规章性制度和各项工作的指导性文件。在队伍建设方面，通过研讨班、党校培训、送出进修等形式，努力建设政治上强、业务上精、作风上硬、纪律上严的干部队伍、党员队伍和教师队伍，使党的各项方针政策和党委的各项决定能够顺畅地贯彻执行。

1996 年 11 月 1 日至 2 日召开中国共产党天水师范高等专科学校第一次党员大会，院长陈保平致开幕词，党委书记李伟作《抓住机遇，振奋精神，为进一步办好天水师专而努力奋斗》的工作报告，报告对建校 37 年来，尤其是重建大专 17 年来的工作进行了回顾，从四个方面提出今后的工作任务和奋斗目标，从五个方面强调加强党的建设，充分发挥党的领导核心作用。天水市委副书记乔正风参加会议并做了重要讲话。大会号召全体师生员工团结起来，为把天水师专建设成为具有自己特色的高水平、高层次的社会主义新型大学而努力奋斗。

加强领导班子建设。党委以建立务实、高效、廉洁的领导班子为目标，狠抓校、系（处）两级班子建设。1996 年 11 月召开的学校第一次党员大会，选出新一届党委，按照《条例》的规定和《议事规则》的范围，明确职责，抓大事、管导向，凡涉及长远性和全局性工作，都由党委集体讨论决定，严格执行民主集中制原则。在系（处）级班子建设上，认真执行《党政干部选拔任用工作暂行条例》，实行中层干部的任期制，1997 年进行中层干部的换届工作，选拔 20 多名年轻干部到岗。完成党总支和支部的换届改选。换届后，中层干部的平均年龄有所降低，学历职称有较大提高。同时经常组织中层干部政治业务培训和工作研讨，1997 年对新上岗的干部进行了为期一月的培训；1999 年，按照中央和省委的部署，在全校中层以上领导班子和领导干部中深入开展以"讲学习、讲政治、讲正气"为主要内容的党性教育。完善考核和监督，坚持中层干部的年度考核和换届时的考核，考核时进行述职、评议和测评打分。考核后进行谈话反馈结果，并将考核结果同奖惩、校内津贴分配等挂钩。1997 年对调整岗位的干部进行了离任审计。

加强组织建设。1995 年，在原有党委办公室、组织部、宣传部、纪委、工会、团委的基础上，设立党委统战部，与党委宣传部合署办公；设立党委学生工作部，与学生工作处合署办公。在基层党组织建设上，党委紧抓以"发挥党总支的政治核心作用、党支部的战斗堡垒作用"为重点的基层党组织建设。1995 年 5 月，学校组织党支部书记赴山东考察高校党建工作，把学习的经验用到本单位实际工作中，促进了基层党的建设。1997 年，及时进行总支、支部的换届改选，按照《条例》的规定，在党员人数较多的 8 个系成立了党总支，并分别成立了基层支部，选举产生委员和书记，配备党务干部，基本实现系级党的工作体制的转换。

加强理论学习。1993 年以来，党委有计划、有步骤地进行党内条规的教育，学习贯彻党的十四、十五大精神，全力解决全体师生的思想认识问题，锐意改革，加快学校的发展步伐。校领导和马列教学部的一些骨干教师经过精心准备做了专题辅导报告，产生了良好的效果。从 1996 年 6 月开始至 1997 年 3 月结束，历时半年，精心策划、严密组织党员"双学"集中学习活动。这次活动使全体党员掌握了邓小平理论基本内容、基本观点和精神实质，提高了思想政治素质，坚定了社会主义信念，使每一位党员受到一次党内生活、法律法规教育，为每一位党员努力成为改革开放和发展社会主义市场经济条件下政治上坚定、头脑清醒的合格党员打下了坚实的基础。1998 年 10 月，学校举办全校中层干部学习邓小平理论研讨班，认真学习邓小平理论和有关内容，观看邓小平理论的有关录音录像，并结合学校改革发展的实际，进行广泛热烈的讨论。

严格党员的教育和管理，严格组织生活制度。根据形势的发展，党委对党员及时进行党性、党风教育，进行理想信念教育，坚持进行"双学"活动，坚持进行民主评议党员的工作，不断坚定党员的共产主义信念，坚定走有中国特色社会主义道路的决心。对党委、支部和党员的工作实行目标管理和量化考核，按照《党建工作目标管理考核办法》，从 1993 年以来坚持每半年进行检查，年终进行考核，使党的工作由软任务变成硬指标。在组织生活方面，每学期有计划、有检查，并根据形势的发展，在形式、内容上不断创新，提倡每学期有一个专题，每月有一次活动，各支部党的组织活动形式多样，内容具体，生动活泼，富有活力。

开展创先争优和"共产党员十带头"活动。1996 年"七一"建党节前后，党委在全校开展"共产党员十带头"活动，按照学校的实际，把对党员的要求具体到十个方面。对党员既有统一性要求，又有针对本校各个不同岗位党员的具体要求。使每个党员都了解自己如何实践党的为人民服务的宗旨，党员的作用应如何发挥。这项活动开展以来，全校党员在学校的各项工作中都较好地发挥模范带头作用，得到群众的肯定。此后每年"七一"都对先进党支部和优秀党员进行表彰。

加强入党积极分子队伍的建设和党员发展工作。针对学生在校时间短、流动性大的特点，加大培养力度，在新生入校后，由支部书记上好第一次党课，讲解党的基本知识和党员的基本条件及发展党员的基本程序。在每班建立党课学习小组，按时组织活动。在此基础上，支部选送优秀分子到党校进行培训，学校党校每年举办两期入党积极分子培训班，培训学员350人。学生的政治热情逐年增强，积极分子队伍不断壮大，由1994年的15%左右增加到1999年的38%左右。在发展党员中，严格条件要求，严格工作程序，明确工作重点。制定《发展党员工作规划》和《发展党员工作规程》，印发《关于进一步做好在学生中发展党员工作的意见》，并经常进行工作探讨，交流情况，总结经验，发展党员的工作逐步走向规范，新党员的数量和质量都有了提高。1994年发展师生党员188人，1999年发展师生党员382人。

二、思想政治工作

1994年5月，学校召开第一次思想政治工作会议，会议在建设有中国特色社会主义理论的旗帜下，紧紧围绕《中国教育改革和发展纲要》及全省高校党建会议精神，坚持理论与实践相结合，学术研究与工作探讨相结合，普及与提高相结合，专职队伍与全员力量相结合，探讨新形势下思想政治工作的新情况，新问题，提出加强和改进思想政治工作的方法和措施，大会的主题是"总结，交流，探讨和提高"。

1995年以爱国主义为主线，开展天水市倡导的"双爱一创"系列活动，举行纪念抗日战争胜利50周年学术研讨会，在党员干部中开展向孔繁森学习的活动。

1996年认真组织全校党员开展"双学"活动，用一个多月的时间开展高校党组织和共产党员如何更好地发挥领导作用和模范带头作用的大讨论，在大讨论的基础上，校党委做出《关于开展共产党员"十带头"活动的决定》，要求每个党员从十个方面发挥模范作用。

1997年，学校围绕香港回归和党的十五大召开等重大事件，组织开展一系列主题突出、参与面广、富有成效的教育活动，极大地振奋了师生员工的爱国热情。9 月开展"教育思想、教育观念改革大讨论"，进一步统一思想，明确目标、任务，增强广大教职工的凝聚力和主人翁意识。10 月，开展人生观教育活动，组织学生以班为单位，进行人生观问题的讨论，后发展为全校性的人生观问题的讨论、演讲和辩论，全校有三千多人、一万多人次参加讨论和辩论，通过讨论，较好地解决了同学们的人生态度问题，激发了同学们的上进心。与此同时，学校还注意用身边的先进典型教育学生。天水师专毕业生范永杰从师专毕业后扎根边远山村任教，工作认真，积劳成疾，以身殉职。校党委适时做出向范永杰学习的决定，号召全校师生学习范永杰同志热爱教育、热爱岗位、热爱家乡，将一生献给党的教育事业的伟大精神，将自己的工作做得更好，在师生中引起强烈的反响。在全校师生中征集"校训、校风、教风、学风、工作作风"以及教师职业道德规范。在"两课"教学中，突出邓小平理论的指导地位，面向全校各年级加强《形势与政策》课教学，增加教学主题内容，较好地发挥了主渠道作用。11 月，学校召开第二次思想政治工作会议，研究探讨新形势下进一步全面加强学校德育和思想政治工作的途径、方法和措施，讨论学校关于贯彻落实《中国普通高等学校德育大纲》的实施意见以及三个工作条例，对开创学校思想政治工作和德育工作新局面起到极大的推动作用。

1998 年，在学习《中华人民共和国高等教育法》，认真贯彻《中国高等教育德育大纲》的基础上，学校举办中层干部学习邓小平理论研讨班，举办"纪念党的十一届三中全会召开暨改革开放二十周年理论研讨会"等，在全校范围内掀起学习邓小平理论的高潮。全校师生员工通过认真学习江泽民在北京大学百年校庆上的讲话，学习江泽民在全国抗洪抢险总结表彰大会上的讲话等，增强大家着眼本校，关注社会、了解全国高等教育发展形势，积极投身教育改革的历史责任感。

1999 年，按照党委《关于做好 1999 年思想政治工作和稳定工作的安排意见》，学校利用各种形式，组织广大党员、干部和师生员工学习邓小平理论，特别是邓小平的教育理论。同时，有针对性地做好思想政治工作，在抗议以美国为首的北约轰炸我驻南使馆，揭批"法轮功"邪教组织等一系列政治活动和斗争中，学校党委旗帜鲜明，根据中央和省委有关指示精神，及时稳妥地处理各种突发事件，从根本上维护了社会和学校的稳定。

三、校园文明建设

1995年，为了进一步加快文明单位建设的步伐，学校党委和行政做出建设文明校园的决定，重点抓了整顿校园秩序、保持校园整洁面貌和落实"无吸烟"场所三项工作，以培养师生员工良好的行为习惯。

1996年，学校按照国家教委和省教委的要求，坚持以学风建设为中心，以强化学生自我教育、自我管理为重点，加强对学生的日常管理，先后修订完善《天水师专学生宿舍管理办法》《天水师专学生宿舍管理细则》。举办"中华民族文化与道德"讲座、"校园之夏"文艺汇演、"毕业生汇报演出""建党75周年文艺演出"等活动。

1997年3月，党委做出《关于开展创建"十无""十讲"文明校园，精心塑造两代师表活动的决定》，突出素质教育和师德教育这个重点，结合全国教育系统开展的讲文明树新风活动，强化对宿舍、教室及校园环境的治理，校风校貌发生了很大的变化，校园精神文明建设得到深化和发展。

1998年，学校按照争创省级文明单位的目标，继续加强校园精神文明建设，取得明显成绩。按照《教职工职业道德规范》要求和学校《关于"中国高等教育德育大纲"的实施意见》，对全体师生员工进行思想政治教育。举办了全校第一届"文化艺术周"。坚持深入开展校园基础文明建设，继续对校园进行绿化、净化和美化。优化育人环境，对"文明单位""文明宿舍""文明住宅单元"等认真评选、奖励。为学生创造良好的接受教育和娱乐的条件，建成闭路电视系统，电视进了学生宿舍。

1999年，全校上下扎实工作，认真落实《关于"中国高等教育德育大纲"的实施意见》和精神文明建设的有关规定，推动校园精神文明建设的健康发展。活跃校园文化生活，陶冶师专人的心灵。配合1999年全省大学生艺术节，成功举办第二届"文化艺术周"活动；结合四十周年校庆活动和申办师范学院工作，开展一系列活动，坚持"'十无''十讲'文明校园、精心塑造两代师表"活动，进一步优化育人环境。积极开展军民共建结队活动，学习当代军人生活、纪律、作风，圆满完成了新生军训，广泛开展军营和系（部）的"结对子"活动。有计划地组织学生参加义务劳动、送温暖活动和暑期社会实践，深入社会，增强学生的责任感。

1994 年以来，学校党委对党的建设、思想政治工作和精神文明建设常抓不懈，抓出了成效。1995 年起，校党委连续四年被天水市表彰为"先进党组织"，有 2 个基层单位、4 名党务工作者被甘肃省委组织部、宣传部、省教委表彰奖励，1999 年学校、政教系党总支和 2 名党务工作者被甘肃省委分别授予"党建和思想政治工作先进集体""党建工作先进集体""优秀思想政治工作者"荣誉称号。1995 年学校被天水市委、市政府授予"文明单位"称号，1997 年被天水市委、市政府授予"军民共建社会主义精神文明先进单位"称号；1998 年被天水市委、市政府授予"精神文明重大贡献奖"，同年被甘肃省委、省政府命名为"省级文明单位"；1999 年被中央文明委表彰为"全国精神文明建设先进单位"，11 月，中共中央精神文明建设指导委员会授予学校"精神文明建设工作先进单位"称号，是全国唯一一所被表彰的师范高等专科学校。

第八节　专升本的艰苦历程

升本是一条怎么样的道路，马建东副院长的回忆文章《升本给了我们什么》有一句话概括得最为恰切："升格的道路与过程充满着希望、沮丧、奋斗、不知所措到成功喜悦的五味杂陈。"当然升本也是一种梦想。

1996 年，学校第一次党员大会召开时，党委书记李伟即对学校的奋斗目标有一个展望，"到 20 世纪初，把学校办成一所以师范教育为主，包括文、理、工、财经等科类，多层次、多学科，具有地方性、综合性的，在同类高校中具有一流办学水平的高等专科学校，并积极创造条件向本科大学发展。"机会真的来了。同年，天水市三届人大一次会议通过的天水市"九五规划"，明确将支持天水师专升格为师范学院作为规划中的重要内容。之后，又决定将学校西侧 250 亩土地预留为天水师专的发展用地，学校升本时机渐趋成熟。

此时全国各地师专接二连三升本，全校师生的心也都热了起来，升本成为全校上下的共识。

在得到市里支持的同时，天水师专升本也得到了省里的支持，1998 年在省政府呈报教育部的关于"高校教育管理体制改革和布局结构调整规划方案"中，明确提出"省市共建天水师专，将天水师专尽快建设成高等师范本科院校"这一目标。

1999 年 1 月 8 日，甘肃省教委召开会议，专题研究天水师专在中文、数学两个专业开办本科班问题，同意天水师专试办中文、数学本科班各 1 个，各班人数不少于 40 人，挂靠在西北师范大学。

1999 年 4 月下旬，省政府副秘书长张天理、省教委副主任李廉一行专程来天水，主持召开省市共建天水师专有关事宜协调会，在一些重要问题上达成共识：省市两级政府全力支持学校升本，按照省市共建、以省为主的管理体制，成立省市共建天水师专协调领导小组，由天水市政府给省政府写报告，同意省市共建，并在学校征地、建设等方面提供支持，给予优惠，省里在学校基建、设备、招生、培训方面实行倾斜政策，给予支持。会后，省政府成立了以李重庵副省长为组长的天水师专改建本科师范学院工作领导小组。4 月 28 日，校党委书记李伟在全校中层以上干部会议上就天水师专升本问题做了动员，提出明确要求，一时人人振奋，群情激昂，升本工作紧张有序地全面铺开。

美化校园，购置设备，加强教学管理，营造育人环境，准备论证报告……工作严肃又紧张。但这样还不够，决定升本的因素很多，任何地方都不能出问题。校领导四面出击，或学习考察，自 1999 年 4 月 28 日始，陈保平校长带 5 人考察组接连考察孝感师专、荆州师范学院、常德师范学院、岳阳师范学院、黄冈师范学院五所准备升本或已升本成功的师范院校，学习考察升本工作程序、办学思路、论证报告等；或主动上省城、去京城汇报工作，就在升本紧锣密鼓的节骨眼上，突然传来消息，学校升本工作被省长会议暂时搁置，李伟书记当机立断，赴省城再做努力，直到省政府签发改建天水师专为天水师院的甘政发〔1999〕69 号文发出，才返回天水。陈保平校长回忆文章《升本轶事》有这样的小标题："纵横四省取真经""赶赴京城见部长""陕西星夜追司长""评审会前访专家"。可见，天时、地利固不可少，但事在人为。

1999 年 5 月，学校向甘肃省教委提交《关于天水师专申办天水师范学院的报告》，省教委向甘肃省政府提交《关于申请将天水师范高等专科学校改建成天水师范学院的报告》。7 月，甘肃省人民政府向教育部呈送《甘肃省人民政府关于申请改建天水师专为天水师院的函》，提出天水师范学院的设置方案以及建立天水师范学院的必要性、可行性、建设的总体规划和实施步骤。

9 月 20 日，天水市委书记王洪宾主持召开市委、市政府专题会议，决定为天水师专加征土地 70 亩，整体征地 150 亩，使学校面积达到 400 亩。至此，升本硬件基本具备。

1999 年 11 月 11 日，学校召开全体教职工大会，党委书记李伟号召全校教职工向升本全力冲刺。会上，李伟书记讲了一段非常动情的话："同志们，对一个人的一生来说，建功立业的机会并不很多。天水师专的改制升格，对全省、对陇东南，尤其对我们学校本身堪称大事，我们生逢其时，身当此事，这应当是一种幸运和幸福。天水师专的光荣属于过去，我们应当以百倍的努力去开创光辉的未来。我们这样做了，才能在垂暮之年，目睹着兴旺发达的学校，而毫无愧色地说，我无愧于这一段工作，我无愧于这一段生命！"

11 月 19 日—20 日，受省政府委托，省教委组织以兰州大学校长李发伸为组长的工作组，对天水师专改建天水师院工作全面考察评估。通过听取汇报，查阅有关资料，实际考察学校的基础设施建设、办学条件、教学改革，教学管理等情况，一致认为：天水师专办学好，管理严，效益高，是甘肃省目前最好的一所师范专科学校。天水师专升本条件已具备，且非常有必要在人口约 1400 万、占全省总人口二分之一的陇东南地区设置一所本科院校，既适应国家对师范教学体系改革和发展的要求，也有利于优化全省高校布局和层次结构。

1999 年 11 月 29 日，以四川省教委副主任符宗胤为组长，国家轻工业部教育司司长王锦燧、河北省教委副主任何长法、教育部发展规划司院校设置处副处长韩军为组员的全国高校设置评议委员会专家组一行四人来天水师专考察。11月30日上午，考察开始，省政府副秘书长张天理主持汇报会，副省长李重庵致辞，而后省教委副主任罗鸿福、天水市市长张津梁和天水师专校长陈保平分别代表省教委、天水市政府和学校做了工作汇报。随后专家组对学校的校园建设、教学设施、实验室、图书馆、新征用地等详细考察。12月1日上午，专家组向省政府、省教委、市政府和学校反馈意见，认为天水师专已具备专升本的基本条件，将按照同意学校升本的意见向教育部汇报。

2000年2月24日，是一个师院人永远不会忘记的大喜日子。下午14：20，在广州松园宾馆召开的全国高等院校设置评议会评审会上传来振奋人心的消息——天水师专成功通过晋升本科院校专家表决。凝结了几代师专人希望、梦想和心血的升本愿望终于变成了现实。

2000年6月10日，学校举行了盛大的天水师院成立大会暨揭牌仪式，甘肃省委副书记仲兆隆、副省长李重庵为天水师院揭牌、授牌。李重庵在讲话中说："天水师院的成立，是我省高教史上的一件大事，它将成为兰州以外地州市中的第一所高校，这是几代师专人不懈奋斗的结果，对我省教育事业和社会经济发展有重要意义，有利于为实施西部大开发培育大量的人才，也应该在培养人才、提高教学和科研服务方面成为一个制高点。"

升本是艰难的，也是幸福的。这里再引用一段马建东副院长《升本给了我们什么》中的话作为本节的结束语："在整个升本过程中全校表现出来的那种空前的团结、空前的勇敢，以及坚韧不拔、锲而不舍的奋斗精神，还有那种面向未来、坚定前行的意志，才是升本所带来的财富，才是天水师院人永不能忘怀的精神的、文化的收获！"

第五章

成功升本：在新的起点上发展壮大
（2000—2006 年）

第一节　管理体制和管理机构

一、管理机构

2000 年天水师范学院正式挂牌成立后，学院对党政管理机构和领导班子以及教学、教辅单位的设置进行了几次大的调整。

（一）学院党政领导班子变动情况

2000 年升本后，原天水师范专科学校党委书记李伟任天水师范学院党委书记；校长陈保平任天水师范学院院长；原副校长张秦龄、王振凯、张北方任副院长。2001 年 2 月，刘新生任党委副书记。3 月，学院党委书记李伟调任。4 月，陈保平兼任学院党委书记。同月，张俊宗任党委委员、副院长。12 月，马建东任党委委员、副院长。2002 年 12 月，成瑜任纪检委书记；安涛、崔亚军任党委委员。2006 年 9 月，副院长张俊宗调任。是年底，党委书记兼院长陈保平调任；杜松奇任院党委书记；杨新科任院党委副书记、院长。2008 年 5 月，吉建安、安涛任党委委员、副院长。

（二）党委机构

2000 年升本以前，学校党委机构设纪律检查委员会、办公室、组织部、宣传部。此外党委下设机关总支委员会（下设 3 个支部），在 13 个系（部）

和图书馆等单位成立9个党总支、3个直属支部。2000年7月15日，对党总支和直属党支部进行调整，基层党总支由1999年的9个增加至13个，直属支部由3个增至7个。2007年根据院内设置机构的调整和变动，对全校党支部和直属党支部又进行了一次大的调整，全校共设置党总支13个，分别为文史学院、经济与社会管理学院、数学与统计学院、物理与信息科学技术学院、生命科学与化学学院、工学院、外国语学院、美术学院、音乐学院、教育学院、体育学院、机关离退休教职工党总支等；直属支部3个，分别为继续教育学院、图书馆和后勤党支部。

（三）行政管理机构

2000年升本以前，校行政管理机构设校长办公室、教务处、人事处、学生工作处、产业处、总务处、财务处、基建处等7个常设机构和其他临时性机构。2000年升本后，学院行政管理机构发生了一系列变化。2000年7月，成立科研管理处，下设学位办公室、项目管理科、学位与学科管理科。同时，在原保卫科的基础上成立武装保卫部和保卫处。同年，撤销总务处，所管事务划归后勤管理处和后勤服务公司。2003年1月19日，成立设备管理处，同时撤销教务处教学设备科。2003年11月21日，设立招生就业处。同年，国际交流与合作处、审计监察处相继成立。2005年11月4日，设立学生申诉委员会，日常办事机构设在院团委。12月29日，将原设备管理处的实验中心更名为中心实验室（行政级别和隶属关系未发生变动）。2006年11月4日，在设备管理处设立维修中心。2007年3月6日，教务处设立教学实践管理科。至2007年9月，学校共设立处级行政管理机构19个，分别为学院办公室、教务处、科研管理处、学生工作处、招生就业处、人事处、国有资产管理处（原设备管理处）、财务处、监察处、基建处、审计处、国际交流与合作处、保卫处、离退休工作处、招标办公室（财务处下设副处级机构）、学位办公室（与科研处合署办公）、考务中心（教务处下设副处级机构）、中心实验室（教务处下设副处级机构）和学生助学管理中心（学生工作处下设副处级机构）。

至2007年底，全校共设立处级管理机构50个（包括"两块牌子一套班子"的12个），处级领导岗位88个，处级干部职数115个。其中党政管理机构 52 个，处级干部 44 名。科级机构 63 个，科级领导岗位 75 个，科级干部职位数 75 个，其中党政机关科级机构 38 个，科级干部 45 人。

二、管理体制的变化

（一）人事制度改革

教职工聘任。中央组织部、人事部、教育部《关于深化高等学校人事制度改革的实施意见》和《甘肃事业单位实行聘用合同制管理办法》公布后，天水师范学院于 2000 年 12 月至 2001 年进行第二轮全员聘任，学院与受聘人员（包括专业技术人员、行政管理人员和工勤人员）通过签订合同，确立双方的责任与义务，逐步淡化身份管理，增强岗位意识。2002 年，在完成第二轮聘任的基础上，试行 A 岗制度。2004 年，结合第二轮全员聘任工作经验和学校发展实际，制定《天水师范学院教职工聘任工作暂行办法》。2008 年 9 月 26 日，甘肃省人事厅、教育厅印发《甘肃省事业单位高等学校教师专业内部等级岗位任职条件（试行）》，将甘肃省高等学校教师专业内部等级岗位分为 12 个等级，包括高、中、初级 3 个层级岗位，高、中、初层级岗位内又分不同等级岗位。《条件》颁布后，学校通过摸底，为实施新的等级岗位聘任做了积极准备。

干部公开竞聘。2003 年和 2007 年，天水师范学院先后两次进行公开选拔、竞聘中层干部。竞聘前公开竞聘原则、条件、任职资格、程序和方法、岗位、干部职数，接受群众监督。2003 年公开选拔 87 名中层干部，平均年龄 41 岁（其中博士 7 名，硕士 4 名），其中新提拔 26 名，占干部总数的 29.89%。2007 年选拔处级干部 115 人，科级 75 人，总人数达 190 人。

（二）分配制度改革

2000 年以来，先后制定并修改《天水师范学院校内津贴分配方案》《天水师范学院科研基础工作量及津贴计算暂行办法》，《方案》和《办法》逐步完善津贴的分配方案和发放办法，体现合理拉开收入差距，建立起重实绩、重贡献，向优秀人才和关键岗位倾斜，优劳优酬，灵活多样的分配激励机制。2005 年按照新的聘任方案，重新修订《天水师范学院校内津贴分配方案》。

（三）教学科研单位的重组

2003 年，在原有 16 个系（部、室）的基础上，组建 10 个二级学院，分别是：文史学院、经济与社会管理学院、外国语学院、数学与信息科学学院、生物科学与化学学院、艺术学院、体育学院、工学院、教育学院和继续教育学院。这次改革初步奠定了校、院、系"三级建制"，校、院"二级管理"的模式。2007 年，将数学与信息科学学院分开，成立数学与统计学院和物理学与信息科学技术学院；将艺术学院分开，分别成立美术学院和音乐学院，二级学院数量由 10 个增加至 12 个。

2001 年 12 月，陇右文化研究中心成立。2002 年，基础物理研究所成立。2004 年，根据学校机构改革和科研工作的需要，对原有科研机构进行了重新调整，设立校级科研机构 5 个，分别为国学研究所、陇右文化研究中心、高等教育研究所、陇东南经济与社会发展研究中心、风景园林规划设计研究所，分别挂靠文史学院、教育学院、经管学院和生化学院；二级学院科研机构 18 个。2006 年，敦煌研究所和体育科学研究所成立。2007 年，伏羲文化研究院成立。至此，天水师范学院二级学院科研机构增加至 27 个。同年 12 月 20 日，确定 5 个校级研究机构，分别为：伏羲文化研究院、陇右文化研究中心、国学研究所、敦煌学研究所和体育科学研究所。2008 年，汉语语汇研究所和天水市农产品深加工技术研究中心成立。

第二节 教育观念和确立新的办学理念

一、教育思想大讨论

2000 年以来，学校通过深入开展教育思想大讨论，不断转变和更新教育思想观念，围绕"建设什么样的天水师范学院"和"怎样办好天水师范学院"的问题，进一步理清学校的发展思路。

首先，培养合格的本科人才，尽快把学校建设成为合格的本科师范学院是学校的首要任务。围绕这个宗旨，学校从掌握本科教育的特点和规律入手，走"质量立校""人才强校"之路，根据基础教育和地方经济社会发展需要，在积极扩大办学规模，加强本科专业建设的同时，强化人才培养的质量意识，基本建立起了适合我校实际的本科教育运行机制和规范。2003 年建立了校、院、系"三级建制、两级管理"的教学管理体制。2004 年，推行学分制教学管理模式，深化科研、人事管理等多项改革，从而带动了学校各项事业的快速发展。

其次，以教师教育为己任，始终不渝地坚持服务贫困地区基础教育，扎根陇东南，服务区域经济与社会发展，精心塑造师德，培养"下得去、留得住、用得上、干得好"的合格师资，是学校的基本职能。作为师范院校，直接为基础教育培养合格师资是根本。同时作为一所地方院校，为区域经济和社会发展服务，把学校建成适应地方经济和社会发展的人才培养基地、科学研究基地、信息交流基地、智力储备基地和精神文明示范基地，努力使其更具有区域性特征，既是义不容辞的责任，又是学校生存和发展的基础。

再次，以人为本，人才兴校。面对西部高校人才流失严重的现状，学校坚持以人为本、人才兴校的观念，积极实施人才兴校战略，稳定人才、吸引人才、用好人才，发挥人才在学校建设中的重要作用，保证学校事业兴旺发达。

围绕"培养什么样的本科生"的问题，不断转变教育思想观念。根据现代教育观，学校将本科生的培养规格确定为既精通中学教学业务，又具有良好的文化素养；既掌握厚实的专业知识，又有较强的教学能力；既在本专业有一定造诣，又了解相邻学科或边缘学科的情况，具有自我发展潜能的人才。具体是指，一要以"师德"教育为统帅，培养学生崇高的思想品德、敬业精神、高度的社会责任感，以及为贫困地区基础教育奉献的强烈事业心；二要以"师学"教育为基础，坚持给学生传授必备的专业理论和基础知识，着力培养学生将理论知识运用于实践的能力，培养一专多能的"师学"素养；三要以"师能"教育为重点，从教师职业的需要出发，采取各种措施，培养和训练学生的口语表达能力、"三笔字"的书写能力以及从事班主任工作的基本能力。

围绕"怎样培养本科生"的问题，高起点推进教育教学改革，学校不断优化人才培养方案，改革教学内容方法和手段。在知识、能力、素质协调发展的思想指导下，明确"培养和造就具有现代教育思想、热爱教育事业、思想品德优良、专业基础扎实、能力强、素质高和富有创新意识的新型师资和各类专门人才"的总体培养目标；坚持以本科教育为主的原则，处理好本科教育与其他层次教育之间的关系；坚持"加强基础、拓宽专业口径、增强学生的社会适应性"的原则，处理好基础教学和专业教学的关系，加强教学实践环节，处理好理论教学与实践教学之间的关系；以《高等师范教育面向21世纪教学内容和课程体系改革计划》为指针，进行课程体系改革和建设，加强精品课程建设；推行学分制管理，促进教学管理模式的改革。

二、本科教学工作会议

2001年4月6日，学校召开本科教学工作会议，主题是转变办学观念、加强教学建设、建立本科教学规范、全面提高本科教学的质量和效益，制定了《天水师范学院关于加强本科教学工作的意见》，明确指出：各级党政组织要开展深入细致的思想政治工作，教育教职工正确处理好个人与集体、局部与整体的关系，为本科教学卓有成效地开展提供思想保障。人事、财务、学生、后勤服务等职能部门要在教师配备、经费预算、学生管理和后勤服务等方面有意识地向本科教学倾斜，校领导和各处室负责同志要有经常联系的系、室、班级，并经常下去听课，及时调查了解本科教学情况，及时总结交流本科教学的工作情况，不断改进提高本科教学的水平。中文系、数学系分别介绍了抓本科教学的具体做法与成功经验。

2005年7月19日又召开本科教学工作会议，主题是夯实基础、加快建设、切实提高教学质量。会议总结第一次本科教学工作会议以来的工作成绩，认真寻找本科教学工作中存在的问题，努力探讨进一步加强和改进本科教学工作的措施，修订一系列教学管理规章制度。学校十分重视学术权威、学术骨干在专业建设、培养方案的制定、教学内容与课程体系改革、教材建设等方面的作用，成立了教学工作委员会、学术委员会、教学督导委员会等机构，定期和不定期研究本科教学工作中存在的问题，进行本科教学的检查与督导。通过实施"导师制"、组织"青年教师基本功大赛"、教学观摩等活动，鼓励青年教师进行教学方法和手段的改革。团学工作配合本科教学，积极开展"第二课堂"活动，活跃了学生的课余生活。

通过上述一系列会议和活动，进一步明确了以教师教育改革为核心的教学质量工程建设与以提高学校办学层次为目标的学科建设的重要性，充分反映了学校高度重视本科教学工作，突出体现了本科教学工作的中心地位。

三、制定学院发展规划

2000 年以来，在省委、省政府和省教育厅的领导下，学校始终把提高人才培养质量作为生存和发展的生命线，将质量意识贯穿于学校工作的全过程。

2002 年 12 月 15 日至 16 日，学校召开教职工暨工会会员代表大会，通过了"十五"计划。"十一五"初期，在调研论证的基础上，先后制定《天水师范学院"十一五"期间发展规划》《师资队伍建设规划》《学科专业建设规划》和《校园建设规划》等一系列规划。主要确立了以下办学思路。

（一）办学指导思想

以邓小平理论和"三个代表"重要思想为指导，全面贯彻党的教育方针，树立和落实科学发展观，按照构建和谐社会和全面建设小康社会的目标要求，以发展为主题、以改革为动力、以学科专业建设为龙头、以师资队伍建设为核心、以提高教育质量为根本、以培养合格人才为目标、以规范管理和改善办学条件为保障，不断增强学校为基础教育和地方经济社会发展服务的能力，努力把学校建设成为以教师教育为主、区域性特色鲜明的多科性大学。

（二）学校发展目标

经过 10 到 15 年的努力，把学校建成以教师教育为主、区域性特色鲜明、整体办学水平和办学效益在甘肃高校和全国同类高校中有重要影响的多科性大学。

（三）学校定位

学校类型定位：教学型大学。

办学层次定位：以本科教育为主，积极创造条件发展研究生教育。

学科专业定位：以教师教育为主，多学科协调发展。

服务方向定位：立足陇东南、面向甘肃，辐射全国，服务基础教育和地方经济社会发展。

人才培养目标定位：培养基础扎实、知识面宽、实践能力强、综合素质高的基础教育师资和适应经济社会发展要求的应用型人才。

第三节　教育教学改革

一、专业设置

2000 年，学校升本成功。当年招收汉语言文学、数学与应用数学、英语、化学、体育教育 5 个专业的本科生。此后学校整合原有学科和专业，优化资源配置，一如既往地办好教师教育类专业，使之基本涵盖了中学各科课程。同时学校根据甘肃教育发展的现实需求，除了开办汉语言文学、数学与应用数学、物理学、化学、生物科学、历史学、英语、体育、美术学、音乐学等本科专业外，还根据我国基础教育和高中教育的发展需要，以这些专业为基础，适时开办了科学教育等 6 个教师教育类专业。同时，紧跟甘肃特别是当地社会经济发展步伐，依托重点学科建设基础，利用学科交叉优势，开办应用型非教师教育专业。至 2008 年底，学校共成功申办 39 个专业，覆盖了文、理、工、农、法、教育、经济、管理等 9 个学科门类，其中文科 21 个，理科 13 个，工科 5 个；师范类专业 18 个，非师范类专业 21 个。

专业设置一览表

序号	专业名称	代码	科类	专业属性	审批时间	招生时间	授予学位
1	汉语言文学	050101	文学	师范类	1999 年	2000 年	文学学士
2	历史学	060101	历史学	师范类	2000 年	2001 年	历史学学士
3	人文教育	040107W	教育学	师范类	2003 年	2004 年	教育学学士
4	戏剧影视文学	050414	文学	非师范类	2004 年	2005 年	文学学士

续表

序号	专业名称	代码	科类	专业属性	审批时间	招生时间	授予学位
5	思想政治教育	030404	法学	师范类	2000 年	2001 年	法学学士
6	法学	030101	法学	非师范类	2002 年	2003 年	法学学士
7	市场营销	110202	管理学	非师范类	2002 年	2003 年	管理学学士
8	会计学	110203	管理学	非师范类	2002 年	2003 年	管理学学士
9	财务管理	110204	管理学	非师范类	2001 年	2002 年	管理学学士
10	经济学	020101	经济学	非师范类	2003 年	2004 年	经济学学士
11	小学教育	040105W	教育学	师范类	2002 年	2003 年	教育学学士
12	应用心理学	071502	理学	师范类	2002 年	2003 年	理学学士
13	美术学	050406	文学	师范类	2000 年	2001 年	文学学士
14	艺术设计	050407	文学	非师范类	2003 年	2004 年	文学学士
15	绘画	050404	文学	非师范类	2006 年	2007 年	文学学士
16	音乐表演	050403	文学	非师范类	2006 年	2007 年	文学学士
17	音乐学	050406	文学	非师范类	2001 年	2002 年	文学学士
18	英语	050201	文学	师范类	1999 年	2000 年	文学学士
19	体育教育	040201	教育学	师范类	2000 年	2001 年	教育学学士
20	社会体育	040203	教育学	非师范类	2003 年	2004 年	教育学学士
21	运动训练	040202	教育学	非师范类	2004 年	2005 年	教育学学士
22	数学与应用数学	070101	理学	师范类	1999 年	2000 年	理学学士
23	信息与计算科学	070102	理学	师范类	2000 年	2001 年	理学学士
24	统计学	071601	理学	非师范类	2003 年	2004 年	理学学士
25	物理学	070201	理学	师范类	2000 年	2001 年	理学学士
26	计算机科学与技术	080605	理学	师范类	2002 年	2003 年	理学学士
27	电子信息科学与技术	071201	理学	非师范类	2003 年	2004 年	理学学士

续表

序号	专业名称	代码	科类	专业属性	审批时间	招生时间	授予学位
28	生物科学	070401	理学	师范类	2000 年	2001 年	理学学士
29	生物技术	070402	理学	非师范类	2001 年	2002 年	理学学士
30	化学	070301	理学	师范类	1999 年	2000 年	理学学士
31	科学教育	040108W	理学	师范类	2003 年	2004 年	理学学士
32	博物馆学	060104	历史学	非师范类	2004 年	2005 年	历史学学士
33	应用化学	070302	理学	非师范类	2005 年	2006 年	理学学士
34	化学工程与工艺	08110	工学	非师范类	2007 年	2008 年	工学学士
35	地理科学	070701	理学	师范类	2008 年	2009 年	理学学士
36	土木工程	080703	工学	非师范类	2002 年	2003 年	工学学士
37	机械设计制造及其自动化	080301	工学	非师范类	2002 年	2003 年	工学学士
38	材料成型及控制工程	080302	工学	非师范类	2006 年	2007 年	工学学士
39	汽车服务工程	080308W	工学	非师范类	2008 年	2009 年	工学学士

二、人才培养模式的改革

（一）修订培养方案

学校于 2000 年起根据各专业开设情况，相继制订了各专业首届本科生培养方案。该方案是在参考 1998 年教育部发《普通高等学校本科专业目录》所规定的主要课程，充分借鉴兄弟院校培养方案，结合长期以来专科教育所积累的一系列选修课程的基础上制定的，基本上体现了该专业的学科规律，严格执行教育部制订的专业主干课程安排，并且充分考虑学校实际条件的特点。

2004 年，学校认真研究和把握市场需求，仔细研究毕业生反馈信息，根据学校实际，围绕人才培养目标，结合各专业特点，精心设计了专业培养方案。一是重学生自主学习和创新能力的培养、人文素质和科学素质的养成；

二是强调包括教育教学技能训练、教育实习与见习、专业实习等三部分在内的实践教学在人才培养中的地位和作用。

2005 年，学校进一步全面修订各专业学分制培养方案，尤其注重学科交叉、渗透和互动，促进通识教育与专业教育相结合，构建人才培养的知识和能力平台，强调以学生为主体，尊重学生人格，注重学生个性发展和自主选择学习的权利。将教师教育类专业课程设置分四大平台两个系列，即综合教育类平台、教育理论与技能类平台、文理基础类平台、专业类平台（必修课程和选修课程两大系列）。将非师范类专业课程设置分三大平台两个系列，即综合教育类平台、文理基础类平台、专业类平台（包括必修课程和选修课程两大系列）。选修课又分为公共选修课和专业选修课。公共选修课分为教育技能、人文社科、艺术素养和自然科学等四大类，规定每个本科生至少选修 8 个学分，并且要求每个大类至少选修一门课程。能充分调动学生自主选课、主动学习的积极性，体现了文理渗透，拓宽知识面的新理念。专业选修课分为专业限定选修课与专业任意选修课两种。其中专业限定选修课按照专业主干课程延伸需要开设了系列课程，如中文系设置了汉语言文学专业方向系列选修课体系，其中语言学方向有文字学、训诂学、音韵学、方言学，文艺学方向有马克思与现代美学、中国文论、西方文论、文艺学专题，中国古代文学方向有中国古代小说史论、中国古代散文史论、中国古代诗歌史论和中国古代戏曲史论，中国现当代文学方向有中国现当代小说研究、中国现当代散文研究、中国现当代诗歌研究和中国现当代戏剧研究，比较文学与世界文学方向有比较文学、当代外国文学专题、欧美作家作品专题、亚非作家作品专题。要求学生至少选修一个方向 4 门限定选修课。

（二）制定相应制度以保障培养方案的全面实施

相继制定和修订了《天水师范学院教学工作规程》《天水师范学院教学事故认定及处理办法》《天水师范学院调、停课管理办法》等一系列文件，以确保培养方案的严格执行；学校还制定《天水师范学院听课制度》《关于职称评聘中有关问题的规定》等有关制度，通过教学督导、领导干部听课制度、学生座谈会等，建立了多层次的信息反馈制度和切实有效的教学检查制度，对培养方案执行过程进行有力监控；学校在资金极其困难的情况下，想方设法投入专项经费用于人才引进和培养以及聘请知名学者、教授担任学校兼职教师，多方引进资金用于实验室和实习基地建设，改善课程培养方案所需的办学条件，从而保证培养方案中课程开设的质量；学校采用了网络版的"教务管理系统"，实现了教学计划管理的规范化，提高了工作效率。

三、精品课程建设和教改项目

（一）精品课程

2001年，学校启动"重点课程建设计划"，对"大学英语""高等数学""会计学基础"等20门公共基础课和专业基础课进行建设。2003年学校根据教育部《精品课程建设工作实施办法》及《天水师范学院精品课程建设方案及管理方法》，对2001年立项建设的20门重点课程进行了检查评估，最后决定对10门课程进行精品课程建设，2004年以后又确定了10门院级立项建设的精品课程和4门二级学院立项建设的精品课程。2005年制定《天水师范学院课程建设规划》。经过努力，至2008年，学校有省级精品课程10门、校级精品课程36门、二级学院精品课程数门，基本形成了省级、校级和二级学院精品课程的三级建设模式。

2003—2008 年省级精品课程一览表

序号	课程名称	课程负责人	职称	所属二级学院	备注
1	武术	侯顺子	教授	体育学院	2003 年省级精品课程
2	中国现代文学	马 超	教授	文史学院	2004 年省级精品课程
3	高等代数	侯维民	教授	数信学院	2004 年省级精品课程
4	数学分析	杨仲玄	教授	数信学院	2004 年省级精品课程
5	中国古代文学	温宝麟	教授	文史学院	2006 年省级精品课程
6	心理学	赵红英	副教授	教育学院	2006 年省级精品课程
7	会计学基础	何建华	副教授	教育学院	2006 年省级精品课程
8	财务会计	赵爱英	副教授	经管学院	2007 年省级精品课程
9	文学理论	郭昭第	教授	文史学院	2008 年省级精品课程
10	中国历史地理	雍际春	教授	文史学院	2008 年省级精品课程

（二）教改项目

学校还非常重视教学改革，通过教改立项，鼓励教师积极探索新时期人才培养模式及教学内容改革的途径。从 2001 年开始，在积极申请国家、省部级各类教学研究项目的同时，划拨教学研究专项经费，结合教育部教学内容与课程体系改革计划，承担省部级教学研究项目 7 项（其中教学管理改革研究项目 1 项），确立校级研究项目 92 项，获得了省级教学成果二等奖 2 项，教育厅级奖多项。

2003—2008 年教学内容与课程体系改革获奖项目统计表

序号	项目名称	项目负责人	立项单位	立项时间	获奖情况
1	高师公共心理学"六位一体"综合教改的研究与实践	李艳红	天水师范学院	2001 年	2003 年甘肃省教学成果教育厅级奖
2	师范院校化学教育专业实验教学内容和课程体系改革研究	吕金顺	天水师范学院	2001 年	2003 年甘肃省教学成果教育厅级奖
3	汉语言文学专业素质教育"六三"方案的探索与实践	马超	天水师范学院	2001 年	2003 年甘肃省教学成果二等奖
4	中国现代文学课程体系的重组与构建	李志孝	天水师范学院	2001 年	2003 年甘肃省教学成果教育厅级奖
5	高等师范院校生物化学课程教学改革研究与实践	安建平	天水师范学院	2001 年	2005 年甘肃省教学成果教育厅级奖
6	陇右文化校本课程研究	雍际春	天水师范学院	2004 年	2008 年甘肃省教学成果二等奖

四、加强教材建设，编著出版校本特色教材

（一）教材选用

2000 年以来，学校先后出台《天水师范学院教材征订及管理办法》《天水师范学院教材选用管理办法》与《天水师范学院教材发放管理办法》等一系列制度文件，明确了教材建设与选用的原则、任务、措施，形成了教材选用、评价与编写的制度体系。多年来坚持任课教师选用、教研室审议、系和二级学院核准、教务处审定的征订程序和评估制度，严格遵循主要基础课和专业主干课积极选用面向 21 世纪课程教材、教育部重点教材和统编教材，选用高质量、适合本校本专业公认的优秀教材的要求。主要课程供选用教材绝大多数属国家统编教材。其中获国家、省部级优秀的教材 52 种，占主要课程教材的 7.22%；"九五""十五""十一五"重点教材 165 种，占主要课程教材的 22.92%；面向 21 世纪课程教材 250 种，占主要课程教材的 34.72%，选用教材的优秀率为 64.7%。

（二）教材编写

2000—2005 年，学校制定"十五"期间校内本科各专业自编教材和讲义出版资助的具体方案，对学校教师自行编写完成的教材讲义进行资助，到 2005 年资助出版教材讲义 30 部。2006 年，制定《天水师范学院教材、讲义编写立项管理办法》。根据管理办法，对课程设置需要，但又无同类教材可供选用的，由学校公布项目选题，教师提出立项申请，经学校教学工作委员会审核确定立项，纳入编写计划，统一管理。2006 年 9 月，学校对 23 项教材编写申请与 16 项讲义编写申请进行审核，最终确定立项建设 10 项校级教材编写项目，15 项校级讲义编写项目，划拨出 10 万元专项经费，使学校教材、讲义编写走向科学化、项目化，有 2 部教材被列为"面向 21 世纪教材"，1 部教材被列为"高等学校文科教材"，1 部被列为"高等学校电子信息类规划教材"。2008 年学校批准 25 部教材及讲义项目列为校级项目，另有 9 个项目列为二级学院建设项目，资助金额达 14 万元。

五、教学方法及相关项目

2000 年以来，学校大力提倡教学方法和教学手段改革，采用启发式教学法、案例教学法、专题讲座教学法、现场教学法等教学法，效果良好。同时，依托教研立项，支持教学方法与手段的改革。在校级教学研究项目立项和建设中，学校大力支持和推进教学方法与手段的改革。特别是 2004 年，成为教育部 180 所大学英语教改试点学校后，学校根据教育部大学英语改革精神，积极开展了大学英语教学研究工作。2001 年以来，关于教学方法与手段改革的研究项目达 23 项，其中承担省（部）级教学研究项目 6 项，多项教学研究项目获甘肃省教学成果奖。

教学方法与手段改革研究项目获奖情况一览表

序号	项目名称	项目负责人	职称	立项单位	立项时间	获奖情况
1	高校"两课"教学走实践战略之路的探索与实践	刘新牛	研究员	教育部	2001 年	2005 年甘肃省教学成果二等奖
2	高师公共教育学"四位一体"教学法的理论与实证研究	李刊文	教授	天水师范学院	2001 年	2005 年甘肃省教学成果教育厅级奖
3	以任务型活动为核心的交际教学法在英语教学中的实践与推广	段世齐	副教授	天水师范学院	2001 年	2005 年甘肃省教学成果教育厅级奖
4	学导式教学法在体育教育专业球类普修课教学中的实验设计与应用研究	朱杰	副教授	天水师范学院	2001 年	2003 年甘肃省教学成果教育厅级奖

六、学生从业技能培养

2000 年以来，学校围绕学生就业问题，不断强化职业技能培训和实践能力培养，探索出了突出实践环节的新方法、新途径，稳步提高学生的实践能力与应聘竞争能力。具体措施有：建立实习基地，保证实习质量，至 2008 年建成 46 个校外实习实践基地，其中 2006 年投入 12 万元建设校外实习基地；加强实验课教学，从 2000 年起，计算机软件实验室、基础化学实验室、植物生理实验室等实验室向学生开放，让其自行设计实验。

利用第二课堂加强实践教学，培养学生的创新精神。学校除了通过课堂教学开展实验、实习，还通过课外第二课堂，开展社会实践、军训、学科竞赛、社团活动、学生创业大赛，实现培养学生创新意识和创新能力的人才培养目标。特别鼓励学生参加以科技创新为主要内容的社会实践活动，如"挑战杯""大学生数学建模与电子设计竞赛"、科技下乡等，取得了较好成绩。中文系在1996—2002年实施了旨在全面提高学生综合素质的"六三"方案，即"三知""三会""三百""三语""三字""三文"。"三知"要求学生知晓中国历史和中国基本国情，知晓中学教育现状和教育教学的基本规律，知晓中学教师职业道德规范，从而培养爱岗敬业、教书育人、为人师表的精神气质。"三会"要求中文系毕业生至少会教一门中学主要课程，至少会一项文体技能（如球类、唱歌、跳舞、书法、绘画等），会管理班级和组织课外活动，从而培养适应中学教育教学的能力。"三百"指学生在校期间至少背诵古代诗文名篇 100 篇，精读现代短篇名作 100 篇，阅读中外文学名著 100 部。"三语"要求学生掌握普通话、英语、计算机语言三种交流工具。"三字"要求学生能写一手规范、漂亮的钢笔字、毛笔字、粉笔字。"三文"指在毕业前每个学生写一篇像样的应用文（如调查报告、实习总结、读书报告等），发表一篇文学作品（大小报刊均可，体裁、长短不限），完成一篇 5000字以上符合学术规范的毕业论文。该方案通过多年实施，收到了良好的效果，在全省高校产生了较大影响，2004 年荣获甘肃省教学成果二等奖。2008年，学校根据人才市场需求和大学生就业整体变化趋势，坚持"走出去"和"请进来"，努力探索新的就业渠道和专业实习方式。通过请企业、公司和其他培养机构的专家来校讲学，学生开阔了视野，掌握了一些求职技能，增大了信息量；通过加强与全国、全省各行业和企事业单位的联系，组织学生进社区、进公司、进工厂，以实习、见习等多种方式，加强对大学生的技能培训；通过积极组织学生参加数学建模竞赛、电子设计竞赛、计算机应用能力竞赛、全国"CCTV"英语演讲赛等专业技能实践大赛，进一步提高了大学生的专业水平。2008年，学校在数学建模竞赛中获国家二等奖2个，全省特等奖2个、一等奖3个、二等奖3个；在第二届甘肃省大学生"创新杯"计算机应用能力大赛中，获一等奖1个、二等奖5个。

学校通过教师带领学生参加科研课题，指导与帮助学生参加科研活动。2004—2006年，共有200人次参加教师科研课题，有10篇文章在省级以上刊物上发表。学校组织寒暑假大学生社会实践活动。坚持以"办实事、做贡献、受教育、长才干"为指导思想，广泛深入地开展了科技文化"三下乡"活动。

积极开展各项文化娱乐活动，提高学生的艺术表演与审美修养，2000年12月5日学校旋鼓队参加了台州全国第十届"群星奖"广场舞蹈比赛，荣获金奖。2001年9月23日，学校旋鼓舞团应北京旅游局邀请，参加第四届北京国际旅游节开幕式表演，被《中国青年报》头版报道。2004—2006年，学校连续三年被评为"全国大学生社会实践先进单位"。

七、教学规章制度建设

2002年开始，先后制定了《天水师范学院教学规程》《天水师范学院各主要环节教学质量标准及质量监控办法》等一系列教学管理制度，对教师仪表、备课情况、上课纪律、教学内容、教学组织、教材选用、辅导答疑、考试过程、试卷分析等环节进行严格规范，形成了学校、二级学院、教学系和教研室四级立体式教学检查监督机制。2003年，对历年教学管理文件和规章制度进行修订整理，并结集为《天水师范学院教学工作规章制度汇编》。新修订后的《天水师范学院教学工作规章制度汇编》共68项，其中教学建设管理类20项，教学运行管理类23项，实践教学管理类10项，教学质量监控类9项，国家及省上政策法规6项。这些规章制度从不同角度体现了科学的质量观，强化了向管理要质量的意识，对学校良好教风、学风和校风的形成与建设起到了保障作用。2004年以来，每年教师职称评审工作都有专家教学评估意见；每学期都组织学生进行评教活动。同时，以二级学院、系或教研室为单位，对专业课任课教师进行教案诊断和听课，既互相评价又互相学习，取得了很好的效果。在实施过程中力求客观、公正，能从教师品德、教学内容、教学方法、教学效果等四个方面进行全面衡量，其评分结果互相印证，具有较高的可信度。

学校还积极鼓励和大力支持教学管理人员开展教学管理改革研究、教育教学改革研究和教学管理信息化平台建设。由学校教学管理人员和上海复旦光华软件公司通力合作成功研发了符合学校实际的天水师范学院综合教务管理系统，该系统在学分制教学管理中发挥着重要作用。2006 年，学校申报的"新建本科院校学分制管理模式的研究与实践"被甘肃省教育厅立项建设。教学管理人员公开发表教学改革和管理改革论文 40 篇，主持或参与甘肃省教育厅等各类教学管理改革和教学改革研究项目 10 项。主编《教学创新论》，收录学校教师教育教学研究方面的论文 50 篇。

第四节　招生就业

2000 年以来，天水师范学院根据教育部和甘肃省政府扩大高校招生规模的精神和要求，利用升本以后加快发展的有利时机，积极挖掘办学潜力，重点建设本科专业，在扩大教学规模的基础上继续扩大招生规模，学校在校学生人数迅速增加，普通本专科在校人数从 2000 年的 4706 人达到 2006 年的 10020 人。同时，学校毕业生的就业工作在这一时期也开始从国家调配计划就业以及师范类毕业生在教育系统内按计划就业的分配模式开始向"以市场为导向，政府宏观调控，学校推荐，毕业生与用人单位双向选择"的就业模式转变，学校毕业生就业工作的工作机制与方法也随之发生了改变，学校就业指导工作在满足地方基础教育对师资需求的同时，多方联系，努力拓宽非师范类毕业生就业渠道，确保了毕业生就业率和就业质量的提高。

一、招生工作

2000 年，共招收普通本专科学生 2271 人，在校普通本专科学生人数达到 4706 人；2001 年，学校共招收普通本专科学生 2701 人（其中本科生 660 人），在校人数达到 6188 人；为了拓宽生源，2001 年首次实行跨省对等招生，共招收来自四川、陕西、湖南、山西等 4 个省的考生 76 人。另外，还招收了 82 名少数民族本科预科生和 319 名专科预科生。

2002 年，共招收普通本专科学生 2855 人，其中共招收本科生 1055 人（含专升本 115 人），在校普通本专科学生数达到 7715 人。在四川、陕西、湖南、山西、湖北等 5 省实行跨省对等招生，共招收 152 人。同时，还招收少数民族本专科预科生 432 人。

2003 年，共招收普通本专科学生 2975 人（含普通本科生 1363 人，少数民族本专科预科生 402 人），在校普通本专科学生人数达到 8666 人；对等招生范围进一步扩大，在 2002 年与四川、陕西、湖南、山西、湖北等 5 省实行跨省对等招生的基础上扩大到江西、内蒙古、重庆、山东、贵州、河南等 15 个省（自治区、直辖市），招收学生 232 人。

2004 年，共招收普通本专科学生 3218 人，其中招收本科生 2131 人（含专升本 310 人），预科生 316 人（含本科预科生 94 人），在校普通本专科学生数达到 8501 人。招生范围扩大到甘肃、四川、陕西、湖南、山西、湖北、江西、内蒙古、重庆、山东、广西、贵州、河南、吉林、云南、青海等 16 个省（自治区、直辖市）。

2005 年，全面停招了各类普通专科生，招生结构得到了实质性的改善，招生范围扩大到 20 个省（市、自治区），共招收普通本科学生 2928 人，在校普通本专科学生数达到 9026 人，其中普通本科生占普通学生人数总数的 77%。

2006 年，招生生源继续扩大，共在全国 23 个省（市、自治区）招收普通本科学生 3300 人，其中专升本学生 540 人，在校普通本专科学生数达到 10020 人。

这一时期，天水师范学院以鲜明的专业特色、良好的办学声誉及办学条件、科学的培养模式、优秀的教学质量，吸引了省内外大批优秀考生。招生范围从 2000 年的甘肃省内招生扩大到 2006 年的 23 个省（市、自治区），招生规模迅速扩大，其中师范类专业生源普遍充足稳定，第一志愿录取率逐年提高。2006 年英语、汉语言文学、数学与应用数学、美术学、体育教育、音乐学等师范类专业录取分数线超过全省提档线 4 分以上，第一志愿录取率平均为 97%，其中 2006 年英语专业最低录取线超过甘肃省文史类最低录取线 15 分。2006 年，艺术设计专业在省内计划招生 50 人，报考人数达到 804 人，首次在山东省安排招生计划 20 人，报考人数则达到了 614 人。

二、就业工作

（一）就业情况统计

2000 年共毕业学生 900 人，师范类毕业生就业率为 94%，非师范专业毕业生一次就业率为 50%。

2001 年共毕业学生 1270 人，其中师范类毕业生 1015 人，一次性就业率 100%；非师范类学生 255 人，一次性就业率 56%。

2002 年共毕业学生 1256 人，其中师范类毕业生 1002 人，一次性就业率 100%；非师范类学生 254 人，一次性就业率 75%。

2003 年共毕业学生 2049 人，其中师范类毕业生 1688 人，一次性就业率 100%；非师范类学生 381 人，一次性就业率 74%。

2004 年共毕业学生 2572 人，其中师范类毕业生 2225 人，其中本科生 424 人，专科 1081 人，非师范专科毕业生 55 人，高职毕业生 292 人。本科毕业生 424 人中，278 人与用人单位签订就业协议书，占总人数的 65.6%（包含考职研究生 10 人），1462 人直接回生源地就业，占总人数的 33.4%，本科就业率为 100%。

2005 年共毕业学生 2395 人，师范类毕业生 2263 人，其中本科毕业生 889 人，专科毕业生 1374 人，非师范专科毕业生 48 人，高职毕业生 84 人，本科毕业生中 268 人参加了硕士报名考试，46 名被通知参加复试，共有 37 人接到通知书。503 人与用人单位签订就业协议书，占本科毕业生总数的 56.8%，本科毕业生一次性就业率为 60.8%，386 人回地区就业；年底就业率为 100%。

2006 年毕业生共有 2296 人，其中本科生 1242 人（师范类 1181 人、非师范类 61 人）、专科 1054 人；本科毕业生中，84 人考取硕士研究生，731

与用人单位签订就业协议书，就业率为64%。

（二）就业渠道畅通，就业率和就业质量较高

2000 年以来，天水师范学院适应甘肃省基础教育快速发展及"普九"攻坚任务对师资补充的强劲需求，加强毕业生就业指导和市场拓展工作，为毕业生充分就业创造良好的就业渠道。2002 年开始，确定每年 11 月为"毕业生就业宣传教育月"，邀请甘肃省教育厅、人事厅主管部门和各市（地）主管就业部门的领导、省内外重点大学从事人力资源研究和研究生院的专家、有关用人单位的负责人及毕业生中做出优异成绩的校友来校进行就业指导方面的专题活动，整体上提高就业指导教育的质量。2003—2005 年学校师范类本科毕业生离校时，凡与用人单位签订就业协议的，都按协议就业，未落实工作单位者仍持省教育厅发放的《就业报到证》由生源地（市、州）教育主管部门统一接收报到，县（区）教育部门以不同的录用方式安排到中学任教。2006 年省内有关市（州）录用师范类本科毕业生的办法有所变化，但仍有一些市（州）根据当地师资需要，基本上沿用原来的就业安置办法，如天水市政府决定对 2006 年毕业的师范类本、专科毕业生离校时持《择业证》。未落实就业单位者，全部由天水市教育局统一接收报到，县（区）教育主管部门负责安置就业。2003 至 2006 年天水师范学院师范类本科毕业生就业率连续保持在90%以上，2003 年，学校招生就业处获得"甘肃省师范院校就业工作先进集体"称号。

天水师范学院对签约毕业生抽样调查结果显示，2003—2005 年，83%以上师范类本科毕业生的签约单位与自己预期的目标一致，2006 年81%的本科毕业生（含非师范类）的签约单位与自己预期的目标一致。2003—20006 年本科毕业生对于签约单位满意程度分别达到92%、91.3%、89.26%、84%。2005 届和 2006 届已就业的毕业生中87%以上的毕业生从事与所学专业相关的工作。

（三）毕业生社会评价良好

为加强与毕业生就业单位的联系和了解就业市场需求，学校每年都派出由学校党政领导分别带队，招生就业处、教务处、学生处和各二级学院领导参加的调研组，对天水师范学院生源市场和就业市场进行社会需求调查、毕

业生推荐和招生宣传。2006 年的调查显示：天水师范学院毕业生把面向基层作为就业的主渠道，70% 以上的毕业生在天水、定西、陇南、兰州、白银、平凉六市及所属县（区）中学就业。他们坚持工作在基础教育的第一线，经受磨炼，增长才干，奉献青春年华，为甘肃尤其是陇东南基础教育发展做出了重要的贡献，大多数毕业生已成为陇东南基础教育的骨干力量。学校的教育教学质量和毕业生素质能力受到了就业主管部门和用人单位的一致好评。

就业主管部门及部分主要用人单位对毕业生综合评价表

就业主管部门及主要就业单位	对教育教学质量及毕业生素质能力的评价
天水市教育局	各县区普遍反映该校毕业生综合素质较高，能胜任中小学教育教学工作。
陇南市教育局	在我市教育界工作的贵校毕业生业务能力强，师德高，乐于在贫困地区的教育工作，在工作中业绩突出，学校社会给予一致好评。
定西市教育局	从全市招考情况看，天水师院毕业生综合素质较高，录用就业率相对较高，在基层学校很受欢迎。
兰州市教育局	贵校专业设置比较适应我市教育教学需求，教育与教学质量好，用人单位普遍对贵校毕业生满意。
白银市教育局	贵校本科毕业生很受各中学欢迎，他们是高素质的中学教师。
平凉市教育局	贵校毕业生业务水平高，综合素质高，深受各学校的欢迎。
通渭县一中	贵校毕业生占一中教师比例62%以上，综合素质全面，教育教学能力强，适应中学教育，是合格的中学教师。
清水县一中	我校教师中，已有天水师院毕业生82人，占我校教师总人数的80%，业务能力强，是我校的教学骨干。
清水县三中	在清水三中任教的教师中有48名是天水师院毕业的，他们思想品德高，敬业精神强，业务水平高，现是我校教育工作的骨干力量。

就业主管部门及 主要就业单位	对教育教学质量及毕业生素质能力的评价
秦安县陇城中学	天水师院的每位毕业生都表现出良好的思想道德和职业道德素质，都有较强的工作能力，我校更热忱欢迎广大的天水师院的毕业生来我校工作。
陇南市成县第四中学	贵校毕业生是我校教育教学的核心力量，其人数占我校教师人数的 60% 以上，他们素质高、业务精、工作能力强，均能出色地完成教育教学任务。
陇南高等师范 专科学校	天水师范学院毕业生具有良好的政治素质和较为深厚的人文素质，综合素质和教学技能等方面较为出色，能够胜任教学和其他工作。
定西高等师范 专科学校	工作能力强，综合素质高。
甘肃工业职业 技术学院	天水师院毕业生政治表现好，具有较高的敬业精神和高尚的职业道德，对本专业基础知识掌握扎实，工作适应能力强。

同时，调查还反映出学生家长对学校的专业设置、课程设置、教育教学质量、教育教学改革、校风、教风、学风、考风、考纪、教师师德、课外科技文化、学生管理服务、招生与就业等方面整体评价较高，满意度（含满意、基本满意）达 95.0% 以上。

第五节　基础设施建设

一、教学科研基础设施

2000 年以来，在财政投入不足的情况下，学校自筹 2.47 亿元修建了教学楼、学生宿舍楼、图书楼、实验楼等教学基本设施。至 2008 年，学校建筑面积达 316954.25 平方米。

（一）教学楼、实验室和实验设备建设

2001年9月7日，总投资约1641.28万元、建筑面积16076平方米的文科教学楼投入使用。2003年，投资1257.98万元建成占地11194平方米的2号实验楼。2006年，投资1681.75万元建成占地11394平方米的3号实验楼。2005年8月，投资5196.44万元、建筑面积25820平方米的逸夫图书馆竣工并交付使用；同时，投资2018.79万元、建筑面积11300平方米的艺术楼竣工并交付使用。

自2004年以来累计投入3000余万元，用于文科类实验室建设和各基础实验室教学科研仪器设备的购置更新。新建各类新开办专业本科教学实验室45个，其中文科类实验室4个，有特色的实验室有电子商务实验室、影视文学实验室、服装与化妆教室、艺术综合实验室和摄影工作室等。目前全校有1个校级中心实验室和7个基础实验室（化学基础实验室、生物基础实验室、物理基础实验室、计算机基础实验室、工学基础实验室、心理学基础实验室、会计学基础实验室）。2004年，生物基础实验室、化学基础实验室、物理基础实验室、工学基础实验室、计算机基础实验室全部一次性通过了省级基础课教学实验室合格评估。

从2000年至2008年，累计投入3071.5万元更新教学科研仪器，其中2001年和2006年新增教学科研仪器比率分别为32.35%和26.17%，为增长最快的两年。至2008年底，教学科研仪器设备17074台件，总额5692.4万元。

教学科研仪器设备增长情况统计表

年度	年初教学科研仪器设备总值（万元）	年末教学科研仪器设备总值（万元）	新增教学科研仪器设备总值（万元）	新增比例（%）
2000	795.07	900.51	105.44	11.71
2001	900.51	1331.07	430.56	32.35
2002	1331.07	1479.23	148.14	10
2003	1479.23	1516.60	37.37	2.7
2004	1516.60	3858.31	341.71	8.9

年度	年初教学科研仪器设备总值（万元）	年末教学科研仪器设备总值（万元）	新增教学科研仪器设备总值（万元）	新增比例（%）
2005	3858.31	4100.44	242.13	5.9
2006	4100.44	5553.70	1453.26	26.17
2007	5553.70	5728.78	175.08	3.07
2008	5554.58	5692.39	137.81	2.42

（二）运动场及体育设施

1999 年以来，学校加大运动场馆及体育设施的建设力度，自筹资金 1060 万元新建和改造了体育场馆。体育运动场馆总面积达 74630.59 平方米，其中室内体育场馆面积 6653.00 平方米，生均 0.63 平方米；室外运动场面积 67977.59 平方米，生均 6.47 平方米。生均室内外运动场面积 7.10 平方米，超出《普通高等学校本科教学工作水平评估方案》标准 4.10 平方米/生。学校现有风雨操场 1 个，主要用于体操、篮球、排球教学；有健身馆、羽毛球训练馆、武术训练馆、体操馆、健美操训练馆、乒乓球训练馆各 1 个，400 米标准塑胶看台田径场 1 块，400 米标准普通田径场 1 块，200 米跑道田径场 1 块，篮球场 18 块，排球场 8 块，室外乒乓球场 3 块，器械场地 1 块，健身场 2 块，网球场地 3 块，其中全封闭灯光网球场 2 块，全封闭塑胶灯光网球场 1 块，全封闭看台灯光手球场 1 块，全封闭门球场 2 块。

二、学生公寓建设

2000 年 3 月 1 日至 8 月 31 日，学校自筹资金 999.12 万元，在学院以东、滨河路以南、豹子沟以西的三角地修建建筑面积达 12439 平方米、容纳 1700 人的 5 号学生公寓楼。2000 至 2001 年，学校与天水铸造机械总厂协议建设的建筑面积为 35686 平方米的一期学生公寓楼建成投入使用。2002 年，学校与天水铸造机械总厂协议建设的 8200 平方米的二期学生公寓楼于 9 月建成并投入使用。2003 年，为满足 2004 年扩大办学规模的需要，完成了对学生 1 号和 2 号公寓楼的改造，新增学生公寓楼面积 8600 平方米。2004 年，后勤管理处与华英公司协议建设的面积为 7325 平方米的学生 1 号和 2 号公寓楼改造工程完工，新增学生公寓楼面积 8600 平方米。2004 年，后勤管理处与华英公司协议建设的面积 7325 平方米的四期学生公寓建设完成，顺利保障了 2004 级新生入住。2005 年，后勤管理处与华英公寓有限公司继续签订建设学生公寓协议。2006 年，新增学生公寓面积 12481 平方米，学生公寓总面积达72586 平方米，生均宿舍面积 6.91 平方米。

体育场馆面积与用途一览表

名称	数量	面积（m²）	场馆用途类别
风雨操场	1	1453	篮球、排球、羽毛球、健美操
篮球场	18	9952	篮球
排球场	8	4956	排球
200 米跑道田径场	1	3400	
400 米标准塑胶田径场	1	21000	田径、足球、拓展课
400 米标准普通田径场	1	19000	
健身馆	1	450	健美操、体操、拓展课
羽毛球馆、室外羽毛球场	2	1276	羽毛球
乒乓球馆、室外乒乓球场	4	2236	乒乓球
健美操馆	1	875	健美操
体操馆、室外器械场地	2	1503.59	体操
武术馆	1	875	武术
网球场	3	2493	网球
手球场	1	1551	手球
门球场	2	1100	门球
室外健身场	2	2510	拓展训练
合计	49	74630.59	

三、职工住宅建设

2000 年 2 月至 2001 年 5 月，教职工集资 250 万元，修建建筑面积 4300平方米、户均 116 平方米的 12 号住宅楼。2002 年征用豹子沟东侧 9.2 亩土地后，于 2003—2005 年，与房地产开发公司联合修建园丁苑 4 幢住宅楼小区。

至 2005 年，教职工住宅总面积达 55434.79 平方米，在一定程度上缓解了住房紧张的压力。

四、校园环境建设

绿化、美化、亮化。1999—2008 年，学校共投入 86 万元绿化资金，完成了西区行道树及新文科楼两侧及水面周边绿化苗木的增添种植，逸夫图书馆东西两侧、体育场、家属区草坪种植和花坛铺设工作。同时，中庭院广场的书雕、图书楼叠瀑、教学楼背面和艺术楼南北两面的浮雕、校训牌、喷泉等美化工程，以及西区路灯、庭院灯、体育场灯光照明等亮化工程也相继完成。代表景点有花岗岩广场、音乐喷泉、西区人工湖等。校园内现有苗圃 3684 平方米，各种树木 7.4 万株，草坪 4.97 万平方米，花园 13 个，假山喷泉 6 个，盆花 20500 盆，形成了校园建设功能分区明确，融花、草、树木、水、石等自然景观和建筑物等人文景观为一体的花园式校园，为广大师生创造了学习、工作、休闲的优雅的环境。

硬化道路，整修电网和通讯网。1999—2008 年，学校共投入 471.1 万元，硬化西区砼路、煤厂周边、手球场周边，同时对东区电网、通讯网进行改造，将各种电缆网线埋入地下，拆除各种立杆，彻底改变原来蜘蛛网式的空中布线。

2000—2007 年单体建筑情况一览表

项目名称	建筑面积（m²）	投资总额（万元）	质量标准	建设时间	承建单位
5#公寓楼	12347	999.12	天水市"麦积奖"	2000.2—2000.8	市建一公司
南校区邻街二层楼	1201	46.25	合格	2000.3—2000.10	校办厂建安一、二队
2#教学楼（文）	16083	1641.28	合格	2000.9—2001.9	省建一公司

续表

项目名称	建筑面积（m²）	投资总额（万元）	质量标准	建设时间	承建单位
12#职工住宅楼	4156	268.5	合格	2001.4—2002.4	市建二公司
2#实验楼	11942	1257.98	甘肃"飞天金奖"	2002.2—2002.12	省建四公司
沥青场地篮球场	8832	57.5	合格	2002.8—2002.10	天水永牛公司
文科楼前广场	11000	121.6	合格	2002.10—2003.5	天水永牛公司
400米塑胶跑道标准田径场	22800	450.45	合格	2003.3—2003.11	天水永牛公司 市建一公司 南京新宁海塑胶公司
沥青排球场、手球场、网球场、塑胶网球场	7886				天水永牛公司 甘谷三建
200米炉渣跑道田径场、篮球场、排球场（南校区）	3920	28.5	合格	2003.4—2003.7	甘谷三建
400米炉渣跑道标准田径场	15400	47.48	合格	2003.5—2003.11	校办厂建安一队
轻钢体育馆	4980	357.09	合格	2003.9—2004.5	天水大成有限公司 海通有限责任公司 校办厂建安二队
老干部活动中心	320	23.97	合格	2003.9—2004.5	天水嘉通建筑公司

项目名称	建筑面积（m²）	投资总额（万元）	质量标准	建设时间	承建单位
西区厕所	72	11.86	合格	2003.11—2004.4	天水永牛公司
健身乐园	1920	7.15	合格	2003.11—2004.8	天水嘉通建筑公司
逸夫图书楼	25820	4458.35	甘肃省"飞天金奖"	2003.11—2005.9	省建二公司
西区体育库房	138	12.06	合格	2004.3—2004.10	校办厂建安一队
器械场	460	20.42	合格	2004.5—2004.7	校办厂建安二队
人工湖	4200	42.38	合格	2004.5—2005.4	校办厂建安二队甘谷三建
艺术楼	11231	1769.15	甘肃省"飞天奖"	2004.6—2005.9	省建一公司
中庭院广场	6260	138.98	合格	2005.2—2005.8	天水永牛公司 湖北大冶同林仿古公司 山东金磊石材公司
门球场	850	7.83	合格	2005.6—2005.9	天水嘉通建筑公司
3#实验楼	11395	1649.34	甘肃省"飞天奖"	2006.6—2007.3	省建四公司

第六节　科研工作、重点学科建设及学报编辑

一、科研管理

1. 规章制度。2000年7月科研管理处成立。从此，科研工作逐步走上科学化、规范化管理轨道。学校先后制定并颁布《天水师范学院学术委员会章程》（2004年4月）、《天水师范学院科研项目管理办法》（2006年12月）、《天水师范学院科研经费管理办法》（2006年12月）、《天水师范学院教师学术道德与学术行为规范》（2006年12月）、《天水师范学院重点学科管理暂行办法》（2005年7月）、《天水师范学院科研基础工作量及津贴计算暂行办法》（2004年12月）、《天水师范学院学士学位申请及授予工作细则》（2003年5月）、《天水师范学院成人学位申请及授予细则》（2005年3月）等一系列政策和制度文件，为科研发展保驾护航。随着科研水平的提升和科研发展的需要，学校对不断原有制度进行修订完善，或制订新的科研管理制度，进一步规范科研管理。2005年7月，学校根据《天水师范学院校内津贴分配方案》，在充分征求和吸收广大教师意见的基础上，重新制定了《天水师范学院科研成果分类及认定标准》，提高了科研奖励力度，以充分调动教师科学研究的积极性和主动性。2008年4月，修订了《天水师范学院科研项目经费配套办法》，对科研项目实施经费配套；制定了《天水师范学院学科建设管理办法》，为学科建设提供制度保障；制订了《天水师范学院科研项目配套办法实施细则》，使配套经费使用更加规范，有据可循。

2. 完善科研运行计划，推进学术交流。成立学术委员会，作为学院最高学术审议和评定机构。设立"天水师范学院科研基金"，对本校教职工出版的学术著作和教材予以奖励。2001年11月，成功举办首届学术月活动，并举办天水师范学院"九五"科技成果展。此后每年一届，定期举办学术讲座，至2007年，连续举办八届。2005年，创办"红茶高级论坛"作为教师间开展学术交流的平台，全年举办论坛13场；随后又创办"红茶讲坛"，面

对学生开展学术讲座，介绍各学科的前沿动态和学术热点问题。2000—2008年，举办"陇东南发展论坛"（2001 年）、"全国第一届院校发展学术论坛"（2003 年）、"第七届全国数学方法与数学教育改革学术研讨会"（2004 年）、"秦文化学术研讨会"（2005 年）等大型研讨会 15 场。2001—2007，先后邀请中科院院士、教授陈希孺，英国米都塞克斯大学教授、博导刘阿英，陕西师范大学教授、博导朱士光，著名作家叶辛，兰州大学原校长胡之德教授，著名音乐家、全国音协主席傅庚良，印度尼赫鲁大学教授、博导卡美树等学者 179 人次来校讲学。2009 年 6 月，北京大学教授、著名学者钱理群应邀来校讲学，一时引起轰动。鼓励教师外出参加各类国际国内学术会议，广泛开展多层面的学术交流。同时，立足地域优势，积极开展多形式的院地科研合作。这些工作为全校师生开展学术交流、展示学术成果、了解学术动态、塑造学术精神，提供了窗口和平台。

二、重点学科建设

为了进一步整合教育资源，推进专业与学科建设，深化教育教学改革，从 2002 年起开始了遴选校级重点学科的工作，2003 年 4 月成立以张俊宗副院长为组长的重点学科与专业建设方案规划小组。2003 年 4 至 6 月，对申报重点学科工作进行了为期两个多月的第一轮调研和论证。2003 年底，学院为了优化结构、整合资源，将各教学系部改建为 10 个二级学院。2004 年初，在相关二级学院专业、学科重组的基础上，填报完成《2004—2006 年度天水师范学院重点学科申报书》。

2004 年 11 月第四届学术活动月期间，校学术委员会组织进行了重点学科的答辩评审，初步确定了入选名单。经校党委、行政会议讨论决定，确定文史学院的中国古代文学、中国现当代文学，教育学院的高等教育学，经管学院的城市经济学，艺术学院的中国画，数信学院的基础数学、理论物理，生化学院的应用无机化学、分子生物学，体育学院的体育教育训练学共 10个学科为校重点学科；教育学院的农村教育，经管学院的社会哲学，工学院的机械设计制造及自动化、结构工程和外语学院的英语教学论等 5 个学科为二级学院重点学科。之后以《关于做好学院首轮重点学科建设工作的通知》

的形式对学科建设的周期、经费和要求做出了具体规定。确定在 2005—2009 年建设周期内，分两个阶段对重点学科进行建设，每年列出专款 60 万元用于学科建设。2005 年 7 月，学院制订《天水师范学院重点学科管理暂行办法（试行）》，对重点学科建设从原则条件与评选、建设目标与措施到学科管理与经费管理、检查与评估等方面，制订了原则性、程序性的规定和具体的管理办法。

通过两年多的建设，学校科研整体实力得到提升，学科建设在教学、科研中的地位已经显现。10 个校级重点学科总体建设情况是比较好的，进展顺利。各学科基本完成了预定的年度建设任务，基本达到了预定的年度建设目标。10 个校级重点学科在两年的建设时间内，共立项科研项目 40 余项，其中国家级项目 5 项，省部级项目 10 余项；外来纵向科研经费近 100 万元；厅局级以上获奖科研成果 6 项；公开发表论文 100 余篇，其中核心期刊 20 多篇。学术交流频繁，学院 10 个校级重点学科在年度建设时间内，共主办全省性研讨会 4 次、邀请国内外专家学者来校学术讲座 40 余次；共有 30 多人次出境考察和参加国际学术研讨会。

三、陇右文化省级重点学科建设

2001 年，学校立足区位和科研优势成立陇右文化研究中心，跨学科跨专业在院内选聘一批教师为中心研究人员，同时从校外聘请相关学者为兼职研究员，共同开展陇右地域文化研究工作。2002 年陇右文化申请省级重点学科获得成功，被确定为 2002—2005 年度甘肃高校省级重点学科。2006 年 9 月陇右文化一期建设顺利通过评估，又被列为 2006—2010 年度甘肃省高校省级重点学科。其两期建设取得了许多学术成果，产生了诸多示范效应。

1. 初步确立陇右文化学科体系。明确提出陇右文化归属历史学科（一级）中历史地理学（二级）的分支——文化地理学，涉及历史学、文化学、地理学、民族学、文学艺术、经济学等诸多学科，并根据这一特点，结合学院实际和地方经济文化发展需要，确立陇右历史地理、陇右民间文学与艺术、伏羲文化和陇右非物质文化遗产保护四大方向，同时按研究方向分别确定学科带头人和学科梯队，并按重点学科建设周期，制订了比较详细的学科发展计划。另外，为构建学科体系，编辑出版《陇右文化概论》，对陇右文化的性质、内容、特征等都做了全方位的论证和阐述。

2. 形成稳定长效的学术交流阵地。2001 年陇右文化研究中心成立之后即协助学报编辑部《天水师范学院学报》开设"陇右文化研究"专栏，发表相关文章多篇，其中不乏名家大作，有些还被人大报刊复印资料转载。编辑出版《陇右文化论丛》（现已出版三辑）论文集，刊登学术顾问、特邀研究员和研究员学术文章，使得陇右文化学科建设和学术交流有了畅通的渠道和坚实的阵地。

3. 取得丰硕学术成果。对优势和学科特色，重点组织选题进行相关研究，在项目申报、学术论著、所获奖项、研究成果方面都成绩斐然。先后申报各级各类项目 81 项，其中国家社科基金项目 9 项，省部级项目 16 项，地市（院）级项目 57 项；出版学术专著、教材 30 部，其中"陇右文化丛书"11 部；发表和陇右文化相关的学术论文 150 余篇，其中核心期刊 30 多篇；《光明日报》还专题刊出学校学者关于陇右文化的学术文章一组 4 篇；有关陇右文化学科的研究成果有 30 多项获省、市各种奖励，其中获教育部第四届中国人文社会科学优秀成果三等奖 1 项。

4. 资助科研项目。2002 年，陇右文化研究中心以院列项目的形式资助陇右文化科研项目 10 项，内容包括杜甫陇右诗、陇右民间文学、陇右民间美术、陇右音乐戏曲等。2003 年，再次资助相关科研项目 12 项，内容包括陇右历史名人、石窟艺术、说唱音乐、茶事茶俗、武术文化、民居建筑、陇右民俗等。

5. 开设陇右文化课程。陇右文化研究中心从 2004 年始启动课程建设计划。组织动员学有专长的教师编写教材、讲义，先后开出十多门公选课，分别是：《杜甫陇右诗研究》《陇右石窟艺术》《秦安小曲》《壳子棍》《天水古民居》《陇右文学概论》《陇右民间美术》《杜甫陇右诗研究》《天水历史文化专题研究》《陇右文化概论》《伏羲文化概论》等。这些课程均作为公选课向全校所有学生或对口专业学生开放，学生反映良好。2008 年 4 月，《陇右文化校本课程建设实践研究》获甘肃省教学成果奖二等奖。

6. 编辑"陇右文化丛书"。2002 年始，陇右文化研究中心规划编辑"天水师院陇右文化丛书"，不论是院内还是院外兼职研究人员出版有关陇右文化书籍都给予一定的资助，以调动其积极性。至 2008 年，已出版《天水放马滩木版地图研究》《天水武术》等 11 种书籍。

2007 年教育部本科评估，陇右文化学科建设及其课程作为天水师范学院教学工作中的一大特色得到专家们的共同认可，他们认为，学院的办学宗旨是"以思想政治教育为中心，以陇右文化学科建设为依托，以课程改革为突破口，以'师能'教育为重点，着力培养适应当地文化传统，热爱家乡，热爱贫困地区基础教育，以从教为荣，一专多能，'下得去、留得住、用得上'的合格教师"。

三、学位授予工作

2000 年，学校由普通高等专科学校升格为普通高等本科院校，招收汉语言文学、英语、数学与应用数学、体育教育、化学等五个专业的第一批本科生。从此，学位工作提上议事日程。

根据《中华人民共和国学位条例》《甘肃省学士学位授予单位及学士学位授予专业审核办法（试行）》等，2003 年 5 月颁布《天水师范学院学士学位申请及授予工作细则》，随后成立了第一届学位评定委员会，这标志着学院学位建设工作正式启动。2004 年 4 月，学院颁布《天水师范学院学术委员会章程（试行）》，改选增补了学位评定委员会，将学位评定作为学术委员会的一项重要职责，进一步强化和提高了对学位工作的建设管理。

2003 年夏，挂靠西北师大招收的本科生毕业，学校举行隆重的学士学位授予仪式。2004 年 3 月，根据甘肃省学位委员会《关于印发〈甘肃省学士学位授予单位及学士学位授予专业审核办法（试行）〉的通知》，组织二级学院填写相关专业学士学位授权申报书。撰写相应的自评报告。

2004 年 5 月底，省学位办组织专家对学院本科办学水平进行全面的考察。专家组经过为期 3 天考察，最后认为学院达到学士学位授予单位的标准，经投票表决，一致同意增列为学士学位授予单位。

2004 年 6 月 11 日，省学位办下发《关于增列天水师范学院为学士学位授权单位及增列五个学士学位授权专业的批复》，同意将天水师范学院增列为学士学位授权单位，并授予汉语言文学等五个专业的学士学位授予权。

2005 年 3 月，第二批增列学士学位授权专业评估工作启动，学校下发《关于 2005 年学士学位授权专业申报及评估工作的安排意见》，组织相关二级学院填写申报书。3 月 29 日，学校向省学位办上报《天水师范学院关于增列历史学等六个专业为学士学位授权学科（专业）的请示》。5 月中旬，省学位办组织 7 位专家，根据《关于印发"甘肃省学士学位授予单位及学士学位授权专业审核办法（试行）的通知"》文件的精神和要求，对增列的历史学、信息与计算科学、物理学、生物科学、思想政治教育、美术学等专业的办学水平进行审核评估。专家组经过听取汇报、现场查看和认真讨论，一致认为，历史学等六个专业均符合授予学士学位条件，建议省学位办批准六个专业的学士学位授予权。省学位办于 2005 年 6 月 8 日下发《关于同意天水师范学院增列历史学等六个专业为学士学位授权的批复》。

2006 年，学院增列的音乐学、财务管理和生物技术等专业通过省学位办评估，获得学士学位授予权。2007 年，有法学、市场营销、会计学、小学教育、应用心理学、土木工程、机械设计制造及其自动化和计算科学与技术等 8 个专业迎接省学位办学士学位授权专业的审核评估，并获得授权资格。2008 年，人文教育、社会体育、艺术设计、统计学、电子信息科学与技术、经济学、科学教育等七个专业申请增列学士学位授予权获准。至 2008 年，学院已有 31 个本科专业获得学士学位授予权。

四、项目申报

学校所申报项目从大的方面分，有校内项目和校外项目。校外项目国家级的主要有国家社会科学基金项目、国家自然基金项目，省部级的主要有教育部项目、甘肃省社会科学基金项目、自然基金项目等，市级项目主要有甘肃省教育厅项目、甘肃省科技厅软科学项目、天水市软科学项目等。对于申报校外项目，学校历来都是大力支持，鼓励教师积极申报，并给予相应的奖励。此外，2000 年始，学校每年投入 20 万元用于院列科研项目资助。至 2008 年，院列项目累计达 346 项，资助金额近 160 万。

在校外项目申报上，重点抓国家级项目申报。2003 年雍际春教授首获国家社会科学项目。2004年邀国家社会科学基金评委会成员陕西师范大学教授朱士光讲述国家社会科学基金项目申报注意事项。2005年，国家社会科学规划办公室主任张国祐来校调研，对学校国家级项目申报成绩予以肯定。2008年，又邀西北师范大学教授张继就各级自然和科技项目申报注意事项做了讲述，并请获得国家级项目的教师介绍了经验。经全校上下努力，国家级项目申报取得重大成绩。至2009年，先后获国家级项目192项，资助金额达148万。

2000—2008年科研项目立项统计表

时间 等级	国家级 （项）	省部级 （项）	地厅级 （项）	校级 （项）	合计 （项）
2000年		1	4	39	44
2001年		9	8	21	38
2002年	1	7	4		12
2003年	1	6	5	39	51
2004年	3	5	16	54	78
2005年	3	8	11	50	69
2006年	3	2	16	57	78
2007年	3	4	21	44	72
2008年	4	5	21	42	72
合计	18	47	106	346	517

2000—2009年度承担国家级项目一览表

序号	主持人	项目名称	项目来源	经费 （万元）	立项 时间
1	张俊宗	现代大学制度研究	国家单列	自筹	2002
2	雍际春	秦早期历史及其文化形态研究	国家社科	6.5	2003
3	汪聚应	唐代侠风与文学	国家社科	8	2004
4	吴卫东	当代中国生存问题的哲学研究	国家社科	8	2004

序号	主持人	项目名称	项目来源	经费（万元）	立项时间
5	刘新牛	市县乡三级基层政权机构改革研究	国家社科	7.5	2005
6	富世平	敦煌变文的口头传统研究	国家社科	7	2005
7	安涛	20 世纪中国马克思主义文学理论研究	国家社科	8	2006
8	刘雁翔	黄河流域伏羲祠庙及伏羲信仰研究	国家社科	8	2006
9	张玉璧	武山水帘洞石窟壁画艺术研究	国家艺术单列	6	2006
10	王德泰	清代前期钱币制度形态研究	国家社科	9	2007
11	霍志军	陇右地方文献与中国文学地图的重绘	国家社科	8	2007
12	蔡智忠	西北民族武术文化历史与发展	国家社科	9	2007
13	郭文元	社会主义国家现代化进程中的城乡想象 1942—1976 年的中国文学研究	国家社科	9	2008
14	芦兰花	湟水河流域方言与地域文化研究	国家社科	8	2008
15	郭昭第	中国文学经典的生命智慧研究	国家社科	9	2008
16	王旭林	高校产业化进程中的财务治理结构研究	国家教育单列	自筹	2008
17	邢永忠	重离子碰撞中的同位旋效应和同位旋非对称核物理质状态方程	国家自然	8	2004
18	邢永忠	K 介子的产生与核物质状态方程	国家自然	26	2005
19	余粮才	黄河流域伏羲祭祀仪式考察研究	国家社科	9	2009

五、科研成果

1. 专著。2000—2008 年，出版专著教材 95 部，其中国家级出版社出版 5 部。内容横跨文理各科，地域文化研究著述较多。

2. 论文。2000—2008 年，在国内外学术刊物发表科研论文 3053 篇，其中 SCI、EI 期刊发表论文 99 篇，CSSCI 期刊发表论文 151 篇，中国人民大学报刊复印资料、《新华文摘》转载 32 篇。

2000—2008 年专著、论文统计表

年度	专著/教材	论文（篇）					
		小计	SCl. EI	CSSCI	核心	转载	省级
2000	8	130	2	12	14	0	102
2001	7	196	3	10	15	2	168
2002	8	217	3	11	18	0	185
2003	14	447	19	11	50	3	367
2004	13	397	13	13	50	4	321
2005	16	348	9	13	62	6	264
2006	13	386	13	21	50	7	302
2007	8	398	16	17	53	6	311
2008	8	534	21	43	85	4	385
总计	95	3053	99	151	397	32	2405

3. 奖励。2000—2008 年，先后有 173 项科研成果获奖，其中省部级 38 项。

2000—2008 年各类科研奖励统计表

年度	小计	国家级（项）			省部级（项）			地厅级（项）			学会、协会（项）		
		一等奖	二等奖	三等奖	一等奖	二等奖	三等奖	一等奖	二等奖	三等奖	一等奖	二等奖	三等奖
2000	22	0	0	0	1	0	3	4	5	7	0	1	1
2001	5	0	0	0	0	0	2	0	1	1	0	0	1
2002	23	0	0	0	2	4	5	1	1	9	0	0	1
2003	11	0	0	0	0	1	0	0	4	4	0	1	1
2004	22	0	0	0	0	0	3	1	4	7	2	0	5
2005	12	0	0	0	0	1	1	3	0	1	2	2	2
2006	38	0	0	1	1	2	6	5	15	8	0	0	0
2007	3	0	0	0	0	0	0	0	2	0	0	1	0
2008	39	0	0	0	0	1	0	0	6	12	2	5	12
合计	175	0	0	1	4	9	21	14	36	51	6	10	23

由于科研取得的成绩，学院在省内、国内高校的综合排名和科技排名呈提升趋势。据甘肃省科学技术情报研究所统计，从 2001 年起，在甘肃省历年的科技论文统计排名中，学院一直名列全省高校和科研院所的前 20 名，在省内高校排名中学院位居第 8 名左右。据《中国青年报》和中国科学评价研究中心联合研制的《中国高校竞争力排行榜》统计，2005 年学院在一般高校综合竞争力排名中列 418 位，在师范类院校中位居 67 位；在分项排名中，办学资源列 496 位，教学水平列 411 位，科学研究列 259 位。在科技竞争力综合排名中，学院列 423 位，在师范类院校中位居 61 位，其中，单项指标投入列 384 位，产出列 408 位，效益列 422 位。在社科竞争力综合排名中列 414 位，居师范类院校的 66 位；其中，单项指标投入列 401 位，产出列 351 位，效益列 348 位。在《网大中国 2005 年中国大学排行榜》中，学院综合指标排名居 456 位，列师范类院校的 56 位，科研成果列师范类院校的第 37 位。以上数据表明，学院在全国高校的各种综合排名中，位居中等位次，而在科技指标排名中，则位居中等偏上位次；整体而言，排名呈上升趋向，且科研指标为提升学院科技竞争力和综合实力发挥了有力的助推作用。

六、学报编辑

《天水师范学院学报》创刊于 1981 年 4 月，时名《教学研究》，半年刊。办了 4 期之后，1983 年第 1 期更名《天水师专学报》。1990 年之前，学报以社会科学文章为主，兼刊自然科学文章，或单出社会科学文章版，或文理合刊出混合版。1990 年之后，学报分社会科学版、自然科学版。1993 年改为季刊。2000 年第 4 期始，更名《天水师范学院学报》，双月刊，公开发行，社会科学版每年 4 期、自然科学版每年 2 期。至 2009 年 6 月，共出刊 104 期。

学报是全面展示学校科研、教学成果的园地，办刊伊始即着力突出"师范性、学术性和地方性"宗旨，刊载了诸多佳作。学报虽然办刊 20 年后方才公开出版，而就是在内刊上，刊载过张鸿勋、雒江生、傅世伦、张平辙、王安民、丁恩培、温至孝、刘秉臣、彭怀祖、丁楠等师院老先生的重要文章，也刊载过冯其庸、张学荣、颜廷亮、王劲、张大可、董汉河、赵逵夫等校外名家的文章。2000 年公开出版之后，从稿件登记、审核到印刷出版都形成完整的规章制度。栏目扩展到各个学科，刊稿数量大增。先后获得国际标准刊号，加入《中国学术期刊（光盘版）》《中国期刊网》和《万方数据——数字化期刊群》，并成为《中国学术期刊综合评价数据库》来源期刊和全文收录期刊、《中国核心期刊〈遴选〉数据库》收录期刊。以"做西部文章，办陇上名刊"为宗旨，不断提升办刊质量。

2000年以来，《学报》刊发的论文有41篇被《新华文摘》、中国人民大学书报资料中心《复印报刊资料》《高等学校文科学术文摘》等权威数据库和文摘类刊物索引或转载，有50余篇分别获省地市级优秀科研成果奖。2002年，《学报》在全国人文社科学报学会第二届学报评奖中获得"质量进步奖"；2003年获得中国学术期刊（光盘版）电子杂志社评选的首届《中国学术期刊（光盘版）检索与数据评价数据规范》执行优秀期刊奖。2004年，甘肃省高校学术期刊编辑部专家评估组按照甘肃省教育厅《关于开展全省高校学报编辑部评估工作的通知》要求，对天水师范学院学报编辑部进行了评估。《学报》以90.23分的高分居甘肃省高校学报编辑部合格评估得分前茅。评估组专家认为："《天水师范学院学报》坚持'做西部文章，办陇上名刊'的办刊思想，强化办刊特色，取得了较好的成绩。"2006年，《学报》在全国人文社科学报学会第三届学报评奖中被评为"全国优秀社科学报""全国社科学报优秀栏目"。在本次评奖活动中同时获得这2项奖励的甘肃省内学报只有《兰州大学学报（哲学社会科学版)》和《天水师范学院学报》，这是截至目前甘肃省兰外高校社科学报获得的最高荣誉称号。2008年，在甘肃省教育厅组织的高校学术期刊"三优"评比中《学报》有3位同志分别获得"优秀主编""优秀编辑工作者""优秀编辑学论著一等奖"奖励。在编辑实践的同时，《学报》编辑部还重视编辑学理论研究，各位编辑在国家级和省级学术刊物发表编辑学学术论文10余篇，主持完成中国人文社科学报学会和甘肃省教育厅编辑学科科研项目各1项。

多年的办刊实践，凝练出了学报始终如一的办刊理念，那就是："师范性、学术性和地方性"。办刊方针，以注重学术品味，立足地域优势，突出西部特色为主，把实现学术与教学、科研与区域社会经济发展、历史文化研究与西部开发有机结合，将《天水师范学院学报》办成陇上名刊，乃至全国名刊。

天水师范学院是地方院校，于是"地方性"也就成了学报的一大特色。学报发展过程中曾先后开设过地方史研究、秦州史地、杜甫陇右诗等栏目，1998 年第 2 期《天水师范学院学报》即创设"陇右文化研究"栏目。2000 年学报更名为《天水师范学院学报》后，依托陇右文化学科建设，此栏目逐渐办成品牌栏目，从 2003 年开始，历年都有文章被中国人民大学书报资料中心《复印报刊资料》全文转载。据统计，2003—2007 年，"陇右文化研究"栏目先后有 5 篇文章被《复印报刊资料》全文转载，转载率达 10%。

为提升学报质量，编辑部还用约稿的办法，约请国内名家撰文。2008 年第 6 期，正当学报出刊 100 期，特邀论文 9 篇，其中汤一介的《关于复兴儒学的思考》一文发表后，被《新华文摘》2009 年第 7 期作为封面推荐文章全文转载。以上事实说明，学报办刊理念是正确的，学报的发展会越来越好。

第七节　师资建设和人才引进

一、升本后的师资状况及存在的问题

师资队伍是高等学校赖以生存的主要支柱之一，建立一支学术水平高、结构合理、勤劳育人的教师队伍是办好学校、培养合格人才的关键。

学院 2000 年升本后，有专任教师 348 人，其中副教授以上教师 87 人，占教师总数的 27.3%，获博士学位、硕士学位及正在攻读博士、硕士学位教师 130 人，占教师总数的 37%。由于多年一直在进行大专层次的教学，升本后，面对本科教学对教师提出的要求，学院师资还存在下述问题：

（一）高职称、高学历的教师队伍数量不足

虽然学校规定 40 岁以下教师无硕士学位者不得申报高级职称，但仍未能引起一些教师重视，同时，2000 年前后申报高级职称的教师，多数条件较弱、缺乏竞争力。

（二）教师知识结构不尽合理

学校教师由于多年习惯于专科层次的教学，许多人在拓宽知识面、增加知识量和建立科学的知识体系等方面没有做出足够的努力。

（三）教师队伍的专业结构不能适应未来发展的需要

学校的教师队伍，基本上是按照已有的专业设置需要发展形成的，在师范毕业生生源稳定、毕业生出路基本畅通的条件下，这支队伍暂时可以稳定一段时间。但是条件发生变化后就不能不考虑这支队伍还能不能适应未来激烈的竞争。相关专业教师储备不足，许多教师一劳永逸的思想严重，缺乏忧患意识和进取精神。

（四）教学方法陈旧、教学手段落后

教师的教学大部分依然是一本讲稿、一支粉笔，授课基本上是满堂灌，师生之间更多的是单向交流。这些状况固然与学校未能从根本上解决教学手段现代化所需的必要设施有关，但如何利用课堂有限的时间，合理安排教学，充分调动学生学习的积极性，活跃课堂气氛，应该是每一位教师的责任。

二、2000—2005 年的师资建设和人才引进

针对升本后师资队伍的现状及存在的问题，学校从长远的发展目标出发，按照"充实数量、提高素质、优化结构、稳定骨干、造就名师"的工作思路，从实际出发，坚持培养与引进并重、专职和兼职结合的原则，不断扩大充实师资队伍，提高师资队伍质量，制定了教师选拔、培训、提高、管理等方面的措施，使师资队伍建设走向良性循环。

（一）加大人才引进力度

2001 年 12 月，学校对天水师专《关于引进和培养高层次人才若干问题的暂行规定》进行了调整和补充，印发并颁布《天水师范学院关于引进和培养高层次人才优惠政策的暂行规定》，加大了培养和引进高层次人才的力度。之后，又两次修订实施《天水师范学院关于培养和引进高层次人才优惠政策的暂行规定》，制定了吸引人才、稳定人才、用好人才的各项规章制度。5 年来，共引进博士、硕士研究生和副高以上专业技术人员 94 人。

积极探索柔性管理机制，树立"不为我有，但为我用"的柔性人才使用

观，积极探索灵活多样的人才管理模式，建立了专、兼职相结合的教师队伍体系。每年邀请 30 名左右的国内外著名学者、专家、教授到学校访问、讲学、授课，指导学校的教学科研工作。同时，学校高度重视发挥退休老教师的作用，先后返聘一批教学经验丰富的教授为本科生授课。这支兼职教师队伍为学校的人才培养起到了积极的作用。

（二）培养、提高与引进相结合

针对高学历、高职称教师偏少的现实，坚持培养、提高与引进相结合的办法，以培养为主，努力提高在职教师的教学能力和业务水平，大力加强教师队伍建设。从地处欠发达地区和新建本科院校的实际出发，重视对在职教师的培养，确定了"培养和引进并重，以委托培养和在职提高为主"的工作方针。通过鼓励中青年教师积极报考博士、硕士研究生和参加以同等学力申请硕士学位的培训学习。选派优秀中青年教学骨干在国内重点大学访学，出国进修，通过接受继续教育培训等渠道，拓宽其知识面，加强对其业务素质的培养。对于委培的研究生和考取研究生的在职教师除报销全部学费、住宿费外，每月还发给一定的生活补助，毕业后享受相关的优惠待遇。几年来，共有 108 名教师考取博士、硕士研究生。

同时，学校坚持"在职为主、突出重点、加强实践、提高水平、多种形式并举"的培训工作方针，制定并实施《天水师范学院教师培训暂行规定》，二级学院相应制定适合本学院特点的培训计划，采取多种措施提高在职教师的教学水平和业务能力。

一是加大对新进教师的岗前培训力度，组织新进教师参加甘肃省高校师资培训中心举办的岗前培训及现代教育技术培训，并邀请高师培训中心的专家在学校举办培训班，共有 236 人次参加了培训。二是加强对新进教师教学工作能力的培养和教学方法的指导。如文史学院、生命科学与化学学院等教学单位对新参加工作的教师实行了"导师制"，在每个教学环节上进行传、帮、带，促进青年教师尽快熟悉课堂教学工作，提高教育教学水平。三是鼓励支持教师进修学习。2001 年，选派 4 名教师到国内知名大学做访问学者，更新知识结构；以中英项目为依托，选派 2 名教师赴英国参加短期培训；通过考试选拔了 1 名教师赴新加坡学习。四是建立有效的激励机制。在校内津贴分配、住房、职称评聘等方面都向教学科研第一线的教师倾斜，鼓励青年教师在教学、科研第一线勇挑重担，不断提高教学水平。

对于学术水平已达到一定水准的高职称、高学历教师，学校也采用种措施提高其知名度，发挥其"名师"作用。一是通过推荐院内教授、博士研究生担任兄弟院校和科研单位硕士研究生导师工作，加快为学院培养学科带头人的步伐。2005 年，学院已有 7 名教师分别担任兄弟院校和科研单位的硕士研究生导师。学校教师在国际、国内各级学术团体担任理事以上职务的有 30 名。推荐省高校教师职务评审委员会评委 5 人。二是评优选先。几年来，学院有 1 人荣获全国优秀教师，13 人被评为甘肃省"园丁奖"优秀教师，1 人获全国先进工作者称号，1 人被评为全国艺术教育先进个人。5 人获天水市劳动模范称号，1 人获甘肃省"师德标兵"称号。1 人入选教育部新世纪优秀人才支持计划，6 人入选甘肃省"333""555"创新人才工程第一二层次人选，21 人入选天水市科技拔尖人才和"222"创新人才工程，6 人获甘肃省高校青年教师成才奖。

（三）重视专业技术职务晋升工作

2000—2005 年，学院先后评聘教授 37 人，研究员 2 人，副教授 120 人，副研究员 2 人。

（四）完善健全院内"学科带头人""学科骨干""优秀中青年教学骨干"的选拔培养和使用制度

2001 年确定了学院第二届"三级骨干"共 66 人，并落实了校内特殊津贴。2004 年，在完成了对第二届"三级骨干"教师的考核工作后，修订并完善了"三级骨干"的评选管理办法，评选出第三届"三级骨干"73 人。

三、本科评估前的师资状况及存在问题

2004 年，在全院教职工的共同努力下，学院顺利通过了甘肃省教育厅对首届本科生教育质量的考核验收，学院培养的本科生质量得到了社会的承认。教与学密不可分，高质量的教学与教师水平是成正比的，这也意味着对学院几年来师资建设和人才引进工作的肯定。但是全面总结升本 5 年来工作所取得的成绩和经验，如何加快发展，积极创造条件，迎接 2007 年教育部对

学院本科教学工作水平的评估，又是摆在学校面前的一个艰巨的任务。学院的师资建设和人才引进工作在这个阶段仍面临困难。主要问题表现在：

（一）教学人才缺乏

一是高层次人才缺乏。截至2005年，学校有教职工769人，其中专任教师561人，占教职工总数的72.95%；高级职称教师180人，占教师总数的32.09%，具有硕士以上学历教师147人，占教师总数的26.20%（其中具有博士学历教师11人，占教师总数的2.2%）；正在攻读博士、硕士学位的教师120人。学院常年聘请外籍教师7人，兼职教授35人。

二是师资队伍数量不足。主要表现为基础性短缺、规模结构性短缺、评估性短缺。以最低标准核计，到2006年底，按一名教师承担两门课计算，实缺99名专业教师。

三是实验技术人员短缺，按学校的办学规模，依照教育部要求，1万人时数实验课时应有1名专职技术人员，学校现阶段实验课实验人时数为32.4989万，应配备专职实验技术人员33人，如考虑新建专业实验室人员配备，应有62人，但目前只有15人，缺额47人。

（二）教学管理人才匮乏

教学管理是教学工作的关键，可以说没有科学高效的管理，教学工作将寸步难行，而科学高效的管理又需要一支高素质的管理队伍作为保障。目前，无论是数量还是质量，学院的教学管理队伍都与学校教学需要相去甚远：主要是教学管理专职人员偏少，二级学院教务管理压力大。

针对上述问题，学院制订《天水师范学院"十一五"师资队伍建设规划》《天水师范学院兼职教师管理办法》《天水师范学院中级职务评聘工作有关问题的规定》；修订《天水师范学院学科带头人、学科骨干、优秀中青年教学科研骨干评选办法》《天水师范学院"优秀教师"评选办法》《天水师范学院引进和培养高层次人才优惠政策的暂行规定》等规章制度，为后一阶段的师资建设和人才引进有了制度保障。

四、2006年的师资建设和人才引进

2006年，是学院落实"十一五"规划的开局年，也是学院迎接教育部教

学工作水平评估的"冲刺年"，在广大师生员工的共同努力下，全院上下认真学习"三个代表"重要思想和十六届六中全会精神，全面落实科学发展观，圆满完成了年初确定的各项工作任务，学院的师资建设和人才引进工作也取得了新的成绩。

2006 年共引进和培养博士毕业研究生 2 人，选拔硕士研究生 49 人、优秀本科毕业生 9 人；成立了专家工作站；选送 4 名教师分别赴日本、澳大利亚出国短期进修，教职工中考取博士研究生 7 人，进入博士后流动站研究人员 2 人，考取硕士 22 人，有 31 名教师赴国内重点大学、科研院所做高访学者或进修课程；推荐 1 名教授担任兄弟院校兼职硕士生导师；有 12 名骨干教师参加省委党校中青班干部培训和省委宣传部哲学社会科学骨干教师培训，有 79 名青年教师参加了省高师培训中心在天水师范学院举办的青年教师岗前培训。推荐评选教育部新世纪优秀人才支持计划入选教师 1 人，推荐评选省园丁奖优秀教师 1 人、省高校青年教师成才奖 1 人，省 555 创新人才第二层次 2 人，天水市园丁奖优秀教师 1 人，天水市劳动模范 1 人，评选学院 2004—2006 学年度"三育人"先进个人 78 人。完成了对第三届"学术带头人""学科骨干""优秀中青年教学科研骨干"的增补评选工作，共有 22 人入选。教师系列推荐评审通过教授 8 人，副教授 20 人，初聘副教授 2 人；推荐评审讲师 34 人，初聘讲师 29 人；评定初聘助教 38 人。非教师系列专业技术职务评审工作，推荐评审高教管理研究员 2 人，副研究员 4 人，助理研究员 1 人，研究实习员 2 人；推荐评审实验师 1 人，图书资料馆员 1 人。新招聘了来自美、英、加等国的外专外教 5 名。

第八节　国际交流与合作

一、国际处的成立和工作

天水师范学院的国际交流与合作工作的展开，缘于 20 世纪 80 年代中期国家的改革开放大历史环境和教育的国际化发展背景。从 1985 年第一名外籍教师的聘用到 2009 年，这项工作的展开已经前后持续了将近 25 年的时间。1985 年学校聘用了首位外籍教师，聘请工作的进行主要由天水师范学院外事办公室负责。外事办公室当时的主要工作有两项：一是聘请外国文教专家来学校做外聘教师，二是接待来访的外国友人。在行政隶属关系上，外事办公室和学院办公室是一套人马两块牌子，外事办公室主任由学院办公室主任兼任，而主要的业务工作则由外事干事专门负责。

为了适应学校发展的新形势，抓住专升本之后学校难得的快速发展机遇，2000 年 11 月，学校成立了国际交流与合作处（简称国际处）。国际处为学校独立的处级部门，设处长 1 名，办公人员 2 名，全面负责学校的国际交流与合作事宜。

二、外籍教师的聘用

外籍教师的聘用是学校国际交流与合作工作最先进行的内容。这项工作开始于 1985 年，1985—2003 年，聘用的外籍教师主要来自国际性的志愿者组织——美国大学语言服务社、英国海外志愿者服务社和中美友好志愿者办公室。2000 年国际处成立，工作更趋于规范。随着英国海外志愿者服务社从中国教育领域的全面退出，从 2004 年起，学校开始从互联网上自主聘请外籍教师，使外籍教师的聘用更趋于灵活和主动。

1985—2008 年，学校先后聘用了将近 90 人次外籍教师指导并进行学校的外语教学工作，分列如下：

1985 年经美国大学语言服务社聘用 1 名美籍外教担任英语教师，聘期一年；

1986 年经美国大学语言服务社聘用 1 名美籍外教担任英语教师，聘期两年；

1988 年经美国大学语言服务社聘用 1 名美籍外教担任英语教师，聘期一年；

1989 年经美国大学语言服务社聘用 1 名加拿大籍外教担任英语教师，聘期一年；

1990 年经英国海外志愿服务社聘用 2 名英籍外教担任英语教师，聘期分别为两年和一年；

1991 年经英国海外志愿服务社聘用 1 名英籍外教担任英语教师，聘期一年；

1992 年经英国海外志愿服务社聘用 1 名英籍外教担任英语教师，聘期一年；

1993 年经英国海外志愿服务社聘用 1 名英籍外教担任英语教师，聘期一年；

1994 年经英国海外志愿服务社聘用 1 名英籍、1 名美籍总共 2 名外教担任英语教师，聘期两年；

1995 年经英国海外志愿服务社聘用 1 名英籍外教担任英语教师，聘期两年；

1996 年经英国海外志愿服务社聘用 1 名美籍外教担任英语教师，聘期两年；

1998 年经英国海外志愿服务社聘用 1 名美籍、1 名奥地利籍总共 2 名外教担任英语教师，聘期两年；

2000 年经英国海外志愿服务社聘用 2 名英籍外教和 2 名美中友好志愿者总共 4 人担任英语教师，聘期两年；

2001 年经 VSO. OTP 聘用 1 名英籍外教担任英语教师，聘期一年；

2002 年经 VSO. OTP 聘用 1 名英籍、经 VSO 聘用 1 名英籍、经美中友好志愿者聘用 2 名美籍总共 4 名外教担任英语教师，聘期分别为一年、两年、两年、两年。

2003 年经 VSO 聘用 1 名英籍外教担任英语教师，聘期两年；

2004 年单聘 1 名英籍、1 名美籍总共 2 名外教担任英语教师，聘期分别为一年、两年；

2005 年经 VSO. OTP 聘用 1 名英籍、单聘 1 名加拿大籍、1 名印度籍和两名美籍、经美中友好志愿者聘用 1 名美籍总共 6 名外教担任英语教师，前五位聘期都是一年，最后一位是两年；

2006 年经美中友好志愿者聘用 1 名美籍、单聘 1 名俄罗斯籍、1 名美籍、1 名牙买加籍总共 4 名外教担任英语教师，聘期分别为一年、两年、两年、两年；

2007 年单聘 1 名美籍、2 名新西兰籍、经美中友好志愿者聘用 2 名美籍总共 5 名外教担任英语教师，前三位聘期半年，后两位两年；

2008 年单聘 1 名新西兰籍、2 名英籍总共 3 名外教担任英语教师，聘期都是两年。

外籍教师聘用到学校之后，其所承担的主要工作是日常的英语教学，除此之外，依据"一方聘用，多方受益"的工作原则，学校还有效地组织他们到偏远的山区下乡支教，帮助基层中学——特别是作为学校实习点的基层中学，培养学生学习英语的兴趣，提高教师的英语教学水平。

三、留学工作

（一）本校教师和学生的外出留学选派

选派优秀的教师和学生外出留学是合作办学方案中"走出去"原则的具体实施。天水师范学院的外出留学生的选派工作始于 2002 年，这一年的 7 月，学校与英国威根里学院建立了姊妹学校关系，正式签订了教育合作协议。响应协议的号召，2003 年 3 月学校组织教师 2 人、学生 12 人赴威根里大学留学，拉开了学校师生外出留学的序幕。

其后，学校又先后于 2006 年 11 月 19 日和 2006 年 12 月 10 日与法国欧亚管理学院和澳大利亚爱仕林学院就双方合作办学事宜达成共识，并签订了交流与合作意向协议书。以此为依据，2006、2007 和 2008 年学校先后选派 1 名、4 名和 1 名教师出国培训或公费留学。2007 年有 4 名学生成功获得签证，顺利赴法国留学。2008 年学校有 5 名学生报名申请赴澳大利亚留学，其中 2 名同学获得澳大利亚堪培拉大学有条件入学通知书，1 名学生赴法国留学。

学校在选派留学人员的工作中，"西部地区特殊人才项目"的实施起到了至为关键的作用。这一项目是教育部为了贯彻落实国家开放大西北而设立的一项政策扶持项目，旨在借助有利的政策和财政支持，为西部地区培养更多的特殊人才。响应教育部的号召，学校积极组织教师参加了该项目并参与人员的选拔。2004 年项目实施以来，学校先后有 8 名教师获得出国培训的资格，其中 1 名还在英国访学，其余 7 名学成之后重归学校，为学校外语教学水平的提高发挥了显著的作用。

学校目前正在进行更为积极的宣传，利用发信函、寄送书面资料和面对面介绍等多种方式，积极谋求合作办学的新途径。2008 年以来，学校又和澳大利亚堪培拉大学达成交流合作意向，同意双方相互承认学分，开拓赴澳留学工作的新局面。

（二）外国留学生的招收和培养

由于地缘和学校层次等方面的限制，学校外国留学生的招收和培养工作起步比较晚，发展也比较缓慢。

2003 年，省教育厅批准学校为接受外国留学生的资格单位，收到批复之后，学校首次招收了 2 名美国留学生来学校进行汉语学习，2007 年招收 1 名、2008 年招收了 2 名美国学生来学校学习汉语。国际处已经和美国、日本等国的留学生招收网站建立了联系，寻求着更为多样的合作途径。

为了做好留学生的培养工作，学校在艺术学院专门成立了对外汉语教研室，具体的教学委托文史学院中文系全权负责。国际处和文史学院的领导对培养工作极为重视，不仅精选教材，详细拟订了教学大纲，根据外国留学生的学习需求和实际的教学规律进行了周密的课程设置，而且还精心挑选了一批专业水平高、外语基础好的年轻教师担任留学生的汉语教学工作。从实际的反映看，外国留学生普遍较为认可学校选派教师的授课，初步的教学和管理经验积累已经为学校进一步扩大国外留学生的数量打下了良好的基础。

四、国际交流项目实施

1. 西部地区特殊人才培养项目。"西部地区特殊人才培养培训项目"是教育部为了贯彻落实西部大开发的战略举措而实施的西部地区特殊人才培养项目，依据省教育厅下达的关于国家留学基金及"西部地区人才培养特别项目"资助人员出国的有关规定，学校积极组织相关教师报名申请，并帮助初试合格的教师复习准备，迎接复试。2004 年以来，学校先后有 8 名教师获得出国留学的资格，3 名教师分别到德国和英国访学，2008 年又有 3 名教师积极联系留学单位，准备出国留学参加西部特别人才培训项目。

2. 东欧项目。"东欧项目"是我们国家与东欧一些国家进行的一种高校之间的奖学金互换项目。2006 年，学校首次参加该项目，经过英语水平测试和国家留学基金委员会专家评审，3 名学生获得留学资助资格，顺利赴法国留学。2007—2008 年，学校又先后有 4 名同学成功赴法国留学。

3. 中英甘肃少数民族英语教师培训项目。"中英甘肃少数民族英语教师培训项目"是西北民族大学和英国海外开发署之间在 20 世纪 90 年代进行的合作项目。根据双方的约定，该项目的实施，英方负责具体的投资和教材事宜，而中方则负责招生和师资的提供。作为项目实施的参与者，天水师范学院前后举办了 6 届 7 个班的学习，共培训学员 229 名，为甘肃少数民族地区英语教学水平的提高做出了自己的贡献。

4. 中美暑期英语教师培训项目。"中美暑期英语教师培训项目"是由中国教育国际交流学会和美国英语协会联合实施的一项中美合作项目。该项目起步于 2002 年，前后延续了三年时间，其中 2002 年暑期，学校接待来自美国的教师 22 人，培训学员 3000 多人；2003 年暑期，学校更是克服了"非典"所带来的种种不利因素，成功接待 11 位美国教师来学校参加暑期英语教师培训的指导，前后进行了两期培训，共为甘肃省四个地区培训学员 148 名；2004 年，学校接待了 20 名美籍教师，培训学员 300 多人。

5. 中美中华营项目。"中美中华营项目"是中国教育国际交流协会和美国英语协会联合实施的一个交流项目。2002—2003 年，学校连续两年举办夏令营活动，280 多名中学生和大学生参加了活动。活动的举行，不仅提高了这些学生实际的英语交际能力，而且也通过双方的互动，使学生对西方文化有了更多的了解，加深了两国青少年之间的友谊。

6. 美中友好志愿者项目。"美中友好志愿者项目"也是中国教育交流协会和美国英语协会之间协商开展的交流与合作项目。从 2000 年到 2006 年，学校先后接待了 6 批外国志愿者，不仅为这些志愿者提供了免费的住宿和必要的生活设施，而且还帮助他们办理了相关的手续，尽快熟悉了生活和工作的环境。2009 年 9 月，中国教育国际交流协会、甘肃省教育厅和美国英语协会到学校进行实地考察之后，同意天水师范学院成为实施美中友好志愿者项目的单位。

7. 丝绸之路英语夏令营项目。"丝绸之路英语夏令营项目"是 2008 年天水师范学院和美国 TDJ 机构联合举办的丝绸之路文化交流项目。夏令营举办期间，8 名美国教师和 140 名本地中学生参加了为期 10 天的英语夏令营组织活动。夏令营活动的进行，提高了学生的英语听说能力，同时也促进了中美之间的民间交流与合作工作。

8. 美希关爱健康项目。"美希关爱健康项目"是天水师范学院和瑞典美希组织之间就关爱学生的健康问题所实施的一个为期三年的合作项目。为了项目的顺利实施，2005 年，双方首先进行了谈判，关于项目实施的相关事宜达成了初步的共识。2007 年项目宣告正式启动，学校为 1000 名特困生每人争取到了 20 元的乙肝注射补助基金，为 1000 名贫困生每人争取乙肝注射补助基金 10 元，并在此基础上邀请专家做了 6 场专题讲座，印制了 4000 张挂历，进行"关爱生命，珍惜生命"的主题宣传。2008 年，根据协商，美希组织又援助 2008 级 1500 名女生每人 20 元的乙肝疫苗基金补助，资助 40 名受汶川大地震影响的学生每人 700 元生活补助。

五、文化交流和友好往来

（一）教职工的出访

为了让学校第一线的教学管理者亲身体会国外教育的实际情形，从而在国际发展的大背景上更新自己的办学思路和理念，谋求教育管理的现代化、科学化，学校克服种种困难，先后多次选派教师出国，进行学校与国外其他高校之间的文化交流。

2003 年，学校有 2 名教师赴英国留学，且首次自行组建由 11 位系主任组成的高教考察团赴欧洲进行了考察。受他方邀请，学校一领导参加了中国青年代表团赴朝鲜访问一周。2004 年，学校组织第二批中层干部一行 15 人赴欧洲考察。2006 年，1 名教师出国培训。2007 年，4 名教师出国培训。2008 年又有 1 名教师公派留学。

（二）国外专家的访学和团体的访问

在积极选派一些教师和干部外出学习和考察的同时，学校还主动地邀请一些国外专家来校讲学，接待一些来访的国际友人和社团，借助他们的力量，宣传学校，扩大学校的国际影响力。

2000 年，学校通过外籍教师所在的海外组织——英国海外志愿者协会，向甘肃省山区贫困中学捐赠价值 6000 多元人民币的教学用具、体育器材。在学校的热情感召下，2 名美中友好志愿者不仅自己出资为学生购买了几百册外文书籍，而且还从海外募捐图书近万册，计算机 4 台，帮助学校建立了一个外文图书资料室。

2004 年配合天水市人民政府外事办公室接待了澳大利亚城市代表团来天水访问，先后接待由陕西师范大学和西安外语学院组织的外国专家和留学生 100 多人来学校考察访问。

2008 年邀请澳大利亚墨尔本大学哲学博士董抢贤来学校讲学，600 多学生参加了讲座。

第九节　继续教育

一、继续教育管理

1993 年，学校在教务处设立成人教育科，开始举办函授、夜大及应用型自学考试学历教育。2000 年，设立教育中心，负责管理全院的成人教育工作。2003 年，改制后成人教育中心更名为天水师范学院继续教育学院。

继续教育学院成立后，坚持"健全组织机构、完善规章制度、突出成人特色、提高教学质量、拓宽培养模式"的方针，在继续办好成人高等学历教育的同时，逐步开展有高校学历的在职人员的继续教育。2004 年，成立行政科、教务科、学员管理科三个科室，并制定了相应科室人员的岗位职责，各科室人员负责学生招生、日常教学管理、毕业手续办理等一切成教生事务。随后，继续教育学院相继出台一系列规章制度，有《学员学籍管理规定》《学员学习规则》《学员自学管理规则与要求》《学员作业管理制度及办法》《学员考勤制度及办法》《学员请假细则》《学员补考和补课规定》《优秀学员与优秀学员干部评选办法》《班主任工作规则》《学员宿舍管理暂行办法》

《关于夜大学员的特别规定》《成人脱产班本、专科学员考核要求》等，规范了学员从录取、培养、到管理的工作制度和工作程序。

2005年起，成人学员按专业交由院内各相关二级学院负责日常管理和教学，进一步理顺了培养体制。

2006年以后，继续教育学院在管理上狠下功夫，以提高高等院校的办学水平，规模和效益并重，使成人教育走上了良性发展轨道。同时学校研究出台成人高等教育的质量考评和监督体系，把考核纳入和普通生一样的考评范围，从政策待遇上提高成人高等教育的地位。

二、专业设置与招生情况

学校升本以前，成人招生仅限于大专，以汉语言文学、财务会计、数学教育、计算机应用等为主，而且因师资力量的限制，开拓其他专业很少，招生人数以汉语言文学居多。

2000年以后，根据上级主管部门的要求和陇东南地区对人才的需求，依托天水师范学院升本后的文、史、教、法、工、理、经、管等多学科综合发展的趋势建立健全了继续教育管理和学位授予制度。

2000年，汉语言文学、数学与应用数学、会计学、小学教育4个专业招收成人专科生186人。2001年，新增思想政治教育专业，连同上年度招生的4个专业共招收成人本科、专科生567人。同年，成人招生简章刊于《甘肃日报》，以扩大影响。

2002年，思想政治教育、汉语言文学、数学与应用数学、信息与计算科学4个专科起点本科专业招生168人；"3+2"小学教育专业在陇南师范和临洮师范招生1076人；脱产英语专科专业招生167人；汉语言文学教育等函授专业招生274人。陕西师范大学函授站招生82人，北京师范大学函授站招生123人，同时自考班招生955人。2003年，招生专业新增法学、体育教育、英语、音乐学、美术学、历史学、物理学、化学、生物科学、生物技术、应用心理学、机械设计制造及自动化、土木工程、市场营销、财务管理等15个本科专业。新增体育教育、市场营销教育，连上上年度的汉语语言文学等26个专业共招收成人函授本、专科生2365人，招收本科自考生450人。

同年，在甘谷、礼县设立函授教学点。2004 年，思想政治教育、汉语言文学、数学与应用数学、信息与计算科学、物理学、生物科学、会计学、英语等 8 专业招收成人本科、专科函授生 1502 人。本年度各类成人在校生人数超过 7000 人。2005 年，招收各类函授生，自考生等 2427 人，其中本科招生 1049 人。2005 年招收 1611 人，2006 年招生 2427 人，2007 年招生 1795 人，2008 年招生 1303 人。

2008 年，继续教育有函授、脱产、夜大学及应用型自学考试四个类别的学历教育。函授教育开设汉语言文学等涵盖文史、理工、经管等学科 22 个专科起点的本科专业及 2 个专科专业；脱产班开设英语教育本、专科及小学教育、汉语言文学、音乐学、美术学等 5 个本专科专业；夜大开设有会计学本科专业；应用型自学考试开设有 10 个专科起点的本科专业和 6 个专科专业。继续教育学院在兰州、静宁、成县、礼县、张家川、文县、武都设有七个教学点，同时与天水师范合办有小学教育大专班。学院还设有北京师范大学和陕西师范大学的天水函授站。承担甘肃省教育厅"二期义务教育教师培训"和"中欧甘肃基础教育项目教师培训"任务。同时又设有北京师范大学和陕西师范大学的函授站、全国计算机等级考试考点。

继续教育学院立足陇东南，面向全省招生，从 1994 年至 2008 年，函授、脱产、夜大和应用型自学考试已经为国家培养了 10000 余名毕业生。

第十节　图书馆及校园网络建设

一、图书馆建设

（一）沿革

在东十里铺旧校区时，学校设图书室，1979 年改设图书馆，但没有专门的馆舍，图书馆附设在教学实验楼一楼，占用几间教室。1991 年新校图书馆建成，面积 4777 平方米。1992 年新馆投入使用，馆内设四部一室，即采编部、流通部、阅览室、情报信息部（下设技术信息服务室、电子阅览室）、办公室，另设 3 个借阅处，7 个阅览室。

2005 年 9 月，逸夫图书楼建成，总面积 25820 平方米。2006 年逸夫图书馆投入使用。馆内设四部一室，即采编部、借阅部、期刊部、自动化管理部。另有自习室 3 个：第一自习室、第二自习室、第三自习室；借阅处 5 个：社会科学第一借阅处、社会科学第二借阅处、自然科学借阅处、捐赠及外文图书借阅处、艺术类图书借阅处；阅览室 10 个：教工阅览室、古籍阅览室、工具及特藏阅览室、社会科学图书保留本阅览室、自然科学等图书保留本阅览室、中文报刊阅览室、中文过期期刊阅览室、中文过期报纸阅览室、电子阅览室，可为读者提供阅览座位 1522 个。至 1998 年，图书馆有工作人员 82人，其中正式职工 43 人。

（二）馆藏

1980 年，图书馆藏书 11.4 万余册。1992 年，图书馆由旧校搬迁新校时，有馆藏图书 30 余万册。之后，加大图书资料购置力度，至 2000 年藏书量达到 47 万余册。

2000—2003 年，图书馆按学校年度计费划拨金额购置了相关的图书资料 5 万余册。2004—2006 年，文献资源建设经费大幅度增加，达 453.4 万元。其中，2004 年，采购图书 24184 册，征订 1215 种，接受校内外捐赠图书 9000 余册。2005 年，采购图书 12206 册，征订期刊 1670 种。2005—2008 年，接受中英项目、甘肃人民出版社、兰州大学出版社、甘肃省新华书店、兰州市新华书店、财经出版社、原甘肃省建设银行学校团体捐赠图书 41052 册。其中院党委书记杜松奇联系甘肃省人民出版社、原天水市建设银行学校分别捐赠图书 5891 册、6289 册，合计 12170 册。

2007 年，以学院本科教学水平评估为契机，图书馆根据学校教学、科研工作以及读者的需求，依照学院学科建设和发展规划，有针对性地采集文献资料，采集、购买图书 14374 册，订阅中文报刊 1700 余种，入藏中文报刊合订本 3434 册，续购中文全文数据库 1 个，试用各种数据库 5 个。

2008 年，调整采购策略，主要保证了印刷型学术期刊和中国学术期刊全文数据库的连续订购，图书的采购保证重点学科和新开设专业的需求。对原有的文献采购模式进行优化，将师生推荐图书、骨干教师划订单选书、采访员现场选书等方式有机结合，增强了采购文献的针对性和实用性。同年大连理工大学图书馆"教育部国外赠书转运站"向学校图书馆转赠外文原版书1000 册，甘肃省新华书店和兰州市新华书店和社会各界捐赠中文 12975 册，募集到毕业生捐赠图书 2204 册，本年度共募捐到中外文图书 16179 册。新购图书 9509 册，验收各二级学院和科研图书 2767 册。订购 2009 年中文期刊：图书馆 1226 种/1228 份；二级学院 874 种/874 份。订购 2009 年外文期刊 4种/4 份，报纸 85 种/106 份。续订 2009 年中文数据库 1 种。完成分编中文图书 22359 册、外文图书 9293 册；典藏图书 32028 册；加工光盘 582 张；验收、登录、加工 2008 年报刊共计 41838 份；装订报纸 458 份。

至 2008 年底，学院文献资源总量为 134 万册。其中纸质文献总量为 83万册，订阅期刊 1675 种，报纸 83 种；电子图书 50 万册；CNKI 学术期刊数据库 1 个，涵盖学术期刊 7500 余种。本年借还图书共 258700 册次，108736人次；室内阅览图书 38960 人次；阅览期刊 79762 册次，68805 人次；接纳自习读者约 410000 人次；两个电子阅览室接待读者上机 263632 人次。全年共接待入馆读者 890215 人次。下载中国学术期刊全文 250000 余篇；下载电子书 9384 册；检索外文数据库 82 人次，下载外文数据库全文 1025 篇。

（三）数字化资源建设

1996 年以来，先后建成了拥有百台计算机的现代化电子阅览室、音像资料视听室和国家火炬计划项目 CNKI 知识网络服务站（二级站）。配置了声像、激光光盘等设备。1999 年，图书馆网络建设全部完成，并通过校园网与Cernet、Internet 相连接，采用深圳图书馆科图自动化技术公司开发的 ILASII系统，基本上实现了采访、编目、典藏、流通、公共查询和办公室的自动化管理。

2004 年，依托校园网和自动化管理系统加入中国高等教育文献保障系统（CALIS），加入其联机书目数据系统，在全国范围内共享书目资源。2001 年9 月，完成对电子阅览室的改造。2005 年，学院投入专项经费 3 万元购齐了清华同方中国学术期刊光盘版的所有专辑，在此基础上建成该数据库的镜像站。2006 年，学院安排电子图书采购专项经费 120 万元，通过公开招标方式采购北大方正 Apabi 和北京超星电子图书 50 万册，同时在数字化图书馆建设方面迈出了巨大的一步。

2007 年，对早年购置的 100 余台学生用的计算机、25 台检索机、30 台工作机和部分网络设备精心维护。2008 年，图书馆加强对互联网上相关信息资源的搜索，及时对有价值的信息进行分类筛选、标引及联结，不断充实主页"网络资源"等栏目的内容。联系数据公司，免费试用 CNKI 中国学术期刊网系列数据库、万方学位论文全文数据库、万方学位视频数据库等，对丰富馆藏文献信息起到有益的补充作用。购买荷兰爱思唯尔（EIsevier）出版集团的 SDOL 外文数据库的使用权，填补了没有外文数据库的空白。本年，对馆内 2004 年、2005 年购置的 108 台电脑进行升级，扩充内存，运行速度明显加快，电子阅览室上座率明显提升。

经过几年的努力，图书馆已建成了馆藏书目数据库，进入书目数据库的文献达 56 万余册。馆内有计算机 400 余台，馆内局域网主干网宽带为 100 兆，覆盖全馆网络点 630 个。图书馆自动化网络系统每天 24 小时不间断运行，随时为读者提供书目信息、借阅情况查询和有关数据库的全文检索。图书馆基本实现了采访、编目、典藏、流通、公共查询和办公等工作的计算机自动化管理。

二、校园网络建设

1999 年在学校专升本前夕，投资 50 万元，购进中心骨干交换机 D – link DES 5016 一台，路由器 CISCO 2590 一台，服务器 IBM Netfinits 5500 两台，D – Link 1024 交换机六台，建成了基于 Windows NT + IIS + ASP 技术平台的校园网，百兆光纤连接行政办公楼、理科楼、旧实验楼、图书馆、工科部共 280 个信息点。同年底正式通过 128K DDN 接入 CERNET 中国教育网西北网络中心，初步形成校园网建设的雏形。

2004 年，教育部为改善西部教育信息化发展滞后的局面，缩小与东部发达地区高校的差距，实施了"西部高校校园计算机网络建设工程"。该项目为学院投资 400 万元（其中 350 万元用于校园网建设，50 万元用于教育城域网接入），再次对校园网进行了全面的升级改造和扩展，在原有校园网建设的基础上，遵照教育部工程实施标准，新置曙光 TC1700 超级服务器 1 台

（内有 7 个节点机）和浪潮 IA 架构服务器 1 台，北电 8610/6806 核心交换机 3 台，二级交换机 116 台，千兆骨干百兆到桌面，建成基于 Unix/Linux + A-pache + PHP 技术操作平台的宽带高速、大容量、高技术的新型校园网。该方案通过了教育部专家的审核，并于 2006 年底通过了教育部组织的验收。校园网络覆盖学校的办公区、教学区和家属区，共新布信息点约 1400 个。

　　由于用 128K DDN 连接教育网出口带宽太窄，不能满足学校网络对出口带宽的需求，本次项目中采用 8M 有线电视光缆上连 CERNET。学校申请 8 个教育网 C 类 IP 地址。网络中心自己配出了有"天水师院"特色的"软"防火墙和路由器，利用它通过中国电信的光缆将校园网接入了 CHINANET。开发出 ip 流量连接数监控软件 Net Watch，对校内恶意攻击、病毒引起的大流量、大线程（包括 p2p）下载有很好的预报效果。

　　2004 年始，开发网络教学资源，丰富网络课程资源。至 2008 年，先后开发大学英语网络教学系统、学校网上综合教务管理系统，有网络课程——省、校、院级精品课程 27 门，大学课程在线 300 余门，共计约 3000 多学时。

　　2005 年，天水师范学院逸夫图书馆，艺术楼、专家工作站相继建成，校园网络延伸工作随之展开，网络设施总计投入约 125 万元人民币（该数字由三部分构成：图书馆 100 万元，艺术楼 1 万元，专家工作站 24 万元）。逸夫图书馆新增网络信息点 600 多个，艺术楼、专家工作站新增信息点约 70 个（其中艺术楼 30 个，专家工作站 40 个）。

　　2006 年，离校本部有一定距离的学校园丁苑小区建成，该小区有 172 户教职工，多为年轻教师且学历较高，这部分教工的教学科研工作对计算机网络的需求迫切。为解决小区的校园网络接入问题，网络中心和后勤管理处提出了 3 套解决方案，经多方论证，最后决定与网通公司合作，网络干线利用他们已铺设到学校的光缆，用户端利用网通 ADSL 宽带技术。这不但为学校节约了大量的建设资金，且在很短的时间内解决了小区教工的校园网接入问题。至 2009 年，校园网已覆盖学校的所有建筑，约 2520 个信息点，2 个出口（CERNET、ChinaNET）。

第十一节 党的建设和思想政治工作

天水师范学院自升本以来，校党委认真贯彻党的路线、方针、政策，在党的思想建设、组织建设和制度建设等方面努力工作，加强和带动党对学校各项工作的领导，保证党的教育方针的全面贯彻，大大提高了学校的办学水平。至2008年底，学校共设1个党委，13个党支部，3个直属党支部，78个基层党支部，共有党员2014人，其中学生党员1491人，在职教工党员446人。

一、党的建设

（一）中国共产党天水师院第一次代表大会

2002年12月，在全校师生认真学习和全面贯彻十六大精神，学校升本以后进入深化改革和全面发展的关键时期，学校党委适时召开中国共产党天水师范学院第一次代表大会。本次会议的主题是：高举邓小平理论伟大旗帜，认真学习贯彻"三个代表"重要思想和党的十六大精神，坚定不移地把发展当作执政兴国第一要务，与时俱进，开拓创新，团结全院共产党员和广大师生员工，为开创学院改革和发展的新局面而努力奋斗。会上，院党委书记陈保平代表党委做了题为《全面贯彻十六大精神，坚持与时俱进，推进教育创新，努力开创天水师范学院改革和发展的新局面》的报告。报告总结了学校六年来的工作，认真分析了当前学校所面临的形势，明确学校今后一个时期的办学思想和奋斗目标，对今后改革、发展和建设做出全面部署，是校党委团结全体共产党员和师生员工继续努力奋斗的行动纲领。会议选举产生学校新一届党的委员会和纪律检查委员会。

（二）加强政治理论学习和思想建设

1."三讲"教育。2000年3月至5月，按照中央和省委的部署，在全校中层以上干部中深入开展以"讲学习、讲政治、讲正气"为主要内容的"三讲"教育活动，历经思想发动、学习提高，自我剖析、听取意见，交流思想、开展批评，认真整改、巩固成果几个阶段，广大干部受到了一次深刻的马克思主义理论教育、党性党风教育和群众路线教育。通过理论学习、上级指导和群众帮助，广大干部结合自身工作开展批评与自我批评，对学校、本单位和个人自身存在的问题进行深刻的剖析，找准产生问题的根源，弄清解决问题的途径，形成廉洁自律的动力，使学校领导干部的政治觉悟、工作能力都有较大的提高，基本上达到了中央提出的"思想上有明显进步，作风上有明显转变，纪律上有明显增强"的目的。2001年，以建党80周年为契机，组织全校党员开展"纪念中国共产党成立80周年"的系列活动，特别是组织党员参加中组部和省委组织部的"纪念建党80周年知识竞赛"活动，加强党员政治理论学习。2003年，通过学生思想政治学习、党校培训等形式对学生入党积极分子进行党的基本知识、基本路线和党的方针政策以及新党章、十六大精神和"三个代表"重要思想等内容的辅导，有针对性地解决了学员如何牢固树立共产主义的远大理想和如何端正自己的入党动机问题。

2. 保持共产党员先进性教育。为进一步加强党的执政能力建设，全面推进党的建设，确保党始终走在时代前列，更好地肩负起历史使命，中央决定，从2005年1月开始，用约一年半的时间，在全党开展以实践"三个代表"重要思想为主要内容的保持共产党员先进性的教育活动。活动分三阶段：第一阶段，学习动员；第二阶段，分析评议；第三阶段，整改提高。2005年下半年，按照中央、甘肃省委和天水市委的部署和学校党委的要求，在全校1107名党员中开展保持共产党员先进性教育活动，完成保持共产党员先进性教育活动各个阶段的各项工作任务，取得了明显的成效。

（三）基层党组织建设和党员教育管理

2004年学校认真贯彻落实全国、全省第12次高校党建工作会议精神，加强和改进全院党组织和党员队伍的建设。根据党建工作会议精神，结合学校实际，制定了《中共天水师范学院委员会关于加强和改进发展学生党员工作的实施意见》，确定了学生党员发展工作的长期规划和具体落实的措施，为学校以后一个时期学生党员发展工作提出了指导性的意见和具体的工作措施和实施步骤。2004年底，学校共建有学生联合支部28个，吸收各党总支书记、副书记为党校校务会议成员和党校教师，使党校工作得到了扩展和深入。从2004年下半年开始，学校全面扩大入党积极分子的培训规模，加大入党积极分子的培训密度，举办入党分子培训班4期，共培训1463名学生。进一步加强和改进了大学生党员的发展工作，党委授权二级学院党总支审批大学生党员的发展和预备党员的转正工作，实现了学生党员发展工作的重心下移，提高了工作效率。自2001年以来，学校不断加强党组织建设，重视学生党员的发展和党校培训工作，基层党组织建设不断壮大。

党员发展及党校培训情况列表（2001—2008年）

时间（年）	党员总数	发展党员数		党校情况	
		学生党员	教工党员	培训期数	培训人数
2000	446	209	16	2	600
2001	467	243	9	2	715
2002	649	348	25	2	698
2003	767	417	27	2	846
2004	798	460	7	4	1463
2005	1075	661	7	4	1700
2006	1274	704	13	3	1322
2007	1355	528	7	2	908
2008	2014	608	8	4	1850

在加强基层党组织建设的同时，充分发挥党员先锋模范作用，加强共产党员的教育和管理。为贯彻落实"三个代表"重要思想和十五届六中全会精神，2001年党委决定在党员"十带头"活动的基础上，在全校共产党员中开展"先锋行动"活动。组织部起草《关于在共产党员中开展"先锋行动"活动的决定》，经党委同意下发执行。内容包括"认真学习理论""坚持政治原则""敬业奉献创新""密切联系群众"四个大的方面，并提出"组织一次有意义的活动、做一件好事、提一个好建议、读一本好书、改正一个不足的方面"的"五个一"行动计划。2001年11月，召开教工党员和学生党员动员大会，正式启动共产党员"先锋行动"活动。2006年，根据工作需要，及时加强和调整部分基层、处室班子，选拔任用和调整部分处科级领导干

部，对试用期满的处科级干部进行考核。积极探索和改进年度干部考核工作，做到比较公正的评价党员干部。同年，学校党委被天水市委评为"先进基层党组织"。

（四）党风廉政建设

2003 年，学校开展以公道、正派为主要内容的"树组织人事干部形象"的活动，加强组织人事部门党风廉政建设。这项活动是中组部在学习"三个代表"重要思想过程中兴起的一项针对组织部门和组织干部的一项活动，是为了更好地贯彻执行《党政干部选拔任用工作条例》精神的一项活动。根据学校党委《关于在我院组织人事部门开展"树组织人事干部形象"集中学习教育活动》的实施意见，党员干部一方面认真学习相关的文件和材料，学习全国组织部门中先进人物的优秀事迹，另一方面把学教活动的中心和重点转移到虚心听取群众意见、根据群众意见制定整改方案、按照整改方案改变工作方法和工作作风上来，从而统一了思想，提高了认识，增强了做到公道正派的信心。

2005 年，根据中纪委第五次会议、国务院第三次廉政工作会议和省纪委第六次全会精神，学校组织党员干部认真学习中共中央《建立健全教育、制度、监督并重的惩治和预防腐败体系实施纲要》的精神。并结合学校实际签订《党风廉政建设目标管理责任书》，该《责任书》分三个层次，即校级主要负责人责任书、学校副职责任人责任书、各单位党政负责人责任书，共有 51 个责任人。根据中共甘肃省高等学校工作委员会转发省纪委《关于组织开展〈施纲要〉和〈学习纲要〉知识竞答活动》的通知精神，组织科级以上干部进行《实施纲要》和《学习纲要》知识竞答活动；组织党员干部和部分干部分别观看治理乱收费警示片《碰不得的高压线》和反腐倡廉保先教育影片《信天游》；组织专业技术人员创作《永远是公仆》《镇邪惩恶保繁荣》《承诺》等反腐倡廉歌曲，其中《永远是公仆》获省纪委二等奖；组织学校纪委在省委宣传部纪检组开展的"我最喜爱的廉政箴言"征集活动中征集"廉政箴言"，共征集 450 多条。

二、思想政治工作

2000年底，经过精心准备，召开了天水师范学院思想政治工作会议，讨论并出台《天水师范学院关于全面推进素质教育的实施意见》《天水师范学院进一步加强校园基础文明和校园文化建设工作的规定》《天水师范学院关于进一步深化"两课"教学改革的实施方案》和《天水师范学院贫困生资助方案》等四个重要文件，为做好今后的思想政治工作打下了良好的基础。

2003年，本着灵活多样、结合实际的学习方法和指导原则，精心组织师生员工的政治理论学习。根据《关于在全院掀起学习十六大精神新高潮的安排意见》，学校党委组织党员学习十六大精神和"三个代表"重要思想。根据新形势下思想政治工作的特点，较为准确地把握了不同时期教职工和学生的思想动态，做到上情下达，下情上达，维护了学校的稳定。一是在众志成城，共抗非典及美伊战争的特殊时期，党委宣传部及时了解师生的思想动向，先后编辑印发抗击非典舆情通报15期，协调组织了关于美伊战争的专题讲座，较好地发挥了宣传导向的作用；二是通过甘肃省思想政治工作评估小组对学校2000年以来思想政治工作的综合考察评估，学校党委被省高教工委评为思想政治工作先进单位。2003年，学校党委被省高校工委评为"思想政治工作先进集体"。

2004年，校党委积极组织全院师生员工学习江泽民同志"三个代表"重要思想，十六届三中、四中全会精神以及《中共中央国务院关于进一步加强人才工作的决定》《中国共产党党内监督条例》《中国共产党纪律处分条例》《中华人民共和国宪法修正案》《2003—2007年教育振兴行动计划》《中共中央关于加强执政能力建设的决定》《中共中央国务院关于加强和改进大学生思想政治工作的意见》等内容，加强党员思想政治学习。根据学院2003年机构改革和换届后新一批中层干部的思想工作状况，特别是新组建的10个二级学院领导班子的思想工作状况，2004年初，通过与各二级学院的领导班子成员、教职工代表、党员群众座谈等方式展开认真而仔细的调查研究，认真听取大家的意见，基本了解掌握了中层干部的思想工作状况，并利用暑期举办了全院中层干部学习班来统一思想，提高认识。

2005年4月，本年度天水师范学院第三次政治思想工作会议召开。会上，院党委书记、院长陈保平做题为《与时俱进，开拓创新，全面开创我院学生思想政治教育工作的新局面》的报告。大会认真讨论了"报告"和《关于进一步加强和改进"两课"教学的意见》《关于进一步加强辅导员、班主任队伍建设的意见》《关于改进学生住宿制度、促进学生管理体制创新的意见》《关于进一步加强和改进大学生心理健康的实施意见》《关于进一步加强贫困学生资助工作的意见》《关于加强校园文化建设的意见》和《天水师范学院学生党员行为规范（试行）》等7个文件。学生工作领导小组组长、副院长张俊宗做了总结讲话。院党委班子全体成员、各二级学院党政负责人、政治辅导员、"两课"教师、心理健康教育教师、公寓辅导员、班主任代表、学生会干部与学生代表、党政各部门主要负责人及华英公寓公司有关领导共180多人参加了会议。

2006年，学校出台《关于认真学习贯彻胡锦涛同志"七一"重要讲话精神的安排意见》，对全校学习贯彻胡锦涛同志重要讲话精神进行具体安排部署与督察，迅速在学校内部掀起自觉树立和践行社会主义荣辱观的热潮。为进一步巩固和扩大共产党员先进性教育成果，在全院党员中深入开展"永葆先进性，工作创一流"活动，建立党员先进性教育长效机制，制定和完善了党员先进性教育的各项制度。为加强教职工思想道德建设和工作作风建设，制定并出台了《天水师院关于进一步加强工作纪律、改进工作作风的实施意见》《天水师院关于进一步加强和改进师德建设的实施意见》。

2007年，以十七大的胜利召开和学习贯彻落实党的十七大精神为契机，学校重视班子成员的政治理论学习，坚持党委中心组学习制度，严格纪律和要求，把理论学习作为一项首要的政治任务，切实抓紧、抓好。并在全校范围内认真学习了党的十六届四、五、六中全会精神和全省高校党建工作会议精神，重点学习了党的十七大精神和科学发展观，并联系学校发展实际，进行专题研讨，全方位开展和谐校园建设。提高了班子成员的思想认识和理论水平，进一步明确了办学思路。班子成员团结务实，思想统一，自我约束，廉洁自律，整体工作状态良好。

2008年，在全校范围内及时开展了学习党的十七大精神、弘扬奥运精神、纪念改革开放 30 周年研讨会等内容，统一广大教职员工的思想。重视加强大学生思想理论的指导，以理想信念教育为核心，深入进行正确的世界观、人生观、价值观教育；以爱国主义教育为重点，深入进行民族精神教育；以基本道德规范为基础，深入进行公民法制、道德教育；以大学生全面发展为目标，深入进行素质教育。全年共发放《时事政策》读本 6 期55020 册。

三、统战工作

统战工作是学校党建和思想政治工作的重要组成部分。2006 年，以中央五号文件精神为指针，学校狠抓校党委制定的《加强和改进统战工作的实施意见》的贯彻落实，积极与市统战部门协商，在天水市的民主党派换届中，推荐的 4 名民主党派候选人都当选为市一级民主党派副主委，积极推荐了新一届政协委员人选。

2007 年，以进一步贯彻落实《中共中央关于进一步加强中国共产党领导的多党合作和政治协商制度的意见》为契机，努力促进统战工作，完成了九三学社天水师院支社和民盟天水师院支部的换届工作，有九名职工当选市政协委员。这一年，学校被评为天水市统战工作先进单位。2008 年，成立党外知识分子联谊会和留学人员联谊会，使学校在已有民盟、九三、民进三个组织的基础上，在统战对象组织建设上取得了又一重大进展。支持民主党派成员在各自组织内部发挥作用，积极参政议政，为学校、天水市的经济和社会发展服务。

第十二节　后勤工作

一、后勤社会化改革

2000 年 12 月，学校制定出《天水师范学院后勤社会化改革方案》。该方案于 2001 年 7 月正式实施。根据"方案"的具体要求，结合后勤处的工作性质和任务，学校又修订《后勤管理处的工作职责范围》，讨论形成《后勤管理处三年任期工作目标》等管理文件。天水师范学院后勤服务公司同时挂牌成立，公司下设办公室、饮食服务中心、动力中心、物业中心、医务所、幼儿园等分支机构。

后勤服务公司与学校分离后，形成甲方和乙方的关系，甲乙双方以合同形式明确各自的责、权、利关系，后勤服务保障经费以签订协议书形式拨付。2001 年，甲乙双方签订《天水师范学院后勤服务总协议书》《天水师范学院水、电、暖、开水服务协议书》《天水师范学院校园绿化委托管理服务协议》《天水师范学院校园清洁卫生及家属区物业管理委托管理服务协议》《天水师范学院零星小型修缮委托管理协议》。

2001 年 5 月 18 日，学校成立后勤社会化改革资产清理登记工作组，对学校资产进行全面清理。与此同时，后勤公司围绕《天水师范学院后勤社会化改革方案》中改革的具体办法要求，制订了一系列配套改革实施暂行办法，如：《天水师范学院开水供应暂行办法》《天水师范学院水电暖管理暂行办法》《天水师范学院学生公寓供电管理办法》等。

2002 年是学校后勤社会化改革试行的第一年，实践证明，后勤社会化改革为学校节约了经费，也积累了一定的经验。2003 年，在修订并完善已签订5 个协议的基础上，学校与后勤公司增签《天水师范学院医疗保健服务委托管理协议》《天水师范学院饮食服务委托管理协议》和《天水师范学院幼儿教育服务委托管理协议》等 3 个协议，后勤服务社会化体系基本形成。动力服务中心和饮食服务中心完全按照市场机制运行，成为独立核算、自主经营、自负盈亏、自我约束、自我发展的经营实体。学校也完成学校固定资产的清理登记工作及清产核资和库房清理工作，顺利地将有关固定资产移交给后勤服务公司和产业开发公司。同时，还制订《天水师范学院后勤职工职业道德规范》，修订《校园环境卫生检查评分标准》《教学楼卫生检查评比标准》《食堂卫生检查评分标准》《炊事人员卫生检查评分标准》《校园绿化检查评分标准》《水、电、暖服务检查评分标准》，成立学校伙食管理委员会，修订伙委会章程，加强伙食质量监督工作，以提高师生伙食保障能力。

2007 年底，学校机构改革，为进一步提高后勤服务水平，最大化利用资源，学校成立国有资产管理处，原后勤管理处与后勤服务公司合并为后勤管理处。

二、后勤科学化管理

（一）水、电、暖供应

2003 年，动力中心完成南校区 2 吨锅炉的安装和校本部 4 吨锅炉的年度检修工作，完成升降垃圾台电源安装、5 号公寓楼电源线路改造、食堂高温消毒室配电线路安装、西区工地电路、上水安装及产业公司活动板房水电安装等工作，保证学校水、电、暖的正常供应。

2004 年，学校将浴室、茶水炉实行承包经营。2008 年，经学校审定，确定实行承包供暖方案。根据此方案，引进具有先进管理理念和丰富供暖经验且专业技术过硬的专业供暖公司，对 2008—2009 年度的供暖进行整体承包。2008 年暑假期间，后勤公司对锅炉房的财产进行清核，与承包方进行顺利交接。在煤价上涨的情况下，这一年度采暖为学校节约经费 70 余万元。

（二）饮食服务管理

饮食服务管理由后勤公司饮食服务中心负责。2003 年，在精品项目的带动下，饮食服务中心全面改善厨房、餐厅、食品及炊事员个人的卫生状况，出台《天水师院食堂管理积分标准》，设立质量控制室和定点采购办公室，对所有食品原料实行定点采购，饮食服务中心被天水市政府评定为首批 30 个放心肉加工销售单位之一。同时，学校成立天水师范学院第一届伙食管理委员会，设立食堂投诉台和伙食监督岗，使学生参与民主管理伙食、监督伙食的工作制度化、经常化。食堂饭菜价格平稳，经营秩序正常，经济效益明显提高，饮食中心年度管理费收入由 2002 年的 36 万元增加到 42 万元，增长率达 16.6%。

2007 年暑假，学校对东餐厅面食部经营户进行重新调整和新品种的引进，新增 5 个品种。通过努力，在相继通过省教育厅高校标准化食堂验收和天水市卫生局量化分级管理 B 级达标后，2007 年，饮食中心被全国高校伙食管理行业委员会评为"全国饮食服务工作先进集体"。

2008 年，饮食服务中心坚持把饮食安全工作放在首位，通过明确责任，层层落实卫生检查制度、安全责任制度，大力推行食品安全标准。5.12 汶川大地震发生后，防震抗灾形势日趋严重，饮食服务保障任务也日渐繁重。在这一特殊时段，不论是正式工还是聘用工，是中心工作人员还是窗口从业人员，都能自觉"舍小家""顾大家"，按照后勤处的统一部署和《饮食服务中心应急保障预案》，坚守岗位，想方设法紧急调运大米面粉等搞好物资储备，较好地保证了防震抗灾期间全院师生的食品供应和饮食安全。之后，为了形成一种诚实守信、正规有序、公平竞争的良好经营秩序，在全校师生中开展了"优质服务窗口"和饭菜质量"信得过窗口"评选活动。

（三）规范物业管理

物业管理由后勤服务公司物业管理中心负责，主要负责全校的环境保洁及绿化工作，零星小型维护和修缮工作，为学校各类活动、会议等提供后勤服务工作。2003 年，学校通过教学楼卫生的精品项目建设，后勤公司制定卫生标准、规范工作程序、跟班指导作业，使教学楼卫生状况和校园绿化、美化、保洁工作有了明显改观。

2005 年，物业中心自行培育各种花卉，在各项会议上置花 1500 盆，美化校园摆花 5000 盆，修剪绿篱 1300 米，草坪 30000 平方米，并不断加强校内绿化、卫生的管理工作，西区增设不锈钢垃圾筒，及时清理零散垃圾，保证校园美化、整洁、卫生。

2007 年，物业管理形成了职责明确，制度完善，层级清楚，反应快捷的良好局面，物业管理和服务在迎评工作中显示了较好的风貌。

第六章

求实创新：本科教学工作水平评估
及"八大建设工程"（2007—2009 年）

2000 年升本后，学校大力加强教学各环节的规范管理工作，重视本科办学经验的积累和总结，使教学工作真正向本科水平迈进。2004 年顺利通过省教育厅组织的对学校首届本科生教学质量验收，并取得良好的成绩。接着学校抢抓教育部对全国普通高校实施五年一轮的本科教学工作水平评估机遇，顺势而上，启动了迎评促建工作。2006 年 12 月，学校主要领导调整后，组成了学校新一届党委，在新一届党委领导下，借鉴上届党委工作经验，认真检视评建工作中存在的问题，重新确定了评建目标，精心部署，采取有力措施，全面扎实有效地开展工作，于 2007 年 5 月顺利通过教育部普通高等学校本科教学工作水平评估专家组评估。评估是对学校教学质量的大检阅，也是一个新起点。之后，党委通过对评建工作中暴露的诸多问题的思考，结合整改工作落实的情况，充分尊重学校改革、发展的工作实际和办学条件，明确了新的奋斗目标和方向，因势利导，深化以教学为中心的各项改革，使学校各项事业呈现出蓬勃发展的良好态势。特别是在深入学习实践科学发展观活动中，党委领导班子勤于思索，深入调查研究，充分依靠师生员工，调动党员和各级领导干部的积极性和创造性，进一步明确工作思路，适时启动了推动学校向更高层次全面发展的"八大建设工程"。其主旨在于注重教风学风，强调素质教育，深化教学改革，构建和谐校园，使学校软、硬件建设协调发展，精神文明、物质文明双丰收。"八大建设工程"是学校科学发展的崭新工作思路，既涉及全局，又突出重点；既脚踏实地，又富于前瞻性，决策科学，举措得力，从而开创了学校各项工作的新局面。

第一节　本科教学工作水平评估

　　教学工作水平评估是对本科教学的全面检阅，事关学校声誉和下一步的工作方向，党委领导班子对此有清醒的认识，在整个评建过程中始终工作热情饱满，遇事判断冷静，组织得力，层层落实，将最能表现学校办学优势和特色的一面展示给了评估专家。学校教育教学水平、硬件建设、教职员工的精神风貌等各方面都接受了评估专家的考察，也经受住了考察，获得好评。之后，按专家组的意见，进行了为期一年的深化评建工作，使校风、教风、学风都得了强化，凝聚力进一步增强，发展步伐明显加快。2008 年 4 月，教育部正式公布天水师范学院本科教学工作水平评估结果为良好。

一、科学定位，明确目标

　　2004 年，评建工作启动后，学校先后多次召开全校或二级学院的动员大会和工作促进会，明确指出 2005 年是学校迎接教育部本科教学工作水平评估的"重点建设年"，2006 年是学校迎接教育部本科教学工作水平评估的"冲刺年"，2007 年是"评估年"。

　　2006 年 11 月和 12 月，省委和省政府对学校主要领导做了调整，杜松奇任党委书记，杨新科任党委副书记、院长。新的领导集体组成后，对评估工作科学定位，明确目标，旗帜鲜明地提出了坚持评建原则，重在建设，建立保证本科教学质量长效机制，推动学校可持续发展的思想。重新确立了评建目标，明确提出了争取良好，确保合格的评建目标，激发了全体师生员工的工作信心和力量。校党委还明确提出了在评建过程中考察干部、发现干部、考验教师工作水平和能力、检验学生学习水平和文明素养的要求，确立了把评估的表现与教职工年终考核、中层干部换届相挂钩的激励机制，大大激发了师生员工投身教学和科研，工作中追求卓越、通过努力实现自我价值的自觉性、能动性和内在潜力。学校还非常重视对评建工作的舆论宣传和组织发动工作，印发《迎评宣传手册》、编印《评建简报》、建立"迎评促建网"，普及评估知识、反映评建动态，充分利用学校的广播、校园网、报刊、宣传橱窗等宣传媒体，全方位展开立体式宣传，进行多层面、全覆盖的广泛动员，大力营造"人人是评估对象，事事是评估内容"的校园氛围。通过大力宣传，全校师生都能高度认识到，评建工作是关乎学校生存发展的头等大事，也与个人发展密切相关，更是为学校和个人全面发展打造良好基础的重要任务和良好机遇。全校教职工积极努力、任劳任怨、勇挑重担、爱校如家，在评估的最后阶段加班加点，连续半年放弃双休日、节假日，舍小家为大家，全身心投入评建工作，为评建工作付出了艰辛的劳动，表现出可贵的奉献精神和大局意识。全体学生诚实敦厚、感恩向善、勤奋好学，以积极进取的姿态郑重签名承诺：评估联系你我他、我为评估做贡献，以"师院是我家，建设靠大家"的主人翁意识，积极参加校园环境卫生清洁、"课桌文化"治理、文明宿舍创建和技能培训活动，积极主动参与评估工作，以实际行动为评建工作做贡献。特别值得一提的是学校的离退休老干部、老教师，他们心系评建，不忘发挥余热，纷纷加入迎评促建的行列。党委在前期工作的基础上，针对评建过程中开始露头的工作疲软、认识不清、方法不够科学、目标定位不够准确等问题，连续召开多次迎评促建专题工作会议，在广大教职工中强化迎评重在学校建设，重在学校工作的改革与改进，重在促进学校科学、持续、健康发展的工作理念，继续深入细致地开展各项具体工作内容的研究和改革，挖潜力，明方向，树信心，在全校形成上下一心，举全校之力迎评促建的工作局面。

二、加强领导，靠实责任

学校把迎接本科教学工作水平评估作为三年内最重要的工作。2005年9月学校成立迎接教育部教学本科工作水平评估领导小组，下设评建办公室，指挥、协调、部署全院的评建工作，并成立7个专项工作组，由校领导按工作分工负责联系并督促检查，明确要求校评建办公室和各工作组要各司其职，分工协作，按期保质保量完成各阶段的评建工作任务。但是，由于各方面的原因，在最后冲刺的五个月时间里，学校面临的形势仍然是严峻的，摆在眼前的困难也是巨大的，主要表现是：组织不力、宣传动员氛围不浓、工作落实不到位、关键指标和观测点建设存在空白、目标定位缺乏激励性，等等。这就要求学校在评估冲刺阶段必须以更大的勇气、更细致的安排、更果断的措施开展工作，才能达到预期的目标。

新一届党委组成后，重新调整充实天水师范学院评建工作领导小组，由党委书记杜松奇、院长杨新科任组长，分管教学工作的副院长马建东任常务副组长，其他校领导任副组长，统筹全局，协调各方，加强指挥，形成了强有力的评建领导中心。调整加强学校评建办公室力量，由评建工作领导小组常务副组长兼任评建办主任，抽调一些部门和二级学院的负责人到评建办工作，评建办的枢纽职能得到发挥。成立评建工作指挥中心，组建十个专门工作小组，分工明确、责任到人，各个口、各条线上的工作按要求全面展开。加强督察，成立由纪委书记成瑜任组长的评建工作督察工作组，定期不定期深入各二级学院、各部门、各基层单位检查工作进展情况，任务落实情况，及时反馈信息，及时通报督察结果，推动工作进程，保证工作质量。

三、采取有力措施推进评建工作

（一）以评促建，积极改善教学条件

对评估指标体系中的关键指标，学校集中人力、物力、财力，同时想方设法，通过积极争取地方政府的支持和寻求校企联合办学的路子进行重点建设。

1. 加大教学投入。2004—2007 年先后建成逸夫图书馆、艺术楼、3 号实验楼；自 2004 年以来累计投入 3000 余万元，用于教学科研仪器设备的购置、更新等，新建本科教学实验室 33 个，多媒体教室 27 个，语音室 5 个，1 托 10 微格教室 1 个；购置图书 16 万多册，购买使用超星、方正 APABI 电子书 50 万册，使图书馆图书达到 126 万余册（包括电子图书），建立了多种形式的校内外实习实践基地 46 个；同时加大数字化校园的应用开发力度，推动多媒体在教学中的运用，通过教学资源上网，网络教室建设、电子阅览室建设，达到利用信息技术提升教学水平的目的。

2. 注重师资队伍的建设。学校坚持培养与引进并重、专职和兼职结合的原则，积极采取多项特殊政策，不断扩大师资队伍规模，提高师资队伍质量。专任教师数从 2003 年的 413 人增加到 2006 年的 573 人，新增加的教师分别来自全国 50 多所大学和科研单位，其中省内学校 10 所，外省学校 40 余所，通过改善教师学源结构，增加了教师来源的多样性，改善了学缘结构，增强了教师队伍的活力。专任教师中具有博士、硕士学位人数从 2003 年的 47 人增加到 2007 年的 232 人，占专任教师的比例达 40.5%，教授、副教授人数从 2003 年的 108 人增加到 2006 年的 176 人，占专任教师的比例达 30.7%。学校在积极补充专任教师的同时，还聘请省内外专家作为兼职教授，对有些实践性强的专业通过向生产单位、科研机构聘请教师和实验实习指导教师来保证新开办专业的教学质量。如建筑、机电等专业的设计、实习等课程即聘请富有实践经验的建筑设计单位、机电制造企业的高级工程师来担任指导教师。

3. 加强专业和课程建设。学校在专业建设工作中，始终围绕学校的定位，主动适应基础教育和地方经济建设以及人才市场的需求，以发展教师教育类专业和应用性学科专业为重点，根据学校学科基础不断优化专业结构，积极寻找新的专业增长点，专业设置从 2003 年的 29 个增加到 2005 年的 33 个，覆盖了教育部 1998 年颁布的《普通高等学校本科专业目录》中 11 个学科门类中的 8 个，博物馆学（文物修复与保护方向）和戏剧影视文学（地方戏曲方向）专业，成为学校乃至全省具有特色的示范性专业。根据各专业培养目标，构建融会贯通、紧密配合、有机联系的课程体系，以精品课程建设和重点课程建设为范例，整体推进课程的建设与改革。2005 年学校教学工作会议讨论制订《天水师范学院课程建设规划》，至 2007 年，学校有省级精品课程 7 门，校级精品课程 17 门，通过课程建设工作，学校形成了以二级学院精品课程为基础、校级建设精品课程为重点、省级精品课程为示范的三级课程体系。

4. 优化育人环境。学校先后建成 400 米标准塑胶体育场、手球场、排球场、网球场、乒乓球馆、体操馆、羽毛球馆、武术馆等，除满足教学需要外，为师生开展各项体育活动提供了条件。引进社会资金 200 多万元，将原图书馆的部分书库改造为大学生科技培训中心，建成电子阅览室，改善学生课外学习、活动的条件。先后投资近 200 万元用于各类校舍及校园道路、供电、供水等基础设施的维修改造及教室粉刷，校园环境的美化。对学校主要干道分别命名、做了路牌，对主要建筑物按建筑时间先后依次编号、制作铭牌，以方便师生的学习生活。加强食堂管理，提高饭菜质量，为师生提供强有力的生活保障。

（二）以评促管，努力提高规范管理水平

学校在逐步形成一整套较为完善且行之有效的教学管理规章制度的基础上，又陆续制定印发教学运行和教学质量控制方面的一系列规章制度，于 2006 年进行修订整理，结集为《天水师范学院教学工作规章制度汇编》。制定下发学校升本以来第一个《关于加强和改进学风建设》的文件，出台《天水师范学院关于加强和改进校园文化建设的实施意见》《天水师范学院关于加强大学生学术科技创新工作的意见》，学风建设和创新教育被提上重要的工作日程。制定下发《天水师范学院关于进一步加强和改进师德建设的实施意见》，狠抓青年教师的岗前培训、岗位培训工作，对全校的中青年教师进行教学水平和能力的全面检查。2005 年召开主题为"深化改革、加强建设、科学管理，努力开创教学工作新局面"的学校第二次教学工作会议，全面总结学校的本科教学工作，提出"以评促建，努力创建本科教学工作优良学校"的工作要求。明确教学环节的质量要求，构建"三线一点"的教学运行、保障、监控的质量体系。在加强制度建设的同时，学校把主要精力放在贯彻落实方面。学期初有教学准备的检查，期中有专题检查，期末有考试检查，质量监控贯穿于教学工作的全过程。开展"教学质量大检查""领导听课""学生评教"等活动，加强教学运行秩序检查。2004 年以来，由分管校领导牵头深入二级学院听课、评课达 529 次，学生参与评教达 95256 人次，参评教师 883 人次。学生上操、上自习形成制度，上课出勤率高，课外积极参加社团活动和校园文化活动，学习风气明显好转。

2006 年开展清产核资工作，对全校的教学仪器设备、办公设备全面清查清理。对教学仪器设备的存放、分布和使用情况按已有实物进行登记。对使用率较低的或未曾使用的仪器设备进行调配，优化配置，基本解决了教学资源分割问题。对账、物、卡不健全的及时补充完善，完成了学校教学科研仪器设备和办公设备的账、物、卡的清查核对工作，摸清了家底，规范了管理。

各二级学院修订、补充完善各自的规章制度，贯彻落实学校制度的实施细则，并开始对照指标体系和材料准备细目，收集、整理、汇总教学管理文件、原始教学档案等材料。

不断尝试学生公寓管理体制改革，先后实施了党员工作进公寓、团的工作进公寓、学生自律组织进公寓、思想教育进公寓、文化建设进公寓、安全保卫进公寓的"六进"管理体制，在现行的校、院、系、班的管理系统的基础上建立一个以宿舍为终端的校、院、公寓、宿舍的"两元制"管理体系。

（三）以评促改，加大督促和检查力度

评建工作启动后，学校多次召开师生座谈会（80 余次），倾听师生意见和建议，针对实际工作中的薄弱环节和难点问题，学校高度重视，及时采取措施，进行整改。

为加强本科教学工作，学校第三次全面修订各专业培养方案，修订、制定各专业教学大纲、考试大纲、实践教学大纲。2005 年 11 月，成立 6 个专项检查组，对学生技能进行全方位测试。2005 年 12 月，评建办公室专项工作组到各二级学院及职能部门查阅相关资料。2006 年 7 月，学校调整人员，加强评建办公室的力量，决定利用暑期加班，进一步做好评建材料的建设工作。根据评估指标体系，学校从各学科抽调 11 名教授组成由张俊宗副院长担任组长的自评专家组，于 2006 年 7 月，对 9 个二级学院和图书馆的评建工作进行了全面的评估检查。8 月进行为期 5 天的教学常规检查，9 月下旬，组成三个工作组对党政各部门和部分基层单位的评建工作进行了全面检查。同期，由分管校领导牵头，对学校资产进行了全面核查。10 月，对各二级学院和图书馆进行第二次评估检查。各二级学院组织教师对试卷、毕业论文（设计）进行复核检查，排查出一些错误和问题，并限期整改。学校评建办公室组织检查组对二级学院、各职能部门的评建工作进行经常性的检查，重点是查找办学中影响教学质量的主要问题，2006 年 11 月，学校邀请省内接受过评估院校的专家进行评估指导。12 月，邀请教育部评估中心的专家进行了评估。2007 年 2 月利用寒假，进一步充实、整理评建材料，加强对学生技能的培训。3 月根据预评估专家的反馈意见和在检查中发现的问题，制定了针对性、操作性很强的整改方案，明确责任单位、责任人和完成整改的期限，学校领导、评建办公室深入各部门、各二级学院进行经常性的检查和督察，在全校范围展开了大规模的整改建设。

（四）制定方案，精心准备评建材料

2006 年制定并实施了《天水师范学院评建准备工作方案》，梳理工作头绪，细化工作内容，靠实工作责任，使 144 项事关评建的具体工作，件件有人抓，件件有落实。制定学生专业实验技能训练、英语技能训练和计算机技能培训方案，对培训地点、辅导教师及具体时间都做出了明确规定。各二级学院对课堂教学检查、青年教师教学能力培训、试卷、论文复核和学生技能培训等工作，都有具体的实施方案，并实行责任包干的办法，把工作靠实到院领导、系主任、教研室主任、教师身上，层层把关，保证工作质量。

党委会定期、不定期听取评建工作情况汇报，研究部署评建工作。评建工作领导小组建立了星期一例会制度，对上一周工作进行总结，对下一周的工作进行具体安排，同时不定期召开专题研讨会，研究部署评建工作。评建指挥中心下设的十个专门工作小组，对工作的进展情况随时向指挥中心进行汇报，特别到后期，各组的工作一天一汇报，一天一总结，及时对评建工作予以指导。

评建材料和学校自评报告是评估工作中非常重要的一环，为了准确理解评估指标体系的内涵，一方面学校组织人员进行评估指标体系地再钻研和评估政策的再学习，另一方面，采取"请进来、走出去"的办法，派相关人员赴青海师大、兰州大学、兰州交通大学等通过评估的学校进行考察学习，博采众长，广泛借鉴吸收兄弟院校评估的成功经验，同时邀请专家学者来学校进行指导，形成并完善材料建设的思路。学校层面的材料分为主体材料、支撑材料、背景个案材料和展示材料，在此基础上，印发《天水师范学院本科教学工作水平评估材料建设任务分解表》，把评估指标和评建材料工作层层分解，任务到单位，责任到人，评建办公室有专人负责全校评建材料的指导、督察和整合，最后形成的支撑材料按照 18 个二级指标，44 个观测点的顺序进行归类整理，二级学院的材料删繁就简，以教学过程为中心组织评建材料，突出材料的原始性和真实性，形成系统规范的教学文档系统。学校邀请部分专家和教师，多次开会研讨，组建自评报告和校长工作汇报起草小组，反复研讨报告的结构和内容，并不断修改、完善，力争写得真实、写得充实、写出特色、写出亮点。

（五）提炼总结特色项目和"师院精神"

建校四十多年来，一代又一代的师院人发扬"人一之、我十之，人十之、我百之"的甘肃精神，负重办学，学校也经历了从小到大，从专科到本科，从三个专业、二十多位教职工、一百多名学生，到33个本科专业、700多位教职工、万余名学生的巨大变化。天水师院发展成为一所基础设施比较完善，师资力量较为雄厚，图书资料丰富的现代化大学。但是，长期以来，学校对办学特色缺乏总结或者没有进行总结。在评建过程中，通过深入思考和分析比较，提炼了学校特色项目，那就是学校在办学的长期实践中，主动适应陇东南地区基础教育和经济社会发展需要，以培养面向贫困地区"下得去、留得住、用得上"的基础教育师资为目标，依托"陇右文化"学科优势，强化师德师学师能培养，为陇东南地区培养基础教育人才。总结数十年的办学经验，天水师院一以贯之的精神就是"困境中求生存，奋斗中求发展。"这一精神在评建中得以进一步弘扬。

（六）凝练办学思想，理清办学思路

在评建过程中，学校将凝练办学思想，理清办学思路作为首要任务，在全校不同层次和范围进行反复研讨，通过系统总结学校近半个世纪的办学传统，全面分析办学基础和办学环境，从实际出发，结合当代高等教育改革和发展的趋势，以及社会对人才需求的状况，凝结形成了符合学校历史和现实、符合科学发展观的办学思想、办学思路。尤其是关键性的学科专业定位、服务面向定位、人才培养目标定位和发展目标定位，体现了新办本科院校务实求真的战略选择。

四、展示评建结果，接受专家组评估

2007年5月8日至13日，以全国高校教学评估专家委员会副主任、江汉大学李进才教授为组长，安徽大学副校长杜先能教授为副组长的教育部普通高等学校本科教学工作水平评估专家组11人，对学校本科教学工作进行了实际考察评估。此前，学校对评估期间的工作做了周密的安排和部署，一方面接待工作丝丝入扣，环环相接，为专家工作、生活提供了方便周到的服务。另一方面，充分向评估组专家展示学校评建工作的成果，接受专家组的评估。

评估前夕，学校印发《天水师范学院教职工文明礼仪提示》和《天水师范学院学生文明礼仪提示》，师生员工讲文明、讲礼仪蔚然成风，展示出以评促建，以评促管的阶段性成果和精神文明建设的成果，营造出了和谐温馨的校园环境。系统整理展示升本以来学校各类科研成果，举办科研成果展，加强学术交流，特别是加大基础教育发展与改革方面的学术交流。印制出版反映学校毕业生扎根基层、立足陇东南干事创业风貌的校友风采录《黄土生金》，不仅为学校办学的特色项目提供了支撑，也为评估指标"就业"和"社会评价"做了有力的证明。重新启动"阳光屋自炊工程"，成为体现学校艰苦办学、勤俭办学和自强不息精神的一大亮点。呈献给专家的电视专题片构思新颖，内容翔实，形象直观地展示了学校的办学历程、办学成就，对"困境中求生存、奋斗中求发展"的办学精神做了生动的阐述。颁奖大会充分展示了学校学风建设和素质教育的成果。"秦风学韵"的文艺演出主题鲜明，特色突出，生动地反映出一代又一代师院人求发展的感人故事和迫切愿望。评建材料分类恰当、精炼管用、线索清晰，便于专家查阅。《自评报告》从形式到内容、从文字到标点，无一差错，做到了精益求精。这些都给专家留下了深刻印象，受到了专家的好评。

2007 年 5 月 9 日上午，评估工作实地考察阶段开始，院长杨新科主持召开欢迎会，党委书记杜松奇致欢迎词，省政府和省教育厅领导讲话，专家组组长李进才教授主持汇报会，院长杨新科代表学校做工作汇报。会后专家组在学校领导陪同下考察校园和学生公寓，参观校史馆，观看学校发展历程的电视专题片。5 月 9 日下午，专家组开始实际考察评估，专家调阅学校《自评报告》和评建材料，考察学校教学设施，然后分组深入到各职能部门和各二级学院开展工作，在学校职能部门，专家查阅了背景和个案材料，询问和检查职能部门服务教学工作的情况。在二级学院，查阅评建材料，查看教学管理的原始档案，抽查三年的试卷和毕业论文，抽检学生的实验技能和英语水平，抽听部分教师的授课情况，召开不同层次、不同范围的座谈会，了解学校教学、管理、服务、学生工作等各方面的情况。

5月12日，专家组完成考察评估后，经过认真讨论形成《教育部普通高等高校本科教学工作水平评估专家组对天水师范学院本科教学工作水平评估的考察意见》。5月13日上午，专家组在分别向学校领导、省教育厅反馈意见后，召开反馈意见大会。专家组认为天水师范学校办学指导思想明确，定位准确，本科教学中心地位得到确立；教学投入持续增加，办学条件明显改善；重视师资队伍建设，措施有力，成效明显；注重教育教学改革，教学质量不断提高；加强制度建设，教学管理不断规范，教学管理水平不断提高；重视学风建设，形成了优良的校风；在长期办学实践中形成了立足陇东南，始终坚持为贫困地区基础教育服务，着力培养适应当地文化传统，热爱家乡、热爱贫困地区基础教育，以从教为荣、一专多能的"下得去、留得住、用得上"的合格人才的办学特色。在听取了专家组的反馈意见后，院长杨新科代表学校做了表态发言，专家组组长李进才教授对评估专家组的建设性意见向学校做了反馈，天水师范学校本科教学工作水平评估结果将上报教育部批准。

五、认真整改，深化评建工作

针对专家组提出的反馈意见，结合评建工作中暴露的诸多问题，学校经过分析、讨论，决定开始为期一年的本科教学工作水平评估整改工作（2007年6月—2008年6月），整改工作分三阶段进行，每个阶段都有不同的工作重点，分段整改、分段落实、分段检查。

第一阶段（2007年5月20日至6月20日），成立本科教学工作水平评估整改工作领导小组，领导小组成员由原评建工作领导小组成员组成。整改领导小组下设整改工作办公室，办公室设在教务处，从相关职能处室抽调了具体成员。各二级学院（部）成立相应的整改领导小组，党政一把手任组长，把本科教学整改工作列入重要议事日程。学校在认真梳理、分析教育部评估专家组的书面考察报告和专家个人反馈意见后，提出具体的整改措施，于2007年6月29日下发《天水师范学院本科教学工作水平评估整改方案》，提出 7 条整改工作的原则，明确整改工作的目标，对 10 个方面的整改内容和措施，明确了责任单位和配合单位。各相关责任单位和配合单位根据工作内容，具体制定整改实施细则。学校对整改的具体要求是：深入动员，积极行动；制定方案，明确任务；靠实责任，加强领导；全程督察，注重落实；严格考核，绩效挂钩；突出效果，保证质量。根据学校整改方案，各单位制定出详细整改措施，每项整改工作的责任落实到各教学单位及有关职能部门，形成各单位的整改方案。

第二阶段（2007 年 6 月至 2008 年 3 月）全面认真组织实施校院两级整改方案，具体落实各项整改措施，切实解决本科教学中存在的问题，推动本科教学质量的整体提升。

第三阶段（2008 年 4 月至 2008 年 6 月），聘请校外专家组成专家组，对校内各单位整改工作成果进行验收。

经过一年全校上下的共同努力，本科教学工作水平评估整改工作取得明显成效，达到了预期的目标。2008 年 4 月，教育部公布，经教育部评估专家委员会投票确定，天水师范学院本科教学工作水平评估结论为良好。对于一所刚刚成立的本科院校，这是一个极其重要的评语，它证实并确认了学校真正的"升本"！

学校评建工作从 2004 年启动到 2008 年完成整改，历时四年，在评建过程中特别是在冲刺阶段的最后五个月时间里，全校师生精诚团结，勠力同心，做出了前所未有的艰苦努力，评建工作取得了显著成效。学校的办学指导思想进一步明确，办学思路更加清晰，办学特色初步彰显，本科教学的中心地位得到巩固，教学改革不断深化，学科和专业建设明显加强，教学质量稳步提高，校风、学风、教风建设得到强化，全校的凝聚力、向心力进一步增强，学校的发展步伐明显加快。为"把学校建成以教师教育为主、区域性特色鲜明、整体办学水平和办学效益在甘肃高校和全国同类高校中有重要影响的多科性大学"奠定了坚实的基础。

六、筹备五十周年校庆，进一步推动学校科学发展

2009 年 10 月，正值天水师范学院建校五十周年华诞，五十年来，历代

师院人同舟共济，艰苦创业，逐步形成了"明德、新民、至善"的校训和"困境中求生存，奋斗中求发展"的师院精神。学校社会声誉不断提高，办学凝聚力进一步增强，各项事业都呈现出良好的发展势头，学校已初步发展成为一所以教师教育为主，非教师教育为辅，文理基础学科为支撑，经、管、工、法等应用学科协调发展的教学型大学，为社会培养了大批"下得去，用得上，留得住"的各类人才。为了巩固和发展评建及整改成果，继续深化整改工作，进一步凝聚和振奋人心，使广大师生员工以高度的主人翁精神在各自的岗位上努力工作，学校决定以学校建校五十周年为契机，举办教学研讨会、学术研讨会、师生才艺展览与展演校庆大会等系列校庆活动，以进一步宣传学校，提升学校的知名度和社会影响力，达到"以庆会友，以庆聚力"的效果，增强全校师生爱校、兴校的责任感，从而形成推动学校实现可持续发展的强大合力；进一步拓宽办学渠道，吸收和整合社会资源，促进学校基础设施建设，创造优美、和谐的教学科研环境。2008 年 9 月围绕五十周年校庆的前期筹备工作陆续展开，学校成立校庆筹备领导小组，下设校庆办公室和 9 个工作组，校庆办公室制定了《天水师范学院五十周年校庆工作实施方案（草案）》。2009 年 1 月 10 日，发布《天水师范学院五十周年校庆公告（第一号）》，向校庆委员会成员、各界来宾和各地校友联络处负责人发送邀请函，编印校庆活动简报。2009 年 6 月，学校对校庆筹备工作的具体任务和内容进行调整，制定新方案。校友联谊会在各地建立校友联络处 41 个，其中省外有北京、上海、新疆、西安 4 个；省内有 37 个，遍布甘肃每一个地州市。天水、陇南、定西三市每县均设联络处，筹建校友联谊会理事会和各地校友分会，完成各地校友信息的初步采集和确认工作及校友网建设。学校领导和有关部门负责人奔赴各地，广泛联络校友，充分挖掘并发挥校友的资源优势，发动各地校友捐书捐款，努力寻求合作办学的新契机和新路子，抓项目合作，抓基础设施建设，增强办学活力。对校史馆重新进行布置，制作沙盘、展板和展柜，培训讲解员。美化家属区，维修未来广场地面、校园主干道及场馆外彩砖，完成校庆期间校园的绿化、亮化设计。招募和培训校庆活动志愿者。安排丰富多样的校庆系列活动。加强对学校的宣传力度，在《中国教育报》和《甘肃日报》辟专版介绍学校概况。联系五十周年校庆庆典文艺节目在甘肃电视台播出事宜，与甘肃电视台相关负责人签订了节目录制、编辑及播出协议，同时就校庆活动通过甘肃电视台进行新闻宣传事宜达成了一致意见。

五十周年校庆是全体师院人总结过去，开创未来，联络感情，共同进步的坚实平台。既是天水师范学院发展史上的重要里程碑，又是学校继往开来、加快发展步伐的难得机遇。五十周年庆典之日，是一个不容忽视的日子，也是一个让师院人难以忘怀的日子。全体师院人将在今后的工作、学习和生活中，始终恪守"明德、新民、至善"的校训精神，继承和发扬经过五十年的艰苦努力，凝练而成的师院精神，巩固并发展评建成果，同谱天水师范学院更加辉煌的乐章。

第二节　以形成优势和特色学科
为目标的学科建设工程

顺利通过评估，并基本完成评建整改任务之后，学校在教学型大学的基点上，确立了加强学科建设，全面提高教学质量的工作思路。在此基础上，新一届领导班子高屋建瓴，明确了将申报硕士点作为新的目标和工作重心，以重点学科建设为龙头，以强化科研管理和加大科研经费支持为两翼，以重点学科项目立项为形式，以科研管理制度的制定和完善为保障，以多出成果、出高质量成果为目标的学科建设思路，进一步理顺关系，以适应新形势下学科建设的新变化。

一、前期策划和准备

2007 年下半年，通过全面综合分析学院的学科布局、结构、优势、特色及存在的问题，积极协调学院人事、教务、财务、国资以及各二级学院，从学术梯队、科学研究、基础设施、专业与课程设置、人才培养、学校管理等多方面对现有学科进行摸底。通过各学科填报申请硕士学位授权专业简况表，按照一定的标准，学院筛选基础和条件比较好的部分学科作为重点学科，并使学科建设和申报硕士学位点有机结合起来，为学院申报和创建硕士学位点奠定基础。从而继 2004—2006 年首轮重点学科建设之后开始了新一轮的重点学科建设。

为做好重点学科建设的前期准备工作，学院先后邀请数位校外专家对学科建设进行指导。2007 年 11 月 14 日，邀请西北师范大学博士生导师张继教授做了题为《项目建设与学科建设》的学术报告。11 月 20 日，邀请兰州交通大学副校长李引珍教授作了《科学规划、凝练方向、精心培育、突出特色、加快学科建设与发展》的学术报告。12 月 6 日、12 月 10 日邀请暨南大学马明达教授、广州体育学院裴立新教授分别来校就体育学院的学科建设工作进行指导。12 月 19 日邀请中科院兰州分院副院长、化学所所长博士生导师杨生荣研究员，中科院兰州化学所博士生导师张俊彦研究员，西北师范大学博士生导师张继教授作学科建设报告。专家们通过走访相关部门、查看学科基础设施建设和听取汇报等方式了解了学校学科建设情况后，指出：学科建设要作为内涵发展的重中之重，加强领导，以重点学科建设推进申硕工作；在学科建设方面，要进一步理清思路，在组织保障、工作思路、经费投入等方面细化举措，更加重视实验室、创新平台（基地）建设，自加压力，苦练内功，以学科建设的成效夯实申硕基础，促进科研能力和服务水平的提升；要凝练学科方向，汇聚学科队伍，把握学位申报信息，抓紧填写申报材料，积极争取，创造机遇，加快发展。结合学院学科发展实际和专家意见，各学科进行了反复论证，多方调研，做好了重点学科申报的准备工作。

二、组织重点学科建设项目申报

2008 年 1 月 8 日，学校组织召开了学科建设工作会议，新一轮学科建设正式启动。而后经过多次会议讨论、论证和完善，确定专门史、文艺学、体育教育训练学、植物学、无机化学等 5 个学科为重点建设学科，中国古代文学、中国现当代文学、马克思主义的中国化、美术学、课程与教学论等 5 个学科为重点扶持学科。

2008 年 3 月 17 日，学校召开学科建设项目实施安排会议，对第一批 5 个重点建设学科和第二批 5 个重点扶持学科今后的建设提出了具体要求，明确提出学科建设以项目的方式进行，学科建设经费跟着项目走。学院在选出学术带头人、学科负责人及方向负责人的基础上，以带头人、负责人为核心搭建结构合理、凝聚力强的学术团队，加强团队的建设和人才的培养。3 月 26 日，学校召开"学科建设项目汇报会"，了解、督促学科建设进展。为了推进学科建设项目的实施，解决学科建设项目申报中存在的误区和偏差。3 月 27 日，又召开"学科建设项目申报培训讨论会"。通过以上三次会议，各二级学院、各学科负责人、学科团队成员理清了思路，明晰了目标，理解和领悟了项目在学科建设中的意义和作用。

2008 年 5 月 7 日，学校举行天水师范学院重点学科建设目标责任书签字仪式，以目标责任书的形式开展学科建设工作。

2008 年 9 月，文史学院汉语语言专业被列为教育部特色专业建设项目，获专业建设经费 20 万元，省教育厅配套 5 万元。

2009 年 9 月，教育学院小学教育专业被列为教育部特色专业建设项目，获专业建设经费 20 万元，省教育厅配套 5 万元。

三、2008—2009 年度校重点学科项目下达

为确保学科建设目标的全面实现，学校本着研究目的明确、方向清晰、学术梯队搭配合理、项目任务具体、经费预算合理、预期成果丰富等原则，对所申报的重点学科项目严格进行资格审查，分三批下达了重点学科建设项目。

2008—2009 年度重点建设学科项目名单

学科	学科方向	项目名称	负责人	经费（万元）
专门史	中国经济史	中国经济史专题研究	王德泰	9
	西北历史文献	西北历史文献研究	陈逸平	9
	中国文化史	中国文化史专题研究	雍际春	11
	西北史	西北史专题研究	刘雁翔	11

续表

学科		项目名称	负责人	经费（万元）
学科	方向			
文艺学	文学批评	文学批评理论及实践研究	马超	9
	文艺美学	咏侠诗审美文化研究	汪聚应	10
		美学智慧与戏剧影视艺术精神研究	郭昭第	9
	文学理论	文艺学系列教材建设研究	郭昭第	2
		文学基本理论及文学分类研究	王元忠	10
植物学	遗传与育种	陇东南地区主要农作物品种改良	宋建荣	10
	植物资源的开发与利用	陇东南地区特色植物资源利用与保护研究	呼丽萍	10
		特色资源植物多糖结构分析及构效关系研究	张继	10
	植物生理生化	除草剂2，4－二氯苯氧乙酸的微生物降解	王弋博	10
无机化学	无机化学	若干生物无机化学问题的研究	唐慧安	12
	物理无机化学	低聚壳聚糖分离、稀土配合物的合成、有机改性及应用	杨声	12
	无机催化	功能配合物的性能及机理研究	刘新文	10
	配位化学	多元协同纳米配合物的合成、表征及光电性能研究	朱元成	10

续表

学科		项目名称	负责人	经费（万元）
学科	方向			
体育教育训练学	学院体育	阳光体育价值研究	杨芳	10
		甘肃省农村学校体育发展研究	黄铎	5.5
		甘、宁、青多民族地区体育与健康课程体系研究	王亚琪	4.5
	运动训练项目理论研究	1. 以娱乐与健康为目的的高校健美操课程体系建构 2. 制约健美操进入奥运会的凶素分析	贺改芹	8
		田径教学、训练理论与方法	张亚平	4
	武术教学理论研究	武术与民族民间体育文化研究	蔡智忠	8

2008—2009 年度重点扶持学科项目名单

学科		项目名称	负责人	经费（万元）
学科	方向			
马克思主义中国化研究	马克思主义在中国的理论牛长点研究	马克思主义在中国的理论牛长点研究	杨新科	4.5
	和谐社会与基层社会发展问题研究	和谐社会与基层社会发展问题研究	刘新牛	4
	推动马克思主义大众化研究	推动马克思主义大众化研究	吴卫东	4.5
	中国共产党价值观问题研究	中国共产党价值观与马克思主义中国化研究	王喜明	3
中国现当代文学	中国现当代诗歌研究	现当代诗歌创作理论研究	薛世昌	4.5
	中国现当代小说研究	21 世纪女性文学研究	马超	4.5
		现代化进程中的中国城乡小说研究	郭文元	3
	电影、电视与广播	影视批评与影视文化研究	王贵禄	3

续表

学科		项目名称	负责人	经费（万元）
学科	方向			
课程与教学论	教师发展与教师教育	西部农村教师生涯发展研究	李艳红	7
	认知与教学心理	认知心理学的教学观及认知教学专题研究	吴彦文	5
	教育基本理论	西部农村中小学新课程改革、实施与评价及其有效性研究	王呈祥	6
美术学	国画	陇右地区传统美术教育资源研究	张玉璧	4
		陇右石窟壁画艺术对中国当代重彩面创作影响研究	吴少明	4
	油画	常书鸿油画本土化研究	刘晓毅	3
		现当代中国具象油画研究	贾利珠	5
中国古代文学	先秦两汉文学	庄子思想对中国古代文论的影响	王德军	4
	唐宋文学	唐人豪侠小说研究	汪聚应	4
		杜甫陇右诗的地域文化价值与开发研究	聂大受	4
	明清文学	《红楼梦》的教育记录与心理阐释	温宝麟	4

四、确定新一轮学术带头人

为了加强和规范学科建设与管理，突出学科特色、凝练学科方向、培养和造就一批高层次的学术队伍，全面提高学院的综合实力和办学层次，为申报硕士学位授权点做好积极的准备工作。学校按照"引进优秀人才，用好现有人才，留住关键人才，培养未来人才"的工作方针，协调处理好引进、培养和使用的关系，扶持和培养国家、省市级学术带头人，进一步完善学院

"学术带头人、学科骨干、优秀中青年教学科研骨干"的选拔、扶持和管理的制度。依据《天水师范学院学科建设管理办法》的要求，在个人申报、二级学院初选、学院审查和全院公示的基础上，经 2008 年 6 月 18 日校党委会议研究，遴选出王德泰、郭昭第、刘雁翔、雍际春、陈逸平、杨声、左国防、蔡智忠、杨芳、张宗舟、汪聚应、刘新生、吴卫东、李艳红、邢永忠等 15 人为新一轮学术带头人。

五、学校艺术馆的成立

与其他学科相比，美术学科的教学力量相对薄弱、教学形式相对单一，迫切需要建立起多种形式的教学模式。鉴于此，学校多方努力，经过半年多的准备后，于 2008 年 10 月 18 日成立了天水师范学院艺术馆。

在艺术馆成立仪式上，院长杨新科主持开幕式，党委书记杜松奇发表了热情洋溢的致词，党委副书记刘新生宣读了天水师范学院《关于聘任田黎明等艺术界名家和艺术工作者为我院艺术馆顾问、名誉馆长、特聘画师的通知》。省人大原副主任、省慈善总会会长杜颖，中国美术家协会理事、中国画院一级美术师孔紫教授为艺术馆揭牌。天水市委常委、宣传部部长孙周秦，天水市人民政府副市长郭奇若等人参加开幕式。著名艺术家许全群，甘肃省美协副主席樊威，省画院画家周兆颐，西北师大美术学院教授李葆竹、韦自强、陈永祥，西北民大美术学院院长、教授林斌，副教授马克、王万成、兰州商学院美术学院副院长、教授马刚，省书协副主席万惠民及天水市文化、美术、书法工作者到会指导。

天水师范学院艺术馆的成立，标志着学校学科建设的步伐又迈上一个新的台阶。艺术馆成立后，学校聘请了知名画家来校做学术讲座，和广大师生交流，传授绘画技法，极大地促进了美术学科的教学发展。

六、重点学科建设新方案

2008 年下半年，根据国务院学位委员会有关新增硕士学位授权单位授权学科的新变化，学校适时对重点学科建设方案进行调整，现有的 5 个重点建设学科按其所对应的一级学科进行建设。文艺学学科对应于中国语言文学学科，中国古代文学、中国现当代文学按二级学科归入中国语言文学建设；专门史学科对应于历史学学科；无机化学学科对应于化学学科；植物学学科对应于生物学学科；体育教育训练学学科对应于体育学学科；增设教育学为重点建设学科，侧重教学方法论。马克思主义中国化研究学科调整为马克思主义理论一级学科。将重点扶持学科美术学学科调整为艺术学学科，增补物理学为重点扶持学科。调整后的学科分层次建设，其中中国语言文学、历史学、化学、生物学、体育学、教育学为重点建设一级学科；马克思主义理论、艺术学以及新增补的物理学学科为重点扶持一级学科。

调整后的学科建设仍以项目形式进行，在原有重点建设学科项目框架保持相对稳定的前提下，作适应学科方向变化的调整，具体调整办法由各学科组充分讨论、认真研究确定，要求突出优势，兼顾全面，以辐射相关二级学科的发展。

七、新一轮学科建设初见成效

新一轮学科建设通过创建学术团队、凝练学科方向、聘请学科带头人、加大经费投入等，以项目为依托，实行逐级责任制管理，基本树立了以学科建设为龙头的理念，形成了良好的学科建设势头，形成"学科带头人＋创新团队"的队伍建设新模式。2008 年，全院共发表论文 534 篇，其中重点学科团队发表论文 295 篇，超过总数的一半。全院获奖共 19 项，而与重点学科有关的达 15 项。

第三节　以教师教育改革为中心
的质量建设工程

本科评估之后，随着国家教育整体上从注重发展规模向强调提高质量的转化，联系本科评估中发现的问题，借助各种活动特别是 2009 年 3 月以来学习实践科学发展观活动的展开，通过调查研究、征求意见、科学分析等方式，学校将"推进以教师教育改革为中心的质量建设工程"列为实现学校在新的形势下全面、协调、可持续发展的建设工程之一，全面启动和加强教师教育改革工作的进行。

一、人才培养模式改革

在确立了以"推进教师教育改革为中心的质量建设"目标和"提高人才培养质量作为学校生存和发展的生命线，把质量意识贯穿于学校工作的全部过程"的原则后，学校先后多次修订专业人才培养方案，明确教师教育工作展开的目标和思路，不断深化人才培养模式的改革工作。

2008 年，学校根据"厚基础、宽口径、强能力、精专业、重应用"的教师教育人才培养模式的总体要求，根据我国基础教育改革发展需要和体现教师职业专业化的特征，在以陇东南地区为中心、分布全省的 50 多所中学进行深入调研和考察的基础上，于 5 月出台《天水师范学院教师教育改革实施方案》。"方案"充分利用师院多年举办教师教育的优势，立足适应陇东南地区经济社会发展需要和基础教育改革发展的要求，在教师教育管理体制、人才培养模式、课程体系构建、教学方法和教学手段改革、教师职业技能培训、实践教学等方面，充分体现时代特征，努力适应现代教师教育发展趋势，着力构建新型教师教育人才和应用型人才培养新体系，全面提高学生的文化修养、专业素质、从业执业能力和职业道德。一是在教师教育类各专业实行渗透式"3 + 1"人才培养模式。该模式有利于提高学生的教育素养和从教技能，有利于增强学生的教育理论水平和科研意识，符合教师职业专业化的要求。二是在非教师教育类各专业实行"3.5 + 0.5"人才培养模式。这一模式充分体现了非教师教育类各专业的特殊要求，为学生进行实践锻炼提供了时间保证，进一步规范了非教师教育类各专业的教育教学工作，通过"通识课程 + 学科专业课程 + 教师教育课程 + 实践课程"模块，构建教师教育改革"3 + 1"混合式模式课程体系，逐步落实了"理论够用，技能突出，基础强固，素质优良"的应用型人才培养理念。其中学科专业课程包括相关学科基础课程、本学科基础课程、专业必修课程、专业选修课程等，如文史学院面向汉语言文学、历史学、人文教育、戏剧影视文学 4 个专业共同开设了人文科学导论、大学人文教程、国学经典导读等 3 门相关学科基础课程，打通了各专业，使学生可以任意选择选修课。

二、完善健全质量监控体系

2008 年 10 月，学校成立了由教务处、教学督导委员会和部分二级学院主管教学的副院长组成的教学质量监控体系建设考察小组，于 2008 年 10 月 7 日至 24 日对太原大学、山西大学、陕西师范大学进行了为期一周的考察，寻求完善和健全学校教学质量监控体系可借鉴的经验。10 月 28 日，召开专门会议，总结各兄弟院校成功经验，深入研究学校教学质量监控方面存在的主要问题，统一了构建教学质量监控体系及实施方案的指导思想、主要内容和实施办法等。在广泛征求与充分吸收学校和二级学院领导、部分有经验的老教师及教学工作委员会意见与建议的基础上，2009 年 1 月 10 日，学校召开天水师范学院第三次教学工作会议，颁布实施《天水师范学院教学质量监控体系及实施方案》，明确了教学质量体系建构的内容、教学质量评估的标准和方法，确立了"以科学发展观为指导，以提高课堂教学质量和教学管理水平为重点和核心，以领导、同行专家（包括教学督导）、学生听课评教和校院两级检查为主要手段，以激励为主、奖惩结合的原则"的方案实施思路。其实质内容是以二级学院为主体，以课堂教学为核心，完善课程评估、专业评估，二级学院整体教学水平评估体系，构建高效、实用、操作性强的校院分工、师生互动、内外兼容，系统封闭的教学质量监控体系，实现人才培养工作的目标管理与过程管理的有机结合，建立起以激励为导向的教学质量评价机制和教学质量不断提高运行和保障体制，促进学校教学质量的全面提高。

三、教学方法与手段改革

2008 年 11 月，学校出台《天水师范学院关于整体推进教学方法改革的指导性意见》，倡导广大教师优化教学内容、精心设计教案、大力推进探究式、启发式、参与式、讨论式、案例式教学，鼓励教师以教研室为阵地建立集体备课运行机制。学校还积极创造条件，努力推进教学手段的现代化。在推进过程中，通过大面积听课、评课、说课，广大教师积极参与，教师之间互相听课、互相借鉴、取长补短已蔚然成风；校领导、教学管理和督导部门经常深入各二级学院听课，参加教研室评课，检查指导工作，听取各方面意见，有力地推动了教学方法改革工作。2007 年、2008 年两次举办教学方法改革经验交流会和青年教师公开课教学比赛，为激励青年教师进行课堂教学改革提供了学习与交流的平台。适应时代发展的新需求，学校积极推进教学手段的改进，顺应现代媒体对于教学愈来愈重要的影响作用，学校制定《天水师范学院多媒体教学课件审核制度》，积极鼓励广大教师制作并利用多媒体课件进行课堂教学，2006 年以来，学校采用多媒体教学的课程已多达194 门。

此外，学校积极组织教学观摩、青年教师基本功大赛、中青年教师教学比赛、专家讲座和专题论坛等活动，并号召广大教师和相关的教学管理人员积极探讨教学手段的改进和教学质量提高之间的关系，争取相关项目，发表文章，深化教学改革。

配合教学改革和教学手段的改进工作，学校加大投资力度，加强了校园网、电子图书阅览室、多媒体教室等的建设。至 2008 年底，学校建成并投入使用的多媒体教室有 14 个；校园网接通到了各二级学院及系（部）办公室；建立了心理实验室、模拟法庭、会计学模拟实验室等，全面推进了教学方法和手段的改革和改进。

四、学生技能培养

学以致用。本科评估之后，学校愈来愈意识到学生实践技能培养对于提高教学质量所具有的重要作用，为此，学校加大了实践教学的投资，强化了实践教学的管理，通过有效的手段，力求增强学生的教育教学实践能力和社会适应能力。

1. 创新教师教育实习模式。2008 年 9 月，学校综合编队，组织 1180 名教师教育专业类学生分赴各实习基地进行为期 40 天的教育实习，打破专业界限，分工协作，科学搭配，扩展了学生的交际范围，方便了实习学校，完善了综合编队实习模式。2008 年，学校率先在全省范围内提出并实施顶岗支教实习试点工作，2008 和 2009 两年，先后有两届数百名同学参与了省内和新疆等地的顶岗支教实习工作，开创了教学实习的新模式，扩大了学校教学实习的新空间。

2. 加强学生从业技能的职前培训工作。2006年下半年，学校开始对毕业生进行职前职业技能的培训。2008年，根据国家《高等师范学校学生教师职业技能训练大纲》和《关于加强2008届师范类毕业生教师职业能力培训工作的通知》精神，对2008届17个教师教育类专业2162名毕业生的教师职业技能、计算机应用能力和英语口语能力进行了强化训练。

自2007年始，完善学生论文写作规范，严格答辩程序，对论文未按期完成者或答辩不合格者以推迟答辩或重新答辩方式处理。2007年始，对学生优秀毕业论文和优秀论文指导教师予以奖励。

第四节　以培养学科梯队为主的师资队伍建设工程

以本科教学评估为契机，借助于学习"三个代表"和党的十六届六中全会精神，新一届领导班子在人才引进及师资建设方面加大力度，出台了一系列有利于吸引、稳定、培养人才的政策措施，为高层次人才安心工作、大胆创业提供了尽可能多、尽可能好的发展平台，三年来，学术带头人和科研骨干安心创业，中青年教师攻读学位蔚然成风，师资队伍职称结构、学历结构、学缘结构得到整体优化。人才引进规模和师资建设的步伐得到前所未有的发展。

一、2007年师资队伍建设

学校以教育部本科教学评估为契机，规范教师培训制度，积极引进人才，有效地促进了师资队伍的建设。

1. 为了规范教职工的进修、培训和管理，学校出台了《天水师范学院教职工进修管理办法》《天水师范学院教职工报考攻读学位管理办法》和《天水师范学院高层次人才引进办法》等规章制度，为新形势下学校人才制度的改革创造了条件。

2. 争取增加编制数 40 名，申请增加高级专业技术职称限额 29 名，在一定程度上缓解了编制数和高级职称限额紧张的困难，稳定了高层次人才，提升了办学水平。

3. 引进和培养博士毕业生 4 人，选拔硕士研究生 44 人，另有 24 名在职硕士研究生毕业后回校工作。

4. 选送 4 名教师分别赴日本和澳大利亚等国短期进修。8 名教职工考取博士研究生，40 名教职工考取硕士研究生，17 名教师先后赴国内重点大学或研究院进修课程或做高级访问学者，81 名教师参加了岗前培训。

5. 加强了与省内其他高校的人才交流，11 位教师担任兰州交通大学兼职硕士研究生导师，11 位教师担任西北师范大学兼职教授和兼职硕士生导师，从兄弟院校聘请兼职教授 15 名，从美国、新西兰等国聘请外语教师8 名。

6. 顺利完成了教学、管理、教辅等各个系列的职称评聘工作。27 人通过教授、副教授等高级职称的评审，53 人通过讲师等各级职称的评审，28人通过助教等初级职称的评审。

二、2008 年师资队伍建设

围绕着前一年评估工作中发现的问题，学校进行深入整改，在人事制度改革和师资队伍的建设上投入了不少精力，取得了一定的成效。

1. 根据国家事业单位和高等学校人事制度改革的要求，学校召开了"事业单位岗位管理政策解读"会议，学习人事制度改革中专业技术岗位设置及管理的办法、聘任的条件、任期考核的办法等政策内容，初步确定了各学院岗位定编的比例。

2. 继续加强师资队伍建设，高度重视人才的培养和引进工作。2008 年，学校有 15 位教师考取了博士研究生，7 位教师考取了硕士研究生。学校引进33 名硕士研究生，2 名教师获得博士生学位回校任教，1 名教师从博士后流动站出站回校工作，14 名教师获得硕士学位。学校选聘具有学术研究和组织能力并在相关学科具有影响力的教师成为重点学科建设工作实施的学科负责人或学科方向负责人。

3. 加强了学校教师的培养和职称评定工作。2008 年，学校选派 3 名教师参加访学，对新进教师进行了全面的"导师制"培训，9 名教师获得学校"青蓝"人才工程的资助；通过严格评审，149 位教师获得高一级技术职称任职资格。

4. 进行表彰奖励，激发教职工的工作积极性。学校推荐建筑安全专家 4 人入选"甘肃省政府应急管理专家组成员"；21 人为"甘肃省高中课程改革专家组成员"；1 人入选"陇原人才扶持计划"；7 人申报甘肃农业大学兼职硕士生导师；1 人获"第十五届甘肃省普通高校教师成才奖"，2 人获省"园丁奖"，1 人获市"园丁奖"。

三、2009 年前半年的新举措

结合学校人才培养面向陇东南经济社会建设服务的宗旨，构建全方位的教师培训体系，努力改善教师队伍结构，通过改善教师培养观念，完善相关教师培训制度，积极建构一支职称、学历结构、年龄和专业布局合理，具有较高学术水平、科研能力、创新精神和协作精神的学科梯队。努力营造良好的干事创业环境，积极改善高层次人才工作、生活的条件，创造高层次人才得以不断发展的创业平台。以不断发展的事业、不断提高的待遇和无微不至的关怀留住人才、吸引人才。

1. 协调处理好引进、培养和使用的关系，建立灵活多样、富有成效的人才制度体系。紧紧围绕学科建设的需要，重点引进学校拟申报硕士学位授予权学科、省重点学科、重点实验室等特色鲜明、优势突出的学科所急需的高层次人才。

2. 根据事业单位改革发展的新趋势，按照"按需设岗、竞聘上岗、按岗聘用、合同管理"的要求，进一步完善教师岗位聘用制度，科学设岗，择优聘任，实现人才管理由身份管理向岗位管理的转化，由固定用人向合同用人转变，建立良性的竞争淘汰机制，激发广大教职工的工作责任心和工作热情。

3. 加强师德师风的建设。把教师的政治思想教育和德育建设工作始终放在重要的地位，引导教师转变教育观念，加强工作责任心，树立正确的价值观和人生观，认真履行教师职责，团结协作，严谨治学；在职称评聘、收入分配、评优奖惩等与教师生活密切相关且教师比较敏感的事情上制定相关的激励机制和约束措施，加强考核，严格管理，为师德师风建设提供制度的保障。

4. 进一步激励教职工投身学校教育教学改革的积极性，努力提高教学科研水平，制定相关政策，评选教学名师、优秀教师、教学标兵。学校优秀教师的评选始于 2004 年 9 月，当年评选出马超等 10 人为第一届优秀教师，并于教师节给这些同志颁发了荣誉证书及 1000 元奖金。2005 年评选出杨复兴等 15 人为第二届"优秀教师"；2007 年评选出聂大受等 17 人为第三届优秀教师，2008 年增补马冬梅为优秀教师。之后学校为了贯彻落实教育部、财政部《关于实施高等学校本科教学质量与教学改革工程的意见》和教育部《关于进一步加强高等学校本科教学工作的若干意见》等文件精神，鼓励广大教职工积极承担教学任务，深入开展教师教育改革和教学方法改革及教学研究工作，进一步加强高水平教师队伍建设，表彰在教学和人才培养方面做出突出贡献的教师，于 2009 年 7 月制定了《天水师范学院教学名师、优秀教师、教学标兵评选办法》，并于 9 月对照有关条件和程序，评选出郭昭第、雍际春、温宝麟、安建平、谢天柱、蔡智忠、贺改芹、王宏波、赵爱英、何万生、闫祯、段世齐、常文海 13 人为天水师范学院优秀教师，并于教师节大会上授予其荣誉证书和 6000 元奖金。本次优秀教师的评选是推进以教师教育为中心的教学质量建设工程的一项重要举措，也是教师成长成才的一种积极导向，对于长期坚持在教学一线，以教书育人为己任、以良好师德治学施教的老师是一种肯定和鞭策。

第五节　以思想道德教育为核心的学风建设工程

知识经济时代的发展，呼唤高等教育培养高素质的创新人才，这样的人才不仅需要丰富的文化知识、专业的技能素养，而且更需要较好的思想道德意识、稳定成熟的心理品质、强烈的创新意识和大胆进行科学探索的进取精神，为此，在继续狠抓学生专业知识和专业技能培养的工作基础上，全面落实胡锦涛总书记关于"全面贯彻党的教育方针，坚持育人为本，德育为先，实施素质教育，提高教育现代化水平"的战略任务，2007年，学校党委在深入调研的基础上，以科学发展观为指导，根据新形势下大学生的思想特点和学习、生活状况，结合本校实际，提出了"以良好的形象展示自我，以优异的成绩回馈父母，以过硬的本领报效祖国"的"三要求"和"爱祖国，爱父母，爱同胞，爱环境，爱学习"的"五热爱"教育主题，从而促进了学风、校风的进一步好转，形成了全面育人、事事育人，时时育人的良好氛围和人人文明修身、个个立志成才的学习风气。学校各级团学组织在校园文化活动中巧妙安排，组织开展了一系列主题鲜明、形式新颖、内容丰富、生动活泼的学习教育实践活动，在实践中践行理论，在点点滴滴的学习和生活中形成和建设优良学风。

一、军训工作全面开展

2004年，根据教育部、总参谋部、总政治部《关于在普通高等学校和高级中学开展学生军事训练工作的意见》和甘肃省教育厅、甘肃省军区学生军训办公室下发的《甘肃省军训工作发展规划》等文件精神，学校将军训列入教学工作计划和学籍管理，并列为必修课，军事理论和军事技能训练共计2学分，考试为闭卷。训练时间14天，包括课堂教学和军事技能训练，课堂教学内容为我国国防的历史和现代化国防建设的现状等；军事训练技能包括在高温酷暑中的队列队形训练，高标准严要求的内务整理，体验生活极限的野外拉练，博大精深的传统教育以及感人至深、碰撞心灵的体验军营生活等科目。

从2004年开始，学校对2003级至2009级六届学生开展了军训工作，共计参训学生20283人，参训率为100%。

学校的党政领导一直高度重视军训工作，坚持主要领导参加开训仪式和阅兵式，经常深入到军训现场看望教官和学生，发放慰问品，与学生座谈，勉励学生在军训中自觉地刻苦训练。由于领导重视，学生工作处、武装保卫部、教务处、后勤管理处等部门精心组织，通力协同，相互配合，学校几年来的军训工作开展得异常顺利，2004—2008 年，共有 2026 名学生被评为军训先进个人，占参训学生的 9.99%；先进集体 111 个，占 30.9%。

2004—2009 年学生军训工作评优情况统计

时间（年）	参训学生	人数	先进集体	比例（%）	先进个人	比例（%）
2004	2003 级	2304	18/46	39.1	233	10.1
2005	2004 级	2573	17/42	40.5	138	5.4
2006	2005 级	2530	11/32	34.4	178	7
2007	2006 级	2882	12/54	22.2	227	7.9
2008	2007 级	3125	24/61	39.3	331	10.6
2008	2008 级	3578	17/64	26.6	410	11.5
2009	2009 级	3291	12/60	20	509	15.5
合计		20283	111/359	30.9	2026	9.99

2007 年军训期间，省委常委、省军区政委刘巨魁少将带领省军区相关处室的负责同志，视察并检阅已经受训 6 天的 2006 级 2934 名学生，对参加军训的全校师生表示了亲切的问候。在视察中，刘巨魁政委指出，天水师范学院几年来的学生军训工作养成了好传统、好作风，希望今后一如既往地抓好学生军训工作，部队系统也将全力配合搞好大学生的军训。

在军训中，除完成规定的理论教学和军事训练外，学校还组织开展了其他活动，包括：（1）"两课"教师深入学生军训现场和学生宿舍，为学生解决一些思想和生活上的问题，为其之后的思想教育形成一个良好的开端；（2）结合"三下乡"社会实践活动，成立社会实践军训小分队，对整个军训过程进行调研，为学校的学风建设和公寓学生管理工作提供良好的建议；（3）在学生拉练过程中，安排学生赴天水市爱国主义教育基地——烈士陵园祭扫，对其进行爱国主义教育，陶冶其思想情操；（4）进行"三防"技能培训。使学生懂得自我防护的方法，提升自我防护的意识。

军训生活尽管只有短短的 14 天，却给学生留下了一段极为深刻的记忆。

学生按照"磨炼意志、锻炼体魄、增长知识、提高素质"的要求，通过严格的军训，养成了吃苦耐劳的乐观主义精神，培养了勤学苦练的奋发进取精神，加强了团结互助的集体主义精神，提高了遵规守纪的克己自律精神，为今后的学习和人生打下了良好的思想基础。

二、公寓管理体制日渐完善

学生公寓是学生日常生活、学习及活动的重要场所，是课堂之外对学生进行思想政治工作和素质教育的重要阵地。在高等教育改革不断深入，高校后勤社会化日益深入的大背景下，传统的由校、院、系、班构成的单一管理系统和以班级为终端管理组织的封闭式学生管理模式已不能适应新形势的要求。2004—2005 年，学校出台相关学生公寓管理办法，坚持以"校、院、系、班"为主线的学生教育管理模式，开创了以"校、学生公寓、公寓楼层、学生宿舍"为主线的学生教育模式，通过各项活动和监督、考评工作的开展，公寓管理工作取得了初步的成效。

2007 年 11 月，为了进一步探索学生管理体制的改革新路子，大力推进"六进"（党员工作进公寓，团的工作进公寓，学生自律组织进公寓，思想教育进公寓，文化活动进公寓，安全保卫进公寓）工作，努力构建"两元制"的管理体制，更好地适应高校学生管理工作日趋开放化的特点，学校出台了《天水师范学院公寓管理体制的改革方案》。

1. 学校的 12 栋公寓楼及 11000 名学生的公寓管理工作由学校的学生工作处、后勤管理处、原后勤服务公司、华英学生公寓公司和相关二级学院共同承担。各单位职责明确。

2. 成立学生公寓管理科，努力建立适应"六进"和"两元制"的学生公寓管理体制，以"一切服务于学生"为宗旨，负责选派、聘任、培训公寓工作人员，增强其服务意识，杜绝粗暴管理，使学生真正产生"宿舍是我家"的感觉，达到以公寓为思想教育阵地对学生行为潜移默化的教育作用，加强学校的学风建设。

3. 由公寓管理科负责为每栋公寓楼选聘公寓主任和公寓辅导员各 1 名，公寓主任聘任刚毕业的大学生，公寓辅导员仍由退休、退居二线的老教师、老干部担任。

4. 在公寓物业方面，对学生承诺"限时服务"，在限定的时间内保障学生的基本生活要求。

5. 督促二级学院加强公寓建设方面的力度，继续深化"两元制"。要求辅导员白天在各二级学院主体公寓楼专设的团学办公室负责处理学生的各项事务；晚上（21 时至 23 时）二级学院必须安排值班教师，会同公寓主任共同检查学生宿舍。

6. 由学生工作处学生公寓管理科全面负责"星级文明宿舍"的创建活动。

2008 年 3 月，为落实学生公寓实施素质教育的阵地作用，发挥公寓作为思想教育的第二课堂的功能，学生工作处下发《关于加强学生公寓教育管理队伍建设的意见》，设立公寓学监，聘请学校讲师以上退休教师和退居二线的中层干部，在白天对学生进行思想道德教育、日常行为指导，从事公寓管理、文化建设工作；同时设立公寓辅导员，聘请品行端正、责任心强而暂未就业的大学生或由学校长期担任学生干部的四年级优秀学生党员担任，负责夜间对学生的教育管理工作。

通过几年的建设，学校的公寓管理体制日渐完善，为学校"教书育人、管理育人、服务育人"和"全员育人、全程育人、全方位育人"从基础上做了保证，同时加强和改进了大学生的思想政治教育，维护了高校的稳定。

三、勤工助学稳步前行

随着高校招生收费和教育体制改革的不断深入，学校逐步实行了"缴费上学，政府与学校积极推荐，学生自主择业"的新运行机制，处于欠发达地区，贫困人口占大多数的天水师院，经济困难学生比较多，因此，解决好经济困难学生问题，使他们顺利入学并完成学业直接关系到社会的稳定，学校的发展和学生的健康成长。2000 年 12 月，学校思想政治工作会议通过了《贫困学生资助方案》。2005 年，又通过了《关于进一步加强和改进经济困难学生资助工作的意见》，建立和完善了以"奖，贷，助，补，减，缓"等为主体的多元化资助体系，始终将"确保每一个学生不因经济困难而辍学"

作为经济困难学生资助工作的奋斗目标和宗旨。

2007 年以来，学院助学工作积极调整思路，扩大社会力量捐资助学，制定《天水师范学院经济困难学生助学基金章程》《天水师范学院社会力量捐资助学工作实施办法（试行）》《天水师范学院引资助学奖励办法》等引资助学的相关文件，使学院资助工作上了一个新的台阶。

2007—2009 年，学院争取到"潘石屹 SOHO 助学金"200 万元、"洪涛助学金"9 万元、"正和助学金"20 万元、"移动助学金"9 万元、"邮政助学金"3 万元、"献血助困助学金"15 万元、"许绍发助学金"3 万元、"高晶助学金"3 万元、"21 军首长一对一资助项目"9 万元、中国扶贫基金会"新长城"贫困大学生资助项目1.5 万元等社会资助，资助金额达 329.22 万元。与此同时还积极开展了勤工助学工作。

1. "阳光屋"的自炊工程。2001 年 11 月，学校划拨 11 万元专项经费在工科部学生公寓楼后面的集中地域，修建统一的供贫困学生做饭的"阳光屋"，正式启动"阳光屋"工程，以填补学校经济困难学生资助工作的空白点并逐步发展成为学校助学工作的一个亮点。"阳光屋"建筑面积 400 平方米，共有房间 20 间，可同时容纳 120—160 名学生自炊。2007 年，学校再次投资完善其设施，推动"阳光屋"为更多贫困学生提供更好的自助条件。经过 8 年多的运行，已解决 1000 多人次贫困学生的吃饭问题，同时对培养学生艰苦奋斗、勤俭节约的优秀品质，提高他们自我管理能力及生存、创业意识也起到了积极作用。

2. 勤工助学工作的全面开展。学校开展了家庭教师、教学楼清洁卫生组、公寓值班组、图书馆助理、理工科实验室助理、文科资料室助理安全保卫组、交通值勤组、家政服务等十二类校内固定岗位，每年划拨一定的专项资助经费用于支付参加勤工助学学生的劳动报酬。让学生用自己的劳动获得报酬，对培养学生的自立意识、勤俭品格、创新精神和实践能力有着特殊而重要的作用。

学校"奖，贷，助，补，减，缓"等为主体的多元化资助体系的实施与落实，初步实现了对占全校普通学生 35% 左右的经济困难学生进行全面有效资助的目标，实现了"不让一名学生因家庭经济困难而辍学"的承诺，解决了经济困难学生的后顾之忧，极大地调动了他们的学习积极性。

四、学风建设注重实效

学风建设是衡量一所高校办学思想、教育质量和管理水平的重要指标，是全面推进素质教育，为社会培养高素质人才的关键。学生优良的学风是保证教学质量的重要条件，学生学风的好坏直接影响到教学改革的步伐和教学质量的提高，影响到校风的形成和人才培养目标的实现。

1. 学校注重实效，开展了灵活多样的学风建设活动。加强政治思想教育，帮助学生树立正确的人生观、世界观，端正学习态度。充分发挥高等学校思想政治教育即"两课阵地"的作用，加强马列主义、毛泽东思想、邓小平理论和"三个代表"重要思想的学习教育，紧紧抓住用马克思主义中国化最新成果武装头脑这个首要任务，把社会主义核心价值体系融入和谐校园建设的全过程，使社会主义核心价值体系的基本要求得到切实贯彻和充分体现，成为学生的思想武器和精神支柱。同时采取多种多样的方式加强爱国主义、集体主义的教育，使他们逐步树立起为建设富强、民主、文明的社会主义现代化强国而刻苦学习的远大理想。

2. 强化专业思想教育。学生以学为主，只有掌握系统的专业知识，才能在 4 年学业完成后成为一个有用的人。为了加强学生对系统知识的掌握，2007 年评建工作结束后，党委杜松奇书记就提出了巩固评估成果，促进质量的一系列措施，把在评建过程中形成的行之有效的早操、晨读、晚自习等，通过完善制度和建立激励机制继续推行，并下发了文件，要求各二级学院分管学生的党政领导责任明确，互相配合，下到学生班级、教室、宿舍抓学风建设，学生要以健康、活泼，"勤学、严谨、求是、创新"的学风来展示自己。通过两年的努力，学生们养成了积极主动、勤奋刻苦的学习习惯。清晨树下、石子路上读书的学生已成学校一道亮丽的风景线。除此之外，还重视学生的全程教育，如邀请学术界知名的专家、教授，通过学术报告会、专业座谈会，外出参观或组织同学结合本专业积极开展社会实践活动等方式，使学生明确和了解所学专业的特点、专业方向、专业优势、培养目标、就业方向等，激发学生学习专业的积极性，从根本上端正学习态度。

3. 严格考试纪律，修订了《天水师范学院学生违纪处理暂行条例》《天水师范学院学生考勤管理办法》等相关制度，制定了学期初的教学检查制度、教学督导、领导干部听课制度，学生评教制度。明确要求教师把好命题关、监考关、阅卷关、补考关，加强纪律教育，严格考试要求，规范成绩管理，促使学生严格要求自己，发展了良好的学风考风。三年来学生考试作弊违纪率平均为0.54%，其他违纪事件也逐年减少，发生率在0.3%以下。

4. 开展丰富多彩的文化活动，营造良好的学习氛围。组织开展"挑战杯"大学生课外学术科技作品竞赛等各种知识技能大赛，开展"先进班集体""星级文明宿舍""校级三好学生"等评选活动，开展一系列宣讲活动和举办各种展览。学校每年一次进行校、院两级的"学习标兵"和"优秀大学生"等评奖活动，激发学生"比、学、赶、帮、超"热情，推动学风建设的积极健康展开。

5. 因材施教。学校在学生学风的建设中，对一年级新生将学风建设工作的重点放在了抓好由中学生向大学生角色的转变上，注意在入学教育、班团活动中突出适应新环境、自主学习的优良习惯培养，教给他们有效学习的方法和策略，使他们尽快学会学习。对二三年级的学生，则"顺势而上"，在抓好专业学习的同时，重视学生综合素质的提高，鼓励学生积极参加校内外实践活动，珍惜学习机会，身体力行，积极参与到优良校风和学风的建设中来。对即将毕业的四年级学生，则突出"定势"，抓好教育实习、职业思想教育、就业指导和创业精神教育，让他们树立明确的人生目标，做好从业前的精神和技能准备。

6. 创造性地推行"六天制"周工作日。学校大部分学生来自于陇东南地区，且多为贫穷家庭。因此，学校2007年秋调整时限，创造性地实行"六天制"周工作日，强化了学生学习时间的连续性，相对缩减了学生用于网络游戏等可能增加消费、耗散学习精力的时间，提高了学习质量，客观上也减少了学生的费用支出，受到家长和社会的一致好评。另外，"六天制"周工作日的施行，使放假期间时间相对集中，对教师专心科学研究工作也提供了便利。实行"六天制"周工作日后，学校水、电、暖节资可观。鉴于上述原因，2008年学校决定继续推行这一制度。

7. 从养成教育做起。养成教育就是培养学生良好的行为习惯。学校从大学生是"正在成长过程中的人"这一基本事实出发，遵循思想政治工作循序渐进、由浅入深的原则，借鉴传统文化"修身齐家治国平天下"的观点，结合"学高为师、身正为范"的从师要求，确立了"以良好的形象展示自我、以优异的成绩回馈父母、以过硬的本领报效祖国"为主题的对大学生进行思想政治教育的基本理念。在实践中，通过改革公寓管理体制，落实大学生思想政治教育的组织载体。抓学生的早操、晨读和晚自习，抓上课纪律，抓文明上网，抓校外住宿，抓就餐秩序，抓按时作息，抓良好行为习惯养成，开展文明修身、励志诚信等专题教育活动，开展爱父母、爱集体、爱同胞的传统美德教育，开展爱祖国、爱社会主义的理想信念教育，取得了良好效果。

五、辛勤培育硕果累累

十年树木，百年树人。培养人的道路充满艰辛，任重道远。三年多来，由于领导班子认识到位、措施得力，再经过广大教师和学生的共同努力，学校的校风、教风、学风得到进一步好转，学生学习态度明显转变，学习动力加强，学习积极性显著提高，学习氛围日渐浓厚，取得了比较优异的成绩。

1. 考研人数逐年增加，录取比例一年比一年高。2009 年有 220 余名应届本科毕业生考取了硕士研究生。具体情况见下表。

2003—2006 学年应届毕业生考取研究生情况统计

年度	应届毕业本科生人数	考取研究生人数	比例（%）
2003—2004	424	8	1.89
2004—2005	889	39	4.39
2005—2006	1242	87	7.00
2006—2007	1779	134	7.53
2007—2008	1930	176	9.20
2008—2009	2225	220	9.89

2. 外语四、六级考试过关率也以平均每年 0.5% 的速度逐年递增。

3. 学校组织学生参加国家和省市各类知识、技能比赛和竞赛活动，取得了许多奖励，2006 年以来，获得省级奖励 86 项，先进集体荣誉 75 个（其中 7 个省级以上）。

4. 在全国大学生数学建模比赛中，学校代表队先后获甘肃赛区特等奖 2 个，一等奖 3 个，二等奖 3 个，获全国二等奖 2 个。

5. 暑期"三下乡"社会实践活动连续五年获中宣部、团中央和教育部等五部委的联合表彰。

6. 在甘肃省第一届大学生运动会上，学校代表队喜获 3 金 6 银 4 铜的好成绩，王伟红同学打破了省大学生 20 公里竞走纪录。

7. 2008 年，学校有 31 名学生获得"国家奖学金"，每人获 8000 元人民币奖励，364 名学生获"国家励志"奖学金，每人获 5000 元人民币奖励；生化学院何丽红同学获李政道奖学金。

第六节　以拓展办学空间为主要内容的基础设施建设工程

2007 年以后，学校党委领导进一步更新观念，拓宽资金来源渠道，采取多种灵活的措施筹措经费，加大办学投入，改善教学条件。积极争取政府和社会各方面的支持；努力争取银行贷款，积极筹措建设资金；通过科研立项、联合办学、校友捐助等渠道，引入市场机制，以更加开放的姿态，鼓励企业、私人投资，为学校的发展建设营造更加良好的外部环境。

一、协调市政管理部门改善校园周边环境

师院路是学生出行或上学时必经的道路，自 2003 年以来，师院路一直坑洼不平，尤其是师院东门口这一段路面上铺设的柏油损坏严重，路面石块裸露，车辆驶过，不时带起阵阵尘土，过往的师生不得不掩面而行，紧临学校围墙边的绿化带，几乎已被厚厚的尘土包裹。人行道上铺设的地砖、护栏损坏也很严重，垃圾更是随处可见。师院路环境改造成为师生的心病，更成为校领导关注的重大问题之一，经过校领导多次与市政部门协调，师院路改造

工程于 2009 年 3 月中旬开工，全长 476 米，宽 16 米，概算投资 280 万。由于入地管线及杆线迁移缓慢等因素影响，工程开工以来进度相对缓慢。对此，校领导先后与市政管理部门和工程建设单位多次召开工程建设协调会议，并深入施工工地亲自督促指导工程建设，要求该道路按期完工，为全校师生提供生活便利。该道路车行道整修和排水工程于 2009 年 6 月 18 日完工，完成了 7200 平方米沥青砼面层铺设，埋设 φ500 砼雨水管 480 米。7 月底全面完成道路综合改造工程。师院路整修改造工程完工后，有效地解决了师院路交通拥挤、道路不平、路灯不亮等问题，进一步改善了学校周边环境，使毗邻的藉河风情线景观带和学校校园环境有机融合，形成一个生态景观风貌与校园文化相结合的景观链，为周边居民及学校师生营造了一个良好的生活环境。

由于学校办学规模不断扩大，学生数量不断增加，校本部的学生公寓很难满足学生住宿，部分学生安排在南校区铸造厂学生公寓，学生每天上课时都要经过羲皇大道，而羲皇大道每天车流量大，车速快，给学生安全带来很大的隐患。2009 年，经党委书记杜松奇多方争取、协调，天水师范学院人行天桥工程得以实施，项目总投资 200 万元。人行天桥项目由中国市政工程西北设计研究院有限公司设计，委托天水市城市建设投资（集团）有限公司承建，该桥采用钢箱梁结构形式，桥面净宽 4 米，桥高 4.5 米，天桥两侧均有两肢爬梯，天桥建设工程开展迅速并很快投入使用。

二、整治校园环境

在学校建校 50 周年之际，学校主要领导与天水企业界联系，争取赞助资金 20 余万元，改造改建学校网球场。经过充分调查，将学校的 2 个简易网球场和原有的 2 个排球场改造为 4 个网球场，包括 150 平方米的地基及沥青面层和 2800 平方米丙烯酸面层的处理、增加照明设施、围网和休息室及其配套设施等。该项目于 2009 年 6 月 5 日开工建设，于 2009 年 8 月底完工。

为了改善校园多次扩建缺乏绿化美化整体规划的局面，经与西北农林科技大学园林规划专家联系，免费为学校整体绿化提出了专题设计规划。最后根据实际情况，对文科楼前未来广场进行局部改造。未来广场前原为河滩淤地，两处草坪下沙石较多，草坪老化严重。校园西区树木偏稀，生长困难。再加上学校正门规划在文科楼未来广场前，为迎接50周年校庆，增加园林景观，2009年春季对两处草坪进行绿化改造。经过测量，两处绿化面积约3200平方米，经实地考察设计并制作效果图，按市场每平方米草坪造价120元计，预计工程改造费用需40万元左右。经后勤处多次洽谈，学院招标办进行公开议标，两处改造议标价为18.8万元。从2009年4月底开始施工，更换土壤，清理石块，改良土壤，重新种草种灌木，形成了新的学习休息场所和园艺景观。

三、实施校园西区建设

2009年，学校的办学规模为13313人，但学校占地面积和餐厅总面积与教育部要求应达到的合格指标有一定的差距，学生公寓条件也较差。学校的总体办学条件还需进一步改善，办学压力仍然很大。主要原因是由于办学规模迅速扩大，经费投入严重不足，直接导致学校资金缺口大、办学困难多；甘肃省的学费标准普遍偏低，且省内各学校的学费标准也不尽合理，相同层次、相同专业的收费标准差别较大；学校贷款数额大、利息高。另外，学校的贫困生比例高、数量大，学生欠费严重。为了进一步筹措资金，学校积极申请沙特政府贷款甘肃教育项目，获得贷款2500万美元，主要用于学校基础设施建设。

沙特发展基金会贷款甘肃教育项目天水师范学院二期项目建设4号教学楼、4号实验楼、行政办公楼三个单体工程，按照沙特发展基金会的要求和国际惯例工程量清单方式，于2009年6月16日在天水市建设工程招投标交易中心公开招标，评标报告已经沙特发展基金会审核同意，建设工程于2009年7月1日正式开工。

4号教学楼六层框架结构，由陕西省建筑设计研究院有限公司设计，建筑面积15793平方米，合同价2794.29万元，由甘肃建筑工程总公司承建，甘肃方园工程建设监理公司（甲级）承担施工监理，合同工期365天，开工时间2009年7月1日，竣工时间2010年6月30日。内设60人教室67个、120人教室20个、200人多功能厅1个、会议室5个、综合办公室6个、小办公室 40 个。能够满足 4500 名学生课堂教学需求。

4 号实验楼六层框架结构，由陕西省建筑设计研究院有限公司设计，建筑面积 17893 平方米，合同价 3211.52 万元，由甘肃第四建设集团有限公司承建，甘肃方园工程建设监理公司承担施工监理，合同工期 365 天，开工时间 2009 年 7 月 1 日，竣工时间 2010 年 6 月 30 日。内设实验室 77 个，实验准备室 13 个，综合办公室 11 个、小办公室 32 个，还设有排练室、影视机房、高清放映室等，主要以工学、戏剧影视文学、法学、经济学等学科专业实验室为主，能够满足 2500 名学生的实验教学需求。

行政办公楼六层框架结构，由陕西省建筑设计研究院有限公司设计，建筑面积 15392 平方米，合同价 2918.10 万元，由八冶建设集团有限公司承建，甘肃金城监理公司（甲级）承担施工监理，合同工期 365 天，开工时间 2009 年 7 月 1 日，竣工时间 2010 年 6 月 30 日。内设办公室 76 个、综合办公室 25 个、接待室 6 个、大小会议室 5 个，50 人教室 9 个、60 人教室 20 个。能够满足学院行政机关所有办公和 1500 名学生课堂教学的需求。

上述建设项目完成后，将使学校的办学条件彻底改善，教学行政用房建筑面积将达到 17 万平方米。

四、南校区住宅小区建设

2008 年，经多方争取，南校教学园地的职工住宅项目获批。按规划，住宅小区总建筑面积 68675.65 平方米。原有住宅 1 号楼、2 号楼不动，合计 3037.49 平方米，拟新建三号至七号住宅楼，建筑面积 65638.16 平方米。

按"一次规划，分期建设"的原则，一期建设的 3 号和 5 号住宅楼于 2009 年 7 月 1 日动工，3 号住宅楼地上 24 层，地下二层，剪力墙结构，天水建筑勘察设计院设计，建筑面积 24350 平方米，共 167 户，户均建筑面积 120 平方米（设计院计算面积）以上，合同价 3910 万元，由天水金峰建筑工程有限公司承建，甘肃教育工程建设监理公司（甲级）承担施工监理，合同工期 540 天，开工日期 2009 年 7 月 1 日，竣工日期 2010 年 12 月 30 日。

5 号住宅楼 9 层框架结构，天水建筑勘察设计院设计，建筑面积 5520 平方米，共 36 户，户均建筑面积约 150 平方米以上，合同价 715.78 万元，由甘肃省第一建筑集团有限公司承建，甘肃教育工程建设监理公司（甲级）承担施工监理，合同工期 360 天，开工日期 2009 年 7 月 1 日，竣工日期 2010 年 6 月 30 日。

其余尚未建设的住宅楼设计情况如下：

4 号住宅楼为地上 24 层局部 25 层高层，建筑面积 23565.64 平方米，框架剪力墙结构，总高度为 72.9 米，共 168 户。

6 号住宅楼为 6 层，建筑面积 2870.3 平方米，框架剪力墙结构，总高度 18.6 米，共 24 户。

7 号住宅楼为 9 层局部 10 层，建筑面积 6989.15 平方米，框架剪力墙结构，总高度为 27.6 米，共 54 户。

第七节　以提高毕业生综合素质和择业能力为核心的毕业生就业指导与服务工程

2007 年以来，高校毕业生作为城镇新增劳动力的最大群体，就业的总量和压力持续上升。面对严峻的就业形势，学校党委领导分头带队进入毕业生主要就业地区，深入调查研究，科学决策，开展了以提高毕业生综合素质和择业能力为核心的毕业生就业指导与服务工程，从维护社会稳定，构建和谐社会，维护学校生存发展和社会声誉的高度出发，努力提高教育教学质量，全面加强就业指导服务，强化毕业生综合素质和择业能力培养，树立"非常时期、非常责任、非常决心、非常措施"的科学理念，以"培训专业技能、培育创新文化、增强就业本领"为主导，建立全方位毕业生就业服务体系，确保毕业生就业工作符合高校科学发展的要求。

一、建立全方位毕业生就业服务体系

（一）确保毕业生就业工作的重要地位

学校党政领导高度重视毕业生就业工作在学校发展中的重要地位。天水师范学院始终把坚持做好毕业生就业工作提高到适应国家发展战略和社会对

高素质人才的需求，为毕业生求职及家庭分忧解难，维护高校稳定与社会和谐发展的高度来认识。学校从就业工作的总体安排、队伍建设、工作条件、经费划拨，大型人才交流洽谈会的策划组织，就业月活动的动员安排，邀请各市（州）用人单位进行调研推介等关键性的工作环节，都由学校党政主要领导、分管就业的领导及专职人员负责实施，形成了全校师生员工共同关注并参与毕业生就业的管理机制和良好氛围。学校所有党政领导每年都积极带头分赴省内外就业主管部门、主要用人单位进行毕业生就业工作调研活动；所有党政领导都积极参与每年 11 月份举办的届次性就业月活动和每年 3 月举办的"甘肃省师范类院校毕业生就业洽谈会"的筹办活动，党政领导全体成员分头登门邀请主要用人单位及就业主管部门的领导参会。2009 年上半学年，学校党委就分别于 3 月 19 日和 6 月 1 日听取招生就业处和各二级学院毕业生就业工作汇报。党委书记杜松奇、院长杨新科还利用各种机会深入到相关二级学院进行督促调研，参加就业指导活动和联系就业单位及需求信息；副院长马建东主持召开了两次二级学院支部书记就业工作会议，并于 3 月 27 日和 28 日召开了 2009 年全校毕业生代表座谈会，同时主持召开了由二级学院党总支书记、院长及主管学生工作副院长参加的毕业生就业工作会议。各二级学院采取了一系列有效举措，充分调动辅导员、班主任、任课教师、毕业论文指导教师以及学生家长等一切资源，营造"人人关心就业，人人促进就业"的良好工作环境，全方位地推进毕业生就业工作。

（二）强化毕业生的综合素质

着力强化毕业生综合素质和职业能力，确保其在参加各类招考及应聘中的优势地位。2007 年以来，学校积极实施"以教师教育为中心的质量建设工程"，建立了教学质量监控保障体系，注重学生"知识、能力、素质"的协调发展，不断提高人才培养质量，还专门针对毕业生综合就业能力实施全过程就业指导：在大一阶段开展成才教育指导，帮助学生确立人生目标和职业生涯规划；在大二阶段实施职业素质培训指导，提高学生的综合素质；在大三阶段进行职业生涯规划指导、心理咨询，调适学生的就业心态；在大四阶段则着重进行就业政策和就业技巧指导，并将指导活动与社会实践、参观访问、专业实习及科学实验有机地结合起来，调动学生的积极性与主动性，帮助学生适应新的就业制度下的社会择业方式。从 2008 年开始，学校将毕业生就业指导内容纳入了课程体系，按照就业指导全程化的要求，从新生入学开始到学生毕业都开展就业指导，把学生的职业能力培养和就业指导服务工作渗透到学生在校培养期间的全过程。2008 年 4 月，由教务处和督导室牵头，招生就业处配合，对全校 2008 届毕业生的职业能力和求职技巧进行了强化培训。2007 年至今，学校在积极引导毕业生转变就业观念，面向基层就业的同时，努力做好各学年"顶岗支教""各级公务员招考""研究生考试""5000名乡村中小学教师""大学生入伍和士官选拔""选聘高校毕业生到村任职""大学生志愿服务西部计划""三支一扶计划""农村教师特岗计划"等重点就业项目，以讲座形式举办各类考试及就业培训 80 余场次，对毕业生进行《教育学》《教育心理学》《教师法》《大学英语》《思想道德修养》《申论》《行政能力测试》考试培训达 500 余课时。各二级学院也邀请省市劳动、教育主管部门负责人、优秀校友及成功人士开展不同形式的就业指导报告 30 余次。学校团委、招生就业处、学生会于 2009 年 3 月 28 日联合召开了主题为"关注毕业生就业"的学生社团大会，举办了"模拟招聘""大学生校内、外挂职锻炼"等活动；大学生职业发展协会举办了"自荐书设计大赛""就业认识调查、考研心理测试"等活动。学校鼓励学生积极参加相应的职业技能资格考试，使学生争取在毕业前通过相关职业技能鉴定，获得相应的职业资格证书，为顺利就业增加筹码。另外，通过开辟创业教育和社会实践基地、教学实践基地、科研基地、实习基地和就业基地"五位一体"的基地培养模式，提升学生的实践能力、就业能力，强化了毕业生的综合素质和择业能力。

（三）加强毕业生就业工作的组织领导

加强组织领导和督促考核，形成职责明确、管理规范的毕业生就业服务运行机制。从 2007 年开始，学校结合在本科合格评估中发现的毕业生就业指导工作存在的问题，实施了一系列有利于促进和提高就业工作整体水平的办法和措施，印发《天水师范学院关于加强毕业生就业指导工作的意见》《关于进一步做好毕业生就业服务指导工作的意见》和《关于做好 2009 年毕业生就业工作的安排意见》等文件，继续落实毕业生就业"一把手工程"，完善工作机构，坚持党委书记和校长亲自抓、总负责的领导机制，建立了以学校主要领导为组长，分管招生就业和学生工作的校领导为副组长、二级学院行政负责人和相关职能部门主要负责人为成员的学校毕业生就业工作领导小组，形成了"学校统一领导、招生就业处统筹协调、相关部门配合、二级学院落实"的就业工作运行机制。各二级学院成立了以院长为组长，党总支书记和分管学生工作的院领导为副组长，学生辅导员、分团委书记、班主任为成员的就业工作小组，指导本学院毕业生就业工作。同时较大幅度地增加了就业专项经费，选调了多名有较高学历的优秀就业指导专职人员，设立"就业指导服务中心"，划拨专款建成"毕业生就业服务厅"，为确保毕业生就业水平的提高奠定了良好的工作条件。学校建立和完善了毕业生就业状况督查考核体系和办法，定期对各二级学院毕业生就业状况进行督查考核，实行每月就业工作上报和通报制度，并将就业率和就业质量作为对各二级学院招生专业、招生规模、经费划拨规划和对相关人员考核的重要依据。完善的毕业生就业服务运行机制保证了学校毕业生就业工作的管理规范化，促进了整体就业水平的提高。

（四）就业指导服务措施灵活多样

为迅捷有效地打通就业信息渠道，确保学生能在第一时间接收相关资讯，学校建立了"网络通、短信通、信息员通"的"三通"平台：在学院网站上开辟就业信息专栏，多方收集就业岗位，及时发布最新政策和相关就业信息，努力做到天天更新；开通了毕业生手机短信服务平台；聘请就业信息员，将各类信息及时传达到每位毕业生。进一步加大了毕业生就业指导服务力度和范围，先后邀请李震东、李博等著名就业指导专家为2007—2009 届毕业生及在校学生举办了 50 余场就业指导报告，内容涉及就业形势与政策、就业技巧与方法、职业生涯规划等方面。每双周六下午由招生就业处牵头，各二级学院和相关部门共同参与组织在毕业生就业服务大厅举办"就业接待日"活动，为毕业生提供有关就业政策解读、就业信息等服务。针对不同的专业特点和毕业生实际情况，进行分类指导，制定出有效的职业发展方案。对于家庭经济困难及心理承受能力较差的毕业生，采取"一对一"的方式，及时开展个性化的就业指导和服务，进行物质和精神上的重点帮扶。

（五）加强毕业生推介宣传

2007 年以来，学校招生就业处每年都制作《毕业生专业介绍》和《天水师范学院毕业生生源统计表》，向全国各地用人单位、人才中心、人事教育等主管部门免费发放。从 2008 年开始，学校领导及就业中心工作人员充分利用学校开展的 50 华诞走访校友活动的机遇，广泛听取就业主管部门、用人单位、毕业校友对学校教育教学质量和毕业生素质能力的评价和建议，大力推介学校毕业生。学校在巩固原有市场的基础上，更加注重开拓新的就业市场。2009 年初，学校制定并完善了全校各专业特别是新开设专业（博物馆学、戏剧影视文学等）毕业生就业宣传推介计划，以"走出去，请进来"的指导思想，鼓励各二级学院根据本学院专业特点，积极宣传，有目的、有针对性地走出去向相关单位推介毕业生。2007 年 11 月—2009 年 4 月，校党政领导带队赴新疆、上海、深圳、西安、甘南、临夏、定西、平凉、庆阳、白银等地和天水部分县区对学校毕业生就业进行调研和宣传推介，邀请企业直接到学校宣传招聘。2009 年 2 月初，学校与上海中外合资企业上海佳宇物流公司达成了毕业生接收和校企合作意向。最大限度地为毕业生提供就业岗位，学校主动加强与市县人事局、人才服务中心、社会人才中介机构联系，通过单独举办、市校联办、校际合办、行业承办等多种形式筹办毕业生供需洽谈会。此外，在根据用人单位要求举办的校园宣讲会基础上，开通每周一次的"周六直通车"专场招聘会，并形成常规工作。至 2009 年上半年，在成功举办 2007—2008 两届"天水师范学院毕业生供需见面会"的基础上，与天水市人事局、天水市人才交流中心共同举办了 2009 届毕业生人才大型交流会和新疆建设兵团专场招聘会；学校自主举办校园专场招聘会 30 场，参会用人单位达 150 多家，为毕业生提供就业岗位 2000 多个。同时，学校还积极组织毕业生参加甘肃省人事厅、周边市区及省内部分高校举办的招聘会。

二、2007—2009 届毕业生就业情况统计与调研

（一）毕业生就业率

2007 年以来，天水师范学院确立了以满足基础教育和社会经济发展需求为主体，立足甘肃面向全国的就业工作思路，坚持以促进毕业生充分就业为

目标，继续建立健全毕业生就业工作管理运行机制和就业指导服务体系，确保了就业率和就业质量的提高，师范类本科毕业生就业率在同类省属普通高校中保持较领先的地位。

2007 年，学校共有普通毕业生 2286 人，其中本科毕业生 1580 人（师范类 1371 人，非师范类 209 人），专科毕业生 707 人（师范类 627 人，非师范类 80 人）。有 144 人考取研究生，134 人通过专升本考试，据不完全统计，至 2007 年 11 月，参加各类专业招考录用和用人单位签约就业的有 1360 人，占毕业生总人数的 73%。

2008 年，学校共有普通毕业生 2555 人，其中本科毕业生 2333 人中有 2011 人通过各种途径就业（其中考取研究生 172 人，教师特设岗考试录用 394 人，563 人与企事业单位签订就业协议，省委选调生录用 10 人；另据抽样调研结果统计，到各地州市参加"三支一扶""进村进社"等上岗考试并被录取的有 872 人），占本科毕业人数的 86.2%；专科毕业 222 人，有 95 人就业（有 31 人参加专升本考试被录取，教师特岗被录用 38 人，有 26 人与企业签订就业协议），占专科毕业生总人数的 43%。

2009 年，学校普通毕业生共 2905 人（其中本科毕业生 2522 人，天水师范学校挂靠的 3 + 2 专科高职毕业生 383 人），师范类本科毕业生 1964 人，非师范类本科毕业生 558 人。截至 2009 年 6 月 10 日初步统计，本科毕业生有 859 人就业（其中师范类 179 人、非师范类 134 人、考研录取 243 人、省委组织部选调 9 人、西部计划 4 人、预征入伍 38 人，灵活就业 252 人）。同时，有 1655 人报考农村教师选拔并兼报教师特设岗位，有 370 名毕业生报考村干部。按照以往天水师范学院毕业生参加地方各类招考的录取比例，到年底，学校 2009 届毕业生就业率将有望达到甘肃省教育厅规定的就业标准。

（二）就业主管部门、用人单位对毕业生的评价

毕业生就业主管部门、主要用人单位对毕业生素质的评价，是反映学校办学实力和教学水平最有力的直接材料，也是学校继续建设以提高毕业生综合素质和择业能力为核心的毕业生就业指导与服务工程的决策依据。为了全面真实地了解天水师范学院毕业生就业状况及他们的社会适应能力，反映学校毕业生的综合素质和学校的社会声誉，2007 年，学校要求招生就业处在过

去调研的基础上加大调研力度，选择学校毕业生就业的主要区域，对具有代表性的 2004—2006 年我校毕业生就业总数达 75% 以上的天水、定西、陇南、兰州、白银、平凉等地市的兰州市人事局、兰州市教育局、白银市教育局、陇南市教育局、定西市教育局、天水市教育局、天水市人事局、平凉市教育局、清水县人事局、清水县教育局、甘谷县教育局、秦安县教育局、通渭县教育局、会宁教育局等 20 多家政府机关及就业主要部门，以及 60 多家社会组织及主要用人单位（其中大中专院校 8 家，厂矿 12 家，城区中学 28 家，贫困县区中学 24 家）进行问卷调查。这些单位普遍认为，天水师范学院毕业生具有较高的敬业精神和职业道德，对本专业基础知识掌握扎实、综合素质和教学技能较为出色，能够胜任教学和其他工作。2008 年，为了进一步了解毕业校友的职业状况，加强教学建设，全面提高教学质量，招生就业处对在全省各州市、省直单位、大中专院校及中学工作的天水师范学院毕业生进行了专门调研，共发放题目为"毕业生对学校教学工作评价及建议的调查问卷"200 份，收回 192 份，回收率 96%。有 90% 的毕业生对学校人才培养目标和培养工作给予了较高的评价，认为母校的人才培养工作符合甘肃省经济发展和基础教育事业发展的实际需要，符合学生将来从事工作、立足社会的实际需要。毕业生的综合评价基本上体现了学校以学生为本的办学理念，体现了学校在现有条件下追求办让人民满意的大学方面所做的艰苦努力。

第八节 以社会主义核心价值体系为指引的
和谐校园建设工程

2007 年以来，天水师范学院新一届党委领导班子坚持以人为本思想，充分体现教师和学生的主体地位，把学校发展同保障师生员工的根本利益结合起来，深入开展调查研究，倾听师生员工的意见和呼声，了解师生员工的愿望和要求，努力解决好师生员工最关心、最直接和最现实的利益问题，通过具体工作着力构建和谐校园，营造好学校发展的内部环境和外部环境，保持了学校持续、健康、稳定、和谐发展。

一、营造良好的生活工作环境

2007 年天水师范学院本科合格评估工作结束后，办学规模持续扩大，随着校园面积的扩大，学生和教师人数的不断增加，校园周边环境也越来越复杂，随时会形成一些安全隐患。学校调整了综合治理委员会成员，建立了安全保卫工作领导责任制和责任追究制，与各部门、各二级学院签订了《天水师院社会治安综合治理目标管理责任书》。学校综治委和保卫处一边加强思想教育工作，提高师生法纪观念和安全防范意识，一边加强治安综合治理，加强消防管理，建立有效的群防群治机制。针对不同情况，学院对周边环境进行仔细分析，对影响学校安全稳定的隐患进行整治，加强管理。2009 年 4月，学校根据甘肃省教育厅《关于开展学校及周边治安环境专项整治行动的通知》精神，要求学校职能部门"继续落实措施，严格管理制度，确保校园安全"，成立了学校及周边治安环境整治工作领导小组，由院长杨新科任组长，由分管保卫工作和后勤工作的院纪委书记成瑜、副院长吉建安任副组长，党委宣传部、学院办公室、保卫处、学生工作处、团委、后勤管理处、网络中心等部门主要负责人为领导小组成员，及时开展了校园及周边秩序的专项整治行动。这次专项行动工作提出了 20 项具体工作任务，同时向天水市社会治安综合治理领导小组办公室专门上报了《天水师范学院关于协助进行周边环境专项整治的报告》，提出了五项专项整治要求。校团委积极发挥自身优势，采取多种形式，举办宣传校园安全的各种演讲及知识竞赛活动；学生处积极做好举办大型活动时的应急预案，坚决防止拥挤踩踏事件的发生；各二级学院针对大学生不时有人误入传销组织这一现象开展拒绝非法传销的主题教育活动，切实做好对学生的宣传、教育、引导工作，加强对全体学生进行思想教育和法制教育；网络中心加强对计算机工作站的安全管理，彻底检查安全隐患；后勤处加强食堂卫生及质量监督；后勤处深入业主门店做细致的思想工作，妥善解决部分业主不愿意搬迁问题，积极督促拆迁业主搬迁，圆满完成了拆迁工作，保证了师院路按期动工。

同时，学校还加强了对矛盾纠纷的排查调处工作，对学生在专业设置、教师资格证的办理、奖助学金发放中反映的问题，学校高度重视，并及时做好解释处理工作，化解矛盾于萌芽状态。

二、为全体师生谋福利

2007 年，学校本科合格评估工作结束后，学校党政领导广泛征求意见，及时掌握师生普遍关心的热点难点问题，着力解决好师生员工关注的突出问题，为师生员工多办好事，多办实事，不断改善师生员工的工作、学习和生活条件。

自 2003 学校与房地产开发公司联合修建园丁苑住宅楼小区以后，多年没有再修建职工住宅，而教职工人数却日益增加，住房问题日渐成为学校教职工关心的热点问题。2007 年开始，学校领导一方面做好学校公用房屋和教师周转房管理工作，一方面积极争取上级政策，加紧筹建南校区住宅楼工程。2007 年底，学校国有资产管理处对全校的房产资料进行了分类整理建档，同时建立了电子档案和纸质档案，印发了《天水师范学院教师周转房管理暂行办法》，为房屋定额分配、有偿使用、实现房屋精细化管理打好基础。此外，还对房产管理存在的问题进行了调研，深入单身楼、园丁苑一号楼了解教职工住房情况，广泛听取教职工反映的各类住房问题，并对教职工反映强烈的问题如单身楼个别教师将住房出租、房租过高等进行了认真研究，全面杜绝了单身楼部分教师对外出租住房情况，重新调整了单身楼住户，并根据相关政策，全面核算调整了各住户房租。另外，学校还根据甘肃省教育厅相关房补政策，对教职工申报的住房补贴申请表逐一进行了审查核对与数据录入，初步完成了教职工住房补贴核算工作。2008 年，为了解决学校无房教职工的住房困难，改善高职称（职务）、高学历教职工的住房条件，按照天水市城区总体规划和学院总体发展规划，学校将南校区现有教学用地作为教职工住宅用地，集资建设教职工住房。学校起草印发了《天水师范学院南校区住宅楼集资建房方案》，组织成立了南校区建房委员会，并多次组织委员会召开相关会议，多方收集教职工对集资建房的建议和意见，并根据职工的建议，修改完善集资建房方案。2009 年 6 月，天水师范学院南校区住宅楼开工建设。

为了丰富教职工的业余文化生活，2007 年，学校成立了教职工活动中心，设立了棋牌室、乒乓球台等娱乐设施，为教职工提供了业余休闲锻炼的场所。2007 年 9 月和 2009 年 4 月，学校工会组织在册的教职工（包括离退休人员）进行了体检工作，体检是在院医务所与相关专科医院的合作下完成的。体检结束后，院工会将体检结果如实通报给了各二级分工会，并要求全体教职工去校医务所了解和查询自己的健康状况。另外，校工会还长期坚持举办各种体育比赛、教职工书画摄影展、教职工"才艺之家"比赛、开展校园住宅文明单元、文明楼创建活动；开展发放福利，慰问因病住院、亲人去世职工等工作。

学校党委领导一贯重视发挥离退休老同志关心学院建设和发展以及在校园基础文明建设中的积极作用，支持离退休老同志开展各种有益于身心健康的活动，关心他们的学习和生活。每逢节庆，学校领导都要分成几路，与学校相关部门工作人员一起看望慰问学校离退休教师、老干部、老党员和生活困难的退休教职工家庭，传递温暖，表达关怀。2007—2009 年春节和"七一"建党节前夕，校党委书记杜松奇、院长杨新科等党政领导分别看望了离退休老同志。

三、抗震救灾，维护校园和谐稳定

2008 年 5 月 12 日 14 时 28 分，四川汶川发生里氏 8.0 级地震，学校震感十分明显，面对突如其来的地震余波和广大师生员工心理紧张、情绪恐慌的局面，学校党委带领全校师生严守工作岗位，冷静思考，科学判断形势，周密部署，在第一时间启动《天水师范学院破坏性地震应急预案》，从激发师生员工的爱国热情入手，精心组织防震工作，在最短的时间内稳定了人心，确保了学校教育教学活动的正常开展和校园的稳定，同时积极参与全社会的抗震救灾工作。

地震发生之后，学校成立了以党委书记、院长为组长的防震工作领导小组，设立了六个工作组，明确了职责和任务，对临震应急反应、临震应急对策等工作提出了明确要求；充分利用网络、广播电视等渠道加强防震避震知识宣传，引导学生正确对待地震、科学防震；要求各二级学院党政主要领导、分管学生工作领导、辅导员、班主任深入学生公寓，做耐心细致的解释宣传工作；学生工作处整合公寓督导员、公寓辅导员、公寓值班员加强了公寓检查和值班力度，并打开所有公寓楼的安全通道，实行公寓楼长明灯制度；同时要求各二级学院再对临震方案进行细化，举行各种形式的宣传活动，为克服部分师生的恐慌心理和稳定情绪做了大量工作，发挥了舆论引导作用。同时，学校党政领导分头奔赴学校各部门、各单位和主要公共区域，全面检查校舍和教工住宅楼的情况，对发现的问题以最快的速度进行处理，消除安全隐患；在学生公寓和学生露宿区，学校领导与学生进行面对面的交流，对来自网络的各种信息综合分析，结合学校所处方位及地震发生的一般规律，明确肯定地向学生传达了天水发生大地震的可能性很小的消息，学生听到学校领导坚定的声音，心理紧张恐惧的情绪大大缓解。5月13日，学校即明确宣布正常上课。在省抗震救灾指挥部发布5月20日—22日陇南碧口可能发生6.0～6.5级地震的预报后，社会上的恐慌情绪也影响到学校师生。学校党委冷静应对，安排同学住进轻体材料建设的体育馆，划出安全露宿地带，并加强值班预警；又分块深入做好思想工作，师生情绪也比较平稳，当天学生按要求在户外活动。整个防震期间，学校没有放过一个全天假，学校教学秩序没有受到大的影响。

2008年5月17日下午，学校在逸夫图书馆前广场举行"情系灾区捐款仪式"，全校一万余名师生参加捐款仪式，以个人、集体、特殊党团费等多种方式纷纷慷慨解囊，踊跃捐款，以实际行动支援灾区。同时，学校工会开展了为灾区捐款活动，党委组织部组织了全校共产党员为灾区缴纳特殊党费的工作，学校政协委员参加了天水市政协组织的为灾区捐款捐物活动。

5月21日晚，学校党委组织万余名学生举行了以"同泣国殇，祈福中华"为主题的大型烛光诗文朗诵会，师生们手捧白烛和精心制作的千纸鹤，饱含深情地朗诵了一首首诗歌，深情歌颂了生命的可贵和价值，热情讴歌了中华民族在灾难面前所表现出的团结和坚强不屈，表达了全校师生对在"5·12"大地震中遇难的同胞的深切怀念和无限哀思，虔诚祈福中华好运、祈福中国富强、祈福人民幸福安康。党委书记杜松奇在晚会上讲话："大痛之下，我们要化悲痛为力量，做好本职工作是对逝者最好的悼念。对遇难同胞最好的纪念就是要珍惜良好的学习机会和环境，志存高远，立志成才，文明修身，塑造自我，以良好的形象和优异的成绩回馈父母、回报社会、报效祖国。全体教师要努力做好本职工作，认认真真教书，扎扎实实治学，努力提高教学质量。"学校领导沉痛真切的讲话，师生们感人至深的诗文、故事和轻盈舞动的烛光，打动了在场的每一颗心灵。活动结束时，"情系中华""加油，中国！"的口号声此起彼伏，经久不息。这一活动及时统一和稳定了学生情绪，对保证正常的教学秩序起到了重要作用。

6 月 16 日，由党委书记杜松奇和党委副书记刘新生带领的天水师范学院大学生艺术团一行 40 余人赴陇南慰问参与抗震救灾的部队官兵和陇南教育系统干部职工，并向陇南市教育系统捐款 10 万元。6 月 28 日上午，甘肃省抗震救灾先进事迹报告团第三分团在学校第二报告厅举行了巡回报告，与天水师范学院师生一起重温了报告团成员在抗震第一线救援灾区同胞的感人事迹。一系列抗震救灾主题活动，起到了凝聚爱心，教育学生正确看待灾难，团结全校师生和维护校园和谐稳定的作用。

四、确保学生身心的健康发展

2007 年学校本科合格评估工作结束后，学校党委根据评估工作中发现的问题，印发《关于在全校学生中开展"从我做起，点滴入手，文明修身，立志诚信"主题活动的通知》，重点开展了为期一个月的"文明修身，励志修身"主题教育活动。2008 年 7 月，学校党委召开了全校大学生思想政治教育工作会议，回顾和总结了学校大学生思想政治教育工作的情况，分析了存在的问题，提出了新形势下进一步加强和改进大学生思想政治教育工作的思路和举措。学校党委根据新形势下大学生的思想特点和学习、生活状况，结合学校实际，总结、凝练出了"以良好的形象展示自我，以优异的成绩回馈父母，以过硬的本领报效祖国"和"爱祖国，爱父母，爱同胞，爱环境，爱学习"的思想政治教育内容和文明修身的基本要求，先后出台了《天水师范学院关于进一步加强辅导员、班主任队伍建设的意见》《天水师范学院辅导员工作条例》《天水师范学院辅导员量化考核办法》《天水师范学院班主任量化考核办法》《天水师范学院中层干部联系班级工作量化考核办法》，并以"三要求、五热爱"以及"三认同"为主线，通过各种主题教育活动，把学生的思想教育工作贯穿到学生军训、助学工作、评优选先工作、文明公寓创建工作和奖助学金评定等各项工作过程中，促进学生自觉努力以良好的形象展示自我，以优异的成绩回馈父母，以过硬的本领报效祖国，树立爱祖国、爱父母、爱同胞、爱环境、爱学习的意识。

对学生提供心理咨询是天水师范学院学生工作的一大特色，从2008年开始，学生处协同教育学院积极开展大学生心理健康咨询工作，对学生进行心理辅导，并根据实际情况建立学生档案，有针对性地帮助存在心理问题的学生摆脱或缓解面临的心理困扰，科学、有效、及时地发现那些可能存在心理问题的学生，及时进行早期干预和有效控制。另外，从2009年3月开始，在一部分班级的班委成员中增设了心理委员，负责了解学生的行为表现，并对本班行为异常和心理异常的学生及时反映以便于学校对其进行各种行之有效的心理疏导，确保学生身心的健康发展。

第九节　以思想建设为基础的基层党建创新工程

一、基层党的思想建设

（一）基层党组织的思想理论建设

2007年1月，学校党委下发《关于对先进性教育活动整改方案和中央四个长效机制文件贯彻落实情况进行总结检查的通知》，对全校党组织先进性教育整改方案的落实情况以及下一步的工作打算进行了自查总结，并对中共中央办公厅印发的《关于加强党员经常性教育的意见》《关于做好党员联系和服务群众工作的意见》《关于加强和改进流动党员管理工作的意见》和《关于建立健全地方党委、部门党组（党委）抓基层党建工作责任制的意见》四个长效机制文件贯彻落实情况进行总结检查。2007年3月，学校党委下发《关于进一步加强和改进思想政治工作的意见》，指出学校加强和改进思想政治工作的重要性和迫切性，并提出了学校加强思想政治教育的具体措施。一是以课堂教育为主体，学习邓小平理论、"三个代表"重要思想和科学发展观等重大战略思想，用最新理论成果武装师生员工头脑；二是开展理想信念教育、爱国主义教育、社会主义荣辱观教育和素质教育，树立正确的世界观、人生观和价值观，培养学生良好的道德品质和文明行为，促进学生全面发展；三是改进工作方法，拓宽工作渠道，将大学生思想政治工作落到实处；四是贯彻十六届六中全会精神，努力构建和谐校园。

2007 年，在全校范围内认真学习了党的十六届四、五、六中全会精神和全省高校党建工作会议精神，重点学习党的十七大精神和科学发展观，并联系学校发展实际，进行专题研讨，全方位开展和谐校园建设。2007 年 11 月，学校下发了《关于认真学习贯彻党的十七大精神的意见》，对学习十七大精神做了具体的安排和要求。在加强基层党组织的思想理论建设方面，学校党委完善了校院两级中心学习组制度、建立健全党校工作机制和制度，加强对党员管理和继续教育工作，帮助广大党员和干部把握科学发展观的精神实质。

（二）加强党务工作者的业务培训

2007 年，按照《党政领导干部选拔任用条例》和学校的实际情况，天水师范学院完成了新一轮中层干部的选聘工作，共选聘中层干部 110 名，平均年龄 43.2 岁。2008 年 1 月，学校完成了新一届科级干部选聘工作，使学校干部队伍的年龄结构、知识结构更趋合理。2008 年 5 月，学校下发《关于在全校组织人事部门开展"讲党性、重品行、做表率"活动的实施意见》，加强理论学习，提升组织人事部门工作满意度，努力建设一支政治强、业务精、作风正、形象好的高素质组织人事干部队伍。

（三）创新党建工作形式，发挥党员模范带头作用

在不同党支部之间建立党建工作"结对子"联系指导制度，开展广泛交流；加强党建工作的理论研讨，围绕党组织建设的理论和实践问题开展科学研究，为高校党建提供理论支撑和决策依据；同时针对国家新时期党建工作中出现的新问题、新情况，开展调查研究；创新党建形式，推行适合本支部的特色品牌活动，发挥党组织的战斗堡垒作用和党员干部的先锋模范作用，

力争在围绕高校的整体进步和发展中推进党建工作。2008 年 5 月，学校下发文件，组织党员和干部认真学习和贯彻胡锦涛总书记在考察北京大学时的重要讲话，激励党员、干部将胡锦涛总书记的重要讲话精神贯穿于教书育人、管理育人、服务育人的全过程。

（四）学校基层党建工作取得了可喜成绩

2007 年以来，学校的基层党建工作经过党委领导成员不断地探索与创新发展，逐渐积累了大量的经验，取得了可喜的成绩：党委领导下的校长负责制体制不断完善，党委、行政的议事决策制度进一步规范，党委统一领导、党政分工合作、协调配合的工作机制运行良好，基层党组织建设和党员队伍建设不断取得新进展。近几年来学校基层党建工作成功的经验最根本的一条就是创造性地贯彻中央、省委、省高校工委的要求，从学校实际出发，不断加强和改进学校党建工作，在以下几个方面对学校党建工作做出了改革创新：一是把各级党组织和党员的思想政治建设当作促进学校发展的关键来抓；二是把党员干部队伍建设当作核心工作来抓；三是把加强党的基层组织建设当作重点来抓；四是把基层党建工作创新当作增强活力的根本来抓；五是在发展党员工作上严格抓住关键环节。党建工作的成功开展同时也带动了全校思想政治工作和精神文明建设顺利进行。

二、学习实践科学发展观

根据省委、省高校工委安排部署，学校于 2009 年 3 月开始开展深入学习实践科学发展观活动。学校党委集中在全校 16 个基层党组织（党总支、直属党支部）、79 个党支部，2014 名党员中开展了深入学习实践科学发展观活动，圆满地完成了学习实践活动各阶段的工作任务。通过此次学习实践活动，总结了五十年来的办学经验、提高了领导干部素质、理清了发展思路、制定了后续发展规划，为学校各项事业科学发展奠定了坚实的基础。

2008 年底，学校党委开始进行学习实践科学发展观活动的各项准备工作。包括派人到第一批高校试点单位西北师范大学和苏州大学学习取经；提早研究制定了学校学习实践科学发展观活动实施方案等。2009 年 2 月 17 日，校党委会议决定成立天水师范学院深入学习实践科学发展观活动领导小组，由党委书记杜松奇担任领导小组组长，党委副书记、院长杨新科与党委副书记刘新生担任领导小组副组长。领导小组下设办公室，党委委员、副院长、党委组织部部长、领导小组成员安涛担任办公室主任。在充分准备的基础上，2009 年 3 月 9 日，党委召开深入学习实践科学发展观活动动员大会，进行了全面的思想动员和工作部署。动员大会之后，各基层党组织积极响应校党委的号召，相继召开动员大会，成立活动领导小组，结合各自工作实际制定了实施方案。学校党委成员全部深入到所分管和联系的部门，对学习实践活动具体指导。

在学习实践科学发展观活动中，学校党委高度重视，党政主要领导积极带头，紧密联系实际，加强分类指导，切实抓好学习。一是学习目的明确。党委认真学习贯彻中央、省委和高校工委有关精神，认真研究制定了学习计划，明确了学校学习科学发展观理论的重要意义和指导思想，并结合实际对不同工作性质的单位和部门、不同群体的党员干部提出不同的学习任务和目标要求；二是学习内容充实。在组织深入学习中央和省委指定书目的基础上，根据国际国内形势的深刻变化和学校发展建设需要，另外选定辅导用书 3 种，共计 300 余册，进一步丰富了学习篇目，增强了理论学习的针对性；三是学习形式丰富。党委组织了 10 次理论中心组学习，各基层党组织先后召开 64 次理论中心组学习会议。举办各类学习班、培训班和研讨班 85 期（次），精心设计 2 次全校党员参加的专题辅导报告，2000 多名党员全部参加了学习，切实做到了理论学习的全覆盖；四是学习成效显著。通过学习实践培训活动，使广大党员充分认识到学习实践活动的重要性、必要性和紧迫性，夯实了思想基础，把广大党员、干部特别是领导干部的认识统一到了科学发展观的要求上来，自觉以科学发展观武装头脑，指导工作，增强校院两级班子成员科学发展的意识和能力。

学校坚持把"深入调查研究、理清发展思路"作为学习实践活动学习调研阶段的核心任务，紧密围绕影响学校科学发展的突出问题和重点问题，以课题专门调研的方式展开，认真分析了影响制约学校科学发展的深层次原因，努力破解了影响学校科学发展的各种难题。一是突出重点，落实责任。党委认真研究制定了领导班子学习调研阶段工作安排，围绕活动主题，确定了9个调研题目，根据领导班子分工形成9个调研小组，做到责任到人，明确工作进度和完成时限。各基层党组织也根据工作实际拟定调研计划，设计调研题目53个，明确了责任和完成工作的时限；二是深入基层，发现问题。学校党政主要领导亲自带头，领导班子成员分别带队，按照分管工作和联系点，通过听汇报、搞座谈，走下去、请上来等多种形式，深入基层单位展开调研，共走访34个基层单位，召开各类座谈会50多个，征求到广大教职工对学校科学发展的意见和建议500多条。各单位各部门联系工作实际，进一步细化调研题目，抓住关键问题和重点问题展开深入调研，广泛征求师生员工的意见和建议，取得了良好效果；三是走出校门，开阔眼界。在抓好校内调研的同时，学校党委坚持眼光向外，领导班子的个别成员根据工作实际和需要，带领有关基层单位和职能部门负责人外出学习考察，进一步开阔了视野、打开了思路。部分基层单位也从本单位实际出发，组织党员干部和教职工代表到兄弟院校同类单位进行调研，通过对照进一步找准了差距，明确了方向，增强了推动事业科学发展的危机感、紧迫感和责任感；四是明确思路，推进工作。党委对广大教职工的意见和建议进行了深入分析，各调研小组由分管校领导牵头，集中力量撰写了高质量的调研报告9篇，基层党组织撰写完成调研报告53篇，通过调研，明确了推动学校科学发展的新思路。五是搞好调研成果的交流活动。为了形成一个研讨交流的场效应，学校在学习实践活动的大讨论环节，集中安排了多种形式的学习调研成果交流活动，以促进全校的理论交流和相互启迪，共召开成果交流大会3次，组织班子成员和教师、学生代表参加交流会，进一步扩大了参与者的范围。另外，为进一步升华调研成果，学校在学报开辟专栏，刊登调研报告4篇。

学校坚持把广泛征求意见、充分集中民智作为领导班子分析检查、达成共识、理清思路、凝聚力量的突破口。一是师生员工踊跃建言献策。学校设置征求意见箱、开通网络信箱和专线电话、发放2700多份征求意见表、召开20场师生座谈会和1场民主党派座谈会，动员和组织师生积极建言献策、踊跃参与民主讨论。共征求到各类意见建议1100条，其中涉及学校层面98条，进一步分析整理、归纳梳理出影响和制约学校科学发展的突出问题64个、党员干部党风党纪方面的突出问题4个、群众反映强烈的突出问题8个；二是领导干部主动剖析思想根源。学校坚持把深入剖析思想根源作为领导班子交流思想、开展批评与自我批评、切实找准突出问题、形成发展新思路的切入点。针对查找出的突出问题，认真撰写剖析材料、积极参加专题民主生活会、积极参与撰写分析检查报告，把剖析思想根源与剖析工作案例结合起来。全面分析学校发展现状，解剖学校发展中正反两方面的典型案例，开展以"找原因、提建议、谋发展"为主要内容的专题民主生活会。学校、二级学院及各处室班子成员对自己的思想和工作状态进行了深刻的反省，通过剖析自查找到了自身存在的主要问题，这些问题通过学习实践科学发展观活动都得到了准确深刻认识和彻底解决；三是专家学者准确点评把脉。为了切中要害、准确把脉，学校召开了教职工代表、学生代表、党外人士代表、离退休教工代表等不同层次和类型的座谈会，征求意见建议。同时，邀请校内专家教授对已查找出的突出问题进行深入分析研究和专题会商。专家学者准确点评把脉为领导干部对照分析检查、制定整改落实方案提供了理论依据和专业指导，使分析检查工作取得了良好的效果。在学校分析检查报告进行群众评议过程中，共有 820 人参加了书面评议，汇总结果后，认为"好"和"较好"的占参评人数的 86%。群众满意度测评中，有 132 名教职工代表参加测评，满意度 100%。

活动开展以来，学校坚持把加强组织领导、健全工作制度、强化指导检查、营造舆论氛围作为学习实践活动取得实效的重要保证。一是校院两级领导责任明确。校院两级分别设立领导机构和工作机构，抽调"精兵强将"建立领导小组办公室、联络员和信息员队伍，实施党政一把手"双责任制"，为实践活动提供了有力的组织保障。建立了领导联系基层制度、周一"碰头会"制度、材料报备报批制度、信息报送制度、会议和请假制度，为实践活动提供了有力的机制保障；二是省校两级组织督查有力。在学习实践活动中，省高校学习实践活动领导小组第二检查组的同志多次莅临学校检查、指导工作，为学习实践活动的顺利推进提供了重要保证。学校督查组突出"五看五督查"，即督查学习效果看读书笔记，督查党风廉政建设根本好转看实际行动，督查单位整改落实看体制机制创新，督查突出实践特色看问题解决，督查学习实践活动取得成效看群众满意。积极发挥指导督查作用，效果显著；三是舆论宣传积极跟进。通过五个"注重"，即注重统一思想、注重氛围营造、注重舆论引导、注重"典型"宣传、注重建立"信息员"队伍，为学校学习实践活动营造了良好的舆论氛围。在学习实践活动中，制作了专题网页、开办了广播电视专栏，共编发宣传简报100余期，其中10多条信息被省高校学习实践活动领导小组转发。

本科教学水平评估是对学校教学水平的全面检阅，也是学校发展的重大契机。新一届领导班子全面落实科学发展观，认真整改，深化评建工作，在此基础上继续理清发展思路，求实创新，启动"八大建设工程"，紧紧围绕教育教学这个中心，在学科建设、师资队伍建设、学风建设、毕业生综合素质培养、和谐校园建设、拓展办学空间、党组织建设等诸方面都有新思维、新方法，措施务实科学、操作性强，使学校有了明确的发展方向，师生有了明确的奋斗目标。师院精神是"困境中求生存，奋斗中求发展"，有了这样一种精神，随着"八大建设工程"的全面实施，加之以紧抓机遇的发展理念和脚踏实地的苦干作风，天水师范学院必将谱写更加辉煌的华章。

后　记

辉煌六十载，风雨五十年。值此新中国成立六十华诞，天水师范学院建校五十周年之际，学校精心组织校史编写组编撰的《天水师范学院校史》（以下简称《校史》），在大家的相融相助和共同努力下也完稿问世，虔诚献礼。

欲知大道，必先知史。编撰《校史》的目的和价值在于：回顾学校五十年曲折发展的历程，总结这些年办学治校的经验，为未来提供宝贵的教育资源借鉴，继承优良的校风、教风和学风，体验前辈含辛茹苦、默默奉献的人生，重温在"困境中求生存，奋斗中求发展"的师院精神，凝聚师生情谊，激发师生活力，齐心协力推进学校各项事业科学发展。

《校史》编撰工作是在紧张有序中完成的。从成立校史编写委员会、组织编写组成员、确定为校级科研项目，到制定工作计划、明确编撰原则和任务，从收集资料、调查访问到静心写作、完成初稿，再到征求意见、反复修改完善，真可谓呕心沥血、竭诚尽智。

《校史》的编撰，既分工明确，又配合密切。刘雁翔起草了大纲，并撰写了第一章、第二章、第三章第一节、第四章第八节；艾小刚、马旭光撰写了第三章第二、三、四、五、六、七节，艾小刚撰写了第五章第四节和第六章第七、八节；马纲、吴卫东撰写了第四章第一、三、

四、五、六、七节和第六章第一节；苏海洋撰写了第五章第一、五节；郭昭第撰写了第五章第二、三节；雍际春、赵世明撰写了第五章第六节；王小风撰写了第五章第七、八节和第六章第二、三、四、五节；晏波撰写了第五章第九、十节；余粮才撰写了第五章第十一、十二节和第六章第六、九节；付乔撰写了第四章第二节。马旭光精心策划编辑附录；胡秋萍广泛搜集整理历史图片；刘郁华进行多次打印和前期排版；韩琦创造性地进行封面设计与图片编辑。他们受命于关键时刻，完成于艰难之中。全书由吴卫东教授、刘雁翔教授总策划和统稿，他们联络人员，组织资源，协调关系，融合力量，提供工作思路和方案，特别在后期统稿过程中，夜以继日，废寝忘食，发挥才智，付出了辛勤的劳动。

任何一件事情的完成都是多种力量汇集的结果。《校史》的撰成更是大家心力、智慧与辛勤劳作的结晶。一部校史既是学校变迁历史的缩影，更是教育史、学术史与奋斗史的汇集。撰者既因史结缘而聚，又与史相伴而行，时空交融，情理相通，资源共享，终成善业。《校史》编撰工作自始至终都得到了学校领导的大力支持，杜松奇书记、杨新科院长百忙之中欣然为《校史》作序，情至意深，催人奋进，他们在主题策划、结构设定、体例编排、编写定稿等方面给予耐心具体的指导。在定稿前夕，杜松奇书记亲自审阅，提出了很多重要的指导和修改意见。

作为《校史》编撰的直接领导，刘新生副书记关心编撰进程，协调各种关系，解决各种难题，保证了编撰工作的顺利进行；1999 年由马建东教授执笔的《天水师范高等专科学校简史》为我们的编写工作提供了素材，同时在《校史》定稿阶段，马建东副院长还做了最后审稿并给予悉心指导；成瑜书记通校全文并提供了珍贵资料；王元忠教授为《校史》编写工作付出心血，提供了很大帮助；王廷贤教授、刘红岩教授仔细审阅全稿，提出了很好的修改意见，许多老前辈也关注《校史》的编撰，积极提供了相关材料。学校各相关部门大力支持、积极配合。在此，我们谨对为《校史》的编撰工作做出贡献的各位前辈、领导和老师们，表示最真挚的敬意和感谢！

　　近一年的艰辛与忙碌，千头万绪的工作和生活，虽然编写组的成员忠于职守、尽心尽力地完成了编撰任务，但时光短暂，世事纷扰，能力有限，书稿中难免存在错讹之处，我们期待并恳请您批评指正。

吴卫东

2009 年 10 月

图书在版编目（CIP）数据

天水师范学院校史：全二卷 /《天水师范学院校史》
编撰组编 . -- 北京：光明日报出版社，2019.9

ISBN 978 - 7 - 5194 - 5515 - 6

Ⅰ.①天… Ⅱ.①天… Ⅲ.①天水师范学院—校史
Ⅳ.①G659.284.23

中国版本图书馆 CIP 数据核字（2019）第 189396 号

天水师范学院校史：全二卷

TIANSHUI SHIFAN XUEYUAN XIAOSHI：QUANERJUAN

编　　者：《天水师范学院校史》编撰组	
责任编辑：郭玫君	责任校对：赵鸣鸣
封面设计：韩　琦	责任印制：曹　净

出版发行：光明日报出版社

地　　址：北京市西城区永安路 106 号，100050

电　　话：010 - 67017249（咨询）　63131930（邮购）

传　　真：010 - 67078227，67078255

网　　址：http：//book. gmw. cn

E - mail：guomeijun@ gmw. cn

法律顾问：北京德恒律师事务所龚柳方律师

印　　刷：三河市华东印刷有限公司

装　　订：三河市华东印刷有限公司

本书如有破损、缺页、装订错误，请与本社联系调换，电话：010 - 67019571

开　　本：170mm×240mm

字　　数：632 千字　　　　　印　　张：37.5

版　　次：2019 年 9 月第 1 版　印　　次：2019 年 9 月第 1 次印刷

书　　号：ISBN 978 - 7 - 5194 - 5515 - 6

定　　价：165.00 元（全二卷）

1959-2019

天水师范学院

天水师范高等专科学校

天水师范专科学校

天水地区师范专科学校

天水专（地）区『五·七』红专学校

天水工读师范专科学校

天水教师进修学院

天水师范专科学院

天水师范专科学校

天水师范学院 校史

（第二卷）

《天水师范学院校史》编撰组 编

奋进十载

光明日报出版社

《天水师范学院校史》编委会
第二卷

主　任：李正元　安　涛

委　员：师平安　汪聚应　李　淳　王旭林

　　　　汪咏国　安建平　王文东　崔亚军

　　　　马　超　吴卫东　武胜文　刘雁翔

《天水师范学院校史》编撰组
第二卷

主　编：吴卫东

副主编：刘雁翔

成　员：（按姓氏笔画排序）

　　　　丁念保　于志远　王军海　王宏谋

　　　　韦宝宏　艾小刚　陈于柱　吴　原

　　　　杨学良　杨晓亚　奉继华　胡　平

　　　　姜炳生　徐强强　韩　琦　霍志军

编　务：周绪境　夏鹏娟

2018年10月8日，兰州大学与天水师范学院签订战略合作协议，李正元书记介绍校园整体规划

天水师范学院卫星影像图

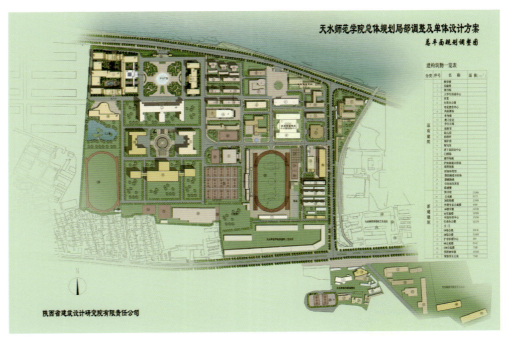

校园规划图

2012年10月13日，
中国科学院袁亚湘院士
来学校讲学

2014年6月22日，
著名文学评论家雷达先
生来校讲学并受聘为中
国现当代文学校级重点
学科首席专家

2015年6月1日，
中国工程院刘人怀
院士来学校做科普
报告

2015年6月1日，中国科学院杨乐院士来学校做科普报告

2015年8月24日，中国科学院方维海院士来学校做学术报告并受聘化学学科首席专家

2017年6月24日，中国科学院洪茂椿院士来学校做学术报告

2017年6月25日，中国科学院李玉良院士来学校做学术报告

2017年12月30日，中国作协书记处书记、副主席吉狄马加来学校宣讲党的十九大精神

2018年5月22日，中国科学院秦大河院士来学校做学术报告并受聘学校名誉教授

2018年10月8日，兰州大学校长严纯华院士来学校做学术报告

2018年10月9日，《百家讲坛》栏目主讲人、厦门大学傅小凡教授来校讲学

2019年3月26日，德国地球科学与岩土工程院院士侯正猛做客学校伏羲大讲堂并受聘学校名誉教授

　　2019年5月16日，著名敦煌学专家、教育部长江学者兰州大学郑炳林教授来学校做学术报告

　　2019年6月12日，科学家精神报告团钱永刚先生为学校师生讲述钱学森事迹

全国优秀教师何万生教授

享受国务院政府特殊津贴专家裴建文研究员

享受国务院政府特殊津贴专家、教育部新世纪优秀人才支持计划入选者雍际春教授

全国先进工作者呼丽萍研究员

全国高校黄大年式教师团队负责人郭昭第教授

2009年10月，建校50周年校庆庆典大会

2011年6月25日，学校举行霍松林艺术馆开馆仪式

2011年11月11日，教育硕士专业学位研究生试点工作立项建设动员大会

2012年7月，全国教育专业学位教育指导委员会专家组考察、指导学校教育硕士学位点建设工作

2017年3月11日,中国共产党天水师范学院第二次代表大会隆重开幕

中华人民共和国国务院学位委员会

关于下达需要加强建设的新增博士、硕士学位授予
单位建设进展第二批核查结果的通知

学位办〔2019〕2号

有关省(市、区)学位委员会:

根据国务院学位委员会《关于下达 2017 年审核增列的
博士、硕士学位授予单位及其学位授权点名单的通知》(学
位〔2018〕19号)要求和各省级学位委员会上报的核查申请,
国务院学位委员会组织专家对 2018 年批准需要加强建设的
新增博士、硕士学位授予单位建设进展进行了第二批核查。
经研究,同意哈尔滨体育学院等 10 所博士学位授予单位、
赤峰学院等 5 所硕士学位授予单位(见附件)从 2019 年起
开展招生、培养和学位授予工作。

请委通知有关单位,督促其做好研究生培养工作,严
把培养质量,继续按照建设方案加强建设,并按规定将每年
建设进展情况报我办。

附件:通过核查的博士、硕士学位授予单位名单

国务院学位委员会办公室
2019 年 1 月 29 日

抄送:教育部有关司局

附件

通过核查的博士、硕士学位授予单位名单

(以单位代码排序)

一、博士学位授予单位

哈尔滨体育学院   兰州财经大学
吉首大学   青海民族大学
广西中医药大学   新疆财经大学
云南中医药大学   北方民族大学
西藏藏医药大学   海南医学院

二、硕士学位授予单位

赤峰学院   吉林外国语大学
天水师范学院   北华航天工业学院
宁夏师范学院

学校获批为硕士学位授予单位,2019年起中国语言文学一
级学科、教育硕士和工程硕士等三个学位点开始研究生招生

11

学校学生参加2014年 121中美人才培养计划项目毕业典礼

2016年11月，副校长王旭林与白俄罗斯国立师范大学国际部负责人商谈校际合作事宜

2017年11月14日，德国专家 Dr. Hildebrandt axel来校指导化学工程与技术学院实验室建设工作

2018年4月2日，瑞士西北应用科技与艺术大学第17期"关注中国"学生代表团与学校大学生艺术团合影留念

2018年5月24日，甘肃省外国专家局组织省内26位优秀外国专家来学校开展交流活动合影

2019年7月17日，校党委书记李正元研究员向德国克劳斯塔尔工业大学访问团赠送纪念品

2019年6月，副校长王文东教授与耶鲁大学全球环境可持续发展研究所宋雅杰教授签署合作备忘录

2012年11月，
沙特发展基金会专家
来学校实地考察

2015年10月23日，
学校与中兴通讯公司签
订合作协议

2016年12月2日，
学校与西安交通大学签
订对口支援合作协议

2016年12月，学校与赛默飞世尔公司举行联合实验室揭牌仪式

2016年12月21日，学校与甘肃省残疾人联合会签订校地合作协议

2018年3月，学校与麦积山石窟艺术研究所签订战略合作协议

2018年10月8日，学校与兰州大学签订战略合作协议

2018年5月17日，学校与甘南藏族自治州碌曲县人民政府签订合作协议

2019年1月11日，学校与甘肃小陇山林业实验局签署战略合作协议

2019年3月6日，学校与天水市残疾人联合会、天水四零七医院签订战略合作框架协议

2019年3月18日，学校与甘肃第二建设集团有限责任公司签订校企战略合作协议

2019年5月，校党委书记李正元代表学校与新疆昌吉回族自治州教育局签署第三轮顶岗实习支教协议

2010年4月24日，第六届国际数论与Smarandache问题研讨会在学校召开

2012年7月，全国教指委专家组考察、指导学校教育硕士学位点建设工作

2015年8月19日，学校举行甘肃省高等学校主要负责人研修班开班仪式

2016年6月21日，中华伏羲文化学术研讨会在学校召开

2016年10月15日，"一带一路"暨跨文化视域下的中国历史高层论坛在学校召开

2016年11月19日，"文艺学暨创意产业全国学术研讨会"在学校召开

2017年8月18-20日，第六届全国汉语语汇学暨中华谚语研究学术研讨会在学校召开

2018年8月19-21日，第六届中国认知诗学高层论坛在学校召开

2018年9月20日，"服务国家特殊需求人才培养项目"教育硕士培养院校2018年工作研讨会在学校召开

2019年6月15日–17日，"高校基础生物学课程教学研讨会"在学校召开

2019年8月4日，"全国新时代理论化学战略研讨会"在学校召开

2015年6月24日，校长马建东教授为首届硕士毕业生颁授学位证书

2019年6月25日，学校举行2019届学生毕业典礼暨学位授予仪式

2019年6月25日，校长安涛教授为2019届毕业生颁授学位证书

2012年马建东教授主持的"地方高师院校教师教育改革与创新人才培养的探索与实践"获甘肃省教学成果一等奖

2014年郭昭第教授主持的"国学智慧教育创新实验研究"获甘肃省教学成果一等奖

《天水师范学院学报》暨"陇右文化研究"蝉联第三、四、五届"全国高校优秀社科期刊、特色栏目"荣誉称号

2015年4月，学校召开科学技术协会成立暨第一次代表大会

2018年9月18日，《中国教育报》专题报道学校教育硕士培养工作

2019年4月29日，学校新疆顶岗支教工作10周年被《中国教育报》专版报道

2012年6月，教育硕士专业学位研究生联合培养基地挂牌

2013年9月13日，学校举行首届教育硕士研究生开学典礼

13级思政1班某宿舍6名学生全部考取硕士研究生

2017年10月，校友罗晓玲参加党的十九大会议

2015年6月，学校首届
教育硕士毕业生合影

2016年6月12日，"敦煌印象 丝路虹霓"巨幅长卷在学校创作完成

2018年1月23日，
学校郭昭第教授负责的
中国语言文学教师团队
获批首批"全国高校黄
大年式教师团队"

2018年12月24日，学
校召开第六次本科教学工
作会议

侯智在2017年甘肃省思想政治理论课"教学能手"竞赛中荣获一等奖

2019年学校被授予全国教育硕士专业学位研究生联合培养示范基地

2019年雍际春教授的成果获甘肃省第十五次哲学社会科学优秀成果一等奖

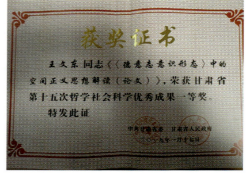

2019年王文东教授的成果获甘肃省第十五次哲学社会科学优秀成果一等奖

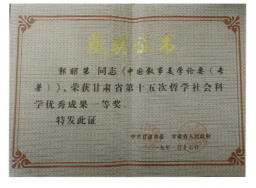

2019年郭昭第教授的成果获甘肃省第十五次哲学社会科学优秀成果一等奖

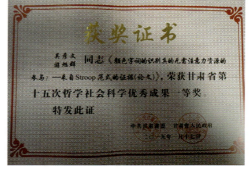

2019年吴彦文教授的成果获甘肃省第十五次哲学社会科学优秀成果一等奖

2009年10月18日，甘肃省副省长郝远来学校调研

2011年11月29日，教育部高教司司长石建鹏一行来学校调研

2013年6月22日，甘肃省教育厅厅长王嘉毅来学校调研指导工作

领导关怀

2013年9月26日，教育部思政司司长冯刚一行来学校调研

2016年12月2日，天水市市长杨维俊来学校调研

2017年5月27日，天水市委副书记、市长王军一行慰问学校科技工作者

2017年6月21日，天水市委书记王锐来校调研

2018年3月8日，甘肃省教育厅厅长王海燕来校视察指导工作

2018年6月13日，甘肃省副省长何伟来校检查公祭伏羲大典乐舞告祭排练工作

2018年10月30日，甘肃省关心下一代工作委员会主任刘立军一行来校调研

2019年6月1日，《小说选刊》副主编李晓东来校指导"雷达文学馆"建设工作

2019年6月17日，省委常委、宣传部部长陈青来校检查公祭伏羲大典乐舞告祭排练工作

2012年4月25日，北京新东方教育科技（集团）有限公司创始人俞敏洪先生莅临学校进行励志公益讲座

2017年4月24日，安徽再芬黄梅艺术剧院走进学校

2017年高雅艺术进校园

2018年3月23日，学校教师教育学院学生高媛媛荣登《星光大道》

2018年4月2日，瑞士西北应用科技与艺术大学代表团来学校演出

2018年6月12日，"行吟陇右"2018年端午诗会在学校举办

2018年研究生迎新晚会

2018年6月21日，中国文联中国曲协艺术家走进天水师院对话青年学子

2018年11月21日，学校举办第八届雅言经典诵读和诗词歌赋创作大赛

2019年1月9日，法国巴黎歌剧院三位大师级演奏家来校演奏交流

2019年3月21日，甘肃省教科文卫系统第三届"读者杯"乒乓球比赛在学校举办

2019年4月2日，美国NBA职业球员指导学校学生篮球技术

2019年6月20日，央视"中华情"总导演郭霁红来校做报告

逸夫图书馆

2号实验楼

4号教学楼

文苑路

东田径场

校园秋景

未来广场

2009年7月26日，学校学生参加香港首届国术大赛获得八金、四银的骄人成绩

2014年10月11日，学校2014届毕业生王祯在仁川亚运会中夺冠

2015年5月，学校青年志愿者协会获全国五四红旗团支部

2015年9月11日，学校校友高进儒获2015CCTV最美特岗教师殊荣

2016年7月13日，学校女子曲棍球队蝉联第六届"宏奥杯"大学生曲棍球锦标赛冠军

2016年7月18日，学校三名学生入选里约奥运中国代表团

2017年8月31日，学校2015届学生罗晓玲在第十三届全运会上夺得金牌

2017年7月，学校组建的"天水大樱桃助农微商团队"荣获第七届全国电子商务"三创"大赛二等奖

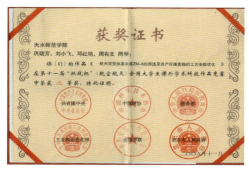

2009年学校巩晓芳等同学荣获第十一届全国"挑战杯"竞赛二等奖

2018年10月，学校在全国普通高等学校首届美术教育专业本科学生基本功展示大赛中获佳绩

2018年3月9日，教育硕士学科教学（语文）研究生宁曼利获全国教育硕士教学技能大赛特等奖

2018年12月30日，学校获甘肃省首届文明校园荣誉称号

2017年12月18日，教育硕士小学教育研究生孙云霞获全国教育硕士教学技能大赛一等奖

2019年学校在第十届全国大学生数学竞赛全国决赛中获三等奖

2017年学校国旗护卫队获全国高校活力团支部荣誉称号

2017年3月，学校学生李建刚入选国家奖学金获奖学生代表名录

2017年9月，学校教师高翱作品——《花吟》入选全国美术大展

2019年学校学生在全国大学生射击锦标赛中摘得金牌

2019年7月，学校学生在第四届全国大学生生命科学创新创业大赛中获一等奖

2019年7月29日，学校男篮在甘肃省大运会勇夺乙组冠军，此次大赛学校学生共获得四金、十二银、十铜的优异成绩，并荣获优秀组织奖和校长杯奖

2010年11月，学校帮扶秦安陇城幼儿园

2011年6月25日，纪念建党90周年学生红歌大赛

2016年学校举行纪念建党95周年暨表彰大会

2016年学校举行纪念建党95周年暨红军长征胜利80周年歌咏比赛

2016年8月15日，学校思政工作者进行"走基层、红色之旅"活动

2017年学校党委副书记师平安为思政大讲堂授课

学校马克思主义学院于2018年8月举行思想政治理论课教师"奋进之旅"活动

2018年12月8日，校领导赴秦安县王窑镇，参加帮扶工作座谈会

2019年1月7日，学校召开党风廉政建设警示教育大会

2019年4月18日，省委教育工委来校调研党建和思政工作进学生社区工作

2019年4月29日，学校举行"消费扶贫"集中采购秦安农特产品发车仪式

2019年4月，学校举办党支部标准化建设培训班

2019年4月30日，学校召开纪念五四运动100周年大会

2019年5月14日，学校召开"大学习、大讨论、大调研"活动总结大会

2019年6月13日，学校组织基层党组织书记赴两当兵变纪念馆，开展"重温红色经典，坚定理想信念"主题党日活动

2019年6月16日，学校成立甘肃省高校马克思主义学院联盟陇东南分会

2019年6月18日，学校派驻王窑镇驻村帮扶工作队临时党支部成立

2019年7月1日，学校庆祝建党98周年暨表彰大会

2019年7月5日上午，学校党委书记李正元到扶贫点讲党课

2019年7月21日，第四届全国思想政治教育学科青年学者论坛在学校召开

序

李正元　安　涛

　　六十年前，在新中国成立十周年的时候，天水师范学院诞生了，今年是新中国成立七十周年，天水师范学院也迎来了自己的六十华诞。

　　六十年来，师院三迁校址，七易校名，经历了由创办到1979年恢复大专招生，世纪之交升本到今年本科办学二十周年曲折而辉煌的发展。三个二十年，正是师院发展的三大阶段，也是师院实现由大专招生到本科招生再到研究生招生三大跨越的历史节点。因此，2019年在师院发展的历史上，是一个值得纪念的日子，也将是一个具有里程碑意义的时间节点。

　　在师院本科办学二十年中，如果说在前十年学校实现了由专科到本科的转型，完成了由数量扩展向质量提升的过渡，以本科教学水平评估达标为标志夯实了大学发展基础的话，那么，第二个十年，就是学校提质增效、壮大发展、创品牌、上台阶的黄金发展期。回顾学校这十年的发展，呈现的是一幅同心同德谋发展，一心一意抓建设，实现崛起与跨越的壮丽画卷。可谓好事连连，收获满满。全体师院人上下一心，秉承"困境中求生存，奋斗中谋发展"的师院精神，心无旁骛，锐意进取，在深化改革、苦练内功、创新发展、超越自我的奋斗中创造了自己的辉煌。从教学到科研，从专业到学科，从团学到党建，从思政到校园文化，从管理到后勤服务，学校在各方面的发展都突飞猛进，取得了巨大进步。这主要体现在以下五大方面：

　　这十年是一个内涵发展、人才培养质量持续提升的十年。人才培养是大学诸多职能中最基本也最重要的职能。常言道，十年树木，百年树人。大学教育不仅寄托着人民的希望，而且承载着民族、国家的未来，肩负着培养新时代社会主义事业建设者和接班人的神圣使命。十年来，我们以专业建设和教学改革为抓手，一方面，通过对传统专业的调整改造和新办了一批与国家需求、区域经济社会发展相适应的应用型专业，初步形成了教师教育、文化体艺、工商管理、工程技术四大专业集群，完成了由单一师范类专业向师范类专业与应用型专业并重的转型，形成了服务陇东南基础教育与区域经济社会发展双轮驱动、"两条腿走路"的专业结构新格局，大大拓展了学校办学路径和服务面向。另一方面，学校始终抓住教学改革和人才培养这个根本，在培养方案、课程体系、教学内容、教育方法、学业要求、质量监控等方面不断深化改革，多措并举，启动并持续推进"6＋1"人才培养质量提升工程和教改工程，通过内涵发展，推进学校本科人才培养质量迈上持续提升向好的良性轨道，人才质量在省内同类院校中始终名列前茅。2018 年学校在教育部本科教学审核评估中获得专家组的充分肯定。专业建设的华丽转身和人才培养质量的稳步提升，为学校的各方面改革发展和创新突破奠定了坚实基础。在办好人民满意大学的探索和实践中，我们交出了一份较为满意的答卷。

这十年是转型发展、改革创新喜获丰收的十年。改革促发展，改革也会创造新的发展机遇。随着四大专业集群的构建和应用型新专业的设置，产学研用一体化的办学格局和服务面向初步确立，2015 年学校被列入甘肃省第一批转型发展试点院校，激发了学校的办学活力。学校大力推进科研强校战略，坚持以学科建设为龙头、科研体制机制改革为导向、质量提升为核心、项目申报为抓手、产学研结合为路径，在科学研究、学科建设、服务地方、科学普及和创新创业等方面都取得了显著成绩。在两轮校级重点学科建设的基础上，省级重点学科由三个增至八个，中国史和生态学学科群入选甘肃省一流特色学科；省级科研平台从无到有达到十个。一个以学科为引领，平台为支撑，全员参与，整体推进学科建设和学术研究屡创佳绩的科研创新体系已然形成，为学校的发展和腾飞提供了有力支撑。

这十年是跨越发展、抢抓机遇屡获突破的十年。在我们学科建设、专业建设、教学改革不断深化和人才培养质量持续提升的有力保障下，2011 年顺利获得服务国家特殊需求项目——教育硕士研究生培养资格。这一突破加快了学校提升办学层次的步伐。2017年在中国史、生态学两个学科群顺利入选甘肃省一流学科的同时，学校顺利获得新增硕士学位授权单位资格，中国语言文学、教育硕士、工程硕士也同时获得硕士学位授权点，2019年正式招生。这一次次的突破，是全校师生敢为人先、抢抓机遇、努力拼搏的丰厚回报，也是我们事业发展渐入佳境的标志。

这十年是科教融合、特色化发展初见成效的十年。升本以来，学校立足地域优势，整合力量建立陇右文化研究中心，申报陇右文化省级重点学科，既带动了学校学科建设和科学研究的迅猛发展，也为学校依托地域和地方资源拓展学术领地，为进一步提升学科优势开辟了通道。由此，陇右文化、陇东南民间文艺、乡村教师教育、残疾人体育与运动康复、理论与计算化学、土壤污染修复、光电子技术等一批学科领域和方向应运而生且初具优势，并形成与其他基础学科并驾齐驱共同发展的良好态势。这种学科建设助推专业发展，又与区域经济社会发展相衔接的创新模式，实现了科研与教学的有机融合，也助推学校开启了立足地域资源优势，彰显文化育人的特色化办学之路。

这十年是守正奋进、砥砺前行奠定未来发展方向的十年。2018年，全国教育大会和新时代高等教育大会的召开，吹响了我国建设高等教育强国的集结号，也为高校深化改革再出发提出了新要求。我们立足学校实际，及时启动历时半年的"大学习、大讨论、大调研"活动。活动的扎实开展，激发全体师生进一步更新观念、开阔视野、提高认识、统一思想，也更加明确了学校前进的方向，理清了发展思路，提振了精神，凝聚了共识。在此基础上，我们集思广益、科学决策，确立了建设西部一流、国内知名、师范特色鲜明的高水平应用型大学的办学目标。一年来，校党委、行政一班人带领大家守正奋进、砥砺前行，以校庆系列活动为契机，通过"两个年"、四大攻坚战和六大改革等一系列重大工程和关键领域改革的实施，推动学校迈上转型发展的快车道。广大师生精神面貌为之一振，大家干事创业的积极性、主动性空前高涨，学校面貌焕然一新。我们的工作为这十年师院波澜壮阔的发展填上了浓墨重彩的一笔，也为未来十年的发展打下良好基础，绘制了发展蓝图。

六十年薪火相传，我们在祖国改革开放的大潮中勠力争先，我们在实现中华民族伟大复兴的征程中书写辉煌；我们扎根陇原开拓创新办大学，我们依托陇右地域和资源优势锐意进取创特色，开创了师院发展的新局面。这是六十年来几代师院人共同奋斗的结果。因为我们拥有一支素质优良、敬业爱校、信得过、靠得住、顶得上、干得好的优秀师资和干部队伍，在他们中涌现出了一批以张鸿勋、雒江生老教授为代表的享誉全国的著名学者，也涌现了以雍际春、王弋博等为代表的一大批中青年学科带头人。我们的事业后继有人，这是学校发展走向兴旺发达的最有力保障。我们相信，师院的明天会更好！

历史是一面镜子，可以正衣冠，明得失，知兴替，鉴未来。十年来在学校实现跨越式发展，创造辉煌的历史过程中，有太多的经验值得总结传承，有许多亮点和创新值得宣传推介，有不少重要活动和大事需要存档入史，那一桩桩、一件件感人至深的人和事，需要褒扬肯定。为总结经验，继承师院优良传统，弘扬光大师院精神，激励后来者汲取力量继往开来，我们决定编写以近十年历史为主的校史。

"千里之行，始于足下"。新时代师院人昂首阔步，踏上了新的征程。我们需要仰望星空，更要脚踏实地，师院人将从每一堂课、每一篇文章、每一项规划、每一个细节做起，求真务实，积少成多，不断进取，相信在另一个十年以后必会实现我们的办学目标。

不忘初心，牢记使命。回顾过去，我们豪情满怀，展望未来，我们信心百倍。"长风破浪会有时，直挂云帆济沧海。"进入新时代，我们站在新的历史起点上，师院必将通过我们的努力和建设，开创自己更为美好的未来。

是为序。

目 录
CONTENTS

概　述

奋进发展的十年

　　2009 年以来的十年，学校守正创新，奋进发展，在攻坚克难、爬坡过坎中提层次、强内涵、促转型、增实效，办学水平不断提升。十年来，学校经历了四个发展阶段，一是在总结、升华五十年教师教育优势特色基础上，一举获批"服务国家特殊需求人才培养项目"——教育硕士专业学位研究生试点工作建设单位资格，并全力建设、狠抓质量、提升水平，乘势而上，获批硕士学位授予单位，实现了办学层次的历史跨越；二是紧跟高等教育结构调整趋势，围绕促进人才培养、科学研究、社会服务、文化传承创新等工作与地方经济社会发展战略目标进一步融合，推动学校从内部治理结构到学科专业建设等各个方面全力向应用型大学转型，初步明晰了学校发展的战略方向；三是保持定力，扩大优势，坚持高质量发展，通过狠抓内涵建设，学校在高水平应用型人才培养、一流学科建设、高层次人才队伍建设、科技创新和对外合作交流等方面取得一系列标志性成果，进一步提升了学校整体实力；四是自我加压、自我超越，立足应用型大学特征进一步明晰战略目标、绘制发展蓝图，高起点调整优化战略布局，不断增强师生员工信心与决心，通过大力推动重点领域攻坚改革，不断拓宽办学视野，提高办学站位，更新办学理念，激发办学活力，天水师院开始全力以赴向西部一流、国内知名、师范特色鲜明的高水平应用型大学奋力进发。

　　1. 立足高水平，提升办学层次

　　2011 年，恰逢国家启动"服务国家特殊需求人才培养项目"专业学位硕士研究生培养工作。学校抢抓机遇，攻坚克难，齐心协力，经过精心准备，顺利被教育部列为教育硕士专业学位研究生试点工作建设单位。此后的两年，学校在不断学习、探索、创新基础上，以陇东南基础教育高层次人才需求为人才培养对接点，把学校五十年来在教师教育培养方面的成熟经验引入硕士培养模式构建过程，创造性地构建了具有天水师院特色的"理论＋实践"双循环教育硕士人才培养模式和"2＋10＋10＋2"实践教学模式，同时开始积极选聘研究生导师队伍、制订各类规章制度，打好了教育硕士培养的基础。

2013年学科教学、语文、数学、英语、美术等4个学科领域正式招收第一批49名教育硕士专业学位研究生。截至2018年，已在全校学科教学语文、数学、英语、美术、物理、思政、历史、生物、化学、音乐、体育等11个学科领域和小学教育、学前教育等方向，累计招收751名研究生，授予学位369人，学校教育硕士培养经验被《中国教育报》等媒体报道，在全国范围内产生了良好影响。

更为重要的是，从2013到2018年，"服务国家特殊需求人才培养项目"试点工作为学校培养研究生积累了丰富的经验。在此基础上，2018年5月学校被国务院学位办增列为硕士学位授予单位。2019年，中国语言文学一级学科硕士点和工程硕士、教育硕士两个专业学位硕士点获批招生，共招收45名研究生，学校正式迈入硕士研究生培养高校序列。

2. 对接新需求，走转型发展之路

从2011年起，教育部职业教育司从优化国家高等教育结构战略出发，开始推动新建本科院校向应用型高校转型，新建本科院校转型发展已箭在弦上，势在必行。尽管当时学校上下沉浸在获批教育硕士研究生培养资格的喜悦之中，但取得成绩的师院人仍然保持着清醒头脑，开始寻找进一步增强学校综合实力，办有特色、高水平大学的路径。

2013年学校全面开启了地方新建本科院校转型发展之路的探索。在专业建设方面，提出了调整优化专业结构、组建专业群，走专业集群发展之路，随后在全校推动专业改造工作，将本科专业调整组合为教师教育类、工科类、商务管理类、文化传媒类、医疗健康服务类等五大专业群，打好了应用型大学的专业基本框架。在学科与科研方面，引导学科建设对接专业群建设，继续巩固传统优势基础学科，大力支持应用型学科建设发展，启动了第三轮重点学科建设工作；调整体制机制，鼓励教师积极开展应用型科学研究，提升应用型人才培养和服务地方水平。在师资队伍建设方面，通过引进、聘任、培训，着力提高师资队伍水平，打造了一支"双师型"教师队伍。为保证转型发展的科学性，学校采取试点先行、总结推广的思路，选定工学院和物理与信息科学学院进行转型发展试点工作，积累经验、探索模式。

2014 年以来，学校通过重组、增设、更名等形式，优化教学单位设置，健全人才培养组织机构，初步搭建起应用型大学的机构体系。随后，学校制定《天水师范学院向应用技术大学转型发展实施方案》，初步确定了建设应用型大学的路径；优化专业群设置，将原来的五大专业群优化为教师教育、工程技术、商务管理、文化体艺等四大类应用型专业群，凸显学校办学特色。一系列的先行改革有效促进了学校的内涵建设与发展。2015 年，学校成功被甘肃省列为首批转型发展试点院校，在转型发展工作中，学校通过抢占先机，走在了全省新建本科院校前列。

3. 瞄准高质量，走内涵发展之路

2016—2018 年是学校持续巩固优势特色，深化内涵建设的两年。通过制定"十三五"事业发展规划和召开学校第二次党代会，学校确定了以区域经济社会发展需求为导向，以改革创新为动力，以提高教育教学质量和内涵发展为主线，以特色学科专业建设为抓手，建设办学特色鲜明的区域性高水平应用型大学的战略目标；通过狠抓专业调整，专业水平得到大幅提升，小学教育、戏剧影视文学、汉语言文学等 3 个专业被艾瑞深中国校友会网发布的《2017 中国大学评价研究报告》评为中国高水平专业，思想政治教育、化学、物理学等 5 个专业进入全省专业排名前三名。通过加强科研平台建设，使学校省级科研机构总数达到 10 个，在全省同类院校中名列前茅；通过加大高层次人才队伍建设力度，使学校博士学位教师人数占比达 20.4%。

一系列有效举措的实施，使学校标志性成果不断涌现。2017 年学校中国史和生态学两个学科群被列入甘肃省一流（特色）培育学科，成为我省新建本科院校中唯一一家有省级一流学科的高校，同年获批教育部备案的区域和国别研究中心——高加索地区研究中心，为省属高校中唯一一家国别和区域研究的国家级平台；2018 年顺利通过教育部本科教学质量审核评估，办学质量获专家一致好评，同年在省内新建本科院校中率先获批硕士学位授予单位，学校办学影响力持续扩大，综合实力持续提升。

4. 进入新时代，谱写新篇章

2018 年 10 月以来，学校新一届领导班子励精图治，主动作为，通过开展"大学习、大讨论、大调研"活动，集思广益、群策群力，慎重科学谋划发展蓝图，明确了主动服务国家战略和地方需求、主动服从地方党委政府领导、主动服务区域经济社会发展的办学思路，把学校战略目标确立为：建设西部一流、国内知名、师范特色鲜明的高水平应用型大学，提出了利用 2 年左右的时间从"转型到基本定型"，再经过 10 年左右的奋斗从"基本定型到高水平"的建设步骤。围绕高水平应用型大学战略目标，制订了《高水平应用型大学建设意见》，为学校建设发展绘制蓝图；打响了深化改革、转型发展、人才队伍建设、办学条件改善四场攻坚战，大力推进教学、学科、科研、分配制度、人事制度、校院两级管理体制等重点领域综合改革；深入开展"党支部标准化建设"与"谋深做实、争先进位"作风建设两个专项建设年活动，为高水平应用型大学建设提供组织保障；启动省市共建天水师范大学工程，新校区建设已提上议事日程。

　　通过这些具体举措，学校发展规划更加清晰，工作节奏明显加快，师生士气明显提高，全校呈现出焕然一新和欣欣向荣的势头。2018 年全年，学校共引进博士学位教师 17 人，为学校历史上引进高层次人才数量最多的一年；学生考研录取率达到 10.73%，就业率达到 75.45%，人才培养质量获社会广泛认可；与兰州大学等多家单位新签订战略合作协议 5 项，与国内高水平大学开展实质性交流；2019 年，学校获批中国语言文学、中国史、生态学、电子科学与技术、化学、马克思主义理论、教育学和数学等 8 个甘肃省重点学科，汉语言文学、小学教育、数学与应用数学、历史学、生物科学、思想政治教育、物理学、化学、社会体育指导与管理、地理科学、英语、戏剧影视文学等 12 个专业入选省级一流专业，学校荣获"甘肃省首届文明校园"荣誉称号。全校上下建成西部一流、国内知名、师范特色鲜明的高水平应用型大学的信心与决心越来越强，学校全新的面貌正在形成，全新的办学格局正在构建，新时代的蓝图正在逐步变成美好现实。

（执笔人：武胜文　吴　原）

第一章

办学指导思想与机构设置

2009—2019 年，是国家实施西部大开发承前启后的关键时期，也是深入实施科教兴国战略和人才强国战略，加快推进创新型国家和社会主义教育强国建设的重要时期，全面建成小康社会已经进入决胜阶段，建设幸福美好新甘肃正处于承前启后的关键节点，中国特色社会主义进入新时代。我国高等教育由规模扩张转向内涵发展，控制规模，提升质量成为这一时期的鲜明导向，立德树人，以人为本，推进高等教育"四个回归"，提高人才培养质量成为这一时期的重要使命。学校紧紧抓住这一历史机遇，始终坚持社会主义办学方向，认真贯彻党的教育方针，坚持实行党委领导下的校长负责制，发扬"困境中求生存、奋斗中谋发展"的办学精神，高举师范大旗，走内涵发展之路，坚持产学研用结合，学校各项事业在传承创新中不断发展，综合办学实力不断提升，服务区域经济社会发展能力更加突出，竞争力不断增强，影响力不断扩大，办学层次不断提高，办学功能不断拓展，转型发展、特色发展、差异发展、创新发展、高质量发展成为这一时期的鲜明特征。

第一节 办学指导思想

一、"十一五"办学指导思想

"十一五"时期，学校改革、建设和发展总的指导思想是：以邓小平理论和"三个代表"重要思想为指导，全面贯彻党的教育方针，树立和落实科学发展观，按照构建和谐社会和全面建设小康社会的目标要求，推进教育创新，加快学校的建设和发展。立足甘肃，面向西部，辐射全国，发挥学校为基础教育培养培训教师的骨干作用和为区域经济与社会发展提供全方位服务的主力军作用。以发展为主题，以学科专业建设为龙头，以稳步提高教育质量为根本，以改革为动力，以优化育人环境、建设和谐校园为取向，进一步扩大办学规模，努力提高办学层次，不断拓展办学功能，形成特色鲜明的学科布局，使学校成为经济社会发展的人才培养基地、科学研究基地、信息交流基地、智力储备基地和精神文明建设示范基地，努力把学校建成以教师教育为主，具有综合性、区域性特征，整体办学水平和办学效益在甘肃高校和全国同类高校中有重要影响的多科性大学，并创造条件向综合性地方大学发展。

2009 年是学校建校 50 周年，学校以此次校庆为契机，全面总结和回顾了 50 年来的办学历程，进一步理清了发展思路，确定了建设以教师教育为主、区域性特色鲜明的教学型大学的办学目标。坚持"立足陇东南、面向甘肃、服务基础教育和地方经济社会发展"的服务方向定位，坚定不移地培养基础扎实、知识面宽、实践能力强、综合素质高的"下得去、用得上、留得住"的基础教育合格师资和适应经济社会发展要求的应用型人才。按照稳定规模、优化结构、深化改革、提高质量、重点突破、持续发展的思路，重点推进学科建设工程、质量建设工程、办学空间拓展工程、师资队伍建设工程、学风建设工程、毕业生就业服务指导工程、校园文化建设工程、党建与思政工作工程等八大工程建设。

二、"十二五"办学指导思想

"十二五"时期，是我国全面建成小康社会、加快推进社会主义现代化建设的关键时期，也是学校跨越发展的重要战略机遇期。学校在分析内外部环境以及发展潜力的基础上，确定了指导思想和办学目标定位。即以科学发展观为指导，以国家和甘肃省《中长期教育改革和发展规划纲要》为依据，紧紧围绕省委省政府"科教兴省""人才强省"的总体要求，根据国家有关关于经济区发展战略以及我省经济社会发展战略，坚定不移地走以质量提升为核心的内涵式发展道路，坚定不移地走教学型大学道路，坚定不移地走以社会需求为导向的应用型人才培养道路。发挥区位优势，注重创新，强化特色，有所为有所不为，做精做优教师教育专业，做强做特应用型专业，深化教育教学改革和体制机制改革，提高人才培养质量和学科建设及科学研究水平，提升服务区域经济社会发展水平，努力把学校建成多学科协调发展、办学特色鲜明、社会声誉良好的高水平大学。

三、"十三五"办学指导思想

2015 年，是"十三五"规划的开局之年，也是我国全面建成小康社会、实现第一个百年奋斗目标的决胜阶段，省教育厅发布了《关于引导部分省属本科院校向应用技术型大学转型发展的通知》，将天水师范学院等 8 所院校列为全省首批转型发展试点院校，学校至此正式迈入应用型大学的建设。为了准确把握"十三五"时期高等教育改革发展的战略机遇，集中力量推进学校各项事业科学发展，学校根据《国家中长期教育改革和发展规划纲要（2010—2020 年）》《甘肃省"十三五"高等教育发展规划》《天水师范学院章程》，紧密结合国家和地方战略发展需求，确定了学校在这一时期事业发展的指导思想和战略目标：高举中国特色社会主义伟大旗帜，以马列主义、毛泽东思想、邓小平理论、"三个代表"重要思想、科学发展观为指导，全面贯彻党的十八大和十八届三中、四中、五中、六中全会精神与习近平总书记系列重要讲话精神，全面贯彻党的教育方针，牢牢扭住"四个全面"战略布局，自觉践行"五大发展理念"，聚焦"八个着力"的工作要求，紧密围绕省委省政府决策部署，坚持以立德树人为根本，以区域经济社会发展需求为导向，以改革创新为动力，以提高教育教学质量和内涵发展为主线，以特色学科专业建设为抓手，为建设特色鲜明的区域性高水平应用型大学而努力奋斗。

2019 年，全校上下进一步深入贯彻落实习近平新时代中国特色社会主义思想和习近平总书记关于教育的重要论述、全国全省教育工作会议和省委十三届七次全会精神，开展"大学习、大讨论、大调研"活动，集思广益、群策群力，完善顶层设计，谋划发展思路，明确发展目标，确定重点任务，进一步凝心聚力、砥砺奋进，提振精神，确立了建设"西部一流、国内知名、师范特色鲜明的高水平应用型大学"的奋斗目标，确定了分"两步走"建设高水平大学的步骤，即从 2019 年年初到 2020 年年底，实现从转型到基本定型的目标，从学科到科研，从专业到课程，从教学体系到运行管理体系，构架起应用型大学的基本框架。从 2020 年到 2030 年，甚至更长的一段时间，进一步提高办学水平，实现从基本定型到高水平的发展目标。做到"三个主动"，即主动服务国家战略和地方需求、主动服从地方党委政府的领导、主动服务区域经济社会发展。推进

"四个转变",即推进从规模扩张向内涵提升转变、从教学型大学向应用研究型大学转变、从传统师范院校向现代应用型大学转变、从"学院"向"大学"转变,全面提升学校办学水平。坚持"五条路径",即坚持内涵式发展、转型发展、差异化发展、特色发展、创新发展,找准办学定位,突出办学特色,提高办学层次,服务区域经济社会发展。实施"五大战略",即实施人才强校、学科建校、科研兴校、质量立校和国际化战略,夯实学校发展根基。

第二节 学校机构设置及调整

一、2009—2013 年学校机构设置

学校按照《高等教育法》等有关规定,根据实际情况,按照"优化职能、加强基层、分类管理、精简高效"的原则,构建学校管理体系和运行模式,并根据发展需要进行内设机构的调整。学校实行三级管理机构,一级机构为校级管理机构;二级机构包括党政管理部门的处(部、室或其他相当于处级的机构),教学科研单位及教辅单位;三级机构为党政管理部门的科室(或相当于科级的机构)。

学校设置 18 个党政管理部门,11 个教学单位,3 个教辅单位等 32 个二级机构。

党政管理部门为:学院办公室、党委组织部、党委宣传部、纪委办公室、校工会、校团委、人事处、教务处、科研管理处、学生工作处、招生就业处、国有资产管理处、后勤管理处、审计处、国际交流合作处、保卫处、离退休工作处、教学督导委员会。

教学单位为:文史学院、经济与社会管理学院、外国语学院、教育学院、生命科学与化学学院、数学与统计学院、物理与信息科学学院、工学院、美术学院、音乐学院、体育学院。

教辅单位为:图书馆、学报编辑部、网络中心。

二、学校机构调整

2014 年,学校根据《甘肃省高等学校机构编制标准(试行)》,结合学校转

型发展需要，进行了机构调整，设基层党组织 21 个，党政管理机构 21 个，教学单位 17 个，纪检监察 1 个、群团组织 2 个，教辅单位 3 个，直属部门 2 个，省级科研机构 5 个，科级机构 93 个；设处级领导岗位 147 个，核定处级领导干部 147 名（正处 68 名，副处 79 名），科级岗位 93 个，核定正科级干部 93 名。

党政管理机构为：党委办公室（学校办公室）、党委组织部（党校）、党委宣传部（新闻中心）、党委统战部（港澳台办公室、校友联谊会）、人事处（教师发展服务中心）、教务处、科研管理处、研究生处（党委研究生工作部）、财务处、学生工作处（党委学生工作部）、招生就业处（就业指导中心）、实验室建设与国有资产管理处、后勤处、基建处、服务地方与合作处、膳食处、审计处、保卫处（武装保卫部）、国际交流与合作处（国际汉语交流中心）、离退休工作处、机关工作委员会。

教学单位为：文学与文化传播学院、政法学院（马克思主义学院）、教师教育学院、外国语学院、体育运动与健康学院、美术与艺术设计学院、音乐舞蹈学院、历史文化学院、商学院、化学工程与技术学院、生物工程与技术学院、电子信息与电气工程学院、数学与统计学院、机电与汽车工程学院、土木工程学院、资源与环境工程学院、职业培训学院。

纪检监察：纪委办公室（监察处）。

群团组织为：工会、校团委。

教辅单位为：图书馆、学报编辑部、信息化建设与管理中心。

直属部门：招标工作领导小组办公室、教学督导委员会办公室。

省级科研机构：甘肃省高校人文社会科学重点研究基地、甘肃省新型分子材料设计与功能重点实验室、甘肃省大樱桃工程技术研究中心、甘肃省高校人文社会科学重点研究基地——陇东南民间文艺研究中心、甘肃省高校重点实验室——农业微生物重点实验室。

2016 年，学校撤销服务地方与合作处处级内设机构。

2017 年，学校撤销机关工作委员会、招标工作领导小组办公室、校友联谊会办公室三个处级内设机构。

2017 年，学校单独设立马克思主义学院。

2018 年，学校成立党委教师工作部，党委教师工作部与人事处合署办公。

2019 年，学校进行内设机构职能优化，将国际交流与合作处（国际汉语交流中心）、教学督导委员会办公室、信息化建设与管理中心分别改设为对外交流与合作处（国际汉语交流中心）、教学质量监控与评估处以及信息化建设与服务中心；撤销党委武装保卫部，成立党委武装部，隶属学生工作处，成立党委保卫部，隶属保卫处；将教师发展服务中心调整至教务处，招标办调整至财务处。

第三节　学校领导班子调整

2009—2019 年，学校主要领导班子经历了四次大的调整，班子其他成员也经历了数次调整。

2011 年 5 月，陈晓龙任党委副书记、院长。

2013 年 12 月，陈晓龙任党委书记，马建东任党委副书记、院长。

2013 年 12 月，吉建安任纪委书记，免去其副院长职务；汪聚应、王旭林任副院长。

2015 年 10 月，蔡文浩、师平安任党委副书记。

2015 年 11 月，马建东任党委书记，蔡文浩任院长。

2016 年 4 月，李淳任纪委书记。

2018 年 9 月，李正元任党委书记，安涛任党委副书记、院长。

2019 年 5 月，汪咏国、安建平、王文东三位任副院长。

（执笔人：徐强强）

第二章

师资队伍建设和人才强校战略

作为教育机构和学术机构，高校要高质量地完成教学科研任务，就必须有一支数量充足、质量上乘的师资队伍。这种特殊性决定了学校办学必须以教师为本。教师是学校兴衰成败的关键，特别是骨干师资队伍的稳定和高层次人才队伍的引进，是学校安身立命的根本。

2009—2019 年，天水师范学院面对人才竞争日趋激烈、西部地区人才流失严重、西北高校办学相对困难的客观现实，采取有力措施，把师资队伍建设作为重中之重和根本大计来抓，大力实施人才强校战略，努力造就德才兼备的高素质师资队伍，从而使学校的核心竞争力和综合办学实力迈上新的台阶。

第一节　师资队伍管理体制建设

一、重视制度创新，完善运行机制

第一，深化完善岗位聘任管理。学校根据"按需设岗、竞聘上岗、按岗聘用、合同管理"的精神，2009 年制定了《天水师范学院教师岗位设置与聘任办法》《天水师范学院教师岗位任职条件》《天水师范学院教师岗位职责》和《天水师范学院教师聘期绩效考核办法》等文件，深化分配制度改革，实行绩效工资，调动全员积极性。2010 年又制定出台了《天水师范学院专业技术岗位聘期岗位职责》《天水师范学院专业技术聘期绩效考核办法》和《天水师范学院岗位津贴暂行方案》，切实把甘肃省岗位设置管理工作以岗定薪、岗变薪变的指导思想落到实处，真正调动和激发全体教职工的积极性、创造性。2012 年进一步深化人事分配制度改革，初步实现了由身份管理向岗位管理的转变，积极探索促进学校发展和激励教职工爱岗敬业的人事分配制度改革，制定《天水师范学院校内津贴分配暂行办法》和系列配套制度。

第二，建立健全人才队伍建设，促进师资结构完善。学校 2009 年为进一步规范外聘教授的聘请和管理工作，提高聘请工作质量和管理水平，制定出台了《天水师范学院外聘教授管理暂行办法》；同年为促进青年教师的成长，完善学校职称评聘制度，制订了《天水师范学院关于职称评聘有关问题的补充规定》。2010 年出台了《天水师范学院校内定编暂行方案》，要求各专业因结构性比例引起的富余人员，及时通过进修、自学等方式调整专业方向，逐步改善二级学院师资队伍结构，提高工作效率；缺编的部门单位本着优化师资队伍的原则，逐步有计划地采取外聘或引进的方式补充所需专业人员。2014 年为了适应学校转型发展的具体实践对师资队伍建设提出的新要求和新标准，结合实际，针对问题，相继起草了《天水师范学院人事代理暂行办法》《天水师范学院"双师型"师资队伍建设方案》《天水师范学院教职工进修学习管理办法》等制度文件。通过灵活的用人机制和鲜明的政策导向为学校成功实现转型发展提供制度保障。2016 年制定了《天水师范学院高层次人才引进暂行办法》，为提高学校人才队伍质量，优化人才队伍结构，增强学校的综合实力和竞争力提供了制度保证。2018 年修订出台《天水师范学院教职工继续教育管理暂行办法》，提高毕业博士回校安家费、科研资助金、生活补助金，大力支持教师攻读博士学位；通过与西安交通大学、兰州大学等高校定向委托培养方式提升现有教师的学历层次；通过制订出台《天水师范学院柔性引进博士师资暂行办法》，创新用人机制，有效提升学校高层次师资队伍整体数量和水平。

第三，完善学科人才建设机制。学校为了发挥学科专业调整在高层次人才引进和教师学历提升等方面的引导作用，2013 年制订了《天水师范学院人才队伍建设三年行动计划（2013—2015）》。这为形成结构合理、富于创新活力的人才梯队，为增强人才使用效能和体制机制创新取得突破性进展提供了指导和依据。

第四，深化教师考核评价制度改革。为了最大限度发挥人才效能，打造高素质专业化教师队伍，学校结合发展实际和未来计划，2016 年继续完善分配激励机制，改变科研的评价倾向，建立以师德为先、教学为要、科研为基的考核评价改革方向，采用"代表性成果"评价机制，增加同行专家评价结果，将具有创新性和显示度的学术成果作为人才选拔或考核的重要依据，提高了资助人选的经费支持力度。

第五，改进管理服务方式方法。学校 2013 年改进了人事档案管理和信息统计工作，严格做到收集归档程序化、鉴别整理规范化，确保了档案管理工作合法有序开展；做好了各类文件、政策、工资信息上网公布，以及正常的网络维护与管理工作便于教职工查阅；进一步规范人事调配、临时工聘用、考勤、统计报表、出具各种证明信等其他各项人事常规工作。2016 年积极推进人事管理信息化建设，完成了全校教职工教师管理信息系统个人信息补充工作。2017 年以"智慧校园"建设为契机，在信息化建设与管理中心的支持下，设计了人事信息管理平台，并推动实施，人事管理信息化建设逐步作为一项常态化工作进行推进和落实，以满足学校发展过程对大数据管理的需求，进一步提高人事管理效率，简化教职工办事程序。

第六，完善师德师风建设体制。学校为了激励教师工作积极性，提升师德素养，2012 年组织教师学习讨论《高等学校教师职业道德规范》，强化社会主义核心价值观；同时研究制定了《天水师范学院师德建设方案及考核办法》，加大师德在年终考核中的比例，引导教师把主要精力投入到育人事业。

学校长期重视加强学风和学术道德教育，引导教师自觉养成求真务实和严谨自律的治学态度，自觉恪守学术道德，努力做到爱岗敬业、关爱学生、刻苦钻研、严谨笃学、勇于创新、奋发进取、淡泊名利、志存高远。通过制定师德综合考核评估标准，完善师德评价考核机制，将思想品德素质和教书育人实绩作为教师年度考核的重要内容，考核结果作为资格认定、职务晋升和评优奖励的重要依据。对师德师风评价不合格的教师和管理人员，在聘任、晋职、评优上继续实行"一票否决制"。

二、注重岗位管理，增加人员编制

岗位管理是师资队伍日常建设关键性工作，客观公正的职称评审和人员编制的增加是一所院校竞争实力的重要保障和直接体现。学校逐年发展，师资力量的需求也不断增加，因此学校根据实际情况积极争取人员编制，为师资队伍稳定增加创造必要条件。

第一，公平公正开展教师职称评审。2009 年评审通过教授 11 人、副教授 18 人，高教管理副研究员 2 人；评审讲师 28 人、高教管理助理研究员 3 人；聘任教授 7 人、副教授 12 人、副编审 2 人、高级实验师 1 人、高教管理研究员 1

人、副研究员 2 人、讲师 11 人、馆员 1 人、工程师 1 人；初聘副教授 3 人、讲师 28 人。截至 2009 年，具有教授、副教授等高级职务的教师 213 人，占教师总数的 31.28%。

2010 年，完成了 2008 年 7 月 21 日至 2009 年 12 月 31 日期间晋升职称的 142 名专业技术人员在甘肃省人社厅的岗位等级认定和备案工作；同时积极联系甘肃省人社厅工资处，及时兑现了首次岗位设置中晋升高一等级和 2008 年 7 月以来职称变动人员的工资，标志着学校首次岗位设置工作的圆满完成，使学校岗位设置工作走在甘肃省其他高校前列。甘肃省人社厅对学校积极的工作态度和办事效率给予了肯定。2010 年先后对 6 位同志高中级职称资格进行推荐评审并予以聘任；初聘 3 位同志副高级专业技术职务，44 位同志中级专业技术职务，14 位同志初级专业技术职务；完成了 22 位同志评审高级职务任职资格人员职称的答辩、审核、申报、评审推荐和资格聘任工作，以及 15 位中级专业技术职务任职资格的审核、申报、评审和资格聘任工作。

2011 年，做好专业技术职务评聘工作，评审教授 7 人，直定和评审副教授 33 人，讲师 43 人。

2012 年，通过评审、初聘的方式新增教授 10 人、副教授 25 人、讲师 18 人、实验师 2 人、馆员 1 人、助理实验师 2 人，使当年教授人数达 71 人、副教授人数达 216 人。

2013 年，严格学术要求，进一步规范职称评聘和人才考核工作，13 名教师取得教授资格，29 名同志取得副教授资格，1 名教师取得副研究馆员资格，4 名教师取得讲师资格。审核并初聘副教授 6 名、讲师 12 名、实验师 1 名、助教 10 名。

2014 年，经甘肃省高校教师系列高评会评审，有 12 名教师取得教授资格，25 名教师取得副教授资格。此外，还有 1 名教师取得正高级工程师资格，1 名教师取得高级会计师资格，4 名教师取得讲师资格，1 名教师转系列取得助教资格。审核并初聘副教授 11 人、讲师 5 人、助教 20 人、助理会计师 1 人、助理馆员 1 人、助理实验师 1 人。推荐 1 人评审实验师，推荐 2 人评审高级实验师。这年在岗教授人数达到 88 人、副教授人数达到 235 人，具有高级职称的教师比例达到 46.21%。

2015 年，为保证各学科师资力量均衡发展，根据《甘肃省事业单位结构比例管理试行办法》文件精神，在学校的宏观调控下，对各二级学院申报高级职称的人数进行限额控制，引入竞争机制，优化了学校教师的评审条件，扩大了各学院在教师职称评聘中的自主权。2015 年申报的高级职称评审通过率达到100%，其中教授 10 人、副教授 23 人、初聘副教授 3 人、讲师 12 人、助教23 人。

2016 年，全力以赴做好教师职称评审工作，合理设置岗位限额，调整各学科师资结构；加大对新学院、新专业的支持力度；推荐 14 人参评甘肃省高级职称评审会评审，其中 6 人获得教授资格、7 人获得副教授资格。2016 年全校在岗教授 94 人、副教授 265 人，教师中高级职称比例达到 49.7%。

2017 年，教师职称评审在延续往年政策的基础上，根据职称改革最新形势，重视"代表性成果"评价，在高级职称评审中，评审通过正教授 8 人、副教授 9人，其他系列副高级 3 人；审核直定副教授 2 人、讲师 23 人。2017 年学校高级职称人数达到 360 人，占教师总数的 52.63%，这一比例在甘肃省属高校中居前列。

2018 年，评审 8 名教授、10 名副教授，推荐 1 人评审正高级工程师职称，1人评审正高级会计师职称，1 人评审高级工程师。根据甘肃省和学校有关文件要求，审核、初聘副教授 2 人、讲师 14 人。

第二，增加人员编制。2010 年 4 月，在各方不断地努力下，甘肃省编办对学校的编制状况进行了实地考察，对学校在编制紧缺情况下所做的各项师资队伍建设工作给予了肯定，并于 8 月下发《关于给天水师范学院增加编制的通知》（甘机编办通字〔2010〕61 号），同意给学校再增加编制 50 名，为学校岗位聘任工作能够继续顺利进行创造了有利的条件。同年 6 月通过甘肃省人社厅的审核，完成了学校全体教职工首次岗位等级认定和备案的报批工作。

2011 年，学校根据未来发展，继续向甘肃省编办、教育厅积极为争取人员编制，6 月甘肃省编办为学校增加编制 72 名。同时，按甘肃省编办要求建立了学校人员编制台账，规范了今后学校人员编制管理工作。还根据人社厅要求，结合学校实际情况，制定了学校岗位设置方案，并向人社厅争取了更多的高级岗位名额，其中正高增加 10 名、副高增加 20 名。专业技术高、中级岗位数量都超出省上规定的比例，进一步优化专业技术职务结构。通过积极向人社厅和教育厅争取岗位职数，学校正高级专业技术岗位职数达到 60 名、副高级专业技术岗位职数达到 190 名，分别占专业技术岗位职数比例为 9% 和 30%，超出省上规定的 30% 的岗位比例。

2014年，学校多次向甘肃省教育厅、甘肃省人社厅积极努力地争取，增加了正高级专业技术岗位数40人，副高专业技术岗位数50人，比例达到45%，为学校更多符合条件的教师评审高级专业技术职务奠定了基础。

2016年，学校经过努力，解决了人员编制方面的历史遗留问题，为1998—2007年调入和毕业分配的39人解决了入编上岗手续，使学校的编制管理规范统一，在一定程度上缓解了经费紧张的问题，解决了这部分教职工的后顾之忧，稳定了教师队伍。

2017年，在学校编制紧缺，高级岗位空岗数不足的情况下，积极主动协调甘肃省人社厅、教育厅等主管部门争取增设高级岗位，成功增设正高级岗位5个，副高级岗位10个。同时提高了高级岗位内部层级比例，最大限度提升了学校高级岗位数量和比例，为教师职称晋升提供了更多机会，有效地调动了广大教师的积极性。

第三，加强岗位考核和岗位聘任。2015年依据《天水师范学院岗位考核办法》和《天水师范学院校内岗位聘任办法》，开展首轮聘期考核与新一轮岗位聘任工作，进一步深化人事分配制度改革，实现岗位管理，形成竞争机制。在科学调研、细心沟通的工作理念下，人事处对全校教职工的考核材料进行了复审。尤其是专业技术人员的考核材料，经过细致审核和资料复查，确保了考核和聘任工作的平稳顺利进行。经学校会议审定，2015年全校仅有12名专业技术人员未完成岗位职责任务，按照文件规定，在新一轮聘期降级聘用；19人聘为校内一级教授，62人聘为校内一级副教授，29人破格聘任高一级专业技术岗位。2017年"飞天学者"特聘计划顺利开展，完成了2人的考核和新一轮3人的聘任工作；"青蓝人才"资助工程有效实施，分别组织完成了对5名"青蓝人才"的期满考核和2名"青蓝人才"遴选资助工作。

2018年根据《天水师范学院岗位考核办法》，在2015—2018学年度校内岗位聘期结束后，组织进行全校各类人员的三年聘期考核和新一轮岗位聘任工作。在2018年的聘期考核中，80人考核为基本合格，2人考核不合格；依据考核结果，在新一轮岗位聘任中，22人破格聘任教授二级、副教授二级岗位，43人在上一聘期岗位基础上聘任高一级岗位，2人降岗聘任，29人在上一聘期岗位基础上聘任低一级岗位。此外，还完成了学校飞天学者讲座教授程金城及青年学者陈于柱、杨富巍的考核管理工作；加强"青蓝人才"管理考核，完成6名"青蓝"人才工程资助期满人员考核，做好5名资助人员年度考核，保证"青蓝"人才工程的有效实施。

科学合理的岗位管理调动了教师工作积极性，编制的增加不但减轻了学校额外负担，也有利于引进人才扩充师资力量，保证教学科研的持续发展进步；科学合理的考核机制有利于激发教师的活力和动力，有利于学校师资队伍的稳定。

三、做好推优选先，加强师德建设

学校重视通过完善推优选先、表彰奖励等措施激发教职工的工作积极性，选拔高层次人才，加强师德建设，为教师在教育教学生涯成长中提供师德典型和模范榜样，营造"弘扬高尚师德、潜心教书育人"的良好氛围。

2009 年为切实加强师德建设，不断提高广大教师的师德修养，积极开展了"铸师魂、修师德、炼师能"等活动，涌现出了一批认认真真教书、扎扎实实治学的师德表率和教书育人的先进典型。评选学校优秀教师 13 人，推荐 5 位教师为甘肃省领军人才第一、第二层次人选；推荐 12 位教师为天水市领军人才人选；推荐 1 位教师为甘肃省教学名师；推荐 1 人为甘肃省高等学校青年教师成才奖人选；推荐 2 人为甘肃省优秀专家人选；推荐 11 人为甘肃省普通高中新课程实验教材选用委员会学科教材选用专家库备选人员；组织全校 422 名教职工填报并上报《甘肃省高层次人才登记表》和《甘肃省留学归国人员登记表》。

2010 年，先后推荐 2 位同志为享受政府特殊津贴人选；推荐 1 位同志为 2010 年甘肃省"园丁奖"先进个人；1 位同志为 2010 年天水市"园丁奖"先进个人；1 位同志为 2010 年天水市"园丁奖"优秀教务工作者。教师节对 79 位 2008—2010 学年度"三育人"先进个人予以了表彰。

2011 年，学校 2 位教师获甘肃省"青年教师成才奖"，1 人获批享受政府特殊津贴。

2012 年，积极推荐学校教师评选全国、全省教书育人、教学名师等荣誉称号，扩大学校社会声誉和影响力。1 人被评为甘肃省"园丁奖"优秀教师，1 人被评为天水市"园丁奖"优秀教师荣誉称号；评选出"教书育人"先进个人 50 名、"管理育人"先进个人 17 名、"服务育人"先进个人 7 名。

2013 年，2 位教师获甘肃省"青年教师成才奖"，1 人获省级教学名师和教育部新世纪优秀人才。

2014 年，经甘肃省学位委员会、甘肃省教育厅审核，1 人被聘任为甘肃省

"飞天学者"特聘教授；推荐 1 人为教育部"长江学者"特聘教授人选和 2014 年文化名家暨"四个一批"人才、"万人计划"哲学社会科学领军人才，推荐 1 人为全国教书育人楷模；1 人为甘肃省《园丁报告》入选人；1 人为甘肃省高校"教学名师奖"人选；1 人为甘肃省"园丁奖"优秀教师；1 人为天水市"园丁奖"优秀教育工作者；1 人为天水市"园丁奖"优秀教师；推荐 2 名博士为全国"青年拔尖人才支持计划"人选；1 人为甘肃省文化艺术领域领军人才；向天水市推荐 4 名同志为天水市政府投资项目可行性研究报告、初步设计评审及招投标评标专家。开展"寻找身边的'张丽莉'（第二季）"活动，并推荐 1 名同志为"身边的'张丽莉'"先进典型。学校通过积极推荐教师参与评优选先和专家人才，培育形成了学科带头人和学科骨干，进一步扩大了学校的社会声誉和影响力。深入开展了"三育人"评选活动，80 名 2012—2014 年度"三育人"先进个人在第三十个教师节受到表彰。

2015 年，2 位教师获甘肃省"青年教师成才奖"，1 人获批享受政府特殊津贴。

2016 年，评选表彰 2014—2016 学年度"三育人"先进个人 86 名，营造了浓郁的育人氛围，彰显了学校"立德树人"的管理理念和价值取向，增强了教职工的荣誉感、责任感和使命感。1 人获省级教师名师，1 人获第八批甘肃省优秀专家。

2017 年，推荐 1 名女博士获得全省高校教育系统"甘肃省巾帼建功标兵"荣誉称号；推荐 2 人获得甘肃省"青年教师成才奖"；推荐 1 人获得甘肃省"园丁奖"优秀教师荣誉称号；审核推荐"中国语言文学"教师团队成功申报全国高校"黄大年式"教师团队。

2018 年，中国语言文学教师团队成功获批教育部"黄大年式"教师团队，"陇东南地区果园农药化肥减量和高效利用技术"团队获批陇原人才创新团队，1 人荣获甘肃省教学名师，2 人荣获甘肃省青年教师成才奖，1 人荣获天水市园丁奖，推荐天水师范学院甘肃省残疾人运动与康复研究中心为全省残疾人群众体育先进集体，1 人为全省残疾人群众体育运动先进个人。根据甘肃省教育厅统一安排，组织了由各二级学院为主的"四有"好老师风采展示系列宣传活动。推选 3 人为甘肃省陇原"四有"好老师人选，评选 12 位教师为天水师范学院"四有"好老师，评选表彰 86 名 2016—2018 学年度"三育人"先进个人。

师德建设就是学校发展的重要前提和内在要求，通过推优选先和树立典型示范，有利于激励和引导教师提升师德素养和教学科研水平，有利于凝聚人心，为人师表，甘于奉献，一心一意为社会服务。

第二节　人才强校战略实施

一、积极引进人才，充实师资队伍

为了满足教学、科研需要，顺应师资结构调整，提高管理服务效率，学校适时采取更加灵活、更加宽泛的措施，通过全职引进和"柔性引进"等方式，有针对性地多渠道延揽引进高层次各类人才，以充实教师队伍，促进师资队伍的多元化和优势互补，形成教师资源市场化配置格局。

第一，全职引进人才。学校通过参加招聘会或到有关重点大学直接与毕业生洽谈等方式考察录用。积极发挥学科专业调整在高层次人才引进和教师学历提升等方面的引导作用，努力使各学科专业结构、职称结构、年龄结构和学历结构等方面趋于合理。2009 年招录引进27 名硕士及以上学位毕业生。2010 经过严格考察，从其他高校引进了教授 1 名；经过对比、筛选和考察，从应往届优秀硕士毕业生中引进了 25 名学校急需的人才。2011 年积极办理了 26 名取得博士、硕士学位的教师回校报到手续，并按照相关政策签订工作协议、兑现待遇；从其他研究所引进了研究馆员 1 名。2012 年通过加大经费投入、政策倾斜等激励机制，引进博士 15 人、硕士 19 人。2013 年引进 4 名博士、25 名硕士和 3 名紧缺专业的优秀本科生，调入 1 名高级教练，6 名教师取得博士学位回校工作。2014 年聘用 1 名博士、30 名硕士。2015 年招聘硕士研究生 30 名、博士研究生 3 名。根据《天水师范学院人事代理人员管理暂行办法》，与天水市人才服务中心签订协议，开展学校人事代理招聘工作，共聘用 3 名舞蹈实践课程教师，30 名学生辅导员和办公室干事。2016 年引进博士 1 人、硕士 12 人，面向社会招聘人事代理制学生辅导员和办公室干事 24 人，为学校引进、选拔了一批业务水平高、综合能力强的专业师资和管理人员，使专职辅导员配比达到 400∶1，保证了学生管理工作的需求。2017 年通过扩大宣传，提高待遇，加大高层次人才引进力度，引进 6 名博士研究生。

2018 年为了更好地支持学校硕士学位授权点建设，面对全国性的"人才抢夺战"，进一步加大博士研究生等高层次人才的引进力度，不断创新人才引进思路，扩大宣传，提高待遇，优化服务，以事业、感情、待遇留人。当年引进国内外名校博士 17 名。学校博士研究生数量达到 144 人（含在读 29 人），引进层次和数量取得突破性进展，引进高层次人才数量位居甘肃省内同类院校前列。人才引进工作得到甘肃省教育厅、人社厅充分肯定，为学校高层次人才队伍建设奠定了坚实的基础，为硕士学位点建设提供了有力的保障。同时，为了进一步加强辅导员队伍建设，按照事业单位在编人员工资标准提高了人事代理人员待遇，首次采用人事管理系统进行网络报名，通过严格的笔试、面试，共招聘 49 名学生辅导员，皆是重点大学硕士研究生，严格按照教育部学生辅导员 200：1 的配备要求安排到各二级学院辅导员岗位。

第二，柔性引进高层次人才。学校依据"不为我有，但为我用"的人才使用观，加大聘请引进工作力度。2009 年聘请 14 名兼职教授、客座教授、名誉教授。2010 年聘请 5 位兼职教授。2011 年聘请霍有明先生为天水师范学院兼职教授和霍松林艺术馆名誉馆长；聘请兼职教授 2 人，聘请兼职教师 19 名。2012 年聘请兼职教授 4 人，2014 年聘请兼职教授 8 人，2015 年聘请兼职教授 5 人，2016 年聘请兼职教授 4 人。2017 年聘请兼职教授 4 人，聘用、聘请 40 多名知名教授和行业专家来校指导人才培养、学科建设和补充学校实践实训课程师资。2018 年做好"学科首席专家"聘任管理工作，聘任吉林大学张福贵教授担任中国语言文学学科首席专家。

学校以上措施，一是有利于教学方面稳定师资力量，满足教学需要，提升教学质量，开拓办学空间层次；二是在科研方面有利于凝聚科研团队，提升科研水平，优化学科结构，扩大社会影响力；三是在管理服务方面有利于提高管理水平，提升服务质量，有效维护学校稳定，繁荣校园文化。

二、提高教师学历，重视培训学习

在大力引进人才的同时，学校始终没有放松对校内中青年骨干教师的积极培养，重视加强师资水平，通过支持在职教师攻读高层次学历和参加非学历继续教育培训，帮助教师及时更新知识水平，提升业务能力。

第一，积极鼓励和支持教师提高学历层次。2009 年在学校政策鼓励下，有 13 人考取博士研究生，12 人考取硕士研究生。2010 年支持和鼓励 13 名教师考取博士研究生，21 名教师考取硕士研究生。2011 年根据学校审定后的计划，支持 15 名教职工考取博士研究生，2 人考取硕士研究生。2012 年支持 7 名教职工考取博士研究生，5 人考取硕士研究生。2013 年按照学校专业调整改造和学科建设需要，积极引导支持 7 名教师考取博士研究生，2 名教师考取硕士研究生。2014 年有 10 名教师考取博士研究生，7 名教师考取硕士研究生。2015 年共有 3 名教师取得博士学位回校工作，4 名教师取得硕士学位回校工作，1 名教师进入博士后流动站。2017 年支持 7 名教师在职攻读博士学位。2018 年支持 6 名教师定向攻读博士学位。2019 年，全校共有 24 名教师考取了博士研究生。

第二，注重教师非学历继续教育培训。学校根据青年教师不断增加的实际，重视抓住职前培养、职后培训等关键环节。2009 年有 8 名教师赴国内重点大学、科研院所做访学或进修专业课程，有 25 位教师参加了青年骨干教师出国英语培训；加强新教师岗前培训工作，利用暑期集中对 2003 年以来的教师进行教师资格培训，组织 206 名青年教师参加青年教师岗前培训。2010 年选派 5 名优秀中青年教学骨干在国内重点大学访学或进修专业课程；组织 18 位近年引进的教师到甘肃省师资培训中心进行岗前培训。

2011 年选派 80 多名优秀中青年教学骨干在国内重点大学访学、出国进修、参加国内外学术研讨会及短期培训；聘请中央音乐学院赵登营、韦蔚等专家集中为音乐学院教师进行专业培训；组织 6 位教师参加高校教师网络培训课程；组织 21 名青年教师参加甘肃省高师培训中心举办的青年教师岗前培训。2012 年支持 15 名优秀中青年教学骨干在国内重点大学进修、访学或攻读学位。

2013 年根据学科专业建设需要，支持 2 名教师入选国家西部地区人才培养出国留学特别项目，推荐 7 名教师以青年教师访问学者身份进修学习和调整专业方向为目的的单科进修，组织 2 名教师赴国内高水平实验室进行短期培训，组织 85 名教师参加暑期青年教师的岗前培训工作。

2014 年共有 8 名教师赴国内重点大学、科研院所做高级访问学者或进修专业课程。按照甘肃省委宣传部的文件要求，学校分别组织了四批共 15 名教师参加了甘肃省哲学社会科学教学学科骨干研修班的学习；积极组织 57 名新进人员参加暑期西北师范大学集中举办的高校教师岗前培训。

2015 年学校根据转型升级需要，注重"双师型"师资队伍建设。支持教师进修访学，提高专业理论知识；通过选派教师到企事业单位挂职锻炼，学习与专业理论相关的实践操作知识；外聘具有较强专业技术实践经验的技师到学校指导学生实践、实训课程；选派 7 名优秀中青年教学骨干在国内外重点大学访学，有 2 名教师跨专业进修学习，60 多名教师参加各类专业实践和技能培训；举办"青年教师发展论坛"系列活动，引导教师转变教育教学观念、提升专业技能和素养；组织 68 名新进教师岗前培训。

2016 年采用集中培训和日常培养两种方式组织新进教职工培训。集中培训邀请校党委书记、校长以及部分职能处室负责人、资深教师，做报告总计 8 期 11 场次。日常培养注重对新进教职工在一年的试用期内全程跟踪培养，通过青年教师"导师制""青年教师发展论坛"等形式，对青年教师专业发展进行全程规划、指导和培养。举办"青年教师发展论坛"系列活动 7 次，利用"天水师范学院教师发展服务中心"微信公众平台，邀请校内外专家 30 余人次，通过主题座谈、名师报告、教学诊断等形式多样的系列活动，提升教育教学能力。

2017 年加大力度提升师资培训。从教育部"全国高校教师网络培训中心"购买了 70 门优质课程资源，通过在线学习提升教师综合素养；遴选组织了 6 名"青蓝人才"赴西安交通大学学习交流；组织教师参加 2017 年中西部高等学校新入职教师国培示范项目和西北地区高校教师教学发展中心联盟思政课教学研修活动等。尤其是成功申报中央和甘肃省支持地方高校教师发展服务项目经费 306.316 万元，为教师职业生涯发展提供了经费保障。

以上措施，激励许多学历较低的青年教师不断进取，与时俱进，开阔视野，增强业务能力，提高了学校师资力量的整体水平。

总之，十年来学校在师资建设和人才强校战略方面紧跟时代，及时调整用人办法，使学校师资力量持续增强，保证了教学、科研及管理服务良性运行，不断扩大了学校的社会竞争力和影响力，为今后学校更进一步全方位发展奠定了结实的基础。

（执笔人：韦宝宏）

第三章

招生就业与学生培养管理

一所大学不仅仅需要大楼，需要大师，更需要高质量的学生，学生是大学存在和发展的基础。一所大学招收生源质量的高低，通过四年本科培养过程，决定了一所大学培养的学生水平和学生就业创业的优劣。十年来学校围绕"招生—培养—就业"三位一体工作思路，完善"学院主体、部门统筹、齐抓共管、校院一体"的工作机制和工作目标管理责任制度，在招生、学生管理与培养、综合素质拓展、学生就业方面取得了较为显著的成绩。

第一节　招生就业

一、稳定招生规模，提高招生质量

近十年来，学校严格按照教育部、甘肃省教育厅及甘肃省教育考试院的工作要求，在学校党委、行政的正确领导下，始终坚持"阳光招生"，本着"严格管理、规范操作、公开透明、公平公正"的原则，从 2009 年面向全国 13 个省（市、自治区）招收普通本科生到 2019 年面向全国 26 个省（市、自治区）招收普通本科生，省外生源比例从 3.3% 增长到 8% 左右；学校师范专业招生学生逐年下降，由 2009 年占比 62%，下降到 2019 年占比 41% 左右，非师范专业招生人数呈逐年递增趋势，并且最近 6 年呈稳定趋势。省内招生所有专业都在二本线以上录取，文史类专业高出率取线 10—20 分，理工类专业高出 5—10 分。第一志愿报考率、录取率、录取分数线位于省内同类院校前列。2009—2019 年天水师范学院招生基本情况如下表：

2009—2019 年天水师范学院招生基本情况统计表

年份（年）	录取总人数（人）	普通本科生人数（人）	师范专业招生人数/比例（%）	非师范专业招生人数/比例（%）	省内招生人数/比例（%）	省外招生人数/比例（%）	省外招生省份数（个）
2009	3874	3654	2265/62%	1389/38%	3540/96.7%	120/3.3%	13
2010	3600	3453	2148/62.2%	1305/37.8%	3331/92.53%	269/7.47%	23
2011	3844	3671	2103/57.29%	1568/42.71%	3470/90.27%	374/9.73%	25
2012	4089	3796	2024/53.32%	1772/46.68	3509/90.23%	380/9.77%	25
2013	4214	3833	1968/51.34%	1865/48.66%	3816/90.56%	398/9.44%	25
2014	4093	3656	1623/44.39%	1865/55.61	3691/90.18%	402/9.82%	25
2015	4025	3659	1721/42.7%	1721/52.3%	3723/92.5%	302/7.5%	26
2016	4086	3699	1901/46.53%	2185/53.47%	3790/92.58%	296/7.42%	26
2017	4010	3602	1718/47.7%	1884/52.3%	3706/92.42%	304/7.58%	26
2018	4179	3726	1731/46.64%	1995/53.54%	3847/92.42%	332/7.94%	26
2019	4128	3870	1610/41.6%	2260/58.4%	3761/91.11%	367/8.89%	26

（一）完善组织机构，精心做好普通本科招生录取各项工作

学校成立由校长负责、纪委书记为监督的学校招生工作领导小组，负责招生相关政策的制定，讨论决定招生工作重大事宜。学校纪委监察部门全程监督，确保招生工作透明、公开、严谨、规范。加强招生政策规定和工作纪律，深入贯彻落实教育部和甘肃省招生委员会相关文件精神，在全校各部门牢固树立招生的成败关乎学校声誉和生存的理念，营造一种全校上下人人关心招生的良好工作氛围，严格按照职责分工和工作程序办事，依法依纪进行招生。建立校院一体的招生就业工作体系，形成以二级学院为主体、相关职能部门参与、校院一体化的招生就业工作平台和机制，切实发挥二级学院在专业改造，研究招生计划和毕业生就业工作中的积极作用，构建"招生—培养—就业"三位一体的人才培养工作机制，助推学院学科专业建设和转型发展。

（二）根据学校战略发展定位，调整师范专业和非师范专业及招生人数比例，凝聚专业特色，科学合理地制定分省分专业招生计划

为了进一步促进和加强学校学科建设和专业改造，逐步压缩师范专业招生人数，扩大非师范专业招生人数，科学合理制定分专业招生计划，积极与教务处等部门协调配合，深入各二级学院，对年度招生专业及计划人数进行充分的调研和论证，并报经学校院务会议审核通过后，上报相关省（市、自治区）教

育厅备案。结合招生实际，对信息与计算科学、科学教育、人文教育、经济学等第一志愿报考率低，专业定位不明晰，就业情况较差的相关专业暂停招生。根据就业市场和地方经济建设的需求，加大专业改造和建设以及应用型新专业的申报力度，深入研究产业需求、专业及方向设置和人才培养方案，推行校内专业分批发展战略，力争形成一批产业欢迎、声誉良好，能切实服务地方经济社会发展的优质应用型专业。特别是学校 2013 年学校转型发展，以建设师范特色鲜明的应用型大学为目标，到 2018 年学校新一届领导班子，经过多方调研论证，提出了学校建设目标"西部一流、国内知名、师范特色鲜明的高水平应用型大学"，通过专业结构优化调整，学校专业从 2009 年的师范专业 17 个，非师范专业 21 个，发展到 2019 年的师范专业 15 个，非师范专业 37 个，涵盖教师教育、工程技术、商务管理、文化体艺四大专业群，基本形成了师范特色鲜明，应用能力强，专业布局合理的专业结构。

（三）拓展招生宣传，做好普通本科招生宣传工作

为了吸引更多优秀考生报考天水师范学院，提高学校生源质量，学校招生就业处将招生宣传工作作为招生工作的重点来抓，在每年年初就制定具体的宣传方案，分阶段、分层次地在各生源省份进行招生宣传。通过印制招生简章、招生指南、网络新媒体、杂志报纸、参加"陇原行"招生咨询赴，白银、武威、张掖、酒泉、嘉峪关、定西、平凉、庆阳、天水等重点生源中学进行招生宣传。同时在学校招生就业处内设高考招生及报考答疑热线电话和网上交互平台，积极与考生和家长进行沟通和交流，参加兰州大学、西北师范大学校园开放日活动等措施，积极推进学校招生宣传工作。通过多样化的宣传，学校生源丰余，每年统招分数线理科高出分数线 5—10 分录取，文科在高出分数线 10—20 分录取，招生分数线在甘肃省内同类高校名列前茅。2019 年，学校招生就业处被甘肃省人力资源与社会保障厅、教育厅评为"全省教育考试招生工作先进集体"，1 名工作人员荣获"全省教育考试招生工作先进个人"。

（四）做好民族贫困地区特殊专项计划招生工作

学校认真贯彻落实甘肃省关于精准扶贫、革命老区和藏区专项计划招生录取工作的政策和要求，立足特殊项目生源地实际，在安排招生计划时，对甘南藏族自治州和天祝藏族自治县藏区专项音体美专业计划做了一定倾斜。自 2015 年以来，共有 500 多名各类特殊专项学生在校学习，项目实施效果良好。

二、拓展就业渠道，促进就业工作

毕业生的就业率是衡量一所大学毕业生就业状况的基本指标，同时是一所大学学生培养质量的反映。作为地方师范院校，近年来随着全国高校招生规模持续扩大、专业数量不断增多、全国本科生就业形势日趋严峻，学校的就业形势也是十分严峻，为了保证学生就业质量，学校实施就业工作"一把手"工程，调动一切积极因素，不断优化就业环境，积极开展毕业生就业创业教育，进一步拓展就业市场，做好就业服务工作，促进毕业生充分就业。学校本科毕业生当年就业率基本保持在70%左右，处在甘肃省同类高校就业率前列水平。建校60年来，学校为甘肃教育事业特别是陇东南地区培养和输送了大批高素质毕业生。其中2009—2018年天水师范学院学生就业基本情况统计如下表：

2009—2018 年天水师范学院学生就业基本情况统计表

年份（年）	毕业人数（人）	就业人数（人）	当年就业率（%）
2009	2905	1725	59.38%
2010	3588	2570	71.63%
2011	3210	2416	75.26%
2012	3455	2629	76.09%
2013	3393	2285	67.34%
2014	3305	1655	50.08%
2015	3598	1881	52.28%
2016	3727	2032	54.52%
2017	3785	2631	69.51%
2018	3769	2866	76.45%

（备注：不包含硕士研究生）

（一）实施"一把手"工程，突出就业工作的主要地位

学校党政主要领导高度重视和关心毕业生就业工作，召开毕业生就业专题会议，对毕业生就业工作进行了全面部署，切实将毕业生就业工作作为"一把手"工程贯彻落实。学校党委书记、校长作为毕业生就业工作的第一责任人，对毕业生就业工作亲自抓、总负责，分管校领导具体抓，为毕业生就业工作想

方法、出思路，学校各职能部门、二级学院采取了一系列有效举措，充分调动辅导员、班主任、毕业优秀校友和相关企业等有效资源，形成了"全员参与、全程推进、齐抓共管"的就业工作良好运行机制。

（二）坚持内涵式发展，确保人才培养质量，促进毕业生就业

1. 坚持以市场需求和就业为导向，调整优化专业结构

（1）立足学校专业建设与人才培养实际，按照构建专业群发展的好思路，分期、分批调整传统专业结构，优化专业布局，申办新专业，培育特色专业，形成应用人才和创新人才两大人才培养类型，凝练建设教师教育、工程技术、商务管理、文化体艺四大专业群。

（2）编订新教学大纲，加快创新人才培养体制建设，构建应用型人才培养模式，加强教学研究，建设教学团队，培育精品课程，改革考试方法，强化教学质量保障体系等工作，逐步形成人才培养质量较高的发展格局，赢得"好就业、就业好"的办学声誉，更好地为区域经济社会发展服务。

2. 深化人才培养模式改革，增强毕业生就业适应性

学校根据应用型人才的培养目标和培养规格，加强校企合作和产学研结合，构建应用型人才培养模式。其中教师教育类专业以中小学教师专业标准为依据，以培养教师的专业能力和素养为目标，采取渗透式"3＋1"培养模式；管理类、工科类、体艺类等专业，以行业需求为导向，以职业要求为标准，采取联合培养（3.5＋0.5）、订单培养（3＋1）等校企合作多种培养模式，实现了人才培养与企业（行业）需求的零距离对接。

（三）强化就业信息服务，提升指导服务水平

1. 广泛搜集各类就业信息，确保信息畅通，扩大就业渠道

（1）设置专人负责，通过就业信息网、就业信息宣传栏、移动飞信平台、毕业生就业QQ、微信群等渠道，发布各种就业信息和就业岗位，供学生选择。

（2）建设"天水师范学院毕业生就业一体化"平台，实现与全国高校毕业生就业管理与监测系统的有效对接，做到信息畅通，及时公布了各类就业政策、就业动态、招聘信息，帮助学生及时、全面、准确地了解就业政策。

（3）为了方便用人单位了解学校毕业生需求信息，学校每年印制《天水师范学院毕业生专业介绍和生源信息统计》材料向全国各地主要用人单位、人才中心、人事教育等主管部门发放。

（4）重视就业数据信息的收集、反馈，为学校招生就业、专业建设提供科

学决策依据。

2. 加强就业指导，促进毕业生就业

（1）学校按照就业指导全程化的要求正式开设了就业指导课，纳入学分管理，并定期督查各学院就业指导课的开设情况。

（2）加强就业指导教师队伍建设，学校组织多名从事就业指导课程教学的教师参加国家级职业指导师、省教育厅主办的"北森职业生涯规划 TTT 培训"课程学习，取得培训合格证书，提高就业指导教师水平。

（3）邀请省内外专家教授、企业家、创业成功校友为学校毕业生做就业、创业报告会。各学院结合自身的专业特点，聘请校内外专家、企业家、校友为本学院学生做就业、创业指导讲座，取得了积极的效果。

（4）为增强学生的就业意识和对大四毕业生进行有效的就业指导，学校每年订购甘肃省教育厅主管的就业报刊《人才·周刊》200 份，面向大三、大四各班级免费发放。

（5）指导就业社团举办"创业计划书设计大赛""毕业生自荐书设计大赛"和"就业知识竞答赛"等一系列活动，传递了国家关于就业与创业的最新政策，大大提高了毕业生的就业竞争力，帮助学生树立就业与创业信心。

3. 多管齐下，开展考研和基层就业项目培训

（1）为考研学生举办《政治》《大学英语》等科目的培训，每年召开"研究生考试复试—调剂咨询会和经验交流会"，扎实的专业学习、培训和交流，使学校研究生录取率逐年提高，在甘肃省内同类院校中名列第一，教学质量受到甘肃省教育厅的肯定和表扬。

（2）精心组织学校优秀专业教师为毕业生免费举办民生时事就业项目和基层服务项目《公共基础知识》科目的技能培训，受到广大毕业生的好评。

（3）邀请甘肃省人社厅创业培训中心专家、校企合作导师、企业主管、为学校土木工程学院、政法学院、商学院等部分二级学院的毕业生进行短期集中创业人才免费培训，取得了良好的效果。

4. 增强服务意识，积极为毕业生和用人单位做好服务工作

（1）学校对集体外出就业实习的学生，如新疆及省内周边顶岗支教的学生，帮助其统一订购火车票，专车送站，联系单位接站。

（2）对部分在外就业实习不能按时回校参加毕业答辩的毕业生，二级学院根据毕业生的实际情况，调整答辩时间，确保按时毕业。

（3）积极向用人单位发布招聘信息，安排组织校园招聘会，主动帮助联系食宿，负责接站等，与用人单位建立了良好的合作关系。

（4）重点宣传"研究生考试""农村特岗教师计划""三支一扶"等基层就业项目，确保了学校各项考试报考人数的增长，录取人数也呈现逐年增长趋势。积极引导毕业生到城乡基层就业、面向中西部和民族地区就业、面向中小企业就业和鼓励更多毕业生自谋职业、自主创业。

（四）创新、开拓就业市场，全力促进毕业生就业

1. 采取"走出去、请进来"的方式，组织各类校园招聘会

学校每年邀请数百家用人单位举办各类校园招聘会，为用人单位招聘学校毕业生提供方便，二级学院也积极联系用人单位，举办各类专场招聘会，院校互动，提高学生就业率。通过几年的努力，学校和广东、江苏、浙江、天津、新疆等六省地市级人社部门取得联系，签订"共建毕业生就业服务平台"合作协议，双方联合在学校举办人才招聘"双选会"。

2. 加强交流合作，拓宽学生就业渠道

（1）学校组织并要求各学院派人走访全国各地，各学院根据专业特点和就业方向，联系和本专业相关的用人单位，推介毕业生。如组织土木工程学院、机电汽车工程学院、电子信息与电气工程学院等改革试点相关学院主管院领导参加"甘肃高校大学生就业工作新疆行"，对新疆多家企业进行就业调研、市场拓展等活动。

（2）组织学校毕业生赴甘肃省内外参加各类大型招聘会，利用学校参加西部高校联盟会的优势，组织学校毕业生参加兰州高校举办的秋季大型校园招聘会，多次组织毕业生参加甘肃省人力资源和社会保障厅举办的"中国兰州人才智力交流会"和"甘肃省应届大中专毕业生双向选择洽谈会暨西部技能与实用型人才交流大会"。

（3）通过参加甘肃省内外大型招聘会，到招聘会现场积极联系邀请了新疆建设兵团、新疆各个地州市、陕西、深圳、江苏、宁夏等地区多家用人单位来校招聘。

（4）利用学生实习、实训，与用人单位建立实习、就业长期合作机制。学校与中兴集团、甘肃东兴铝业集团、上海安博教育集团、厦门航空酒店等单位签订了订单培养，校企合作办学模式已初见成效。

3. 抓住机遇，积极拓展网上就业项目招聘。

注重网上招聘信息，在向学校毕业生积极推荐的同时，招生就业处主动联系用人单位，拓宽就业渠道，提升就业率。

（五）采取有力措施，做好困难毕业生的就业帮扶工作

1. 通过召开座谈会等形式，了解和调研就业困难毕业生的实际情况，对于家庭经济和本人求职方面特别困难的毕业生，有针对性的及时开展个性化的指导服务，并给予物质和精神上的帮扶。

2. 学校根据甘肃省人力资源和社会保障厅关于给普通高校低保家庭和残疾毕业生发放求职补贴的文件精神，严格审核申请手续，自2014年以来，共为6878名低保家庭、残疾毕业生和享受助学贷款等各类经济困难毕业生每人发放求职、创业补贴1000元，资金总额达687.8万元，为困难学生就业、创业起到积极作用。

3. 学校根据毕业生困难的程度对其拖欠的学费进行了不同程度的减免，对特别困难的毕业生在发放补贴帮助其就业的同时，有重点地向招聘单位优先推荐，帮助他们顺利就业。

（六）唱响主旋律，扎实做好毕业生的思想政治工作

学校把对毕业生的思想政治教育同社会主义核心价值观、"我的中国梦"等主题教育活动有机结合起来，对学校毕业生来说，"中国梦"就是"就业梦""成才梦"，引导毕业生进一步转变就业观念，把个人成长融入国家需要，同时，大力宣传就业工作中涌现的先进典型，积极应对就业工作的热点问题，加强安全教育，确保了毕业生安全文明离校。

第二节　学生管理与教育

一、开展"主题"教育活动，夯实学生教育管理基础

（一）开展"三要求，五热爱"教育活动，着力解决学风问题

2007年，学校以"良好"的成绩通过了教育部本科教学工作水平评估，使得全校师生凝聚力大为增强，为开展学生工作打下了坚实的基础。学校以培养为基础教育服务的合格师资和现代化建设的应用型人才为己任，坚持把德育为先、育人为本的理念贯穿于教育教学的全过程，从细微处入手、从点滴小事做

起，把大学生思想教育内容凝练、升华，形成了"以良好的形象展示自我、以优异的成绩回馈父母、以过硬的本领报效祖国"和"爱祖国、爱父母、爱同胞、爱环境、爱学习"的"三要求、五热爱"教育实践活动。"三要求、五热爱"教育活动的开展提高了学生的思想境界、统一了学生学习目的，此活动延展至2012年，在此期间，学校围绕"三要求、五热爱"开展了一系列学生教育活动，解决了学风不浓的现象，在全校范围逐步营造了一个良好的学习氛围和环境。

（二）开展"问题排查年"活动，摸清学生教育管理中存在的突出问题

2013年以来学校树立"服务学生，发展学生，提升学生，引领学生"的工作理念，锐意创新学生工作方法，开展"一年一主题，着力抓提升"的活动，学生工作迈上了新台阶。

2013年，学校学生工作管理部门为切实掌握学生工作中存在的突出问题，通过开展对学生管理中存在的问题进行排查，掌握了学生中存在的主要突出问题，即"经济困难""学习困难""心理问题""沉溺网络""恋爱受挫""校外住宿""经常违纪"和"社会关系复杂"等八类问题，并按照不同类别分类建立了问题学生档案，按照"校、院、班"三级管理的方式，精准到人，对排查的各类问题，学校和二级学院逐步进行解决。此项工作取得了良好的效果，保证了全校绝大多数学生能在校认真学习，遵守纪律，健康成长，顺利毕业。

（三）开展"班级建设年"活动，夯实教育管理基础工作

班级是学生管理工作的基本单位，每个班级学生管理工作做好了，全校的学生管理工作也就做好了，班级学生管理工作在学生管理中显得尤为重要。2014年，根据"问题排查年"活动中排查出的突出问题，着力加强班级建设，紧紧围绕"班级建设"这一主题，通过坚持不懈抓班级目标凝聚，抓核心价值观培育和践行，抓纪律教育，抓班团组织建设，抓班团会议落实，抓主题教育活动，抓先进典型的树立，抓安全隐患的排查，抓班主任职责落实和制度建设，抓心理健康教育，抓经济困难学生的走访帮扶等工作。在全校形成了目标聚焦班级，步子落在班级，合力用在班级的良好工作局面，夯实了基础教育管理工作。

（四）开展"学风建设年"活动，以优良学风促进学生发展

2015年，学校以"学风建设年"为主题，印发了《天水师范学院关于开展学风建设年工作的安排意见》，开展了一系列学风建设活动，营造了浓郁的学习

氛围，端正了学生的学习态度，促进了广大教职员工"教书育人""管理育人"和"服务育人"的积极性和主动性，切实提升学校学风建设水平。

（五）开展"管理创新年"活动，着力提升教育管理水平

2016年，学校印发《天水师范学院关于开展管理创新年工作的安排意见》，着力破除制约学生教育管理水平提高的各种体制、机制壁垒，修订了有关教育管理制度，探索建立日常教育管理的协同机制，启动辅导员、班主任"品茗茶，说案例"工作论坛，建立"一点多为，反应迅速"的学生管理应急处理机制等，进一步理顺校院关系，优化管理程序，增强学生教育管理的内生动力，构建充满活力、富有效率的学生教育管理新机制。

（六）开展学生教育管理"深化提升年"活动，着力构建分层分类的学生教育管理体系

学校紧紧围绕学生个性多样化、多层次成长成才需求，以教育为主导，以构建"分层分类的学生教育管理体系"为目标，建立了以学校、学院、班级为纵向，以考研学生、创新创业学生、就业学生、问题学生为横向，层级分明，主体责任清晰，三级联动，纵横交融的分层分类学生教育管理体系。

学生教育管理工作经过多年一贯坚持的每年一个主题的主题教育活动，在全校范围形成了新型学生教育管理工作观和工作机制，丰富了工作内容，拓展了工作载体，创新了体制机制，建立了较为完备的学生管理制度，形成了系列工作模式。使学生思想政治教育得以加强，日常教育管理有序推进，学校学风建设持续好转，在参加的各类全国全省大赛屡获佳绩，学校本科生考研上线率、录取率大幅攀升，从2012年的7.59%（275人）和5.46%（189人）上升到现在的16.42%（616人）和12.21%（458人），为学校改革发展奠定了坚实的基础，做出了重要贡献。

二、价值引领，做好学生思想政治教育工作

十年来，学校高度重视学生思想政治教育工作，全面贯彻落实《国家中长期教育改革和发展规划纲要》、全国思想政治工作会议精神和全国教育大会精神，落实立德树人根本任务，用社会主义核心价值观和习总书记系列讲话精神教育引领学生，并贯穿在学生教育和管理的各方面和各环节。一是以自编的《青年学生社会主义核心价值观读本》为基本教材，以主题班团活动学习社会主义核心价值观；二是以演讲比赛、征文比赛、书画展、漫画展、固定宣传栏、

网页浮动窗、重大节庆日布展宣传社会主义核心价值观；三是以寒暑假社会实践、岗位挂职锻炼、志愿服务活动等方式宣讲和践行社会主义核心价值观，以每年"甘肃最美人物""感动中国人物""我身边的榜样，我身边的警示"为主题，组织学生开展学习讨论活动；四是以优秀学生事迹报告会、优秀官兵报告会等方式激励引导青年学生，以校内外专家学者报告会、对谈会、宣讲会等方式帮助学生深化认识。几年来，印发《青年学生社会主义核心价值观读本》3000 余册，开展各类校园文化活动 1250 余场次，报告会和对谈会 150 余场次，举办法制报告会 30 余场次，10000 余名学生参加了优秀学生事迹报告会，210 余支社会实践团队深入基层，了解国情省情，提交各类调研报告 12000 余篇；600 余人次党政干部联系班级，帮扶学生，确实在校园内唱响了社会主义核心价值观的主旋律，弘扬了真善美。

三、着手细微，做好学生日常教育管理工作

学生日常管理和教育工作是学校学生工作的重点和难点，十年来，学校以学生日常管理、安全教育、养成教育和文明礼仪教育等为抓手，通过校园、公寓温馨提示，短信、飞信、微信等形式的温馨提示，主题班会和制作宣传板专题报告、讲座等方式，教育广大青年学生遵守学校校纪校规；按照每天检查一次，每周汇总通报一次早操、晚自习的方式抓学风建设。各学院坚持推行学生出勤通报，节假日到校追踪，无故旷课、沉迷网络、打架斗殴、擅自离校学生上报等方式，抓重点环节，抓突出问题，多次召开加强学生日常教育与管理专题会议，对违纪学生进行了相关的处理，形成了上下互动学生管理的良好局面。2013 年，以"问题排查年"为工作主题，先后四次对学生教育管理中涉及的学生干部职责、问题学生、校风学风、体制机制、干部队伍等问题全面开展了排查，摸清了工作底细，通过逐级建立台账的方式，督促各层级加强建设和管理，较好地维护了学校的教育教学秩序；2014 年，紧紧围绕"班级建设年"这一主题，通过坚持不懈抓班级目标凝聚，抓核心价值观培育和践行，抓校纪校规教育，抓班团组织建设，抓主题教育活动，抓先进典型的树立，抓心理健康教育，抓安全隐患的排查，抓班主任制度建设和职责落实，抓经济困难学生的走访帮扶等工作，班团组织建设更加健全，学生干部责任心更强，班级凝聚力进一步增强，班级涣散风气彻底扭转，班主任辅导员更加倾心于班级工作，在全校形成了目标聚焦基层，步子落在基层，合力用在基层的良好工作局面，切实夯实

了基层教育管理工作；2015年，以"学风建设年"为主题，通过制定《天水师范学院学风建设方案》，组织"百场学术报告会"，推行"百名干部进班级，千名教师进宿舍"，倡导"月课程辅导答疑"，抓学科竞赛活动，开展学风建设专项监督检查活动，修订《天水师范学院学生单项奖学金评定办法》，制定《天水师范学院学生就业创业奖励办法》等规章制度，切实增强了教师"教书育人"的积极性，密切了"教"与"学"的联系，营造了浓郁的学习氛围，端正了学生的学习态度，激励了学生学习的积极性和主动性，切实提升学校学风建设水平；2016年，以"管理创新年"为主题，通过抓理念创新，抓目标创新，抓思路创新，抓管理制度创新，抓方式方法创新，抓载体创新，抓评价体系创新，抓队伍建设等工作，在全校树立了"引领学生、提升学生、服务学生、发展学生"的工作新理念，建立了"宏观在部门，主体在学院"的网格化管理模式，推动了教育管理方式方法和载体创新，调动了学院开展工作创新的积极性，全面提升了教育管理水平。

四、专兼结合，做好学生管理队伍建设

学校大学生教育管理工作队伍建设遵循"专职为主、专兼结合"的原则。管理队伍主体是学校专职从事学生工作的党政干部和共青团干部、思想政治理论课和哲学社会科学课教师、辅导员和班主任。其中专职人员主要包括校党委分管学生思想政治教育工作的副书记（副校长）、学生工作部成员、校团委成员、各院（系）分管学生工作的党总支书记（副书记、副院长）、各院（系）分团委书记、专职辅导员、校大学生心理健康教育中心成员。兼职人员主要包括兼职辅导员、班主任和专业导师。

学生辅导员是学生管理工作的重要组成部分，是学校学生工作的组织者、协调者和实施者，是老师与学生之间的纽带和桥梁，是学校从事德育工作，开展大学生思想政治教育的骨干力量，是大学生健康成长的指导者和引路人。十年来，学校以国家、省有关规章制度为依据，逐步建立了以培训机制、工作机制、创新机制等为基础的学工干部队伍建设机制，锤炼出一批能吃苦、善服务、敢担当、讲奉献、有作为的学生工作队伍。先后有75名专职辅导员参加了国家和省级培训，10名辅导员荣获省级优秀辅导员荣誉称号，2名辅导员提名全国优秀辅导员人物，5100余学生干部得到5轮次培训，学生干部素质得到提高，"三自教育"能力得以提升。

2018 年，在学校党政领导的关心重视和支持下，学校认真落实教育部《普通高等学校辅导员建设规定》（43 号令），按师生 1：200 的比例，着力加强辅导员队伍建设。目前，学校共有辅导员 80 人，其中专职辅导员 76 人，兼职辅导员 4 人。辅导员中中共党员 64 人，占辅导员总数的 80%，团员 9 名，占辅导员总数的 11.25%，群众 7 名，占辅导员总数的 8.75%；男性 25 人，女性 55 人；汉族 76 人，回族 4 人（少数民族辅导员占 5%）；研究生以上学历 62 人，占比 77.5%，从人数上完全达到教育部 43 号令的要求。

五、奖助并施，做好学生资助工作

学校坚持"公开、公平、公正"的奖助原则，将党和国家的学生资助政策全面贯彻落实到学生中，助推学生积极成长成才。通过国家奖学金、助学金、勤工助学、生源地贷款和积极筹措社会捐助等方式帮助每一名家庭经济困难的大学生顺利完成学业，具体数据如下表：

2009—2018 年天水师范学院各类奖助学金及社会捐助统计表

年份（年）	国家奖学金人数（人）	国家奖学金金额（万元）	国家励志奖学金人数（人）	国家励志奖学金金额（万元）	国家助学金人数（人）	国家助学金金额（万元）	生源地贷款人数（人）	生源地贷款金额（万元）	社会捐助金额（万元）
2009	31	24.8	413	206.5	3994	798.8	3174	1100	270
2010	33	26.4	429	214.5	4153	1022.35	3224	1229.84	16
2011	32	25.6	403	201.5	4153	1214.7	4303	2004.36	87.1
2012	32	25.6	451	225.5	4658	1277.38	5171	2408	108.38
2013	33	26.4	450	225	4144	1242.2	5499	2872	80
2014	33	26.4	460	230	4144	1242.2	5123	2691	53
2015	31	24.8	473	236.5	4241	1272.3	6057	3273.96	57
2016	32	25.6	475	237.5	4396	1318.8	6343	3453.12	29
2017	30	24	478	239	4411	1323.3	6750	3723.62	20.4
2018	30	24	471	235.5	4342	1302.6	7332	4070	31.4

六、防治结合，做好学生心理健康教育工作

学校心理咨询中心按照"预防为主，防治结合"的原则，积极开展大学生心理健康教育，逐步探索出一条"普测＋常识＋辅导＋诊断＋干预"的心理防护模式。十年来，先后为数万人次的学生开展了心理健康普查，为所有学生分级建立了心理健康档案；每年举办心理健康专题讲座，为学生普及心理健康知识；举办一年一度的"5·25"心理健康节系列活动，累计近万余人次学生参与其中，使学生排遣了不良情绪，学会了自我调节方法；培训专门的心理辅导咨询人员，开展个体咨询、团体咨询，实现了心理危机的早发现、早预警、早干预，将危机消除在萌芽状态。

第三节　学生素质拓展和社团活动

一、突出重点，思想引领工作全面深化

学校团委始终把培养社会主义建设者和接班人作为出发点和落脚点，把巩固和扩大党执政的青年群众基础作为政治责任，积极开展团员青年思想政治教育工作，引导广大团员青年树立道路自信、理论自信、制度自信、文化自信，坚定听党话、跟党走的人生追求。

（一）大力开展主题教育活动

注重用习近平新时代中国特色社会主义思想、"中国梦"、社会主义核心价值观武装青年、塑造青年。结合党团重大会议、五四青年节、抗战胜利纪念日、"一二·九"运动纪念日、长征胜利纪念日、国家宪法日、国家公祭日等重要节点，开展了"学习总书记讲话做合格共青团员""中国梦·我的梦""四进四信""社会主义核心价值观主题宣传月"等主题教育活动，引导广大团员青年坚定不移走中国特色社会主义道路的理想信念。

（二）深化青年马克思主义者培养工程

着力构建了以青年马克思主义者培养工程为重点的团学骨干校院两级培养体系。十年来，举办青年马克思主义者培养工程暨团学干部培训班10期，累计培养团学骨干9000余名。通过理论专题学习、团务实训、"小青马"论坛、素质拓展、红色教育、志愿服务等特色课程，培养了一批政治坚定、作风扎实、自律严格的青年马克思主义骨干队伍。举办了"青年大学生建功新时代"学生会骨干培训班，坚定了学生会服务同学的宗旨，增强了学生干部的责任感、使命感。选派2名团干部到县级团组织挂职锻炼。

（三）发挥思想道德典型引领示范作用

积极开展"五四"表彰、"校园之星"评选和团内评优工作，让广大团员青年参与评典型、树典型、学典型，充分发挥榜样引领示范作用。十年来，2个团支部被评为"全国活力团支部"，1个团支部被评为"全国五四团支部"，2名同学被评为"全国高校十佳标兵升旗手"，4名同学荣获"中国大学生自强之星"提名奖，12名学生被评为"甘肃省优秀共青团员"荣誉称号，7名老师被评为"甘肃省优秀共青团干部"荣誉称号，8个团委被评为"甘肃省五四红旗团委"荣誉称号，12个团支部被评为"甘肃省五四红旗团支部"荣誉称号，获得电信奖学金5人。

（四）充分发挥新媒体的德育功能

学校团委全力推进学校共青团工作网络信息化转型。一是积极构建"校—院—班"三级新媒体体系，覆盖全体学生，进一步畅通了团组织与团员青年的联系渠道；二是组建网络文明志愿者队伍，全校共招募网络文明志愿者2520名，志愿者积极参与"阳光跟帖"行动，主动发送弘扬社会主义核心价值观的文章、图片、视频等，用"微言微语"传播正能量；三是坚持青年视角，校团委集原创性、思想性、趣味性为一体，利用校团委微信平台，讲好青年故事，传播好青年声音；四是通过举办网络文明行动、网络点赞等活动，拓展了团员青年综合素质，营造了良好的校园网络文化氛围。

二、贴近青年，推动校园文化创新

始终坚持"以科学的理论武装人，以正确的舆论引导人，以高尚的精神塑造人，以优秀的作品鼓舞人"为原则，坚持先进性，弘扬主旋律，突出高品位，积极建设特色校园文化。

（一）届次性活动品牌化

坚持抓传统品牌活动是学校团组织引领校园文化建设的一项重要举措。十年来，积极开展届次化品牌活动，如"校园之夏"文艺汇演暨毕业生欢送晚会、"中国梦·我的梦"主持人大赛、"古调独弹"秦腔晚会、少数民族团结进步宣传月、大学生基本技能大赛、雅言经典诵读和诗词歌赋创作大赛等活动，同时承办了"再芬黄梅艺术中心""甘肃交响乐团"等团体的高雅艺术进校园活动。

（二）学院活动专业化

按照"加强建设、突出优势、扩大覆盖"的基本思路，各学院团委结合专业特点，形成了"一院一品"文化活动。如"数学文化节""国术大赛""读书月""电信科技文化节"等。

（三）艺术活动赛事化

积极组织学生参加国家级、省级各类文艺竞赛。在全国大学生艺术展演活动中，荣获二等奖 1 项、三等奖 3 项；在全省大学生艺术展演活动中，荣获一等奖 33 项、二等奖 40 项、三等奖 27 项；在"丝路杯"甘肃省大学生文学艺术作品竞赛中，荣获一等奖 1 项、二等奖 15 项、三等奖 33 项；在演讲比赛、朗诵大赛、辩论赛等国家级、省级比赛中，共 17 人次获得奖励。

（四）社团活动特色化

一是培育地域文化类社团，依托地域传统文化资源，扶持建设了一批具有浓郁地域特色的学生社团。如民俗艺术协会、秦腔社团、国术协会、陇右民俗俱乐部等社团，通过开展"读""诵""讲""写""演"等丰富多彩的活动，了解把握地域文化的历史底蕴和时代内涵。二是加强专业性社团建设，紧紧围绕学生学科专业特点，加强专业性社团建设。如已成立 35 周年的瀚海潮文学社，曾获得"中国百强文学社团""甘肃省大学生优秀社团"，605 话剧社编排的剧目多次走进校内外各大舞台，排演的经典话剧《雷雨》《原野》分别在"甘肃省大学生戏剧节"展演综合剧目中获得二、三等奖，龙舟社组织的龙舟队连续两年在中国龙舟公开赛暨"伏羲杯"龙舟大赛中获得总冠军。

三、引领青年、扎实开展社会实践和科技创新活动

始终立足青年所需，搭建载体平台，按照"按需设项、据项组团、双向受益"的工作原则，将社会实践和科技创新与服务地方社会经济发展相结合，与教师科研课题相结合，与专业实践相结合，促进青年团员素质拓展，全面服务青年团员成长成才。

（一）社会实践蓬勃开展

十年来，以服务地方经济社会发展和青年学生成长成才为目标，广泛开展了理论普及宣讲、国情社情观察、科技支农帮扶、文化艺术服务、留守儿童关爱、禁毒防艾宣传、美丽中国实践等社会实践活动，在实践地引起了很大的反响，受到了当地政府和群众的欢迎。十年来，共集中组建 600 余支社会实践团队，发放农业科技资料、宣传教育资料 6 万余份，发放调查问卷 6 万余份，走访农户、慰问孤寡老人 3 万余户；参与人数 2 万多人；举办文艺演出 100 余场，撰写实践报告、心得体会等 5 万余份，受益人数 8 万多人。33 支团队、34 名教师和 58 名实践队员分别荣获省级社会实践优秀团队、优秀指导教师和优秀实践队员荣誉称号，2 支团队荣获全国大学生社会实践优秀团队，学校在甘肃省大学生暑期"定向扶贫"科普实践总结及成果展示活动中，有 16 人次获奖。

（二）西部计划的选拔规范推进

学校西部计划项目办（校团委）不断完善保障机制，规范招募流程，注重指导管理，做好跟踪培养，以报效祖国、服务人民的崇高理想感召和引导大学生选择到西部、到基层、到艰苦环境中去锻炼成才。据部完全统计，十年来，推荐 500 余名大学生参加西部计划考试，100 余名优秀毕业生奔赴新疆、甘肃等地开展基层教育工作。多次邀请西部计划专项宣讲团来学校进行宣讲。校团委荣获"全国西部计划优秀项目办"荣誉称号。

（三）志愿服务成效显著

一是规范运作，加强组织建设。制定《天水师范学院注册志愿者管理办法》，完成全校共青团员的志愿者注册工作，并分类、分层次培训志愿者，建设了一支相对稳定、素质过硬的志愿者骨干队伍。二是立足校园，搭建平台。组织开展了"传雷锋精神践美德行动""爱心雨伞共享""绿色离校""美化校园从我做起"等志愿服务活动。三是投身实践，服务社会。持续开展"播种梦想"义务支教、"星辰"关爱聋哑儿童、"青春暖夕阳"关爱空巢老人、"童缘童伴计划"等项目化、品牌化志愿服务活动。其中，与澳大利亚魏基成团队建立了长期合作关系，为残障人士捐赠了助听器和聋儿语音教学机共 1 万余台，为贫困地区群众捐献棉衣 1000 余件；同时在中国·天水秦州第三届"李广杯"国际传统射箭锦标赛、第 37 届"红双喜·天水花牛苹果·向阳杯"全国少儿乒乓球比赛等各类赛事中的志愿服务工作产生了较大的社会影响。四是校地合作，共建和谐。多年来与天水市疾控中心、天水市禁毒办、天水市交警大队、天水市消防支队等单位联合举办系列活动。学校志愿服务团体曾获省级艾滋病防治宣传组织奖、省级大学生"三下乡"社会实践优秀团队、第二届甘肃省青年志愿者行动项目奖、第二届甘肃省优秀青年志愿者行动组织奖、甘肃省优秀青年志愿者服务先进集体、2013 年度甘肃省五四红旗团支部、申报的《情暖人间——关爱社区空巢老人》项目获甘肃省红十字会志愿服务项目二类；2014 年度全国五四红旗团支部等。多次被中国甘肃网、中国大学生在线、中国大学生新闻网、甘肃卫视、甘肃共青团网、天水电视台、天水在线、天水师范学院网等媒体报道。

（四）积极推进创新创业工作

以提高学生创新创业能力和促进学生创新创业为重点，通过举办"挑战杯"大学生课外学术科技作品竞赛、"创青春"创新创业大赛，激发学生参与创新创业热情，提高学生就业创业能力。十年来，在全国"挑战杯"大学生课外学术科技作品竞赛中，荣获二等奖1项、三等奖2项；在全国创新创业大赛中，荣获铜奖2项；在全省"挑战杯"大学生课外学术科技作品竞赛中，荣获特等奖1项、一等奖1项、二等奖9项、三等奖60项，139名教师荣获"优秀指导教师"荣誉称号；在省级创新创业竞赛中，荣获三等奖3项、优秀奖1项。

（五）主动维护学生权益

积极发挥学生会组织在校园治理中的重要作用，及时收集、听取涉及广大同学切身利益和普遍诉求的问题，及时跟进推动问题解决；多方征求意见和协调，学校设立了校领导接待日，开展了学校领导干部进食堂陪餐活动，密切了学校领导干部与广大团员青年的关系，解决了团员青年在学习和生活中的实际问题。

四、改进作风，切实加强共青团自身建设

始终坚持"党建带团建"工作原则，坚持与时俱进，改革创新，努力拓展基层团组织工作领域，建立完善基层团组织工作机制，探索团学干部培养新模式，积极发挥团组织凝聚青年、引领青年的重要作用。

（一）组织建设不断强化

一是以团支部建设为抓手，扎实推进基层团组织工作规范，严格落实"三会两制一课"，确保团组织生活常态化、规范化。二是在高校共青团改革的新形势下，积极构建"一心双环"组织格局，改进了团组织对学生会组织的指导，大力推动学生组织深化改革，依法依章程独立自主开展工作，让团员青年积极参与学校民主管理，保障学生合法权益。

（二）队伍建设不断优化

一是在学校党委高度重视和大力支持下，学校下发《中共天水师范学院委员会关于教学单位设置分团委书记岗位及职数的通知》，文件决定落实学院团委书记的科级待遇。二是加大培养力度，制定了团干部学习制度，通过集中培训、座谈研讨、挂职交流等多种形式拓宽团学干部的工作思路，提高其理论水平、工作能力和服务水平。

（三）作风建设不断深化

校团委多次组织专兼职团干部学习中央和省委群团工作会议精神，广泛征求基层团组织和团员青年的意见和建议，积极组织团干部参加"三严三实""两学一做"学习教育和"团干部如何健康成长"大讨论活动，通过认真学习，广泛交流，分析判断团学工作面临的新形式、新挑战、新任务，查找出工作中存在的问题与不足，进一步增强团干部的担当意识、机遇意识、改革创新意识和服务意识。

（四）共青团改革工作不断推进

为深入贯彻落实团中央和团省委改革方案，根据团省委整体部署要求，有序推进以直接联系服务引领青年学生为中心的学校共青团改革发展。结合学校共青团实际，认真调研、广泛征求意见，多次召开共青团改革专题研讨会，及时制定完善学校共青团改革实施方案。学校于 2017 年 12 月出台了《天水师范学院共青团改革实施方案》，全校各级团组织全力推进学校共青团改革工作。

（执笔人：杨晓亚）

第四章

本科教育和创新创业教育

2009—2019 年，学校全面贯彻党的教育方针，紧紧围绕立德树人根本任务，以教育思想观念转变为先导，以本科教育为基础，以教学改革为动力，以师资队伍建设为核心，以规范管理和改善办学条件为保障，牢固树立"教育以育人为本，办学以人才为本"的思想，强化人才培养质量是学校生命线的意识，形成了清晰的办学思路，学校人才培养的质量与水平显著提升。

第一节　本科教育

一、狠抓教学日常管理，持续规范教学秩序

（一）领导重视，严格抓好教学工作

学校领导始终坚持把本科教学作为立校之本，视教学质量为学校的生命线，党委会和校务会经常把教学工作列为重要议题，定期或不定期进行专题研究，探讨本科教育教学改革发展的重大事项，坚持教学工作的中心地位不动摇，明确提出学校党政一把手是教学质量的第一责任人，必须亲自抓教学工作，抓好本科教育，全面提高学校的办学水平。

2011 年 12 月 8 日，根据《天水师范学院教学质量监控体系及实施方案》的要求，学校制定了详细的检查评估方案，并组织成立检查小组，分文科、理工科两个检查小组深入各二级学院对 2010—2011 年度教学工作和教学质量监控与保障执行情况进行了全面检查和评估。

2012 年 9 月，学校组织筹备建设教学信息员队伍，选拔各专业有责任心的学生加入教学信息员队伍，同时起草了《天水师范学院教学信息员工作制度》。

10月20日下午，教务处在三号报告厅组织召开了全校教学信息员工作启动大会。教务处处长汪聚应出席，来自11个二级学院各专业的76名教学信息员参加了会议。本科教学信息员队伍的组建，有利于及时了解和掌握本科教学的基本运行状况，为规范本科教学秩序和加强本科教学的常规管理提供了信息依据。

2019年2月23日上午，学校党委书记李正元、校长安涛、党委副书记师平安、副校长汪聚应、副校长王旭林、纪委书记李淳对新学期开学各项准备工作进行了检查。校领导深入各教学单位、机关各部门及后勤、保卫、学生公寓、实验室、体育运动等场所，重点检查了新学期工作准备、教师干部到岗、实验室安全、学生住宿安全及食堂伙食保障准备等情况，详细询问了相关学院和部门开学准备情况，认真听取了相关负责人对开学准备工作的情况汇报，并对教学设施准备、后勤服务保障等方面工作进行了现场指导。

校领导始终坚持深入教学第一线，到各二级学院、实验室、实习基地进行调研，通过听课、座谈、巡查等方式，掌握本科教学工作现状，及时解决本科教学工作中遇到的具体问题，不断改进提高本科教学的水平。

（二）全校动员，全力促进教学工作

2009—2019年，学校先后召开了四次本科教学工作会议，研究本科教学工作中的新情况和新问题，探索本科教学改革的新思路和新举措。

2010年7月10日，学校召开了第三次本科教学工作会议。会上，校长杨新科作了题为"加强教学管理，深化教学改革，创新培养模式，提高教学质量"的报告；教育学院院长李艳红作了小学教育见习工作经验交流；文史学院院长马超作了文科综合实验班改革经验交流；物信学院院长董忠作了实验教学改革经验交流；生命科学与化学学院院长张宗舟作了考研经验交流；校党委书记杜松奇作了"增强忧患意识，强化办学特色，创新体制机制，促进学校科学发展"的总结讲话。

2013年10月27—28日上午，学校第四次本科教学工作会议在二号报告厅隆重召开。本次会议的主题是"加快专业调整与改造步伐，实现向应用型人才培养转型发展"。学校领导、各行政部门负责人、各二级学院领导班子成员、系主任、教研室主任、副高职称以上及青年教师、学生代表等300多人参加了会议。本次会议围绕专业改造与建设，邀请合肥学院教务处处长邵一江教授、嘉兴学院教务处处长徐永良教授介绍专业改造和学校转型发展方面的经验和做法，为学校全面开展专业改造和转型发展提供了借鉴和示范。党委书记杜松奇作了重要讲话。27 日下午，校长陈晓龙作了"以专业调整与改造为契机，加快人才培养转型发展"的主题报告。校长助理、教务处处长汪聚应就今后三年学校专业改造与建设做了任务安排。工学院、物信学院分别介绍了本学院作为专业改造试点单位的工作经验，会议还听取了文史学院等九个二级学院专业建设情况的汇报。28 日上午，参会代表分六个小组围绕专业改造三年计划安排及十一个二级学院专业建设汇报材料进行了讨论，讨论问题具体深入，气氛热烈。副校长马建东作了大会总结讲话。

2016 年 12 月 22—23 日，学校第五次教学工作会议隆重召开。校领导、学校教学委员会全体成员、学校党政各部门各单位主要负责人、各二级学院领导班子全体成员、系主任、正高以上专业技术人员和中青年教师代表等 300 余人参加会议。副校长安涛代表学校在大会上作了"转变教学观念，深化教学改革，全面提升人才培养质量"的主题报告。参会人员分为十二个小组分别就主题报告和《天水师范学院本科教学质量提升工程指导意见》等系列文件进行了交流学习和充分讨论。校长蔡文浩从回归常识，立足实际，扎实推进教学改革；回归初心，心怀梦想，做到工作与事业的完美结合；回归本分，教书育人，不辱使命等方面就深化教学改革和加强师德师能建设作了重要讲话。会议审议通过了本科教学质量提升工程的一个指导意见和六个实施方案（简称本科教学质量提升工程'6 + 1'方案），正式启动了学校本科教学质量提升工程。会议的召开，达到了转变教育观念、理清发展思路、明确改革方向、确定发展目标、启动质量工程的目标，起到了凝结共识、聚合人心、激发干劲的作用，形成了共谋教学改革、致力转型发展和干事创业的良好氛围，学校广大教职工对此次会议反响良好，"回归初心、心怀梦想"引起了大家的共鸣。

2018 年 12 月 20 日，学校召开了主题为"以本为本，构建新时代本科教育新形态；回归初心，开创高水平人才培养新局面"的第六次本科教学工作会议。甘肃省教育厅党组成员、甘肃省总督学陈继宗，甘肃省教育厅高教处处长张晓东，兰州大学教务处副处长乔振峰，全体校领导和党委常委出席开幕式大会，全体教授、教师代表、教学委员会委员、教学督导委员会委员、全体处科级干部等各方代表共 670 余人参加大会。学校党委书记李正元主持开幕式会议。会上表彰了获得校级教学成果奖优秀团队、第九届公开课教学活动暨"精彩一课"教学比赛获奖教师、近三年学生考研和专业考试成绩突出单位以及在 2018 年各类全国性学科竞赛中取得优异成绩的指导教师。陈继宗代表省委、教育工委、省教育厅作了重要讲话。党委副书记、校长安涛作了"坚持以本为本，落实四个回归，全面推进新时代高水平本科教育建设"的主题报告。兰州大学教务处副处长乔振峰作了"百年'芳华'路、潜心育人、自强不息、争创一流——深化教育教学改革，培养一流人才"的报告。12月25日，学校邀请西北师范大学党委副书记、副校长、博士生导师万明钢教授来校作了题为"'新时代高教40条'与课堂教学变革"的专题辅导报告。报告会由校长安涛主持，全校300余名教师聆听报告。12月28日下午，学校历时9天的教学工作会议闭幕大会在文化会堂举行。会上，马克思主义学院、数学与统计学院、文学与文化传播学院、生物工程与技术学院、电子信息与电气工程学院负责人分别进行了交流发言。教务处负责人通报了各小组讨论情况。李正元以"紧紧围绕立德树人根本任务，努力开创高水平人才培养新局面"为题作了重要讲话。本次教学工作会议12月20日开幕，历时九天，讨论出台了《天水师范学院本科教育振兴方案》，安排有小组讨论、专家报告、交流发言和总结大会，12月28日闭幕，为学校建设新时代高水平本科教育吹响了集结号。

（三）专项督查，大力加强教学

2010年4月19日，以西北师范大学外国语学院院长、博士生导师姜秋霞教授为组长，兰州交通大学外国语学院院长陈静教授等人为成员的甘肃省高等学校大学英语课程教学指导委员会专家组对学校贯彻落实《大学英语课程教学要求》和《教育部办公厅关于进一步调教学质量，全面实施大学英语教学改革的通知》的情况进行了检查。2011年5月9日，以甘肃政法学院党委副书记赵鹏为组长的全省思想政治理论课督导检查组一行4人对学校思想政治理论课建设与教学情况进行全面督导检查。

2017年5月，根据教育部和甘肃省《普通高等学校本科教学工作审核评估实施方案（试行）》精神，学校召开了天水师范学院本科教学工作审核评估动员大会，标志着学校本科教学审核评估工作全面启动。

2018年3月12日，由教育部评估专家组成的专家组来校，对学校进行本科教学工作审核预评估。此次本科教学工作审核预评估专家组由兰州财经大学校长傅德印教授担任组长。专家组成员有东北师范大学党委常委高夯教授、西安交通大学生命科学与技术学院副院长张建保教授、福建师范大学光电与信息工程学院院长李晖教授、中国劳动关系学院教学质量管理办公室主任李红卫教授、西北师范大学教务处处长王治和教授、西北师范大学经济学院院长杨立勋教授、西北师范大学体育学院院长陈仁伟教授、西北师范大学文学院院长韩高年教授、西北师范大学教师发展中心主任杨纳名研究员。上午 8 时 30 分，专家组见面会在行政楼 605 会议室召开，预评估专家组一行、学校全体校领导和各学院党政负责人、教学院长、机关各部门负责人参加。随后，专家组通过访谈、听课看课、查阅资料，召开教师、学生座谈会，走访职能部门、教学单位，查看教学设施、宿舍、食堂等方式，对学校本科教学工作进行了全面审核评估。3 月 13日下午，本科教学工作审核预评估专家意见反馈会在行政楼 605 会议室举行。专家组在认真审核本科教学工作自评报告、教学基本状态数据分析报告、年度教学质量报告等支撑材料的基础上，进校后先后召开专家组预备会、考察情况沟通交流会，通过走访、深度访谈、座谈、听课看课、调阅试卷及毕业论文、查阅材料和现场考察等形式，对学校本科教学工作进行了较为全面细致的分析和考察。专家组考察了学校 16 个二级学院，走访 15 个职能部门，听课看课 40余节，查阅试卷 1500 多份，毕业论文 900 余份，召开教师座谈会 10 次，学生座谈会 5 次，考察了图书馆、学生食堂、运动场馆、信息化建设管理中心以及学生宿舍等场地和设施。专家组在充分肯定办学成绩的同时，也指出了学校本科教学工作中存在的薄弱环节和不足，并对今后改进和加强教学工作提出了富有建设性、指导性的意见和建议。随后，学校迎接正式评估工作紧张有序推进，各单位工作目标明确、职责到位，全校师生员工同心协力、奋发向上，在迎评中展现着师院人的风采。

2018 年 4 月 10 日上午，学校在行政楼 605 会议室召开本科教学工作审核评估专家见面会，正式启动本科教学工作审核评估进校考察工作。专家组成员、甘肃省教育厅高等教育处处长张晓东和学校在家党委常委出席见面会。各二级学院书记和院长、各职能部门、教辅单位主要负责人参加见面会。此次本科教学工作审核评估专家组一行共 13 人，由杭州师范大学党委委员、副校长何俊教授任组长，西北师范大学党委副书记、副校长万明钢教授任副组长。在学校本科教学工作审核评估专家见面会后，专家们立即投入到紧张的评估工作中，通过集体考察、与学校领导深度访谈、查阅材料、听课看课、走访座谈等方式，对学校本科教学工作进行了全面深入的现场考察。4 月 13 日下午，学校本科教学工作审核评估专家意见反馈会在行政楼 605 会议室举行。高校工委书记、甘肃省教育厅副厅长、党组副书记史百战，天水市委常委、副市长宫辉，甘肃省教育厅高教处处长张晓东，天水市教育局局长伏金祥和全体校领导出席会议。

反馈会由专家组组长、杭州师范大学党委委员、副校长何俊教授主持。专家组在认真审核本科教学工作自评报告、数据状态分析报告的基础上，进校考察期间，听取了学校党委书记马建东对学校办学情况的介绍，集中考察了2号教学楼、实验楼、心理咨询中心、云课堂学习中心、图书馆、霍松林艺术馆、3号实验楼、4号教学楼和实验楼，分别走访了学校所有17个二级学院和教学机构、26个职能部门，考察了83个校内实验室、13个校外实践基地和用人单位，访谈教职工242人次，其中与校领导深度交流18人次，召开35次教师和学生座谈会，听课36节，看课18节，查阅试卷1400多份、毕业论文和毕业设计1000余份，查阅了本科教学支撑材料，先后召开专家组预备会、考察情况沟通交流会，对学校本科教学工作进行了较为全面细致的分析和考察。何俊反馈了专家组对学校本科教学工作的整体印象以及总体意见，专家组充分肯定了学校本科教学工作的成绩，客观指出了学校在教学工作中存在的问题和不足，并有针对性地提出了意见和建议。随后，根据教育部评估中心反馈的整改意见，完成了《天水师范学院本科教学审核评估整改方案》，计划历时两年半的整改工作于2018年11月启动。与此同时，学校十分重视学术权威和学术骨干在专业建设、培养方案的制定、教学内容与课程体系改革、教材建设等方面的作用，成立了教学工作委员会、学术委员会、教学督导委员会等学术机构，定期或不定期研究本科教学工作中存在的问题，进行本科教学的检查与督导。通过实施"导师制"、组织"青年教师基本功大赛"、教学观摩活动等，鼓励青年教师增强课堂教学的能力，大胆进行教学方法和手段的改革。团学工作配合本科教学，积极开展"第二课堂"活动，活跃了学生的课余生活，等等。上述一系列措施和活动，充分反映了学校高度重视本科教学工作，突出体现了本科教学工作的中心地位。

（四）政策倾斜，努力推动教学工作

学校坚持正确的政策导向，全力促进本科教学工作。不断强化"教书育人、管理育人、服务育人"的意识，始终把本科教学作为学校工作的中心，学校一切工作要为教学工作服务。学校十分重视推进学科建设与加强专业建设的关系。一方面，积极创造条件，积极发展本科专业。2009年以来，在办好已有本科专业的基础上，逐步创造条件申报并开办一些具有一定的办学优势并符合社会需求的本科专业，使学校形成了以教师教育类专业为主、非教师教育类专业为辅的本科专业结构。另一方面，积极申报省级重点学科，规划学科建设。重点学科的建设，培植了一批学术带头人和学科骨干，开发了一批新课程，提高了课程建设质量，有力地促进了各专业的建设。学校明确要求优质资源首先满足本科教学，优先保证教室、实验室和实习基地的建设项目，优先保证教学实验仪器、设备用品的购置；在落实进人计划时，优先满足本科教学需要；在落实津贴分配时，优先考虑教师待遇。学校不断加强各职能部门管理干部队伍的作风建设和能力建设，强化为教学、为教师、为学生服务的意识，提高为教学、为教师和为学生办好事、办实事、排忧解难的能力，形成了重视教学、尊重教师、爱护学生的良好风尚。学校从规划上做好顶层设计和制度安排，力求用制度规范教学、保障教学、提升教学。2012年以来，学校进一步完善教学管理制度，先后修订或制定了《天水师范学院教师课堂教学基本规范》《天水师范学院教学质量标准及监控体系》《天水师范学院教学事故认定及处理办法》等文件，形成了完善的教学管理、质量监督制度体系。2013年以来，学校相继出台《天水师范学院专业建设实施方案》《天水师范学院教学名师和教学团队培育实施方案》等系列文件，为本科教学工作指明了建设方向，确立了建设重点，提供了制度保障。

（五）经费落实，确实保证教学工作

学校建立教学经费优先保障投入机制，教学经费投入稳定增长，教学条件不断改善，实验室建设投入幅度较大，教学、科研设施的开放度及利用率较高，专业建设和课程建设不断加强，人才培养方案不断优化，社会资源逐步引入，各类教学资源能够满足人才培养需要。一是优先保障二级学院教学经费投入。学校在年度预算的安排上，优先考虑各二级学院教学经费的投入，保障教学运行、教学设备购置及维修维护、学生实习实践等，满足日常教学工作的需要。经过多年积极探索，学校逐步建立教学经费投入保障机制，在保障学校各项工作正常运行的前提下，积极多渠道筹措办学经费，始终把本科教学经费投入放在重要的位置。二是优先确保教学条件改善经费投入。学校安排专项资金，改善学生住宿条件，加大实验室建设投入，建成了能满足本科教学需求的专业实验室。三是优先保障专业建设经费投入。学校积极争取中央支持地方资金和甘肃省支持高校专项资金，专款专用，优先保障专业建设和实践教学等经费投入，确保专项资金使用充分到位。

学校坚持教学工作中心地位，勤俭办学，优先保障人员经费和教学经费的投入，且积极探索经费投入运行新模式，不断增加服务教学的经费投入，提高资金使用效益。2015—2017年，学校在经费紧张的情况下，编制年度财务预算始终突出了本科教学这个中心，并逐年增加了教学投入，教学经费累计投入34201.53 万元，确保了本科教学工作的正常运行，满足了教育教学改革发展的需要。

二、明确专业建设思路，落实专业建设规划

学校主动适应基础教育和区域经济社会发展对高素质应用型人才的迫切需求，依托优势学科和重点学科，按照优势突出、特色鲜明、社会急需的原则，分期分批改造和淘汰一批不适应社会发展需要的老、旧专业，优先发展区域经济社会发展需要的紧缺专业，初步形成体现学科专业优势、主动适应基础教育和经济社会发展、相关基础课打通、资源共享、多学科交叉融合的教师教育类专业、工程技术类专业、商务管理类专业、文化体艺类专业等四大专业群。

1. 调整专业布局

2009 年 9 月 9 日，教育部、财政部联合发文公布第四批高等学校特色专业建设点名单，学校小学教育专业点被批准为高校特色专业建设点，获得 20 万元的资助经费，对学校专业建设和改革起到示范和带动作用。

2010 年 3 月 20 日上午，学校在 2 号实验楼视频会议室召开了 2010 年战略性新兴专业申报汇报会，校长杨新科、副校长马建东、校长助理余四九出席汇报会。根据教育部和省教育厅关于一次性申报新兴战略性专业的要求，多次召开会议，组织物信学院、文史学院和生命科学与化学学院对太阳能光热光电技术专业、文化创意与产业开发和生物资源利用 3 个专业进行了调研和论证，完成了新兴战略性专业申报工作。2010 年 5 月，历史学专业被评为甘肃省特色专业。在教育部要求专业结构调整的大背景下，从 2012 年 3 月底开始，校长陈晓龙带领教务处、人事处、科研处等职能部门人员赴 11 个二级学院开展了为期一个月的"十二五"规划调研工作，其中调研工作的重点是专业结构调整和专业建设。根据调研结果，学校明确了"特色化、教学型、应用型"发展思路，树立了"分类指导，分层培养"的人才培养理念，提出了"解放思想，转变观念，大胆创新，统一认识，形成共识"的专业结构调整和人才培养指导思想，构建了应用型人才培养的课程体系，初步形成了教师教育类、应用管理类、文化体艺类和工科类四大专业群，构建了应用型专业人才培养模式。按照优先发展特色专业、新兴专业，重点巩固基础专业，大力发展应用型专业，合理改造传统专业的发展思路，停招 5 个专业，撤销 3 个专业，着重对材料成型及控制工程、电子信息科学与技术和会计学等三个非师范应用型专业进行了改造。2013 年 1 月 14 日下午，学校在行政楼 605 会议室召开专业建设与改造启动动员大会。6 月 21 日，甘肃省教育厅厅长王嘉毅莅临学校就专业建设等工作进行调研。2013 年，小学教育获教育部首批"本科教学质量工程"地方高校综合改革试点专业，物理学专业被评为甘肃省特色专业。完成 15 个教师教育类专业、9 个创新人才培养班，材料成型与控制（模具方向）、会计学专业（企业会计）和电子信息科学与技术（电路方向）三个专业方向以及 24 个应用型方向的招生。确立工学院、物信学院两个学院的专业改造试点，完成了改造试点专业人才培养方案修订、教学大纲编写和功能化、大中心制实验室建设规划和实验（实训）室建设方案制定。按照以就业为导向的应用型人才培养理念和"分层培养、分类指导、分步实施"专业结构调整和建设的思路，成功申报了酒店管理、文化产业管理、工程造价三个新专业。2014 年 7 月 21 日上午，应用技术大学联盟副理事长、重庆科技学院院长严欣平教授等一行来学校，就学校向应用技术大学转型发展情况进行考察。

2015 年，在扎扎实实抓好教学管理的同时，进一步推进专业结构调整，深化人才培养模式改革，完善教学质量监控体系，加强教学条件建设，努力发挥质量工程的带动和示范作用，为学校教育教学工作的有序开展和学校转型发展提供有力保障。根据转型发展需要，结合学科专业特点及陇东南地区社会经济发展的需求，充分发挥学校学科综合优势，打破学院、专业界限，经过学校对各学院联合申报的应用型新专业的充分论证，最终推荐了工艺美术、测绘工程等专业进行新专业申报，"工艺美术"专业成功获批，并于 2015 年开始招生。组织学校教学委员会成员对拟申报的通信工程、机械电子工程、测绘工程、工程管理四个专业的材料进行讨论和评审，完成了 2015 年新专业申报工作。推荐"文物与博物馆学"和"电子信息工程"等 2 个专业申报甘肃省特色专业，"文物与博物馆学"被评为 2015 年甘肃省特色专业。2015 年 11 月，进行了全校性的专业调研，并在此基础上对学校专业建设现状进行了评估会诊，总结经验、发现问题，提出改革建议，为深化专业改造和"十三五"规划制定提供校情依据，标志着学校的转型发展已由试点转向全面启动阶段。2016 年 3 月 11 日，学校通信工程、机械电子工程和测绘工程等 3 个本科新专业获批设置，并于 2016 年 9 月开始招生。特别是电信学院和中兴公司合作开办通信工程专业和计算机科学与技术专业，增设云计算方向，资环学院与甘肃省林业职业技术学院合作申办测绘工程专业，大胆探索和推进了"订单式"人才培养模式改革，形成了共同修订人才培养方案，共享实习基地，实现教师互派交流，共创学生就业空间等合作办学的新格局，标志着学校与企业、院所进行产教融合，申办应用型专业迈出了关键的一步。2016年5—8月，教务处组织校教学委员会成员对拟申报的5个新专业进行了评审答辩和可行性论证，确定生物制药、翻译、书法学和工程管理4个专业作为新专业进行申报，生物制药和工程管理（调整学位授予门类）专业成功通过省教育厅批准。增加投入，推进特色专业建设项目，推荐法学和应用心理学为甘肃省特色专业，应用心理学专业获批2016年甘肃省特色专业建设项目，对学校进一步培育专业特色，提高专业建设水平起到良好的示范作用。2017年，论证推荐文物保护技术、数据科学与大数据技术和网络与新媒体3个专业作为2017年新专业报送教育厅和教育部进行审批。法学和戏剧影视文学获批甘肃省特色专业。2018年，除了获批1个省级特色专业外，经批准创办文物保护技术、网络与新媒体、数据科学与大数据技术3个新专业，并论证申报商务英语、汉语国际教育和环境生态工程3个新专业。

2018年8月19—21日，学校组织开展了四场师范类专业认证暑期培训会。东北师范大学李广平教授、长沙师范学院崔红英教授、西北师范大学党委副书记万明钢教授以及新疆农业大学博士生导师王长新教授等4名教育部师范类专业认证专家来校，主要围绕基于OBE理念的师范类专业认证、专业自评应把握的关键问题、"新师范"教育创新行动计划、认证理念视角下的本科人才培养等主题作了专题培训报告。各二级学院负责人、教研室主任、教师代表及教务处全体成员参加培训。10月23日，省教育厅新时代高校本科专业建设与改革第二调研组来学校就本科专业建设与改革工作进行调研指导。党委副书记、校长安涛主持汇报会并致辞，教务处全体人员及相关二级学院负责人参加会议。2019年3月1日上午，全省新时代高等学校本科教育工作暨"双一流"建设推进会在兰州西北宾馆举行，副省长张世珍、教育部高等教育司副司长范海林、省委教育工委书记、省教育厅厅长王海燕出席会议并讲话。会议由省政府副秘书长贾宁主持。学校党委书记李正元、校长安涛及教务处、科研处负责人参加会议。会议全面总结了甘肃省本科教育和"双一流"建设现状，分析了高等教育面临的新机遇、新挑战，提出了今后一个时期振兴本科教育和加强"双一流"建设的思路和举措。会上，安涛作了题为《全面推进新时代本科教育，努力培养高水平应用型人才》的发言，从适应新需求，构建本科专业新体系；贯彻新理念，提升教师教书育人能力；探索新路径，激发实践教学活力；构建新机制，形成学科建设新高地四个方面，对新时代如何建设西部一流、国内知名、师范特色鲜明的高水平应用型大学的做法进行了交流。会议还印发了省教育厅拟出台的《关于加快推进甘肃省高等学校"双一流"特色建设工程的意见》《甘肃省关于振兴本科教育提高人才培养能力的实施意见》《甘肃省深化高等教育改革激发高校办学活力实施意见》三个文件和甘肃省"六卓越一拔尖2.0"实施方案的征求意见稿。这些文件和方案，为甘肃省新时代高等教育改革发展提出了一揽子计划和实施方案。

在专业建设上，学校从实际出发，结合基础教育改革实际，对教师教育类专业进行调整重组，迅速提升教师教育类本科专业办学水平。同时，学校主动适应国家、地方经济社会发展需求，适时创办新专业，突出专业的适应性。目前，学校的专业结构渐趋合理，教师教育类专业形成优势，非教师教育类专业健康发展。

表1 2010年以来天水师范学院新增专业一览表

序号	专业代码	专业	专业名称	年份	授予学位门类	批文	招生时间	备注
1	040106	本科	学前教育	2010	教育学	甘教高[2011]14号	2011	
2	130205	本科	舞蹈学	2010	艺术学（文学）		2011	
3	080903	本科	网络工程	2011	工学	甘教高[2012]2号	2012	
4	120103	本科	工程管理	2011	管理学		2012	
5	080601	本科	电气工程及其自动化	2012	工学	甘教高[2013]12号	2013	
6	080701	本科	电子信息工程	2012	工学		2013	
7	082702	本科	食品质量与安全	2012	工学		2013	
8	120902	本科	酒店管理	2013	管理学	甘教高[2014]11号	2014	
9	120105	本科	工程造价	2013	工学		2014	
10	120210	本科	文化产业管理	2013	艺术学		2014	

续表

序号	专业代码	专业	专业名称	年份	授予学位门类	批文	招生时间	备注
11	130507	本科	工艺美术	2014	艺术学	甘教高〔2015〕4号	2015	
12	080703	本科	通信工程	2015	工学	教高函〔2016〕2号	2016	
13	080204	本科	机械电子工程	2015	工学		2016	
14	081201	本科	测绘工程	2015	工学		2016	
15	083002T	本科	生物制药	2016	工学	甘教高〔2017〕8号	2017	
16	120103	本科	工程管理	2016	工学		2017	由管理学调整为工学学位
17	050306T	本科	网络与新媒体	2017	文学	教高函〔2018〕7号	2018	
18	060105T	本科	文物保护技术	2017	历史学		2018	
19	080910T	本科	数据科学与大数据技术	2017	工学		2018	当年停招
20	082504	本科	环境生态工程	2018	工学	教高函〔2019〕7号	2019	
21	050262	本科	商务英语	2018	文学	教高函〔2019〕7号	2019	
22	050103	本科	汉语国际教育	2018	文学	教高函〔2019〕7号	2019	

表2 天水师范学院入选省部级特色专业一览表

序号	学院	专业	负责人	级别	入选时间	文件号
1	文学与文化传播学院	汉语言文学	马 超	教育部、财政部	2008年第三批高等院校特色专业建设点	教高函〔2008〕21号
2	教师教育学院	小学教育	李艳红	教育部、财政部	2009年第四批高等院校特色专业建设点、国家第一批地方高校综合改革试点专业	教高函〔2009〕16号、教高函〔2013〕56号

续表

序号	学院	专业	负责人	级别	入选时间	文件号
3	历史文化学院	历史学	雍际春	教育厅	2010 年	甘教高〔2010〕20 号
4	化学工程与技术学院	化学	刘新文	教育厅	2011 年	甘教高〔2011〕23 号
5	数学与统计学院	数学与应用数学	何万生	教育厅	2011 年	甘教高〔2011〕23 号
6	电子信息与电气工程学院	物理学	董　忠	教育厅	2013 年	甘教高〔2013〕55 号
7	生物工程与技术学院	生物科学	王廷璞	教育厅	2014 年	甘教高〔2014〕42 号
8	化学工程与技术学院	文物与博物馆学	杨富巍	教育厅	2015 年	甘教高〔2015〕35 号
9	教师教育学院	应用心理学	康　诚	教育厅	2016 年	甘教高〔2016〕49 号
10	文学与文化传播学院	戏剧影视文学	郭文元	教育厅	2017 年	甘教高〔2017〕44 号
11	商学院	法学	牟文义	教育厅	2017 年	
12	马克思主义学院	思想政治教育	刘建军	教育厅	2018 年	甘教高〔2018〕13 号
13	资源与环境工程学院	地理科学	尤晓妮	教育厅	2018 年	

注：截至 2018 年，学校入选省部级特色专业共 13 个。其中国家级特色专业 2 个，省级特色专业 11 个。

2019 年 5 月 21 日上午，校长安涛主持召开了省级一流专业建设点申报动员会，教务处组织专家于 6 月 2 日、6 月 5 日两次召集专家论证，推荐汉语言文学专业等 13 个专业参评省级一流专业。6 月 21 日，甘肃省教育厅发文拟推荐汉语言文学等 12 个专业参评 2019 年国家级一流本科专业建设点。

2. 优化人才培养方案

在"知识、能力、素质协调发展"的思想指导下，学校从"培养和造就思想品德优良、专业基础扎实、动手能力强、素质高和富有创新意识与能力的新型师资和各类专门人才"的总体目标出发，主动适应社会发展，适时调整人才培养方案，培养方案执行情况良好。2012 年，修订了 3 个应用型专业、9 个"创新人才培养班"、15 个教师教育专业共 27 个专业的培养方案，完成了校级教学信息员队伍建设和初步工作的启动。2013 年，在调整专业结构，修订完善应用型人才培养方案的同时，也对 2012 级教师教育类、创新人才班、应用管理类、文化体艺类和工科类专业的培养方案进行了修订和审核，更对 2013 级改造的 24 个专业方向的培养方案进行了讨论、审核、修改。2015 年 7 月 17 日，甘肃省教育厅下发《关于引导部分省属本科院校向应用技术型大学转型发展的通知》，学校被列为甘肃省首批转型发展试点院校。

2016 年，学校围绕建设"区域性、高水平、特色鲜明教学型大学"的办学定位和"就业能称职、创业有能力、深造有基础、发展有后劲"的应用型人才培养定位，完成了 2016 本科人才培养方案修订和课程教学大纲的编制工作。在沿用 2012 版人才培养方案的基础上，2016 版人才培养方案严格控制学分和学时，合理设置课程模块和课程门数，整体保持各类课程数量基本稳定，适度压缩课程学分，学时总量控制在 3000 学时以内，学分在 170 分左右，整个课程体系注重课程重组与整合，突出课程的实践性、课程与信息技术的整合以及与行业领域需求的有效对接，增加了在线课程和创新创业课程模块。

2018 年，根据《普通高等学校本科专业类教学质量国家标准》要求，学校结合审核评估专家意见，修订了 2018 人才培养方案，重点放在优化课程体系，降学分、强实践，消除水课、打造金课，提高人才培养质量等方面。经过教务处组织专家审阅修订，2019 年 7 月 16 日，学校教学委员会审议通过。学校努力探索因材施教的多规格人才培养模式。在教师教育类专业的培养方案中，突出基础课、教育理论和从师技能课程的教学，在非教师教育类专业培养方案中，突出基础课和专业技能的培养。

3. 改革人才培养模式

学校适应社会发展，按照各专业的定位，制定并适时调整培养方案，优化人才培养模式。与此同时，学校联合用人单位共同制定培养方案、合作开发教学资源、共同承担教学任务，协同完成人才培养任务。2012 年，学校制定下发了《天水师范学院"创新人才培养班"管理办法》《天水师范学院"创新人才培养班"学生遴选办法》等规章制度，在师资和学科基础好，教学水平高，学生规模大的 7 个学院 9 个专业中遴选出了 442 名学生组成了 2012 级"创新人才培养班"，并制定了相应的人才培养方案，采取"2 + 2"的人才培养模式，着力培养"理论基础扎实、创新能力强、终身发展"的卓越人才，优化了学校教师教育人才培养模式。

2013年，学校根据应用型人才的培养目标、培养规格，加强校企合作和产学研结合，构建了应用型人才培养模式，课程设置突出了复合性、应用性、技能性，强化了应用型人才培养实践教学环节。2014年，学校与安博教育集团和锦江连锁酒店集团合作开办了安博—锦江之星酒店管理班，培养效果良好。2015年，学校与中兴通讯股份有限公司联合申报"教育部—中兴通讯ICT产教融合创新基地"项目，成立了天水师范学院中兴通讯学院，申办了通信工程、计算机科学与技术（云计算方向）两个专业，2016年开始招生。2015年，生物工程与技术学院和西北民族大学生命科学与技术学院签订合作办学协议，西北民族大学甘肃省细胞工程技术中心实验室开始对生物技术（生物制药方向）专业学生进行细胞培养技能培训，提升了学生专业技能水平。2019年3月，学校与达内集团校企合作，共办数据科学与大数据技术专业，为学校培养高水平应用型人才起到了良好的推动作用。分类指导多规格的人才培养模式，既促进了学校专业建设和教学改革，又增强了学生面向社会、面向市场的适应能力和竞争能力，体现了"知识、能力、素质协调发展"的思想。

4. 深化课程与教学改革

2009年9月17—22日晚，由教务处组织，教学工作委员会在视频会议室分别对2008年以前校级教学研究项目和教材讲义项目进行了结题验收和对2009年申报的校级教学研究项目及教材、讲义项目进行了立项评审，22项教学研究项目及教材讲义项目进行了结题验收，评审立项各类教学项目65项，其中教学研究招标项目15项、一般教学研究项目19项、教材项目15项和讲义项目16项。

2010年7月25日上午，由学校发起并组织的关中—天水经济区经济社会发展与人才培养研讨会在顺利完成了各项议程后圆满闭幕。闭幕式上，宝鸡文理学院经管系康江峰教授和学校教育学院院长李艳红教授分别就上午的分组发言向大会作了简要汇报。西安文理学院政教系主任申亚民教授宣读了向陕西、甘肃各高校提出主办第二届关中—天水经济区经济社会发展与人才培养学术研讨会的倡议。党委书记杜松奇致闭幕词。

2013年，在省级教学成果奖评审中，获省级教学成果一等奖1项、二等奖1项、厅级奖2项。2014年3月25日至28日，学校在4号实验楼1楼大厅举行2013—2014学年第一学期期末考试试卷展览。

2015年，学校组织申报了2项省级教学成果奖，"校地合作开展新疆民族地区双语教育的实习支教模式探索与实践""地方高师中文专业'三位一体'人才培养模式的探索与实践"两项成果均获省级二等奖。积极申报 2015 年甘肃高校大学英语教改项目，周侠主持的"地方高校转型发展背景下大学英语 ESP 教学模式研究——以天水师范学院为例"获准甘肃省普通高等学校英语教学改革研究课题重点项目，杨慧文申报的"大学英语教学改革专门用途英语微课模式研究——以天水师范学院为例"获准甘肃省普通高等学校英语教学改革研究课题委托项目。2016 年 2 月 28 日，学校召开形势与政策教育教学工作会议，讨论形势与政策课程与教学改革问题，提出了加强形势与政策课程与教学改革的建议和意见。

2017 年，学校以转型发展为契机，以教学研究和立项为突破口，坚持教研项目服务于人才培养质量，大力推进教学改革，涌现出一批具有原创性、示范性和指导推广性的项目与成果。修订了《学籍管理规定》等 12 个规章制度，使学籍、教学、考务等教务管理工作更加规范化。深化学分制改革，规范考试制度，2018 年毕业生未及格课程开始实行重修代替之前的清考考试，课程评价方式得到进一步规范，受到了师生的一致好评。

5. 提升教师教学能力

2012 年 6 月 20 日，学校邀请陇西实验小学校长、中学高级教师丁来明一行 13 人来学校参加合作教研教学交流活动。9 月 2 日下午，甘肃省教师资格认定指导中心副主任杨祺一行 3 人来校调研督导高校教师资格认定和应届师范类毕业生教师资格认定工作。2013 年 1 月 18 日下午，天水市副市长霍卫平一行来校慰问学校近年来在教学科研中取得优异成绩的部分优秀教师。

2014 年 5 月 28 日—6 月 5 日，根据甘肃省总工会、甘肃省教育厅《关于举办"甘肃省第二届高校青年教师教学大赛"的通知》精神，学校组织开展了"天水师范学院第一届青年教师教学大赛"初赛活动，最终评定一等奖 3 名、二等奖 6 名、三等奖 9 名、优秀奖 6 名。6 月 27 日—28 日，在西北师范大学进行的甘肃省第二届"高校青年教师教学技能大赛"中，化学工程与技术学院教师王鹏获得自然科学基础学科组三等奖，商学院教师秦效宏、电子信息与电气工程学院教师刘云芳获得优秀奖，学校获得优秀组织奖。学校组织开展了微课教学大赛，有 207 名教师参与了比赛，上传视频 60 余个。2015 年 5 月 30 日，外国语学院教师崔文娟、余敏、刘旭阳、雷鸣和魏婷 5 位老师获得甘肃省高等院校英语教学改革研究项目立项暨第一届中国外语微课大赛甘肃赛区复赛三等奖，学校获得第一届中国外语微课大赛优秀组织奖。

2017 年，学校分两批次选派教师赴清华大学和西安交通大学参加了"天水师范学院干部教学管理能力提升高级研修班"和"天水师范学院审核评估和专业认证培训班"，加强了学校教学管理队伍业务素养，提升了专业教学能力。在全国微课教学比赛召开之际，学校进行了校内微课教学比赛活动。经过初赛推选出 15 人参加甘肃赛区的复赛，并全部入围获奖，是学校微课教学比赛历年来成绩最好的一年。

2018 年 5 月 25—27 日，由甘肃省物理学会主办、学校承办的第四届全国高等学校物理基础课程青年教师讲课比赛甘肃省预赛暨 2018 年全省高校物理基础课程教育学术研讨会成功举办。教育部高等学校大学物理课程教学指导委员会、西北地区工作委员会、教育部高等学校物理学类专业教学指导委员会、甘肃省物理学会领导以及省内 11 所高校 38 名教师参加了比赛及研讨会。7 月 1 日，甘肃省第四届高校青年教师教学竞赛在兰州财经大学落下帷幕。学校文学与文化传播学院马超教授应邀担任比赛评委。学校参赛教师以扎实的教学功底，严谨的逻辑思维，自然的教态和良好的精神状态投入比赛，取得了良好的成绩。其中文学与文化传播学院张继红、机电与汽车工程学院郑丽分获文科组和工科组三等奖，学校荣获优秀组织奖，取得了学校参加此项赛事的历史最好成绩。7 月 2 日下午，学校在二号报告厅召开党委中心组学习会，专题学习新时代全国高等学校本科教育工作会议精神，党委副书记师平安主持会议，全体党委常委出席，全校副科级以上干部，学术委员会、教学委员会、教学督导委员会委员，各学院教学系主任参加会议。10 月 12—14 日，第九届"外教社杯"全国高校外语教学大赛（英语类专业组）甘肃赛区比赛在兰州财经大学举办。学校外国语学院教师刘彦峰和张晖分别获得英语专业组和商务英语专业组二等奖。11 月 29 日下午，学校在二号学术报告厅举办学习贯彻全国教育大会精神宣讲报告会，全省教育"百人宣讲团"成员、学校党委书记李正元为干部教师作宣讲报告。全体在校校领导、党委常委、全体科级以上干部和马克思主义学院教师参加，校党委副书记师平安主持报告会。12 月 6 日下午，学校在二号报告厅举办学习贯彻全国教育大会精神宣讲会，全省教育"百人宣讲团"成员、学校党委副书记、校长安涛为干部教师作宣讲报告。全体在校领导、党委常委、全体科级以上干部、各教学系主任和文学与文化传播学院教师参加，党委常委、副校长汪聚应主持宣讲会。12 月 8 日，学校在 4 号教学楼 313 和 316 教室开展了第九届校级公开课教学活动暨"精彩一课"教学比赛决赛。经过激烈角逐，最终 18 名教师获奖，马克思主义学院柏林和化学工程与技术学院王鹏荣获一等奖，外国语学院任晓妍、生物工程与技术学院王倩宁、化学工程与技术学院王长青、文学与文化传播学院程琦、教师教育学院赵静和土木工程学院左迪6位教师荣获二等奖，音乐舞蹈学院周春蕾、资源与环境工程学院王怡睿、外国语学院杨维玚、体育运动与健康学院毛海燕、文学与文化传播学院杨文军、数学与统计学院刘薇、历史文化学院王晰、电子信息与电气工程学院李向兵、商学院王奇和数学与统计学院张艺馨10位教师荣获三等奖。12月26—27日，学校教师发展服务中心举办了"基于'互联网＋'的教师教学能力提升服务指导"研修班。校长安涛出席开班仪式并致欢迎词，陕西师范大学教师教学发展中心副主任何聚厚教授、现代教学技术教育部重点实验室信息技术支撑教学研究团队成员李骏老师出席开班仪式。学校16个二级学院40多名中青年教师参加研修。

通过教学大赛、微课比赛和教学优秀奖评审，引导激发中青年教师投身教学，进行教学方法、手段的改革和探索，不断改进教学内容和强化课堂教学质量，取得了良好效果。

6. 加强精品课程与教学团队建设

学校高度重视精品课程与教学团队建设，把精品课程与教学团队建设作为教学质量工作的核心要件来抓，不断夯实本科教育的基础。

2009年11月17日晚，学校2009年申报校级精品课程评审答辩会在视频会议室顺利进行。各二级学院主管教学院长、申报2009年校级精品课程负责人、课程组全体成员约70余人参加了会议。各门课程负责人分别从师资队伍、教学内容、教学条件、教学方法与手段、教学效果等方面，以演示文稿形式作了汇报，并接受评审专家质询。

2010年，文史学院马建东教授负责的"古代汉语"课程和数学与统计学院何万生教授负责的"数学建模"课程被评为2010年度甘肃省精品课程。文史学院汪聚应教授为带头人的"中国古代文学"教学团队被评为2010年度甘肃省级教学团队，这是学校第一个省级教学团队。确定"文艺理论教学团队"等12个教学团队为2010年度校级教学团队。2011年，经省教育厅评审，"生物化学"和"数码钢琴"两门课程评选为2011年度甘肃省级精品课程。2011年11月21日，学校决定将"中国古代诗歌史论"等20门课程立项为2011年立项建设校级精品课程，"英国文学"等6门课程为二级学院立项建设精品课程。2012年，学校数学与统计学院何万生教授负责的"常微分方程"和教育学院闫祯教授负责的"教育学"课程被评为甘肃省 2012 年度省级精品课程,教育学院李艳红教授负责的小学教学论教学团队被评为 2012 年甘肃省省级教学团队。

2013 年,学校组织评选推荐"中国古代诗歌史论""排球""教育心理学""大学体育""原子物理学"等 5 门课程参加省级精品课程评审,其中,"中国古代诗歌史论"被评为省级精品课程。郭昭第教授的"文艺理论教学团队"被评为省级教学团队,汪聚应教授获得第八届"甘肃省高等学校教学名师奖"荣誉称号。2015 年 1 月 8 日,学校王弋博主持申报的《植物生理学》和李艳红主持申报的《教育心理学》两门课程获省级精品课程立项。"中国现当代文学教学团队"和"大学英语教学团队"等 2 个团队申报了 2015 年甘肃省省级教学团队。2017 年,"中国现当代文学教学团队"等 20 个教学团队被评为校级教学团队。2015 年,购置了尔雅通识课慕课资源系统,标志着学校在教务管理规范化、新教学手段改革、新教学资源开发利用上迈出了坚实的一步。

根据《甘肃省教育厅关于支持鼓励高校引进和使用国内外优质在线开放课程》精神,学校推荐"教育学""电路分析"等 10 门在线课程申报了 2017 年春季学期"甘肃省引进和使用国内外优质在线课程"。2017 年,"中国历史地理"入选省级精品资源共享课,结束了学校没有省级精品资源共享课的历史。

2018 年 1 月,教育部公布首批 201 个"全国高校黄大年式教师团队",全国高校中国语言文学有两个团队入选,省属高校有两个团队入选,学校郭昭第教授负责的中国语言文学教师团队正式获批首批"全国高校黄大年式教师团队"。

2018 年,学校制定《进一步贯彻落实新时代全高等学校本科教育工作会议精神的意见》文件,起草《天水师范学院本科教育振兴方案》,列出《〈意见〉内容要点与责任分工》,明确任务与要求,推动了学校以"以本为本""四个回归"为主旨的教育振兴工作迈出坚实的步伐。学校积极开展省教改申报工作,入选省级特色专业 2 个,精品资源共享课 1 门,教学团队、教学名师、实验教学示范中心各 1 个,获省级教学成果奖二等奖 2 项,入选省级大英教改项目 2 项,获批教育厅体育美育国防教育资助项目 16 项,成绩突出。学校设《本科教学质量提升工程》专项经费 150 万元,用于资助建设新专业 2 个,特色专业 2 个,校级精品课程 16 门,省级精品资源共享课 1 门,校级实验教学示范中心 2 个,省级实验教学示范中心 1 个,校级教学团队 20 个和省级教学团队 4 个。策划组织省校两级精品课程负责人和成员共 50 人,赴清华大学参加"认证理念下的教师教育能力提升研修班",进行精品在线课程开发建设培训,有效提升了教师在线课程开发与利用能力。

表 3　天水师范学院省级精品课程汇总表

序号	课程名称	课程负责人及职称		课程类型	所属一级学科门类	所属二级学科类	立项时间	文件号	备注
		姓名	职称						
1	武术	侯顺子	教授	本科	教育学	体育学类	2003 年	甘教高 [2003] 66 号	
2	中国现代文学	马超	教授	本科	文学	中国语言文学类	2004 年	甘教高 [2004] 46 号	
3	高等代数	侯维民	教授	本科	理学	数学类	2004 年	甘教高 [2004] 46 号	
4	数学分析	杨钟玄	教授	本科	理学	数学类	2004 年	甘教高 [2004] 46 号	
5	中国古代文学	温宝麟	教授	本科	文学	中国语言文学类	2006 年	甘教高 [2006] 28 号	
6	心理学	赵红英	副教授	本科	理学	心理学类	2006 年	甘教高 [2006] 28 号	
7	会计学基础	何建华	副教授	本科	管理学	工商管理类	2006 年	甘教高 [2006] 28 号	
8	财务会计	赵爱英	教授	本科	管理学	工商管理类	2007 年	甘教高 [2007] 36 号	
9	中国历史地理	雍际春	教授	本科	历史学	历史学类	2008 年	甘教高 [2008] 35 号	
10	文学理论	郭昭第	教授	本科	文学	中国语言文学类	2008 年	甘教高 [2008] 35 号	
11	健美操	贺改芹	教授	本科	教育学	体育学类	2009 年	甘教高 [2009] 44 号	
12	无机化学	唐慧安	教授	本科	理学	化学类	2009 年	甘教高 [2009] 44 号	
13	古代汉语	马建东	教授	本科	文学	中国语言文学类	2010 年	甘教高 [2010] 17 号	
14	数学建模	何万生	教授	本科	理学	数学类	2010 年	甘教高 [2010] 17 号	
15	数码钢琴	常文海	教授	本科	艺术学	音乐与舞蹈学类	2011 年	甘教高 [2011] 27 号	
16	生物化学	安建平	教授	本科	理学	生物科学类	2011 年	甘教高 [2011] 27 号	
17	常微分方程	何万生	教授	本科	理学	数学类	2012 年	甘教高 [2012] 31 号	
18	公共教育学	闫祯	教授	本科	教育学	教育学类	2012 年	甘教高 [2012] 31 号	
19	中国古代诗歌史论	汪聚应	教授	本科	文学	中国语言文学类	2013 年	甘教高 [2013] 39 号	

续表

序号	课程名称	课程负责人及职称 姓名	职称	课程类型	所属一级学科门类	所属二级学科类	立项时间	文件号	备注
20	植物生理学	王飞博	教授	本科	生物学	植物生理学	2014 年	甘教高〔2014〕42 号	
21	教育心理学	李艳红	教授	本科	教育学	教育学	2014 年	甘教高〔2014〕42 号	
22	马克思主义基本原理概论	柏林	讲师	本科	法学	马克思主义理论	2014 年	甘教高〔2015〕4 号	

备注：截止 2014 年，学校建设的省级精品课程表 21 门，文学 5 门，历史 1 门，生物 2 门，数学 1 门，体育 2 门，化学 1 门，商学院 2 门，教育 3 门，音乐 1 门。

表 4　甘肃省教育厅 2019 年国家级一流本科专业建设点推荐名单

序号	专业建设点名称	专业负责人
1	汉语言文学	郭昭第
2	小学教育	李艳红
3	数学与应用数学	裴瑞昌
4	历史学	雍际春
5	生物科学	王廷璞
6	思想政治教育	余明远
7	社会体育指导与管理	马冬梅
8	物理学	邢永忠
9	化学	刘新文
10	戏剧影视文学	王贵禄
11	英语	张亚兰
12	地理科学	何栋材

表5　天水师范学院 2018 年省级和校级精品资源共享课程一览表

序号	所属学院	课程名称	级别	课程负责人
1	历史文化学院	中国历史地理	省级	雍际春
2	文学与文化传播学院	美学原理	省级	郭昭第
3	化学工程与技术学院	有机化学	校级	王长青
4	生物工程与技术学院	分子生物学	校级	马伟超
5	土木工程学院	混凝土结构设计原理	校级	吕向明
6	体育运动与健康学院	足球	校级	徐叶彤
7	历史文化学院	世界现代史	校级	奉继华
8	教师教育学院	教育心理学	校级	李艳红
9	音乐舞蹈学院	民族器乐教学与演奏	校级	靳振彪
10	电子信息与电气工程学院	微机原理与接口技术	校级	赵利民
11	文学与文化传播学院	中国当代文学	校级	郭文元
12	机电与汽车工程学院	机械设计基础	校级	罗海玉
13	资源与环境工程学院	经济地理学	校级	何栋材
14	外国语学院	英语教学论	校级	邵晓霞
15	马克思主义学院	思想政治教育学原理	校级	汪玉峰
16	商学院	婚姻家庭继承法	校级	田建强
17	美术与艺术设计学院	广告与艺术设计	校级	韩琦
18	数学与统计学院	数学分析	校级	谢保利

表6　天水师范学院引进和使用国内外优质在线课程一览表

序号	引进高校	课程名称	课程类型	供课平台	立项时间	经费
1	天水师范学院	中国近现代史纲要	通识教育课	超星尔雅	2016 年	3000
2	天水师范学院	美学原理	学科基础课	超星尔雅	2016 年	3000
3	天水师范学院	大学计算机基础	通识教育课	超星尔雅	2016 年	3000
4	天水师范学院	思想道德修养与法律基础	通识教育课	超星尔雅	2016 年	3000
5	天水师范学院	移动互联网时代的信息安全与防护	通识教育课	超星尔雅	2016 年	3000
6	天水师范学院	微观经济学	学科基础课	超星尔雅	2016 年	3000
7	天水师范学院	书法鉴赏	通识教育课	超星尔雅	2016 年	3000
8	天水师范学院	考古发现与探索	学科基础课	超星尔雅	2016 年	3000
9	天水师范学院	文物精品与中华文明	学科基础课	超星尔雅	2018 年	
10	天水师范学院	现代教育技术应用	通识教育课	超星尔雅	2018 年	

续表

序号	引进高校	课程名称	课程类型	供课平台	立项时间	经费
11	天水师范学院	毛泽东思想和中国特色社会主义理论体系概论	通识教育课	超星尔雅	2018 年	
12	天水师范学院	生物学哲学导论	通识教育课	超星尔雅	2018 年	
13	天水师范学院	教育学	通识教育课	清华在线	2018 年	
14	天水师范学院	中国文化英语教程	专业核心课	超星尔雅	2018 年	
15	天水师范学院	线性代数	学科基础课	爱课程	2018 年	
16	天水师范学院	气象学与气候学	学科基础课	超星尔雅	2018 年	
17	天水师范学院	电路分析	学科基础课	爱课程	2018 年	
18	天水师范学院	摄影基础	学科基础课	超星尔雅	2018 年	
19	天水师范学院	地理信息系统概论	专业核心课	超星尔雅	2018 年	

表7 天水师范学院校级教学团队一览表

序号	团队名称	带头人姓名	职称	所属二级学科门类	所属二级学院	备注
1	中国古代文学教学团队	汪聚应	教授	中国古代文学	文学与文化传播学院	2010 年省级教学团队
2	中国古代史教学团队	雍际春	教授	中国古代史	历史文化学院	2011 年省级教学团队
3	小学教学论教学团队	李艳红	教授	课程与教学论	教师教育学院	2012 年省级教学团队
4	文艺理论教学团队	郭昭第	教授	文艺学	文学与文化传播学院	2013 年省级教学团队
5	无机化学教学团队	唐慧安	教授	无机化学	化学工程与技术学院	
6	民族传统体育学教学团队	蔡智忠	教授	民族传统体育学	体育运动与健康学院	
7	应用数学教学团队	夏鸿鸣	副教授	数学	数学与统计学院	
8	健美操教学团队	贺改芹	教授	体育教育训练学	体育运动与健康学院	
9	基础数学教学团队	唐保祥	副教授	数学	数学与统计学院	
10	大学英语教学团队	郭晓英	副教授	外国语言学及应用语言学	外国语学院	
11	原子物理学教学团队	王文赜	教授	原子与分子物理	电子信息与电气工程学院	

续表

序号	团队名称	带头人姓名	职称	所属二级学科门类	所属二级学院	备注
12	公共教育学教学团队	闫　祯	教授	教育学	教师教育学院	
13	中国现当代文学教学团队	马　超	教授	中国现当代文学	文学与文化传播学院	
14	哲学教学团队	王文东	教授	马克思主义基本原理	政法学院	
15	近代物理基础课教学团队	邢永忠	教授	物理学	电子信息与电气工程学院	
16	汉语言文字学教学团队	马建东	教授	中国古代文学	文学与文化传播学院	2018年省级教学团队
17	会计学基础教学团队	何建华	教授	会计学	商学院	
18	机械制造装备与设计教学团队	牛永江	教授	机械制造及其自动化	机电与汽车工程学院	
19	英语教师教育教学团队	李旭明	副教授	外国语英语文学	外国语学院	
20	思想道德修养与法律基础教学团队	张敬花	副教授	思想政治教育学	政法学院	
21	油画教学团队	贾丽珠	教授	美术学	美术与艺术设计学院	
22	化学理论课程教学团队	杨富巍	教授	化学	化学工程与技术学院	
23	现代教育技术教学团队	谢　斌	副教授	教育技术学	教师教育学院	
24	历史文献学教学团队	陈于柱	教授	历史学	历史文化学院	
25	控制与传感教学团队	赵利民	副教授	电子信息工程	电子信息与电气工程学院	
26	教育史课程教学团队	杨学良	副教授	教育史	教师教育学院	
27	文物与博物馆学专业实践教学团队	陈于柱	教授	文物与博物馆学	历史文化学院	2019年省级教学团队

续表

序号	团队名称	带头人姓名	职称	所属二级学科门类	所属二级学院	备注
28	球类教学团队	王 军	教授	体育学	体育运动与健康学院	
29	作曲技术理论教学团队	杨秦生	教授	音乐学	音乐舞蹈学院	
30	工程结构课程教学团队	南喜涛	教授	土木工程学	土木工程学院	
31	人文地理教学团队	王新民	副教授	人文地理学	资源与环境工程学院	
32	药用植物资源创新教学团队	赵 强	副教授	生物制药学	生物工程与技术学院	
33	电子商务核心课程教学团队	王雪琳	副教授	管理学	商学院	
34	生物技术创新教学团队	焦成瑾	教授	生物学	生物工程与技术学院	
35	生态学教学团队	王弋博	教授	生物学	生物工程与技术学院	

2019年5月10—11日，学校开展了混合式教学和优慕课在线教育平台专题培训，学校教务处邀请清华大学黄浩博士和清华教育在线王海宁工程师来校进行了混合式教学和优慕课在线教育平台专题培训，积极推进了线上线下相融合的混合式教学改革实践，培育了一批深刻理解慕课、精通混合式教学设计、有较高信息素养的骨干教师，实现了"金课"建设的落实落地。8月7—13日，学校选派教学秘书和教学管理人员赴清华大学培训，提升教学管理和服务能力。

通过课程与教学团队建设，构建了结构合理，集聚效应明显的校级和省级教学团队，形成了以二级学院精品课程为基础、校级精品课程为重点、省级精品课程为示范的三级课程建设体系。这些教学团队和精品课程从教学内容更新、教学方法改革等方面起到了推动和示范作用。

7. 推进顶岗支教实习和实践教学创新

根据基础教育和区域经济社会发展的需求，学校结合服务对象和人才培养定位，按照"强化实践教学环节、拓展实践平台功能、创新实践教学模式、提高共建共享水平"的思路，分类推进实践教学改革，创新实践教学内容和教学方法，推进实践创新平台建设，加强实践教学队伍建设，完善实践教学管理规章制度，着力构建实验教学、实习实训、毕业论文（设计）、学科竞赛、创新创业相结合的多层次实践教学体系。

2009年1月4日下午，由教务处组织的学校首次顶岗支教实习学生座谈会在办公楼三楼大会议室召开。会议由教务处副处长安建平主持，教务处长汪聚应和各二级学院主管教学的副院长参会。座谈会上，来自17个支教点的实习学生从顶岗支教实习生活、承担教学及担任班主任工作、支教学校的校情、自己实习的感受等多方面进行了富含深情的交流。4月13—18日，由校长杨新科带队的考察组一行4人赴新疆维吾尔自治区昌吉回族自治州进行了实地考察，副院长马建东、教务处副处长安建平和学生处副处长李耀春参加本次考察。在新疆维吾尔自治区教育厅高教处李西斌处长的陪同下，考察组对木垒哈萨克自治县、奇台县和吉木萨尔县的中小学办学条件、办学理念、师资队伍、民俗民情、道路交通、社会治安、医疗条件等方面进行了实地考察。自2009年开始，学校顶岗支教在省内继续扩大规模的同时，学校与新疆维吾尔自治区教育厅签署了为期5年的支教实习协议。2009年秋季，学校选派194名学生赴新疆维吾尔自治区昌吉回族自治州奇台、吉木萨尔和木垒等县的43所学校实习，开启了赴新疆维吾尔自治区顶岗支教的新征程。

2010年4月22日，新疆维吾尔自治区昌吉回族自治州教育局局长李震一行七人来校考察大学生顶岗支教实习工作，并与学校相关部门和各学院负责人进行了座谈交流。李震在学校2号报告厅为学校师生作了题为"中学新课程改革的几点启迪"的报告。

2011年4月15日，学校获新疆维吾尔自治区教育厅评选的首批实习支教管理工作先进单位称号。24日，学校多儿自然保护区科研教学实训基地揭牌仪式在多儿自然保护区管理局举行，副校长马建东和迭部县县长仁青东珠为科研教学实训基地揭牌。2011年6月，学校起草下发了《关于做好2011年秋季顶岗支教实习学生选派和培训工作的通知》，决定自2008级师范生开始，教育实习时间延长为一个学期，主要采用顶岗支教实习和集中编队实习两种方式开展。学校提出在2008级师范生中试点"4＋8＋4"集中编队实习模式，将为期一个学期的教育实习分为三个阶段进行，即校内预实习阶段、实习学校实习阶段和校内总结实习阶段。时间安排为校内预实习阶段4周，实习学校实习阶段8周，校内总结实习阶段4周。生命科学与化学学院、物信学院和经济与社会管理学院的203名学生参加了"4＋8＋4"集中编队实习，共在11所中学开展了实习工作，实习效果良好。2012年，学校共选派1254人参加顶岗支教实习，主要涉及甘肃省内天水、陇南、定西等市的 85 所学校和新疆的 97 所学校，学校又一次被新疆维吾尔自治区教育厅评为"实习支教管理先进单位"。

2013 年，在新疆维吾尔自治区教育厅组织的评选中，学校 2 名同志被评为"管理工作先进个人"，5 名同志被评为"优秀指导教师"，129 名同学被评为"实习支教优秀学生"。学校再次被新疆维吾尔自治区教育厅评为"实习支教管理先进单位"。

2015 年 3 月 30 日获悉，学校申报的《校地合作开展新疆民族地区双语教育的实习支教模式探索与实践》等 5 个项目获得甘肃省教育厅高等教育教学成果奖。11 月 18—20 日，副校长安涛带领教务处、教师教育学院有关负责人赴甘南藏族自治州对学校在舟曲县和卓尼县参加顶岗支教实习的 60 名学前教育专业学生进行了慰问检查。顶岗支教实习工作在新疆昌吉州和甘肃省内形成稳定的规模的同时，不断地探索拓宽实习领域，结合甘南州幼儿园师资短缺的现状，首次择优选派了 60 名学前教育专业学生从 2015 年秋季起赴甘南民族地区两个县的 24 所幼儿园进行顶岗支教实习活动，标志着学校实践教学又开创了新的局面。

从 2018 年春季开始，学校按照《甘肃省深度贫困县农村学校支教行动实施方案》，选送了 480 名学生赴天水市麦积区、秦安县、张家川回族自治县农村学校支教，开启了深度贫困县支教实习工作。

2018 年 4 月 26 日下午，新疆维吾尔自治区昌吉回族自治州教育局党组书记周清一行来校考察交流顶岗支教实习及就业工作，党委书记马建东、副校长安涛、教务处、招生就业处负责人参加座谈会。11 月，学校纪委书记李淳带领教务处、数学与统计学院、音乐舞蹈学院等相关部门负责人赴新疆维吾尔自治区，对学校在昌吉回族自治州昌吉市、阜康市、呼图壁县、吉木萨尔县、奇台县、木垒县和新疆生产建设兵团十三师等地支教的第 19 批实习支教师生进行了慰问检查。2018 年 10 月 24—25 日，学校先后与陇南、天水两市教育局及相关重点中小学签订了高校地方教育行政部门和中小学三位一体协同育人协议。

2019 年 3 月 8 日，学校第 20 批赴新疆维吾尔自治区开展顶岗支教实习工作动员大会在二号报告厅召开。校长安涛出席，教务处和各二级学院负责人、实习支教带队教师及全体实习支教学生 300 余人参加动员会。截至 2019 年，学校共派出 12000 多名学生赴省内外的 169 所中小学开展顶岗支教实习。自 2009 年以来，学校已连续 10 年、20 批次选派 6235 名学生赴新疆维吾尔自治区 3 个地区 105 所学校开展顶岗支教实习工作，为缓解新疆维吾尔自治区结构性师资严重短缺，推动国语教学和边疆民族教育做出了贡献。由于管理规范，顶岗支教学生表现优异，赢得了新疆维吾尔自治区教育主管部门和支教中小学的高度评价。4 月 29 日，中国教育报以"青春在西北边疆闪光——天水师范学院援疆顶岗实习支教的十年之旅"为主题，整版全面报道了学校在新疆开展的顶岗支教实习工作。5 月 16—19 日，学校党委书记李正元一行赴新疆维吾尔自治区昌吉回族自治州和兵团十三师等地看望了学校援疆实习支教师生和在新疆工作的校友代表，教务处、招生就业处、马克思主义学院、资源与环境工程学院相关负责人随行调研。李正元一行先后在昌吉回族自治州教育局、阜康市教育局、兵团十三师教育局召开了实习支教工作座谈会，与当地教育局、受援学校领导、实习支教师生、在疆工作校友进行了亲切交谈。2019 年 5—6 月，校党委书记李正元、校长安涛分别与昌吉州等教育局签署了开展顶岗实习支教工作协议。该协议涵盖了支教内容、形式、双方权利义务、实习支教期限、支教学生的安全、支教经费保障等各个方面，为双方开展合作提供了基本依据。

学校注重实践教学内容的完善与更新，加强实践教学体系建设，更新实践教学内容、方法和手段，使理论教学和实践教学紧密结合，培养学生的创新意识和实践能力，效果良好。同时，学校整合现有实验设备，改革实验课教学，更新实验内容，革新实验教学方法，增加综合性、设计性实验，提高了学生综合运用知识的实践能力和创新能力。在保证完成教学任务的前提下，学校积极推进开放式实验教学。专业实验室、综合实验室向学生开放，实现资源共享，提高了实验室和仪器设备利用率。通过实验室开放，充分发挥了实验资源、人才、技术优势，实现了资源共享和节约，调动了学生学习的主动性和积极性，也进一步提高了学生的动手能力、实践能力和创新能力。通过实践教学体系内容和方法的改革，确立了以教师传授知识、学生自主获取知识为主线，能力培养为支撑，理论教学、实践教学、第二课堂综合素质培养体系为一体的人才培养模式。加强实验条件建设，改革实验课教学，提高了学生的实践能力，教师教育类学生的理论基础和教师职业能力深受用人单位好评，非教师教育类学生的理论功底和动手能力、职业应对能力也得到了社会认可。

表8　天水师范学院校外实习实训基地一览表

序号	单位	实习实训基地名称	建立时间	面向专业	实习实训基地地址
1	教务处	昌吉州第二中学	2009	师范类各专业	新疆维吾尔自治区昌吉市
2	教务处	昌吉州第五中学	2009	师范类各专业	新疆维吾尔自治区昌吉市
3	教务处	昌吉州实验小学	2009	师范类各专业	新疆维吾尔自治区昌吉市
4	教务处	昌吉市第七小学	2009	师范类各专业	新疆维吾尔自治区昌吉市
5	教务处	新疆大光华学校	2009	师范类各专业	新疆维吾尔自治区昌吉市
6	教务处	阜康市二中	2009	师范类各专业	新疆维吾尔自治区阜康市
7	教务处	阜康市三中	2009	师范类各专业	新疆维吾尔自治区阜康市
8	教务处	阜康市四中	2009	师范类各专业	新疆维吾尔自治区阜康市
9	教务处	阜康市九运街中学	2009	师范类各专业	新疆维吾尔自治区阜康市
10	教务处	阜康市一小	2009	师范类各专业	新疆维吾尔自治区阜康市
11	教务处	阜康市厦门实验小学	2009	师范类各专业	新疆维吾尔自治区阜康市
12	教务处	阜康市三小	2009	师范类各专业	新疆维吾尔自治区阜康市
13	教务处	阜康市城关小学	2009	师范类各专业	新疆维吾尔自治区阜康市
14	教务处	阜康市五小	2009	师范类各专业	新疆维吾尔自治区阜康市
15	教务处	阜康市天龙小学	2009	师范类各专业	新疆维吾尔自治区阜康市
16	教务处	阜康市上户沟小学	2009	师范类各专业	新疆维吾尔自治区阜康市
17	教务处	阜康市种羊场小学	2009	师范类各专业	新疆维吾尔自治区阜康市
18	教务处	阜康市滋泥泉学校	2009	师范类各专业	新疆维吾尔自治区阜康市

序号	单位	实习实训基地名称	建立时间	面向专业	实习实训基地地址
19	教务处	呼图壁县二中	2009	师范类各专业	新疆维吾尔自治区呼图壁县
20	教务处	呼图壁县四小	2009	师范类各专业	新疆维吾尔自治区呼图壁县
21	教务处	呼图壁县一小	2009	师范类各专业	新疆维吾尔自治区呼图壁县
22	教务处	呼图壁县二十里店学校	2009	师范类各专业	新疆维吾尔自治区呼图壁县
23	教务处	呼图壁县五工台小学	2009	师范类各专业	新疆维吾尔自治区呼图壁县
24	教务处	呼图壁县中职学校	2009	师范类各专业	新疆维吾尔自治区呼图壁县
25	教务处	呼图壁县二小	2009	师范类各专业	新疆维吾尔自治区呼图壁县
26	教务处	呼图壁县一幼	2009	师范类各专业	新疆维吾尔自治区呼图壁县
27	教务处	呼图壁县三中	2009	师范类各专业	新疆维吾尔自治区呼图壁县
28	教务处	呼图壁县四中	2009	师范类各专业	新疆维吾尔自治区呼图壁县
29	教务处	呼图壁县五中	2009	师范类各专业	新疆维吾尔自治区呼图壁县
30	教务处	吉木萨尔县一小	2009	师范类各专业	新疆维吾尔自治区吉木萨尔县
31	教务处	吉木萨尔县二小	2009	师范类各专业	新疆维吾尔自治区吉木萨尔县
32	教务处	吉木萨尔县三小	2009	师范类各专业	新疆维吾尔自治区吉木萨尔县
33	教务处	吉木萨尔县四小	2009	师范类各专业	新疆维吾尔自治区吉木萨尔县
34	教务处	吉木萨尔县三中	2009	师范类各专业	新疆维吾尔自治区吉木萨尔县
35	教务处	吉木萨尔县中职学校	2009	师范类各专业	新疆维吾尔自治区吉木萨尔县
36	教务处	吉木萨尔县二工乡学校	2009	师范类各专业	新疆维吾尔自治区吉木萨尔县

续表

序号	单位	实习实训基地名称	建立时间	面向专业	实习实训基地地址
37	教务处	吉木萨尔县北庭镇学校	2009	师范类各专业	新疆维吾尔自治区吉木萨尔县
38	教务处	吉木萨尔县老台学校	2009	师范类各专业	新疆维吾尔自治区吉木萨尔县
39	教务处	吉木萨尔县庆阳湖学校	2009	师范类各专业	新疆维吾尔自治区吉木萨尔县
40	教务处	吉木萨尔县泉子街学校	2009	师范类各专业	新疆维吾尔自治区吉木萨尔县
41	教务处	吉木萨尔县新地乡学校	2009	师范类各专业	新疆维吾尔自治区吉木萨尔县
42	教务处	吉木萨尔县大有乡中心校	2009	师范类各专业	新疆维吾尔自治区吉木萨尔县
43	教务处	奇台县一小	2009	师范类各专业	新疆维吾尔自治区奇台县
44	教务处	奇台县二小	2009	师范类各专业	新疆维吾尔自治区奇台县
45	教务处	奇台县三小	2009	师范类各专业	新疆维吾尔自治区奇台县
46	教务处	奇台县二中	2009	师范类各专业	新疆维吾尔自治区奇台县
47	教务处	奇台县三中	2009	师范类各专业	新疆维吾尔自治区奇台县
48	教务处	奇台县四中	2009	师范类各专业	新疆维吾尔自治区奇台县
49	教务处	奇台县六中	2009	师范类各专业	新疆维吾尔自治区奇台县
50	教务处	奇台县中职学校	2009	师范类各专业	新疆维吾尔自治区奇台县
51	教务处	奇台县东湾中心校	2009	师范类各专业	新疆维吾尔自治区奇台县
52	教务处	奇台县吉布库中心校	2009	师范类各专业	新疆维吾尔自治区奇台县
53	教务处	奇台县半截沟中心校	2009	师范类各专业	新疆维吾尔自治区奇台县

序号	单位	实习实训基地名称	建立时间	面向专业	实习实训基地地址
54	教务处	奇台县碧流河中心校	2009	师范类各专业	新疆维吾尔自治区奇台县
55	教务处	奇台县老奇台中心校	2009	师范类各专业	新疆维吾尔自治区奇台县
56	教务处	奇台县三个庄中心校	2009	师范类各专业	新疆维吾尔自治区奇台县
57	教务处	奇台县西地中心学校	2009	师范类各专业	新疆维吾尔自治区奇台县
58	教务处	奇台县坎儿孜中心校	2009	师范类各专业	新疆维吾尔自治区奇台县
59	教务处	奇台县五马场中心校	2009	师范类各专业	新疆维吾尔自治区奇台县
60	教务处	奇台县乔仁中心校	2009	师范类各专业	新疆维吾尔自治区奇台县
61	教务处	奇台县塔塔尔中心校	2009	师范类各专业	新疆维吾尔自治区奇台县
62	教务处	奇台县古城八家户幼儿园	2009	师范类各专业	新疆维吾尔自治区奇台县
63	教务处	木垒县白杨河中心学校	2009	师范类各专业	新疆维吾尔自治区木垒哈萨克族自治县
64	教务处	木垒县博斯坦中心学校	2009	师范类各专业	新疆维吾尔自治区木垒哈萨克族自治县
65	教务处	木垒县大石头中心学校	2009	师范类各专业	新疆维吾尔自治区木垒哈萨克族自治县
66	教务处	木垒县雀仁中心学校	2009	师范类各专业	新疆维吾尔自治区木垒哈萨克族自治县
67	教务处	木垒县西吉尔中心学校	2009	师范类各专业	新疆维吾尔自治区木垒哈萨克族自治县

续表

序号	单位	实习实训基地名称	建立时间	面向专业	实习实训基地地址
68	教务处	木垒县一幼	2009	师范类各专业	新疆维吾尔自治区木垒哈萨克族自治县
69	教务处	木垒县二幼	2009	师范类各专业	新疆维吾尔自治区木垒哈萨克族自治县
70	教务处	木垒县三小	2009	师范类各专业	新疆维吾尔自治区木垒哈萨克族自治县
71	教务处	木垒县一小	2009	师范类各专业	新疆维吾尔自治区木垒哈萨克族自治县
72	教务处	木垒县一中	2009	师范类各专业	新疆维吾尔自治区木垒哈萨克族自治县
73	教务处	木垒县新户中心学校	2009	师范类各专业	新疆维吾尔自治区木垒哈萨克族自治县
74	教务处	木垒县英格堡中心学校	2009	师范类各专业	新疆维吾尔自治区木垒哈萨克族自治县
75	教务处	木垒县照壁山幼儿园	2009	师范类各专业	新疆维吾尔自治区木垒哈萨克族自治县
76	教务处	木垒县照壁山中心学校	2009	师范类各专业	新疆维吾尔自治区木垒哈萨克族自治县
77	教务处	木垒县乌孜别克幼儿园	2009	师范类各专业	新疆维吾尔自治区木垒哈萨克族自治县
78	教务处	布尔津县白湖路小学	2016	师范类各专业	新疆维吾尔自治区布尔津县
79	教务处	布尔津县初级中学	2016	师范类各专业	新疆维吾尔自治区布尔津县
80	教务处	布尔津县神湖路小学	2016	师范类各专业	新疆维吾尔自治区布尔津县
81	教务处	布尔津县神仙湾路小学	2016	师范类各专业	新疆维吾尔自治区布尔津县
82	教务处	布尔津县冲乎尔镇齐巴尔托布勒格村小学	2016	师范类各专业	新疆维吾尔自治区布尔津县
83	教务处	布尔津县杜来提乡草原二村小学	2016	师范类各专业	新疆维吾尔自治区布尔津县

序号	单位	实习实训基地名称	建立时间	面向专业	实习实训基地地址
84	教务处	布尔津县杜来提乡寄宿制中心小学	2016	师范类各专业	新疆维吾尔自治区布尔津县
85	教务处	布尔津县阔斯特克镇寄宿制中心小学	2016	师范类各专业	新疆维吾尔自治区布尔津县
86	教务处	布尔津县窝依莫克镇窝依阔克别克村小学	2016	师范类各专业	新疆维吾尔自治区布尔津县
87	教务处	兵团十三师红星中学	2017	师范类各专业	新疆生产建设兵团十三师
88	教务处	兵团十三师职业技术学校	2017	师范类各专业	新疆生产建设兵团十三师
89	教务处	兵团十三师红星实验幼儿园	2017	师范类各专业	新疆生产建设兵团十三师
90	教务处	兵团十三师红星一场学校	2017	师范类各专业	新疆生产建设兵团十三师
91	教务处	兵团十三师红星二场学校	2017	师范类各专业	新疆生产建设兵团十三师
92	教务处	兵团十三师红星三场学校	2017	师范类各专业	新疆生产建设兵团十三师
93	教务处	兵团十三师火箭农场学校	2017	师范类各专业	新疆生产建设兵团十三师
94	教务处	兵团十三师红星四场学校	2017	师范类各专业	新疆生产建设兵团十三师
95	教务处	兵团十三师黄田农场学校	2017	师范类各专业	新疆生产建设兵团十三师
96	教务处	兵团十三师黄田农场幼儿园	2017	师范类各专业	新疆生产建设兵团十三师
97	教务处	兵团十三师柳树泉农场学校	2017	师范类各专业	新疆生产建设兵团十三师
98	教务处	兵团十三师红山牧场一场学校	2017	师范类各专业	新疆生产建设兵团十三师

续表

序号	单位	实习实训基地名称	建立时间	面向专业	实习实训基地地址
99	教务处	兵团十三师红山农场学校	2017	师范类各专业	新疆生产建设兵团十三师
100	教务处	兵团十三师红山第一幼儿园	2017	师范类各专业	新疆生产建设兵团十三师
101	教务处	兵团十三师淖毛湖农场学校	2017	师范类各专业	新疆生产建设兵团十三师
102	教务处 教师教育学院	碌曲县尕秀小学	2015	师范类各专业	甘肃省甘南藏族自治州
103	教务处 教师教育学院	碌曲县岔科小学	2015	师范类各专业	甘肃省甘南藏族自治州
104	教务处 教师教育学院	碌曲县波海小学	2015	师范类各专业	甘肃省甘南藏族自治州
105	教务处 教师教育学院	碌曲县贡去乎小学	2015	师范类各专业	甘肃省甘南藏族自治州
106	教务处 教师教育学院	碌曲县拉仁关中心小学	2015	师范类各专业	甘肃省甘南藏族自治州
107	教务处 教师教育学院	碌曲县幼儿园	2015	师范类各专业	甘肃省甘南藏族自治州
108	教务处 教师教育学院	碌曲县阿拉乡中心小学	2015	师范类各专业	甘肃省甘南藏族自治州
109	教务处 教师教育学院	碌曲县则岔小学	2015	师范类各专业	甘肃省甘南藏族自治州
110	教务处 教师教育学院	碌曲县红科小学	2015	师范类各专业	甘肃省甘南藏族自治州
111	教务处 教师教育学院	碌曲县郎木寺中心小学	2015	师范类各专业	甘肃省甘南藏族自治州
112	教务处 教师教育学院	碌曲县吉扎幼儿园	2015	师范类各专业	甘肃省甘南藏族自治州
113	教务处 教师教育学院	迭部县桑坝中心幼儿园	2015	师范类各专业	甘肃省甘南藏族自治州
114	教务处 教师教育学院	迭部县阿夏乡中心小学	2015	师范类各专业	甘肃省甘南藏族自治州

序号	单位	实习实训基地名称	建立时间	面向专业	实习实训基地地址
115	教务处 教师教育学院	迭部县洛大学校	2015	师范类各专业	甘肃省甘南藏族自治州
116	教务处 教师教育学院	迭部县尖尼明德小学	2015	师范类各专业	甘肃省甘南藏族自治州
117	教务处 教师教育学院	迭部县电尕学校	2015	师范类各专业	甘肃省甘南藏族自治州
118	教务处 教师教育学院	迭部县益哇乡希望小学	2015	师范类各专业	甘肃省甘南藏族自治州
119	教务处 教师教育学院	迭部县腊子口中心小学	2015	师范类各专业	甘肃省甘南藏族自治州
120	教务处 教师教育学院	迭部县多尔乡中心小学	2015	师范类各专业	甘肃省甘南藏族自治州
121	教务处 教师教育学院	迭部县花园小学	2015	师范类各专业	甘肃省甘南藏族自治州
122	数学与统计学院	甘谷县大像山镇南街小学	2010	师范类各专业	甘肃省天水市甘谷县
123	数学与统计学院	甘谷县模范初级中学	2010	师范类各专业	甘肃省天水市甘谷县
124	数学与统计学院	甘谷县职业中等专业学校	2010	师范类各专业	甘肃省天水市甘谷县
125	数学与统计学院	甘谷县第六中学	2010	师范类各专业	甘肃省天水市甘谷县
126	数学与统计学院	甘谷县六峰学区	2010	师范类各专业	甘肃省天水市甘谷县
127	数学与统计学院	甘谷县渭阳学区	2010	师范类各专业	甘肃省天水市甘谷县
128	数学与统计学院	甘谷县新兴学区	2010	师范类各专业	甘肃省天水市甘谷县
129	数学与统计学院	兰州银行天水分行	2014	统计学	甘肃省天水市秦州区
130	数学与统计学院	天水市统计局	2014	统计学	甘肃省天水市秦州区民主西路

续表

序号	单位	实习实训基地名称	建立时间	面向专业	实习实训基地地址
131	数学与统计学院	中国建设银行天水分行	2014	统计学	甘肃省天水市秦州区
132	数学与统计学院	中国银行天水分行	2014	统计学	甘肃省天水市秦州区建设路
133	数学与统计学院	中国邮政储蓄银行天水市分行	2014	统计学	甘肃省天水市秦州区民主东路
134	文学与文化传播学院	陕西西安长风集团	2015	戏剧影视文学、文化产业管理	陕西省西安市高新区长风绿谷
135	文学与文化传播学院	天水市歌舞艺术研究中心	2014	戏剧影视文学	甘肃省天水市秦州区自由路
136	文学与文化传播学院	天水市西秦腔研究院	2014	戏剧影视文学、文化产业管理	甘肃省天水市秦州区光明巷
137	文学与文化传播学院	天水金翼文化传媒有限责任公司	2016	戏剧影视文学	甘肃省天水市秦州区
138	文学与文化传播学院	天水市文化产业办	2015	文化产业管理	甘肃省天水市秦州区
139	文学与文化传播学院	北京华博教育集团	2016	戏剧影视文学	北京市海淀区
140	文学与文化传播学院	天水市一中	2015	汉语言文学	甘肃省天水市秦州区
141	文学与文化传播学院	天水市六中	2015	汉语言文学	甘肃省天水市秦州区
142	文学与文化传播学院	天水市逸夫中学	2016	汉语言文学	甘肃省天水市秦州区
143	文学与文化传播学院	陇南市礼县职专	2013	汉语言文学	甘肃省陇南市礼县
144	文学与文化传播学院	天赐一秀根石有限公司	2015	文化产业管理	甘肃省陇南市成县
145	文学与文化传播学院	天水雕漆责任有限公司	2015	文化产业管理	甘肃省天水市秦州区
146	历史文化学院	麦积区博物馆	2015	文物与博物馆学	甘肃省天水市麦积区前进南路

序号	单位	实习实训基地名称	建立时间	面向专业	实习实训基地地址
147	历史文化学院	武山县文物局	2015	文物与博物馆学	甘肃省武山县城关镇民主路
148	历史文化学院	天水市博物馆	2015	文物与博物馆学	甘肃省天水市秦州区
149	历史文化学院	张家川云鼎陶文化传播有限公司	2017	文物与博物馆学	甘肃省天水市张家川回族自治县
150	教师教育学院	天水市麦积区麦积中心学校	2015	师范类各专业	甘肃省天水市麦积区花牛镇
151	教师教育学院	天水市麦积区花牛中心学校	2015	师范类各专业	甘肃省天水市麦积区贾河村
152	教师教育学院	天水市麦积区柏阳中心学校	2015	师范类各专业	甘肃省天水市麦积区柏阳镇
153	教师教育学院	天水市第三人民医院	2015	应用心理学	甘肃省天水市秦州区精表路
154	教师教育学院	天水市秦安县陇城教育园区	2015	小学教育、学前教育	甘肃省天水市秦安县陇城镇
155	教师教育学院	天水市天水镇中心小学	2016	小学教育	甘肃省天水市秦州区天水镇
156	教师教育学院	天水市秦州区庆华厂幼儿园	2015	学前教育	甘肃省天水市秦州区
157	教师教育学院	天水市秦州区星星幼儿园	2015	学前教育	甘肃省天水市秦州区
158	教师教育学院	天水市麦积区龙园幼儿园	2016	学前教育	甘肃省天水市麦积区泉湖路
159	教师教育学院	天水市秦州区三佑幼儿园	2015	学前教育	甘肃省天水市秦州区
160	教师教育学院	天水市秦州区向阳幼儿园	2015	学前教育	甘肃省天水市秦州区
161	教师教育学院	天水市甘谷县磐安镇育才幼儿园	2016	学前教育	甘肃省天水市甘谷县磐安镇
162	教师教育学院	甘谷县阳光幼儿园	2015	学前教育	甘肃省天水市甘谷县

续表

序号	单位	实习实训基地名称	建立时间	面向专业	实习实训基地地址
163	教师教育学院	天水市秦州区东方幼儿园	2015	学前教育	甘肃省天水市秦州区
164	教师教育学院	天水市第二幼儿园	2015	学前教育	甘肃省天水市秦州区桃园路
165	教师教育学院	天水市麦积区马跑泉镇中心幼儿园	2016	学前教育	甘肃省天水市马麦积区马跑泉镇
166	教师教育学院	天水市秦州区解放路幼儿园	2016	学前教育	甘肃省天水市秦州区解放路
167	教师教育学院	天水市麦积区社棠镇中心幼儿园	2016	学前教育	甘肃省天水市麦积区社棠镇
168	教师教育学院	天水市秦州区西十里小学	2016	小学教育	甘肃省天水市秦州区玉泉镇
169	教师教育学院	天水市秦州区天水郡小学	2016	小学教育	甘肃省天水市秦州区莲亭路
170	教师教育学院	天水市秦州区新华门小学	2016	小学教育	甘肃省天水市秦州区新华路
171	教师教育学院	天水市秦州区城南小学	2016	小学教育	甘肃省天水市秦州区莲亭路
172	教师教育学院	天水市秦州区建二小学	2014	小学教育	甘肃省天水市秦州区建设路
173	教师教育学院	天水市秦州区红山小学	2016	小学教育	甘肃省天水市秦州区红山路
174	教师教育学院	天水市麦积区桥南小学	2016	小学教育	甘肃省天水市麦积区渭滨东路
175	教师教育学院	天水市秦州区暖河湾小学	2016	小学教育	甘肃省天水市秦州区天水郡
176	教师教育学院	天水市秦州区回民小学	2016	小学教育	甘肃省天水市秦州区新华路
177	马克思主义学院	陇南西和县河坝中学	2012	思想政治教育	甘肃省陇南市西河县
178	马克思主义学院	清水县三中	2006	思想政治教育	甘肃省天水市清水县

续表

序号	单位	实习实训基地名称	建立时间	面向专业	实习实训基地地址
179	电子信息与电气工程学院	天水电气传动研究所有限责任公司	2017	电气工程及其自动化	甘肃省天水市麦积区
180	电子信息与电气工程学院	甘肃睿阳科技有限公司	2017	计算机科学与技术	甘肃省天水市秦州区
181	电子信息与电气工程学院	天水长城中学	2005	物理学	甘肃省天水市秦州区
182	电子信息与电气工程学院	天水长城电工二一三电气	2012	电气工程及其自动化	甘肃省天水市秦州区
183	电子信息与电气工程学院	天水长城低压电气有限公司	2012	电气工程及其自动化	甘肃省天水市秦州区
184	电子信息与电气工程学院	天水华天科技集团	2014	电子信息工程	甘肃省天水市秦州区
185	电子信息与电气工程学院	华清远见嵌入式教育集团成都分公司	2014	电子信息工程	四川省成都市
186	电子信息与电气工程学院	美特科技（苏州）有限公司	2009	电子信息工程	江苏省苏州市
187	电子信息与电气工程学院	众福科技（苏州）有限公司	2009	电子信息工程	江苏省苏州市
188	电子信息与电气工程学院	乐轩科技（苏州）有限公司	2009	电子信息工程	江苏省苏州市
189	电子信息与电气工程学院	珠海经典电子科技有限公司	2008	电子信息工程	广东省珠海市
190	电子信息与电气工程学院	天水华洋电子科技有限公司	2010	电子信息工程	甘肃省天水市
191	电子信息与电气工程学院	中兴通讯股份有限责任公司	2014	通信工程、计算机科学与技术	广东省深圳市
192	电子信息与电气工程学院	北大青鸟教育集团西安分公司	2013	计算机科学与技术	陕西省西安市
193	电子信息与电气工程学院	西安鼎立教育集团	2012	计算机科学与技术	陕西省西安市
194	电子信息与电气工程学院	大唐移动通信设备有限公司	2012	计算机科学与技术	陕西省西安市

续表

序号	单位	实习实训基地名称	建立时间	面向专业	实习实训基地地址
195	电子信息与电气工程学院	江苏传智播客教育科技有限公司	2015	计算机科学与技术	江苏省苏州市
196	电子信息与电气工程学院	星网锐捷网络科技公司	2012	网络工程	陕西省西安市
197	电子信息与电气工程学院	杭州华三通信技术有限公司	2013	网络工程	浙江省杭州市
198	电子信息与电气工程学院	中国铁塔股份有限公司天水分公司	2012	网络工程	甘肃省天水市
199	生物工程与技术学院	甘肃天森药业有限公司	2015	生物技术	甘肃省天水市经济开发区
200	生物工程与技术学院	甘肃省产品质量监督检验东部分中心	2012	食品质量与安全	甘肃省兰州市城关区
201	生物工程与技术学院	中国空间技术研究院天水神舟绿鹏农业科技有限公司	2014	生物技术	甘肃省天水市国家农业园区
202	生物工程与技术学院	秦安县新润农业科技开发有限公司	2016	生物技术	甘肃省天水市秦安县
203	生物工程与技术学院	秦安县宝林果业专业合作社	2016	生物科学、生物技术	甘肃省天水市秦安县
204	生物工程与技术学院	甘肃国信润达分析测试中心	2016	食品质量与安全	甘肃省兰州市城关区
205	生物工程与技术学院	兰州雅华生物技术有限公司	2016	生物技术	甘肃省兰州市七里河区
206	生物工程与技术学院	天水市秦州区农产品质量安全监督管理总站	2016	食品质量与安全	甘肃省天水市秦州区
207	生物工程与技术学院	天水市昊源农艺有限公司	2016	生物技术	甘肃省天水市秦州区
208	生物工程与技术学院	天水市麦积区天泽果业农民专业合作社	2016	生物技术	甘肃省天水市麦积区

续表

序号	单位	实习实训基地名称	建立时间	面向专业	实习实训基地地址
209	化学工程与技术学院	秦安大地湾博物馆	2013	文物与博物馆学	甘肃省天水市秦安县
210	化学工程与技术学院	麦积山石窟艺术研究所	2013	文物与博物馆学	甘肃省天水市麦积区
211	化学工程与技术学院	西安曲江艺术博物馆	2015	文物与博物馆学	陕西省西安市
212	化学工程与技术学院	秦州区窝驼学校	2012	化学	甘肃省天水市秦州区
213	化学工程与技术学院	天水市四中	2012	化学	甘肃省天水市秦州区
214	化学工程与技术学院	华亭煤业集团公司	2014	应用化学、化学工程与工艺	甘肃省平凉市华亭县
215	化学工程与技术学院	新疆大黄山鸿基焦化有限责任公司	2014	应用化学	新疆维吾尔自治区阜康市
216	化学工程与技术学院	甘肃省红川酒业有限责任公司	2015	应用化学、化学工程与工艺	甘肃省陇南市成县
217	化学工程与技术学院	内蒙古双欣环保材料股份有限公司	2016	应用化学、化学工程与工艺	内蒙古自治区乌海市
218	化学工程与技术学院	内蒙古宜化化工有限公司	2016	应用化学、化学工程与工艺	内蒙古自治区乌海市
219	化学工程与技术学院	内蒙古恒业成有机硅有限公司	2016	应用化学、化学工程与工艺	内蒙古自治区乌海市
220	化学工程与技术学院	石河子经济技术开发区	2014	应用化学、化学工程与工艺	新疆维吾尔自治区石河子市
221	化学工程与技术学院	内蒙古腾龙生物精细化工有限公司	2016	应用化学、化学工程与工艺	内蒙古自治区乌海市
222	化学工程与技术学院	成州锌冶炼厂	2013	应用化学、化学工程与工艺	甘肃省陇南市成县
223	化学工程与技术学院	江苏盐城经济技术开发区	2017	化学工程与工艺	江苏省盐城市
224	资源与环境工程学院	中国科学院天山冰川观测实验站	2014	地理科学	新疆维吾尔自治区乌鲁木齐市

续表

序号	单位	实习实训基地名称	建立时间	面向专业	实习实训基地地址
225	资源与环境工程学院	天水市规划测绘工程院	2016	测绘工程	甘肃省天水市秦州区籍河东路
226	机电与汽车工程学院	甘肃华圆投资控股有限公司	2016	机械设计制造及其自动化	甘肃省天水市麦积区社棠经济技术开发区
227	机电与汽车工程学院	河南洛阳一拖实习基地	2010	机械设计制造及其自动化/材料成型及控制工程	河南省洛阳市建设路
228	机电与汽车工程学院	天水长城精密机械电器有限公司	2015	材料成型及控制工程	甘肃省天水市秦州区南郭路
229	机电与汽车工程学院	天水风动机械有限责任公司	2007	机械设计制造及其自动化	甘肃省天水市麦积区社棠路
230	机电与汽车工程学院	天水锻压机床有限公司	2011	机械设计制造及其自动化	甘肃省天水市麦积区渭滨北路
231	机电与汽车工程学院	乐金电子（天津）电器有限公司	2016	机械设计制造及其自动化/材料成型及控制工程	天津市北辰科技园区津围公路
232	机电与汽车工程学院	天水天合实业集团有限公司	2013	汽车服务工程	甘肃省天水市麦积区羲皇大道
233	机电与汽车工程学院	正和阳光科技有限公司	2017	材料成型及控制工程	新疆乌鲁木齐市新市区北京南路
234	机电与汽车工程学院	晶科能源控股有限公司（海宁）	2017	材料成型及控制工程	浙江省海宁市袁花镇工业功能区
235	土木工程学院	天水嘉通建设集团	2015	土木工程、工程管理、工程造价	甘肃省天水市秦州区莲亭路

序号	单位	实习实训基地名称	建立时间	面向专业	实习实训基地地址
236	土木工程学院	天水永生建筑工程有限责任公司	2015	土木工程、工程管理、工程造价	甘肃省天水市秦州区莲亭路
237	土木工程学院	甘肃昊辰建筑工程有限公司	2015	土木工程、工程管理、工程造价	甘肃省天水市秦州区藉河北路
238	土木工程学院	天水大成实业有限公司	2015	土木工程、工程管理、工程造价	甘肃省天水市社棠工业园
239	土木工程学院	天水市第一建筑工程公司	2015	土木工程、工程管理、工程造价	甘肃省天水市秦州区环城中路
240	外国语学院	安博教育集团	2012	英语	上海市徐汇区广元西路
241	商学院	天水嘉孚酒店	2015	酒店管理	甘肃省天水市秦州区莲亭路
242	商学院	厦门航空酒店	2014	酒店管理	福建省厦门市湖滨南路
243	商学院	山东蓝海集团	2016	酒店管理	山东省东营市黄河路
244	商学院	陕西世纪金源大饭店	2016	酒店管理	陕西省西安市新城区建工路
245	商学院	甘肃航天信息有限公司	2017	会计、财务管理	甘肃省兰州市城关区
246	商学院	义乌吉茂电子科技有限公司	2015	市场营销	浙江省义乌市稠江街道经济开发区
247	音乐舞蹈学院	天水市歌舞团	2011	舞蹈学	甘肃省天水市秦州区
248	音乐舞蹈学院	天水市歌舞艺术研究中心	2015	舞蹈学	甘肃省天水市秦州区
249	音乐舞蹈学院	天水市秦州区文化馆	2015	音乐学	甘肃省天水市秦州区

续表

序号	单位	实习实训基地名称	建立时间	面向专业	实习实训基地地址
250	音乐舞蹈学院	天水市伏羲小学	2015	音乐学、音乐表演	甘肃省天水市秦州区
251	音乐舞蹈学院	天水市武山职业中学	2015	音乐学、音乐表演	甘肃省天水市武山县
252	音乐舞蹈学院	天水市建二小学	2015	音乐学、音乐表演	甘肃省天水市秦州区
253	美术与艺术设计学院	江西婺源大理坑写生基地	2015	美术学、绘画、环境设计、工艺美术	江西省婺源大理坑
254	美术与艺术设计学院	西和仇池写生基地	2015	美术学、绘画	甘肃省陇南市西和县洛峪乡喜集村
255	美术与艺术设计学院	太行山写生基地	2014	美术学、绘画、视传、环境设计、工艺美术	河南省林州市石板岩乡维山艺术实践基地
256	美术与艺术设计学院	安徽宏村写生基地	2015	美术学、绘画、视传、环境设计、工艺美术	安徽宏村慎余庭艺术实践写生基地
257	美术与艺术设计学院	宝鸡吴越艺术实践写生基地	2013	美术学、绘画	陕西省宝鸡市陈仓区新街镇庙川村
258	美术与艺术设计学院	甘肃天水新天丝毯有限责任公司	2015	工艺美术、环境设计	甘肃省天水市秦州区秦州区吕二南路33号
259	美术与艺术设计学院	杭州赢动教育咨询有限公司	2016	环境设计	浙江省杭州市
260	美术与艺术设计学院	城市人家装修装饰有限公司	2016	环境设计、视觉传达	甘肃省天水市秦州区
261	美术与艺术设计学院	天水飞天雕漆有限公司	2017	工艺美术	甘肃省天水市秦州区
262	美术与艺术设计学院	两当艺术写生实践基地	2017	美术学、绘画	甘肃省陇南市两当县

续表

序号	单位	实习实训基地名称	建立时间	面向专业	实习实训基地地址
263	体育运动与健康学院	定西市体育运动学校	2009	运动训练	甘肃省定西市
264	体育运动与健康学院	陇南市体育运动学校	2009	运动训练	甘肃省陇南市
265	体育运动与健康学院	天水市麦积区体育发展中心	2009	运动训练	甘肃省天水市麦积区
266	体育运动与健康学院	天水市体育运动学校	2009	运动训练	甘肃省天水市秦州区
267	体育运动与健康学院	云南尚合嘉华健身服务有限公司	2016	社会体育指导与管理	云南省昆明市
268	体育运动与健康学院	甘肃宝迪健身俱乐部	2007	社会体育指导与管理	甘肃省天水市秦州区
269	体育运动与健康学院	平凉市体育中心	2016	社会体育指导与管理	甘肃省平凉市
270	体育运动与健康学院	天羽青少年体育俱乐部	2016	社会体育指导与管理	甘肃省天水市秦州区
271	体育运动与健康学院	天水市动鸣国际健身俱乐部	2015	社会体育指导与管理	甘肃省天水市秦州区

三、搭建项目竞赛平台，提升学生综合素质

学校紧紧围绕立德树人根本任务，结合办学定位、培养目标和专业特点，通过搭建多元平台、开展多种活动、拓展多种渠道，对接和延伸第一课堂，发挥学科专业竞赛在人才培养中的重要作用。

2009 年，学校成功举办了第九届"新东方杯"希望之星英语风采大赛，张旺喜等三名同学获得一等奖，杨学元等五名同学获得二等奖，杨豆豆等六名同学获得三等奖，外国语学院、经济与社会管理学院、生命科学与化学学院获得"优秀组织奖"。2010 年 5 月 22 日下午，中央电视台"希望之星"英语演讲风采大赛甘肃赛区天水分赛区比赛在学校第一报告厅圆满落下帷幕，学校外语学院王星耀同学荣获大赛一等奖；外语学院张晓豆、杨琼获得了二等奖；外语学院杨瑞、纪江妹、王昱翔获得了三等奖。6 月 5 日获悉，学校 2005 级思想政治

教育1班获"全国先进班集体"荣誉称号。7月6日，在甘肃省第四届青年艺术设计展中，美术学院师生创作的25幅作品入围参展，并获得一等奖2项、二等奖2项、三等奖4项、优秀奖11项。9月，学校成功组织参加"2010高教社杯全国大学生数学建模竞赛"，获得省级特等奖1个、一等奖2个、二等奖5个。学校组织参加第二届数学竞赛，共评选出15名学生参加比赛，其中专业组1名学生取得非重点院校全省第一名，非专业组1名学生取得三等奖的好成绩。11月21日上午，2010年"外研社杯"全国大学生英语演讲大赛甘肃赛区复赛在兰州商学院举行，来自全省24所高校的45名选手参加了比赛。学校外国语学院学生杨琼、林素敏参加大赛并双双喜获三等奖。

2011年9月，学校成功组织参加"2010高教社杯全国大学生数学建模竞赛"，获得国家二等奖4个、省级特等奖5个、省级二等奖5个。组织7个队参加2011年全国大学生电子设计竞赛，获得特等奖2个、省级一等奖1个。2012年，"高教社杯"全国大学生数学建模竞赛开题仪式在2号实验楼视频会议室举行。15名学生在第四届全国大学生数学竞赛甘肃赛区比赛中获奖，其中数学专业组2名学生获一等奖、2名学生获二等奖、10名学生获三等奖，非数学专业组1名学生获三等奖，获奖层次和数量在全省非重点院校中名列第一。7名学生参加了全省普通高校首届学前教育专业学生教学技能比赛，获得一等奖4项、五项全能比赛二等奖1项、三等奖2项。女子曲棍球队先后荣获2012年第四届全国曲棍球奥林匹克后备人才基地夏季训练营高校组冠军和第二届全国大学生曲棍球锦标赛冠军。

2013年，学校组织选拔出40个参赛队120名学生参加2013年"高教社杯"全国大学生数学建模竞赛，获得国家二等奖2项、甘肃省特等奖3项、甘肃省一等奖1项、甘肃省二等奖4项。选拔98名学生参加2013年全国大学生数学竞赛，获得数学专业组一等奖9项、二等奖11项、三等奖13项。在2013年"外研社杯"全国英语写作大赛中，获得特等奖1项、三等奖1项，并代表甘肃参加全国竞赛，最终获得全国三等奖。选拔出7个参赛队21名学生参加2013年全国大学生电子设计竞赛，获得甘肃省二等奖2项。2014年6月1日，学校在首届西北地区高等院校师范生教学技能大赛中荣获佳绩。

2015年1月5日获悉，学校在2014年"高教社杯"全国大学生数学建模竞赛甘肃赛区竞赛中获得国家二等奖1项、省级特等奖1项、一等奖7项、二等奖3项。3月9日获悉，文学与文化传播学院学生李鹏飞凭借一首原创作品《以倒叙的方式还他一条生命》，获得 2014 全球华语大学生短诗大赛一等奖。在全省第三届大学生化学竞赛决赛中，荣获团体二等奖，1 名学生荣获二等奖，4 名学生获三等奖。在全省大运会中，获得金牌 5 枚，银牌 9 枚，铜牌 12 枚。在 2015 "外研社杯"全省英语演讲阅读写作大赛中，1 名学生获得特等奖，3 名学生获大赛二等奖，2 名学生获得三等奖，1 名学生荣获全国大赛三等奖。7 月 3 日，学校首届 BIM 算量大赛暨第八届全国高校 BIM 算量大赛选拔赛开幕式在 2 号报告厅举行。在全国第八届 BIM 算量大赛暨第六届 BIM 施工管理沙盘及软件应用大赛中，土木工程学院 2 名学生获得二等奖。8 月 2 日，学校代表团获得甘肃省第三届大学生运动会竞赛团体总分第七名、乙组团体竞赛总分第五名，学校获得体育道德风尚奖、优秀组织奖和"校长杯"学校体育工作优秀奖。在甘肃省首届大学生 ERP 应用能力竞赛中，商学院 4 名学生获得一等奖。

2016 年 5 月 9 日获悉，在 2016 年全国硕士研究生考试中，学校 2016 届毕业生考取研究生人数再创新高，上线学生 469 人，占 2016 届毕业生人数的 12.58%。其中录取人数达 364 人，占上线学生人数的 77.6%，分别比 2015 年同比增长 91% 和 33%。

表 9 天水师范学院创新人才班学生人数一览表

（单位：人）

序号	所属学院	专业	2012	2013	2014	2015	2016	2017	合计
1	政法学院	思想政治教育	47	47	39	35	49	51	268
2	教师教育学院	小学教育	46	50	46	42	45	52	281
3	文学与文化传播学院	汉语言文学	44	51	49	45	50	51	290
4	历史文化学院	历史学	31	42	40	39	45	52	249
5	外国语学院	英语	35	30	35	33	31	31	195
6	数学与统计学院	数学与应用数学	43	50	49	50	39	46	277
7	电子工程与电子信息学院	物理学	47	40	35	31	39	45	237

序号	所属学院	专业	2012	2013	2014	2015	2016	2017	合计
8	化学工程与技术学院	化学	50	50	42	47	54	44	287
9	生物工程与技术学院	生物科学	50	47	46	45	45	41	274
10	资源与环境工程学院	地理科学			43	50	47	49	189
11	体育运动与健康学院	体育教育			35	40	43	50	168
	合计		393	407	459	457	487	512	2715

　　2017 年 5 月 6—9 日，第五届全国高等学校历史教育专业本科生教学技能比赛在山东聊城大学举行，来自国内 92 所高校的 285 名选手分别参加了讲课、说课两个组别的比赛。经过紧张激烈的角逐，学校分获说课组三等奖和讲课组三等奖，在甘肃省四所参赛院校中名列第二。2017 年，在全国硕士研究生考试中，学校 2017 届毕业生考取研究生人数再创新高，上线率由去年的 12.58% 提高到 16.45%，录取率从去年的 9.76% 提高到 12.17%。其中 2017 届 "创新人才培养班" 录取率为 51.23%。数学与统计学院、电子信息与电气工程学院、机电与汽车工程学院等 6 个学院的 224 名学生报名参加了第九届全国大学生数学竞赛甘肃赛区的比赛，参赛的学生中有 60 人获奖。其中数学类获奖 48 人：一等奖 12 人，二等奖 16 人，三等奖 20 人；非数学类获奖 12 人：一等奖 2 人，二等奖 2 人，三等奖 8 人。全省平均获奖率 25%，学校数学专业类获奖率 31.37%，非数学类获奖率 16.9%，获奖层次和数量在省属高校中名列第一。数学专业类获奖的 48 人中创新班学生占到 43 人，优秀的竞赛成绩彰显了学校创新人才培养模式的优势和特色，形成了以赛促教、以赛促学，提升实践教学水平的良好态势，学生在学科竞赛中不断取得优异的成绩。在 2017 年全国大学生数学建模竞赛中，学校共获得省级特等奖 2 项，省级一等奖 1 项，省级二等奖 7 项，比赛成绩优异。学校代表队参加由教育部高等学校生物技术、生物工程类专业教学指导委员会、教育部高等学校大学生生物学课程教学指导委员会等举办的第一届全国大学生生命科学竞赛，学校代表队作为甘肃省唯一一所院校入围大学生生命科学竞赛总决赛，与北京大学、复旦大学、上海交通大学等 70 余所高校进行决赛答辩，最终经过激烈角逐，夺得大赛二等奖。在 "外研社杯" 全国大学生英

语挑战赛甘肃赛区复赛中（演讲、写作、阅读三场大赛），荣获阅读大赛一等奖1项，三等奖1项；荣获演讲大赛二等奖1项，三等奖1项；写作大赛三等奖1项。土木工程学院崔秀秀、张延旭和金娜三位同学组成的天水师范学院参赛队，参加2017年全国高等院校BIM应用技能比赛总决赛，荣获二等奖，这是学校学生在此类竞赛上的又一次新的突破，通过比赛积累经验，拓宽视野，使学生加深对建筑信息化的认识，同时也展示了学校的教学成果。2018年3月23日，学校教师教育学院学生、大学生秦腔戏迷协会会员高媛媛在CCTV-1《星光大道》一展风采，凭借漂亮的扮相、过硬的唱功赢得了评委和广大观众的一致好评。5月16—19日，第六届全国高师院校历史学专业本科生教学大赛在云南师范大学隆重举行，来自国内97所高校的291名选手分别参加了讲课、说课两个组别的比赛。学校历史文化学院3名学生在雍际春、贾迎亮老师的带领和指导下，参加了此次比赛。经过激烈紧张的角逐，李鹏飞和马莉蓉两名同学均获得说课组三等奖。9月22—23日，甘肃省第二届大学生物理实验竞赛在兰州交通大学顺利举办，16级物理1班孙兰兰和周媛媛在专业组设计类大赛中获得一等奖，16级材料成型与控制1班晏伽和崔文刚在非专业组热学类实验竞赛中获得三等奖，17级电子信息及其自动化1班闫宇帅和王玉娟在非专业组光学实验竞赛中获得三等奖，学校获得专业组和非专业组团体三等奖。6月，全国第五届大学生艺术展演活动在上海落下帷幕，学校大学生艺术团报送的舞蹈作品《空巢的孩子》获全国三等奖。10月，由甘肃省教育厅主办的第三届全国学生"学宪法讲宪法"演讲比赛甘肃省选拔赛在甘肃政法学院举行，学校16级法学专业学生张煜钒以《宪法与我们》为题，结合自身经历和时政热点，讲宪法故事、论宪法精神，多角度阐述对宪法的认识和理解，最终在多名选手中脱颖而出，荣获大赛一等奖。11月3日，"外研社·国才杯"全国大学生英语演讲、写作和阅读大赛甘肃赛区复赛在兰州交通大学举行。学校外国语学院15级一班郭汇慧获得写作比赛特等奖，16级一班李彦刚获三等奖；15级一班严娜获得演讲比赛二等奖，17级一班陆丹妮获三等奖；15级一班李铮获阅读比赛一等奖，16级一班张莎莎获三等奖。12月7日，"外研社·国才杯"全国英语写作大赛全国决赛在北京外研社国际会议中心举行，学校外国语学院学生郭汇慧获得三等奖。

2018年11月4日，由甘肃省建设工程造价管理协会主办的甘肃省第一届高等院校工程造价技能竞赛在甘肃建筑职业技术学院闭幕，学校土木工程学院贾永泽、赵翠翠和贠晓明组成的团队获团体一等奖，朱胜杰、杨欣荣、陈多帅组成的团队获团体二等奖。11 月 9—11 日，第二届中国大学生射箭（射艺）锦标赛在上海对外经贸大学举行。学校 17 级体教二班张娟获女子乙组淘汰赛亚军、混合团体乙组亚军，16 级社体班李仁宗获混合团体亚军，男子团体获乙组第四名、女子团体获乙组第五名。11 月 9—11 日，由甘肃省教育厅主办的甘肃省第六届大学生化学竞赛决赛在兰州大学举行，学校化学工程与技术学院的 8 名学生脱颖而出，其中张敏同学荣获特等奖；郭英娃、李德丽、刘兴财 3 位同学荣获二等奖；常新月、马瑞珍、吴苗苗、张婷婷 4 位同学荣获三等奖，学校代表队获得团体二等奖。学校此次在获奖人数和获奖等级上均取得实质性突破。11 月，由教育部高等学校地理科学类专业教学指导委员会、中国地理学会和中山大学地理科学与规划学院主办的"新蚁族杯"第四届中国高校地理科学展示大赛全国总决赛在天津师范大学举行。由学校资源与环境工程学院何栋材教授为指导教师，王国宁、秦启月、张莉、鱼思雨四位同学组成的"水天一色"代表队参加了此次竞赛。在总决赛中，"水天一色"代表队发挥稳定，表现良好，得到评委的肯定，最终取得总分 83.00 分的好成绩，荣获自然地理组三等奖，这是学校地理科学专业大学生首次在全国性专业学科竞赛中获奖。12 月 3 日，由新华三集团、全国高等院校计算机基础教育研究会主办的 2018 年"新华三杯"全国大学生数字技术大赛全国总决赛在杭州电子科技大学落下帷幕。学校 2015 级网络工程专业李星、张东林同学在决赛中分别获得本科组二等奖和优胜奖，电子信息与电气工程学院教师温志贤、周文勤获"优秀指导教师"称号。12 月 21 日，2018 中国梦（浙江）网络视频大赛颁奖典礼在浙江国际影视中心举行，学校文学与文化传播学院师生拍摄的纪录片《白马情歌》获得最佳纪录片奖。

2019 年 3 月 29—31 日，第十届全国大学生数学竞赛决赛在哈尔滨工业大学举行，学校 2015 级数学与应用数学专业学生包军元获三等奖，一定程度上反映出学校本科数学的教学质量，竞赛成绩既体现了学生个人的数学能力，也体现了学校整体数学教学水平。

2019 年，全国硕士研究生录取工作基本结束。据统计，学校 2019 届毕业生考研上线人数 563 人，上线率由去年的 14.02% 提高到 14.95%，上线人数再创新高。407 名同学被不同院校录取，录取比率达到了 10.81%，比去年提高了 1.15 个百分点，其中考入 211 工程大学的有 114 人，占录取人数的 28.01%；被 985 院校录取的有 15 人，占录取人数的 3.91%。马克思主义学院、化学工程与技术学院、历史文化学院位居学生考研录取人数前三位。

通过优化育人环境、完善管理体系、建立激励机制、丰富教育载体等得力措施，充分调动了广大学生的学习积极性，培养了学生的综合素质，促进了学生全面成才，使广大学生养成了良好的学习习惯，学习效果好，并形成了优良的学风。

表10　2011—2018年学生参加省部级以上学科竞赛获奖情况一览表

竞赛项目	主办单位	年份	级别	奖项
"高教社"杯全国大学生数学建模竞赛	教育部高等教育司等	2011	国家级	二等奖4项
			省级	特等奖5项
				二等奖5项
		2012	国家级	二等奖2项
			省级	特等奖2项
				一等奖2项
				二等奖4项
		2013	国家级	二等奖2项
			省级	特等奖3项
				一等奖1项
				二等奖4项
		2014	国家级	二等奖1项
			省级	特等奖1项
				一等奖7项
				二等奖3项
		2015	省级	特等奖3项
				一等奖2项
				二等奖2项
		2016	省级	特等奖1项
				一等奖5项
				二等奖4项
		2017	省级	特等奖1项
				一等奖2项
				二等奖7项
		2018	省级	特等奖2项
				一等奖5项
				二等奖7项

续表

竞赛项目	主办单位	年份	级别	奖项
全国大学生数学竞赛	中国数学会等	2011	省级	二等奖 3 项
				三等奖 4 项
		2012	省级	一等奖 2 项
				二等奖 2 项
				三等奖 11 项
		2013	省级	一等奖 9 项
				二等奖 11 项
				三等奖 13 项
		2014	省级	一等奖 7 项
				二等奖 7 项
				三等奖 16 项
		2015	省级	一等奖 6 项
				二等奖 8 项
				三等奖 15 项
		2016	省级	一等奖 11 项
				二等奖 15 项
				三等奖 24 项
		2017	省级	一等奖 14 项
				二等奖 18 项
				三等奖 28 项
		2018	国家级	三等奖 1 项
			省级	一等奖 13 项
				二等奖 17 项
				三等奖 31 项

续表

竞赛项目	主办单位	年份	级别	奖项
全国大学生电子设计竞赛	教育部高等教育司等	2011	省级	一等奖2项
				二等奖1项
		2012	无竞赛	
		2013	省级	二等奖2项
		2014	无竞赛	
		2015	省级	
		2016	无竞赛	
		2017	省级	一等奖1项
				二等奖1项
"挑战杯"甘肃省大学生课外学术科技作品竞赛	共青团甘肃省委、甘肃省教育厅、甘肃省科协、甘肃省学生联合会联合主办	2011	省级	一等奖2项
				二等奖7项
				三等奖19项
		2012	无竞赛	
		2013	国家级	二等奖2项
			省级	特等奖2项
				一等奖4项
				二等奖10项
				三等奖14项
		2014	无竞赛	
		2015	省级	一等奖2项
				二等奖11项
				三等奖12项
		2016	无竞赛	
		2017	省级	特等奖1项
				一等奖5项
				二等奖11项
				三等奖10项

续表

竞赛项目	主办单位	年份	级别	奖项
"外研社杯"全国大学生英语挑战赛	教育部高等学校大学外语教学指导委员会、外语教学与研究出版社等主办	2011	国家级	三等奖1项
			省级	特等奖1项
				三等奖1项
		2012	省级	二等奖1项
				三等奖1项
		2013	国家级	三等奖1项
			省级	特等奖1项
				一等奖1项
				三等奖2项
		2014	省级	一等奖1项
				二等奖2项
				三等奖1项
		2015	国家级	三等奖1项
			省级	特等奖1项
				二等奖3项
				三等奖2项
		2016	省级	一等奖3项
				二等奖1项
				三等奖2项
		2017	省级	一等奖1项
				二等奖1项
				三等奖3项
		2018	国家级	三等奖1项
			省级	特等奖1项
				一等奖1项
				二等奖1项
				三等奖3项
浙大双创杯全国大学生创业大赛	由共青团中央、教育部、人力资源和社会保障部、中国科协等主办	2018	国家级	荣获铜奖
中国高校地理科学展示大赛	教育部高等学校地理科学类专业教学指导委员会、中国地理学会等主办	2018	国家级	总决赛三等奖

续表

竞赛项目	主办单位	年份	级别	奖项
首届丝绸之路（敦煌）国际文化博览会非物质文化遗产青少年国际展演	甘肃省联合国教科文组织协会、世界遗产青少年教育中心和甘肃省国际文化交流协会联合主办	2016	省级	舞蹈《唯吾羲皇》获得二等奖
全国第五届大学生艺术展演活动	教育部主办	2018	国家级	三等奖
首届美术教育专业本科学生基本功展示大赛	教育部主办	2018	国家级	团体二等奖1项、个人全能二等奖2项
全国中、高等院校第八届 BIM 算量大赛	中国建设教育协会	2015	省级	二等奖1项
全国高等院校 BIM 应用技能比赛	中国建设教育协会	2017	省级	二等奖1项
第三届全国高校 BIM 毕业设计	中国建设教育协会教育技术专业委员与广联达科技股份有限公司联合主办	2017	省级	一等奖1项 二等奖2项 三等奖3项
"新华恒"杯甘肃省第一届大学生结构设计竞赛	甘肃省教育厅和甘肃省土木建筑协会主办	2017	省级	三等奖2项
甘肃省第一届高等院校工程造价技能竞赛	甘肃省建设工程造价管理总站主办	2018	省级	团体一等奖1项、二等奖1项
首届甘肃省大学生美术作品展	甘肃省教育厅、甘肃省文化艺术界联合会、甘肃省美术家协会	2017	省级	一等奖1项 二等奖3项 三等奖7项
第五届全国高校历史教育专业本科生教学技能比赛	中国高等教育学会教师教育分会、全国历史教师教育专业委员会主办	2017	省级	三等奖2项
第六届全国高校历史教育专业本科生教学技能比赛	中国高等教育学会教师教育分会、全国历史教师教育专业委员会主办	2018	国家级	三等奖2项

续表

竞赛项目	主办单位	年份	级别	奖项
第九届全国大学生网络商务创新应用大赛	中国互联网协会	2016	省级	特等奖1项
甘肃省大学生化学竞赛	甘肃省教育厅	2013	省级	二等奖1项
		2014	省级	三等奖3项
		2015	省级	二等奖1项
		2016	省级	三等奖3项
		2017	省级	二等奖1项
		2018	省级	三等奖4项
				团体三等奖
				二等奖1项
				三等奖6项
				特等奖1项
				二等奖3项
				三等奖4项
甘肃省第二届大学生物理实验竞赛	甘肃省教育厅、甘肃省物理学会、教育部高校物理学教指委西北地区工作委员会等主办	2018	省级	一等奖1项
				三等奖2项
				团体三等奖1项
"新华三杯"全国大学生数字技术大赛	新华三集团、全国高等院校计算机基础教育研究会主办	2018	省级	二等奖1项，优胜奖1项
甘肃省第二届大学生运动会	甘肃省教育厅、甘肃省体育局	2011	省级	一等奖1项
				三等奖7项
				三等奖10项
甘肃省第三届大学生运动会	甘肃省教育厅、甘肃省体育局	2015	省级	获得5金、9银、12铜的优异成绩；学校代表团获得竞赛团体总分第七名、乙组团体竞赛总分第五名

续表

竞赛项目	主办单位	年份	级别	奖项
全国青少年女子曲棍球锦标赛	国家体育总局手曲棒垒球运动管理中心	2012	国家级	团体冠军
		2013	国家级	团体冠军
		2014	国家级	团体冠军
		2015	国家级	团体冠军
		2016	国家级	团体冠军
		2017	国家级	团体冠军
		2018	国家级	团体亚军
中国大学生跆拳道联赛	中国大学生体育协会跆拳道分会	2012	省级	男子 54KG 第二名，63KG 第三名，68KG 第三名，74KG 第三名，80KG 第三名，男子丙组竞技团体赛第三名
全国大学生射击锦标赛	国家体育总局射击射箭运动管理中心	2012	国家级	男子气手枪 60 发个人赛第一名，团体赛第三名
		2014	国家级	个人第二名；团体第四名
		2017	国家级	个人第三、四、八名
全国大学生射箭（射艺）锦标赛	国家体育总局射击射箭运动管理中心	2017	国家级	个人第二名；团体第四、六、七名
第二届中国大学生射箭（射艺）锦标赛	国家体育总局射击射箭运动管理中心	2018	国家级	个人亚军、团体亚军

续表

竞赛项目	主办单位	年份	级别	奖项
中国龙舟公开赛（甘肃·天水·麦积站）	国家体育总局社会体育指导中心、中国龙舟协会、甘肃省体育局、天水市人民政府	2016	国家级	本地组200米和500米直道赛两项冠军
		2017	国家级	本地组12人龙舟比赛200M、500M直道赛竞速和总成绩三项冠军
		2018	国家级	甲A组迷你200M第八名、3000M环绕赛第八名、200M和500M第九名；甲B组200M第三名、500M第二名及总成绩第二名
第三届"李广杯"国际传统射箭锦标赛	中国射箭协会、甘肃省体育局、天水市人民政府	2017	国家级	现代传统弓组淘汰赛团体冠军
第四届"李广杯"国际传统射箭锦标赛	中国射箭协会、甘肃省体育局、天水市人民政府	2018	国家级	成人组女子团体第五名、第八名；高校组女子团体第二名、男子团体第三名；高校组个人赛男子第三名
中港大学女子曲棍球交流赛	中国曲棍球协会委派	2014	交流赛	冠军
"石林杯"全国传统弓射箭公开赛	国家体育总局射击射箭管理中心	2015	国家级	女子团体第四名
甘肃省第十九届"高校杯"暨第十三届普通高等学校"校长杯"乒乓球比赛	甘肃省教育厅主办、天水师范学院承办	2018	省级	团体男子甲组前六名、团体女子甲组前六名、团体男子乙组前三名、团体女子乙组前四名

续表

竞赛项目	主办单位	年份	级别	奖项
第五届 CUBA 中国大学生篮球联赛（甘肃赛区）暨 2018—2019 年全国青少年校园足球联赛（大学生组甘肃赛区）	甘肃省教育厅	2018	省级	篮球专业组男、女队分获第二名；篮球普通本科组女队获三等奖；足球超级组获第四名

第二节　创新创业教育

自 2009 年以来，学校以国家创新创业政策为导向，以学校转型发展战略为契机，深入贯彻落实《国务院办公厅关于深化高等学校创新创业教育改革的实施意见》精神，多措并举，全力提升大学生创新创业能力。

一、加强创新创业教育，构建协同育人机制

2009 年 11 月 14 日下午，学校大学生创新意识和创新能力师生座谈会在行政楼三楼大会议室举行。学校党委书记杜松奇为获得全国第十一届"挑战杯"大学生课外学术科技作品竞赛二等奖的巩晓芳同学、指导教师马旭光（张宗州参与）同志分别颁发了奖金 2000 元。与会师生围绕如何培养大学生的实践能力与创新能力进行了探讨和交流。

2016 年，学校根据《本科专业类教学质量国家标准》，结合办学定位、服务面向，明确本科创新创业教育目标要求，修订人才培养方案，设定创新创业模块为 5 个学分，结构为 2＋1＋2，即 2 个"专业导论及创业就业指导课程学分"＋1 个"创新实验实践学分"＋2 个"奖励学分"，促进了专业教育与创新创业教育有机融合。通过开设《大学生创新创业导论》《创新创业专业导论》等课程，将创新创业课程融入人才培养方案中，推动创新创业工作进课堂，使学生掌握较为扎实的创新创业基本理论。学校以天水市科技孵化中心为平台，建设了具有学校特色的天水师范学院科技园，充分展示大学生创新创业工作方面的优秀作品，成功进驻具有地域特色的文化创意产品、农业科技产品、工业科技产品和影视传媒等项目团队，形成了具有学校特色的大学生创新创业空间，成功入驻了集工业（激光技术、中控技术产品）、农业（大樱桃系列深加工酒、

醋、果脯等产品和果美丰苹果果型定型级）、艺术创意（漆画、纸浆画）、手工艺制品（首饰、艺术品、艺术绘画）、地方产品包装（工业、农业产品）、影视传媒（微电影产品的展示）等产品，并举行了 3 场路演活动。

2017 年，学校加强校地、校企创业合作，与清水县人民政府、天水市 66 号文化创意园、甘肃睿阳科技有限公司、天水天创等公司签订创新创业合作协议，拓宽了学生创新创业教育渠道。2018 年以来，开展创新创业资格证培训，与天水市就业服务管理局联合举办了"SIYB"大学生创业培训，300 名学生获得创业资格证书。构建以学生为主体的创新创业平台，成立了创新创业俱乐部。通过俱乐部举办的企业家论坛、创业沙龙、创业咖啡、创运会、创业论坛等交流活动，营造了创客文化，搭建了大学生创业交流平台，为自主创业大学生及时了解政策和行业信息、学习积累创业经验、寻找合作伙伴和投资创造了条件。按照"跨专业、跨学科、规模适度、资源共享"的原则，合并重组校级实验中心，初步建立了生物技术、教师教育、电子和信息技术、艺术教育等 10 余个创新创业空间。拓展大学生教育实践，积极开展与校外政府、企业、创业机构深度合作，建成天水师范学院科技园（大学生创新创业孵化基地），入驻创业项目团队（公司）30 多个，入驻创新训练计划项目 10 多项。

二、搭建项目竞赛平台，提升创新创业能力

2010 年 11 月 19 日，学校在第四届甘肃省大学生"创新杯"计算机应用能力竞赛中，一支代表队获本科组特等奖、四支代表队获本科组一等奖、六支代表队获本科组二等奖。通过决赛产生的《美佳手绘墙工作室》《红曲色素的发酵生产》《静宁烧鸡——全国连锁》等 10 项获奖作品报送参加甘肃省首届大学生创业计划大赛决赛，学校获甘肃省首届大学生创业计划大赛"优秀组织奖"。2014 年，在"创青春"全国大学生创业大赛中获佳绩。选送的作品《天水旅游文化创意产品设计》项目荣获全国大学生创业大赛铜奖，这也是学校在全国大学生创业大赛中首次取得名次。在甘肃省第五届创新创业大赛中，学校有一件作品获二等奖、一件作品获优秀奖。"中华优秀传统文化弘扬和教育"试点项目圆满完成，学校上报的"中华优秀传统文化弘扬和教育"试点项目获团中央学校共青团重点工作创新试点项目。2015 年 5 月，商学院"翼之队"荣获第五届全国大学生电子商务"创新、创意及创业"挑战赛甘肃赛区选拔赛省级二等奖和最佳创新奖，学校荣获优秀组织奖。2016 年，学校先后组织了 30 余个代表队分别参加了第二届"中国创翼"青

年创业创新大赛、"华三杯"全国大学生网络技术大赛、第二届中国"互联网＋"大学生创新创业大赛、甘肃省第七届创新创业大赛和天水市首届"福迪·美通杯"青年创新创业大赛等赛事，十多项成果获奖，其中"大樱桃助农微商平台"获得一等奖，并受普高投资公司意向投资。2017 年，学校参加各级各类大学生创新创业大赛成绩突出，获第七届全国"三创赛"国家二等奖 1 项、省级奖 4 项，第三届中国"互联网＋"大学生创新创业大赛省级银奖 1 项，兰州银行杯第八届大学生创新创业大赛入围省级赛 15 项。

2018 年 10 月，由共青团中央、教育部、人力资源和社会保障部、中国科协、全国学联、浙江省人民政府主办的 2018 年"创青春"浙大双创杯全国大学生创业大赛在浙江大学举行。由刘欢、廖婕、贾鑫男、杨帆、赵永发、刘惠宇、刘星共同申报的参赛作品《丝路陶纹》项目，经过项目展示、视频介绍、市场产业评估等环节，在大赛中脱颖而出，最终获铜奖，浙江大学众创空间将免费为该项目提供孵化场地和资金对接。2018 年 12 月，由省科学技术厅、省人民政府国有资产监督管理委员会、省教育厅、省人力资源和社会保障厅、共青团甘肃省委联合主办的"兰州银行杯"甘肃省第九届大学生创新创业大赛在兰州交通大学举行，最终由学校廖婕、贾鑫男、杨杰、赵宇轩、杨帆同学共同申报的"大地湾彩陶纹样艺术产品研发中心"创业团队脱颖而出，荣获二等奖。余旭旭、叶翠娟、麻洁芬、党佳、王纪冰同学共同申报的"e 路桃香"创业团队获得优秀奖。2018 年，参加各级各类大学生创新创业大赛成绩突出，获 2018 年"创青春"全国浙大双创杯第十一届"挑战杯"创业大赛国家级铜奖 1 项、省级一等奖 1 项，第八届全国"三创赛"省级奖 2 项，第四届中国"互联网＋"大学生创新创业大赛省级奖 2 项，兰州银行杯第九届大学生创新创业大赛获二等奖 1 项、优秀奖 1 项，学校获优秀组织奖。

2019 年 5 月，由天水师范学院主办的第九届全国大学生电子商务"创新、创意及创业"挑战赛天水师范学院选拔赛在科技园举办。经过创新创业团队项目路演和校内外评审专家提问答辩环节，最终评选出特等奖 1 项、一等奖 2 项、二等奖 3 项、三等奖 6 项，单项创新、创意、创业奖各 6 项，优秀指导教师 12 名。

表 11　天水师范学院 2016 年省级和部级大学生创新创业训练计划项目一览表

序号	项目编号	项目名称	项目负责人	所在班级	所在学院	项目级别	指导教师	配套经费（元）
1	201610739016	苹果多酚无胶基保健口香糖的研制	陶超楠	2014 级食品质量与安全 1 班	生物工程与技术学院	国家级	高文霞	5000
2	201610739007	庄山浪水	杨翻鱼	2014 级文化产业与管理 1 班	文学与文化传播学院	国家级	李天英	5000
3	201610739001	CK61125 数控机床的理论与实验特性参数建模与应用	王震	2013 级机械制造及其自动化 2 班	机电与汽车工程学院	国家级	杨红平，杨程	5000
4	201610739008	陇城印迹	张蕾	2014 级文物保护与管理 1 班	文学与文化传播学院	国家级	李天英	5000
5	201610739019	秦чов物纸艺发展有限责任公司	邢婧婧	2014 级学前教育 1 班	教师教育学院	国家级	彭婵	5000
6	201610739015	农药残留检测技术有限责任公司	张明旭	2013 级生物科学 2 班	生物工程与技术学院	国家级	赵强	5000
7	201610739009	羲皇剧场	李建龙	2014 级戏剧影视文学 2 班	文学与文化传播学院	国家级	叶毓	5000
8	201610739003	大樱桃 "异地鲜销" 平台的建立与应用	李长江	2013 级食品质量与安全 1 班	生物工程与技术学院	国家级	邹亚丽，呼丽萍	5000
9	201610739011	环保型古籍修复桨糊的研制	王灵杰	2014 级文物保护与修复 1 班	化学工程与技术学院	省级	欧秀花	3000
10	201610739018	"丝绸之路" 沿线壁画的高仿复制作品在居室环境中的应用研究和市场推广	王治民	2013 级美术学 2 班	美术与艺术设计学院	省级	陈汉府	3000
11	201610739006	安东尼绘本馆	丁英斌	2013 级学前教育 3 班	教师教育学院	省级	孟呈	3000
12	201610739021	24 小时自助洗车	谢发雄	2013 级应用化学 1 班	化学工程与技术学院	省级		3000

续表

序号	项目编号	项目名称	项目负责人	所在班级	所在学院	项目级别	指导教师	配套经费（元）
13	201610739005	大学生手工艺产品制作与自主推广平台建设	王贺	2013级绘画2班	美术与艺术设计学院	省级	潘骥	3000
14	201610739013	秦州美食吧	梁月圆	2013级生物科学1班	生物工程与技术学院	省级	潘卫仓	3000
15	201610739002	中国甘肃乡镇教育科技有限责任公司	王芸霞	2013级小学教育2班	教师教育学院	省级	许胜男，李全斌	3000
16	201610739014	校园自助营养快餐连锁经营公司	王崔芳	2013级生物科学2班	生物工程与技术学院	省级	赵强	3000
17	201610739012	甘肃道地药材原地加工及贮藏方法的调查与优化	李国军	2013级食品质量与安全1班	生物工程与技术学院	省级	王顺才	3000
18	201610739010	油橄榄总甾醇制备工艺及理化性质研究	关情	2013级食品质量与安全1班	生物工程与技术学院	省级	周向军	3000
19	201610739017	DIY创意彩陶工坊	贺强	2015级文物保护与修复2班	历史文化学院	省级	晏波，韦宝宏	3000
20	201610739020	速鸥社区虚拟超市	吴竞	2013级市场营销1班	商学院	省级	张国昀，徐立黄	3000

表 12 天水师范学院 2017 年国家级和省级大学生创新创业训练计划项目一览表

序号	项目编号	项目名称	项目负责人	学号	所在学院	项目级别	指导老师	省批经费（万元）
1	201710739093	苹果渣中果胶提取技术研究	慕彩芸	2015220105	生物工程与技术学院	国家级	王菁宁	1.0
2	201710739188	植入式大地湾彩陶纹样艺术产品研发中心	李 肇	2014090202	美术与艺术设计学院	国家级	赵百祥	1.0
3	201710739782	新型绿色可食用果蔬纸的研发与利用	赵阳安	2016020147	生物工程与技术学院	国家级	赵 强	1.0
4	201710739294	陇东南茶马古道旅游产品创意推广	段欣怡	2015307012	文学与文化传播学院	国家级	余粮才	1.0
5	201710739506	基于 "二十四节气" 的传统文化创意发展与传承	夏晓阳	2015307019	文学与文化传播学院	国家级	余粮才	1.0
6	201710739436	天水市农田水污染研究及其生态风险评估	王国宁	2015210025	生物工程与技术学院	国家级	尤晓妮	1.0
7	201710739071	基于单片机的传感器非线性、温漂和迟滞等参数的补偿研究	岳子辉	2014060249	电子信息与电气工程学院	国家级	赵 宇	1.0
8	201710739164	陇东南地区裸露坡地绿植物技术研究	苟文霞	2014010238	生物工程与技术学院	国家级	刘艳梅	1.0
9	201710739070	伏羲创世神话的版画制作及市场推广	刘宏宇	2016010102	美术与艺术设计学院	省级	张玉平	1.0

续表

序号	项目编号	项目名称	项目负责人	学号	所在学院	项目级别	指导老师	省批经费（万元）
10	201710739060	大数据背景下的农产品网络营销模式研究	香瑞先	2015060233	电子信息与电气工程学院	省级	温志贤、王岱	1.0
11	201710739017	高精度智能型深井液位计的低功耗与数据存储技术开发与应用	王贵平	2014703022	机电与汽车工程学院	省级	杨红平	1.0
12	201710739004	羽毛制作伏羲神话传说场景图	付转祥	2163070210	文学与文化传播学院	省级	吴琼	1.0
13	201710739081	天水市大樱桃种植区域分布调查	石义强	2016020129	生物工程与技术学院	省级	施海燕	1.0
14	201710739046	脸谱时代	殷晓桐	2015205020	历史文化学院	省级	苏海洋	1.0
15	201710739063	高效吸收甲醛植株的研发及小规模生产	马强强	2015201013	生物工程与技术学院	省级	马伟超	1.0
16	201710739002	梦翼动漫制造社	潘显平	2015010320	美术与艺术设计学院	省级	陈汉府	1.0
17	201710739034	天水野生食药植物苔萱菜资源开发与利用	杨学织	2016020103	生物工程与技术学院	省级	赵强	1.0

107

表 13　天水师范学院 2018 年国家级和省级大学生创新创业训练计划项目一览表

序号	项目名称	项目负责人	学号	所在学院	项目级别	省批经费（万元）
1	当归中药材自动节能洗烘装置研发与推广	曾维刚	20157020208	机电与汽车工程学院	国家级	1.0
2	清水扶"苹"电子商务平台	李向阳	2015801007	马克思主义学院	国家级	1.0
3	高效低流阻管壳式换热器开发与仿真分析	张秀栋	20177020107	机电与汽车工程学院	国家级	1.0
4	Dream·羲皇泥人馆	夏晓阳	20153070109	文学与文化传播学院	国家级	1.0
5	织梦柳艺——武山柳编文化工艺品制作及推广应用	张开翔	20173070234	文学与文化传播学院	国家级	1.0
6	印象天水之石刻石艺作品设计与制作	丁俊武	20163070142	文学与文化传播学院	省级	1.0
7	高校校园安全预警求助系统开发——定点求救智能识别监控	李高全	20151030123	电子信息与电气工程学院	省级	1.0
8	天水传统民间神话故事再现内容与形式的推广	安旭杰	20176040110	美术与艺术设计学院	省级	1.0
9	"两当兵变纪念馆"数字化3D平台展示	陈海龙	20156020118	美术与艺术设计学院	省级	1.0
10	"美丽农村"建设背景下天水市农村垃圾处理	冯娜	20162100236	资源与环境工程学院	省级	1.0
11	让留守的花朵在阳光下绽放——天水市农村留守儿童教育问题调研	尉永鹏	20152100240	资源与环境工程学院	省级	1.0

三、加强创新创业平台建设，孵化高质量创新创业项目

2010 年 6 月，校团委联合生命科学与化学学院在中国西部航天育种基地——天水绿鹏农业科技有限公司举行"大学生就业创业见习基地"揭牌仪式。2014 年，学校建立创新创业学院，推进大学生创新能力培养工作，创造条件申报建设天水市大学生创新创业基地。2014 年，学校推荐已取得明显培育成效的

"西北大樱桃产业技术协同创新中心"申报省级"2011协同创新中心",同时,将"陇右文化传承与开发协同创新中心"和"陇东南地区农村基础教育协同创新中心"列为校级"2011协同创新中心"备案。2015年,学校建立和完善学校创新创业工作平台,起草了学校《关于加强大学生创新创业教育工作的实施方案》,举办了首届大学生创新创业项目展示交流会,成立了大学生创新创业俱乐部,举办了2场创新创业专题讲座。

2016年,学校成功申报甘肃省高校大学生就业创业能力提升工程项目,获得100万的立项资助。组织申报的2016年大学生创新创业训练计划项目,获得国家级立项8项,甘肃省教育厅立项20项,获得资助经费20万元。2名教师申报的省级创新项目获准立项,经费2万元,校级立项52项,立项经费20万元。学校在天水市国家级工业园区创办了学校众创空间并正常运营,宣传展示了学校大学生的文化创意产品、农业科技产品、工业科技产品和影视传媒等项目作品。

2017年获批各级各类创新创业项目98项,分别是:甘肃省高校大学生创新创业基地建设项目1项,国家级大学生创新创业训练计划项目7项,省级大学生创新创业训练计划项目17项,高等学校创新创业教育改革项目1项,校内大学生创新创业训练项目80项,项目总经费107万元。

2018年,获批各级各类创新创业项目84项,分别是:甘肃省高校大学生创新创业提升工程项目2项,国家级大学生创新创业训练计划项目5项,省级大学生创新创业训练计划项目11项,高等学校创新创业教育改革项目1项,校内大学生创新创业训练项目65项,项目总经费149.7万元。2018年11月,校长安涛带领教务处、研究生处和校团委负责人及16个二级学院的书记、院长和主管创新创业的副院长到学校创新创业孵化园进行调研并指导孵化园入驻和甘肃省大学科技园的筹建工作。杨红平、叶毓、雷湃、陈玮、赵百祥申报的5个创新创业改革项目获甘肃省高等学校创新创业教育改革项目资助。赵百祥主持的《"五位一体"大学生创新创业教育模式》获学校教改项目立项。

2019年,中国科学院公布了2019年大学生创新实践训练计划名单,由学校资源与环境工程学院2016级地理科学专业本科生张莉主持,王晓丽、郑鹏参与申报的《基于多源遥感的天山乌鲁木齐河源1号冰川近期变化研究》获得资助,资助金额1万元,天水师范学院众创空间被天水市认定为市级众创空间。

四、举办创新创业论坛，营造创新创业氛围

2009 年 11 月 12 日，校团委、招生就业处邀请甘肃第九、十届政协委员、天水市政协常委、天水市启升中学董事长羊正宁先生来学校作就业创业报告，12 个院系共计 860 余名同学聆听了报告。

2010 年 7 月 2 日上午，美国环球教育服务公司总裁王建国博士应邀来学校讲学，为学校师生做了题为《就业？创业？全球金融危机背景下中国青年如何选择和创造未来》的报告。2012 年 3 月 24 日下午，中国管理科学院特聘研究员、教育部《全脑动能开发》课题组组长籍更森先生来学校作了关于"转变观念，创造创新创业"的报告。6 月 26 日晚，兰州大学电子技术开发应用研究所所长常蓬彬于 1 号报告厅作了大学生创业计划大赛实战培训的专题讲座。学校成立了"大学生创业服务中心"和"舞之魂"社团，为进一步拓展社团的服务功能，繁荣校园文化起到了重要作用。2013 年，多措并举扶持学生自主创业，邀请了甘肃中天生物科技集团副总经理严荣华女士为学校学生作了创业励志报告，举办了以"创业成就梦想"为主题的第四届大学生"创新创业"大赛。

2016 年，学校邀请北京智信创元咨询有限公司创始人沈拓在内的 3 名国内知名创业导师为师生开展创新创业讲座。2017 年，先后邀请中国新农人联合会会长毕慧芳、北京"半书房"创始人陈长河、甘肃省电子商务公共服务中心主任李强、船说创业咖啡创业导师晁媛媛、兰州芳菲大地装饰展览工程有限公司总经理郑博泰、思马特智能装修工程有限责任公司总经理王凯等创新创业导师来学校开展创业讲座 10 多场次。2018 年 4 月 25 日，学校在 2 号报告厅举办创新创业论坛。参加本次论坛的创业导师有西安交大 1896 孵化器有限公司董事长魏长青和总经理祝全全、西安中科创星科技孵化器有限公司培训总监王燕晖、珠海习悦信息技术公司总经理王志鹏。论坛中，四位导师从如何打造高校＋地方＋校友协同共赢的"双创"新模式；以人为本，探索"科技＋教育"创新驱动模式；人工智能 2.0 重构未来教育等方面展开不同层次、不同内涵、不同模式的经验分享。创新创业学院为四位导师颁发了天水师范学院创新创业导师聘书。

五、建立健全组织机构和规章制度，建设创新创业指导教师队伍

2012 年 4 月，根据甘肃省教育厅转发《教育部关于做好"本科教学工程"

国家级大学生创新创业训练计划实施工作的通知》精神，制订了《天水师范学院"大学生创新创业训练计划"项目实施方案》，编制了《天水师范学院大学生创新训练项目学生实践工作手册》和《天水师范学院大学生创新训练项目指导教师工作手册》，完成了"大学生创新创业训练计划"项目的申报工作。根据《教育部财政部关于实施高等学校创新能力提升计划的意见》和《甘肃省教育厅甘肃省财政厅转发教育部财政部关于实施高等学校创新能力提升计划的意见的通知》精神，制定《天水师范学院"2011 协同创新中心"实施计划》和《天水师范学院"2011 协同创新中心"实施计划建议方案》，通过内涵式发展，全面提升学校的创新能力和教育质量，促进学校转型发展、特色化发展和可持续发展。

2015 年 5 月 6 日，校长马建东主持召开 2015 届毕业生就业创业专题工作会议。6 月 8 日，全省高校毕业生就业创业工作第二督查组组长、甘肃省教育厅高教处处长张晓东一行 4 人来学校督查毕业生就业创业工作。2016 年，制定了《大学生创新创业训练计划项目立项与管理办法（试行）》，使学校创新创业项目立项有章可循。制定了《大学生创新创业导师管理办法（试行）》，规范了导师管理。2017 年，聘请了晁媛媛、郑博泰等 10 余名创业成功人士担任学校创新创业导师，推荐的杨红平、王思润入选教育部创新创业导师库，学校成功入选甘肃省高校创新创业教育联盟常务理事单位。2018 年，加强导师队伍建设，启动校内外创新创业导师库备用人员 50 多人。

在实施创新创业教育的过程中，确立了以创业带动就业的培养思路，重视学生创业实践技能的培训，加强学生科技成果转化和孵化的培育。近年来，成功培养出一批优秀创业学子和公司，如：田东东成立"动鸣健身管理公司"、汉语言文学专业校友吕彦虎成立"天水电商公司"、体育教育专业校友张毅志成立"汽贸公司"、数学与应用数学专业校友刘振纲创办"成都市菲诺克科技有限公司"、材料成型及控制工程专业校友王俊瑞成立"新疆正和阳光科技有限公司"、英语专业校友李向阳成立"天水翼阳电信公司"等 30 多家，提供就业岗位 1000 多个，创业就业成绩突出，为在校大学生做出了表率。

在创新创业教育中，学校以建设高水平应用型大学为目标，以高质量创新创业教育工作为龙头，以各专业实验实训室为创新创业项目抓手，以科技园为创业孵化阵地，高起点、早谋划和高质量的创新创业教育改革为主线，全面推进创新创业教育，构建了具有学校特色的"课程、竞赛、项目、实践、孵化"

五位一体的大学生创新创业教育模式，使学校创新创业工作走上了规范化发展之路。

2018 年以来，学校紧紧围绕全国教育大会、全国全省高校思想政治工作会议、新时代全国高等学校本科教育工作会议、教育部本科教学审核评估文件、《教育部本科专业质量国家标准》"新时代高教 40 条""六拔尖—卓越 2.0"一组计划、教育部和甘肃省关于师范专业认证等会议和文件精神，广泛开展了大学习、大讨论和大调研活动，进一步明确了我国新时代高等教育的发展趋势和特点，对人才培养体系的重要性和目标要求的内涵认识更为清晰，对课堂教学、质量要求的重要性认识得到提高，对教学必须回归常识、回归本分、回归初心具有正本清源作用的感受更为深刻，"以本为本"和"四个回归"的教育教学理念已经深入师生内心，开启了学校新时代高水平本科教育建设的新征程。

面对全国高等学校本科教育工作的新理念、新特点、新规律和新趋势，学校从 2018 年到 2019 年秋讨论出台了《天水师范学院本科教育振兴实施方案》，牢固树立本科教育的基础地位、本科教学的中心地位和人才培养的核心地位，明确提出了各级党政一把手是本科教育的第一责任人，对本科教育工作思想上重视、政策上倾斜、制度上保障、经费上支持，以本科教育为主、统筹安排全校各项工作，正确处理了本科教育与其他工作的关系，为加强学校新时代本科教育建设规划了施工图。

学校始终把本科教育放在人才培养的核心地位和基础地位，不断提高对新时代我国高等教育发展重要性的认识，以立德树人为根本任务，坚持质量立校，细化实施《天水师范学院本科教育振兴实施方案》，优化专业布局，打造金课，创新人才培养模式，推进校企合作、产教融合，构建"互联网 + 教育"新生态，全面提升人才培养质量，使本科教育真正成为学校发展的生命线和奠基石。

（执笔人：杨学良）

第五章

学科学位建设和研究生教育

    学科建设是一所大学特色办学、特色发展的关键所在。长期以来，天水师范学院坚持"学科建校"发展战略和高质量发展思路，聚焦内涵提升，不断凝练学科方向，汇聚高端人才，构筑创新平台，着力建成高素质人才培养、高水平科学研究、高技术成果转化、高层次决策咨询的学科引领高地，取得了骄人成绩，并为学校的教学、科研工作提供了基础性支撑。

    学位工作是高等教育建设的一个重要方面，学位授权资格是一所高校办学实力、水平达标和社会影响的象征与标志。对被授予者而言，学位是授予个人的一种学术称号或学术性荣誉称号，代表其接受教育的程度或在某一学科领域里已经达到的水平。学校从升本之日起，就明确提出以教学质量合格和教学水平达到学士学位授予单位基本指标的本科教育双向目标。在本科教学工作按部就班、有条不紊地推进的同时，学校党委、行政及时将学位工作列入具体议事日程，早做计划，统筹安排，使学位工作与本科教学平衡协调、有机统一，为学位建设奠定了良好的基础。

    研究生教育是一所大学办学水平高低的标志，是高校学历教育中的最高层次，对提高地方高校的办学实力，促进学科建设，师资队伍建设，服务地方经济都有重要意义。在高校建设与发展中，办好研究生教育是高校自身职能的需要，是学校发展的需要，是科教为经济建设服务的需要，也是高校根本任务所决定的。在高校的建设与发展中，研究生教育已经成为学科建设与科研工作、师资队伍建设及本科教育的最佳结合点，研究生教育对高校的建设与发展起着至关重要的作用。过去的 10 年，学校研究生教育从无到有、从小到大、从弱到强，走过了一条波澜壮阔的发展路子。

第一节　学科建设

一、集思广益，凝练学科方向，凝聚学科特色

（一）积极主动进行学科调整，凸显学科特色

要建设重点学科，首先需要集中全校之力，将那些前期科研基础积淀较好，成果较多、质量较高，具有一定发展前景的优势学科遴选出来，这是学科建设的第一步。为了搞好学科建设，2009 年，学校党委和行政安排各学科制定《学科建设计划任务书》，完成学科调整，将原来的 5 个重点建设学科按其所对应的一级学科进行建设，调整后的学科为：中国语言文学学科、历史学学科、化学学科、生物学学科和体育学学科。

在上述调整基础上，学校又增设教育学为重点建设学科；将马克思主义理论研究、美术学列为重点扶持学科；增补物理学为重点扶持学科。由此，学校的学科总体布局逐渐优化，学科方向更为明确，特色更为突出。可以说，这些举措为今后学校的学科建设打下了坚实的基础。

（二）有序开展新一轮学科建设

从 2011 年开始，学校开始了新一轮学科建设，严格按照国务院学位委员会制定的新的学科体系，克服了原先学科设置较为随意、与国务院学位委员会制定的学科体系不完全对标等问题，进一步优化、细化和完善了学科建设相关制度。由相关职能部门牵头，完善、修订了《天水师范学院重点学科特色方向管理办法》，使得新一轮学科建设有章可循。在 2011 年开始的学校新一轮重点学科的建设工作中，各学院积极申报校级重点学科特色方向达到 38 个，在各学院申报的基础上，学校专门召开多次校学术委员会会议，集思广益，积极讨论，既充分考虑各个学科的前期积淀、特色优势，又综合考虑学校发展中的学科布局等问题，认真、有序地开展学科遴选工作。

为了进一步加强学校重点学科建设，完善国家、省（部）、学校三级重点学科建设体系，扶持和培育优势学科、特色学科、新兴学科和交叉学科的发展，根据学校学科建设的现有基础，结合陇东南地区经济社会发展和学校自身发展的迫切需要，学校遵循"全面提升，重点突破，分类指导，特色发展"的遴选

原则，开展新一轮重点学科建设工作。2014—2015 年，两年时间内，学校有关职能部门继续完善国家、省（部）、学校三级重点学科建设体系，扶持和培育优势学科、特色学科、新兴学科和交叉学科发展，使得新一轮学科建设有了长足进步和提高。学校新一轮学科建设的成功，有力带动了学校教学、科研水平的提高，并为学校成功申报教育部教育硕士培育计划专项项目、中国国语言文学一级学科硕士授权单位打下了很好的基础。

（三）紧抓甘肃省"双一流"建设机遇，推动学科建设上新台阶

2015 年 8 月 18 日，中央全面深化改革领导小组会议审议通过《统筹推进世界一流大学和一流学科建设总体方案》，对新时期高等教育重点建设做出新部署，将"211 工程""985 工程"及"优势学科创新平台"等重点建设项目统一纳入世界一流大学和一流学科建设，并于同年 11 月由国务院印发，决定统筹推进建设世界一流大学和一流学科。2017 年 1 月，经国务院同意，教育部、财政部、国家发展和改革委员会印发《统筹推进世界一流大学和一流学科建设实施办法（暂行）》。

紧跟国家教育建设步伐，2016 年 7 月 28 日，甘肃省人民政府发布了《统筹推进高水平大学和一流学科建设实施方案》，标志着甘肃省"双一流"建设正式启动。同年，根据《甘肃省教育厅关于启动高水平大学和一流学科建设工作的通知》精神，聚焦甘肃省发展战略和经济社会发展及产业发展需求，精心组织，反复论证，天水师范学院生态学和中国史两个学科申报了一流（特色）学科。2017 年，学校申报的生态学和中国史两个学科获批甘肃省级一流（特色）培育学科群，标志着天水师范学院学科建设迈上了新台阶。2018 年，学校申报的中国语言文学、中国史、生态学、电子科学与技术、化学、马克思主义理论、教育学和数学等 8 个一级学科，在 2019 年年初甘肃省重点学科评审中全部顺利通过评审，这是学校重点学科建设上取得的重大突破。

二、申报省级重点科研基地、重点学科、"飞天学者"特聘教授等，扎实推进特色学科建设工作

学科建设本身是一个开放体系，不能自弹自唱，关起门来搞，而应积极融入甘肃省乃至全国高等教育发展的大潮中，认真吸取、借鉴兄弟院校学科建设的有益经验，广泛吸纳优质人才，产出高质量科研成果，做新时代的弄潮儿。学科建设水平的高低，其重要标志为是否有高质量的科研成果，是否形成学缘

结构、学历、年龄优化的学科梯队，是否为学校的教学、科研提供了基础性支撑，并为申报甘肃省级、国家级重点学科奠定良好基础。

（一）申报成功3个甘肃省级重点科研基地平台

2010年，在学校党委、行政的正确领导下，全校上下在聚精会神、集思广益遴选特色学科的基础上，学校组织有关处室、学院申报省级重点学科和科研基地平台。该年度学校先后申报成功了3个科研基地平台：甘肃省高校新型分子材料设计与功能省级重点试验室，甘肃省高校人文社会科学重点研究基地，甘肃省大樱桃工程技术研究中心。这3个省级实验室和工程中心的设立，是学校学科建设的标志性成果之一，是学校学科建设和学术研究的重大突破，为相关专业和学校学科建设上台阶奠定了坚实的基础。2011年，学校在经过多方集思广益、并主动征求相关专家、学者意见的基础上，从上年度全校已经形成的多个学科中又重点选择文艺学、专门史、微生物学3个学科推荐到甘肃省教育厅，争取省级重点学科，力争通过不断推进学科建设的途径，促进学校科研水平迈向高水平。

（二）文艺学、专门史、微生物学3个省级重点学科申报成功

2012—2013年，学校经过慎重思考，决定举全校之力，整合有关学院的力量，实行强强联合，凝练学科特色，突出学科优势，决定以多年积淀深厚、学科梯队较为完整、科研成果丰硕的文艺学、专门史、微生物学3个学科申报甘肃省级重点学科。经过全校师生员工的艰苦努力，特别是上述3个相关学科团队的认真工作，下足绣花功夫，精心打磨，甘肃省级重点学科申报工作终于取得了丰硕成果，文艺学和专门史两个学科被列为省级重点建设学科，微生物学被列为省级重点培育学科。省级重点学科的申报成功，标志着学校以学科建设为龙头、整体提升学校办学实力和核心竞争力的科研强校战略凸显成效，为扩大学校影响和今后发展奠定了基础。

（三）甘肃省"飞天学者"特聘教授、讲座教授、青年学者等工作取得预期成效

2013年，甘肃省启动了"飞天学者"特聘教授、讲座教授的选聘工作，这是甘肃省加强人才队伍、学科建设的重要举措之一。学校专门史学科入选甘肃省首批飞天学者设岗学科，经过公开选拔与公示，学校聘任专门史学科带头人雍际春教授为专门史飞天学者计划特聘教授、中国社会科学院彭卫教授为专门史飞天学者计划讲座教授。2016年，在甘肃省第二批"飞天学者"遴选中，兰

州大学程金城教授荣聘为学校文艺学讲座教授，杨富巍、陈于柱两位老师受聘为天水师范学院"飞天学者"青年学者。2018 年，在第三批甘肃省"飞天学者"遴选中，根据甘肃省学位委员会、甘肃省教育厅下发的《关于公布第三批甘肃省飞天学者特聘计划人选人员名单的通知》，文学与文化传播学院霍志军教授受聘为甘肃省"飞天学者"特聘教授；南京大学胡阿祥教授、中科院版纳植物园徐进受聘学校"飞天学者"讲座教授；生物工程与技术学院刘艳梅、数学与统计学院丁恒飞、化学工程与技术学院袁焜老师受聘为学校"飞天学者"青年学者。飞天学者特聘计划注重国家和甘肃省经济社会发展、高校内涵发展、高层次人才培养体系建设的结合，以突出办学特色、提升优势学科人才培养和服务能力为目标，为全省改革发展提供人才保障和智力支撑。截至目前，天水师范学院共推荐入选飞天学者特聘教授 2 人，讲座教授 4 人，青年学者 6 人，在省内同水平院校中人数最多。

（四）校级学科建设有序推进

在做好甘肃省级重点学科申报的同时，学校还非常注重校级学科建设，学科建设形成梯队，也为今后省级重点学科申报储备后备力量。2014 年，根据学校以人才、学科、科研三位一体的创新能力提升为核心的学科建设目标，以特色学科方向为主，组织学校新一轮重点学科特色方向的申报和评审工作，于同年 9 月底向省内外专家送审各重点学科申报书 38 份。根据专家反馈意见，经校学术委员会通过，确定学校新一轮重点学科为 16 个，其中重点建设学科 6 个，培育学科 10 个。

2015 年，学校党委、行政决定启动第三轮校级重点学科建设工作，经过严格评审，中国现当代文学、中国画、陇东南农村基础教育、理论与计算化学、光电子技术、污染生态学等 6 个学科（方向）被确立为重点学科；马克思主义政治哲学、西北社会经济史等 10 个学科方向列为重点培育学科。并与所在学院负责人和学科带头人分别签订了《重点学科目标责任书》。聘请了 5 位国内知名学者担任学校重点学科的首席专家，分别是中国科学院院士、北京师范大学化学学院方维海院士，中国科学院近物所杰青魏志义研究员，兰州大学杰青安黎哲教授，甘肃省原美协主席莫建成先生，西北师范大学"长江学者"王鉴教授。这是学校以"顶天立地"的思路凝练学科特色，促进学科建设迈上新台阶的体现。

三、认真落实重点学科的建设、管理、审核工作，确保学科建设取得预期成效

申报甘肃省级重点学科，遴选校级重点学科，只是学科建设中万里长征的第一步。如何抓好学科建设、落实学科建设具体措施，确保学科建设取得实实在在的成效，是一个十分迫切而重要的问题。在这方面，学校组织人力、物力，做了大量细致耐心的工作，终于使得学校学科建设取得了良好的效果。

（一）与学科负责人、学科所在学院负责人签订目标责任书，明确责任，压实担子，确保学科建设取得实实在在的成绩

为了使学科建设任务落到实施，学校党委、行政要求有关职能处室与各省级、校级重点学科负责人、学科所在学院负责人、重点实验室负责人逐一签订《重点学科目标责任书》，完成任务者奖，完不成者罚，奖罚分明。除了签订工作目标责任书，学校还要经常检查、督促各位负责人在科学研究、人才培养、实验室硬件建设、实验室管理制度等方面是否严格按照计划任务书中的工作计划开展各项建设工作。而从检查结果看，各学科建设总体进展良好，都按照《重点学科目标责任书》的目标任务进行了建设，完成了建设任务。

如 2010 年 11 月，在甘肃省教育厅组织专家组对学校陇右文化学科进行审核验收中，专家组通过认真评审后一致认为，学校的"陇右文化"省级重点学科，学科方向比较稳定且特色鲜明；学术梯队结构较为合理，学术水平较高，综合实力明显提高，在建设期内达到了预期目标。学校以"良好"的结论顺利通过了终期验收，被列为甘肃省高等学校省级重点人文社会科学研究基地，并获得了中央财政的专项支持建设经费 300 万元。

再如 2014 年，学校督促文艺学、专门史、微生物学 3 个省级重点学科相关学院及负责人制定建设方案，按计划、有步骤地开展省级重点学科的各项建设工作。在学校网站主页开辟了"省级重点学科"专栏，各重点学科网页在 2014 年 2 月全面正式向社会开放，主要从学科方向、学术队伍、人才培养、科学研究、学术交流、建设规划和基础条件建设等方面反映了学科建设的进展状况。2016 年，按照学校重点学科特色方向管理办法，对 3 个省级重点学科、6 个校级重点学科和 10 个校级培育学科进行了中期评估，培育和凸显出了一批特色明显、优势突出的重点学科。

（二）严格经费管理，加大经费投入，确保"好钢用在刀刃上"

学校科研处、研究生处、财务处一直严格对学科项目的管理，做到管理规范有序。在日常项目经费管理方面，包括办理机关账务划拨、给财务处提供相关材料、建账、日常报账等工作，都严格按照相关经费管理办法、财务制度、项目经费预算等进行。2015 年以来，为支持重点学科建设工作，学校投入大量经费，在一个建设期内，确保每个省级重点学科投入 80 万元，每个校级重点学科方向投入 40—50 万元，每个培育学科方向投入 20—30 万元。学校将严格经费管理和加大经费投入结合起来，齐抓共管，这是学校学科建设近十年来取得长足进步的宝贵经验之一。

四、学科建设成果斐然、引人注目，对学校教学、科研工作的基础性、保障性作用日益显现

学校近十年来坚持不懈抓学科，一心一意谋发展，取得了骄人的成绩，学科建设对人才培养、科学研究、社会服务、文化传承创新的基础性支撑作用、引领作用已经显现出来。2009 年，学校有 3 项科研成果荣获甘肃省第十一届社会科学优秀成果三等奖；出版学术专著与教材 13 部；发表各类学术论文 390 余篇，其中 SCI、EI 期刊论文 17 篇，特 2 类 6 篇，各学科权威刊物发表论文 5 篇，CSSCI 期刊论文 24 篇，CSCD 论文 6 篇，职改办规定的期刊名录中发表论文 29 篇，核心期刊发表论文 75 篇。2013 年，本年度学校共申报各类纵向科研项目 236 项，其中申报国家级项目 66 项。所有申报项目共获准立项 42 项，总经费 353.4 万元。其中，国家自然科学基金项目获得 3 项资助，总经费达 145 万元；国家社科基金项目获得 5 项资助，总经费 90 万元。2013 学年度共出版学术专著与教材 58 部，发表各类学术论文 400 余篇，其中核心学术期刊发表的学术论文约占 50%。经过 5 年时间的努力，2018 年在国家社科基金项目申报中，学校有 3 项获准立项，25 项成果获得甘肃省级科研项目立项，各级各类项目经费突破 1000 万元；出版的专著、SCI、CSSCI 期刊论文数量均创历史新高。这些数据正说明学科建设对学校发展的引领作用。

党的十九大报告指出，要"加快一流大学和一流学科建设，实现高等教育内涵式发展"，这一论断为我国高等教育改革发展明确了总体方向。新时代要有新气象，新气象要有新作为。在新一轮"双一流"学科建设中，我们要以时不我待的紧迫感、奋力拼搏的精神继续抓好学科建设，为学校下一个 10 年的发展做出新的、更大的贡献。

第二节 学位建设

一、在过去学位工作的基础上，建立健全各种制度，抓好人才培养质量

（一）健全完善学位管理的各项制度

学士学位授予工作的好坏、学士学位授予质量的高低，直接关系到本科教育质量的好坏和学生的切身利益，也关系到学校的声誉。早在 2003 年，学校根据《中华人民共和国学位条例》《甘肃省学士学位授予单位及学士学位授予专业审核办法（试行）》等，于 2003 年 5 月颁布了《天水师范学院学士学位申请及授予工作细则》（天师院发〔2003〕34 号），同时向甘肃省学位委员会提出成立第一届学位评定委员会的请示报告及学位评定委员会名单并获得批准，这标志着学校学位建设工作正式启动。2009 年，学校学位办又先后制定了《关于授予 2009 届普通本科毕业生学士学位的决定》（天师院发〔2009〕85 号）、《关于授予 2010 届普通本科毕业生学士学位的决定》（天师院发〔2010〕68 号）、《关于授予 2010 届成人本科毕业生学士学位的决定》（天师院发〔2010〕69 号）等系列文件。以后每年的学位授予工作，均按照年度制定的文件，依法有序推进。如 2012 年，学校又修订了《天水师范学院学士学位授予工作实施细则》，使之更加完善，适合新时期学校发展之需要。

（二）学位工作的抓手之一：本科教学质量

学校本科生学士学位授予人数占全校学位管理的绝大部分，因此，学校学位工作的一个重要抓手，是切实加强对本科教学的科学管理。为此，天水师范学院学位办组织各二级学院充分借鉴兄弟院校经验，立足学校实际制订、修改和完善各专业教学大纲，充分发挥教学大纲的指导、纲领作用，始终坚持"加强基础、拓宽口径、增强素质、注重能力"的原则，抓好教学大纲的撰写。在此基础上，又以教学大纲作为基本依据，组织有经验的一线教师、教学骨干、中青年教学能手，认真、系统地修订教学计划，使全校的课程设置更加科学、严密。一个好的教学大纲和科学、合理的课程标准，为本科生的培养质量做出了可靠保证。

（三）学位工作的抓手之二：本科生毕业论文

毕业论文（设计）是培养大学生专业素质、科学精神、创新能力的重要实践环节，是衡量一个学校人才培养质量高低的重要标准之一，也是一所大学教学水平、办学质量、学位工作的重要体现。为此，学校学位办要求各二级学院在平常专业教学中加强训练，教师将论文写作常识、专业研究方法、论文基本规范和资料信息收集等基本功训练穿插进去，为校学生毕业论文撰写积累了宝贵的经验。同时，在二级学院各创新班实行学生导师制，即每一位导师负责每4—5名同学的论文指导，要求每一名同学每学年必须完成一篇学年论文，并给教师计算工作量。这样，既提高了教师的积极性，又锻炼了学生的创新能力，提升了大学生的论文写作水平。另外，学位办还积极举办各类学术沙龙、邀请校内外专家进行专题讲座，各二级学院组织开展论文写作专题培训讲座，指导学生规范学位论文写作，形成良好的学术风气，也提升了学校学位工作的水平。

（四）学位工作的抓手之三：硕士研究生毕业论文

2011年8月12日，国务院学位委员会根据第28次会议审议通过的《关于开展"服务国家特殊需求人才培养项目"试点工作的意见》，决定开展学士学位授予单位培养硕士专业学位研究生试点工作。同年9月，国务院学位委员会批准天水师范学院为学士学位授予单位开展培养硕士专业学位研究生试点工作建设单位。学校研究生教育伊始，学位办紧紧抓住了这一契机，促进全校学位工作提升水平、迈新台阶。学校将研究生导师制与研究生论文指导结合起来，对研究生论文选题、资料检查、实验设备、提纲计划、开题报告、论文撰写、格式体例、答辩程序、成绩评定、学位申请等都做了具体规定，提出了目标要求，为学校硕士研究生学位工作奠定了坚实基础。

二、严格规范、积极稳妥地做好各级各类学位授予工作

（一）在具体的学位授予工作方面，各个二级学院于每年3月份下发本科毕业生信息采集材料，包括毕业生的基本信息和英语（非英语专业四六、英语专业为八级）成绩、累计补考门数、实践课成绩、毕业论文成绩和是否受过处分等信息，要求各二级学院认真填写，各项信息核对无误后上交学位办。院学位办按照《关于印发＜天水师范学院学士学位申请及授予工作细则＞》［天师院发（2003）34号］文件的规定，认真审核毕业生申请学士学位的各项信息和提交的学位申请材料（包括天水师范学院学士学位申请表、学生毕业论文评审表、天水师范学院学士学位审批表和毕业论文等），并将符合授予学士学位授予条件的学生名单及申请材料，于每年的6月中旬提交院学位委员会讨论。

（二）学校于每年6月中下旬召开学位评定委员会。在会上，各位委员在听取学位办主任汇报后，对学位办提交的本科生申请学士学位材料进行逐项检查，认真审核后，通过讨论，形成决议，确定授予学士学位的名单。学校学位评定委员会办公室按照学位评定委员会形成的决议和确定授予学士学位的名单，于每年6月底及时将学位证发放到每位获得学士学位的毕业生手中（见2010年以来学校授予学位人数统计表）。

2010年以来天水师范学院授予学位人数统计表

序号	年份（年）	授予学士学位人数（人）	授予硕士学位人数（人）
1	2009	2400	0
2	2010	3051	0
3	2011	3245	0
4	2012	3266	0
5	2013	3322	0
6	2014	3126	0
7	2015	3596	47
8	2016	3562	77
9	2017	3646	105
10	2018	3729	129

注：此表不包括成人学位，成人学位见"继续教育"部分。

三、认真组织，做好新专业的学位评估工作

社会在发展、时代在进步，新老专业间的新陈代谢是一个学校发展的普遍规律。任何一所大学不能故步自封，闭关自守，在自己狭小的天地内打转转，而应与时俱进，不断创新，不断进步。学校学位办在学校党委、行政的集中统一领导下，积极从事新专业的学位评估工作，取得了喜人的成绩。2009年，学位办完成了博物馆学、戏剧影视文学专业学位授权评估工作；2011年，又顺利完成材料成型及控制工程、音乐表演、绘画三个专业申请增列学士学位授权专业评审；2012年，学校化学工程与工艺专业增列为工学学士学位授权专业；使

学校的专业设置更为合理，也标志着学校学位工作的新进展。2013 年，按照学校党委、行政提出的高校转型的发展规划，成功申报了酒店管理、文化产业管理、工程造价等三个新专业；2015 年，经甘肃省学位委员会研究决定，批准舞蹈学增列为艺术学学士学位授权专业；学前教育增列为教育学学士学位授权专业；2016 年，工程管理、网络工程 2 个专业申请增列学士学位授权专业通过甘肃省学位办组织的评审，经甘肃省学位委员会研究决定，批准工程管理增列为管理学学士学位授权专业，网络工程增列为工学学士学位授权专业；2017 年，电气工程及其自动化、电子信息工程、食品质量与安全专业增列为工学学士学位授权专业。2018 年，学校专业设置又取得新的进展。迄今学校现有 42 个学士学位授权专业，其中法学类 2 个，教育学类 5 个，文学类 2 个，历史学类 2 个，理学类 9 个，工学类 10 个，管理学类 4 个，艺术学类 8 个；涉及理、工、法、历史、文学、教育、管理等学科门类，逐步形成了学校较为优化的专业布局。

第三节　硕士研究生教育

一、硕士研究生教育从无到有，实现历史性飞跃

（一）"服务国家特殊需求人才培养项目"教育硕士申报成功，学校硕士点实现零的突破

2011 年 8 月 12 日，国务院学位委员会根据第 28 次会议审议通过的《关于开展"服务国家特殊需求人才培养项目"试点工作的意见》，决定开展学士学位授予单位培养硕士专业学位研究生试点工作。科研处就国家和甘肃省学位办有关文件精神和要求做汇报，校党委会议决定启动申报工作。在学校党委、行政的直接领导下，学校办公室、科研管理处、人事处、教务处等职能部门和各学院相关领导就学校现有的学科建设状况进行了反复商议，8 月 26 日抽调 50 余人召开第一次会议，进行分组和安排工作任务，组建了 5 个申报材料整理与撰写小组，分别围绕学校发展历史沿革、办学特色、办学定位、培养模式，师资队伍、专业硕士管理体制及制度、相关领域人才需求状况、实践教学、产学研合作等内容，积极搜集各类支撑材料，全力以赴做好教育硕士专业硕士学位点申报表及论证材料的准备工作。根据国务院学位办对专业硕士学位申报答辩的要

求，认真分析、比较学校与其他申报学校在办学特色方面的优势，重点收集材料、图片，联络相关专家征求意见，精心准备答辩词，制作演示文稿，组建了由甘肃省教育厅相关领导、基层学校领导和学校代表组成的 5 人答辩小组，于 9 月 27 日进行了汇报答辩并顺利通过。国务院学位委员会批准学校为开展培养硕士专业学位研究生试点工作建设单位。

（二）中国语言文学一级学科硕士点申报成功，天水师范学院成为硕士学位授权单位

凡事预则立，不预则废。2016 年，学校正式启动学校硕士学位授权单位及授权学科的前期准备工作。2017 年，根据国务院学位委员会《关于印发〈博士硕士学位授权审核办法〉的通知》，省学位委员会、省教育厅《关于开展新增博士硕士学位授予单位立项建设工作的通知》要求，9 月 14 日学校参加甘肃省学位委员会组织的"甘肃省新增硕士学位授权立项建设单位"现场答辩，经甘肃省学位委员会审定，批准学校为甘肃省硕士学位授权立项建设单位。2018 年年底，国务院学位委员会正式下文，批准天水师范学院为硕士学位授予单位，从 2019 年起开展招生、培养和学位授予工作。这是学校 60 年发展史上具有历史意义的重大事件，标志着学校办学水平的进一步提升。目前，学校中国语言文学一级学科硕士点建设紧锣密鼓、有序展开，已经完成培养方案等的制定，正在广泛听取国务院学位委员会有关专家的意见和建议；硕士生导师遴选、招生准备等各个方面也顺利进行，是献给母校 60 周年校庆的喜庆大礼。

二、不以规矩，不成方圆：抓好研究生教育各项制度建设

（一）研究生教育初创期的制度建设

初创期的制度建设具有某种示范性、引领性作用，对今后学校研究生教育的基础性作用尤为重要，故单独列为一小节来记述。2013 年作为学校研究生教育的初创期，各项制度都需要从头开始，诸事纷繁。研究生处在学校党委、行政的领导下，根据国务院学位委员会及甘肃省学位委员会的文件精神，依据国家特殊需求人才培养项目的要求，进一步加强对专业学位研究生教育规律的认识，深化师资队伍及实践教学基地建设，完善教育硕士专业学位研究生培养试点工作的实施方案，创新培养特色，顺利完成了各项工作，为今后做好教育硕士专业学位研究生培养试点的各项工作奠定了基础。学校党委、行政对此事十分重视，多次召开专题会议进行讨论，为学校教育硕士培养指明了方向。

在广泛、深入调查研究的基础上，学校党委慎重决策，成立了"服务国家特殊需求人才培养项目"领导小组和教育硕士专业学位教育指导委员会，并在广泛调研和征求意见的基础上，制定了《天水师范学院教育硕士专业学位建设规划（2012—2017）》及《天水师范学院教育硕士专业学位2012—2013年度建设方案》。经过多次实地考察，充分论证，在天水市一中、天水逸夫中学、庄浪一中、庄浪水洛中学、宝鸡陈仓高中等5所学校建立了首批教育硕士联合培养基地，并建立了7个研究生工作站；制（修）订下发了《天水师范学院教育硕士专业学位研究生导师遴选办法》《天水师范学院教育硕士联合培养基地及研究生工作站建设与管理办法》等一系列规章制度，并制定了包括考试、入学、教学、学籍管理、学位授予等方面的管理制度，使学校专业学位研究生培养和管理工作一开始就有章可依；在坚持双导师制原则，注重师德，强调师能，突出导师基础教育实践经历的基础上，依据教育硕士建设规划及导师遴选办法首批在校内遴选了20名优秀指导教师，在联合培养基地遴选了18名优秀兼职指导教师；组织修订了切合学校实际的培养方案；对研究生指导教师和任课教师进行了指导和培训；多次组织各相关学院的导师和任课教师进行讨论，结合学校实际完成了教育硕士学位课程教学大纲的编写，课程教案编写等教学准备工作有序开展；上述工作的扎实、有序推进，保证了学校研究生培养的质量，学校顺利通过了国务院学位委员会对教育硕士专业学位建设的验收评审，为2013年开展教育硕士的招生、培养工作奠定了良好的基础。

（二）制度先行，为研究生教育提供制度保障

2014年，在上年度全体人员奋发努力、各项工作进展喜人的基础上，学校研究生处又制（修）订了《天水师范学院研究生招生工作管理办法》《天水师范学院学位授予工作实施细则》等规章制度。对包括教学、学籍管理、导师考核、项目管理、奖助等多方面的一系列管理制度，也进行了制度性落实。根据教育部《关于教育硕士专业学位研究生培养工作的指导意见》和《关于公布〈教育硕士专业学位研究生指导性培养方案〉的通知》等文件精神，组织相关培养学院对学科教学培养方案进行了修订、完善，并于2013年5月装订成册，下发各部门执行。2015年修订了《天水师范学院全日制教育硕士专业学位研究生培养方案》，印制了《天水师范学院全日制教育硕士专业学位研究生培养与管理工作文件汇编》《天水师范学院研究生手册》，分别从招生复试录取、学籍管理、课程设置、教学组织、导师队伍、实践教学基地、论文工作、就业指导等方面

细分了学校、培养学院、导师组、导师（包括校外兼职导师）的职责。2016 年下发了《天水师范学院教育硕士指导教师基础教育研究项目管理办法》《天水师范学院研究生课程建设方案》，正在修订《天水师范学院学位授予工作实施细则》，制定了《天水师范学院优秀研究生导师评选办法》和《天水师范学院优秀硕士学位论文评选办法》。截至目前，学校从招生、培养、导师选聘与管理、联合培养基地建设、学籍学位管理等方面制定了近 40 项体系较为完善的规章管理制度，从制度层面上保证了培养与管理工作的顺利实施，使学校专业学位研究生培养和管理工作一开始就有章可依。

（三）全面加强硕士研究生导师队伍建设

研究生教育中，导师的指导工作十分重要，高质量的导师是培养出高质量研究生的关键因素之一。因此，遴选高水平的研究生导师是研究生教育中一个关键性的环节。学校教育硕士培养之初，就创造性地提出"双导师制"的概念。2013 年，在坚持双导师制原则，注重师德，强调师能，突出导师基础教育实践经历的基础上，依据教育硕士建设规划及导师遴选办法在 7 个学科领域新选聘了 33 名优秀指导教师，在联合培养基地选聘了 1 名优秀兼职指导教师；2014年，依据《天水师范学院教育硕士指导师遴选办法》增选了 20 名指导教师；2015 年，增聘校外兼职导师 10 人；2016 年增聘校内外导师 6 人，终止导师资格 5 人；2017 年聘任导师 10 人。在完成以上工作的过程中，充分发挥了研究生指导教师在教育硕士培养中的指导作用，从而在保证教育硕士研究生培养质量的同时，还促进了教育硕士导师队伍的自身建设。

研究生教育质量的提高关键在导师，既要遴选出政治素质好、学术水平高、教学经验丰富、工作责任心强的优秀导师，还要对导师加大培训、管理力度，使他们能尽快投入角色，出色完成硕士研究生的指导工作。为此，研究生处利用 2014 年暑期专门举办了专、兼职导师专场培训会，并积极主办教育硕士实践教学联合培养工作论坛。在做好上述工作的同时，加强对现任专、兼职导师的年度考核工作。2016 年，学校先后组织导师和相关管理人员参加了 8 场次工作研讨（培训）会议，开阔了眼界，增进了交流。2018 年，学校组织有关研究生导师分别赴清华大学、浙江大学、厦门大学等优秀高校系统学习，取得了良好的效果。健全的教育硕士导师培训和科学合理的激励、考核评价机制，使得学校对指导教师的遴选、管理、监督以及评价"有据可依"，有力督促了研究生导师自身的教学和科研工作，强化了导师的责任感，保证了学校硕士研究生教学及其他培养工作的顺利进行。正因如此，学校导师的科研水平、指导研究生的水平不断提高，多名导师受到全国教指委表彰。

三、注重过程管理，认真抓好硕士研究生教育中的各项管理环节

（一）抓好招生工作：吸引优秀研究生生源

2013 年以来，根据教育硕士招生计划，学校立足学校实际情况，为了吸引优秀生源，制定了学校教育硕士招生优惠政策包括：免学费、提供三助岗位等。研究生处积极作为、主动出击，校领导带队到省内相关院校广泛宣传了学校2014 年教育硕士招生工作，接受大量考生的报考咨询，在校内开展了教育硕士招生宣传工作；在校内开展研究生招生"宣传日"活动并在各个二级学院组织考研咨询等活动。进一步扩大了对学校的宣传力度，深化了学校研究生教育在甘肃省硕士教育格局中的影响力。同时，选派工作人员到西北师范大学学习研究生招生、培养与管理各项工作；在中国研究生招生信息网和校园网发布学校2013 年教育硕士调剂招生公告；严格、规范、有序做好研究生招生工作，受到社会的普遍赞誉。

（二）抓严首届硕士研究生的日常管理工作，为学校研究生工作提供可复制的经验

2013 年，学校招收的首届研究生新生入学。研究生处为了做好首届教育硕士入学工作，前期做了大量非常细致、耐心的工作，如研究生公寓安排、教材征订、课程表编制、教室协调、档案转交、课程教学等。同时，还有诸如 2013级教育硕士导师双选及个人培养计划制定的组织工作；研究生专用教室多媒体设备招标、安装及使用培训工作；督促各培养学院和联合培养基地的沟通及联系；协调专兼职导师与研究生的见面、沟通工作；教育硕士宿舍搬迁及宿舍管理工作；研究生奖助学金发放方案；研究生相关管理规定的制定；筹备成立学校研究生会；2014 年教育硕士实践教学工作的协调、安排；完成研究生期末考试工作等。可以说研究生处全体人员倾注了大量的心血，保证了学校首批硕士研究生入学各项工作有条不紊地进行，也为今后的研究生管理工作提供了可资借鉴的经验和模式。

（三）抓实硕士研究生的教学管理

学校硕士研究生教育中的教学管理，从入学教育开始，到师生互选、个人培养计划制定、教育硕士培养方案、授课、日常授课管理、校地联合培养、研

究生教学中期检查、研究生毕业论文（设计）的选题及开题答辩等各个环节，都有章可循，有条不紊，运作规范。2014 年以来，研究生处除了日常的教学管理之外，还先后组织相关学院制（修）订了教育硕士培养方案；多次召开研究生教育工作会议，研究部署研究生培养工作；成功举办多届研究生教学技能大赛；取得了良好效果。2015 年，1 名硕士研究生获全国教育硕士学科教学（历史）教学技能大赛二等奖；8 名硕士研究生先后获得所在联合培养基地或研究生工作站组织的教学竞赛或优质课竞赛奖。"全日制教育硕士'U－G－S－W'四位一体协同培养模式的构建与实践"获甘肃省教学成果教育厅级奖。这是学校研究生培养水平的见证。

（四）抓紧硕士研究生学位论文的撰写，保证研究生学位论文的质量

硕士研究生论文写作是其学术创新能力的重要体现，在研究生教育中具有举足轻重的地位和作用。学校硕士研究生教育中，始终将论文撰写作为一个关键点来抓。从论文的选题、开题报告、研究综述、实践调查、论文撰写、论文预答辩、论文答辩等各个环节切入，规范研究生学位论文工作，不断完善学位论文质量保障体系。为了确保研究生学位论文质量，研究生处设计了"九段式"学位论文质量保障体系，即"论文选题—论文开题—中期检查—预答辩—学术不端行为检测—双盲评审—答辩—文字重复率检测—论文抽检"等环节。学位论文双盲评审、答辩、论文抽检等环节实行一票否决制，如出现质量等问题不允许进入答辩环节。这些措施的实施，使学校硕士研究生学位论文选题、开题、中期检查、预答辩、学术不端行为检测、盲审、答辩、抽检等环节日趋完善，分别向全国教指委和甘肃省学位办推荐了优秀硕士学位论文，接受了甘肃省学位办的学位论文抽检工作，多次受到甘肃省教育主管部门的表扬和嘉奖。

（五）抓细硕士研究生学习、生活的管理

硕士研究生教育的平常管理与本科生不同，因为研究生多是成人，且其中有一些还是已有多年社会实践经验又进入大学攻读硕士学位者。因此，研究生日常管理要符合研究生阶段的特点，从细微处着手，从平常中抓起，凸显研究生特色。学校在成立研究生会、研究生党支部的基础上，充分调动研究生自身的活力，组织硕士研究生进行了暑期社会实践活动，为研究生进行就业咨询与指导工作。创新工作形式，相继开展了多场次主题鲜明的"知行讲坛"、联欢晚会等校园文化活动；开展暑假社会实践、教学技能大赛、研究生趣味运动会等

活动，丰富了研究生的校园文化生活，营造了良好的育人环境。同时还注意研究生国家助学金、研究生生活补助金等平常管理，使研究生有如归家之感。

四、抓实联合培养、夯实实践教学，保证硕士研究生教育质量

（一）与陕甘两省多地名校签署合作协议和研究生工作站

教育硕士培养的一个重要环节是实践教学，实践教学因为在校外，所以抓实是关键。2013 级以来，学校先后遴选建设了 5 个新的教育硕士专业学位研究生联合培养基地并签署了联合培养协议。在天水一中、秦安一中、宝鸡陈仓高中、陇西文峰中学、天水二幼、甘谷一中新建了生物、化学、语文、英语、体育、学前 6 个研究生工作站，顺利通过了甘肃省关于"服务国家特殊需求"人才培养项目的中期考核工作。2019 年，在陇城教育园区建立了研究生研修基地。

（二）邀请中学名师为硕士研究生提供辅导

实际工作中，学校主动邀请天水市一中、天水市三中等高中学校选派优秀学科教师，对学校教师教育类专业本科生、教育硕士及相关教师开办有关讲座，内容涉及基础教育改革、新课程改革与实施、学科教材分析、学科教学设计、班级管理及校园文化建设等各个方面。此项举措既提高了教育硕士的培养质量，也有力地促进了联合培养基地各个中学的内涵式发展。截至目前，已累计有 400 多名教育硕士先后进入各个联合培养基地和研究生工作站集中开展实践教学培养工作，在专、兼职导师的协同指导和各联合培养基地的大力配合与支持下，圆满地完成了实践教学培养任务。天水一中、天水逸夫实验中学、宝鸡陈仓高中顺利接受了省学位办组织的研究生联合培养省级示范基地评估考察。

（三）组织修订硕士研究生实践培养方案

2015 年以来，学校组织修订了研究生培养方案。根据新的培养方案，2015 级研究生将实践教学培养嵌入到每一学期，实施"2 + 10 + 10 + 2"分段式实践教学培养模式，研究生在联合培养基地集中开展实践教学培养的时间达到 24 周。为了进一步规范实践教学，保证实践教学培养的针对性、实效性，学校还制订了详尽的指导性实践教学工作方案，对实践教学的任务和要求做了明确规定。全年共完成 190 多名研究生实践教学培养组织工作。2016 年，学校开始全面实施"2 + 10 + 10 + 2"分段式实践教学培养模式，并制订了详尽的指导实践教学工作方案。2013 至 2016 年，学校先后与甘肃省天水市一中、天不市三中、天水市逸夫中学、庄浪县一中、秦安县一中、甘谷县一中，陕西省宝鸡市高新

中学、陈仓高中等举行教育硕士联合培养基地，进一步规范了实践教学工作，保证实践教学培养的针对性、实效性。

上述措施的实施，有力地保证了学校研究生培养的质量。2014 级学科教学（语文）方向教育硕士研究生张伟，在国家教指委举办的全国教育硕士"学科教学（语文）技能大赛"中荣获一等奖。2016 级学科教学（历史）研究生李小敏获第三届全国高等院校全日制教育硕士学科教学（历史）专业教学技能大赛三等奖；2016 级学科教学（生物）研究生董飞飞获全国首届全日制教育硕士学科教学（生物）专业教学技能大赛三等奖；2016 级学科教学（语文）研究生宁曼利、武园园分别获全国第二届全日制教育硕士学科教学（语文）专业教学技能大赛特等奖和一等奖；2016 级小学教育方向研究生孙云霞获全国第二届全日制教育硕士小学教育专业教学技能大赛一等奖。2017 年，学校多名研究生在全国全日制教育硕士教学技能大赛中获奖。证明了学校研究生教育为陇东南地区中学教育输送了大量留得住、用得上的优秀人才！

（执笔人：霍志军）

第六章

继续教育

　　1993 年，天水师范学院教务处设立成人教育科。此后，有计划地组织专业教学，逐步增加教学专业，拓展教学形式。先后开设中文、数学、政教和计算机等专科专业，教学形式包括夜大学、业余和函授。2000 年，在成人教育科的基础上，成立独立的成人教育中心。2003 年，成人教育中心更名为继续教育学院，增加专升本和本科专业，学习形式开始有全日制脱产，专业从汉语言文学、数学与应用数学、思想政治教育和英语等逐步增加到 38 个，涵盖所有的普通专业，招生人数大幅度增加。2014 年，为适应成人教育在职培训提升和高校转型发展对应用型人才培养需求的新形式，继续教育学院更名为职业培训学院，下设办公室、培训部和函授部 3 个科级机构。2018 年，职业培训学院有教师 6 人，其中党支部书记 1 人，院长 1 人，副院长 1 人，科长 2 人，副科长 1 人。承担"国培计划"、自学考试和心理咨询师考试等多类培训项目。函授教育有本、专科专业 26 个，学员共计 921 人。

　　继续教育的办学定位是：立足陇东南，面向甘肃，服务社会，合作办学，合作育人，为教师教育和地方经济社会发展提供服务。

　　办学指导思想是：全面贯彻党的教育方针，以习近平新时代中国特色社会主义思想为指导，遵循教育规律，坚持规模、质量、结构、效益协调发展，追求科学精神与人文精神的和谐统一；以人才培养为根本，以教师教育为重点，秉承学校"困境中求生存，奋斗中谋发展"的精神，主动服务区域经济社会发展，围绕学校建设西部一流、国内知名、师范特色鲜明的高水平应用型大学的办学目标，全力服务区域经济社会发展。

第一节 学历继续教育

一、招生

学历继续教育以函授和自学考试为主。2008 年招生人数最多，共计 1254 人；其次为 2013 年，共计 1082 人；再次为 2011 年，共计 1065 人。其余年份，招生人数均在千人之下，其中，人数最少的年份为 2017 年，共计 248 人。总体而言，学历继续教育招生人数呈逐年下降之势。主要原因是随着教育结构变化，专科院校大规模减少，专升本的需求也随之减少。具体而言，一是普通学历教育普及程度越来越高，在职开展继续教育的需求比较少；二是受网络教育、自学考试等多种学历教育影响，生源分散严重；三是需要进行学历教育提升的人数逐渐减少，导致生源下降。

表 1 2008—2018 年继续教育学院、职业培训学院历年招生人数统计表

（单位：人）

录取时间	本 科	专 科	专升本	合 计
2009 年	0	117	684	801
2010 年	0	105	650	755
2011 年	0	398	667	1065
2012 年	0	408	482	890
2013 年	0	598	484	1082
2014 年	0	174	266	440
2015 年	0	276	283	559
2016 年	0	145	159	304
2017 年	0	131	117	248
2018 年	0	146	214	360

表 2　2009 年—2018 年继续教育学院、职业培训学院历年毕业生人数统计表

（单位：人）

毕业时间	本科	专科	专升本	合计
2009 年	0	604	1024	1628
2010 年	0	816	1588	2404
2011 年	0	114	1203	1317
2012 年	2	106	1037	1145
2013 年	0	99	661	760
2014 年	0	372	613	985
2015 年	0	355	618	973
2016 年	0	485	449	934
2017 年	0	160	446	606
2018 年	0	238	512	750

二、教学形式

继续教育学院、职业培训学院教学函授教学主要以假期在校本部集中面授和在二级学院设置的教学点面授方式进行，任课教师由相关二级学院选配。

2009 年，继续教育学院设有脱产、函授、夜大学及高等教育应用性自学考试学历教育 4 个类别的继续教育。2011 年，协调各相关二级学院选配具有丰富教学经验的教师给函授生授课，校本部的函授授课采用多媒体教学。2012 年，面授人数 1984 人，并召开 2012 年函授教学点工作会议。2013 年，按照实际情况和具体的教学形式，科学合理地修订、补充教学大纲。教学大纲的修订明确规定课程的教学目的、教学形式、教学要求、教学内容及讲授、作业、自学与答疑的时数，另外还规定教材与教学参考书和考核方式，坚持"学有所用""学而能用""以用立业"的专业特色。集中面授的专业，主要采取考试和考查的方法来完成考核工作。作业答疑的专业，除继续在课程的每个章节布置作业以外，还采取灵活的考核方法，如答辩、现场测试、小论文、小制作（小创作）、小设计、实践（实验）操作等多种形式。2015 年，学院面授人数为 280 人，采取 2013 级、2014 级和 2015 级各本、专科专业合班教学。完成毕业生 980 人的毕业证发放工作。自学考试工作方面，完成了学员毕业证的办理和发放工作。2016 年，学院面授人数 240 人，采取 2014 级、2015 级和 2016 级各本、专科专业合

班教学。完成 934 人的毕业证发放。自学考试工作方面，完成学员毕业证的办理和发放工作。2017 年，面授人数为 151 人，采取 2015 级、2016 级和 2017 级各本、专科专业合班教学。完成 606 人的毕业证发放，完成自学考试 121 名学员毕业证的办理和发放工作。2018 年，在校生人数 921 人，本部面授本、专科函授生 151 人，完成 650 名函授毕业生的毕业证办理与发放。

第二节　非学历继续教育

一、国培计划

2011 年，学校通过公开招投标方式，共中标"国培计划"2011 甘肃省农村中小学骨干教师置换脱产研修项目、"国培计划"2011 甘肃省农村中小学骨干教师短期集中培训项目、"国培计划"2011 甘肃省幼儿教师转岗培训项目 3 个子项目。其中"国培计划"2011 甘肃省农村中小学骨干教师置换脱产研修项目完成 165 人的培训任务，根据《"国培计划"（2011）——甘肃省置换脱产研修子项目方案》的置换原则，学校共选派顶岗学生 202 人，其中小学数学按照 2：1 比例选派，其他各学科按照 1：1 比例选派；"国培计划"2011 甘肃省农村中小学骨干教师短期集中培训项目完成 185 人培训任务；"国培计划"2011 甘肃省幼儿教师转岗培训项目完成 40 人的培训任务。

为使"国培计划"顺利运行，2011 年 6 月初，学校成立"国培计划"项目领导小组。校长陈晓龙担任组长，分管教学的副校长马建东担任副组长，成员单位由学校办公室、人事处、教务处、学生工作处、后勤处、网络中心、图书馆、宣传部、继续教育学院及相关学院组成。领导小组下设办公室，办公室设在继续教育学院，并制定一系列文件、制度以保证项目的顺利实施。相关文件有《关于加强"国培计划"甘肃省骨干教师培训天水师范学院项目管理的意见》《"国培计划"天水师范学院项目实施管理办法》《天水师范学院"国培计划"专项经费管理办法》等；具体管理规定和办法有《首席专家工作职责》《班主任工作职责》《培训学员管理办法》等。

为了确保项目的实施质量，按照项目要求，参照省内外其他院校的做法，项目实行首席专家制、双班主任制。其中先后遴选了 5 名首席专家：小学语文学科首席专家为文史学院院长马超教授，初中语文学科首席专家为文史学院副院长郭昭第教授，小学英语学科首席专家为外国语学院副院长李旭明副教授，小学数学及小学科学首席专家为数学与统计学院院长何万生教授，幼儿教师转岗培训首席专家为教育学院院长李艳红教授。首席专家全面负责本学科培训方案的制定、班主任及培训者的遴选、聘请省内外专家、培训学员的管理和考核等工作。另外，每个教学班级配备教学班主任、生活班主任，班主任全程跟进培训过程，录制培训课程，以及时了解培训中课堂教学、学员生活中的问题，督促学员对当天培训内容进行反思，收集整理培训学员编写的培训日志、心得体会等。开班以来，累计编辑印发《天水师范学院"国培计划"工作简报》10期，简报面向相关县区教育行政部门、校内发放，并报送甘肃省项目办。

为了加强教学基础设施建设，确保项目实施的基本硬件达到要求，创办天水师范学院"国培计划"专题网，以便部分有条件的学员随时上网查找资料学习，学校还为每个班级配备照相、摄像、大容量电子数据存储设备一套，对培训课程全程录像并储存。此外，学校还重视教学实践基地建设，以加强教学培训实践，与天水市逸夫中学、天水市逸夫小学、徽县实验小学等10所学校签订建立"国培计划"观摩实训基地协议。培训学员可在实训基地观摩研讨、听课评课。同时，邀请大批省内外专家来校做专题报告。置换脱产研修期间，先后聘请陕西师范大学罗增儒教授、杭州师范大学江平教授、西北师范大学靳健教授、北京大学附属中学副校长程翔、杭州师范大学倪文锦教授、西北师范大学李瑾瑜教授等共计14名省内外知名专家做报告，内容涉及教育改革的前沿理念、教育教学方法、典型案例等多个方面。

2012年，"国培计划"培训按照"积极申报，认真实施，提高品质"的工作方针，全面开展国培计划的各项工作。主要承担的"国培计划2012"中西部项目有：农村骨干教师置换脱产研修项目、农村骨干教师短期集中培训项目两个子项目共485人。"国培计划2012"幼儿园教师国家级培训项目有：短期集中培训项目、转岗教师培训项目两个子项目共170人。

2013年，"国培计划"培训通过公开投招标方式，共中标"国培计划（2013）"甘肃省中西部农村骨干教师培训项目和幼儿园教师国家级培训项目共2个类别4个子项目的培训任务。完成农村骨干教师置换脱产研修项目共320人，完成农村骨干教师短期集中培训项目共150人，完成幼儿园短期集中培训项目80人，完成幼儿园转岗教师培训项目90人。在培训过程中建成学科培训专家资源库，形成学科培训专题及专家课件资料库，建立学员档案资料库。

2014年，"国培计划"培训完成甘肃省2014年幼师国培转岗教师培训项目、"国培计划"中西部骨干教师培训项目小学英语培训、甘肃省2014年"国培计划"置换脱产研修项目等多项培训任务。

2015年，"国培计划"承担各种子项目的申报和培训工作。主要有："国培计划"甘肃省示范县县级教师培训团队研修项目、甘肃省示范县送教下乡项目、甘肃省中小学骨干教师培训项目、甘肃省三千乡村教师访名校项目、幼师国培甘肃省示范县县级教师培训团队研修项目、幼师国培甘肃省示范县送教下乡项目和秦安县精准扶贫中小学教师培训项目，培训人数累计达2338人。

2016年，"国培计划"完成"国培计划（2015）"项目第二阶段的培训工作。学校承担的甘肃省"国培计划（2015）"第二阶段的项目包括中西部送教下乡培训、中西部项目县教师培训团队置换脱产研修、幼师国培送教下乡培训、幼师国培县教师培训团队置换脱产研修等4个子项目，涉及语文、数学、英语、思政、历史、体育、音乐、美术、生物、物理、化学、地理、小学科学、学前教育等14个学科和初中、小学、幼儿园各个学段，共培训中小学和幼儿园教师945人（实际受训教师人数达1400余人），其中中西部项目县教师培训团队置换脱产研修和幼师国培县级教师培训团队置换脱产研修项目250人。同年，完成"国培计划（2016）"第一阶段培训工作。学校承担的甘肃省"国培计划（2016）"项目包括中西部送教下乡培训、中西部项目县教师培训团队置换脱产研修、幼师国培送教下乡培训、幼师国培县教师培训团队置换脱产研修等4个子项目，涉及语文、数学、英语、学前教育4个学科，初中、小学2个学段，共培训中小学和幼儿园的教师282名，其中中西部项目县教师培训团队置换脱产研修和幼师国培县级教师培训团队置换脱产研修项目82人。至2016年12月底，全部完成"国培计划"2015、2016甘肃省县级教师培训团队研修项目和2016送教下乡项目共1227人的培训任务。

2017年，"国培计划"完成"国培计划（2016）"项目第二阶段的培训工作。学校承担的甘肃省"国培计划（2016）"第二阶段的项目包括中西部送教下乡培训、中西部项目县教师培训团队置换脱产研修、幼师国培送教下乡培训、幼师国培县教师培训团队置换脱产研修等4个子项目，涉及语文、数学、英语、学前教育等4个学科和初中、小学、幼儿园各个学段，共培训中小学和幼儿园教师82人。完成"国培计划（2017）"项目第一阶段的培训工作。学校承担的甘肃省"国培计划（2017）"项目包括中西部送教下乡培训、中西部项目县教师培训团队置换脱产研修、幼师国培送教下乡培训、幼师国培县教师培训团队置换脱产研修等4个子项目，涉及语文、数学、英语、学前教育这4个学科，初中、小学两个学段，共培训中小学和幼儿园的教师1557人。完成国培计划2015跟踪指导项目（省培项目），共培训来自庆阳市合水县、宁县的中小学、幼儿园教师1000余人。承担并完成天水市教育局幼儿教师转岗培训项目（省培项目），共培训来自天水市两区五县的幼儿园转岗教师188人。

2018年，"国培计划"完成"国培计划（2017）"县级培训团队项目第二阶段的培训工作。学校承担的甘肃省"国培计划（2017）"第二阶段的项目为永登和景泰县级教师培训团队项目，涉及语文、数学、英语、学前教育等4个学科和初中、小学、幼儿园3个学段，共培训中小学和幼儿园教师157人。完成"国培计划（2018）"西和县级培训团队项目第一阶段的培训工作。学校承担的甘肃省"国培计划（2018）"项目涉及语文、数学、英语、物理、化学、音乐、体育、美术、学前教育这9个学科，初中、小学、幼儿园3个学段，共培训中小学和幼儿园教师65人。完成"国培计划（2018）"西和县送教下乡项目培训，共培训西和县中小学、幼儿园教师1500人。学校于2018年7月29日接受甘肃省教师培训第三方评估组的现场评估，评估组专家对学校培训工作给予充分肯定。建设完成"国培项目"学员网络研修专用机房，可容纳30人同时使用。

二、短期培训

2009年，天水师范学院教育学类116人参加心理咨询师职业资格考试，40人取得全国统一的心理咨询师资格证书。

2010年，学校向甘肃省人事厅申请，获开办心理咨询师职业资格培训考试资质。同年，甘肃省劳动与社会保障厅审批，天水师范学院成为全国心理咨询师、秘书、电子商务师、企业信息管理师、项目管理师、营销师、广告设计师等职业的统一鉴定考前培训机构，分别在6月和11月中旬进行全国职业技能鉴定考试，参加全国职业技能鉴定考试的考生有169人。同时举办教师资格、公务员考试、"三支一扶"、行政事业单位招考、研究生考试等国家招考考试考前辅导班。

2014年，职业培训学院与平凉市灵台县教育局签订委托培训协议。培训了灵台县教育局选派的100名中小学校长、100名教导（政教）主任和100名幼儿园教师。

2016 年 12 月，学校与天水万隆旅游文化产业有限公司（金龙大酒店）签订酒店管理人员培训协议，首期培训学员 50 人，按函授大专层次培养，学制 3 年，培训结束后颁发天水师范学院结业证书。该项目从 2017 年 3 月起正式实施，已开设课程 4 门。

2017 年，挂靠职业培训学院的"天水市建设领域人员培训基地"依托校内各相关二级学院，在甘肃省建设厅和天水市建设局的业务指导下开展工作，一年累计培训"八大员"、建造师四批次共计 2681 人。

2017 年 10 月，学校与天水市环境监测站合作开展为期 3 天的环境检测人员培训，培训人数 50 人。

2018 年，"天水市建设领域人员培训基地"稳步发展，全年累计开展二级建造师继续教育、建筑技术工人培训 5 次，共计 1799 人。职业培训学院继续与天水万隆旅游文化产业有限公司（金龙大酒店）合作，培训学员 50 人，共授课 6 门，切实提高了酒店服务人员和管理人员的综合素养。

第三节 函授站和教学点建设

1998 年、1999 年，学校分别与北京师范大学和陕西师范大学合作建立函授站，共同开展函授教育工作。至 2009 年，结束合作。10 年间，累计招生培养毕业生 4000 余人。

继续教育学院、职业培训学院先后在兰州、礼县、武都、文县、成县、甘谷、张家川、秦安、平凉、白银、武威、陇西、宝鸡和汉中等地建有函授点。教学点面授、授课都在暑假进行，为期 1 个月，授课教师由各教学点在当地聘任，报学院备案。2009 年，有函授教学点 7 个，分别是：礼县职业中专、甘肃联合职业培训学校、陇南卫校、宝鸡科技进修学校、天水师范学校、成县招生办公室、张家川县职业技术学校。2011 年，撤销成县招生办公室、张家川县职业技术学校 2 个教学点，新设白银天艺美术学校、平凉市崆峒区委党校 2 个教学点。2012 年，新设汉中西安交大 012 基地 1 个教学点。2013 年，新设武威凉州区韵美艺术培训中心 1 个教学点。2014 年，新设秦安县委党校教学点，次年撤销。2016 年，汉中西安交大 012 基地教学点撤销。至 2018 年，仍有 8 个教学点在继续招生，分别为：礼县职业中专、甘肃联合职业培训学校、陇南卫校、宝鸡科技进修学校、白银天艺美术学校、平凉市崆峒区委党校、武威凉州区韵美艺术培训中心、陇西尚艺艺术培训中心。具体变化情况见下表：

2009—2018 年天水师范学院继续教育学院、职业培训学院教学点历年分布情况

年度	教学点
2009	礼县职业中专 甘肃联合职业培训学校 陇南卫校 宝鸡科技进修学校 天水师范学校 成县招办 张家川县职校
2010	礼县职业中专 甘肃联合职业培训学校 陇南卫校 宝鸡科技进修学校 天水师范学校 成县招办 张家川县职校
2011	礼县职业中专 甘肃联合职业培训学校 陇南卫校 宝鸡科技进修学校 天水师范学校 白银天艺美术学校 平凉市崆峒区委党校
2012	礼县职业中专 甘肃联合职业培训学校 陇南卫校 宝鸡科技进修学校 天水师范学校 白银天艺美术学校 平凉市崆峒区委党校 汉中西安交大 012 基地

续表

年度	教学点
2013	礼县职业中专 甘肃联合职业培训学校 陇南卫校 宝鸡科技进修学校 天水师范学校 白银天艺美术学校 平凉市崆峒区委党校 武威凉州区韵美艺术培训中心 汉中西安交大 012 基地
2014	礼县职业中专 甘肃联合职业培训学校 陇南卫校 宝鸡科技进修学校 天水师范学校 白银天艺美术学校 平凉市崆峒区委党校 武威凉州区韵美艺术培训中心 汉中西安交大 012 基地 秦安县委党校
2015	礼县职业中专 甘肃联合职业培训学校 陇南卫校 宝鸡科技进修学校 天水师范学校 白银天艺美术学校 平凉市崆峒区委党校 武威凉州区韵美艺术培训中心 汉中西安交大 012 基地 秦安县委党校
2016	礼县职业中专 甘肃联合职业培训学校 陇南卫校 宝鸡科技进修学校 天水师范学校 白银天艺美术学校 武威凉州区韵美艺术培训中心 汉中西安交大 012 基地

续表

年度	教学点
2017	礼县职业中专 甘肃联合职业培训学校 陇南卫校 宝鸡科技进修学校 白银天艺美术学校 武威凉州区韵美艺术培训中心
2018	礼县职业中专 甘肃联合职业培训学校 陇南卫校 宝鸡科技进修学校 白银天艺美术学校 平凉市崆峒区委党校 武威凉州区韵美艺术培训中心 陇西尚艺艺术培训中心

第四节　专业建设

　　至 2018 年，学校学历继续教育（函授）先后开设 22 个专升本专业和 4 个专科专业。经过历次专业调整，所开设的专业均能较好的体现学校办学特色和人才培养优势。具体专业设置见下表：

表 4　天水师范学院学历继续教育（函授）专业设置

序号	专业名称	学制（年）	层次	办学形式	类别
1	汉语言文学	2.5	专升本	函授	文史
2	思想政治教育	2.5	专升本	函授	法学
3	数学与应用数学	2.5	专升本	函授	理工（一）
4	物理学	2.5	专升本	函授	理工（一）
5	生物技术	2.5	专升本	函授	理工（二）
6	历史学	2.5	专升本	函授	文史
7	财务管理	2.5	专升本	函授	理工（二）
8	化学	2.5	专升本	函授	理工（一）

续表

序号	专业名称	学制（年）	层次	办学形式	类别
9	体育教育	2.5	专升本	函授	教育
10	小学教育	2.5	专升本	函授	教育
11	会计学	2.5	专升本	函授	理工（二）
12	工程管理	2.5	专升本	函授	理工（二）
13	法学	2.5	专升本	函授	法学
14	学前教育	2.5	专升本	函授	教育
15	英语	2.5	专升本	业余	文史
16	计算机科学与技术	2.5	专升本	函授	理工（一）
17	土木工程	2.5	专升本	函授	理工（一）
18	机械设计制造及其自动化	2.5	专升本	函授	理工（一）
19	应用心理学	2.5	专升本	函授	理工（二）
20	地理科学	2.5	专升本	函授	理工（二）
21	材料成型及控制工程	2.5	专升本	函授	理工（一）
22	汽车服务工程	2.5	专升本	函授	理工（一）
23	学前教育	2.5	专科	函授	文史
24	会计	2.5	专科	函授	文史
25	电子信息工程技术	2.5	专科	函授	理工
26	建筑工程技术	2.5	专科	函授	理工

（执笔人：刘雁翔　武胜文）

第七章

国际交流与合作

　　国际化是当今世界高等教育发展的必然趋势和重要特征，是天水师范学院实现跨越式转型发展的重要契机，也是学校改革和发展的重要方向和必由之路。自 2009 年以来的 10 年中，学校以整体发展战略为指导，紧紧围绕中心工作，认真贯彻执行国家及甘肃省的有关政策法规，积极借鉴和引进国外优质教育资源，加强中外合作办学，着力提升学校的国际知名度，培养师生的国际化视野，在国际合作院校拓展、国际合作平台搭建、国际人才引进、国际化人才培养、来华留学生教育等方面都做出了较为突出的成绩，最大程度地发挥出了学校对外交流与合作的窗口作用。十年来，学校在扩大对外开放的过程中拓展了国际视野和发展空间，在全面合作中提升了国际影响力和竞争力，目前，学校已形成了全方位、多层次、宽领域的国际合作格局。

第一节　外籍教师选聘管理与留学生招生管理

一、外籍教师选聘与管理

　　外籍教师的聘任管理是学校国际交流与合作工作中最先得到开展的一项工作，也是做得最为规范，并且取得了优秀成绩的一项工作。学校的外籍教师聘任工作始于 1985 年。1985—2003 年，学校所聘用的外籍教师主要来自国际性的志愿者组织——美国大学语言服务社和中美友好志愿者办公室。自 2004 年起，学校开始利用互联网自主聘用外籍教师，从而使得该项工作更为灵活和主动。据统计，1985—2008 年的 20 多年时间里，学校共聘用了近 90 人次的外籍教师；2009—2019 年 4 月，10 年时间里，学校共聘请来自美国、英国、澳大利亚、新西兰、加拿大、西班牙、俄罗斯、波兰、印度、牙买加、津巴布韦等国家的外籍教师数十人来校工作，有力促进了学校英语专业教学和学科建设。国际交流与合作处作为外国文教专家聘用管理的专职部门，负责外籍教师的选聘、签证、卫检等事宜，并落实他们在教学、生活和安全保障等方面的管理与服务工作。为了加强对外籍教师的管理，充分发挥他们在教学和科研工作中的核心作用，学校依据国家有关政策和文件，结合本校实际，制定了合理、规范的外籍教师管理规章制度，如《天水师范学院外专、外教聘用管理暂行规定》《天水师范学院外国专家突发事件应急预案》《天水师范学院外教、外国专家管理手册》等，从而使外籍教师的工作、学习和生活管理有章可循，有据可依。国际处根据学校改革发展和为地方经济社会发展培养合格人才的总体要求，按照"立足实际，突出重点、注重效益、强化管理"的工作思路，积极探索外国文教专家管理与服务工作的新途径和新方法，千方百计创造条件，主动满足和服务学校的教学科研中心和应用型人才培养的要求，大力引进国外先进的教学理念和优质教育资源，不断改变传统教育观念，提升专业教学和学科发展水平，推进学校转型和发展。在具体工作中，按照"请进来、送出去"的外事工作方针，坚持聘请长期外国文教专家参与本科教学工作，促进办学观念转变，推进教育教学方法改革；聘请短期外国专家，举办专题学术讲座或开展学术交流，有效地促进了学校科研水平的提高。

表1　天水师范学院2009—2019年外籍教师统计表

序号	英文名	国籍	性别	学位	聘请途径	来华年月	离华年月	聘期
1	Matthew D. Grealish	美国	男	学士	美中友好志愿者	2009.8	2011.7	2年
2	Kate Keir	英国	女	学士	单聘	2009.8	2011.7	2年
3	David Perrin	英国	男	学士	单聘	2009.8	2015.7	6年
4	Cheryl Roberts	澳大利亚	女	学士	单聘	2009.8	2013.7	2年
5	Larissa Shimkaveg	美国	女	学士	美中友好志愿者	2010.8	2012.7	2年
6	Tessa Priestley	新西兰	女	学士	自聘	2010.8	2018.7	8年
7	Ian	美国	男	硕士	美中友好志愿者	2011.9	2013.7	2年
8	Katie	美国	女	学士	美中友好志愿者	2012.9	2014.7	2年
9	Rin	美国	女	学士	自聘	2012.9	2013.7	1年

序号	英文名	国籍	性别	学位	聘请途径	来华年月	离华年月	聘期
10	Peter Priestley	新西兰	男	学士	自聘	2012.9	2018.7	6 年
11	Audrey	美国	女	硕士	美中友好志愿者	2013.9	2015.7	2 年
12	Joella	新西兰	女	博士	自聘	2013.9	2015.7	2 年
13	Bethany Lynn Glatz	美国	女	学士	自聘	2014.9	2015.7	1 年
14	Bethany Ruth Simons	美国	女	学士	自聘	2014.9	2016.7	2 年
15	Boulanger Clare	美国	女	博士	美中友好志愿者	2014.9	2016.7	2 年
16	Jakub Mlynarski	波兰	男	硕士	自聘	2015.1	2017.8	2 年
17	Ryan Shales	美国	男	硕士	美中友好志愿者	2015.9	2017.7	2 年
18	Lenny Balducci	美国	男	学士	自聘	2016.5	2017.6	1 年
19	Jessica Bustamant	美国	女	硕士	美中友好志愿者	2016.9	2018.7	2 年
20	Kiril Henry	美国	男	学士	自聘	2016.9	2017.7	1 年
21	Andrew Weeks Kenneth	英国	男	学士	自聘	2017.7	2019.7	1 年
22	Megan Kunkle	美国	女	在读硕士	美中友好志愿者	2017.8	2019.7	2 年
23	Carolyn Reisdorff	美国	女	学士	美中友好志愿者	2017.8	2019.7	2 年
24	Admana Aimee Anne	加拿大	女	学士	自聘	2018.7	2020.7	2 年
25	Mac Sarah Elizabeth	美国	女	学士	自聘	2018.7	2020.7	2 年
26	Musindo Tariro	津巴布韦	男	学士	自聘	2018.7	2020.7	2 年

学校国际交流与合作处作为外籍教师工作的管理部门，始终坚持"外事无小事"的总体原则，在工作中，认真强化理论学习，不断提高外事工作人员的政策水平和工作能力，严格执行"统一领导，归口管理，分级负责，协调配合"的工作制度和工作程序，严格执行各项规章制度和管理细则，明确岗位职责，全面做好各项管理工作。为了确保外籍教师在学校期间工作顺利，生活愉快，新聘外籍教师到岗后，国际处配备专职工作人员协助管理，做好服务，并要求外国语学院替他们安排政治素质过硬，业务能力突出的英语教师担任课程教学

协调员，具体负责他们的日常信息沟通及教学协调工作。在日常工作中，力争做到管理与服务并重，关心他们的工作、学习和生活，帮助他们克服在异国他乡必然会遇到的文化冲击，使他们能够安心于教学和科研工作。为了做好工作，国际处鼓励本处工作人员和外国语学院的师生们一起与外籍教师交朋友，以真心换真情，为他们创造良好的生活和工作环境，使他们乐于教学，爱上天水，并以此为窗口爱上甘肃乃至全中国。10 年中，国际处摸索出了一些十分好的工作经验。

（一）拓宽外籍教师聘用渠道，严把外籍教师聘请质量关

学校外籍教师选聘工作开展以来，所采取的选聘方式有两类：一是由美中友好志愿者项目派遣；二是由学校自主招聘。"美中友好志愿者项目"是中美两国政府合作项目。1988 年，中美双方就美国派遣和平队志愿者来华任教达成原则协议。1998 年 6 月 29 日，中国教育部与美方在北京签署了《中华人民共和国政府与美利坚合众国政府关于在中国实施美国志愿者项目的协议》，该项目由外交部负责协调，教育部归口管理，中国教育国际交流协会秘书处实施。根据协议，由美国和平队派遣的志愿教师在中国西部的四川、重庆、贵州和甘肃四省（市）的高等院校教授英语，为期 2 年。在外交部、教育部等有关部门的领导下，在中国教育国际交流协会秘书处、地方省（市）项目主管部门及项目院校的共同努力下，该项目为提高我国西部地区高等院校的英语教学水平和教学质量，增进中美师生间的了解和友谊发挥了积极的作用。作为美中友好志愿者项目的成员单位，学校自 2000 年以来，每年聘请 2 名志愿教师来校工作，他们的综合素质高，业务能力强，得到了外国语学院教师和广大学生的一致好评。

在自 2009 年以来的 10 年中，学校的外教招聘工作显得更加主动，途径更广，方式更加多元化。一方面，学校积极开拓官方渠道，通过我驻外使领管教育处、驻华大使馆或领事馆以及引智中介机构招聘人选；另一方面，通过与学校建立校际交流友好关系的外国大学、海外校友或国际间友好组织提供的信息和帮助招聘人选。在选聘过程中，学校充分利用现代通信手段，通过互联网发送招聘信息，扩大选聘范围，充分利用中方教职工或外教推荐合适的人选，同时，我们也严把外教选聘质量关，由国际处对应聘人员提交的求职材料进行初审，再通过电话、E－mail 以及网上视频面试等多种方式充分了解拟聘人员的总体情况，保证择优录取。

（二）认真做好岗前培训工作

合理健全的制度是保障外籍教师权益的前提，也是提高外籍教师教学质量和水平的重要保障。因此，学校国际处充分衡量中外双方的具体条件，根据相关政策和法规制定周密细致的合同条款，依法建立合情合理的劳动合同关系，明确其聘期、应享受的待遇、需遵守的规定和要完成的工作量等，以法律的形式明确双方的权利和义务，防范和杜绝任何形式的意识形态渗透，确保国家政治安全。

岗前培训是外籍教师管理工作规范化的具体体现，也是做好后期管理工作的必要措施。外教进校后，国际处会及时组织相关管理人员对其进行培训，内容包括：外事政策法规、外事工作人员岗位职责；学校历史概况、学科专业培养目标、教学任务、教学计划与课程安排、学生情况；汉语交际基本用语；当地风俗习惯及校园周边环境介绍等。

（三）加强外教教学监督机制

为保证外籍教师的教学质量，学校对他们的教学管理工作做到有规划、有监督、有评估。

在外教正式上课之前，外国语学院会安排教师帮助他们熟悉教学大纲，让他们掌握所教课程的教学目标和教学要求，了解授课对象的外语水平和学习层次。在此基础上，再让他们制定出合理的教学计划，以便高效地展开英语教学活动。

国际处采用定期与随机相结合的方式对外教的教学进行监督和检查，教学管理人员深入课堂听课，了解外教教学及学生学习的最新动态；通过组织教研室活动、举办教学研讨会、座谈会等方式与外教沟通意见，交流教学经验；征求教师和学生对外教的教学方法、教学态度等方面的意见和建议，并做好信息反馈和处理工作。

定期开展教学评估。教学评估是外教管理工作中的重要内容，是衡量聘用效益的关键环节。国际处本着公开、公平、公正的原则，严格按照程序对外教的教学工作进行评估，采取所授课学生和专业教师集体评议与外教自评相结合的方式进行综合评议，最后将评估结果纳入外籍教师考核档案，作为提升工资或进行奖励的依据。严格有序的教学评估工作，对外教的教学工作产生了明显的约束和推动力，促进了他们在教学态度、方法和效率等方面的不断改善与提升。

（四）外籍教师的日常管理

外籍教师从异国他乡来学校任教，在环境、气候、语言、生活习惯和心理等许多方面都可能会产生不适或隔阂，常常会出现跨文化交际适应不良所导致的焦虑状况，因此，需要我们中方人员及时、主动地去了解和关心，帮助他们解决生活上的困难和问题，帮助他们尽快适应文化差异，全身心投入教学工作。为此，学校国际处在外教来校之前即安排好住房、接待工作，及时做好外籍教师公寓相关设施的维护维修和日常安全防护工作；外教到校后，安排外事管理干部带领外教体检，为他们购买在华保险，办理来华许可证、外专证、居留许可证、工作证、银行卡等；每逢西方重要节假日，安排一定的外事联谊活动；不定期邀请他们参加中国传统节日，让他们充分体会和感受中国人民的热情好客和中国传统文化的深厚底蕴；定期组织他们参加各种社会文化活动，向他们介绍我国的历史文化和社会经济状况，等等。

（五）完善激励奖励措施

为了更好地激发外籍教师的工作热情，国际处制定了一系列的激励措施，对教学和研究成绩显著的外籍教师，给予一定的精神或物质奖励，以便充分调动他们的工作积极性。此外，学校还根据外教的学历、资历、教学水平等实际情况为他们设置了合理的薪酬。通过以上种种措施的实行，激励他们来学校后扎扎实实开展工作，最大限度地贡献出他们的专业才能，发挥出他们的教学科研水平。

二、来华留学生招生与管理

学校于 2003 年取得了留学生招生的资格，但仅限于招收非学历教育的学生，并且只能招收语言生。2004 年，学校的外国语言留学生就已达 4 名。

文学与文化传播学院是负责留学生教学的单位，为了保证教学质量，国际处积极配合文传学院制定了对外汉语教学大纲和教学管理制度等文件，并对课程设置、教材选用等工作做出了周密的部署安排。国际处督促文传学院为对外汉语教学配备了专业和外语水平高，年轻有为的教师担任授课工作，为招收更多留学生来学校学习创造了有利条件。

2009—2019 年，学校共招收了近 20 名来自美国、新西兰、韩国、日本、泰国、加拿大、俄罗斯、巴西等国的外国留学生来校学习。

表2　天水师范学院2009—2019年来华留学生统计表

序号	姓名	国籍	性别	就读方式	学段	备注
1	Jennifer Kathleen Husk	美国	女	语言进修生	2009年3月—2010年1月	结业
2	Wayen Addison Husk	美国	男	语言进修生	2009年3月—2010年1月	结业
3	Ashlynn Nicole Grabill	美国	女	语言进修生	2011年9月—2012年6月	结业
4	Peter John Leeds Priestley	新西兰	男	语言进修生	2011年9月—2012年1月	结业
5	Hollingsworth Elizaabeth Jane	美国	女	语言进修生	2012年3月—2013年1月	结业
6	Regina Maynard	美国	女	语言进修生	2012年3月—2013年1月	结业
7	Nathan Lee Mcbroom	美国	男	语言进修生	2014年4月—2015年1月	结业
8	Jena Jean Timmington	美国	男	语言进修生	2015年3月—2015年6月	结业
9	Chelsea Elizabeth Stone	美国	女	语言进修生	2015年3月—2015年6月	结业
10	Cho Youngju	韩国	男	语言进修生	2015年9月—2019年6月	就读
11	Chaorattana Sansanee	泰国	女	语言进修生	2016年9月—2017年1月	结业
12	Julio Cesar Fernades Almeida	巴西	男	语言进修生	2017年9月—2017年11月	结业
13	Lucas Silva Camacho	巴西	男	语言进修生	2017年9月—2017年12月	结业
14	Lazaroff Tracy Jocelyn	加拿大	女	语言进修生	2018年9月—2019年6月	结业
15	Makarkina Natalia	俄罗斯	女	语言进修生	2018年9月—	就读

10年中，学校在来华留学生招生管理工作中积累了宝贵经验。

（一）借鉴国际经验，强化自身优势，拓宽招生渠道

学校积极开展国际合作，借鉴国际经验，利用出国、出访机会，召开招生宣传会、说明会，开展实地招生。学校不断加大来华留学生招生宣传力度，努力拓宽招生渠道，精心设计印制留学生招生宣传手册，并利用学校组团出访之

机加强招生宣传，争取吸引优质生源。在宣传内容方面，一是突出"丝绸之路经济带""伏羲文化""先秦文化"等跟天水地区密切相关的历史地域文化优势内容；二是倚重学校学科优势，以重点学科、重点课程为吸引点，突出特色学科、新兴学科和交叉学科。学校的招生渠道和方法包括以下方面，其一，广泛联系国外及港澳台地区友好人士、校友和学校外籍教师帮助招生；其二，积极参加教育部、甘肃省教育厅组织的境外教育展，实现兄弟院校信息资源共享；其三，进一步完善政府奖学金制度，积极推进高校、知名企业和知名团体奖学金的设立等。

（二）优化管理服务工作

管理服务水平是吸引留学生流向的十分重要的因素。为规范、优化管理，逐步实行来华留学生管理的国际化、法制化、社会化体制，学校加强制度保障，先后制订了《天水师范学院外国留学生管理规定》《天水师范学院外国留学生守则》《天水师范学院外国留学生公寓管理细则（英文版）》等文件，认真做好留学生来校学习的相关入境手续、住宿和学习安排，及时解决他们在学习和生活中遇到的各种问题，为他们的学习生活创造良好条件。

留学生来自不同地域和国家，有着不同的民族文化、风俗习惯和意识形态背景，自然也有着十分不同的思维方式。因文化背景的改变、语言沟通方面的障碍和专业学习方面的困难，他们的身心往往会出现各种不适，从而影响到正常的留学生活，因此，学校树立了"以人为本"的跨文化柔性管理体制。在教学过程中，制定适合留学生实际情况的培养方案，不断进行教学方法改革，创新授课方式，使留学生保持了较高的出勤率，未出现严重缺勤或者长期不在校的情况。国际处负责留学生管理工作的专职人员定期听课，并通过任课教师反馈和走访留学生本人及时掌握留学生心理动态，定期对留学生公寓进行安全和卫生检查，对他们在节假日外出情况进行登记备案，及时了解其出行计划、住宿安排、联系方式等，彻底消除安全隐患。

十年来，学校来华留学生工作扎实有序推进，留学生规模持续扩大，生源结构不断优化，中国政府奖学金吸引力不断提升，来华留学生事业发展态势总体良好，向高层次高质量发展。

第二节　教师海外研修访学与国际化人才培养

一、教师海外研修、交流访问

教师海外研修、交流访问工作是学校师资培养体系的重要构成内容，也是强化师资队伍国际化水平和培养青年学术骨干的重要途径和方法。为了加快学校师资队伍建设的国际化进程，进一步开拓教师队伍的国际视野，提升他们的学术水平，学校努力开辟国际交流渠道，积极推进整合国际优质资源，通过与国外及港澳台地区的大学和教育机构的合作院校签署的校际协议、项目协议等，积极为教学科研人员海外研修、访学及参加国际学术会议搭建平台，积极支持教师赴国外及港澳台地区的大学和教育机构的一流学校，选择一流学科、师从一流导师开展研修、访学活动。

为了做好此项工作，学校积极主动与国家留学基金委和甘肃省教育厅国际处加强联系，积极筹划，鼓励教师申报西部地区人才培养特别项目和地方合作项目等各类别留学项目，积极申请国家留学公派项目。努力扩大教师选派规模，提高进修院校水平层次，加大资助力度，突出培养效益，建立教师出国进修保障机制。同时，学校出台政策，调动广大教师参与国际学术交流的积极性。

2010 年，学校和英国桑德兰大学达成了教师和学生互派协议。2011 年，学校选派了 7 名骨干教师赴桑德兰大学进修。此一项目填补了学校没有校派教师和学生出国留学的空白，开创了学校校派教师和留学生工作的先河。

截至目前，学校通过国家留学基金委西部人才培养特别项目等途径共派出近五十名教师先后赴美国、加拿大、英国、法国、德国、荷兰、俄罗斯、芬兰、乌克兰、摩尔多瓦、意大利、韩国、日本、新加坡、澳大利亚、乌克兰、奥地利等近 20 个国家从事海外研修、访学或参加国际学术会议。

表 3　天水师范学院 2009—2019 年赴海外研修、交流访问教师统计表

序号	姓名	性别	留学国别	出国年月	回国年月	留学性质
1	马龙	男	新加坡南洋理工大学	2010.09	2015.07	公派自费
2	安建平	男	英国桑德兰城市学院	2011.02	2011.04	短期研修

续表

序号	姓名	性别	留学国别	出国年月	回国年月	留学性质
3	白冰锋	男	英国桑德兰城市学院	2011.02	2011.04	短期研修
4	傅建芳	女	英国桑德兰城市学院	2011.02	2011.04	短期研修
5	雍际春	男	英国桑德兰城市学院	2011.02	2011.04	短期研修
6	董忠	男	英国桑德兰城市学院	2011.02	2011.04	短期研修
7	唐慧安	男	澳大利亚科工联合组织	2011.09	2012.09	留基委西部项目
8	令维军	男	韩国浦项工业大学	2012.03	2013.03	短期研修项目
9	赵凌	男	新加坡南洋理工大学	2012.05	2013.05	新加坡南洋理工大学项目
10	李耀春	男	美国塞奇学院	2012.06	2012.06	校际访问
11	汪咏国	男	美国塞奇学院	2012.06	2012.06	校际访问
12	王弋博	女	加拿大多伦多大学	2012.09	2013.09	留基委西部项目
13	陈于柱	男	英国国家图书馆	2012.09	2012.10	短期研修
14	罗燕子	女	英国阿伯丁大学	2013.03	2013.09	留基委西部项目
15	马超	男	乌克兰国立喀尔巴阡大学	2013.06	2013.06	校际访问
16	杨秦生	男	乌克兰国立喀尔巴阡大学	2013.06	2013.06	校际访问
17	贾利珠	男	乌克兰国立喀尔巴阡大学	2013.06	2013.06	校际访问
18	陈玉柱	男	法国国家图书馆	2013.07	2013.08	短期研修
19	巴巧瑞	女	德国弗莱堡大学	2013.09	2018.07	公派自费
20	郭晓英	女	英国阿伯丁大学	2014.04	2014.10	留基委西部项目
21	田维	女	日本	2014.04	2015.03	公派交流
22	马相明	男	摩尔多瓦自由国际大学孔子学院	2014.07	2016.07	孔院教师
23	任晓妍	女	国家汉办.美国大学理事会	2014.09	2015.09	孔院教师
24	牛永江	男	德国奥斯特伐利亚应用技术大学	2014.09	2014.09	校际访问
25	郭蕾	女	德国奥斯特伐利亚应用技术大学	2014.09	2014.09	校际访问
26	张含亮	女	俄罗斯空手道联盟	2015.01	2016.02	公派自费

续表

序号	姓名	性别	留学国别	出国年月	回国年月	留学性质
27	张晖	男	新加坡南洋理工大学	2015.05	2017.05	新加坡南洋理工大学项目
28	桑仲刚	男	英国阿斯顿大学	2015.11	2016.05	留基委西部项目
29	安登贤	女	英国阿伯丁大学	2016.05	2016.11	留基委西部项目
30	刘杨	男	意大利马切拉塔大学	2016.09	2017.07	留基委西部项目
31	张忠慧	女	英国南安普敦大学	2017.01	2017.06	留基委西部项目
32	汪聚应	男	美国加州大学伯克利分校	2017.03	2017.03	公派短期研修项目
33	余敏	女	新加坡南洋理工大学	2017.07	2018.08	新加坡南洋理工大学项目
34	王昊	男	美国亚利桑那州立大学	2017.09	2017.09	留基委西部项目
35	余荃	女	德国德累斯顿	2017.09	2017.09	第六届"中德论坛"
36	蔡文浩	男	德国德累斯顿	2017.09	2017.09	第六届"中德论坛"
37	武胜文	男	德国德累斯顿	2017.09	2017.09	第六届"中德论坛"
38	尤晓妮	女	日本京都大学	2018.03	2018.03	日本冰川学术会议
39	袁毅君	女	加拿大卡尔顿大学	2018.9	2018.10	短期研修
40	王三福	男	乌克兰文尼察理工大学	2019.01	2019.06	留基委西部项目
41	王建斌	男	新加坡南洋理工大学	2019.02	2019.05	留基委西部项目
42	邵晓霞	女	英国南安普顿大学	2019.09	2020.03	留基委西部项目

在不到10年的时间中，学校的教师海外研修、交流访问工作从无到有，从随机到有序，实现了跨越式发展，此项工作，极大促进了广大教师队伍国际视野的开拓和学术水平的提高，提高了学校的社会知名度和影响力，尤其对争取和稳住高学历高水平的教师起到了极大的作用。如今，学校已制定出师资队伍国际化考核评价管理办法，下一步计划将师资队伍国际化发展指标分解至各学院，列入工作目标年度考核与学科建设任务考核中，督促各学院严格按照计划落实国际化人才培养与引进工作。

二、国际化人才培养

学校积极拓展学生赴国外及港澳台地区大学和教育机构学习交流的渠道，

鼓励并推动学生参与国际交流，10 年间，已为学生开辟出了多元化的出国留学、研修的渠道。

2010 年，基于学校和法国欧亚管理学院所保持的良好教育合作关系，有 2 名学生赴法国留学。2012 年，学校加入"中美人才培养计划 121 双学位"项目。该项目是教育部所属的中国教育国际交流协会（CEAIE）、中国国际教育交流中心（CCIEE）和美国州立大学与学院协会（AASCU）共同管理的新型中美高等教育双向交流与合作项目，旨在通过创新人才培养模式，培养国际创新型人才。该项目被列入"第七轮中美人文交流高层磋商机制"成果及"首轮中美社会与人文对接行动计划"执行项目。CCIEE 和 AASCU 选择中美两国有条件的高等院校（公立）作为该计划的成员单位，具体承担教学任务。截至 2018 年 10 月，共有 160 所中美大学参加了该项目（其中中方大学 122 所，美方大学 38 所）。近年来，学校每年都有学生积极申报这一项目，并被美国北亚利桑那大学、加州州立大学圣贝纳迪诺分校、特洛伊大学、鲍尔州立大学等校录取，开展为期两年的学习交流。

学校积极组织学生申报国家留学基金管理委员会的"与东欧独联体地区有关国家互换奖学金项目"及"与以色列高等教育委员会合作奖学金项目"。"与东欧独联体地区有关国家互换奖学金项目"是为了满足国家战略需要而开展的公派留学项目，选派对象为既懂东欧独联体地区国家语言，又懂相关专业高层次专业课程的学生。经过主动申报和努力争取，学校于 2012 年获得申报资格，2013 年，即有 5 名同学获得国家留学基金资助的出国留学资格。2014—2018 年，学校连续每年都有学生派出，截至 2019 年年初，已有 19 名优秀学生获得国家留学基金管理委员会的公派留学资格，赴乌克兰基辅国立建筑大学、乌克兰敖德萨国立经济大学、乌克兰基辅国立大学、乌克兰国立师范大学、乌克兰基辅国立经济大学、摩尔多瓦国立农业大学、波兰华沙大学、斯洛伐克考门斯基大学、阿塞拜疆巴库国立大学、乌克兰敖德萨国立经济大学公费留学。该项目规定的留学期限为 48—60 个月，被录取人员在留学期间享受留学目的地国家政府提供的奖学金（包括免学费和减免住宿费，并给予一定生活费补贴），同时，国家留学基金为留学人员提供在外留学期间的奖学金和生活费补贴，提供一次往返国际旅费，所提供的费用基本上能满足留学生在外学习生活的需要。

除上述而外，学校还积极参与美国中央俄克拉荷马大学的学生联合培养项目、中国教育国际交流中心澳大利亚莫纳什大学暑期项目，选派优秀学生赴美、澳两国大学交流学习；同时，积极参加英国北方大学联盟（NCUK）硕士预科项目，通过此项目有21名学生被利物浦大学、阿诗顿大学、伯明翰大学等英国知名高校录取攻读硕士学位；此外，学校还加强与台湾地区高校的交流，2015年派出9名学生赴台湾崑山科技大学学习交流。

综上，自2009年以来，学校已有80余名学生通过国家公派或以自费留学的方式赴国外及港澳台地区大学和教育机构交流学习。

表4　天水师范学院2009—2019年国家公派出国留学生统计表

序号	姓名	性别	所在院系	留学国别	留学院校	留学专业	派出时间	留学期限
1	杜文博	男	2012级绘画专业	乌克兰	基辅国立建筑大学	建筑学	2013年9月	60个月
2	赵红娟	女	2012级工程管理专业	乌克兰	基辅国立建筑大学	建筑学	2013年9月	60个月
3	李青青	女	2012级英语专业	阿塞拜疆	国立巴库大学	英语语言文学	2013年9月	60个月
4	李墨石	男	2012级法学专业	斯洛伐克	考门斯基大学	国际法学	2013年9月	72个月
5	梅晓华	男	2012级经济学专业	斯洛伐克	考门斯基大学	国民经济学	2013年9月	72个月
6	杜秋含	女	2013级会计专业	波兰	华沙大学	园林设计	2014年9月	60个月
7	周朋霞	女	2013级历史专业	乌克兰	基辅国立大学	俄语语言文学	2014年9月	60个月
8	黄凤	女	2013级音乐学专业	乌克兰	国立师范大学	音乐学	2014年9月	60个月
9	刘艺	女	2013级音乐学专业	乌克兰	国立师范大学	音乐学	2014年9月	60个月
10	白继升	男	2013级学前教育专业	乌克兰	国立师范大学	学前教育学	2014年9月	60个月
11	唐嘉璐	女	2015级英语专业	乌克兰	乌克兰基辅国立经济大学	经济学	2016年11月	60个月

续表

序号	姓名	性别	所在院系	留学国别	留学院校	留学专业	派出时间	留学期限
12	杜永强	男	2014级物理学专业	以色列	巴伊兰大学	纳米光学	2017年8月	1个月
13	张严颢	男	2016级土木工程专业	摩尔多瓦	摩尔多瓦国立农业大学	葡萄酒酿造	2017年9月	60个月
14	吴晗	男	2017级商学院法学专业	乌克兰	乌克兰敖德萨国立经济大学	应用经济学	2018年9月	60个月
15	王彤	女	2017级化工学院博物馆学专业	乌克兰	乌克兰敖德萨国立经济大学	应用经济学	2018年9月	60个月
16	王迪	男	2018级文物与博物馆学专业	阿塞拜疆	阿塞拜疆巴库国立大学	石油开采与加工	2019年8月	60个月
17	程佳佳	女	2018级机械设计制造及自动化	阿塞拜疆	阿塞拜疆巴库国立大学	特殊教育	2019年8月	60个月
18	刘子玄	女	2018级生物科学专业	阿塞拜疆	阿塞拜疆巴库国立大学	阿塞拜疆研究	2019年8月	60个月
19	张春晖	女	2018级地理科学专业	阿塞拜疆	阿塞拜疆巴库国立大学	阿塞拜疆研究	2019年8月	60个月

第三节　国际及港澳台合作交流与国际区域问题研究

一、校际访问交流、国外及港澳台地区大学和教育机构友好合作院校拓展

（一）校际访问交流

步入2009年，学校升格为本科院校已近10年，办学规模已明显扩大，办学水平也有了很大提高。学校的对外交流工作明显加强，校际互访活动频繁。

2009 年 5 月，学校借英国津桥教育集团之力，引进了美国德瑞大学合作办学项目，并共同举办了国际培训班，组织参与西部地区特殊人才培养项目，30 多名教师参加了培训。

2011 年，美国塞奇学院三次访问天水师范学院，双方签订了合作办学协议。4 月 28 日，塞奇学院和天水师范学院进行了首次接触。双方以召开视频会议的方式就开展教育交流和合作达成了共识，奠定了两校开展国际交流与合作项目的基础。5 月 31 日，塞奇学院校长助理伊丽莎白女士一行访问天水师院，双方签署了《中国天水师范学院和美国塞奇学院教育合作与交流备忘》。至此，两校的国际交流与合作项目正式启动。7 月初，塞奇学院校董事会主席唐娜·艾斯特维兹夫人来校访问，访问期间，双方表达了为青年一代的健康成长和良好发展创造条件、搭建平台的热切愿望，讨论了天水师范学院派遣学生赴美留学和双方互派学者交流访问的具体事宜，并正式签署了《2011 年—2013 年国际交流框架协议》。根据协议精神，两校的学生交流工作开始实施，天水师院有 5 名学生参加了选拔。11 月 24—25 日，塞奇学院校长苏珊斯科姆林肖女士和亚伦斯登先生对天水师范学院进行了为期两天的访问，双方就天水师院拟赴美留学学生的英语水平测试、赴美留学签证事宜和两校教师、留学生互派交流等工作积极交换了意见。在这次访问期间，苏珊校长给外语学院部分教师做了一场图文并茂的讲座。

2013 年 4 月，学校邀请美国塞奇学院专家 Leibo 教授来学校进行短期讲学访问活动，在 5 月 27 日—6 月 27 日的一个月时间里，分别为文史学院、经济与社会管理学院、生命科学与化学学院师生做了 3 场学术报告；5 月，学校邀请美国福特海斯州立大学阿曼达教授、巴特莱特博士、伊瑞娜博士、詹姆斯·华特博士和约翰·海茵理奇博士一行来学校讲学，分别为经济与社会管理学院、音乐学院、外语学院、生命科学与化学学院师生做了生动精彩的学术报告。

2014 年 5 月，学校邀请美国福特海斯州立大学保罗·亚当斯教授、保罗·法伯尔教授、杰尔德·斯波茨伍德教授、侯赛因·凯塔尼教授一行来学校讲学，为学校所有的理工科类学院即生物工程与技术学院、化学工程与技术学院、电子信息与电气工程学院、数学与统计学院、机电与汽车工程学院、土木工程学院的师生，都做了生动精彩的学术报告。

2014 年 6 月，台湾崑山科技大学校长苏炎坤一行 5 人，在甘肃省教育厅厅长助理荀渊、教育厅国际合作与交流处处长王筱亭的陪同下，前来学校进行访问交流，访问期间两校就学术合作、科研交流、教师互访、学生互派、校企联合等工作进行了深入的沟通和交流。

2015 年 6 月 10—11 日，美国中田纳西州立大学校长西德尼·麦克斐教授一行对学校进行了为期 2 天的访问。访问期间，两校就学术合作、科研交流、教师互访、学生互派、校企联合等进行了深入的沟通和交流，并达成了一致意见，共同签署了《中国天水师范学院和美国中田纳西州立大学缔结友好院校备忘录》。

2016 年 4 月 21 日，应甘肃省教育厅邀请，美国中央俄克拉荷马州立大学校长顿·贝茨博士一行在兰州财经大学段家滩校区与省内部分本科院校就校际合作进行了亲切友好会谈。学校国际处处长姜炳生参加会谈并与顿·贝茨校长签署了《中国天水师范学院和美国中央俄克拉荷马州立大学缔结友好院校备忘录》。

2016 年 9 月，应学校邀请，乌克兰国立喀尔巴阡大学校长 IgorTespnda 教授来学校访问。

十年来，天水师范学院领导也多次出国参观访问研修和进行学习交流，在学习国外大学管理经验，提高自身的管理水平和业务能力的同时，积极探索寻求与国外及港澳台地区大学和教育机构合作办学、共谋发展的机会。

2012 年 5 月 2—12 日，学校组成由党委书记杜松奇任团长，教务处、学生工作处、招生就业处和国际交流处负责人为团员的代表团，赴美国、古巴两国对美国塞奇学院和古巴哈瓦那大学进行友好访问。考察团一行前期主要考察了美国塞奇学院本科教学组织与管理、学生日常教育与管理工作、招生与就业工作等，并与塞奇学院领导、师生进行面对面的交流和讨论；后期主要在古巴的哈瓦那大学进行实地考察与交流，参观了哈瓦那大学图书馆、教室、实验室等。这次出访的主要收获是，学校代表团和塞奇学院高层就两校互派留学生、互派教师开展英语教学和对外汉语教学、合作开展夏令营项目、学生短期实习合作项目、网络教学资源共享等事项，进行了真诚务实的会谈并达成了共识。会谈后，两校共同签署了深化两校合作的《中国天水师范学院与美国塞奇学院教育合作与交流备忘（2012—2014）》。

2013 年 5 月 16 日—6 月 5 日，校长陈晓龙随"千名中西部大学校长海外研修计划"2013 年上半年澳大利亚研修团分别在澳大利亚悉尼大学、阿德莱德大学进行了 为期 21 天的研修活动，本次研修的主题是大学的发展规划和资源配置，研修目的在于了解澳大利亚高等教育改革的最新理论和实践。

2013 年 6 月 24—29 日，学校组成由党委书记杜松奇任团长，文传学院马超教授、美术学院贾利珠教授、音乐学院杨秦生教授、国际合作与交流处姜炳生处长为团员的代表团，赴乌克兰基辅东方语言学校、乌克兰国立美术与建筑学院、乌克兰基辅音乐学院、乌克兰国立喀尔巴阡大学等院校进行友好访问。本次考察学习的主要目的是与乌克兰国立喀尔巴阡大学等商谈合作建立孔子学院事宜，同时探索与乌克兰高校在美术、音乐等领域开展合作与交流的新途径，进一步加强双方在对外汉语教学、留学生互派、教师互聘、夏令营项目开展、学生短期实习项目等方面的合作。访问期间，学校与乌克兰国立美术与建筑学院和乌克兰基辅音乐学院两所院校签署了合作交流协议；与乌克兰国立喀尔巴阡大学就合作建立孔子学院达成了一致意见，双方共同签订了《中国天水师范学院与乌克兰喀尔巴阡国立大学合作建立孔子学院的协议》。

2014 年 9 月 22—26 日，学校组成由校长马建东任团长，教务处、电子信息与电气工程学院、机电与汽车工程学院、土木工程学院和国际合作与交流处负责人为团员的代表团，对德国奥斯特伐利亚应用技术大学进行了友好访问。访问期间，代表团成员分专业进行了课堂观摩活动；参观了实验室并就实验室建设与管理经验进行了交流；对德国应用技术大学的管理与运行机制进行了调研。访问期间，两校高层就开展教师交流、聘请德方教授来学校开展教师培训、实验室及实习基地建设、中德联合培养 2＋2、2＋3 合作办学、网络教学资源共享等事宜进行了真诚务实的会谈并达成了共识。

2015 年 5 月 16 日—6 月 5 日，副校长安涛随"千名中西部大学校长海外研修计划"第六期芬兰研修团分别在坦佩雷大学、海门应用科技大学、拉普拉地区应用科技大学、哈格哈里亚应用科技大学进行了为期 21 天的研修活动，安涛充分了解了芬兰的高等教育发展情况，特别是研讨了芬兰应用科技大学的办学与改革发展经验，为学校的应用型专业建设和转型发展取回了"真经"。

2016 年 5 月 22 日—6 月 11 日，校长蔡文浩赴荷兰海牙应用科技大学、万豪劳伦斯坦应用科技大学等 5 所应用科技大学及 1 所研究型大学——乌特勒支大学进行了为其 21 天的研修学习。蔡文浩本次研修学习的主题是应用科技大学的办学理念和治理经验。

2016 年 11 月 6—14 日，副校长王旭林和国际处姜炳生处长参团赴土库曼斯坦和白俄罗斯进行访问，参加了土库曼斯坦高等教育展，与土库曼斯坦国立大学、白俄罗斯国立师范大学、白俄罗斯国立大学等院校进行了洽谈与交流，着重介绍了学校的教育教学情况和留学生招生政策，以期与"一带一路"沿线国家高校开展合作与交流，吸引更多的丝绸之流沿线国家学生来学校就读。

2017 年 2 月 19 日—3 月 4 日，副校长汪聚应一行赴旧金山、纽约参加"一流大学和重点学科建设专家培训团"培训活动。本次活动是应加州大学伯克利分校邀请，由甘肃省教育厅组织的，汪聚应一行在美期间，深入学习了解了美国一流大学和重点学科建设的重要内容和经验，包括美国一流大学学科规划结构和组成、课程规划的战略目标、规划目标及其特点，课程理论与发展等，顺利完成了培训任务。

2018 年 5 月 15 日—6 月 14 日，副校长王旭林随"千名中西部大学校长海外研修计划"第十二期美国研修团在美国天普大学等高校进行了为期 21 天的研修活动，这次研修的主题是应用技术大学产学研结合模式探索，在研修过程中，王旭林对美国高校人才培养机制进行了深入了解和借鉴。

（二）国外及港澳台地区大学友好合作院校拓展

学校积极拓展与国外及港澳台地区大学和教育机构、科研院所的合作，通过校际高层互访、学术交流、人文交流等形式，在学科建设、专业改造、人才队伍建设、校园国际化发展、学生成长等方面与以欧美国家为主的大学和教育机构建立友好合作关系，积极拓展国际合作交流，促进学校国际教育合作与交流事业持续发展。

近年来，学校积极探索，主动出击，与国外及港澳台地区高校、科研院所不断促成新的合作关系的建立，签署实质性合作协议。学校先后与美国德瑞大学、塞奇学院、中田纳西州立大学、北亚利桑那大学、中央俄克拉荷马大学、加州州立大学圣贝纳迪诺、福特海斯州立大学、特洛伊大学、鲍尔州立大学、英国桑德兰城市学院、德比大学、胡佛汉顿大学、俄罗斯联邦沃罗涅日大学、乌克兰国立喀尔巴阡大学、乌克兰国立美术与建筑学院、乌克兰基辅音乐学院、澳大利亚莫纳什大学、德国奥斯特伐利亚应用科技大学、台湾首府大学、台湾崑山科技大学等国外及港澳台地区大学的 20 所院校建立了友好合作关系或签署了教育交流合作框架协议，双方依据优势互补、互利共赢、长期合作、共谋发展的原则，在师资队伍建设、专业建设、课程建设、实训基地建设与人才培养等方面，进行富有实效的合作，开展共建师资队伍、本科学分互认、暑期学生交流等合作项目，实现教育资源共享，共同探索高等教育特点，共同推进高素质人才培养。

二、引进国外智力工作

《国家中长期教育改革和发展规划纲要（2010—2020 年)》、教育部《关于地方本科高校转型发展的指导意见》等文件均提出了加快现代高等教育体系建设、推进地方高校转型发展、探索出中国特色的应用技术类型高等学校发展道路的计划。

学校积极借鉴国内外先进的办学经验，引入优质国际教育资源，与德国奥斯特伐利亚应用技术大学、"德国高级专家组织（SES）"、美国福特海斯州立大学等教学科研机构建立合作关系，2013 年以来，先后引进历史、法学、音乐学、英美文学、生物学、化学、电气工程、土木工程、机电一体化、汽车服务工程、财务管理等专业的 43 位外籍高端智力人才来校开展教学、科研方面的交流与合作。

2014 年，4 月学校组成考察组，由安涛副校长带领物理与信息工程学院、电子信息与电气工程学院、机电与汽车工程学院、土木工程学院的有关负责人赴浙江科技学院考察，学习他们建设应用型大学的经验。与此同时，还与德国汉诺威应用技术大学、纽伦堡应用技术大学、奥斯特伐利亚应用技术大学洽谈了校际合作事宜；5 月学校邀请美国福特海斯州立大学保罗·亚当斯教授、保罗·法伯尔教授、杰拉尔德·斯波茨伍德教授、侯赛因·凯塔尼教授一行来校讲学，分别为生物工程与技术学院、化学工程与技术学院、电子信息与电气工程学院、数学与统计学院、机电与汽车工程学院、土木工程学院师生做了精彩的学术报告，极大地拓宽了学术视野。

2015 年，甘肃省教育厅发布《关于引导部分省属本科院校向应用技术型大学转型发展的通知》，引导部分省属本科院校向应用技术型大学转型发展，加快培养引领与支撑我省经济结构调整、产业转型升级和社会转型发展的高层次技术技能人才，提升高校服务甘肃省经济社会发展的能力。天水师范学院被列入全省首批转型发展的 8 所试点院校之一。学校紧跟这一高等教育改革形势，加强专业建设，加快应用型专业的发展。为此，学校积极寻求与国外应用技术型高等院校的联系与合作。在省外专局的支持下，学校于 2015 年首次申报并获批甘肃省省列文教类引智项目，其后 3 年，连续得到省外专局的支持，获批该项目。截至 2019 年，学校共获批甘肃省省列文教类引智项目 4 项，引进外国专家

7 人，获得引智专项资助经费 19.8804 万元。其中，2015 年，邀请到德国应用技术大学教授 4 人来校，在土木工程学院、机电学院开展工作，并进行学术交流与指导；2016 年，邀请到德国高级专家组织（SES）教授 1 人，来商学院指导专业建设工作；2017 年，引进德国高级专家组织（SES）教授 2 人，分别在生物工程与技术学院、化学工程与技术学院开展工作；2018 年，并邀请到德国高级专家组织（SES）教授 1 人，来资源与环境工程学院开展工作，对学校应用型专业的建设发展与应用型人才培养进行指导。引智项目专家在校期间，展示了德国高校的小组教学方法和 U 型课堂，以及 ISHIKAWA - 图表教学法、学习目标导向法等教学方法，参观了相关实验室和校企合作培训基地，为学校师生做了有关学科发展前沿问题的专题讲座，通过与相关学院教师和学生的座谈，与学校教师探讨搭建科研合作平台，提出了一系列关于校企合作、课程模块化改革、教学模式改革等方面的建议。引智项目的实施，在完善应用型技术人才培养模式、构建实践性课程体系、加强实践实训课程模块建设、促进"双师型"师资队伍建设、加快应用型本科院校专业发展等方面，起到了明显的指导和带动作用。引智项目实施数年以来，满足了甘肃省经济社会发展对技术技能人才培养的紧迫需要。

三、国际区域问题研究

教育部国别和区域研究中心，是高校整合资源对某一国家或区域的政治、经济、文化、等开展全方位综合研究的实体性平台。该研究中心以加快提升国别和区域研究水平，推进国别研究全覆盖，服务国家战略和外交大局，全面推进"一带一路"建设为宗旨；以在高校不定期遴选研究中心，向获得备案的研究中心发布课题并提供专项资金支持的方式推动问题研究和学术发展。

学校高加索研究所（中心）筹建于 2014 年，2016 年由学校备案正式成立，隶属于历史文化学院。2017 年，教育部下发《关于公布 2017 年度国别和区域研究中心备案名单的通知》，天水师范学院申报的国别和区域研究中心"高加索研究中心"，经教育部国际合作与交流司批准成功备案，成为甘肃省省属高校中唯一一家入选该备案名单的科研机构。它也是学校在国别和区域研究领域首次获批的教育部科研平台，标志着学校的社科综合研究在国家级平台建设方面取得了重大突破。高加索研究所（中心）是国内唯一一所专门从事高加索及其周边地区问题研究的科研机构，主要围绕高加索及其周边地区和丝绸之路沿线国家开展学术研究。中心以促进中国与高加索各国和地区的友好关系，推进中国与高加索各国和地区的合作与交流为宗旨，以为国家和地方政府相关部门提供决策建议和政策咨询、服务于国家和甘肃省"一带一路"倡议为主要建设目标。

高加索研究所（中心）成立以来，研究人员紧紧围绕高加索地区和"一带一路"倡议展开科学研究，课题研究的主要内容有：高加索、中东和中亚地区各国的政治、宗教、历史和文化研究；"一带一路"倡议宏观研究与相关问题研究；高加索文学研究；丝绸之路历史与文化研究；高加索及其周边国家咨政研究报告；文明史研究的理论著作以及欧亚文明交流相关著作的翻译；高加索及其周边地区研究资料的撰写与编纂等。

近3年来，研究所（中心）在科研立项、学术论文和专著出版等方面均取得了一定的成绩。已发表《高加索冲突研究的现状与理论突破》等3篇论文，出版1部学术专著，还获得了省社科规划办的"丝绸之路经济带建设中安全风险评估及应对机制研究——以高加索冲突为例"和省教育厅的"高加索冲突对我国丝绸之路经济带建设的影响与对策研究"等数项科研项目。

高加索研究所（中心）对外合作与交流工作初步展开。2013年，研究所（中心）研究人员随学校领导赴乌克兰访问了国立喀尔巴阡大学、基辅东方语言学校、国立美术建筑学院、基辅音乐学院等高校，与之签订了合作协议，并筹划建立孔子学院。2017年，研究所（中心）与巴库大学签署了合作与交流备忘录，为今后的合作交流奠定了基础。

今后，学校高加索研究所（中心）将以教育部"国别和区域研究中心"建设有关要求为指针，积极整合校内外学科研究力量，聚焦"一带一路"倡议，围绕高加索地区的格鲁吉亚、阿塞拜疆、亚美尼亚等国家，深入开展相关科学研究，争取尽快将研究所（中心）建设为服务"一带一路"倡议高端专门人才的培养基地和知名的学术研究智库。

（执笔人：丁念保　姜炳生）

第八章

科学研究和学报编辑

2009 年以来，天水师范学院紧紧围绕建设区域性高水平应用型大学的战略目标，以学科建设为龙头，以科研体制机制改革为导向，以质量提升为核心，以项目申报为抓手，以产学研结合为路径，在科学研究、学科建设、服务地方、科学普及和创新创业等方面都取得了很好的成绩。

《天水师范学院学报》以繁荣学术和教育事业，实现学术研究与人才培养、理论创新与经济社会发展、历史文化研究与西部开发有机结合促进学术交流为办刊理念，以"做西部文章，办陇上名刊"为特色追求，在系统开设哲学、政治学、自然科学基础理论和应用研究等常规栏目的基础上，逐渐建构了陇右文化研究、杜甫陇右诗研究、秦文化研究、伏羲文化研究、始祖文化研究、西部农村基础教育研究等特色专栏。《学报》被国家哲学社会科学学术期刊数据库、中国知网、超星、人大报刊复印资料全文数据库、万方数据库和维普学术数据库等全文收录，是《中国学术期刊综合评价数据库》来源期刊，先后获得"甘肃省优秀期刊（2008 年）"以及第三届（2005 年）、第四届（2010 年）、第五届（2014 年）"全国高校优秀社科期刊"和"全国社科学报优秀栏目（陇右文化研究）"等荣誉。

第一节　科学研究

一、科研管理制度建设与科研平台建设

（一）科研管理制度建设

2009 年以来，学校加强了科研制度创新，制度导向功能得到充分发挥。为

进一步强化三年教师科研聘期考核工作，2012 年制定《天水师范学院科研工作量计算及奖励办法（试行）》，2015 年又出台了《〈天水师范学院教师科研工作量计算及考核办法〉补充规定》，进一步调动广大教职工的科研积极性，引导教师加强应用研究、技术研发、教学研究和校企合作。

在加快创新型国家建设的进程中，通过内涵式发展全面提升学校的创新能力和教育质量，为学校转型发展、特色化发展和可持续发展提供有力支撑，学校于 2015 年制定了《天水师范学院协同创新中心管理办法》和《天水师范学院科研平台管理办法》等文件，重新对校院两级科研机构进行整合，组建协同创新中心。

为适应建设应用型大学的发展目标，2016 年学校先后修订了《横向课题管理办法》等 3 个文件；制定了《科技成果转化与管理办法》《知识产权管理办法》等 12 个文件，初步构建起了适应区域性应用型大学建设的科研管理制度体系。

为严明学术纪律，规范学术行为，维护学术诚信，学校在 2016 年 12 月通过了《天水师范学院学术不端行为查处细则（试行）》。

2017 年进一步深化科研体制机制改革，修订了《科研经费管理办法》，制定了《间接经费管理办法》等科研管理制度，下放科研经费审批和使用权限，落实科研绩效经费的发放，做到"放管服"的结合。

（二）科研平台建设

为了进一步优化组合资源，发挥团队力量，学校加强了科研团队建设。2010 年 6 月学校组织相关学院召开了科研团队申报会议，启动科研团队的申报工作。经过多次相关学科方向的科学论证、学科组成员的合理分配及优化组合，11 月底，共申报科研团队 56 个，其中有重点学科学院申报科研团队 43 个（原有团队 33 个，新增团队 10 个），无重点学科学院新增团队 13 个，包含了学校近 600 余名教师；12 月初，学校通过并颁发了《天水师范学院科研团队建设与管理办法》。

2011 年学校抓住机会，成功申报服务国家特殊需求——专业学位硕士研究生培养项目。2011 年 8 月 12 日，国务院学位委员会根据第 28 次会议审议通过的《关于开展"服务国家特殊需求人才培养项目"试点工作的意见》，决定开展学士学位授予单位培养硕士专业学位研究生试点工作。学校抓住这个机遇启动申报工作，科研管理处、学校办公室、人事处、教务处等职能部门和各学院密切配合，组建了5个申报材料整理与撰写小组，分别围绕学校发展历史沿革、办学特色、办学定位、培养模式、师资队伍、专业硕士管理体制及制度、相关领域人才需求状况、实践教学、产学研合作等内容，积极搜集各类支撑材料，全力以赴做好教育硕士专业硕士学位点申报表及论证材料的准备工作。根据国务院学位办对专业硕士学位申报答辩的要求，认真分析、比较学校与其他申报学校在办学特色方面的优势，重点收集材料、图片，联络相关专家征求意见，精心准备答辩词，制作演示文稿，组建了有教育厅相关领导、基层学校领导和学校代表组成的5人答辩小组，于9月27日进行了汇报答辩并顺利通过。国务院学位委员会批准学校为学士学位授予单位开展培养硕士专业学位研究生试点工作建设单位。

在甘肃省高校新型分子材料设计与功能重点实验室、甘肃省大樱桃工程技术研究中心和甘肃省高等学校人文社会科学重点研究基地（陇右文化研究中心）三个科研平台的基础上，为了充分发挥高等学校人才培养、科学研究、社会服务和文化传承的多功能优势，更好地服务区域新农村建设与发展，大力推进高等学校农业科技创新与推广服务，建立以高校为依托、农科教相结合的综合服务模式，学校根据相关文件精神要求，2012年组建"天水师范学院陇东南新农村发展研究院""关陇文化与华夏文明研究院"和"关中—天水经济区发展研究院"三个科研机构。

为了贯彻《教育部财政部关于实施高等学校创新能力提升计划的意见》和落实《甘肃省教育厅甘肃省财政厅转发教育部财政部关于实施高等学校创新能力提升计划的意见的通知》精神，在加快创新型国家建设的进程中，通过内涵式发展全面提升学校的创新能力和教育质量，为学校转型发展、特色化发展和可持续发展提供有力支撑，制定了《天水师范学院"2011协同创新中心"实施计划》，并在此基础上制定了《天水师范学院"2011协同创新中心"实施计划建设方案》。

2016年学校科研平台建设取得重大突破，特别是省级重点实验室获得历史性突破。成功获批4个省厅级科研机构，分别是：甘肃省农业固体废弃物资源化利用重点实验室、甘肃省高校乡村教师发展研究中心人文社科基地、甘肃华夏文明与文化产业研究中心智库和甘肃省残疾人联合会批准设立的甘肃省残疾人体育运动与康复研究中心。

2017年，学校申报的"高加索研究中心"获批为教育部区域与国别研究中心，实现省内区域与国别研究中心零的突破。学校省、厅级研究机构达到 10个，组织申报、评审并立项建设了 16 个校级研究机构、27 个院级研究机构，初步构建起了"省—校—院"三级科研平台体系。

2018 年度科研平台建设力度继续加大。学校先后投入 1000 多万元用于"高加索研究中心"等 10 个省厅研究基地的建设，科研平台条件得到极大改善；"甘肃省农业固体废弃物资源化利用重点实验室"顺利通过验收；甘肃省大樱桃工程技术研究中心成功转为省级技术创新中心。

二、科研项目

学校高度重视各类项目申报，以项目申报为抓手，取得了丰硕成果。

2009 年，组织申报国家级项目 54 项，其中国家自然基金项目 17 项，国家哲学社会科学艺术单列项目 4 项，国家社科基金项目 25 项，国家哲学社会科学教育单列 6 项，国家社科后期资助项目 1 项，国家星火计划项目 1 项。组织申报部委级项目 18 项，其中教育部人文社科一般项目和马克思主义大众化、高校思想政治理论课、高校思想政治工作等三类专项项目 15 项，国家体育总局项目 3项。组织申报省级项目 22 项，其中甘肃省科技基金项目 12 项，甘肃省社科项目 8 项，财政厅省属高校科研经费项目 2 项。组织申报地厅级项目 88 项，其中甘肃省教育科学"十一五"规划课题 17 项，省教育厅项目 58 项，天水市科技局项目 13 项。另外，组织申报 2009 年全国基础教育外语研究中心项目 3 项，援藏项目 2 项，"蓝火计划"项目 7 项。

2010 年，学校国家自然科学基金项目、国家科技计划项目等方面取得重大突破，共组织申报各类纵向项目 220 项，共立项 42 项，总经费 160.4 万元。申报数量比往年增幅达 20% 以上，其中纵向项目经费年度首次超过 100 万元，比"十五"期间纵向经费的总量还要多。横向合作和非常规项目成绩也很可观，争取到横向项目 13 项，总经费 30 余万元。

2011 年，学校共组织申报各类纵向项目 262 项，共立项 48 项，总经费232.4 万元。申报数量比往年增幅达 20% 以上，且是年度纵向项目经费超过 200万元的第一次。项目申报种类有较大增长，达 30 余种，申报总量大幅增加。申报国家自然项目 20 项，立项 2 项，经费 106 万元；申报国家社科项目 39 项，其中立项 3 项，经费 36 万元；申报教育部人文社科一般项目 37 项，立项 3 项，经费 24.8 万元；申报教育部科学技术研究重点项目 1 项，经费 5 万元。申报国家艺术单列项目 2 项、国家教育单列项目 2 项、教育部马克思主义大众化、思想政治专项项目各 1 项。申报省社科项目 13 项，立项 2 项，经费 2.5 万元；申报省科技计划项目 26 项，立项 3 项，经费 21 万元。申报教育厅项目 87 项，立项 20 项，经费 12 万元；申报天水市科技计划项目 20 项，立项 10 项，经费 14.1 万元；申报甘肃省高校学科带头人项目 1 项，经费 5 万元；申报甘肃省重点实验室项目 1 项。共争取到横向项目 13 项，总经费近 50 万元。共申报校列项目 82 项，立项 76 项。

2012 年，学校共申报各类纵向科研项目 236 项，数量大幅增加。共获准项目立项 35 项，总经费 624.9 万元。高级别项目申报取得重大突破，其中，国家自然科学基金项目获得 9 项资助，总经费达 436 万元；国家社科基金项目获得 5 项资助，总经费 75 万元。国家项目立项数和资助经费均创历史新高。另外，学校还获得教育部项目 3 项，总经费 23 万元；甘肃省科技计划项目 3 项，总经费 15.5 万元；甘肃省社科规划项目 1 项，总经费 1.5 万元；甘肃省高校基本科研业务费 3 项，总经费 60 万；教育厅项目 6 项，总经费 11 万元；天水市科技计划项目 5 项，总经费 4.4 万元。同时，学校争取到横向项目 4 项，总经费近 17 万元。

2013 年，学校共申报各类纵向科研项目 236 项，其中申报国家级项目 66 项。所有申报项目共获准立项 42 项，总经费 353.4 万元。其中，国家自然科学基金项目获得 3 项资助，经费 145 万元；国家社科基金项目获得 5 项资助，经费 90 万元；教育部新世纪优秀人才支持计划 1 项，经费 25 万元；教育部人文社科项目 2 项，经费 17.8 万元；全国高校古籍整理委员会项目 1 项，经费 2 万元；甘肃省科技计划项目 4 项，经费 16.2 万元；甘肃省社科规划项目 2 项，经费 3 万元；甘肃省高校基本科研业务费 2 项，经费 20 万；教育厅项目 11 项，经费 9 万元；天水市科技计划项目 5 项，经费 8.6 万元。获得的横向科研经费为 6 万元。

2014 年，项目申报和立项稳步推进，共申报各类纵向科研项目 156 项，申报项目共获准立项 39 项，总计科研经费 435.5 万元。其中，国家社科基金项目 2 项，经费 40 万元；国家自然科学基金 6 项，经费 285 万元；国家艺术基金 1 项，经费 4.6 万元；国家教指委项目 1 项，经费 0.8 万元；国家林业局项目 1 项，经费 40 万元；甘肃省社科项目 2 项（自筹）；甘肃省高校基本科研业务费 3 项，经费 40 万元；甘肃省教育厅科研项目 11 项，经费 8 万元；甘肃省教育规划项目 5 项（自筹）；天水市科技计划项目 6 项，经费 16.1 万元。同时，获得横向项目 3 项，经费 43 万元。纵向与横向项目经费合计 478.5 万元。

2015 年，共申报各类科研项目 250 多项，申报项目共获准立项 104 项，总计科研经费 620 万元。其中，国家社科基金项目 5 项，经费 100 万元；国家艺术基金项目 1 项，经费 10 万元；国家自然科学基金 6 项，经费 231.8 万元；教育部人文社科项目 3 项，经费 30 万元；国家教指委项目 1 项，经费 1 万元；国家林业局项目 1 项，经费 38 万元；国家语委项目 1 项，经费 6 万元；省社科项目 8 项，经费 12 万元；省科技支撑项目 6 项，经费 127 万元；省教育厅科研项目 19 项，经费 8 万元；省体育局体育科学项目 6 项，经费 2.1 万元；省人事厅留学人员择优资助项目 1 项，经费 2 万元；省社科联项目 1 项，经费 0.5 万元；省教育规划项目 3 项（自筹）；天水市科技计划项目 3 项，经费 13.8 万元；横向项目 2 项，经费 4.3 万元。同时，校列中青年项目立项 34 项，总经费 30 万元。

2016 年，申报各类科研项目 342 项，获准立项 235 项：其中，国家社科基金项目 3 项，经费 60 万元；国家艺术基金滚动资助项目 1 项，经费 10 万元；国家自然科学基金 9 项，直接经费 351 万元，省部级项目 63 项，经费 269 万元；地厅级项目 38 项，经费 331.2 万元；纵向科研经费 979.6 万元；横向项目 34 项，经费 650.26 万元，是历史最高水平的 20 多倍；校外到账经费达到 1671.46 万元，实现了历史性突破。校列中青年项目及创新项目立项 86 项，经费 41.6 万元；纵向项目配套经费 650 万元，全年学校科研经费总计 2321.46 万元，比历史最高水平实现翻番。

2017 年，全年度共获准立项 236 项。其中，国家社科基金项目 2 项，国家自然科学基金 9 项，科技部重大专项子项目 1 项，"十三五" 教育科学规划项目 1 项；省部级项目 57 项，地厅级项目 40 项，横向项目 9 项，配套经费 200 万元，科研经费达到 1251.98 万元。完成了 50 多个项目的结项工作，其中汪聚应教授主持的国家社科基金项目以 "优秀" 成绩获得结项。

2018 年，项目经费再创新高，全年度共获准立项 399 项。其中，国家社科基金项目 3 项，国家自然科学基金 3 项；省部级项目 40 项，地厅级项目 53 项；横向项目 115 项，全年科研经费总额达到 3400 多万元。完成了 60 多个项目的结题验收工作。

2009—2018 年天水师范学院科研项目立项统计表

时间＼等级	国家级（项）	省部级（项）	地厅级（项）	校级（项）	合计（项）
2009 年	1	16	24	67	113
2010 年	6	12	30	61	109
2011 年	6	12	31	55	104
2012 年	14	14	15	49	92
2013 年	8	16	19	42	85
2014 年	9	9	24	28	70
2015 年	12	23	35	33	103
2016 年	13	43	35	34	125
2017 年	13	42	50	31	136
2018 年	6	42	68	28	145
合计	88	229	331	428	1082

2009—2018 年度天水师范学院承担国家项目一览表

序号	主持人	项目名称	项目来源	经费（万元）	立项时间（年）
1	余粮才	黄河流域伏羲祭祀仪式考察研究	国家社科基金项目	9	2009
2	汪聚应	中国古代咏侠诗研究	国家社科基金项目	12	2010
3	王贵禄	中国当代西部散文研究	国家社科基金项目	12	2010
4	唐慧安	基于 Gd 的水溶性非离子化肿瘤细胞靶向性核磁造影剂的应用基础研究	国家自然基金项目	15	2010
5	王弋博	青海湖发光细菌的分布规律和种群特征研究	国家自然基金项目	30	2010
6	朱元成	固态高荧光量子效率共轭聚合物的合成与彩色聚合物炸药探测器件的制备	国家自然基金项目	27	2010
7	赵小龙	利用海杂波反演大气波导环境中折射率的关键技术研究	国家自然基金项目	7	2010
8	张国昀	马克思主义经济学视域中的国家理论研究	国家社科基金项目	12	2011

续表

序号	主持人	项目名称	项目来源	经费（万元）	立项时间（年）
9	张福慧	敦煌藏文占卜文献的历史学考察	国家社科基金项目	12	2011
10	王元忠	文艺民俗视野下的鲁迅创作研究	国家社科基金项目	12	2011
11	焦成瑾	山藜豆毒素合成与半胱氨酸合成酶家族关系的研究	国家自然基金项目	50	2011
12	王弋博	黄河污灌区湿地多氯联苯的微生物厌氧降解机制研究	国家自然基金项目	56	2011
13	王贵禄	延安文艺与中国当代文学的建构与发展研究	国家社科基金项目		2011
14	马 超	中国现当代女性文学与妇女解放思潮互动关系研究	国家社科基金项目	15	2012
15	张海龙	融资决策、资本结构调整与经理管理防御研究	国家社科基金项目	15	2012
16	刘 杨	我国文化产品国际竞争力提升研究	国家社科基金项目	15	2012
17	王文东	马克思的空间正义思想及其当代意义研究	国家社科基金项目	15	2012
18	侯 智	张东荪哲学论文文献的整理与研究	国家社科基金项目	15	2012
19	刘晓斌	原子光电离过程的相对论理论研究	国家自然基金项目	40	2012
20	邢永忠	中高能重离子碰撞中粒子产生的同位旋效应和同位旋相关的协变动力学模型	国家自然基金项目	52	2012
21	吕玲玲	非血红素铁氧化物催化多自旋态反应的磁自旋效应研究	国家自然基金项目	50	2012
22	贾 贞	温度和光周期影响的当归早薹中AFT的功能解析	国家自然基金项目	46	2012
23	赵菲佚	苜蓿半胱氨酸合成酶与其有机硫含量关系的研究	国家自然基金项目	50	2012
24	刘艳梅	生物土壤结皮定殖对土壤微生物和线虫的影响	国家自然基金项目	50	2012
25	尤晓妮	冰芯钻取地点气象要素与冰芯记录形成过程及其分辨率的关系研究	国家自然基金项目	50	2012

续表

序号	主持人	项目名称	项目来源	经费（万元）	立项时间（年）
26	刘保童	基于全局非线性最优化与形态学的井间地震波场高保真分离方法研究	国家自然基金项目	48	2012
27	杨富巍	新型自凝性纳米氟磷灰石露天石质文物保护材料研究	国家自然基金项目	50	2012
28	柳德军	南京国民政府时期甘肃保甲制度与基层社会控制研究	国家社科基金项目	18	2013
29	邵　郁	陇右金石文献与古代文学研究新视野	国家社科基金项目	18	2013
30	张继红	城市化进程中的"城—乡"关系与社会文明价值建构——近三十年中国小说书写研究	国家社科基金项目	18	2013
31	安梅梅	秦汉统一多民族国家形成过程中的民族管理体制——以"属国"和"道"为中心	国家社科基金项目	18	2013
32	苏海洋	甘青地区新石器时期社会复杂化进程与文明起源研究	国家社科基金项目	18	2013
33	朱元成	氢键和卤键协同弱键阴离子识别大分子受体的合成、性能及理论计算研究	国家自然基金项目	50	2013
34	王廷璞	红茂草异紫堇碱抗炎与促细胞免疫活化机制研究	国家自然基金项目	50	2013
35	袁毅君	基于抑制硫氧还蛋白还原酶活性的甘肃道地药材抗癌成分筛选	国家自然基金项目	45	2013
36	陈于柱	敦煌汉、藏文术数书与武威西夏木板画的比较历史学研究	国家社科基金项目	20	2014
37	邵晓霞	西北民族地区中小学民族团结进步教育与国家认同培育研究	国家社科基金项目	20	2014
38	张　博	中国画《再不封闭的山村》	国家艺术基金项目	4.6	2014
39	师应龙	电子与高电荷态离子碰撞过程中相关角向特性的理论研究	国家自然基金项目	48	2014
40	杨富巍	基于纳米无机材料的脆弱骨质文物加固保护研究	国家自然基金项目	45	2014

续表

序号	主持人	项目名称	项目来源	经费（万元）	立项时间（年）
41	李志锋	过渡金属亲金属键作用本质及其配合物光学性能构效的客场弱键串联调控	国家自然基金项目	50	2014
42	左国防	基于自组装膜—石墨烯电化学界面信号检测及生物传感系统研究	国家自然基金项目	50	2014
43	刘勍	基于神经网络的中药材显微图像处理与分析	国家自然基金项目	45	2014
44	令维军	锁模运转的低阈值掺铥激光器	国家自然基金项目	47	2014
45	雍际春	张家川马家塬戎族墓葬与西戎文化研究	国家社科基金项目	20	2015
46	贾来生	甘肃道教史研究	国家社科基金项目	20	2015
47	赵鲲	"古文运动"叙述与中国文学现代转型研究	国家社科基金项目	20	2015
48	桑仲刚	二十世纪敦煌汉文叙事文献西方英译活动研究	国家社科基金项目	20	2015
49	徐瑞仙	当代中国发展语境中的社会保障价值理念建构研究	国家社科基金项目	20	2015
50	张博	中国画《再不封闭的山村》	国家艺术基金项目	10	2016
51	刘传水	中国画创作《重彩丝绸路——高原人的中国梦》	国家艺术基金项目	10	2015
52	张颖	camass-Holm 类方程（组）孤立子解的轨道稳定性	国家自然基金项目	35.62	2015
53	丁恒飞	反常扩散方程的高阶数值算法及其在天水地下水质研究中的应用	国家自然基金项目	36.88	2015
54	王弋博	纳米零价铁与铁还原菌耦合强化修复铬污染土壤的机理研究	国家自然基金项目	53.8	2015
55	杨红平	机床结合面三维形貌的数字化仿真和微观接触刚度的建模与计算研究	国家自然基金项目	48	2015
56	董忠	太阳能光伏 LD 抽运的近红外低阈值激光器	国家自然基金项目	47	2015

序号	主持人	项目名称	项目来源	经费（万元）	立项时间（年）
57	路飞平	基于有机异质结为连接层的叠层有机电致发光器件的电学模型研究	国家自然基金项目	10.52	2015
58	闫 祯	西北民族地区大学生民族文化认同与民族团结进步教育研究	国家社科基金项目	20	2016
59	杨小敏	蔡京经济改革与北宋中央财政掌控力提升研究	国家社科基金项目	20	2016
60	吴卫东	生存哲学视域下的西北少数民族妇女生存问题研究	国家社科基金项目	20	2016
61	裴瑞昌	几类与黎曼几何相关的椭圆问题的研究	国家自然基金项目	28	2016
62	邢永忠	相对论核物质的非线性特征及其对重离子核反应动力学的影响	国家自然基金项目	42	2016
63	袁 焜	类石墨炔负泊松比 2D 碳纳米结构的分子设计及其性质	国家自然基金项目	40	2016
64	吕玲玲	热活化延迟荧光（TADF）分子反向系间窜越的磁自旋效应调控机制研究	国家自然基金项目	41	2016
65	焦成瑾	基于酶催化的氰化物污染现场快速检测研究	国家自然基金项目	39	2016
66	王顺才	苹果不同砧穗互作的抗旱分子机理研究	国家自然基金项目	37	2016
67	时立民	镁合金 AZ31B 低温冷却（液态 CO_2）切削加工机理研究	国家自然基金项目	39	2016
68	赵小龙	大气波导环境中复杂地形条件下电磁波双程后向散射效应及其应用研究	国家自然基金项目	37	2016
69	路飞平	基于有机异质结为连接层的叠层有机电致发光器件光电性能的数值研究	国家自然基金项目	38	2016
70	沈永红	带有 gH-导数的时间尺度上模糊动力学方程的解与 Ulam 稳定性研究	国家自然基金项目	20	2017
71	刘晓君	分数阶非线性系统的激变研究	国家自然基金项目	24	2017
72	杨丽新	多层振子电网建模及其动力学行为研究	国家自然基金项目	25	2017

续表

序号	主持人	项目名称	项目来源	经费（万元）	立项时间（年）
73	刘晓斌	高阶效应对光与原子相互作用过程中光电子精细结构谱影响的理论探索	国家自然基金项目	41	2017
74	令维军	全固化掺铥激光同步泵浦的中红外飞秒光参量振荡器	国家自然基金项目	61	2017
75	司长代	具有高效染料降解功能的配位聚合物（POMs-MOFs）的设计与可控制备	国家自然基金项目	38	2017
76	马伟超	全细胞催化合成1，5－戊二胺过程的物质跨膜转运机制及调控研究	国家自然基金项目	40	2017
77	尤晓妮	乌鲁木齐河源区颗粒有机碳的产出输移及冰川消融的影响机制研究	国家自然基金项目	40	2017
78	刘艳梅	生物土壤结皮及结皮下土壤微生物和线虫对模拟增温和降水改变的响应	国家自然基金项目	38	2017
79	晏　波	近代陇东民族格局演变与行政区划调整研究	国家社科基金项目	20	2017
80	霍志军	丝绸之路甘肃段考古发现与古代文学研究的新拓展	国家社科基金项目	20	2017
81	令维军	超短脉冲、单频及中红外激光材料于期间关键技术	科技部	80	2017
82	李艳红	西部乡村教师专业发展政策研究——基于走教教师的田野考察	全国教育科学规划项目	自筹	2017
83	郭文元	新世纪乡土小说书写与中国乡村社会转型	国家社科基金项目	20	2018
84	芦兰花	语言接触视角下的青海湟源方言研究	国家社科基金项目	20	2018
85	刘仁愬	基于田野考察的西北村落民间体育文化生态的统摄研究	国家社科基金项目	20	2018
86	石国玺	不同增温条件下高寒草甸丛枝菌根真菌介导的土壤碳固持研究	国家自然基金项目	40	2018
87	王廷璞	红茂草异紫堇碱促结核性伤口快速愈合分子机制研究	国家自然基金项目	43	2018
88	刘　杨	贸易开放与中国文化多样性的变迁：理论、测度与文化地图	国家自然基金项目	30	2018

三、科研成果与成果获奖

2009年以来，学校发表的论文的质量明显提高，教师的学术造诣明显增强，学术氛围明显改善。教师科研成果质量呈持续上升趋势，标志着学校以学科建设为龙头、整体提升学校办学实力和核心竞争力的科研强校战略凸显成效，为扩大学校影响和今后发展奠定了基础。

2009年，出版学术专著与教材56部；发表各类学术论文851余篇，其中SCI、EI收录28篇，CSSCI收录32篇，CSCD收录11篇，核心期刊发表论文74篇，转载1篇。1项科研成果荣获教育部"高校德育创新发展研究"论坛二等奖，2项科研成果分别荣获天水市科技进步奖一等奖和三等奖。

2010年共出版学术专著与教材138部；发表各类学术论文1038篇，较上年增长100篇以上，核心及以学术期刊发表的学术论文占21%以上。其中，SCI收录18篇，EI、ISTP收录10篇，CSSCI收录22篇，CSCD收录59篇，核心期刊发表论文57篇。2010年度，学校三类评奖共获得奖励19项，其中，获甘肃省第十二次社会科学优秀成果奖4项（二等奖1项、三等奖3项），科技进步奖5项（三等奖5项）；社科成果奖10项（一等奖2项，二等奖3项，三等奖5项）。甘肃省高校社科成果奖一等奖的获得是继2000年以来学校在省高校科技进步奖和社科成果奖上首次荣获的一等奖，是学校在两奖上取得的新突破，为学校进行学科建设夯实了基础。

2011年，共出版学术专著与教材94部；发表各类学术论文1300余篇，较上年增长300篇以上。其中，SCI收录11篇，EI收录22篇，CSSCI收录938篇，CSCD收录34篇，核心期刊58篇。论文的质量较往年明显提高，学校有2项科研成果申报教育部2011年度高等学校科学研究优秀成果奖，有2项科研成果申报2011年度甘肃省科学技术奖，有50项科研成果申报天水市第三届哲学社会科学优秀成果奖，有13项科研成果申报第一届麦积山文学艺术奖。学校获2011年度教育部"第二次全国R&D资源清查教育系统先进集体"奖1项；获"甘肃省科技管理优秀团队"奖1项；获2011年甘肃省"十一五"高等学校科研管理先进个人奖2项；获2011年甘肃省"十一五"高等学校科研统计先进个人奖1项；获2011年甘肃省"十一五"高等学校学位管理先进个人奖1项；获2011年度教育部"第二次全国R&D资源清查教育系统先进个人"奖1项。

2012年，共出版学术专著与教材53部；发表各类学术论文508余篇，核心及以学术期刊发表的学术论文占33%以上。其中，SCI收录23篇（其中2区以上论文4篇），EI、ISTP收录14篇，CSSCI收录33篇，CSCD收录73篇、新华文摘论点摘编2篇、人大复印资料全文转载2篇、中文核心期刊论文33篇。学校2012年度科研成果奖励获得丰收。2012年度学校有4项科研成果申报教育部高校科学研究优秀成果奖（人文社会科学）。有6项科研成果申报2012年度天水市科技进步奖，评审结果获二等奖3项、三等奖2项。有38项科研成果申报甘肃省高等学校科技进步奖暨社科成果奖（其中科技进步奖11项，社科成果奖27项），获社科一等奖4项、二等奖8项、三等奖4项，科技进步二等奖1项、三等奖3项，并经学校讨论向教育厅推荐甘肃省高等学校科技进步奖暨社科成果奖评审专家库候选人9人。获甘肃省第七届敦煌文艺奖二等奖1项。获第三届甘肃民间文艺百合花奖·首届学术理论奖三等奖2项。有30项成果申报第十三届省社科优秀成果奖，其中，获得一等奖1项、二等奖4项、三等奖9项，同时，学校2011年申报的各类奖励也有不俗的收获，其中4项成果荣获第一届麦积山文学艺术奖一、二等奖。26项成果获天水市第三届社科优秀成果奖，其中一等奖4项（共5项），二等奖8项（共11项），三等奖14项（共18项），比例优势明显。

2013年，共出版学术专著与教材74部；发表各类学术论文492篇，核心及以学术期刊发表的学术论文约占50%。其中，SCI收录23篇（其中1区2篇、2区2篇）、EI收录39篇、CSSCI收录38篇、CSCD收录74篇、北图中文核心期刊论文24篇，被人大复印资料全文复印2篇，新华文摘论点摘编1篇。生命科学与化学学院杨富巍博士入选2013年度教育部新世纪优秀人才扶持计划人选。获甘肃省第十三次社会科学优秀成果奖14项（一等奖1项，二等奖4项，三等奖9项），天水市科技进步奖3项（二等奖1项，三等奖2项），甘肃省高等教育教学成果奖4项（一等奖1项，二等奖1项，三等奖2项）。

2014年，共出版学术专著与教材56部；发表各类学术论文851篇，核心及以学术期刊发表的学术论文约占64%，高级别文章比例为历年同期最高。其中，SCI收录42篇、EI收录21篇、CSSCI收录34篇、CSCD收录51篇、北图中文核心23篇。

2015年，共出版学术专著与教材57部；发表各类学术论文243余篇，核心及以上学术期刊发表的学术论文70篇。其中，SCI收录论文9篇、EI收录论文6篇、CSSCI收录论文25篇、CSCD收录论文19篇、北图中文核心期刊论文11

篇。获得专利 4 项。申报了甘肃省高校优秀社科成果奖和科技进步奖 28 项，共有 17 项科研成果获奖，其中成果普及奖 1 项，人文社科成果一等奖 2 项，二等奖 5 项，三等奖 8 项，科技进步一等奖 1 项。获奖总数名列全省高校第一，这是学校在该项奖励名次上取得的最好成绩。组织申报了甘肃省自然科学奖和科技进步奖，其中令维军教授申报的《超短激光脉冲产生与放大研究》被推荐入围；组织申报了天水市科技进步奖 5 项，共有 3 项获奖，其中二等奖 2 项，三等奖 1 项；组织申报了天水市第四届社会科学优秀成果奖 55 项。

2016 年，共出版学术专著与教材 62 部；发表各类学术论文 383 篇，核心及以上学术期刊论文 89 篇。其中，SCI 收录 18 篇，EI 收录 12 篇，CSSCI 收录 17 篇，CSCD 收录 26 篇，北图中文核心期刊 16 篇，人大复印资料全文复印 1 篇；获得专利 18 项。标志性成果有了较大突破，其中 SCI 一区 1 篇，哲学社会科学类学科权威期刊 2 篇。

2017 年，共出版学术专著与教材 31 部；发表各类学术论文 341 篇，其中，核心期刊论文 109 篇，标志性的学科权威期刊发表 2 篇，SCI 一区收录 1 篇，《心理学报》1 篇。马建东教授主持编写的 300 多万字的《谚语辞海》在上海辞书出版社出版发行，是目前全国最具分量的谚语研究成果之一。成果获奖成绩显著，组织申报的 2017 年甘肃省高校优秀社科成果奖和科技进步奖，共有 25 项科研成果获奖，其中人文社科成果一等奖 2 项、二等奖 6 项、三等奖 3 项，科学技术二等奖 7 项、三等奖 7 项；获 2 项天水市科技进步，其中一等奖 1 项、二等奖 1 项。

2018 年，高质量成果稳步增长，全年共出版学术专著与教材 17 部；发表各类学术论文 494 篇，其中，核心期刊论文 83 篇，SCI 一区收录 1 篇，专利 55 个。2018 年科研成果获奖也成绩显著，获甘肃省科技进步三等奖 1 项；申报的甘肃省第十五次哲学社会科学优秀成果奖，共有 15 项获奖，其中一等奖 4 项、二等奖 5 项、三等奖 6 项。

2009—2018 年天水师范学院出版专著、论文统计表

年度	专著/教材（本）	论文（篇）								
		小计	SCI	EI/ISTP	CSCD	CSSCI	CSSCI扩展	中文核心	转载	其他
2009	56	851	25	3	11	32	74	74	1	563
2010	138	1038	18	10	59	22	57	57	2	791
2011	94	1340	11	22	34	38	58	58	0	1184

续表

年度	专著/教材（本）	论文（篇）								
		小计	SCI	EI/ISTP	CSCD	CSSCI	CSSCI扩展	中文核心	转载	其他
2012	53	508	23	14	73	33	33	33	4	339
2013	74	492	23	39	74	38	24	24	3	224
2014	56	851	42	21	51	34	23	23	4	301
2015	57	243	9	6	19	25	6	11	0	173
2016	62	383	18	12	26	17	5	16	0	294
2017	31	341	14	16	17	34	12	28	1	232
2018	29	494	23	9	20	22	4	17	0	414
总计	650	6541	206	152	384	295	296	341	15	4515

2009—2018 年天水师范学院各类科研奖励统计表

（单位：项）

年度	小计	国家级			省部级			地厅级			学会、协会		
		一等奖	二等奖	三等奖	一等奖	二等奖	三等奖	一等奖	二等奖	三等奖	一等奖	二等奖	三等奖
2009	3					1		1		1			
2010	23					1	3	3	5	10	1		
2011	8				1	1		1				2	3
2012	58					1	2	10	23	22			
2013	21				2	5	11		1	2			
2014	32							3	12	17			
2015	20							3	7	9			
2016	73					4	9	7	22	30	1		
2017	27							4	13	10			
2018	16				4	5	7						
合计	278				7	18	30	32	83	101	1	3	3

四、学术交流与合作

为大力营造浓郁的学术科研氛围，2009 年以来，学校采取请进来、走出去的方式，积极鼓励青年教师和科研人员走出校门、国门，同时把国内外知名专家学者请进学校开展学术交流与合作，广泛开展多层面的学术交流和多形式的校地科研合作，扩大学校影响，推进了学校学术发展。

2010 年 6 月，学校与宝鸡文理学院签订了科研合作框架协议，学校成为宝鸡文理学院陕西高校哲学社会科学重点研究基地关陇方言与民俗研究中心的合作方；2010 年 7 月，学校与兰州理工大学签订了合作办学协议；2010 年 7 月，学校与甘南藏族自治州卓尼县人民政府签订合作框架协议；2010 年 10 月，学校与甘南藏族自治州人民政府在合作签订院地合作协议；2010 年 7 月，学校与美国贤者学院及美国环球教育服务公司签订了三方国际教育交流与合作意向协议。

学校于 2010 年 7 月举办了"关中—天水经济区经济社会发展与人才培养学术研讨会"。来自兰州大学、中国政法大学、西北工业大学、西安外国语大学、宝鸡文理学院、西安文理学院、渭南师范学院、兰州城市学院、陇东学院、天水市委宣传部、天水市发改委和天水市政府政策研究室的 60 余位专家学者参加了此次研讨会，提交了 40 余篇高质量的学术论文，有 36 篇论文做了大会交流。

2011 年，学校先后邀请法国 Tours 大学的 Peter Horvathy 教授、得克萨斯大学王宏斌教授、中国社科院叶舒宪教授、北京师范大学童庆炳教授等多名专家来学校讲学。2011 年还举办了"纪念建党 90 周年"学术研讨会，中共天水市委党校和定西师范高等专科学校、甘肃林业职业技术学院等高校的 50 余位专家学者参加了此次研讨会，12 人做了主题发言，提交了 40 余篇高质量的学术论文，并做了大会交流。举办"纪念辛亥革命 100 周年"学术研讨会。举办了第七届全国"民间法·民族习惯法"学术研讨会，来自全国各地高校、社会科学院、研究所、人民法院、人民检察院、律师事务所的代表共 150 余人参加了此次研讨会。

2012 年 6 月召开了由中国园艺学会樱桃分会和学校工程中心主办的"2012年樱桃年会暨西北地区樱桃产业发展研讨会"，参加本次会议的代表共 230 余人，会议共收到论文及交流材料 47 份。2012 年 6 月，学校举行甘肃省大樱桃工程技术研究中心专家委员会第一次会议。2012 年 6 月，学校举行甘肃省高校新型分子材料设计与功能重点实验室学术委员会第一次会议。

2013 年，邀请《书法》杂志社副社长刘正成、兰州大学历史文化学院汪受宽教授、美国福特海斯州立大学 Amanda K. Ergum 教授等 5 人、兰州大学教育学院管会生教授、陕西师范大学历史文化学院杜文玉教授、华南理工大学段小波教授等 20 余人次来校讲学。2013 年还举办甘肃远古文化与华夏文明高层论坛、陇右文化研究中心学术委员会会议、中华始祖文化研讨会等 3 次学术会议。5 月陇右文化研究中心具体承办的甘肃远古文化与华夏文明高层论坛在学校召开，来自兰州大学、西北师范大学、甘肃省简牍保护研究中心、甘肃省社会科学院、西北民族大学、陇东学院、大地湾文物保护研究所、《中国社会科学报》编辑部、天水师范学院等高校与科研院所的40多名专家学者出席了本次论坛。由学校联合主办的中华始祖文化研讨会6月在学校召开，来自北京、河南、陕西等地的历史、考古、文化学者及有关专家100余人参加了研讨。

2014年，围绕学校新一轮重点学科建设，积极开展学术交流。共邀请台湾彰化师范大学陈文豪教授、中国社会科学院彭卫教授、美国福特海斯州立大学保罗·亚当斯教授一行、中国作家协会雷达教授、中国社会科学院冯颜利教授、中国音乐学院谢嘉辛教授、台湾东华大学张蜀蕙教授等40余人次来校讲学。协助甘肃省哲学学会举办甘肃省哲学学会2014年会暨"哲学思维与区域文化建设"理论研讨会。

2015年以来，学校组织举办了"科·文"讲坛系列学术报告会，报告会全年共请到包括杨乐、刘人怀、方维海三位院士在内的60多名专家学者来校讲学。同时还举办了2场全国学术会议，分别是"汉语史与西北地区语言接触问题"研究论坛和"中国历史上的改革：实践与经验"高层论坛。2016年全面提升"科·文"讲坛影响力，"科·文"讲坛系列学术报告会全年共请到包括中国社会科学院宋则教授在内的80多名专家学者来校讲学。2017年"科·文"讲坛系列学术报告会全年共请到包括中国科学院洪茂椿、李玉良院士在内的100多名专家学者来校讲学。

2016年，学校举办了3场全国性学术会议，分别是"'一带一路'暨跨文化视域下的中国历史""文艺学暨创意产业全国学术研讨会""第二节关陇风情美术研讨会"。还举办了"纪念建党96周年暨红军长征胜利80周年"理论学术研讨会。

2017年，学校举办了4场全国性学术会议，分别是"第六届全国汉语语汇学暨中华谚语研究学术研讨会""全国先进多孔材料组装与模拟学术研讨会""甘肃省植物学会2017年学术年会暨'丝路新机遇，植物新发展'理论研讨会"和"马克思主义理论学科建设研讨会"。

2018年，学校继续打造高端论坛，扩大学术影响，学术交流广泛进行。该年组织举办的"科·文"讲坛系列学术报告会，全年共请到包括中国科学院秦大河院士在内的100多名专家学者来校讲学。同时还举办了8场国际国内学术会议，分别是"第八届西北方言与民俗国际学术研讨会""第六届中国认知诗学高层论坛""全省高校物理基础课程教育学术研讨会""第三届西北地区理论物理学术研讨会""'一带一路'文化背景下的中国文学高峰论坛暨甘肃省唐代文学学会""《共产党宣言》与21世纪马克思主义的创新学术研讨会暨甘肃本科高校马克思主义院长论坛"和"全国中学语文分体教学暨教育扶贫高峰讲坛""庆祝改革开放40周年学术年会"。

五、服务地方

学校着眼于地方经济、社会、文化发展的关键问题，积极增强科学研究为地方经济、社会发展的服务功能。2012年根据甘肃省委组织部《关于实施"联村联户、为民富民"行动人才支撑计划的意见》精神，为了切实落实相关工作任务，学校充分发挥自身优势资源，充分利用已有研究成果，制定了天水师范学院"农村人才教育培训基地"建设计划，并填报了申报书。经省委组织部研究确定，学校"乡镇干部农技推广能力提升计划"获准立项，获得资金50万元。2012年学校教师袁毅君申请发明专利一项（红茂草生物碱的提取方法及由该方法获得的提取物，专利号：201010526502.X），王廷璞申请发明专利一项（红茂草的种植方法，专利号：201010517515.0），实用新型专利一项（农产品镉污染快速检测试剂盒 ZL201120533251.8）。

为进一步加强与地方政府和企业的联系，加速科技研发和成果转化，2014年学校根据现有的比较有应用前景的科技成果，加强与天水市政府、地方企业和农户的联合，逐步推广这些科研技术，使其更好地为天水地方经济社会服务。进一步创新体制，鼓励科技成果转化和推广，特别是具有较好经济效益的科技成果，推荐已取得明显培育成效的"西北大樱桃产业技术协同创新中心"申报省级"2011协同创新中心"；同时，将"陇右文化传承与开发协同创新中心"和"陇东南地区农村基础教育协同创新中心"做了校级"2011协同创新中心"备案。筹备学校科协成立暨第一次代表大会。加强高校实践教育平台，积极探索学校转型发展新形势下的合作模式，谋求院企共同进步。协助天水市科协，承办主题为"创新发展，全民行动"的天水市全国科普日主场活动。

2015年，学校选派雒林通、邹亚丽两位老师参加"三区"人才支持计划，获得支持经费4万元，分别指导麦积区的生态养殖和果业生产，完成乡镇农技干部培训工作。同年还开设了大棚蔬菜栽培、中草药栽培与加工、食用菌栽培、生态养殖、畜禽养殖与动物疫病防控和果园标准化管理等 6 个方向 4 期培训，为陇南、天水两市培训乡镇农技干部 443 名，较好地完成了全年培训任务，达到了预期效果。和麦积区政协对接帮扶其"双联点"的生态放养鸡项目，通过校地合作方式，申请的《麦积区规模化生态放养土鸡生产 HACCP 体系的建立与示范推广》获省科技厅 100 万元的资助。这标志学校校地、校企合作迈出了实质性的一步，该项目受到人民政协报的报道。

2016 年以来，加强校地合作，服务地方和成果转化成绩斐然。一是选派呼丽萍等 9 位老师参加"三区"人才支持计划，获得支持经费 18 万元，指导天水各县区的生态养殖和果业生产，获得地方好评。二是紧紧围绕天水、陇南农业特色优势产业和乡村旅游业，结合两市乡镇干部农技推广工作实际需求和两市乡镇干部紧缺的专业技能，2016 年开设蜜蜂科学养殖、旱作农业全膜双垄沟播技术、果园提质增效栽培技术、乡村旅游管理等 4 个方向 9 个班次的培训班，为两市培训乡镇干部、种养殖农户、旅游从业人员 390 人。三是建设了 10 个民生科技计划项目"生态放养土鸡生产"示范基地，科技富农兴农初显成效。四是章德玉博士的科技研发成果《4N5（99.995%）高纯钴制备技术》和《6N（99.9999%）超纯铜制备技术》，成功与金昌顺中高纯金属材料有限责任公司签订技术秘密转让合同，转让费 42 万元，是迄今为止学校最大的一次科技成果转化。五是教师服务地方意识明显增强，全年签订服务地方的科技协议 34 个，获得横向项目总经费达 650.26 万元，实现了横向项目历史性的突破。六是组织专家深入天水各县区就水土污染问题进行专题调研，提出系列智库对策。七是与西安交通大学实现校校合作，与中国社会科学院历史所在专门史学科上实现合作，与中国科学院近物所实现光电子技术学科的合作，与复旦大学生命科学学院、山东大学实现重大课题合作研究，与兰州大学生命科学学院实现污染生态学学科合作，初步构建起了学校间、学科间、课题间的立体交叉合作。

2017 年，校地（企）合作和服务地方工作取得新成就。选派呼丽萍、施海燕 2 位老师参加"三区"人才支持计划，分别指导天水各县区的生态养殖和果业生产，获得地方好评。紧紧围绕天水、陇南农业特色优势产业和乡村旅游业，结合两市乡镇干部农技推广工作实际需求和两市乡镇干部紧缺的专业技能，为两市培训乡镇干部、种养殖农户、旅游从业人员 438 人。全年签订服务地方的科技协议 8 个，并启动了帮扶清水县的"精准扶贫"大学生创新创业大赛，通过创业竞赛推动学校服务地方精准扶贫工作。组织专家深入天水各县区就水土污染问题和甘肃省文化产业发展等问题进行专题调研，提出系列智库对策。与中国社会科学院、中国科学院、复旦大学、兰州大学、北京师范大学等单位在学科和科学研究上的合作持续进行，构建起了校地（企）间、校校间、学科间、课题间的立体交叉合作体系。

2018年，学校继续聚焦社会需求，提升服务水平，服务地方和校际合作工作扎实推进。一是选派呼丽萍、刘艳梅等7位老师参加"三区"人才支持计划，分别指导天水各县区的生态养殖和果业生产，获得地方好评。二是紧紧围绕天水、陇南农业特色优势产业和乡村旅游业，结合两市乡镇干部农技推广工作实际需求和两市乡镇干部紧缺的专业技能，为两市培训乡镇干部、种养殖农户、旅游从业人员700多人。三是与麦积山石窟艺术研究所、小陇山林业实验局、天水市电传所国家重点实验室、天水华天电子等建立实质性合作关系。四是与兰州大学建立战略合作关系，兰州大学帮扶学校工作扎实推进。五是科普工作持续推进，组织近千名学生在校外举行科普陇原行活动和"定向扶贫"科普实践活动，在校内外利用节假日开展了30余次科普活动。

第二节　学报编辑

一、《天水师范学院学报》的发展历史

《天水师范学院学报》（ISSN 1671－1351，CN 62－1162/G）1981年创刊，是甘肃省教育厅主管、天水师范学院主办、《天水师范学院学报》编辑部出版的综合性理论期刊（双月刊，大16开，128页）。其前身是1981年创刊的《教学研究》，1983年更名为《天水师专学报》，共以内部出版物形式出刊20卷51期。2000年10月，学校升格改制后，经国家新闻出版署批准，《天水师专学报》更名为《天水师范学院学报》，公开向国内外发行。《学报》现被中国知网、国家哲学社会科学学术期刊数据库、超星、人大报刊复印资料全文数据库、万方数据库和维普学术数据库等全文收录，是《中国学术期刊综合评价数据库》来源期刊。回顾《天水师范学院学报》公开出版以来的办刊历史，大致可分为三个阶段。

（一）2000—2007 年，进行专业化办刊建设，实现《学报》编辑出版的制度化和规范化

2002 年，《天水师范学院学报》从业编辑全部取得出版专业职业资格证书；2003 年，《学报》获得中国学术期刊（光盘版）电子杂志社评选的首届《中国学术期刊（光盘版）检索与数据评价数据规范》执行优秀期刊奖；2004 年，学报编辑部顺利通过甘肃省教育厅组织的全省高校学报编辑部合格评估，专家评估组为《天水师范学院学报》编辑部评分为 93 分，居甘肃省高校学报编辑部合格评估得分前茅；2006 年，《天水师范学院学报》在全国高校文科学报研究会第三届学报评奖中被评为"全国优秀社科学报"，其中"陇右文化研究"栏目被评为"全国社科学报优秀栏目"；2007 年，在国家新闻出版总署对全国公开发行的 7300 余种期刊出版形式规范总体测评中，《学报》被列入 A 类合格期刊名录，首批通过国家新闻出版总署期刊出版形式规范检查。

（二）2008—2011 年，《学报》在突出师范院校学报"师范性、学术性、地方性"特色的基础上，初步形成了既立足西北又依托本院学术优势，既立足师范教育又注重学术创新的个性特色和办刊风格，刊物特色化初见端倪

《学报》在坚持明确的办刊方向和办刊方针的同时，又确立了以注重学术品味，立足地域优势，突出西部特色，以实现学术与教学、科研与区域社会经济发展、历史文化研究与西部开发有机结合的办刊理念，主动吸收校外富有学术含量和创新精神的优秀稿件，壮大校外优秀作者队伍，同时借助天水师范学院升本之后教师科研水平显著提高的良好契机，采取各种措施，扶持学术新人，积极推进和提高本校稿件的质量和学术水平，受到读者和学术界越来越多的关注和好评，吸引了大量学术质量上乘的稿件，其中有汤一介、蒙培元等大家名师之作。《天水师范学院学报》在陇右文化研究、西部农村基础教育、陇右人物研究、关中—天水经济区区域经济发展研究、高等师范教育教学研究等方面设有专栏，刊发了不少优秀论文，使《学报》在突出师范院校学报"师范性、学术性、地方性"特色的基础上，初步形成既立足西北又依托本院学术优势，既立足师范教育又注重学术创新的个性特色和办刊风格。2008 年年底，《天水师范学院学报》在甘肃省新闻出版局举办的甘肃省优秀期刊奖评选活动中被评为"甘肃省优秀期刊"。《学报》在 2010 年全国高校文科学报研究会第四届学报评奖中蝉联"全国优秀社科学报""全国社科学报优秀栏目"称号。《中国学术期刊影响因子年报（人文社会科学·2010 版）》显示：2010 年《天水师范学院学

报》复合总被引 590 频次，复合 JIF 影响因子 0.222，复合 JIF 他引影响因子 0.22，复合 JIF 在影响因子学科排序排名为 493/653；期刊综合 JIF 在影响因子学科排序排名为 455/631，人文社科 JIF 在影响因子学科排序排名为 509/631。

（三）2012 年至今，稳定发展期

《天水师范学院学报》在 2014 年 5 月全国高校文科学报研究会第五届全国高校社科期刊评优活动中再次蝉联"全国高校优秀社科期刊"，"陇右文化研究"栏目获得"全国高校社科期刊特色栏目"奖，艾小刚副编审被评为"全国高校社科期刊优秀编辑"。四年一次的全国高校社科期刊评优活动是在教育部社科司指导下，由全国高校文科学报研究会组织实施的重要评比活动，自 1999 年以来，已举行了五届。在这次活动中，全国高等学校文科学报研究会组织有关专家，采取统一评分、专家讨论、定量与定性相结合的办法，共评出全国高校社科名刊 31 家（甘肃 1 家）、全国高校精品社科期刊 79 家（甘肃 1 家）、全国高校百强社科期刊 107 家（甘肃 2 家）、全国高校优秀社科期刊 255 家（甘肃 3 家）、全国高校社科期刊特色栏目 217 个（甘肃 3 个）、全国高校社科期刊优秀编辑 224 位（甘肃 4 位）。

但是，受学校转型所引发的诸多老师专业调整所带来的重新积淀甚至不适应，尤其是受到国内各高校及科研单位绩效工资改革与科研成果评价体系量化考核指标调整的影响，校内校外作者高质量投稿急剧下降，高质量稿源的日渐减少已经成为制约《学报》发展的主要困难。自 2012 年以来，《学报》自然来稿中高质量稿件数量开始下降；同时，由于受到经费限制，专家约稿费给付标准较低，向专家约稿得到的回应也日趋减少。《中国学术期刊影响因子年报（人文社会科学·2013 版）》显示：2013 年《天水师范学院学报》复合总被引 565 频次；复合 JIF 影响因子 0.184，他引影响因子 0.163，5 年影响因子 0.22，他引 5 年影响因子 0.212；复合 JIF 在影响因子学科排序排名为 488/642，期刊综合 JIF 在影响因子学科排序排名为 371/639，人文社科 JIF 在影响因子学科排序排名为 421/639。2018 年 CNKI《中国学术期刊影响因子年报（人文社会科学·2018 版）》显示：2018 年《天水师范学院学报》复合总被引 575 频次，复合 JIF 影响因子 0.102，复合 JIF 他引影响因子 0.102，复合 JIF5 年影响因子 0.164，复合 JIF 他引 5 年影响因子 0.164，复合 JIF 在影响因子学科排序排名为 588/625，期刊综合 JIF 在影响因子学科排序排名为 535/625，人文社科 JIF 在影响因子学科排序排名为 603/625。影响力指数（CI）值 8.814，影响力指数（CI）学科排序 481/625。从上述《天水师范学院学报》工作及各项指标趋势综合来看，《学报》办刊实践进入稳定发展期。

二、2009 年以来《学报》业务工作及取得的成绩

2009 年来，学报编辑部紧紧围绕学校的中心工作，积极为学校的教学和科研工作服务，认真践行"做西部文章，办陇上名刊"的办刊宗旨，立足学校学科优势和陇右地域文化优势，关注学术动态，突出品牌栏目，为推进学校教学和科研工作做出了应有的贡献。

（一）2009 年以来《学报》业务工作

2009 年共出版《学报》6 期，刊登学术论文 241 篇，学术信息 15 则。2009年，《学报》依托学校"陇右文化研究"省级重点学科优势，注重挖掘、梳理陇右文化等地域文化资源，吸收、特约专家优秀稿件，特约发表了赵逵夫、郑炳林、韩成武、杨东晨等全国知名学者的学术论文，精心打造"陇右文化研究"重点栏目，取得了明显成效，产生了广泛影响。为了凸显学校师范教育和陇右地域特色，2009 年开辟了"西部农村基础教育专栏"和"陇右人物研究专栏"。2009 年是学校 50 周年校庆，学报编辑部还牵头完成了《天水师范学院校史》的编写，由中国文史出版社正式出版。

2010 年共出版《学报》6 期，刊登学术论文 252 篇，学术信息 14 则。为增强服务地方社会经济建设与发展的能力，依托关中—天水经济区开发的大好时机，新开设了"关中—天水经济区发展研究"栏目。在霍松林先生 90 岁生日来临之际，专门设立"霍松林研究"栏目，组织特约纪念性文章，产生了良好的社会影响。

2011 年度共出版《学报》6 期，刊登学术论文 265 篇，学术信息 12 则。加强对热点问题进行专题策划工作，通过组织特约文章，形成《学报》重点论文按主题刊发的新模式，开设了"纪念中国共产党建党 90 周年""中国当代农民小说 70 年研究""纪念辛亥革命 100 周年""实验与社会认知心理研究""地方师范院校教师教育改革中的顶岗支教实习专题""西部农村基础教育研究""职业教育研究"等专题栏目。

2012 年度共出版《学报》6 期，刊登学术论文 221 篇，学术信息 21 则，开设"女性文学研究""语言学与翻译学研究""情报学研究"等专题栏目 3 个。

2013 年度共出版《学报》6 期，刊登学术论文 182 篇，学术信息 15 则，开辟"始祖文化研究"栏目，刊发三组论文 10 篇，作者绝大多数为知名学者，进一步突出了《学报》的特色；同时还刊发"杜甫陇右诗研究""中国新文学传统研究"等四组专题论文 12 篇，产生了良好的学术影响。

2014 年共出版《学报》6 期，刊登论文 173 篇，160 余万字，开设了"文艺学研究""教师教育研究"专栏。

2015 年共出版《学报》6 期，刊登论文 181 篇，180 余万字。开设了"霍松林研究专栏"以及"习近平总书记《在文艺座谈会上的讲话》学习专栏"。

2016 年共出版《学报》6 期，刊登论文 164 篇，150 余万字。《学报》第 4 期"纪念建党 95 周年专栏"刊发了《以文化自信助益中华民族的伟大复兴》等四篇文章，既是对中国共产党建党 95 周年的纪念，也是对天水师范学院马克思主义理论重点学科建设成果的展示，同时是学报编辑部对习近平总书记《在哲学社会科学工作座谈会上的讲话》的响应与实践。另外，结合学校教育硕士培养，开辟了"教育硕士论坛"专栏，为学校研究生教育提供有力支持。

2017 年共出版《学报》6 期，刊登论文 160 余篇，150 余万字，刊发学校学科建设简介 12 则，学术信息 5 则。开设"伏羲文化研究专题""霍松林研究""教育硕士论坛""甘肃考古研究专栏"等专栏，强化《学报》为区域经济建设服务的功能，体现学校转型发展的理念。

2018 年，共出版《学报》6 期，刊登论文 160 余篇，150 余万字。在继续办好陇右文化研究特色专栏的同时，开设了"党的十九大专题研究""改革开放四十周年研究专题""农地确权流转研究专题""延安文艺研究"等专题栏目，强化了《学报》为区域社会经济文化建设服务的功能。

（二）2009 年以来《学报》取得的成绩

1. 积极落实意识形态工作责任制，严格遵照各种政治标准，确保《学报》近年来未在意识形态和政治方向上出问题。

《天水师范学院学报》编辑部全体人员贯彻落实习近平总书记关于意识形态工作的重要讲话和十九大报告精神，认清新形势，把握新特点，清醒认识学术期刊的政治属性，坚持马克思主义在编辑部工作中的主导地位，牢固树立阵地意识、责任意识，杜绝政治性差错，防止打着学术研究的旗号发表错误观点的行为，确保《学报》不在意识形态和政治方向上出问题。在《学报》编辑工作中始终严格遵守国家宪法和法律；坚持党的基本路线，全面、准确地宣传党的路线、方针、政策，严格遵守党的有关宣传纪律；遵守《中华人民共和国保守国家秘密法》，维护国家利益；认真贯彻党和国家的民族政策、宗教政策、对外政策，维护国家利益，促进祖国统一、民族团结和社会稳定；严格遵守党和国家有关新闻出版的方针、政策和法规，严格执行《期刊出版管理规定》等法规和制度；严格按照办刊宗旨及专业分工范围出刊，坚持正确的舆论导向和"为人民服务、为社会主义服务"的政治方向，认真贯彻党的"双百方针"，促进社会科学的繁荣与发展。从而保证了刊物的内容完全符合社科学报出版的6项政治标准。编辑部内部印后审读、作者和读者都没有反映刊物所登载文章存在政治方面的失误，也从未被甘肃省新闻出版局内部印发的《审读参考》在政治标准方面审查出任何失误。具体做法是，其一，结合《学报》实际情况，强化主体责任，加强审稿专家和编辑人员队伍及制度建设，严格执行"三审四校"工作制度，在稿件初审、专家审稿、终审以及编辑、校对等环节均进行意识形态和思想政治方面的分析研判，对所出版的《学报》内容负责；其二，清醒认识学报出版编辑过程中意识形态研判的复杂性和艰巨性，学报编辑部严格执行国家新闻出版观点总局颁布的《图书、期刊、音像制品、电子出版物重大选题备案办法》，对《学报》拟采用的重大选题稿件填写重大选题报告备案表，送交甘肃省新闻出版局报刊处备案并听取备案意见后再进行编辑部审稿流程。

2. 以社会效益为重，严格稿件登记和初审制度，对每一篇通过初审的稿件利用中国知网学术不端查询系统进行查重，主动预防和处理《学报》投稿中的学术不端行为，有效抵制了劣质论文和学术不端行为对《学报》学术质量的侵袭，保证了《学报》的质量。

（1）在学术水平方面，《天水师范学院学报》坚持"理论性和学术性"导向，外引内开，积极约稿组稿，吸引了大量学术质量上乘的稿件。2009年以来，《天水师范学院学报》刊发的论文有多篇文章被中国人民大学书报资料中心《复印报刊资料》全文转载。如2011年第4期刊发的安涛《意识形态论与反意识形态论》一文被2012年第4期《人大复印报刊资料·文艺理论》全文转载、2012年第1期刊发的钱奕华《宋明时期诠解＜庄子＞水月境空之美的历程》一文被2012年第5期《人大复印报刊资料·美学》全文转载、2016年第5期刊发的梅雪《唐代宵禁制度与唐传奇的时空建构》一文被2017年第3期《人大复印报刊资料·中国古代、近代文学研究》全文转载。

（2）在写作质量方面，2010年以来出版的《天水师范学院学报》所载文章论点明确，论据充分，概念严谨，逻辑推理严密，无自相矛盾、不能自圆其说的情况。《学报》尊重知识产权，遵守《中华人民共和国著作权法》，参考文献标注完整无误，并在醒目位置标有英文目次、摘要及版权说明。2010 年以来，《天水师范学院学报》从未出现过知识产权方面的任何纠纷；从未出现过违反《中华人民共和国著作权法》的任何情况。

（3）高质量的论文，产生了良好的社会影响。2009 年以来，30 余篇学术论文在《天水师范学院学报》上发表后获得各级各类奖励 20 余项。例如，安涛、郭昭第《意识形态论与反意识形态论：关于文学意识形态本质论之综述与思考》（2011 年第 4 期）及安涛、李志孝《论中国现代马克思主义文艺理论流派的思想纷争》（2011 年第 1 期）分别获得甘肃省高校社科成果奖二等奖、甘肃省第十三次哲学社会科学优秀成果三等奖、天水市第三次哲学社会科学优秀成果奖三等奖；赵艳琴《差异性社会正义的共识何以可能——评 < 当代中国发展语境中的正义共识研究 >》（2011 年第 1 期）获得甘肃省高校社科成果奖二等奖；张海龙、李秉祥《控股股东对企业过度投资行为的影响研究》（2010 年第 3 期）获得甘肃省第十三次哲学社会科学优秀成果三等奖；艾小刚《报刊体制改革背景下地方高校学报特色化建设》（2011 年第 6 期）、《论新闻出版体制改革背景下的高校学报数字化出版》（2011 年第 6 期）及杨瑞芬、李艳红《民族地区教师备课研究——基于甘肃民族地区 W 县学校的田野研究》（2011 年第 6 期），《另一途径——学生评教》（2011 年第 3 期）获得天水市第三次哲学社会科学优秀成果奖二等奖；张海龙、李秉祥《经理管理防御下的经理更换与独立董事、监事监督效率》（2012 年第 5 期）获得天水市第三次哲学社会科学优秀成果奖三等奖。

3. 学报编辑部高度重视编辑队伍建设，《学报》编辑队伍的职业化进展快速。2016 年，以"兼顾学科、突出学术能力"为原则，学校学术委员会遴选补充了部分年富力强、责任心强的学科带头人和学术骨干进入《学报》编委会，完善了编委学科和年龄结构，切实促进了学报工作。至 2019 年，编辑部 5 位工作人员中有 1 位教授、2 位副编审、1 位副研究员，其中 1 位具有博士学位，1 位具有硕士学位；2 人具备全国出版专业职业资格证书；4 人具备国家新闻出版广电总局颁发的"责任编辑证书"，每年参加国家新闻出版管理部门组织的出版专业培训，完成规定学时，按规定正常注册或续展注册登记"责任编辑证书"。

4. 学报编辑部热心参与上级管理部门尤其是全国高校文科学报研究会工作，重视编辑学研究，与相关管理部门长期保持着良好关系。在 2017 年召开的全国高等学校文科学报研究会第八次会员代表大会上,《天水师范学院学报》首次当选全国高校文科学报研究会理事单位。多年来编辑部主动配合上级管理部门尤其是全国高校文科学报研究会工作,积极参与全国高校文科学报研究会组织的评奖、会议、培训、学术交流等活动,在相关改革政策调研方面积极建言建策,交流交往广泛。如 2012 年 8 月,原国家新闻出版总署颁布的《关于报刊编辑部体制改革的实施办法》引起学术出版界的广泛热议与疑问,学报编辑部一位编辑撰写的《一位基层编辑对〈关于报刊编辑部体制改革的实施办法〉的看法》被《编辑之家》网站转载,并被列入一周精华导读和文摘目录,引起全国高校文科学报研究会相关领导关注并要求对该文做进一步补充后通过全国高校文科学报研究会报送教育部社科司。另外,《学报》编辑人员编辑学研究成果较多,总计发表编辑学论文 20 余篇,被人大报刊复印资料《出版工作》全文复印 1篇,主持完成甘肃省教育厅研究生导师科研项目编辑学课题 2 项(均被鉴定为"优秀")、全国高校文科学报研究会编辑学课题 1 项,获甘肃省教育厅高校学术期刊"三优"评比"优秀编辑学论著一等奖"、天水市第三届社科成果二等奖等荣誉,受到学报研究界的关注。

5. 积极与校外相关专家和学校科研处、各二级学院联系,了解近几年学校在各级人才队伍建设、重大项目申报和重点学科建设的新情况,积极向相关学科骨干约稿,张崇琛、赵逵夫、雷达、祝中熹、程金城、汪聚应、王文东、令维军、郭昭第、雍际春、王元忠、陈于柱、刘雁翔、吴彦文等校内校外专家先后为《学报》投稿或组稿,提升了《学报》刊用稿件的学术质量。

6. 从 2016 年第 1 期开始至 2018 年底,为期 3 年,《学报》根据学校学科建设中新设和调整二级学院的情况,继续在《学报》封二封三开辟彩页对全校二级学院及其重点学科建设进行了介绍,为学校教学科研管理提供了宣传服务。

(三)《学报》特色栏目建设

在长期的办刊实践中,《天水师范学院学报》初步形成了陇右文化研究、伏羲文化研究、杜甫陇右诗研究、陇右人物研究、敦煌学、西部农村基础教育研究、关中—天水经济区发展研究、始祖文化研究等已经引起学术界关注的特色专栏。同时借助高校战略合作项目的落实、高级别学术会议和重要专家组稿,捕捉学术热点和关键点,近年来还先后开设了"改革开放四十周年研究专题""杜甫陇右诗研究""麦积山石窟研究""霍松林研究专栏""当代作家述评专栏""甘肃考古研究专栏""陇蜀古道研究专栏""农地确权流转研究""唐代文学研究专栏""延安文艺专题研究"等栏目，均产生了良好的学术声誉。

这其中，多年来持续建设"陇右文化研究"特色栏目取得引人注目的丰硕成果。在《天水师专学报》1998 年第 2 期的内部刊物时期，就开设了"陇右文化研究"栏目，并在以后的办刊实践中保持了栏目的长期连续性，这个栏目在全国是唯一的，对发掘、汇集地域文化研究资源、学校陇右文化重点学科建设以及《天水师范学院学报》整体水平和质量的提高都起到了促进作用。

1. "陇右文化研究"栏目的定位与建设情况

《天水师范学院学报》在办刊之初，就确立了自身"做西部文章，办陇上名刊"的特色追求，学报编辑部在坚持明确的办刊方向和办刊方针的同时，又确立了以注重学术品味，立足地域优势，突出西部特色，以实现学术与教学、科研与区域社会经济发展、历史文化研究与西部开发有机结合的办刊理念。在这个理念指导下，《天水师范学院学报》将"陇右文化研究"栏目确定为刊物的特色栏目，并确定了栏目的定位：根据天水师范学院地处陇右地区的地缘优势，围绕学校陇右文化学科建设以及陇右地区以及全国范围内已经形成规模的和梯队的陇右文化学术研究队伍，集中展示陇右地区历史、地理、语言、文学、艺术、教育、民俗、经济社会发展等方面的研究成果，要求"陇右文化研究"栏目刊发的文章保证原创性、前沿性和权威性。

"陇右文化研究"栏目创办以来，刊发了大量优秀论文，展示了陇右文化研究学者们的科研成果，增进了陇右地区和学术界的交流，使得栏目质量不断提高，学术个性不断体现，在学术界影响不断扩大。《天水师范学院学报》自2000 年公开出版之日创建的特色栏目"陇右文化研究"至 2019 年共计开设 81期，发表学术论文 232 篇，其中包括对秦文化、伏羲文化、秦州史地、杜甫陇右诗、麦积山石窟研究等陇右文化资源研究的新作佳作，作者有赵逵夫、汪受宽、胡大浚、张忠刚、马明达、林家英、张崇琛、汪聚应、雍际春、陈于柱、刘雁翔、赵世明、尉博博等名师鸿儒及青年学术新秀，栏目集中地对陇右文化进行多视角全方位的研究与探索，已经引起了学术界和高校学报研究学者的广泛关注，得到了社会各界的好评和学术界的关注。著名学者霍松林教授评价《天水师范学院学报》"彰显羲里特色，精研陇右文化"；著名学者赵逵夫认为"陇右文化研究"栏目学术质量较前有了"很突出的进步……在发掘和汇集地域文化资源方面做出了较大成绩"；甘肃省社科院院长范鹏教授认为"在甘肃省学报、期刊界，《天水师范学院学报》是一个有特色、有品位、有前途的刊物，它的师范特色、学术特质，它的对陇右文化研究的特长，使《学报》在全省期刊界特别是在高校学报中有着独特的应有的地位，发挥了它重要的作用"；《陕西师范大学学报》编辑许正文先生也称赞《学报》"很有个性特色"。西藏民族学院教授谢丰泰称赞《学报》有"很高的学术水平，又有地域文化特色，学术信息容量大"。薛世平编审在《出版发行研究》上撰文认为，《天水师范学院学报》特色栏目"陇右文化研究"以天水独特的地理文化为研究对象，既有地方特色，又有学术价值，显得极有特色，格外引人注目。2005年、2010年、2014年，"陇右文化研究"栏目被全国高校文科学报研究会评为"全国社科学报"优秀栏目。全国高校文科学报研究会龙协涛会长在2007年北戴河特色栏目建设研讨会上以"陇右文化研究"栏目的成功事例，指出地方高校学报立足地域文化建设特色栏目是一条可行之路。

2. "陇右文化研究"栏目与学校学科建设相结合，促进了天水师范学院陇右文化重点学科的发展

天水师范学院重视地域文化研究及其学科建设工作，立足当地丰富的文化资源，以地域文化为基础，进行专业重组和学科整合，确定学科方向，熔铸学科特色，强化学科优势，大刀阔斧进行学科建设。自2002年以来，"陇右文化"学科分别被确定为2002—2005年度甘肃高校省级重点学科和2011—2015年度甘肃高校省级重点学科，学科建设取得了突出成绩，并成立了陇右文化研究中心，而陇右文化研究中心在其职责中就将协助《学报》编辑"陇右文化研究"栏目列为日常工作之一。"陇右文化"重点学科建设使"陇右文化研究"栏目有了充足的稿源，本栏撰稿人绝大多数就是陇右文化研究中心的研究人员。相应的，《天水师范学院学报》也紧密关注学校陇右文化学科建设及其专业设置，始终将"陇右文化"作为特色栏目、骨干栏目，放在《学报》突出的位置，实行全方位、多侧面、多角度的研究，力求每期栏目做到专题化、系列化和纵深化，并保证"陇右文化"栏目所发表的文章的原创性、前瞻性、学术性、理论性。《天水师范学院学报》"陇右文化"栏目建设与学校的重点学科和优势学科的紧密结合，为教师申报和完成各级各类科研项目提供了有力支持，促进了学校相关专业的发展，2009年以来，在陇右文化研究方向上仅校内作者蔡智忠、雍际春、陈于柱、刘雁翔、苏海洋、邵郁、闫祯、郭建耀就获得国家社科基金项目1项、教育部规划基金西部项目1项、教育部社科项目4项，省级社科项目10余项，所刊发文章的内容涵盖了陇右文化学科建设的方方面面，极大地推动了陇右文

化学科建设的发展，成为天水师范学院学科建设的一个亮点。

3．"陇右文化研究"特色栏目建设推动了《天水师范学院学报》的全面发展

"陇右文化研究"栏目定位明确，工作思路清楚，围绕地域文化研究，为当地政府开发地域文化提供理论支持与决策帮助，推动了"陇右文化"学科建设，提升了《天水师范学院学报》的学术品位，从而带动了《学报》的整体建设和发展。多年来，"陇右文化研究"栏目在选题策划、作者队伍建设等方面取得了成熟经验，在稿件的选择上既立足本校、又放眼全国，主动吸收校外富有学术含量和创新精神的优秀稿件，壮大校外优秀作者队伍，同时借助陇右文化重点学科队伍科研水平显著提高的良好契机，采取各种措施，扶持学术新人，积极推进和提高本校稿件的质量和学术水平，在栏目的选题方向和学术质量方面力图做到内外结合、以外带内、优势互补，形成了良好的运行模式。同时，《天水师范学院学报》借鉴"陇右文化研究"栏目的成功经验，相继开设西部农村基础教育、陇右人物研究、关中—天水经济区区域经济发展研究、高等师范教育教学研究等专栏，并刊发了不少优秀论文，使《天水师范学院学报》在突出师范院校学报"师范性、学术性、地方性"特色的基础上，形成了既立足地域文化优势又依托本院学术优势，既立足师范教育又注重学术创新的个性特色和办刊风格。现在，《天水师范学院学报》已经成为地域文化特色鲜明、学术规范严谨、学术品位较高、刊物质量得到显著提升，在甘肃省学报界有一定影响的学术理论性刊物。

（本章执笔：陈于柱　奉继华）

第九章

基础建设和实验室建设

　　学校升本后进入了规模扩张的快速发展道路，但学校发展空间、校园基础建设、后勤保障、基本教学资源、信息智慧资源等方面的不足，特别是教工居住条件、学生住宿条件的严重不足影响到了学校的发展。为此，在过去的十年里，学校抢抓发展机遇，加强校园基本建设，完善后勤保障，优化办学条件，实施智慧校园工程。学校的基础建设再上新高度，为建设特色鲜明的区域性高水平应用型大学的战略目标奠定了坚实基础。

　　十年来，学校努力整合各方教育资源，拓展办学空间；加大实验室建设力度，各主要指标初步达标；完成教师公寓建设，对校内学生公寓进行升级改造，进一步改善师生的工作、学习和生活条件。通过多方努力，学校新征校本部西侧 47.56 亩土地作为学校发展用地，租用山坡地 4 亩作为南校区教师公寓绿化与活动用地；投入 1.49 亿元完成实验室建设项目 160 多项。自筹资金 8400 余万元建设四幢学生公寓，新增学生公寓面积 36966.18 平方米；建成教师公寓63683.93 平方米，极大地改善了教师的居住条件；建成行政办公楼 1 幢 15524.8平方米，行政办公条件实现了质的飞跃；建成实验、教学楼各 1 幢，总面积33686.3 平方米，建设锅炉房、综合楼各 1 幢，总面积 17761.99 平方米；高标准改造田径场、篮球场、网球场、曲棍球场、体育馆等体育场馆，生均体育场馆面积达 3.5 平方米；建成学生食堂 4 个，总建筑面积 13000 平方米，设置学生用餐座位 3500 多个；新建教工食堂 1 个，建筑面积 4000 平方米；改造师院路、新建天桥等，为师生提供生命安全通道；改造大礼堂、音乐厅、学术报告厅、旧图书馆、西餐厅、教工单身宿舍及各种地下地上管网，新建机电学院实训楼等教学及实验场地；对教学区和生活区的网络设施进行改造，实现无线网校园全覆盖。

第一节　校园环境建设

一、基础设施改造与维修

基础配套设施建设成效显著。全校形成规划合理、功能齐全、设施完善的后勤服务系统，完成了 110kV 变电所、锅炉房等水、暖、电、气、路、绿化等基础设施的新建和改造，重新命名各条道路，对电网、通讯网进行改造，将各种电缆网线埋入地下，拆除各种立杆，彻底改变原来蜘蛛网式的空中布线，确保全校教学、科研、生活供应。

水电暖等后勤基本保障有力。学校相继完成西区接入城市自来水管网，师院路东侧给水、采暖管道，南校区住宅小区换热设备采购安装，南校区高层供暖设备安装等工程。每年根据供暖的需要提前有计划采购冬季供暖燃煤约 6000 吨，对供暖锅炉进行专业大修及常规保养检修，较市政提前 15 天供暖且延后 15 天停暖，并且将管网并入市政供热管网为周边单位、企业、居民冬季供暖。2017 年，学校与天水市区两级政府、建设局、供热公司等部门沟通协调完成了集中供暖框架协议的签订，供暖资产的评估、移交等相关工作，组织人员对学校供暖管网进行维护、检修，并积极配合换热站建设，保障学校冬季供暖正常进行。为了方便学生饮水，在教学公共区域采购安装饮水设备投入使用，并且定期定时维护，更换滤芯等设备，保证饮用水安全卫生健康。在城市供水极度短缺的情况下，积极协调自来水公司为学校新接入水口 1 个，增加了学校供水量，并且新建启用蓄水池，合理调配全校水资源，采取节水措施，创新供水方式，保障了全校师生科研、教学及生活用水之需。在电路电缆建设上，对新建的 6、7、8 号，原有的 1、2、3 号及改建的 4、5、6 号学生公寓、单身楼和各教学楼、实验楼供电主电缆进行铺设和更换；铺设公共区域饮水、监控、网络等设备电源；重新安装体育场地、场馆户外、室内照明系统，安装信息网络、路灯、室内及户外的 LED 大屏幕、礼堂、音乐厅、新北门射灯、车辆出入等电缆系统；家属区版式换热机组检修，这些工作的开展保证了各类教学、科研、体育、生活等活动的顺利进行。

持续进行基础设施维护及升级改造。加固和装饰东田径场南二层楼，完成南校区 5 幢住宅楼消防工程及小区消防通道建设；粉刷校本部 10 届毕业生近 2000 间毕业生宿舍及部分办公用房；对新旧大门、礼堂、教学楼、实验楼、图书馆及部分家属楼分年度进行屋面防水、防晒维修；安装、更新、检修校园道路路灯及教学、实验、办公场所等公共区域照明设施；对校园部分路面进行维修，拆除旧北门圆形花坛，填埋、铺装未来广场毁坏的喷泉，维修改造 1—3 号学生公寓楼、旧图书馆、原理科楼、体育馆、大礼堂、1—4 号四个学术报告厅、原行政楼等；1 号实验楼外墙清洗工作及电教中心外墙粉刷工作。

改造维修重点工程。维修工程项目严格遵守招标管理制度，每项工程指定专人作为项目管理人，跟踪监督管理施工质量和进度，确保各项维修改造项目在保证质量的同时按期完工。在供暖季来临之前维修两台供暖锅炉本体及辅机，保证其正常运行；定期、不定期维护或抢修蓄水池设备、清洗蓄水池，避免了旱季缺水，保证了正常的生活起居、教学科研和全校事业的良好有序运行；安装、维修、检修行政楼、园丁苑 1 号楼、南校区 3—7 号座教师公寓 16 部电梯备用电源启用和 3 部电梯的无线五方通话系统安装，提高了电梯运行质量和效率；改造师院路校内人行道及围墙工程完工，投资新建天桥，保证了广大师生内外出行安全；西田径场、门球场、曲棍球场、网球场等多处体育场馆及校本部、南校区、园丁苑的户外健身器材的投放安置为师生运动、锻炼、健身提供了空间和设施保证。

二、校园美化亮化

逐步调整校园绿化格局，调整苗木密度，增加园林情趣，新建区域绿化面积增加，校园绿化工作水平稳步提升。

在完成常规绿化养护工作的同时，逐步调整校园绿化格局，增加绿化面积，按计划完成了新建学生公寓周边绿化，完成了东西操场、南校区、医务所西侧及 1 号实验楼、西阶梯教室等周边园、路改造工作，进行了校内各道路、篮球场、东塑胶操场、网球场等体育场地的亮化，在行政楼、2 号教学楼、4 号实验教学楼立面题刻校训美化外立面，新大门东西两侧、4 号实验楼北侧绿化，正在实施的校园绿化亮化工程将使学校的景观再上台阶。根据学校基础建设规划开展树木移植工作，对校内原理科楼、原东餐厅、旧北门周围的树木进行移植，移植树木成活率达到 90% 以上。树木移栽工程的完成有力保障了学校基础建设计划的实施，也为学校绿化节省了费用。同时，通过西区田径场人造草、塑胶面层、围网工程，新北门花箱、苗木种植等逐步调整校园绿化格局，提升校园绿化水平，尤其对旧北门东侧花园、旧图书馆、南阶梯教室、1号报告厅、8号学生公寓、体育馆等周边地区进行了提升改造，修造了园路，调整了苗木密度，增加了园林情趣。学校对校园行道树及各楼宇周边绿化苗木进行增添种植，并且在逸夫图书馆东西两侧、体育场、家属区种植草坪或铺设花坛。中庭院广场的书雕、教学楼背面和艺术楼南北两面的浮雕、校训牌等美化工程，以及路灯、庭院灯、体育场灯光照明等亮化工程形成了校园建设功能分区明确，融花、草、树木、水、石、湖等自然景观和建筑物等人文景观为一体的花园式校园，为广大师生创造了学习、工作、休闲的优美的环境。

三、物业服务稳定有序

后勤服务保障体系完善规范。学校通过深化后勤管理改革，吸引社会优质资源参与校园维修、绿化、餐饮等服务，全面提升后勤保障能力和服务水平；通过加强安全保卫制度建设，健全完善突发应急机制，创建平安校园；大力推进学生宿舍管理体制改革，积极协调地方政府，通过建设、租赁、购买、改造等方式，确保对学生公寓的使用权和管理权，全面实施学生公寓内部设施的升级改造。

物业服务工作稳定有序。校园、室内外卫生环境保持整洁，楼宇内部安全值班工作保持平稳，小型维修及时高效到位；南校区教师公寓小区管理设施不断完善，购置安装了水电暖、停车收费管理系统，形成了良好的物业服务标准规范，对违规出租、租赁住房行为进行了有效干预，小区秩序井然有序。在新北门、旧北门、园丁苑、南校区、1号综合楼、行政楼等处共建成6处地面、地下停车位，先后多次分配1号综合楼、图书馆地下停车库。新建并投入使用的学生浴室，为学生提供了良好的洗浴场地和条件。构建专家公寓运营模式、学生公寓管理办法、南校区教师公寓分配方案及各类教师过渡房的管理方案，有效地盘活了校内房舍资源。新建学生公寓、研究生公寓、科技园、专家公寓及其附属的办公、窗帘、晾衣架、家具、清洁用具、设施等采购安装及时有效；商学院、历史文化学院、资源与环境工程学院、信息中心、医务所等机构办公场地调整后，对原办公场地和新办公场地进行了改造与家具设施的安装，并更新了部分医疗、印刷设备。印刷中心搬迁改造及设备安装、锅炉房临时平房修缮、原招待所商铺、师院路临街商铺拆迁、校办公司撤销与搬迁，为学校基础建设顺利实施做好了前期工作。

校园室内外卫生环境保持整洁，各楼宇内部安全值班工作保持平稳，各类维修服务及时高效；重新规范了校本部、南校区、南城根家属区以及园丁苑小区的物业服务收费标准，进一步加强了对各住宅区的日常管理。

通过设置学生公寓周边垃圾桶、新大门花箱和园林景观警示牌，建设教学楼卫生的精品项目，制定卫生标准、规范工作程序、跟班指导作业等措施，教学楼大厅、走廊及室内卫生和校园绿化、美观、保洁工作有了明显改观。同时，学校不断加强校内绿化、卫生的管理工作，增设不锈钢垃圾筒，及时清理零散垃圾，保证校园美观、整洁、卫生；物业管理形成了职责明确、制度完善、层级清楚、反应快捷的良好局面，物业管理和服务展示了较好的风貌。

四、食堂建设与食品安全管理

（一）教工餐厅建设与运营

学校新的领导班子高度重视教职工的就餐用餐等生活问题，仅仅用了不到两个月的时间，于2018年12月开办了教工餐厅，该餐厅成为建校60年来的第一个教工食堂，创造了"师院速度"。早餐、午餐为职工供应牛肉面和自助餐，晚餐供应牛肉面和精品小炒。在资金十分紧张的情况下，学校为教工食堂补贴资金，为教工提供品种丰富的菜品和优美的用餐环境。

学校筹措资金，改造装修食堂后厨和教职工用餐环境，添置教工食堂各类所需设备和物品，在全市范围内招聘并培训人员，积极联系并引入兰州云峰牛肉面，制定教工用餐补贴方案，保证了教工餐厅于12月10日的正常试运营。学校相关单位努力工作，连续奋战，8周来持续加班加点，不计酬劳，辛勤付出，经过两个月的奋战，建成了教工食堂。10月15日—10月18日，学校确定教工餐厅经营模式方案；10月10日—11月30日，完成教工餐厅的装修及设备安装，水、电、气的调试，餐厅低耗品的准备等；10月19-10月30日，学校组织相关部门开展调研，对方案进行论证、细化，确定方案；10月15日—10月30日，学校组织校内相关部门人员调研省内各高校对教工餐厅的补贴办法及金额；11月10日—12月10日，招聘餐厅工作人员；12月10日，教工餐厅开始试运营，结束了学校60年来没有教工食堂的历史。

（二）学生食堂运营与管理

随着学校办学规模的扩大，原来的东西两个餐厅无论是规模还是经营上都不能满足学校的需要。学校筹资建设新的学生食堂，现有学生食堂4个，总建筑面积13000平方米，设置学生用餐座位3500多个，学校投入大型仪器设备价值200余万元，现有服务职工198人，其中学校在编工作人员4人，可基本满足全校学生用餐。学校着眼长远，公开招标，引进团餐全国50强企业——宁夏明瑞苑餐饮公司、中膳团餐等三家企业进驻学校餐厅，学校严格履行监管职责，引入学生监督考核餐厅机制，保证了各餐厅的正常营业和食品安全，也保证了引进的企业为学生提供优质的饮食服务。

为了更好地做好餐饮服务工作，学校于2014年3月成立膳食处。坚持以"服务为主、确保稳定、保证安全、注重效益"的膳食服务指导方针，加强管理，提高膳食服务质量，高标准，严管理，全面落实"安全、卫生、营养、可口"的饮食供应原则，不断加强食品质量和改进菜品供应种类，不断提高工作人员的素质和工作效率，为全校师生提供了美味可口的营养保证。一是加强管理，创新工作思路，保证全校学生用餐的按时供应。每年完成学生用餐供应量近2200万元，其中学校经营的餐厅完成约1100万元，实现了自营食堂的微利经营。二是提升工作人员的服务水平，不断营造餐厅的饮食文化氛围。签订《食堂聘用人员安全协议书》，不断加强职工培训力度，进一步增强食堂工作人员的食品安全意识；在餐厅设立投诉箱，专人负责接收并处理学生的投诉，对遭到投诉的个人和窗口进行严格管理；在餐厅张贴各类文明标语，充分利用电子显示屏营造勤俭节约、文明用餐的氛围；确定每周四为伙食管理委员会食堂检查日，伙食管理委员会成员和校团委学生联合对各食堂食品安全卫生、工作人员服务态度等进行检查督导；每学期在服务窗口评选"文明窗口""星级服务员"，实行奖励政策。以上措施的采取使得餐厅工作人员的服务意识不断增强，服务态度不断好转，服务品质不断提升。三是建立健全了学生食堂食品安全保障机制。在食材尤其是副食品的选购上，优先选用国内知名品牌，积极开展"农校对接"，保证了原材料的安全性；按照《食品安全法》和《学校食物中毒事故行政责任追究暂行规定》要求，强化了学校食堂责任人的食品安全意识；建立健全了学校食堂原材料集中采购、学生食堂进货查验记录、索票索证制度，实现原材料采购的全程可追溯；积极协调地方卫生检验检疫部门，加强对学生食堂的临检和抽检，保证了学生食堂经营者的依法、诚信经营；全面推进学生食堂餐饮服务、食品安全监督量化分级管理制度，量化分级实施率达到100%；加强食品制作全过程管理，实行严格的食品留样制度；加强安全保卫工作，加装监控摄像头，加强防鼠防毒工作，全年无任何食品安全及生产安全事故发生。四是在所有食材价格大幅变动，米、面、油、肉价格全面提高，蔬菜价格居高不下的严峻形势下，通过加强成本核算，保证学生用餐价格稳定。加强采购管理，通过学校统一公开招标，降低采购成本；加强库存管理，杜绝库存浪费；加大成本意识教育，减少加工环节的浪费；采取分组核算，在保证数量与质量的基础上，不断降低经营成本。以上措施的实行，保证了学校食堂供应价格的稳定。五是加大投入，完善设施，改善就餐环境。仅 2016 年，食堂自行投入近 14 万元改善餐厅环境；自行投入 5 万余元购置了必要的设备，投入近 5 万元更换部分易耗品；2017 年，食堂自行投入近 20 万元，暑假期间对餐厅一楼后厨轻钢龙骨及铝扣板吊顶进行更换；自行投入近 15 万元加装油烟净化器，购置拖地机器人和垃圾清理车；投入近 6 万元维修各种仪器设备，投入近 3 万元更换餐盘、勺子、筷子等易耗品，切实改善了学生的就餐环境。

五、校园安全与综合治理

学校通过推动校园安全全面覆盖，排查整治安全隐患，持续改善了校园及周边环境安全与秩序。制定实施办法，全面提升校园治安管理、技防管理、消防安全管理、实验室安全管理标准化水平。做好重要敏感节点的安全稳定工作。

隐患排查和整改。在学校的指导下，在各部门各学院检查的基础上，保卫处多次安排消防安全集中检查和全方位安全大检查，通过电话通知、下发整改通知书和即知即改，整改隐患百余个。对检查中发现的电线网络老化、危化药品存放柜不符合标准、危化废弃物处置、多栋教学办公实验用房未经消防部门合格验收、石马坪中学后面学校公寓楼旁施工工地安全漏洞等隐患，分期分阶段整改；多次向市区政府和有关部门上报学校周边环境整治的文件，耗费大量时间、精力与市区相关部门沟通衔接，使校园周边秩序得到了部分好转，安全管理硬件不到位的情况也逐步得到改变。两进两出的车辆智能管理系统、网络端口侦控系统已经正常运行，覆盖校内学生公寓楼周边的全校高清视频监控系统投入工作，4 号实验楼北侧临时停车场遮阳安装完成。在天水公安局的支持下，学校呼吁多年的学校警务室开始运转，并且与秦州公安分局签订《天水师范学院与秦州公安分局治安管理协议书》建立警校合作的长效机制。

封闭改造师院路，建设了学生安全通道，对天桥下隔离护栏进行日常管理和维护，新、旧北门安装了车辆智能管理系统，校园网端口安装了侦控系统；

制订《校园治安综合治理考核办法》，为校园治安综合治理目标管理责任制的落实提供了考核依据。

校园综合治理。本着"预防为主、标本兼治、综合施策"的原则，学校经常分析研判学校安全形势，针对不同时段出现的不同问题，学校及时或定期召开会议，安排部署校园综合治理工作。通过加大管理力度与夯实工作举措，校园内乱贴、乱摆、乱挂现象得到扭转，教学区禁止机动车、宠物进入效果明显，车辆出入、行驶和停放基本规范，危化品、实验室、特种设备管理制度健全，技防、物防和人防得到明显加强，全校上下重视安全、渴望安全并主动落实安全措施的意识明显提高。公安部门对学校内部安全保卫工作年度考核给予了高度评价，连续多年将学校评定为优秀等次。

消防安全工作。学校根据《冬春防火教育整改和演练的通知》《教育厅关于加强冬季校园安全管理的通知》，通过展板、知识讲座、主题班会、119消防日系列活动等，全面加强消防安全宣传教育，举办消防知识讲座，举行消防应急逃生演练；在日常检查和每学期两次固定检查基础上，武装保卫部、后勤处、国资处多部门联动对商业门店、实验室消防安全进行专项检查，每年组织集中检查10次；完善4号教学实验楼等楼宇消防招标方案，解决施工中的问题，督促按时保质完成了维修改造。对艺术楼、原理科楼、3号实验楼和文科楼消防水箱进行维修，对学生公寓楼内消防管道破裂进行抢修；对新建实验室、教学楼、教师公寓、学生公寓、逸夫图书馆、锅炉房、学生食堂等相关部位增配消防器材。

六、智慧校园建设与管理

学校以建设"智慧校园"为目标，充分借鉴国内一流高校信息化建设的成功经验，制定信息化战略行动计划。启动全校统一的信息化标准体系建设，逐步完成教学区和生活区的光网改造，实现无线网全覆盖；实现校园"一卡通"升级建设，实现移动互联网平台下的校内各应用系统App平台建设，为师生提供高效、便捷、优质的服务。建好协同办公服务系统，搭建集校务公开、服务检索、服务办理、互动交流等功能于一体的综合性网上办公平台，提升工作效率和管理效能；创新完善信息化管理机制，加强信息化队伍建设，提升全校师生信息化应用水平。

随着2017年5月新信息中心土建完工，5—7月数据中心、综合大厅硬件安装到位，网络和数据的全面迁移，教务、站群、人事、学工、档案、邮件、图书馆等业务系统上线，对全校光纤网络全部升级改造，576 芯主干接入光纤全部割接完毕，新数据中心逐步全负荷运转，学校初具智慧校园雏形。

学校建成无线网络，使用无感知认证技术，实现了教学区、办公区、广场、宿舍、食堂、礼堂室内外校园无线网全覆盖。建成了标准化数据中心，可满足所有应用系统运算存储的超融合资源中心和 480 个云终端服务的云计算中心。智慧校园综合服务平台将逐步上线，初步完成了包括数据、认证、门户三大系统的智慧校园中枢调度平台，和现有的教务、人事、学工等应用系统成功对接，校情综合分析平台主窗口已成型。基于云终端的 260 台学生自主学习中心，并使用一卡通机房管理系统，学生可刷卡进行网络慕课资源的研修。一卡通业务继续扩展，建成学生自助查询打印系统，学生可凭身份证、一卡通自主识别打印学籍证明、成绩单、获奖证明、奖学金等级等各种证明材料，材料带有学校防伪水印和相关部门印章；学生饮水、洗澡、公寓门禁管理已建成使用。根据网络等级保护三级要求，完成校园网安全项目，部署了新一代防火墙、堡垒机、灾备存储等设备。

在对网络软硬件大力建设的同时，加强网络监管和文化建设。规范校园网建设，建好校、院两级门户网站；拓展校园网络文化建设的渠道和空间，着力增强网络服务中心、服务大局的功能；加强网络舆情监控，及时清理有害信息；使网络真正成为弘扬习近平新时代中国特色社会主义思想、遵守国家法纪法规、传播社会正能量、展示优秀文化、展现学校优良气质和风格的重要阵地。

第二节　教学实验基础建设

一、教学设施基本完备

在 2 号教学楼、4 号教学楼、艺术楼以及 4 所实验楼等建成智慧教室和多媒体教室，在文化广场、逸夫图书馆和 4 号实验楼、行政楼、旧图书馆、4 号教学楼分别建成室内外大屏显示器等公共教学资源。加大多媒体教室、微格教室管理改革力度，优化多媒体教室管理模式，实现多媒体教室全天候开放。提高优质教学资源的利用，为学校促进教学信息化环境建设发挥积极作用，并对新建

（改扩建）教学实验室效益开展评估。

目前，学校现有教学楼 9 栋，教室 301 间。其中普通教室 30 间，座位数 1678 个；智慧教室 30 间，座位数 1800 个；多媒体教室 103 间，座位数 8540 个；微格教室 10 间，座位数 300 个；语音室 6 间，座位数 412 个；学术报告厅 6 个，座位数 1150 个；琴房 70 个，可供 400 多人同时练习；画室 46 个，可供 1200 多人同时进行绘画。另外，校内建有专业音乐厅 1 个，座位数 350 个；文化会堂 1 个，座位数 650 个；学术报告厅 6 个；体育馆 1 个，体育场 2 块，各类专业教学场地 41 个，总面积约 5.86 万平方米。

目前，学校有省级实验教学示范中心 3 个，有实验室、实习实训场所 146 个，面积 42800 平方米。另外 10 个省级科研平台也承担了本科实验实训教学任务。校外有教育实习基地 169 个，专业实习基地 102 个，大学生科技创新实践示范基地 1 个。

图书馆建筑面积 25800 平方米，共有中外文献 237 万册，其中纸质图书 122.3 万册、电子图书 103.1 万册，装订成册的期刊和报纸有 10.4 万册，生均图书 154 册。中外文期刊 1297 种、各类新购置大型数据库资源 32 个。开设 6 个借阅处和 8 个阅览室，提供自习座位 2140 个。

二、实验室建设成效显著

截至 2018 年底，学校现有实验教学楼 5 幢，分别是 1—4 号实验楼、2 号机电学院实训楼，楼宇建筑总面积为 46119.74 平方米；5 幢实验实训楼中房屋建筑面积为 27664.9 平方米，实际用于实验教学的房屋面积 21820.46 平方米；另外学校在 2 号教学楼、3 号教学楼（艺术楼）、4 号教学楼及旧图书馆中有部分实验室，房屋建筑面积 3893.75 平方米，全校实际用于实验教学的房屋总面积为 24815.65 平方米。将公用楼道、楼梯间、卫生间、公用大厅等按比例公摊到实验教学用房后，实验教学总面积 39767.86 平方米。固定资产和无形资产总值为 9.28 亿元，其中教学仪器设备值 2.43 亿元。

学校实验教学条件得到较大改善。各类教学实验室、科研实验室、重点实验室、工程（技术）研究中心等在保证正常教学的前提下，采用不同形式开放运行，实验技能型开放实验室按照各学院实践教学中心规定的时间开放；学生科技活动型开放实验室由学生申请预约使用；学生参与教师科研型开放实验室采取导师制管理，由指导教师和学生带项目进实验室。多种开放模式满足了学生加强实验技能训练、参加各种学科竞赛、科技创新、创新创业训练计划项目、参与教师的科学研究等活动的需求，为培养高素质应用型人才提供了坚实的保障，为学生科技制作、学科竞赛、创新创业等实验实践需求创造了良好条件。灵活多样的实验室开放形式，有效提高了教学科研设施设备的利用率，保证了本科生实验实训时间，满足了学生实验技能训练、参加竞赛、科技创新、创新创业训练、参与教师科学研究项目等实践教学活动的需求，为培养高素质应用型人才提供了坚实的保障。近三年，共有 186 项大学生创新创业训练计划项目，1500 余名学生毕业论文（设计）在开放实验室内完成。

三、实习实训基地完备

学校建立了类型多样、数量较为充足的实践实训基地。教师教育专业结合陇东南地区、少数民族地区、边疆地域基础教育发展需求，充分整合高校、地方教育行政部门、中小学等优质教育资源，多渠道建立教育实习基地，已涵盖甘肃省内天水、陇南、庆阳、甘南和新疆昌吉州、阿勒泰地区、哈密地区的 20 余个县市 169 所中小学，每年可以容纳近 2000 名师范生实习。应用型专业配合专业结构调整需要，根据专业特点和人才培养对实习基地的要求，与中兴通讯股份有限责任公司、安博教育集团、华天电子集团、甘肃华圆投资控股有限公司、天水嘉通建设集团、杭州华三通讯股份有限公司、兰州银行股份有限公司等企业（集团）协同合作，共建应用型专业实践基地 102 处。

四、各种资源利用充分

学校建设急需各类资源保障，各单位、团体和个人切实把学校利益放在心上，主动担当作为，不断改革创新，充分挖掘资源潜力，努力为学校拓展办学资源。

信息资源为广大师生和教学科研服务。学校校园网始建于 1999 年，先后两次升级改造，建成了一个水平较高、覆盖面较广、资源较丰富、运行良好的校园网络。目前，全校共有 5100 余个信息点，总出口带宽 2.3G，无线网络全覆盖了教学区、办公区和生活区。学校建成了标准化数据中心和数字校园平台，实现了校园一卡通全方位使用，为师生学习、生活提供了便捷的数字化服务。

吸纳社会资源协同办学育人。学校与联合育人单位共同制订培养方案、合作开发教学资源、共同承担教学任务，合作完成人才培养任务。2014 年开始，与安博教育集团和锦江连锁酒店集团合作开办了安博—锦江之星酒店管理班，目前已有三届毕业学生，培养效果良好。2015 年，生物工程与技术学院和西北民族大学生命科学与技术学院签订合作办学协议，西北民族大学甘肃省细胞工程技术中心实验室开始对学校生物技术（生物制药方向）专业学生进行细胞培养技能培训，提升了学生专业技能水平。2015 年中兴通讯股份有限公司与学校共建云计算创新、4GLTE 移动多媒体创新、物联网创新等三大平台；联合申报"教育部—中兴通讯 ICT 产教融合创新基地"项目，成立了天水师范学院中兴通讯学院，申办了通讯工程、计算机科学与技术（云计算方向）两个专业，2016 年开始招生，目前拥有在校学生约 220 余人。2016 年，天水市人民政府在学校投资 30 余万元，建成了天水市电子商务学院；西安交通大学捐赠价值 200 万元机床 1 台。近年来，学校共接收社会各界人士捐赠的著作、古籍文献、期刊等 74358 册、书画作品近 300 幅，其中著名古典文学研究专家、陕西师范大学教授霍松林先生捐赠图书 3011 册、书画作品 240 幅、音像资料 72 盒以及各种证书 123 本；著名文学评论家雷达先生捐赠图书 1000 余册；原甘肃省美术家协会主席莫建成先生捐赠 85 种共 431 册艺术文化类图书，极大地丰富了馆藏，繁荣了校园文化。

建成天水师范学院科技园，为科技成果转化、教学实践实训、学生创新创业提供优质平台。理顺"双创"工作机制，打造学校"六位一体"的创新创业工作体系。成立"天水师范学院科技园有限责任公司"。学校多措并举推动科技园运行，激发师生创新活力，将科技园打造成学校科技成果转化、新技术企业孵化、创新创业人才培养、产学研结合的平台和服务的机构，扩大学校社会影响力。

第三节　公寓建设

一、教师公寓建设

自 2009 年以来，学校多方奔走、积极努力将南校区教学用地置换为住宅用地，新建学校的第四个住宅小区"南苑小区"。通过职工集资和学校筹措相结合的方式投入资金 21027.68 万元，先后于 2009 年、2011 年分别开工建设 3 号、5 号和 4 号、6 号、7 号等两栋高层、三栋板式共五栋教师公寓，建筑面积 39730.93 平方米，并分别于 2013 年和 2014 年竣工入住，极大地解决了近 500 户教工住房难题。学校筹措资金硬化南校区道路、修建防护坡、停车场、小区绿化、亮化及铺设雨水管网与 4 号、6 号、7 号住宅楼室外燃气、光网等管网工程，将南苑小区建设为环境优美的职能住宅小区，使学校职工住房状况得以整体改善和提升。南苑小区的修建使得学校职工住房状况得以整体提升，到目前为止学校有皇城根、校本部、园丁苑、南苑小区四个住宅小区及安居小区的部分住宅，有住房 1180 套，为引进高层次人才、稳定教师队伍提供了良好的生活保障。

二、学生公寓建设

学校学生公寓一直秉承"以学生为本，高效服务学生"的管理理念，为同学们提供安全、舒适、温馨的住宿环境和周到细致的后期服务。截至 2019 年 4 月，学校共有 18 栋学生公寓楼，其中男生 6 栋（弘毅、浩然、秋实、泊宁、博学、知行东），女生 12 栋（淘漉、蕙锦、菁瑛、若谷、芝园、博闻、云帆、兰蕙、行健、双馨、知行西、研究生公寓），合计入住本科学生 15000 余名，硕士研究生 370 余名。校本部学生公寓入住本、硕学生 9000 余名，华英学生公寓入住学生 6000 余名。

新建学生公寓。2011 年 6 月学校经多方筹措新建 4 栋符合全国高校标准化宿舍的高标准公寓楼，其中本科公寓 3 栋，研究生公寓 1 栋，共解决 3500 余名本硕学生住宿。本科学生公寓楼按照 6 人/间标准建设，其公寓家具为"上床下桌"式组合家具，采暖方式为分户式地暖。研究生公寓按照 3 人/间标准建设，每间宿舍设有独立卫生间，电梯直达各楼层。2016 年 9 月研究生公寓入住，同年 12 月本科学生公寓分批次入住。随着学校发展及各专业招生人数的增加，新建 4 栋学生公寓楼的建设极大地缓解了学校本科学生的住宿压力。

翻新改造学生公寓。学校为了改善学生住宿环境，申请中央扶持地方高校发展项目，对淘渌、蕙锦、菁瑛 3 栋老旧学生公寓进行维修翻新工作。主要对学生公寓家具、上下水、电路、门窗、照明、消防、监控、宿舍地面、公共区域地面、洗漱间、卫生间等进行全面维修改造。由于改造学生公寓工期短、任务重，为了保证工程质量，确保如期交工，土木工程学院进行现场实践实训作业，对淘渌、蕙锦、菁瑛 3 栋老旧学生公寓改造维修工程进行全程监理，该院师生本着对学校负责、为学生负责的态度，严格按照监理程序对工程进行监督施工，后期工程验收顺利，改造维修公寓工程质量高、效果好。

三、公寓管理

在学生公寓管理方面，学校强化"服务育人"的理念，完善学生公寓相关规章制度，进一步细化并规范工作流程。学校组织修订《天水师范学院学生公寓管理办法（试行）》《天水师范学院校内学生公寓楼用电管理办法》《天水师范学院关于印发寒暑假学生离（返）校和留校住宿有关规定》及公寓管理员、保洁员和维修工工作职责、岗位职责、考核办法，规范工作程序，改变工作作风，修订《天水师范学院辅导员、班主任入住学生公寓岗位职责暂行办法》《五星级文明宿舍评选细则》等文件，进一步强化学生公寓服务管理水平。

以人性化服务学生。学生公寓开展"公寓无垃圾"活动，引导学生主动将垃圾装袋放置公寓外垃圾集中点，"公寓无垃圾"活动已经形成常态化，已杜绝高温季节公寓楼内蚊虫及其他滋生细菌、病菌等情况的发生。为了给同学们的日常生活提供便捷，学校与第三方厂家合作，学校所有学生公寓楼内安装洗衣机和自动贩卖机。同时为了服务学生，确保学生人身安全，学校在每栋学生公寓每个洗漱间安装公共电源插座为学生日常吹发、手机充电等提供便捷服务。

以信息智能化服务学生。开通"天水师范学院学生公寓服务平台"微信公众号，定期发送公寓服务内容、公寓办事指南、公寓安全知识等文件、图片、视频。以信息化、网络化简化办事流程，以"让信息多传递、学生少跑路"为工作重点，同时对于学生在公寓生活中的问题进行及时解答，做到信息工作公开化、透明化。

学校为了确保入住学生的安全，陆续对学生公寓楼安装智能控电系统，该系统对于学生使用大功率违规电器进行有效管控。为了更好地服务学生，经过多频次、长时间的系统调试，学生公寓智能控电系统远程控制操作完善。通过试行《关于天水师范学院学生公寓用电管理系统操作通用说明》，现如今学生宿舍出现断电情况无需等到次日供电，可随时进行控电操作，极大提高学生公寓供电服务效率和质量。

在对校内住宅和教师公寓的管理上，学校严格按照上级有关部门及学校的各项政策、制度执行，同时开展师院路临街商铺的回收、拆除及部分商铺租金清缴，学校办公用房的清理及各类数据、报表填报，新进教师住房手续办理及学校周转房过户、南城根家属院柴房拆迁，新进教师入住周转房等工作。

（执笔人：于志远）

第十章

图书馆和校园网络信息化建设

2009 年至 2019 年十年间，随着学校高规格、宽领域、强内涵、促转型、大发展，图书馆建设和校园网络信息化建设也得到迅速而富有成效的发展，有力地服务了教学、科研、管理和师生的日常生活，成了学校各项工作的现代化支撑平台。

学校在理念更新、资金投入、资源建设、服务功能提升等方面，高度重视图书馆的建设和发展。图书馆人也抢抓机遇，科学谋划，着力文献资源和网络化、数字化、智慧化建设，加强规范管理，增强特色优势，提高服务水平，想方设法推进图书馆事业的发展。

加强校园网络和信息化建设是社会进步、时代发展的必然，也是培养高素质复合型人才的迫切需要。校园网络和信息化建设迅速发展，规模逐年扩大，应用不断丰富，各类信息系统陆续建成，智慧校园建设初见端倪，逐步走出一条适合校情、满足广大师生用户需求、科学实效的教育信息化发展道路。

第一节　图书馆建设与发展

一、文献资源建设，成效显著

图书馆文献资源建设是大学建设与发展的重要内容，也是从事大学教学科研工作的重要基础之一。天水师范学院逸夫图书馆坚持"读者第一，服务至上"的办馆宗旨，坚持馆、院两级藏书体制，经过几代图书馆人的不懈努力和辛勤工作，以学校的专业和学科建设为依据，积累了日益丰富的文献资源，形成了自己的馆藏特色，为学校教学和科研提供了强大的文献资源保障。

2009 年，文献资源的专业覆盖面逐步扩大。图书馆为数学、物理、化学和生物四个学科订购了 4 种外文原版期刊；续订 1450 种中文期刊和 82 种中文报纸；继续购买了荷兰励德爱思唯尔公司 Elsevier 大型数据库的使用权；购买 2 万册超星电子书，为了改善音乐、美术等专业纸质图书较少的现状，在电子书选购时对这些专业进行了倾斜。图书馆在保证学校重点学科和专业建设的文献资源配置的同时，加强了对通用数据库的试用宣传和培训工作。优化馆藏文献资源，提升文献使用效率；开展校友图书募捐工作，与校友联谊会发起了校友图书捐赠活动，共接收到捐赠图书 5888 册。

2010 年，文献采购总量稳中有升。图书馆调整了以往的纸质图书采购计划，分为现场挑选和订单订购两种方式选书。采购人员先后走访了 11 个二级学院，发放书目订单，听取师生意见，保证所购图书的学术质量和适用性，选购新书 9018 种，共 27121 册，完成图书订购经费 925015.66 元；订购 2011 年中文期刊 1185 种，共 16.71 万元；预订 2011 年中文报纸 88 份，订购金额 1.59 万元；完成了 CNKI 学术期刊全文数据库、超星电子书的续订工作；对超星学术搜索、超星名师讲坛、万方学术期刊全文、万方学位论文、万方会议论文等数据库进行试用；积极开展图书募捐工作，共接收捐赠图书 13012 册。

2011 年，图书馆加强文献信息资源建设，尽力满足全校师生的文献信息需求。纸质文献资源方面，订购验收馆内图书 24750 册，验收二级学院图书 2147 册；接收各类捐赠图书 1840 册；订购期刊 1265 种，订购报纸 70 份。数字资源方面，除延续前几年使用的 CNKI 学术期刊全文数据库外，2011 年新增加 CNKI 优秀博硕士学位论文、读秀学术资源搜索 2 个数据库，又申请学校增订了外文专题数据库、超星学术视频数据库，共有正式购置的数据库 5 个，联系申请试用网络数据库 8 个，正式购买的电子图书总册数达到 59 万册。

2012 年，图书馆进一步加强文献信息资源建设。学校增加对图书馆购置经费的力度，纸质图书购置经费投入达 190 万元，新增图书 4 万余册，接收捐赠图书 773 册；完成 2013 年期刊订购 1165 种，合计 17.9 万元；报纸订购 76 种，合计 1.6 万元。数字资源建设方面，在原有 7 个数据库资源 CNKI 全方数据库、CNKI 博硕士论文数据库、读秀学术资源数据库、超星数字图书馆、Apabi 数字资源平台、超星学术视频、圣马特色专题外文数据库基础之上，新增了 3 个数据库资源超星百链云资源、万方方志数据库、CNKI 年鉴数据库，使数据库资源达 9 种，开通试用的数据库资源有 8 种，购置数据库经费达 61 万元。电子图书购买费用 7 万元，新增电子图书 3.5 万册，电子图书总量达 63.315 万册，学术视频资料 1755 集。

2013 年，纸本文献采编工作紧密围绕学校教学和科研实际，充分发挥"专家选书""读者推荐"图书作用。学校增加对图书馆购置经费的力度，全年新增图书 4 万余册，接收捐赠图书 356 册；完成 2014 年期刊订购 1173 种，合计 20.5 万元；报纸订购 66 种，合计 1.7 万元。图书馆加强数字资源建设，做好数据库的维护工作。电子图书购买费用 10 万元，新增电子图书 5 万册，使电子图书总量达 68.7528 万册。

2014 年，学校增加对图书馆购置经费力度，全年新增图书 6 万余册，接收捐赠图书 463 册；完成 2015 年期刊订购 1321 种，共 22.086 万元；报纸订购 66 种，共 1.788 万元。电子图书购买费用 10 万元，新增电子图书 5 万册，使电子图书总量达 73.5 万册。

2015 年，纸质图书购置经费全年达到 170 万元，新增图书 5.4 万册，接收捐赠图书 800 余册；完成 2015 年期刊订购 1325 种，共 22.1 万元；报纸订购 66 种，共 1.6 万元。特别是本年底学校研究通过实施财务预算项目，增加纸质图书采购经费 580 余万元，购买大型经典丛书 16146 册，极大满足了学校教师、研究生与本科生教学科研的需要。学校增加电子信息资源经费 500 万元，新增数据库 33 个，其中外文数据库 1 个。在丰富馆藏之时，提高了图书馆信息化建设程度，使图书馆发展跃上一个新台阶。电子图书购买费用 10 万元，新增电子图书 5 万册，电子图书总量达 78.5 万册。

2016 年，二级学院资料室采购新书 18790 种，51748 册，完成 240 万元图书订购任务。全馆纸质文献数量达到 110 万余册。订购 2017 年中文期刊 1298 种，共 23.19 万元；预订 2017 年中文报纸 84 份，订购金额 1.9 万元。图书馆积极开展图书募捐工作，共接受捐赠图书 972 册，其中包括原国务院副总理李岚清、原甘肃省美术家协会主席莫建成先生、陕西历史博物馆杨东晨研究员等捐赠的图书及书法绘画作品。图书馆继续加强数字资源建设，共下拨数据库建设经费 242 万元，续订了馆内已有的数据库资源，以引进权威资源为主，自荐特色资源为辅，购买的中外文电子文献资源数据库有中国期刊全文数据库（中国知网）、人大报刊复印资料、国学宝典、中国金石总录、爱迪科森网上报告厅等 32 个，试用敦煌数字图书馆、百度文库等 30 个，开放获取使用资源 NSTL 外文回溯全文数据库、网易公开课等 72 个，基本上满足了读者迅速、便捷、高效阅读数字资源的需要。新增电子图书 5 万册，电子图书总量达 102 万册。

2017 年 10 月，作为特色馆藏建立的图书馆 7 楼大型经典丛书阅览室正式对外开放，接待读者。图书馆采购新书 24299 册，完成图书经费 50 万元的采购任务；接收捐赠图书 222 册；订购 2018 年中文期刊 1288 种，共 24.8 万元；预订 2018 年中文报纸 60 种，订购金额 1.52 万元。全馆纸质图书（包含装订成册期刊）达到 113 万余册。继续加强数字资源建设，下拨数据库建设经费 247 万元，续订馆内 14 个已有的数据库资源，继续根据需要购置 8 个数据库资源，新增电子图书 6250 册，电子图书总量达 103.1 万册。

2018 年，图书馆更加注重文献信息资源建设，为教学科研提供强有力的文献信息保障。纸本文献采编工作紧密围绕学校教学和科研实际，纸质图书购置经费全年为 245 万元，新增图书 46583 册。全年接收捐赠图书 560 册。完成 2019 年期刊订购 1297 种，合计 26 万元；报纸订购 62 种，合计 2 万元。学校继续加强数字资源建设，共下拨数据库建设经费 249.18 万元，续订馆内 31 个已有的数据库资源，年底学校增加后期补充的数字资源及服务器采购经费 199.3 万元，购置了师生急需的 11 个数据库资源。新增电子图书 6000 册，电子图书总量达 103.7 万册。

图书馆经过这十年建设，馆藏文献资源日渐丰富。从 2015 年开始，学校对纸质和数字文献资源建设经费投入，发生了结构性改变，适应信息化、数字化发展趋势。采购文献资源依据更加科学，视野更为开阔，途径更为多样。截至 2018 年 12 月底，图书馆图书总量为 232.16 万册，其中纸质文献 117.7 万册、电子图书 103.7 万册，装订成册期刊和报纸共 10.76 万册，中外文期刊 1313 种。订购的中外文电子文献资源数据库有中国知网、超星发现、西安数图、重庆维普期刊资料、人大报刊复印资料、国学宝典、中国金石总录、爱迪科森网上报告厅、施普林格外文数据库等 40 个，争取到了免费试用的数据库资源有 32 个。目前全馆共有大型经典丛书 35000 余册，其中大型经典丛书阅览室有 17000 余册，工具与特藏阅览室有 18000 余册，涵盖了哲学、政治、经济、文化教育、语言文字、文学、艺术、历史地理、环境科学以及综合类图书，其中有《四库全书》《四部丛刊》《永乐大典》《古今图书集成》《中国西北文献丛书》及新中国成立前报刊的影印本《大公报》《申报》《晨报》《新华日报》《民国日报》《燕京学报》《东方杂志》等重要文献资料。

二、网络化、数字化与智慧化建设，初具规模

图书馆网络化、数字化与智慧化建设，是时代发展的趋势和广大师生读者的迫切需要，是高校图书馆发展的方向，也是图书馆提高服务水平和质量的途径。

2009 年，图书馆更新了管理系统服务器和操作终端的不间断电源、条码阅读器等设备共 55 台（件），设备资产值为 4.5 万余元，在网上主页馆藏目录中增添了"新书通报"。

2010 年，主动开展信息推送服务，向收集到的有关科研人员的信箱推送数据库信息或资源使用讲座信息 70 余次；为学校相关申请到高级别研究项目的教师推送纸质专题信息 10 余次，得到服务对象的充分肯定。完成图书馆主页改版，新的主页使图书馆与读者的互动更为便捷，更加方便读者检索馆藏资源信息。开通了 VPN 读者远程访问系统。在前期探索的基础上，利用原有设备，建成并开通了馆藏数字资源远程访问系统，得到校外居住老师的好评。很大程度提高了图书馆资源的利用效率，更好地服务学校教学、科研工作。图书馆作为团体会员加盟 CASHL，积极开展网上文献传递工作，解决购买资源不足的问题。

2011 年，图书馆通过精心调研、论证、商议，制定 RFID 无线射频系统建设方案，为图书馆的现代化、信息化建设发展指明方向。

2012 年，图书馆把每年的 4 月确定为"数字资源利用宣传"活动月。图书馆积极与数据库开发商联系，为全校用户开通试用"超星学术视频""超星手机图书馆""万方全文系列数据库"，并举办相关的"数字资源利用"系列专题讲座，让听讲者学会如何读书，如何使用电子图书、如何高效利用图书馆数字资源库。通过不断培训和宣传，让更多的师生熟悉新资源，了解资料查阅途径，了解论文撰写中所需要的查新知识等。

2013 年，图书馆积极争取学校支持，在已有数据库的基础上，购买新东方多媒体学习库、重庆维普期刊全文数据库，丰富图书馆现有数字资源馆藏。特别是新东方多媒体学习库，对学校学生英语口语、英语四六级考试、考研英语及英语综合能力提升有极大的帮助。

2014 年，数字阅读逐渐变为主流。图书馆为了提高数字资源利用率，更好服务学校全体师生，利用 4 月读书活动月，邀请数据库提供商讲师团，为学生做数字资源利用讲座，扩大图书馆数字资源在学校师生中的影响。图书馆重新制作门户网站，新门户网站的建设，丰富了图书馆网站内容，为学校师生提供了更为便利的资源检索和利用界面。

2015 年，学校大力支持图书馆数字资源建设，投入专项经费 500 余万元，购买电子图书 20 万册，多媒体视频 2 万余集，购买《国学宝典》《金石拓片》《万方地方志》等镜像资源，以及 Springer Link 外文数据库、中国名校精品课程库、世界名校精品课程库、爱迪科生网上报告厅等 20 多个在线数据库，极大地丰富了图书馆数字资源馆藏，形成了以期刊、电子书、多媒体、移动资源的数字资源馆藏分布。基本满足学校师生教学、科研和学习需要，数字资源建设在省内同类高校名列前位。为提高学校本科生的信息素养，在全校范围专门开设了《数字资源检索与利用》公选课程。

2016 年，改善图书馆相关设施，积极推进图书馆硬件建设。图书馆在一、二楼主出入口设置了门禁系统，增加门禁值班人员 1 名，保障学生的自习室资源和个人财产安全。更换已使用近 20 年的图书馆自动化集成管理系统，购买金盘图书馆自动化管理系统及服务器。更换各个借阅处和阅览室的窗帘和电脑设备，更新各层部室的导引标识及书架标示牌，改善读者的自习环境，提升为读者服务的效率。在二楼大厅增加云屏数字借阅机和电子借阅机，为师生提供免费便捷的数字阅读服务。建成 9 间研究生研讨室，精心配备电脑、白板、桌椅和书架，方便研究生进行学术研讨。为各个借阅处和阅览室购买更换花草，营建绿色、优雅、环保的阅读氛围。初步建成图书馆微信公众平台，给读者传递方便快捷的信息，扩展了图书馆与读者沟通的渠道。

2017 年，再次改善图书馆设施，积极推进图书馆数字化、自动化建设。学校增加专项经费 824.75 万元，将图书馆 5 个专项项目列为学校 2017 年教学能力提升专项项目，完成电子阅览室的升级改造，增强信息服务功能。进行 RFID 图书自助借还系统的升级改造工作，稳步推进全馆图书的转换标签工作，安装图书自助借还机、自助打印机、自助选座机、触摸查询机和安全防盗系统，实现现代化管理运行模式，增强图书馆的流通阅览服务能力，促进图书馆由数字图书馆向智慧图书馆的转型。在二楼大厅安置全彩 LED 显示屏，为读者和用户提供入馆须知、馆藏利用指南、培训信息、最新通知及公告等诸多信息。配合保卫处安装高清视频监控系统。配合后勤处完成图书馆三至七层 6 个净化热水器的安装调试工作。配合信息化建设与管理中心完成了图书馆网络全覆盖安装调试工作。

2018 年，加强馆员对数字化、自动化资源的技能培训和熟练应用，增强馆员的信息素养，以充分发挥这些资源的功能。学校投资 70 余万项目经费，更新原有的服务器，购买知识机构库，为实现图书馆嵌入式服务教学、科研和管理工作提供条件。

随着网络化和人们阅读习惯的改变，数字资源越来越受到读者和图书馆的重视。图书馆紧跟学校转型发展和学科建设步伐，在传统服务之上，一直致力于网络化、数字化、智慧化建设，坚持技术驱动，以丰富资源、优质服务、广泛覆盖、鲜明特色为目标，着力建设图书馆有线和无线网络系统，建设资源与服务平台，包括手机 app、微信平台，建设智慧化软硬件平台。自 2015 年以来新增各类数据库资源 23 个，特别是订购的外文库 Springer Link，填补了学校外文库的空白，为学校师生使用高质量的外文期刊提供了保障。初步形成了学术期刊库、电子图书库、多媒体视频库、综合学术学习平台四大类型数据库，为下一步实现智慧图书馆、提供智慧服务，打下坚实的技术、资源及管理基础。

三、加强规范管理，提升服务水平

严谨细致的图书馆工作需要不断加强规范管理，制订行之有效的管理制度，采取得力措施，改善服务态度，从总体上提升为广大读者服务的水平。

2009 年，通过修订、完善和严格执行《图书采访、编目工作制度》《图书借阅工作制度》《期刊工作制度》《自动化管理工作制度》《教工阅览室管理办法》一系列制度，使馆内文献资源管理工作有序进行，资源的利用率和服务功能得到明显提升。全面开放资源，保障读者服务时间，持证读者就可在馆内任何阅览室看书，不再有读者身份的限制；报刊阅览服务时间每周达到 96 小时以上，电子阅览服务时间每周达到 98 小时以上，网上资源每天 24 小时不间断提供服务。通过举办书展、编印新书通报、召开读者座谈会等多种渠道积极向读者推介文献，充分挖掘各种纸质文献价值。争取 5.7 万余元经费，购置 60 张阅览桌、140 把阅览椅。

2010 年，完善制度建设，保障业务工作规范。图书馆在原有管理规章制度的基础上，修订业务工作的工作流程及工作细则，制定图书馆工作人员岗位职责，明确各个岗位的工作任务，细化相关岗位的量化管理指标，制定详细具体的考核办法，为下一步实施以加强工作过程监管和质量控制体系为核心的精细化管理工程做了许多准备工作。重视对工作过程和进展情况的检查，严格劳动纪律，强化责任意识。重视读者教育及资源宣传工作，尝试信息推送服务，实行学科馆员制度。随着教学水平评估以后学校中心工作的转型，图书馆把服务学科建设，提升服务水平作为工作重点。根据现有咨询人员的专业背景，在音乐学院、数学与统计学院试点开展学科服务。

2011年，为配合学校教学科研工作的需要，进一步提高文献利用率，更好地为师生服务，图书馆积极筹备并设立学校图书馆工作委员会，积极向二级学院学科建设团队和学科带头人、骨干教师征求书刊资料需求意见和建议，如期向各二级学院办公室报送《二级学院拟推荐采购书目表》，指定专人定期到二级学院回收并了解老师们的需求；在馆内各借书处、阅览室设置读者意见册，广泛征求来馆读者的需要书目；邀请二级学院的骨干教师，参与到图书馆的现场选书工作中，到供货单位的图书卖场亲自挑选适合他们专业的图书，共订购读者荐购的中文图书201种。编印发放新书通报3期共210份，编写图书馆使用指南，制作图书馆读者导读DV专题片。

2012年，在认真总结"十一五"期间图书馆各项工作情况的基础上，通过精心调研、论证，广泛收集整理各方面意见，制定图书馆"十二五"规划等方案，为图书馆的现代化、信息化、智慧化建设发展指明了方向，也为进一步提高服务水平做了基础设施保障方面的发展规划。

2013年，调整馆内布局，开放原东电子阅览室为临时自习室，在读者方便进出的楼层增加自习座位，满足入馆读者的学习和借阅需求，编印发放新书通报4期共400余份。

2014年，学校调整了图书馆领导班子，完善了职称、学科、学术结构，进一步优化馆内布局，拓宽服务范围，切实做好读者服务工作。践行"读者第一，服务至上"的服务宗旨，创造条件再次增加楼层阅览座位。

2015年，经过广泛征求意见，讨论、商议、制定图书馆功能布局改造工作方案。完成七楼外文阅览室、社会科学第三阅览室、原东电子阅览室和二楼休闲文化大厅的改造项目。图书馆各层书库共增加书架527节，增加阅览桌114张，缓解了书库拥挤和缺少阅览座位的压力。让学生参与管理，在馆内队伍紧缺条件下，为更好开展图书馆各项服务工作，图书馆与学生工作处联合招聘勤工俭学学生3位，并与校团委联系3名挂职锻炼学生，馆内根据需要严格筛选部分家庭困难的学生，参与到图书馆日常管理和事务运转中来。添置32只真皮单人沙发与茶几，悬挂20余幅温馨提示牌和10余幅优美的绘画与书法作品，体现了高校图书馆人性化管理。

2016 年，废除不再适用的个别规章制度，修订需要完善的规章制度，制订新的工作所需的规章制度，实施工作过程监管和质量控制体系为核心的精细化管理工程。重视消防安全稳定工作，加强安全管理，经常检查排查，发现问题及时解决或上报。

2017 年，在完善馆内组织机构、优化文献信息资源结构，提高文献资源的利用效率，拓宽服务范围，深化服务层次，加大服务力度，提高服务质量等方面做了许多卓有成效的工作。加大馆际交流、与地方文化融合和学校师生互动力度。接待兰州新区图书馆领导参观访问，积极服务地方文化，成功策划组织全校纪念十九大召开主题演讲活动、第三届"新东方·中国知网杯"天水师范学院英语口语大赛，联系学校 300 余名志愿者进馆服务。通过对"读者意见建议簿""2017 届毕业生已考取研究生在图书馆学习情况调查表"等统计调查资料分析，及时了解读者意见和建议，不断增强服务质量。

2018 年，紧跟学校建设步伐，围绕为读者服务这个中心工作，开拓创新，扎实工作，按照图书馆的总体发展目标，强化基础设施建设，优化服务功能，增强服务意识，提高服务质量，开创了图书馆工作新局面。职工能熟练掌握自动化服务技术，形成热情周到的服务氛围，科学合理调整馆内布局，恰当安排资源，不断增加阅读座位，使座位数达到 2140 个。图书馆向学校申报两大项目，即空间结构优化改造和提升服务功能设备购置项目，为广大师生读者创造一个更加优美的阅读环境，打造一个集物理空间、信息空间、文化空间、心灵空间四位一体的现代化、信息化、智能化图书馆。

2019 年，图书馆进一步完善服务机制，充分考虑读者需要，反复分析论证，经过馆务会议研究决定，从 6 月 3 日起在社会科学图书馆第一借阅处等 5 个借阅处延长开馆时间，此举为学校师生每周延长开放时间 22 小时，开放使用阅览座位 464 个。

四、发挥特色优势，增强服务质量

（一）建立霍松林艺术馆

2010 年，通过学校相关部门的通力合作，于 9 月初全面完成了艺术馆的内部装修、家具购置和布展工作。陈列出天水籍著名文艺理论家、中国古典文学研究专家、诗人、书法家、教育家、陕西师范大学教授霍松林先生捐赠的图书近3000册，其中古籍319册、字画176幅、影像资料54盒以及各类证书123本。霍松林艺术馆的建立，为学校师生和天水人民得以走近霍松林先生，直观了解这位学术巨匠、家乡骄子的学术思想及其文化创新精神，激发青年学子传承中华优秀文化和热爱家乡的热情，成为学校古典文学和书法绘画艺术研究基地和大学生人文素质教育基地。

霍松林艺术馆建馆以来，图书馆不断完善艺术馆硬件建设，丰富作品收藏。更换霍松林艺术馆的桌椅，增加1台投影仪，用于播放霍松林先生的影像资料。邀请专业摄影师完成霍松林先生捐赠作品的拍摄与数字化制作工作，请人制作专题教育片。征集大量霍先生弟子资料和著名书画家的艺术作品，不断吸收新的学术专著、书法绘画作品，丰富馆藏，现图书已达3011册、书画作品260余幅以及音像资料72盒。学校还组织专家学者系统研究霍松林先生教育、学术、诗词、书法和收藏作品，挖掘价值，揭示意义，启迪生命。据统计，近10年时间前来参观、学习的各界人士超过5万人次。

（二）建成雷达文学馆

2015年12月，雷达文学馆筹建前期，天水籍著名文学评论家雷达先生慷慨捐赠各类图书2000余册，交流书信227份，题签440份，证书、聘书70件，手稿18份，照片400余张，书画20幅，重要报纸500余份，还有雷达书房富有教育意义的书架、桌椅等实物，为顺利建馆提供了巨大支持。

2018年下半年，图书馆组织全馆职工搬迁了艺术阅览室，为雷达文学馆建设做好准备。同年9月至11月积极组织施工，完成雷达文学馆内部装修改造、家具和设备购置验收工作，布展工作结束后，定于2019年9月正式开放。雷达文学馆的建成，使学校师生和社会各界人士得以走近另一位大师雷达先生，真切感受这位享誉中国文坛评论家的成长历程、学术思想及其文化创新精神。同时创造了一种良好的学术文化交流空间，以发挥天水地域文化的聚集效应和影响力，促进学校教学和科研水平的不断提高。

（三）围绕主题精心策划，出色举办读书月活动

2012年开始，图书馆把每年的4月确定为"数字资源利用宣传"活动月。同时，增强与读者互动力度，为图书馆正式购置资源做了前期的调研论证和宣传推介工作。如期在"图书馆读书日"开展读者座谈会，邀请全年借书排行榜前60位读者、各二级学院教师以及其他一些爱读书、会读书的学生参与，深入了解他们的需求，广泛听取他们对图书馆资源建设和管理方面的宝贵意见和建

议，用以完善图书馆在服务教学和科研中的职能，并对排行榜前 30 位读者进行奖励，激励师生更加热爱读书，热爱图书馆。

2014 年，积极响应省图书馆学会关于开展全民阅读活动的倡议，在天水师范学院积极培育"多读书、读好书"的良好校园风尚，进一步筑牢师生人文基础，增强文化软实力，图书馆积极开展了 2014 年"读书月"活动。此次活动以"沐浴经典书海，开启人生智慧"为主题，经过精心组织，举办了一系列内容丰富、形式多样、创意新颖、生动活泼的文化读书活动，引导广大师生形成好学求知的良好风气，共同为创造学习型社会多做贡献。图书馆举办的各项活动围绕主题，精心策划，开展顺利，取得了良好效果。

2015 年，积极开展以"增强阅读推广，提升服务质量"为主题的"读书日"活动。坚持继承与创新，营造浓厚的阅读氛围，增强阅读实效，提升服务水平和能力，效果显著。在 2015 年甘肃省图书馆学会年会上，图书馆获得甘肃省 2014 至 2015 年度"全民阅读活动"先进单位奖。

2016 年，开展丰富多彩的"全民阅读"活动，全面提升图书馆的服务质量。活动以"读书与生活"为主题，开展一系列创造性活动，充分体现出读书提高人们生活质量，提升人们生活境界的价值与意义。在 2016 年甘肃省图书馆学会年会上，天水师范学院图书馆继续获得甘肃省 2015 至 2016 年度"全民阅读活动"先进单位奖，并做了大会经验交流。

2017 年，开展了以"读书与人生"为主题的"读书月"活动。投入更多的精力、时间，做出更多富有创意的活动，让读书升华生命，充盈人生。在 2017 年年底的甘肃省图书馆学会年会上，学校图书馆连续三年被评为"全民阅读活动"先进单位。

2018 年，图书馆一如既往地开展本年度"读书月"活动。此次活动以"读书与成长"为主题，经过精心组织，举办了读者座谈会、摄影比赛、朗诵大赛、信息检索大赛、书画交流、数据库使用介绍与辅导培训主题报告会等文化读书活动，彰显了读书助力人们成长的重要价值。在 2018 年甘肃省图书馆学会年会上，图书馆荣膺"全民阅读基地"称号，并做了大会专题交流。这是学校图书馆连续四年获得甘肃 2015 至 2018 年度"全民阅读活动"先进单位奖励后获得的又一荣誉，是对学校图书馆在推动全民阅读活动中所做贡献的高度认可和嘉奖。

2019 年，正值建校 60 周年校庆，图书馆又以"我与师院共发展"为主题，拓展领域，联系社会各界，举行有奖征文、校友优秀作品征集展示、主题摄影大赛、朗读演讲大赛、科艺相融画展、书画捐赠交流、樊登读书主题交流会等丰富多彩的活动，为校庆精彩献礼。

（四）创办《师院图苑》，增加互动交流

为加强馆内信息资源的宣传力度，推动图书馆读者服务功能的深化发展，自2011年起创办图书馆简报《师院图苑》，每年出版4期，2014年由黑白版本改为彩印版本，至2019年已刊出27期，每期在图书馆网页同步刊载。

一是梳理、整合图书馆馆藏资源，开辟"馆藏经典丛书""数字资源利用平台"等专栏，逐期加以系统介绍，方便读者使用。

二是汇总馆内各类信息，设定"馆务资讯平台"，形成书面文字报道，使读者及时了解图书馆各发展时期的工作状况。

三是反馈读者阅读信息，专门开辟"读者心声""读者借阅排行榜""图书借阅排行榜"等版块，提供与读者互动、交流平台，增加了他们读书的兴趣，同时也加大了图书馆的影响力。

（五）利用图书馆业务资源优势，进行教育文化帮扶

充分发挥图书馆在人员和图书资源方面的价值。2013年，为学校双联点王窑乡捐赠图书4300册，丰富了双联点中小学及农家书屋的图书量。

2016年4月，图书馆派专业技术人员为秦安县图书馆的工作人员进行了业务辅导，介绍了《中国图书馆分类法》第五版以及图书的分类、编目、排架等内容，并与县图书馆的工作人员就工作中遇到的问题进行探讨交流。同年，由图书馆馆领导、党员及相关工作人员组成帮扶小组，开展了向秦安县图书馆、秦安县王窑乡王窑中学、韩湾小学和魏湾村农家书屋以及秦州区关子小学留守儿童捐赠图书、学习用具，并派专业馆员为秦安县图书馆提供业务知识培训服务活动。

2017年，组织图书馆职工开展为秦州区玉泉镇李官湾村农家书屋捐赠图书，共建美丽乡村文化活动。

2018年，由图书馆馆领导、党员及相关工作人员组成帮扶小组开展了向秦安县王窑镇王窑中学捐赠图书的活动。通过与基层公共图书馆在业务和读者活动方面进行指导和互相探讨，有力地推动了基层图书馆业务活动的开展和馆外借阅点的建设。开展捐资助学等系列活动，旨在传递爱心、传播正能量，为解决地方群众生产生活上的困难尽一份心，为地方教育事业的发展履一份责。

2009—2018 年天水师范学院图书馆馆藏文献资源使用情况一览表

项目/数据/年份	2009 年	2010 年	2011 年	2012 年	2013 年	2014 年	2015 年	2016 年	2017 年	2018 年
接待读者	14116	14293	13810	13491	13307	12889	13180	12106	9603	8713
借阅图书人次及册数	235412	225085	195674	182172	150287	146808	144732	125547	79363	71879
下载硕博论文	无	无	39148	50124	67138	82910	99295	116057	122108	126721
浏览硕博论文	无	无	59218	87530	109743	130964	143120	162791	174891	170761
下载全文数据库	103495	110967	136219	141064	180761	224835	241447	351692	377509	396505
访问数据库人次	1094870	1443008	1968926	2139804	2411708	2895289	3092114	6243012	6125921	6385772
下载电子图书册数	2153	4563	8107	9207	9447	12581	14452	16728	17049	17660
访问电子图书人数	4364	7516	11150	14533	15275	40364	49541	60489	66048	71403

第二节　校园网络与信息化建设

一、历史沿革

学校于 1999 年成立网络中心并建成校园网。2014 年成立信息化建设与管理中心，2019 年更名为信息化建设与服务中心，下设综合服务科、网络运行与维护科、数字化资源建设科三个科室。2017 年 5 月，新信息中心大楼改建完工并投入使用。已建成网上资源丰富、运行良好的有线无线全覆盖万兆校园网络。标准化数据中心具备 72CPU864 核心计算资源、9TB 内存、1.8PB 数据存储资源，承载了全校的各业务系统的运行和数据存储，技术先进、性能可靠。校园一卡通运用到就餐、淋浴、水控、图书借阅、宿舍门禁、成绩自助查询打印等各个环节。智慧校园基础平台初步建立，建成了统一门户、统一身份认证及共享公用数据库标准，实现了校内数据的合理流转和共享，以教学、科研、管理为主体的管理型信息化校园基本确立，以云服务为主题，构建线上线下多维教育资源公共服务体系，"互联网＋教育"模式下的智慧校园初具雏形。

二、管理体制和运行机制建设

2013年，网络中心完善各项制度，形成一套科学合理的管理制度。每个岗位有明确的职责；每件事情有详细规范、流程和明确的目标；每次活动都有具体的安排和要求。在网络中心网站的"管理文档"栏目中，将各项制度及其日常业务办理流程进行公开，方便师生查阅。

2014年，成立信息化建设与管理中心，科学设立科室，打造一支专业技术过硬、具有团队意识的信息化骨干队伍，明确并加强了工作职能：校园网络建设运维、信息系统建设管理、资源平台建设管理、校园一卡通建设管理、基础数据业务维护和网络安全服务等。进一步规范了各项制度，形成了一套适合学校实际情况的信息化工作制度。在具体实施过程中结合本部门网站改版，在信息化建设与管理中心网站开通了"服务指南"栏目，为广大师生员工提供了"校园网账号办理指南""固定IP地址申请指南""网站登记指南""VPN服务申请指南""服务器托管指南""网络应用系统登记指南""校园一卡通服务指南"等服务，通过将各项制度及日常业务办理流程进行公开，大大方便了广大师生。

2015年，修订《天水师范学院数字资源管理办法》《天水师范学院校园卡管理制度》《天水师范学院校园网络与信息安全管理办法》等11个规章制度，工作中严格遵循制度，规范工作流程。

2016年，制定《天水师范学院信息化建设"十三五"规划》和《天水师范学院智慧校园建设方案》，作为未来五年的信息化建设蓝图。

2018年，为了促进互联网演进升级和健康创新发展，根据国家和甘肃省相关要求，制定了《天水师范学院互联网协议第六版（IPv6）建设规划》。

2019年，修订了《天水师范学院学生网络使用管理办法》，使校园网服务于所有师生；制定《天水师范学院数据管理办法》，规范全校数据流和数据的使用；进一步完善学校信息化建设和本部门的各项规章制度，依据体制和制度，解决新情况、新问题，使各项工作有序高效开展。

三、校园网络资源建设

学校多方筹措资金，加快信息化建设步伐。经过十年多的投资、筹划、建设，已建成一个集先进性、综合性、应用性和便捷性为一体的校园网。

1999 年，学校投资 58 万元，通过 128Kbps DDN 专线接入 CERNET 中国教育网西北网络中心，校园网接入因特网运行。

2003 年，教育部组织实施"西部大学计算机网络建设工程"，投资 400 万元，完成了校园网的升级改造。学校申请了 8 个 C 段的教育 IP 地址，通过 8Mbps 有线电视光缆接入 CERNET，申请了 tsnc. edu. cn 域名。

2005 年，校园网中心机房迁至 2 号实验楼。

2009 年，整体挪移和熔接校本部通往南校区、5 号公寓楼等地的校园网架空光纤，铺设了师院路地下通信管道。认真做好"西部大学校园网建设工程"收尾及验收工作。

2011 年，校园网改造、扩建工程，校园网达到万兆主干、到楼宇全光纤化，实现光纤全部入地下管网、家属区用户实名制认证上网（使用基于 802.1x 技术的接入认证技术）。新申请 16 个 C 段的教育网 IP 地址，学校总 IP 地址数达到 24 个 C 段。

2012 年，新增一条 100Mbps 电信出口线路，教育网出口宽带由 20Mbps 扩容至 60Mbps。6 月，完成校园网机房环境监控建设。7 月校内部分区域开通 IPv6 网络双栈访问，正式开始 IPv6 网络的试点。12 月，校园网实行 Portal 接入认证。

2013 年 3 月，新增一条 100Mbps 出口线路，校园网总出口带宽达到 460Mbps；完成学校网站改版；11 月，完成校园高清视频服务器（试点）的部署。

2014 年，参与学校组织的"基于 4G 的网上课程学习中心建设项目"的调研工作。先后赴清华大学、北京师范大学等高校就数字化校园建设进行针对性调研。完成了《基于 4G 的网上课程学习中心建设方案》。成功搭建基于虚拟化技术的校园云数据中心实验环境，将校园网部分业务系统迁移至该环境。完成了学校接入省教育系统高清视频会议专网的方案论证、制定与建设，建成视频会议系统，并于 12 月 10 日成功完成了与省教育厅的联调。12 月，教育网出口带宽扩容至 110Mbps，校园网总出口带宽达到 510Mbps（教育网 110Mbps，电信 300Mbps，移动 100Mbps）。

2015 年 7 月，网站群管理系统正式上线，实现了学校各级各类网站的统一建设、统一管理、统一运维和信息安全，在此系统平台上建设和迁移新版学校网站和各部门、各学院网站共 52 个。部署了 F5 应用防火墙，极大地提高了网站的安全性。通过了教育厅专家组对学校新域名 tsnu. edu. cn 的前置审批评审工作。

2016 年 1 月 1 日，学校新域名 tsnu. edu. cn 正式启用。3 月，完成校园网全网扁平化改造，并部署网络认证计费系统，支持 PPPoE 和 Portal 两种认证方式。12 月，校园网电信出口带宽扩容至 2Gbps，总出口带宽达到 2. 21Gbps；校园邮箱系统上线，负载均衡和上网行为管理上线。完成了校园无线网一期建设、光缆迁移改造工程、基于云终端的学生自主学习中心建设和校园一卡通通道、门禁、水控等项目建设。

2017 年 7 月，信息中心大楼装修完成，信息化建设与管理中心迁入新址办公。8 月，数据中心和综合服务大厅建成，校园网主要设备和系统迁入信息中心大楼。建设了防雷、接地、后备电源、消防、动环监控等方面符合国家规范的标准化数据中心机房，建成了由 28 台服务器和 500T 存储组成的可满足学校所有应用系统需求的超融合资源中心和云计算中心。同年 11 月，下一代防火墙上线，电信万兆出口线路上线。12 月，校园无线网络建成运行，使用无感知认证技术，实现了教学区、办公区、公共区、宿舍区的无线网全覆盖。

2018 年，经过协商和书面通知，全面拆除移动、联通、电信、广电等多家企业的各类架空线缆约 24 公里，并有序引导迁入地下弱电管网。完成全校多媒体教室的网络信息点集中维修工作。完成了迎新离校系统、智能 DNS 系统、智慧校园平台、综合分析系统、人事管理系统的建设。12 月，正式接入教育网 IPv6 网络，申请 tsnu6. edu. cn 域名，申请 2^{80} 个 IPv6 地址，全面推进 IPv6 网络的建设；教育网 IPv4 出口带宽扩容至 200Mbps，教育网 IPv6 出口带宽 200Mbps，总出口带宽达到 2. 4Gbps。

2019 年，智慧校园正式上线，建设智慧微校园平台和一站式网上办事大厅，采用线上线下相结合的方式为广大师生提供便捷服务。

四、校园网络安全与服务

2009 年，做好学校各网络节点及办公教学电脑的维护工作，保证校园网络的畅通及教师电脑的正常使用；提高校园网的速度和稳定性，继续细化流量带宽管理，优先保证关键应用；防范 ARP 病毒，加大防范病毒的宣传力度，提高用户自我防范意识。

2010 年，网络中心相关人员精诚合作，在最短的时间内协调解决了东门校园网 3 号配线间的搬迁工作。配合教务处完成了网上评教、选课工作。要求校园网接入部门和用户不得利用校园网从事危害国家安全、泄露国家秘密等犯罪活动，不得制作、查阅、复制和传播有碍社会治安和有伤风化及损害学校形象和学院利益的信息。校内各处系、学生团体建设网站，必须有严格的审批手续，统一出口，接受监督。加强对网络病毒和网络黑客的监测、预防和查杀工作，跟踪网络新技术，用好网络管理软件，确保网络安全、稳定和畅通。

2011 年，按照上级网管部门要求，校园网改扩建工程增加了校园网用户认证服务器，凡接入校园网的用户必须实名制注册登记后经认证后方可上网。对校园网 Web 服务器、邮件服务器和 FTP 服务器等服务器进行了安全加固和维护。完成了新建 4 号实验楼、4 号教学楼、新行政楼及园丁苑家属区的校园网接入。

2013 年，配合教务处完成了 50 余名教师精品课程、教学成果奖等网站的发布以及网上评教、网上选课等工作；视频会议室成功接待视频会议、各种学术科研会议 10 余次；处理校园网故障近 300 余次。完成 1 号综合楼、南二楼、旧办公楼和南校区一期住宅楼校园网接入工作；完成后勤处锅炉房校园网接入工作。

2014 年，配合教务处完成了 100 余名教师精品课程、教学成果奖等网站的发布以及网上评教、网上选课等工作；处理校园网故障 1000 余次；积极协助各部门做好网站的更新工作。完成南校区二期住宅楼校园网接入工程，使得南校区 1 号、2 号、4 号、6 号及 7 号楼共五栋家属楼接入校园网。

2015 年，初步实现硬件资源整合，提升硬件资源利用率，降低服务器运行成本，简化服务器部署流程，提高服务器管理效率，提高服务器安全性。首次实现学校奖学金通过校园一卡通自助发放。承办了甘肃省教育信息化学会第二届理事会暨甘肃高校信息化建设研讨会。

2016 年，改进校园网认证系统，对家属区采用 PPPoE 认证方式，大大降低了掉线率和重复登陆率。在技术层面上注重物理安全、网络安全、主机安全、应用安全及数据安全，在管理层面上强调安全机制、安全管理、人员安全、建设安全及运维安全。组织技术力量安装了公安部第一研究所计算机病毒防治技术国家工程实验室（北京）的政府网站综合防护系统（网防G01），对学校网站进行了安全防护设置，并请专业安全公司对学校网站进行漏洞检测和修复。为了进一步做好安全工作，关闭了部分存在安全隐患的老旧服务器，督促和帮助未把网站迁移到学校网站群系统的部门迁移网站。

2017年，根据网络等级保护三级要求，完成校园网安全项目，部署了下一代防火墙、堡垒机、灾备存储等设备。

2018年，在做好日常安全管理工作的同时，定期进行网络安全自查和巡检，对有问题的部件及时进行了更换或者升级。积极参加各类安全会议和培训，本年度参加省上和市上的安全会议和培训4次，共9人次。接受市公安局网安支队的网络安全检查，并按检查结果积极整改。完成学校网站在公安部和工信部的备案工作。完成机电实训楼的有线和无线网络接入工作。

五、智慧校园建设

（一）智慧校园建设

2014年，学校领导先后赴清华大学、北京师范大学、复旦大学等高校就数字化校园建设进行针对性调研。

2016年，在前期多方调研、论证的基础上提出了学校信息化的建设目标：以信息化教育为中心，以信息技术为杠杆、以诚信理念为支点、以平台建设为抓手，实现从注重事务管理向战略管理转变，从注重过程管理向目标管理转变，从审批式管理向服务型管理转变。实现信息标准化、业务流程化、服务一站化、决策数据化，重塑日常业务处理流程，打破部门壁垒，实现协同办公，用"互联网＋服务"方便师生，提升服务质量和工作效率。用"大数据"模型，为师生和各级部门、学校提供数据分析与统计决策服务。依据建设目标制订了《天水师范学院信息化建设"十三五"规划》和《天水师范学院智慧校园建设方案》，形成了智慧校园建设蓝图。依据建设蓝图，信息化建设分为四个层面，即基础设施层、支撑平台层、业务应用层、服务感知层，启动智慧校园建设。一是基础设施层，包括基础网络和数据中心建设。基础网络建设主要有校园有线网和无线网建设、地下弱电管网和光纤网络建设；数据中心建设主要有数据中心环境建设、超融合数据中心建设和桌面云建设，建设了防雷、接地、后备电源、消防、动环监控等方面符合国家规范的标准化数据中心机房，为信息化的发展奠定了可靠的环境基础；购置28台服务器和500T存储，建成可满足所有应用系统运算存储的超融合资源中心和云计算中心，为用户提供了可靠的资源保障。二是支撑平台层，主要包括数据、认证、门户三大统一平台，是智慧校园中枢调度平台，可实现信息数据的共享和用户的一站式服务。三是业务应用层，学校已建有教务管理系统、财务管理系统、图书馆管理系统、科研管理系统、资产管理系统、校园一卡通管理系统、OA系统等业务系统，还有学工管理系统、迎新系统、离校系统、后勤管理系统、招生就业管理系统等业务系统待建。四是服务感知层，主要包括管理决策中心、自主学习中心、交流中心和业务中心等。

2017年，实施智慧校园工程。以建设"智慧校园"为目标，充分借鉴国内一流高校信息化建设的成功经验，制定信息化战略行动计划。启动全校统一的信息化标准体系建设，逐步完成教学区和生活区的光网改造，实现校园无线网全覆盖；实现"校园一卡通"升级建设，实现移动互联网平台下的校内各应用系统App平台建设，为师生提供高效、便捷、优质服务。建设好协同办公服务系统，搭建集校务公开、服务检索、服务办理、互动交流等功能于一体的综合性网上办公平台，提升工作效率和管理效能；创新完善信息化管理机制，加强信息化队伍建设，提升全校师生信息化应用水平。

2018年是校园信息化智慧平台建设年。依据《天水师范学院信息化建设"十三五"规划》和《天水师范学院智慧校园建设方案》，智慧校园软硬件平台基本建成。制定了智慧校园数据标准和数据流图，完成了智慧校园统一信息门户、统一身份认证、统一数据中心三大平台建设，完成校情分析系统、人事管理系统、教务系统、站群系统、电子邮件系统、人事管理系统、科研系统、一卡通系统、学工系统、图书管理系统、网络认证系统、迎新系统、离校系统、自助打印系统、网络教学平台等子系统与智慧校园平台的对接，全校绝大多数应用系统都迁入数据中心，初步实现校内各应用系统的互联互通和数据共享，建立天水师范学院大数据平台。

2019年，逐步探索和推广智慧校园平台大数据云计算支撑下的信息化决策功能；完成智慧微校园云服务平台和一站式网上办事大厅建设。

经过着力建设，智慧校园软硬件平台基本形成，初步实现了校内各应用系统的互联互通和数据共享，建立了学校大数据平台，提升了校园智慧化水平，为学校的大发展和各项工作的开展提供了强有力的技术和智能支撑。

（二）"校园一卡通"建设

2009 年底，学校正式启动"校园一卡通"一期工程。2010 年，网络中心结合校园网后期规划，多次向移动公司提出一些建设性的意见，积极配合学校与移动公司合作建设的"校园一卡通"工程的相关工作。"校园一卡通"系统试运行。同时，作为"卡务中心"挂靠单位，派出相关人员到卡务中心开展相关工作。

2014 年 8 月，在积极配合学校与移动公司合作建设的"校园一卡通"相关工作的基础上，根据学校的要求，网络中心正式介入"校园一卡通"的交接工作，并协助财务处完成 2014 级入学新生的"校园一卡通"卡片设计与发放工作，使"校园一卡通"各项工作全部完成交接。

2015 年 4 月，由于设备老化，多次发生存储和服务器故障影响"校园一卡通"系统正常使用的问题，为确保"校园一卡通"系统稳定运行，成功更换了学生食堂所有圈存机，并新增了 6 台圈存机，同时对原有圈存机转账方式进行升级，实现无银行卡转账，解决了学生"校园一卡通"存款和消费问题。

2017 年 8 月，在新建成的学生自主学习中心，使用"校园一卡通"机房管理系统，学生可刷卡进行网络慕课资源的研修。"校园一卡通"业务继续扩展，建成学生自助查询打印系统，学生可凭身份证、"校园一卡通"自主识别打印学籍证明、成绩单、获奖证明、奖学金等级等各种证明材料，并带有学校防伪水印和相关部门印章；学生饮水、洗澡、公寓门禁管理均使用"校园一卡通"系统。

2018 年，针对"校园一卡通"服务器和数据均在异地，安全和使用存在极大隐患的问题，经过多次磋商，利用暑假完成"校园一卡通"系统本地化迁移工程，改善了自 2009 年以来"校园一卡通"系统非自主性矛盾，同时优化了"校园一卡通"系统，按使用需求完成与智慧校园、图书馆管理系统、上网认证计费系统、自助打印系统等系统的对接融合。升级改造教职工餐厅"校园一卡通"设备，并按学校要求升级"校园一卡通"系统，实现教工卡消费自动打折功能及月末补助统计功能。更新学生食堂消费 POS 机 130 余台，新增圈存机 5台，增加密码消费、卡丢失即时办理、单日单笔消费限额等功能。

"校园一卡通"系统建设，以其高水平技术起点、广泛覆盖面、强力拓展性，极大地便捷了师生用户，提高了学校管理效率和服务水平，得到师生一致好评。

（执笔人：吴卫东）

第十一章

党的建设和思想政治工作

十年来，学校党的建设和思想政治工作坚持以中国特色社会主义理论体系为指导，深入贯彻落实党的十七大、十八大精神，全面贯彻落实党的十九大精神和习近平新时代中国特色社会主义思想。不断加强思想建设、组织建设、制度建设，转变思想观念，完善体制机制，认真做好党员的发展、教育和管理工作，重视基层组织建设和干部队伍建设，高起点谋划、高水平推进、高质量落实思想政治工作各项任务，把思想政治工作贯穿到学校工作的方方面面，为学校持续、稳定、健康发展提供了坚强有力的政治思想和组织保障。2010年，学校被授予"甘肃省思想政治工作先进集体"荣誉称号。在学校新一届党委班子的领导下，深入开展文明校园创建工作并获首届"甘肃省文明校园"荣誉称号。

第一节　加强和改进党的建设

一、全面加强政治建设，坚持党对学校各项事业的统领

学校党委不断加强政治建设，全面彰显党在学校办学治校系列工作中的领导地位，将党的政治建设融入学校中心工作，在提高政治站位，增强党委班子领导能力，推进党风廉政建设，坚持和完善党委领导下的校长负责制，开好民主生活会等方面持续发力。

一是将党的政治建设摆在首位，坚持党中央权威和集中统一领导，坚持党对学校各项工作的领导，将党对高校"立德树人"的政治要求转化为师生的实际行动，牢牢把握中国特色社会主义办学方向，树牢"四个意识"，坚定"四个自信"，坚决做到"两个维护"。二是2017年3月召开中共天水师范学院委员会第二次党员代表大会，选举产生了新一届党委班子，新的党委班子顺应时代要求，坚定理想信念，准确把握党委班子建设着力点，不断增强党委班子的领导能力，党委班子分工合理，利用周一碰头会等形式加强沟通交流，强化工作责任，创新工作思路，狠抓工作落实，切实转变工作作风。三是推进党风廉政建设责任制，加强预防腐败体系建设，完善党风廉政建设相关制度，明确了职责任务，举行了学校党风廉政建设责任书签订仪式，发放廉政理论学习工作读本和参考读物，进行廉政法规知识测试等形式，提高干部廉洁从政意识，营造了干事创业风清气正的环境氛围。四是以党建统领学校改革发展工作，在办学治校中坚持和完善党委领导下的校长负责制，坚持民主集中制，深化综合改革，坚持依法治校，努力提升治理体系和治理能力现代化，顺利完成"十一五""十二五"发展目标。五是进一步凝聚共识，明确发展任务，尤其是2018年新一届领带班子组建以来，通过开展"大学习、大讨论、大调研"活动，修订完善了"十三五"事业发展规划，制定出台《关于推进师范特色鲜明的区域性应用型高水平大学建设的实施意见》，研究谋划学校综合改革，推进人才强校战略等。六是学校着力破解体制机制障碍，分阶段、分步骤有序推进，先后完善了机构设置，修订完善了科研管理办法及奖励评价政策，探索中内外合作办学的管理体制和运行机制。七是全面推进依法治校，颁布实施《天水师范学院章程》，全面梳理完成学校规章制度"废立改"，确保用制度管事管人。八是高质量完成民主生活会，通过全面征求意见，开展谈心谈话、查摆问题、对照检查等环节，确保班子民主生活会富有实效。

学校不断加强政治建设，尤其是十八大以来高度重视政治建设，通过政治建设进一步增强思想和行动自觉，推动习近平新时代中国特色社会主义思想在学校形成生动实践，推动学校各项工作不断取得新进展。

二、持续强化理论学习，坚持用党的科学理论统一思想

学校扎实开展理论学习，通过党委中心组学习，强化学校各中层党组织学习和支部学习，与时俱进、创新思路、改进方法、多渠道并举推动理论武装走深、走实、走心。

一是创新理论学习方式方法，深入实施理论武装"一把手"工程，发挥党委中心组"排头兵"作用，抬高标杆，立起学习责任，形成以上律下的学习传导机制。通过集体学习、主题发言、交流研讨、专题调研和邀请校外知名专家来校进行专题讲座等多种方式开展学习，累计组织召开100余次党委理论中心组专题学习和扩大学习，深入学习贯彻党的十七大、十八大和十九大等精神，围绕习近平总书记系列重要讲话精神和《国家中长期教育改革和发展规划纲要》等大政方针，紧密结合学校中心工作，通过"三会一课""党员固定活动日"等方式，深入组织开展学习科学发展观、争先创优、群众路线教育、三严三实、两学一做等活动，持续推动理论学习取得新成效。二是学校各中层党组织创新形式开展理论学习，将理论学习作为一种政治责任和政治追求，注重突出重点，让青年师生群体动起来，在全校掀起学习中国特色社会主义理论，特别是习近平新时代中国特色社会主义思想的学习高潮，同时抓住重大时间节点，组织开展一系列理论武装、宣传教育、评优选先等工作，用青年喜闻乐见的方式，引导他们准确把握马克思主义的真理。三是以支部为单位统一全校师生员工的思想，认真贯彻落实习近平新时代中国特色社会主义思想，充分发挥了先进党支部的战斗堡垒作用和优秀党员的模范带头作用，为全校干部和党员发放数千册学习资料，并利用校园网、校园广播、校报、校官方微信微博等阵地广泛宣传学习成果，营造了良好的学习氛围。

2018年以来，在新一届领导班子的坚强领导下，学校高举中国特色社会主义伟大旗帜，以习近平新时代中国特色社会主义思想为指导，深入贯彻落实党的十九大和全国教育大会精神，筑牢思想理论教育基石，着力推动习近平新时代中国特色社会主义思想入脑入心，举行了以"学《党章》、习党史、讲党性、创实绩、争一流"等为主要内容的一系列主题活动，开展了比贡献、树典型等评优选先工作，表彰先进党支部和优秀党员，购买、编印了千余册《学习习近平总书记重要讲话》和党员学习材料，积极通过校园网、校园广播、校报等广泛宣传学习成果。

通过理论教育学习，切实将党的理论内化为立场、观点、情感，切实让党的主张成为时代最强音，切实将党的理论创新成果全面融入学校各项工作，增强了领导干部和教职员工的思想理论水平和政治素质。

三、扎实开展主题教育，保持党员队伍的先进性和纯洁性

学校按照上级党委的安排部署，充分发挥基层党组织的主体作用，坚持问题导向，对标准、夯基础、强弱项、补短板，认真开展学习科学发展观，争先创优，群众路线教育实践，三严三实，两学一做，习近平新时代中国特色社会

主义思想等专题教育活动。

2009年3月开展深入学习实践科学发展观活动，圆满完成了学习实践活动各阶段工作任务。通过学习实践，深化了思想认识；通过调查研究，理清了发展思路；通过分析自查，提升了领导能力；通过体制机制创新，构建了长效机制；通过整改落实，解决了突出问题。通过开展深入学习实践科学发展观活动，进一步深化了学校广大党员和领导干部对科学发展观时代背景、实践基础、科学内涵、精神实质的认识，增强了全校师生推进学校科学发展的紧迫感、责任感和使命感，更加坚定促进学校科学发展的信心和决心。

2010—2012年，按照中央和甘肃省委关于开展创先争优活动的统一要求，深入推进创先争优活动。学校党委统一安排部署工作，成立了活动领导机构，制定了实施意见，确立了"科学发展、特色强校、争创一流"的活动主题，在全省高校率先召开了深入开展创先争优活动动员大会，全面启动了"创建先进基层党组织、争做优秀共产党员"活动，各中层党组织结合实际制定各自的"活动实施方案"。各级党组织从实际出发，紧紧围绕推进教学改革，加强师资队伍建设，将提升教育教学质量与落实创建学习型党组织活动相结合，与"践行礼仪文化，构建和谐校园"的主题教育活动相结合，与做好自己的本职工作相结合，充分发挥基层党组织的战斗堡垒作用和党员的先锋模范作用，高标准高要求开展了丰富多彩的创先争优活动。按照甘肃省委在创先争优活动中开展四项活动的通知要求，制定《2010年中共天水师范学院委员会公开承诺书》等文件，面向全校师生做出承诺。通过大量有益的活动，进一步增强了党组织的创造力、凝聚力和战斗力，为学校各项事业顺利开展提供了组织保证。为进一步巩固成果，2011年学校及时回顾、总结了创先争优活动开展情况，围绕贯彻落实全国教育工作会议精神和《国家中长期教育改革和发展规划纲要》，制定和落实学校"十二五"发展目标任务，加强基层组织建设，推动各基层党组织和广大党员立足本职岗位履职尽责。结合学校改革发展实际制定实施创先争优活动破解难题方案，根据高等教育改革发展的要求，将提高教学质量和管理服务水平，解决教职工住房和学生食堂作为难题破解并积极采取有效措施，同时开展了党员"一对一"帮扶结对活动，使"三困"学生真正感受到了学校大家庭的关怀，感受到了党组织的温暖。

2013年，校党委统筹安排开展了党的群众路线教育实践活动，在第24督导组的悉心指导和广大党员干部的积极参与下，按要求高质量完成了"学习教育、听取意见""查摆问题、开展批评"和"整改落实、建章立制"等环节工作，活动期间，学校层面召开 2 次学习交流会、4 次专题辅导、2 次专题讨论，集中学习时间达到 14 天以上。发放意见征求表 1845 份，收回 1770 份，组织召开各类座谈会 46 次，走访调研 30 余次，与 60 余人面对面谈心，征求到意见建议 170 余条，即知即改师生集中反映的突出问题 10 余项。在深入谈心谈话、认真撰写个人对照检查材料、深刻对照检查、坦诚开展批评的基础上成功召开班子专题民主生活会，制定了科学可行的整改方案，对班子 7 大项 15 小项的整改任务逐条逐项进行整改。通过教育实践活动，全体党员的政治理论基础进一步夯实，思想境界进一步提高，理想信念进一步坚定，"四风"问题和工作症结得到理清，发展改革思路进一步清晰，体制机制保障更加有效，工作作风更加务实，各级组织和党员战斗力进一步提高，学校凝聚力迅速增强，为学校下一步改革发展提供了强有力的思想、政治和作风保障。

2015 年，学校在吃透中央、省委精神，深刻领会和准确把握"三严三实"基本内涵和实践要求的基础上，制定了学校《"三严三实"专题教育活动实施方案》，根据方案在全校中层以上领导干部中集中开展专题教育，校级领导干部和中层领导干部同步进行。按照中央、省委要求，扎实做好专题党课、专题学习研讨、专题民主生活会和组织生活会、整改落实和立规执纪等 4 个"关键动作"的落细落实工作。为确保活动取得实效，举办暑期干部培训暨"三严三实"专题教育，及时在"三严三实"专题教育中开展"为官不为"问题专项整治行动，组织 4 名校领导为副科级以上干部作了专题辅导，先后组织党委班子开展专题研讨 6 次，督查各学院开展专题教育 2 次，着力改进工作作风，解决"不严不实"的问题。

2016 年，贯彻全面从严治党要求，扎实开展"两学一做"学习教育，结合学校实际，加强组织领导，制定《关于在全校党员中开展"学党章党规、学系列讲话，做合格党员"学习教育的实施方案》《天水师范学院"两学一做"学习教育督查指导工作实施方案》。围绕学习党章党规，学习系列讲话，做合格党员等三个方面的规定动作开展工作，在结合专题组织讨论，创新方式讲好党课，召开专题组织生活会，召开领导班子专题民主生活会，开展民主评议党员，立足岗位作贡献，坚持以上率下，软弱涣散基层党组织整顿"回头看"等 10 项具体推进措施上持续发力。同时学校不断推进党建工作科学化、制度化和规范化，以"党员固定活动日"为载体，扎实开展"两学一做"学习教育，确保理论学习教育扎实深入开展。

2017年，突出思想引领，加强政治建设。认真贯彻落实"三会一课"和"党员固定活动日"制度。制定《天水师范学院推进"两学一做"学习教育常态化制度化实施意见》，扎实推进"两学一做"学习教育常态化制度化。在强化理论武装深入"学"，突出"四个合格"认真"做"，坚持问题导向持续"改"等方面采取措施，在发挥"关键少数"示范带动，强化党支部整体功能，坚持"三会一课"基本制度等三个方面持续推动，促进全校各级党组织和广大党员师生进一步学习习近平总书记系列重要讲话精神的自觉性和坚定性。

2018—2019年，狠抓政治建设，扎实推进习近平新时代中国特色社会主义思想和党的十九精神学习贯彻。学习中将创新方式、拓展平台作为提高学习质量和效果的主要抓手，坚持做到"三个结合"，即个人自学与集中研讨相结合、"走出去"与"请进来"相结合、常规学习与理论宣讲相结合。学校各级党组织在坚持个人自学的同时，精心设计研讨课题，积极开展专题学习研讨；组织参加上级部门举办的各类培训学习，学校领导全部参加了省委组织部举办的十九大精神轮训班，同时各党总支紧紧围绕十九大精神、党章、党纪党规，邀请校内外专家学者开展专题辅导报告近20场次，通过学习，进一步深入领会习近平新时代中国特色社会主义思想和党的十九精神。

通过深入开展党的群众路线教育实践活动、"三严三实"专题教育，"两学一做"学习教育，学习贯彻习近平新时代中国特色社会主义思想和党的十九精神，确保了增强贯彻执行党的路线方针政策的自觉性和坚定性，始终同党中央保持高度的一致。

四、全力提升基层党建，发挥基层党组织战斗堡垒作用

学校切实把基层党组织建设摆在重中之重的位置，坚持加强基层党组织建设和党员队伍建设，健全党的基层组织体系，在基层党组织设置、"三会一课"、基层党建品牌建设、党员教育管理、支部建设标准化等方面取得了新的成绩。

学校加强基层党组织建设，充分发挥党组织战斗堡垒作用，及时对党总支进行设置调整，开展党总支，党支部换届选举工作，选优配强支部书记，党组织的凝聚力和战斗力不断增强。2007年学校设13个党总支，3个直属党支部，后续随着学校内设机构的调整变动，党总支也进行了调整，至2019年，学校设14个党总支，6个直属党支部和机关党委等21个中层党组织。学校党支部设置和调整在 10 年间也经过数次调整，支部 3 年换届调整一次，10 年间经过了 3 次换届调整，目前学校有 52 个党支部。

学校加强基层党支部品牌建设，十年来，先后开展"基层组织建设年""学习型、服务型和创新型基层党组织建设""支部建设标准化"等活动。2012 年，学校提前谋划，开展基层组织建设年活动，制定了学校基层组织建设年实施方案，完成了全校 143 个党支部的调查摸底和分类定级工作，推进"一帮一"工作向纵深迈进。同年，根据甘肃省十二次党代会精神，开展"效能风暴"，召开庆祝建党 91 周年暨创先争优表彰大会，以基层组织建设年为载体，深化创先争优活动，发挥党组织和党员的先锋引领作用，增长党员领导干部的本领和才干，为学校中心工作服务，为学校改革和发展服务。2015 年，创新组织活动方式，建立基层组织党建专项经费，全年共立项 21 项，资助 10 万余元，逐步形成一批主题鲜明、形式新颖，有特色的基层党组织品牌活动。2016—2017 年，积极推进学习型、服务型和创新型基层党组织建设，制定《关于创建基层党建品牌的指导意见》《关于开展党支部规范化建设的实施意见》，按照"四好""八有"的标准，着力打造基层党建品牌。同时切实加强基层党组织建设。从严落实基层党建 6 项重点任务，持续推进基层党建品牌创建工作。2018 年，为切实增强各基层党组织抓好党建工作的责任意识，从 10 月份开始每月召开 1 次党建工作例会，定期了解党组织的工作情况，及时掌握各基层组织在党建中存在的问题和好做法经验。制定学校《党建工作重点任务工作台账》《关于强化院系党组织政治功能的指导意见》等文件，完善二级学院运行机制，发挥学院党总支、直属党支部政治核心作用。实施教师党支部书记"双带头人"培育工程，多渠道开展党务干部培训，深入开展学习党的十九大精神主题班会、马克思主义学习教育主题活动、传承红色基因行动、《习近平的七年知青岁月》学习等活动。

学校注重在优秀学生和青年教职工中发展党员，严把党员质量发展关。十年来举办入党积极分子培训班，开展纪念建党系列活动，组织评选先进党总支（直属党支部）、先进基层党支部、优秀共产党员、优秀党务工作者等各项活动，累计举办入党积极分子培训班 20 期，培训 8000 余人，发展党员 4000 余人，组织开展建党系列活动 20 余次，表彰了一大批优秀先进党总支（直属党支部）和优秀共产党员，与此同时开展多种活动回顾党的光辉历程，弘扬党的优良传统。通过上述一系列活动，改善党员队伍分布结构，弘扬党的优良传统，党员的先锋模范作用得到充分发挥，党员干部干事创业的积极性进一步提升。

新一届班子组建以来，坚持严实并举，积极推进支部建设标准化工作，制定《天水师范学院党支部建设标准化工作实施方案》，成立领导小组，确定目标任务和"5251"支部标准建设化思路。进一步优化基层组织设置，将机关党总支调整设置为机关党委，下设支部按部门设置，二级学院分设教工支部和学生支部。学校党委坚持以支部标准化建设为抓手，切实加强新时期学校党的建设，全力推进内涵发展，全面落实立德树人根本任务；主动服务国家战略和地方需求、主动接受地方党委政府领导、主动服务区域经济社会发展。开展建党98周年系列活动，组织基层党组织书记赴两当开展"重温红色经典、坚定理想信念"主题党日活动。在支部标准化建设过程中，涌现出以做好新时代大学生思想政治教育为亮点的马克思主义学院教工党支部、以提高科研能力助推地方林果产业发展为特色的甘肃省大樱桃技术创新中心党支部、以建设教学团队为特色的全国黄大年式教学团队党支部等，体现了"一院一品""一支部一特色"的创建要求，发挥了示范引领作用。

学校经过创新活动方式方法，不断强化基层党组织建设与党员教育管理，激发了党员参与党内生活的积极性、主动性和创造性，使基层党组织的战斗堡垒作用和党员的先锋模范作用得到充分发挥，凝聚力和战斗力进一步增强。

五、坚持正确用人导向，发挥党员干部模范带头作用

学校坚持事业为上，着力推进干部队伍建设，在干部选拔任用，教育培训，监督管理等方面开展了一系列卓有成效的工作。

学校认真落实好干部标准，按照党政干部选拔任用条例，公道正派选拔培养事业需要的干部。2014年和2019年分别对干部进行了两次大的调整。2014—2015年开展处科级干部的选拔任用工作，修订了《天水师范学院处科级领导干部选拔任用工作规定》，严明选任标准、规范工作流程，在纪检监察部门全程监督、相关部门协调配合、全校教职员工的积极参与和广泛关注下，选拔了一批想干事、能干事，德才兼备，清正廉洁、实绩突出、群众公认的优秀干部，换届先后调整提拔了19名正处级干部，36名副处级干部（其中从专任教师中提拔20名，从科级干部中提拔16名），交流了24名处级干部，分3批共提拔28名正科级干部，交流12名。使干部队伍结构明显改善，正处级干部平均年龄为47.7岁，比原来年轻了1岁，最年轻的正处级干部为32岁；硕士学位及以上占正处级干部总数的28%，比原来提高了10%左右；副高级职称以上占正处级干部总数的67%，比原来提高了6%。2019年上半年，为深入贯彻落实习近平新时代中国特色社会主义思想和党的十九大精神，实现学校第二次党代会确定的奋斗目标，进一步激励广大干部勇于担当、奋发有为，充分调动干事创业的积极性、主动性、创造性，引导广大干部为推进建设师范特色鲜明区域性应用型高水平大学贡献力量，制定出台《天水师范学院关于进一步激励广大干部新时代新担当新作为的实施意见》，根据中央干部任用条例，修订完善了《天水师范学院处科级干部选拔任用规定》，调整处级岗位干部5批次59名，其中提拔17名，交流42名，交流并主持4名，从学院交流到党政机关6名，从党政机关交流到学院10名。调整科级干部30名，其中交流2名，提任28名，从副科提任正科17名，从科员、教师中提任科级干部11名。组织50名处科级干部到清华大学培训，选派3名处级干部到兰州大学相关处室挂职锻炼，增派8名优秀年轻科级干部驻村帮扶。

坚持加大干部培训培养力度。根据《干部教育培训工作条例（试行）》，按照突出重点，注重实效的原则，有计划、分层次、分类别地狠抓干部的教育培训培养，突出抓好党的理论教育、党性教育和专业化能力培训。每年通过寒暑假集中培训、专题辅导，以及选派干部挂职交流等方式开展培训，累计派出20余名干部到兰州大学、教育厅以及贫困县挂职。2018年新一届党委班子成立以来，进一步加大干部教育培训的力度，制定《天水师范学院2018—2020年度干部教育培训培养计划》，调选12人次先后到中国延安干部学院、省委党校、省社会主义学院等单位进行学习培训；2018年和2019年分别组织40名处级干部和50名处科级分赴上海交通大学和清华大学进行为期一周的综合能力提升研修；组织100名处级干部参加甘肃干部网络学院学习贯彻习近平新时代中国特色社会主义思想网络培训班；组织210名副科级以上干部参加校内为期5天的集中培训。选派1名处级干部和1名博士到教育厅职能处室挂职锻炼，3名处级干部到兰州大学相关处室挂职锻炼，进一步开阔干部视野，锤炼工作作风，为干部快速成长拓宽路径。

坚持加强干部日常管理监督，完善相关制度规定。通过平时教育使干部主动适应新常态、不断加深理解，强化自律意识，自觉接受监督；通过健全制度体系，不断完善中层干部选拔任用、考核管理和日常监督等方面的工作制度，用好提醒、函询、诫勉等手段，规范和加强处科级干部个人有关事项报告、出国（境）请假审批、出国（境）证件集中保管、企业兼职管理、社会团体兼职管理、离任交接、离任经济责任审计等工作，从严掌握标准，实施动态跟踪，严把纪律关口，确保中央和省委要求不折不扣落实。每年完成填报范围处级干部个人有关事项报告的规范填写、随机抽查、重点抽查工作，累计对200多名处科级干部在出入境管理局进行登记备案和更新。科学开展干部考核评价工作，出台《中层领导班子和领导干部年度考核实施办法》，从严从实做好中层领导班子和处科级干部年度考核工作，并逐步加大考核结果运用，引导中层领导干部树立科学发展观和正确的政绩观，为提升学校规范管理水平提供制度保障。从严管理干部，对违规操办子女婚宴、个人事项报告未如实填报、工作推动不力、不遵守纪律和履行请假手续的20余名干部根据相关规定给予了处理。

通过干部队伍建设，强化了干部队伍的政治意识、大局意识、责任意识、团队意识、创新意识和廉洁自律意识，进一步提高了学校党员领导干部履职担当的能力、驾驭全局的能力和开拓创新的能力，建立一支适应学校科学发展要求的干部队伍，为学校转型发展和完成各项任务提供了强有力的组织保障，营造了风清气正，干事创业的良好环境。

第二节　加强和改进思想政治工作

一、加强组织领导，确保思想政治工作任务落实

学校党委高度重视思想政治工作，始终把思想政治工作摆在重要位置，牢牢掌握思想政治工作主动权，把方向、管大局、作决策、保落实，保证学校始终成为培养社会主义事业建设者和接班人的坚强阵地。制定《天水师范学院加强和改进新形势下宣传思想工作实施方案》，成立由党委书记任组长，党委副书记任副组长，党委宣传部、学校办公室、党委组织部、党委统战部、教务处、学生工作处、研究生处、科研管理处、人事处、国际交流与合作处、保卫处、工会、校团委等有关部门负责人为成员的学校思想政治工作领导小组，着力构建党、政、工、团齐抓共管，全方位、多层次的思想政治工作体系，落实主体责任，明确责任分工，各个系统机构健全、工作得力，能相互配合、协调统一地做好思想政治工作。同时，将思想政治工作纳入年度考核体系，确保将思想

政治工作任务落细落小落实。

通过组织领导，切实靠实了责任，细化了工作措施，形成了一级抓一级、层层抓落实，各负其责、各司其职、齐抓共管的学校思想政治工作格局。

二、推进理论建设，不断强化师生理想信念教育

学校充分发挥校院两级理论学习中心组的示范引领作用，制定《天水师范学院党委理论学习中心组学习规则》，不断创新学习形式，完善学习制度，丰富学习内容，切实提高党员领导干部的思想理论水平和政治素质；建立向各党组织选派政治理论学习宣讲员制度，每学期做 2 次政治理论宣讲，不断推进学习的制度化和常态化；开展基层党建品牌创建活动，使基层党组织围绕中心工作促党建、谋发展，切实发挥了品牌的示范作用、导向作用和辐射带动作用。

持续开展思想政治理论课教师红色之旅等"走基层"调研活动，引导教师深刻理解、亲身感受了"四个全面"战略布局、五大发展理念的重大现实意义及在甘肃和天水的生动实践，在这过程中坚定政治信念、丰富经验阅历、实地搜集教学科研素材，从而提高教学科研水平；制定《中共天水师范学院委员会关于领导干部上讲台开展思想政治教育工作的实施方案》，每学期全体党委常委以"思政大讲堂"的形式，宣讲党的基本理论、基本路线、基本纲领、基本经验、基本要求和重大政策，进一步增强了思想政治工作的针对性和实效性；每年组织一期青年马克思主义者培训班，每期 1000 人，用马克思主义中国化的最新成果武装青年，不断提高大学生骨干、团干部等青年群体的思想政治素质、政策理论水平，使他们进一步坚定跟党走中国特色社会主义道路的信念。

学校把培育和践行社会主义核心价值观贯穿教书育人全过程，以社会主义核心价值观为总揽，制定《天水师范学院持续实施"人知人晓"深入实施"人信人守"推动社会主义核心价值观培育践行工作落细落小落实实施方案》，细化《天水师范学院培育和践行社会主义核心价值观任务表》，深入开展"24 字人知人晓工程"、培育和践行社会主义核心价值观"三进"工作等主题教育系列活动。

通过理论建设，切实加强师生思想政治教育和价值引领，坚定了理想信念，凝聚爱国意志，激发精神动力，引导全体师生为实现中国梦增添强大动能。

三、注重质量提升，做好思想政治理论课程改革

一是加强马克思主义学院建设。2017 年 7 月，学校独立设置马克思主义学

院。2017 年 10 月，马克思主义学院与西安交通大学马克思主义学院签订对口支援协议。2018 年 11 月，学校举办《共产党宣言》与 21 世纪马克思主义的创新"学术研讨会暨甘肃本科高校马克思主义院长论坛，兰州大学马克思主义学院和学校马克思主义学院签署了帮扶协议。2019 年 4 月，学校举行甘肃省马克思主义学院联盟陇东南分会筹备会，积极探索区域高校思想政治理论课教育教学共享机制。2019 年 6 月，推动成立甘肃省马克思主义学院联盟陇东南分会，使马克思主义学院向更高的建设发展目标迈进。

二是加强思想政治理论课建设。强化思政课教学地位，将"马克思主义哲学"列入校级重点扶持学科建设，每年给予学科建设经费 5 万元，四门思想政治理论课全部被确定为校级精品课；规范教材使用，制定《天水师范学院教材选用与发放管理办法》，明确规定"两课"教材必须严格使用中宣部教育部"马克思主义理论研究和建设工程"重点教材；改革思政课评价方式，建立形成性考核与终结性考核相结合的考试模式，将考试成绩与平时成绩占比由原来的 6∶4 调整为 5∶5。采用考勤、课堂讨论、调研报告、读书活动、专业特色作业等多种方式，强化对学习过程的监管和考核。通过闭卷考试的方式，注重考评学生分析解决问题的能力；加强和改进"形势与政策"课教学，成立"形势与政策"教育工作领导小组，严格按照教育部每学期制定的《高校"形势与政策"教育教学要点》，通过理论教学、自主实践教学与网络学习相结合的方式进行。理论教学以合班授课和"思政大讲堂"形式进行，网络学习通过"超星尔雅"在线"形势与政策"课程实施。

三是积极探索实践教学第二课堂。制定思政课实践教学方案，以校内实践为主，通过读经典原著、观看经典影片、举办演讲赛辩论赛、演唱红色经典歌曲、举办实践作业展、拍摄道德小品剧等活动培养学生的综合素质。以校外实践为辅，安排思政课教师和马院学生参加三下乡等社会实践活动，指导学生开展社会调查，提高学生对中国特色社会主义的认同感；创新思想政治教育载体和平台，在两当兵变纪念馆和哈达铺红军长征纪念馆等地建立"天水师范学院爱国主义教育基地"和"天水师范学院干部理想信念教育基地"。

四是注重加强网络第三课堂建设。加强多媒体教室、网络在线学习课程和考试系统建设，探索线上线下混合式教学相结合的教学模式，鼓励运用"蓝墨云"班课、"超星学习通"等新媒体技术手段，开展思政课网络第三课堂教学，由马克思主义学院教师主持的基于"蓝墨云班课"的混合式教学模式研究获得学校 2018 年教学成果一等奖。2019 年 4 月 19 日，学校联合"对分课堂"创始人、复旦大学社会发展与公共政策学院张学新教授，在全国范围内首推基于对分课堂新型教学模式的课堂情境下的思政课系列直播活动；加大思政课教学科研投入力度，坚持全员抓教学，95% 以上的教授与副教授长期从事本科生思政教学工作，确保思政课教学质量，努力打造好师院思政"金课""网红课"。

十年来，学校共申请到国家教育部项目 2 项、教育厅项目 4 项，《高校党组织在和谐校园建设中发挥作用的理论与实践》《马克思恩格斯空间正义思想及其当代意义研究》《师范院校大学生社会主义荣辱观教育机制研究》等获资助经费 11 万元。学校 2003 级历史甲班、2005 级思想政治教育一班分获 2008 年、2010 年"全国先进班集体"荣誉称号。

通过思想政治理论课程改革，落实了新时代思想政治课程要求，增强了思想政治理论课的思想性、理论性、亲和力、针对性，优化了思想政治课程学科建设，推动学校思想政治课程建设不断迈上新台阶。

四、坚持以文化人，做活做新做实思想政治教育

突出文化育人亲和力。坚持以文化人，以文育人，努力建设体现大学特点、师院特色、时代特征、富有育人价值内涵的校园文化品牌活动，不断提升校园文化活动的思想性、艺术性、吸引力、影响力，以良好的校风带动教风和学风建设。一是依托兰蕙讲坛、科·文讲坛、"校园之夏"文艺汇演、才艺大赛、雅言经典诗文诵读大赛、少数民族文化节等文化平台，推出了一系列形式多样、健康向上、格调高雅的校园文化品牌活动。二是以重要节庆、重大事件、重要活动等契机，抓好日常思想教育。如结合"五四"青年节、"国家宪法日"、纪念"一二九运动"、"国家公祭日"、纪念建党 95 周年暨红军长征胜利 80 周年等，以贴近实际、贴近生活、贴近学生的形式，开展主题党日团日活动，对大学生进行思想政治教育，以一种润物细无声的方式，潜移默化地影响大学生形成正确的世界观、人生观和价值观。三是开展了丰富多彩的社团活动，其中，秦腔戏迷协会会员高媛媛荣登《星光大道》，1 名选手在第三届甘肃省"学宪法讲宪法"演讲比赛中获一等奖，1 名选手在全国禁毒演讲比赛甘肃总决赛中获一等奖，1 名学生在甘肃省"崇尚科学 反对邪教"演讲比赛中获一等奖，1 件作品在全国第五届大学生艺术展演活动中获三等奖。四是积极营造优良育人环境。在校园周边树立永久性社会主义核心价值观和党的教育方针宣传牌、户外

灯箱广告等，制作社会主义核心价值观和党的教育方针宣传画，在全校的教室和办公室张贴，使宣传实现全面覆盖；摘选古今中外名人警句并制作宣传画在全校教学区域张贴，激励青年学子心怀梦想，励志图强；在教学楼宣传公告栏制作校训、优秀学子、名师风采和科研成果展板，坚持传递正能量；突出校训育人，使"明德、新民、至善"的校训入脑入心。

强化实践育人渗透力。一是开展文化下乡活动，组织学生赴精准扶贫点开展文艺演出、赠送书画、绘画文化墙等活动；二是每年组织 50 余支三下乡社会实践团队开展暑期社会实践活动，组织学生到秦安、麦积、张家川等地开展大规模教育扶贫支教和科普宣传等活动，取得了显著成效。通过社会实践使学生深入了解国情省情、了解社会，增强了社会责任感，进一步坚定了理想信念。

通过文化育人，切实加强了学校思想政治工作，着力引导师生在文化传承创新中增强文化自信，为落实立德树人根本任务，培养高素质人才提供文化支撑。

五、加强阵地建设，创新思想政治教育载体和平台

一是建立健全课堂教学管理办法和管理体系。修订完善《天水师范学院教学工作规程》《天水师范学院教师课堂教学基本规范》《天水师范学院督导工作规定》，学校督导委员会和教务处严格执行教学考核、教学过程督查制度，严格落实"课堂讲授有纪律"的要求。认真做好引进教材的内容审查，特别是对哲学、政治学、历史学、法学、经济学等意识形态属性较强的学科专业教材加强审查核实，严把政治关。同时，完善新教师岗前培训制度，在教师培训特别是新聘用教师、辅导员岗前培训中，强化师德教育特别是学术道德、学术规范教育。二是加强论坛讲座报告会管理。严格执行《天水师范学院哲学社会科学报告会、研讨会、讲座、论坛管理办法》，严格审批程序，实行"一会一报"制。三是加强社团管理。坚持社团成立审批、年检和挂靠制度，学校现有的 51 个社团均有挂靠管理单位、并配备专业指导老师负责指导和把关社团活动。四是加强网络阵地管理。制定《天水师范学院微博、微信公众平台管理办法》，实行校园网、二级网站、微博微信等服务准入制度，全校各单位官方微信均在党委宣传部备案登记。同时利用通过"超星尔雅"在线"形势与政策"课程等开展思想政治工作，积极打造线上线下融合育人模式。

通过阵地建设，搭建了思想政治工作平台，多渠道、多形式、全方位加大

宣传力度，营造浓厚学习氛围，开创了学校思想政治教育工作新局面。

六、坚持正确引导，加强思政工作队伍建设

学校着力构建"大思政"工作机制，坚持把立德树人作为中心环节，把思想政治工作贯穿于教育教学全过程，进而实现全程育人、全员育人、全方位育人。近年来，学校进一步加强师德师风建设，努力培养造就了一批有理想信念、有道德情操、有扎实学识、有仁爱之心的好老师，并引导专任教师自觉做到以德立身、以德立学、以德施教，"守好一段渠、种好责任田"；同时，充分发挥各职能处室干部和管理人员的育人作用，通过提高服务质量，塑良好的工作形象和工作作风，以良好的工作态度参与到思想政治教育过程中，使全校教职工都真正担负起育人职责。

一是制定《天水师范学院关于非教学单位处科级干部联系学生年（班）级开展思想政治工作的实施方案》，建立非教学单位处科级干部联系学生年（班）级工作长效机制，完善联系制度和办法，明确工作任务，保证联系工作落地生根，推动大学生思想政治工作不断上台阶、上水平。二是加强思政课教师队伍建设。学校积极努力为思想政治课程教师创造良好发展环境，通过开展理论学习、组织教学比赛、社会实践考察、加强岗前培训、完善"传帮带"导师制、组织进修培训、开展教学评价等方式，进一步提升了教师专业素养，提高了教育教学水平。三是在各学院实行了辅导员和班主任双轨制，各学院团委书记都兼任辅导员，把大学生思想教育和日常管理结合起来。四是打造专业化辅导员队伍，按师生比不低于1：200的比例配齐配强辅导员队伍，逐步健全辅导员选聘、配备、发展、激励和保障机制，使辅导员工作有条件、干事有平台、待遇有保障、发展有空间。五是加强青年教师培训，完善"传帮带"导师机制，为新上岗教师配备导师，组织新上岗教师入职培训，帮助其尽快成长。六是积极建立"引、培、稳"有机结合的人才工作机制，将思想政治课教师作为引进重点，坚持待遇留人、感情留人、事业留人，确保引进的教师留得住、干得好。

学校通过思想政治工作队伍建设，打造了一支信仰觉悟高、业务能力强、综合素质高的复合型思想政治人才队伍，为培养德智体美劳全面发展的时代新人奠定了坚实基础。

新时代呼唤新气象，新征程期待新作为，春风浩荡满目新，扬帆奋进正

当时。经过近 10 年的建设，党的旗帜在天水师范学院高高飘扬，全校师生坚持用党的创新理论成果武装头脑，不断增强政治认同、思想认同、理论认同、情感认同。学校不断抓党建，强基层，强思政，出精品，不断提升了基层党组织组织力，构建一体化育人新模式，努力实现全员育人、全程育人、全方位育人。

（执笔人：徐强强　吴　原）

第十二章

纪检、监察和审计

2009 至 2017 年，天水师范学院纪委设有纪委书记岗位，内设纪委办公室和监察处合署办公，配备了纪委办公室主任兼监察处处长；2009 至 2015 年纪委办公室（监察处）下设监察科，2015 年后增设了党风廉政室。2017 年 3 月，学校召开第二次党代会，选举产生第二届纪委委员 9 人，并从中产生了纪委书记 1 人（副厅级），纪委副书记 2 人（正处级）；成立了中共天水师范学院纪律检查委员会，现共有专职纪检监察干部 6 人，学历均为本科以上；在各党总支、直属党支部和各基层党支部配齐了纪检委员，实现了纪检工作向基层延伸，进一步建立了完善的工作机制，为实现纪委高效、规范地开展工作提供了保障。

学校审计处始建于 1991 年，初期设为审计科；2001 年改为处级建制，设立审计监察处，2007 年独立设置审计处。现有专职审计人员 2 人，具有高级职称 1 人，初级职称 1 人。审计处成立 10 多年来，始终坚持以事实为根据，以法律为准绳，客观公正，实事求是的原则，坚持重点审计与常规审计相结合，先后完成了财务收支审计、经济责任审计、经济效益审计、专项审计调查和工程预决算等多项审计任务。

第一节　纪检监察

一、加强廉政制度建设

学校积极落实上级有关文件精神，加强制度建设，规范各级干部的从政行为，促进了惩治和预防腐败体系建设。

2010 年，根据中纪委、甘肃省纪委五次全会精神，结合学校工作实际，制定了学校的贯彻意见。按照甘肃省高校工委和纪工委的安排部署，5月13日，学校纪委接受了甘肃省高校工委第三检查考核组对天水师范学院贯彻落实中央三部委《关于加强高等学校反腐倡廉建设的意见》情况进行的检查考核，重点就学校认真组织对《意见》的学习贯彻、加强党风廉政建设责任制、构建反腐倡廉责任体系、加强宣传教育、完善制度、强化监督、重视校园廉政文化建设等方面的情况进行了汇报。按照甘肃省委宣传部《关于对反腐倡廉制度建设工作情况进行调研检查的通知》精神，根据甘肃省直宣教系统纪检监察工作座谈会、省高校反腐倡廉建设座谈会和学校党委的部署，学校纪委协调组织对学校反腐倡廉制度建设情况进行了检查并按时上报了自查总结。根据甘肃省纪委和省高校工委的有关文件精神，学校纪委制定下发了"关于在全校党员干部中开展认真学习《中国共产党党员领导干部廉洁从政若干准则》活动的通知"，并提出了明确要求，及时传阅上级纪检监察机关下发的各类文件和反腐倡廉的参阅文章，保证了上级部门下发的文件精神在学校的贯彻落实。

2011年，根据中央纪委、甘肃省纪委六次全会精神，结合学校实际，学校纪委制定下发了学校《关于落实甘肃省纪委六次全会精神加强党风廉政建设的意见》，统一了思想，提高了认识，真正把党员干部的思想统一到中央和省上反腐倡廉建设的总体思路上来。按照甘肃省教育厅《关于开展"反腐倡廉制度建设推进年"活动的实施意见》要求，结合学校实际，学校纪委制定下发了学校《关于开展"反腐倡廉制度建设推进年"活动的安排意见》，明确了当前反腐倡廉制度建设的形势和上级的基本要求，提出了加强反腐倡廉制度建设推进年活动的实施意见和措施，进一步提高了全校师生员工对反腐倡廉建设工作重要性的认识。

2013年，学校纪委制定了《天水师范学院关于落实"三重一大"决策制度的实施办法》，健全完善了重大决策事项集体决策制度，保证了重大事项决策的民主化、法制化和科学化，特别针对财务、基建、组织、人事、物资采购、招生、招标、科研项目经费管理、后勤服务等重点部门和关键岗位，进一步督促建立完善和坚持实行了一系列重要的规章制度，修订完善纪委和监察处工作职责、纪检监察工作人员岗位职责和有关管理制度，使纪检监察工作严格按照有关法律规定和管理制度开展。

2014年，为进一步加强学校党风廉政建设，确保中央和甘肃省委反腐倡廉决策部署的贯彻落实，推动学校事业科学发展，根据教育厅要求和学校实际，学校纪委制定了天水师范学院《新任党员领导干部廉政谈话实施办法》《领导干部廉政档案管理办法》《党风廉政建设责任制考核办法》《领导干部廉政法规知识考试工作实施办法》等管理制度。按照"一岗双责和谁主管谁负责"的要求，学校纪委协助学校党委与每一位党委委员和党政各部门主要负责人签订了党风廉政建设责任书，并要求科级以上领导干部填写《天水师范学院领导干部廉洁从政承诺书》。为贯彻落实中央八项规定和甘肃省委"双十条"规定精神，大力推动厉行节约、反对铺张浪费、倡导移风易俗，学校纪委规范学校教职员工操办婚丧喜庆事宜，根据学校的实际，为学校党政各部门、各单位印发了《天水市公务人员婚丧喜庆事宜管理暂行规定》，要求领导干部在操办婚丧喜庆事宜时严格执行报告制度。

2016 年，根据甘肃省委巡视组反馈意见和上级纪委相关文件要求，学校纪委结合学校党风廉政建设工作实际，以制约和监督权力为核心，以提高制度执行力为抓手，加强整体规划，抓紧重点突破，逐步建成内容科学、程序严密、配套完备、有效管用的反腐倡廉制度体系。修订完善了《天水师范学院党风廉政建设责任制考核实施办法》等 5 条制度，实现了党风廉政建设从随意性、零散性向标准化、规范型的转变。

2017 年 3 月，学校第二次党代会上选举产生了新一届纪委委员，为进一步规范纪委内部体系和议事程序，提高工作效率，学校纪委将工作重心放在了建章立制、规范办公和完善机构建设上，制定了中共天水师范学院纪律检查委员会《工作职责》《议事规则》《中心组理论学习制度》《书记办公会议制度》《基层党组织纪检委员工作职责》和《委员职责及分工》等 6 条制度，确保了纪委工作的规范化、制度化运行。学校纪委建立了纪委委员会联系各党总支、直属党支部，按照《党章》要求，督促各基层党组织配齐了纪检委员，进一步建立了完善的工作机制，为纪律审查工作规范、高效开展提供了有力保障。

2018 年，结合甘肃省纪委内部巡察整改，学校纪委督促各相关责任部门（单位）出台修订完善了《天水师范学院贯彻落实中央八项规定精神实施细则的实施办法》等 8 项制度，着手建立巡察制度，为开展巡察工作做好前期准备。

二、加强反腐倡廉教育

学校坚持把党性党风党纪教育纳入宣传教育的总体规划，从校院"两级"和干部、师生两个层面，通过理论学习与活动开展相结合、示范教育与警示教育相结合，推进反腐倡廉教育。

2009年，学校纪委组织全校中层以上领导干部和纪检监察审计干部及时收看了甘肃省教育系统反腐倡廉建设视频会议，并结合本职工作认真贯彻落实；完成了"学校廉洁教育、廉政文化进校园"宣传图片、展板的制作，并参加由甘肃省教育厅纪工委组织的全省各高校巡回展出；利用橱窗向师生员工广泛宣传廉洁勤政的优秀典型和全国评选的"扬正气、促和谐"优秀廉政公益广告及学校教师参评的廉政公益广告作品，组织相关部门人员观看了警示教育片《突发事件》。

2010年，按照甘肃省纪委和省高校工委关于深入开展《中国共产党党员领导干部廉洁从政若干准则》学习宣传教育活动的通知要求，重点抓好在全校党员干部特别是党员领导干部中开展的《廉政准则》学习活动。5月份，学校纪委给学校党政各部门的中层以上领导干部配发了《中国共产党党员领导干部廉洁从政若干准则》单行本，要求认真学习、深刻领会，并结合各自的工作实际严格执行。7月中旬，组织完成了对学校173名科级以上党员领导干部学习《廉政准则》的知识测试工作，进一步营造了学习贯彻《廉政准则》的良好氛围。

2011年，按照甘肃省纪委和省高校工委关于深入开展《中国共产党党员领导干部廉洁从政若干准则》学习宣传教育活动的通知要求，学校纪委继续在全校党员干部特别是党员领导干部中开展了《廉政准则》的学习活动，广泛宣传廉洁勤政的优秀典型，按照甘肃省纪委和学校纪委要求，张贴了"廉政中国""52个不准"等反腐倡廉图片，下发了《关于实行党风廉政建设责任制的规定》释义等学习材料。

2012年，学校纪委为学校党员领导干部征订下发《领导干部廉洁从政教育读本》等学习材料，组织观看了《苏共亡党亡国20年祭》和大型反腐倡廉宣传教育影片《忠诚与背叛》。

2013年，学校纪委采取组织观看和橱窗宣传等形式，广泛宣传廉洁勤政的优秀典型，营造校园廉政文化建设氛围，促进党员干部坚定理想信念，不断提高廉洁从政的意识和能力，促进学校反腐倡廉建设工作。

2014年，为推进廉政风险防控机制建设，形成有效预防腐败长效机制，提升学校反腐倡廉建设科学化水平，学校纪委为学校党委成员配发了"高校领导干部廉洁从政与拒腐防变"的工作读本。按照甘肃省委宣传部的要求，为学校各党总支、直属党支部配发了《中国古代廉吏传》《甘肃省惩治和预防腐败体系建设研究》廉政理论学习的参考读物。为巩固和深入落实中央八项规定和甘肃省委"双十条"规定成果，防止"四风"问题反弹，根据甘肃省纪委的要求，学校纪委加强对执纪宣传工作的领导，坚守舆论宣传阵地，及时宣传作风建设工作的进展和成效，通过正反两方面的宣传工作，达到教育和警示目的。为切实加强学校廉政文化建设，普及廉政知识，进一步加强对领导干部的党风廉政教育，增强反腐倡廉意识和法纪观念，按照甘肃省委宣传部的要求和学校的安排，学校纪委配合宣传部开展了学校副处级以上领导干部廉政法规知识测试，并将测试成绩记入个人廉政档案。

2015 年，在传统的廉政文化建设的基础上，学校纪委启用了学校纪检监察网页，利用网络阵地及时发布最新的党风廉政建设相关规章制度、理论文章、新闻动态等，并在曝光平台上发布相关的典型通报案例、曝光材料。为进一步督促落实学校党风廉政建设责任制，学校纪委加强对领导干部的教育和监督，坚持严格要求、以人为本、预防在先、关口前移的原则。3 月 16 日，学校党委、纪委组织学校 14 个相关职能部门的主要负责人和 4 个二级学院的党政主要负责人召开了工作约谈会议。

2016 年，学校纪委不断加强党员干部的党风廉政教育，增强其遵纪守法的自觉性，多途径、分层次开展学习教育活动。一是结合学校"两学一做"学习教育活动，在《中国共产党问责条例》《关于新形势下党内政治生活的若干准则》和《中国共产党党内监督条例》颁布之后，及时制定学习方案，组织党员干部开展学习，并于 11 月 28 日邀请甘肃农业大学党委常委、纪委书记李炳毅教授为学校处级领导干部做了学习辅导报告。二是加大网上宣传力度，充分利用学校纪检监察网，开展反腐倡廉宣传教育活动，不断完善纪委监察处网站，全年更新网站内容 70 余次。

2017 年，通过天水师范学院纪检监察网理论文章和警钟长鸣两个版块，学校纪委为广大党员干部提供理论学习资源，尤其是连续转载了由中央纪委宣传部、中央巡视办、中央电视台联合制作的 4 集电视专题片《巡视利剑》，告诫全体党员必须要从一点一滴做起、从严格自我要求做起，不忘初心，继续前行，抵制欲望、坚守原则、守好底线。学校纪委向学校各级党组织和处级以上干部配发了《〈廉洁自律准则〉和〈纪律处分条例〉学习辅导材料》和廉政口袋书——《清廉锦囊——党规党纪常见疑惑问题解答》。围绕重要时间节点，加大警示教育力度，学校纪委向各基层党组织转发《教育纪检监察警示录》等文件，并提出了廉洁文明过节的具体要求。

2018年，学校纪委坚持把学习贯彻习近平新时代中国特色社会主义思想作为政治"日常课"和"必修课"，坚持纪委全会专题学习、理论中心组学习和党支部集体学习制度，不断强化领导班子的理论武装，增强思想自觉和行动自觉，树牢"四个意识"，坚定"四个自信"，坚决做到"两个维护"。共组织召开纪委理论中心组（扩大）学习和纪委全会专题学习9次。学校纪委积极协助学校党委认真落实全面从严治党主体责任，筹备召开了2018年党风廉政建设暨纪检监察工作会议和干部警示教育大会，收到良好的效果。

三、加大监督检查力度

立足改革、发展和稳定大局，不断加大对干部选拔任用、人才引进、大宗物资采购、基建修缮项目、财务管理、招生录取等工作的监督力度，建立和完善了内部监督制度和监督体系，保障了学校各类经济活动的健康有序进行。

2009年，学校纪检监察部门全程参与并完成了学校组织的2009年运动训练等5个专业单独招生考试以及专升本招生考试各环节的督查工作；参与完成了四、六级英语等级考试和期末考试的督查工作；参与完成了学校部分大宗物资设备、教材图书资料等相关项目的采购和部分基建维修工程项目的招标及验收的督查工作；参与进行了南校区教职工住宅楼以及利用沙特贷款项目修建的教学楼、实验楼、行政办公楼等项目招标的相关工作。

2010年，学校纪检监察部门对招生考试工作实施监督和检查，全程参与并完成了学校组织的运动训练等5个专业的单独招生考试以及专升本招生考试各环节的督查工作；参与了每学期期末考试和四、六级英语考试以及计算机等级考试的督查工作；参与了2010年的普通招生工作，并督促各二级学院对2010级新生的报到材料进行了资格查验；参与完成了学校部分大宗物资设备、教材图书资料、学生军训服装等相关项目的采购和部分基建维修工程项目的招标及验收的督查工作。

2011年，按照甘肃省教育厅《关于转发甘肃省2011年"小金库"专项治理工作实施方案的通知》要求，结合学校实际，学校纪委制定下发了《天水师范学院关于开展2011年"小金库"专项治理工作的通知》，开展了专项治理工作，要求各部门（单位）严格执行"收支两条线"的管理规定。

2012年，学校纪检监察部门加强了对重点部位和重点环节的检查监督。纪检监察部门参与了干部选任、人员招聘、招标投标等方面的工作过程，监督其工作程序和规章制度的执行情况，确保了重要制度得到有效的执行；完成了学校运动训练等 4 个专业的单招考试、阅卷的监察工作；完成了学校学前教育、计算机、经济学三个专升本专业考试、阅卷的监察工作；参与了学校四、六级英语、计算机等级及普通学生期末考试的巡视工作；完成了 2012 级新生入学资格查验工作，物资设备采购、基建、教学楼改造后勤工程等项目的过程监督和验收的检查工作。组织召开了廉政风险防控管理工作动员大会，制定了《中共天水师范学院委员会关于开展廉政风险防控管理工作的实施方案》，并按照《实施方案》安排部署有序开展各项工作。在学校开展的效能风暴活动中，对学校确定的主要职能部门的重点工作进行了督促检查。

2013 年，学校贯彻执行中央八项规定精神和甘肃省委"双十条"规定，加强了对重点部位和重点环节的纪检监察和审计监督，学校纪检监察部门参与了干部选任、人员招聘、招标投标、物资采购、招生考试、教育收费等方面的工作过程。同时，学校纪委全面落实了干部述职述廉、廉政谈话、诫勉谈话、函询等各项监督制度，从严要求管理干部执行规章制度，加强效能监督，提高管理能力、服务水平和办事效率。在开展效能风暴活动中，学校纪委对学校确定的主要职能部门的重点工作进行了督促检查。

2014 年，根据《甘肃省 2013 年度落实党风廉政建设责任制推进惩治和预防腐败体系建设检查考核工作方案》的通知要求，开展了自查，并将自查情况上报甘肃省纪委。根据教育厅《关于对执行中央八项规定和甘肃省委"双十条"规定情况开展督查的通知》要求，学校纪委对学校贯彻落实中央八项规定和甘肃省委"双十条"规定的情况进行了自查。认真贯彻落实甘肃省教育厅、甘肃省高校工委《关于推进高等学校贯彻落实"三重一大"决策制度的意见》等文件精神，按照《天水师范学院关于落实"三大一重"决策制度的实施办法（试行）》，学校纪委进一步对学校组织、人事、基建、后勤、国资、财务、招标、招生等重点部门的工作进行了督查，确保权力的正确行使，协助组织部完成了中层干部的考察工作，协助人事处完成了学校工作人员招聘的监督工作，配合招生就业处和研究生工作处完成了学校各类招生的命题、考试、阅卷的监督工作，参与了学校基建、后勤、国资等部门的设备采购、工程项目的招标验收和学校四、六级英语、计算机等级考试的巡视工作。

2016 年，学校纪委积极践行"四种形态"，强化日常监督执纪，结合学校中心工作和党员领导干部在作风建设方面存在的共性问题，践行监督执纪"四种形态"，增加监督频率，延伸监督触角，不断实化、细化，常抓不懈，形成长效。一是推进常态监督检查，根据《天水师范学院关于落实"三重一大"决策制度的实施办法（试行）》和《中共天水师范学院委员会办公室关于加强对学校重点领域和关键环节监督管理的实施意见》对学校重点领域和关键环节始终保持较强的监督检查力度。监察处负责人列席校务会议 14 次，对重大事项决策程序进行了监督。特别对招生、人才引进、工程招标、物资采购、干部任用等涉及人财物的重点领域进行了全过程监督，并全力做好学校组织的各类国家级考试的巡视工作等。二是强化对党政领导干部的管理监督，根据《天水师范学院中层领导干部述纪述廉述作风实施细则》，学校纪委组织实施了中层领导干部的"三述"工作。三是根据《天水师范学院纪委约谈党员干部实施办法》，学校纪委通过日常监督和持续地扯袖咬耳约谈等方式，不断增强广大党员干部尤其是党员领导干部的党纪党规意识。

2017 年，学校纪委推进常态监督检查，根据《天水师范学院关于落实"三重一大"决策制度的实施办法（试行）》和《中共天水师范学院委员会办公室关于加强对学校重点领域和关键环节监督管理的实施意见》。监察处负责人列席了学校召开的 15 次校务会议，对重大事项决策程序进行了监督。学校纪委重视干部的日常监管，有效运用"四种形态"，尤其是第一种形态，通过约谈、函询、批评教育、"三述"、完善和建立领导干部廉政档案、落实党风廉政建设责任制考核等方式，对党员干部出现的苗头性、倾向性问题，早打招呼、早提醒，让红脸出汗成为常态。学校纪委加强了对干部选拔任用和党组织换届的监督，严格执行干部选拔任用中的"四必"原则，严把廉政关，有效预防了"带病提拔"干部，在基层党组织换届工作中，对学校党委组织部提供的各党支部委员会委员候选人人选的廉洁自律情况进行了严格的审核，并提出了意见，保证了换届工作的顺利开展。

2018 年，学校纪委加强对各级党组织和党员干部执行党的纪律的监督检查。结合教学审核评估及整改、硕士学位点建设等阶段性重点工作，学校纪委加强对学校党委重大决策部署、意识形态工作责任制、党建重点工作任务落实与"大学习、大讨论、大调研"活动开展情况的监督检查和跟进督办；突出监督重点，提升监督效力，对重点领域和涉及"三重一大"决策权力运行的核心程序、议事规则、工作规则中的关键节点，加大监督力度，及时发现问题，纠正偏差，监察处负责人全年列席校务会议 9 次，形成监督检查监察记录 31 份；按照甘肃省纪委的要求，学校纪委完成了精准扶贫帮扶的督查工作和巡视巡察专项督查检查与抽查工作；严把选人用人廉洁关，回复党风廉政意见 37 人次，加强日常监督，持续正风肃纪，全年约谈党员领导干部 12 人次。

四、加大执纪问责力度

围绕学校改革发展过程中存在的问题，以严格执纪问责传导纪律压力。

2017 年，学校纪委紧扣重要时间节点，把握重点部位和关键环节，始终保持高压态势，认真开展监督检查，严肃查处顶风违纪行为。通过设立举报箱、举报电话、接待来访、调研走访、受理师生申诉等形式，畅通信访渠道，认真开展信访工作。2017 年学校纪委共收到各类问题线索 5 起，收到信访举报 1 起，按照程序，对 2 名处级干部和 1 名科级干部进行了立案审查，其中 1 名处级干部和 1 名科级干部已分别获得党内严重警告和留党察看两年的党纪处分，同时，对 4 名相关责任人进行了提醒约谈，其余线索均通过函询和初步核实予以了结。这些措施有效强化了学校党员干部"明纪畏矩"的意识，维护了纪律严肃性，为学校和谐稳定提供了强有力的纪律保证。

2018 年，学校纪委坚持把落实甘肃省委省纪委巡视巡察整改作为严肃的政治任务，以高度的思想自觉和行动自觉贯彻政治巡察要求，制定整改方案，细化工作措施，靠实整改责任，对于巡察反馈的 4 个方面的问题和移交转办的 12 项 23 个问题线索处置到位，并以高度负责的态度和关爱同志的初心，对 24 名相关责任人按照监督执纪"四种形态"分别做出处理，对 1 个责任单位进行通报批评。同时，执纪审查工作持续发力，对 1 名副处级干部违反中央八项规定精神违规操办子女婚事的问题和 1 名处级干部的违纪问题进行立案审查，并对其做出党内警告处分决定，对 6 条委托初核的问题线索依纪依规进行了处置，追回全部违规违纪资金 15.173 万元，为学校挽回了经济损失。对违反中央八项规定精神问题典型案例进行了点名道姓通报曝光，发挥了震慑和警示作用。

五、加强纪检监察干部队伍建设

学校全面落实政治过硬、本领高强要求，从严从实加强纪检监察队伍建设，打造忠诚坚定、担当尽责、遵纪守法、清正廉洁的纪检监察铁军。

2017 年，新一届纪委成立以后，为进一步提高纪检干部的履职能力，适应工作要求，结合"两学一做"学习教育常态化制度化要求，学校纪委加大了纪检干部的培训和学习力度，严格执行《中共天水师范学院纪律检查委员会议事规则》和《中共天水师范学院纪律检查委员会中心组理论学习制度》。在甘肃省第十三届党的代表大会闭幕之后，学校纪委组织召开了学校纪委二届二次全会，传达学习了会议精神。11月，学校纪委邀请学校马克思主义学院副教授侯智博士以"严管厚爱，做好新时代的党内监督工作"为题，组织全体纪委委员和各党总支直属党支部纪检委员召开了纪委中心组（扩大）集中理论学习会议，学习十九大精神。注重纪检干部履职能力的提高，7月2日至6日，学校纪委书记李淳同志带领全体纪委委员前往陕西师范大学和陇东学院进行了为期5天的考察调研活动；先后选派4人次参加了中国纪检监察学院在北京和北戴河组织的高校纪委领导班子任职培训及纪委综合业务培训。通过考察调研和参加培训，学到了经验、开阔了思路、增强了信心，提高了业务水平，对进一步做好新形势下的学校的纪检监察工作大有裨益。

2018年，学校加大纪检干部的学习培训力度，全年有2名专职纪检监察干部按照甘肃省纪委的调训要求参加了中国纪检监察学院的培训学习；7月底，30余名纪检监察干部通过学习分别撰写了3000字的心得体会；先后与成都大学、兰州交通大学、甘肃民族师范学院纪委进行交流学习；11月，全体纪委委员参加了复旦大学第四期纪检监察综合业务培训，多次到天水市纪委相关部门调研学习执纪审查业务知识。深刻领会"三大"活动精神，开展专题调研，进一步解放思想，开拓创新，纪检监察队伍建设的履职能力和执纪水平进一步提升。

六、加强理论研究

2018年，学校纪委充分利用得天独厚的资源优势，结合高校全面从严治党问题理论研究的现状，依托马克思主义学院专业方向的师资队伍，组建人才团队，紧紧围绕学校乃至全省、全国高校党风廉政建设和全面从严治党的重点难点热点问题，开展有效的调查研究，成立课题调研组，建立调研工作责任制，明确调研班子和责任人。完成与西北师大、兰州理工大学共同承担的省教育厅战略研究项目《甘肃省高等学校全面从严治党问题研究子课题3的研究》的报告撰写工作，并申报了《甘肃省高校严肃党内政治生活强化党内监督问题研究》校列项目，为深入推进学校党风廉政建设和反腐败工作提供理论支撑和实践指导。

第二节 审计监督

一、加强制度建设，审计监督有章可循

2009 年，学校审计处制定了《天水师范学院 2009 年审计工作要点》《天水师范学院基建、修缮工程项目审计实施办法》，修订了《天水师范学院内部审计工作规定》和《天水师范学院经济责任审计实施办法》。根据《教育系统基建、修缮工程项目审计实施办法》等文件精神，学校审计处制定了《天水师范学院基建、修缮工程项目审计实施办法》，修订了《天水师范学院内部审计工作规定》《天水师范学院经济责任审计实施办法》。

2013 年，学校审计处制定了《天水师范学院 2012 年审计工作要点》和《审计处 2013—2015 年行动计划年度工作任务》，下发学校各相关部门。根据学校发展的实际情况，学校审计处在征求了基建处、后勤处、国资处、财务处、监察处等部门及学校法律顾问意见的基础上，对原《天水师范学院建设工程项目全过程审计实施办法》进行修订。

2017 年，学校审计处制定并经学校校务会议审定的《天水师范学院内部审计工作实施办法》《天水师范学院基建、修缮工程项目审计实施办法》《天水师范学院经济责任审计实施办法》《天水师范学院建设工程项目全过程审计实施办法》《天水师范学院委托社会中介机构审计管理暂行办法》（天师院发［2017］154 号）5 个内部审计工作办法颁布实施。

2019 年，按照财政部《关于全面推进行政事业单位内部控制建设的实施意见》和《审计署关于内部审计工作的规定》（审计署令 11 号）要求，学校审计处进一步建立健全内部审计制度，强化内部审计职能，发挥内部审计的"免疫系统"功能，实现"为规范财务会计工作服务、为提高教育资金使用效益服务、为教育改革与发展服务"的内部审计工作目标。

二、加强工程审计，关键环节有效控制

学校高度重视工程审计，审计工作由最初的结算审计过渡到现在的全过程审计监督。在修缮工程审计方面，学校审计处加强过程监督，从工程立项、工

程量清单、招标文件、合同审核，工程建设、验收到工程竣工结算全程参与；加强对基建修缮工程项目管理过程与工程项目造价的内部审计，不断改进和加强对各类工程项目各个环节的运行状况和相关经济管理活动的审计监督，促进各类工程项目规范管理，节约工程成本，规范工程管理，防范基建修缮投资管理风险，维护合法利益，保障工程建设的顺利实施，提高资金使用效益。

2009年，学校审计处完成了27项基建、修缮工程项目的审计工作，审计金额为260.82万元，审减不合理决算30.11万元，审减率达11.54%；配合招标办、后勤处完成了大量的招标采购项目及验收工作。

2010年，学校审计处完成了32项基建、修缮工程项目的审计工作，其中审计决算项目22项，审计金额为315.78万元，审减不合理决算23.45万元，审减率7.43%；审计预算项目2项，审计金额为260.27万元，审减不合理预算29.67万元，审减率11.40%；做标底8项，涉及金额186.41万元。

2011年，学校审计处完成了84项基建、修缮工程项目的审计工作，其中审计决算项目72项，审计金额为250.58万元，审减不合理决算17.87万元，审减率7.13%；审计预算项目10项，审计金额为32.07万元，审减不合理预算4.59万元，审减率14.31%；做标底2项，涉及金额296.57万元。另外，完成锅炉房建设工程项目决算的审计工作，涉及金额2200多万；完成了4号教学楼、4号实验楼、行政办公楼等工程项目决算审计工作。

2012年，学校审计处完成了锅炉房建设工程项目决算审计，送审金额2243.03万元，审减不合理决算690.65万元，审减率30.79%；完成行政办公楼装饰工程项目决算审计，送审金额为400.85万元，审减不合理决算34.08万元，审减率8.5%；完成南校区3号住宅楼工程项目决算审计，送审金额为4268.39万元，审减不合理决算347.41万元，审减率7.14%；完成了134项其他基建、修缮工程项目的审计工作，其中审计决算项目121项，审计金额为1371.56万元，审减不合理决算114.06万元，审减率8.32%；审计预算项目13项，审计金额为84.36万元，审减不合理预算18.45万元，审减率21.87%。

2013年，学校审计处完成了78项基建、修缮工程项目的审计工作，其中审计决算项目73项，审计金额为1857.74万元，审减不合理决算117.42万元，审减率6.32%；审计预算项目5项，审计金额为24.88万元，审减不合理预算2.73万元，审减率10.97%；完成了对后勤处饮食中心的审计工作；完成了对后勤处锅炉房运行情况的审计工作；配合学校招标办、基建处、后勤处、国资处、"双联办"等部门完成了大量的招标采购项目及验收工作。

2014 年，学校审计处开展各项内部审计业务工作，因为零星基建、维修工程类别多，施工操作不标准，学校审计处长期聘用 5 名造价工程师对该类项目进行审计，在审计过程中，特别注重送审程序的规范性和送审资料的完整性等问题，坚持实事求是和依法依规审计的原则，维护了学校的利益，提高了基建资金的使用效益。2014 年学校审计处共审计零星维修工程项目 110 项，送审造价 1296.98 万元，审减额 68.04 万元，审减率为 5.25%，学校审计处委托有资质的甘肃省春林工程咨询有限公司对改造的学校体育场地改造土建项目进行审计，送审价 379.18 万元，其中合同价 355.90 万元，变更签证 23.28 万元；审核价 376.30 万元，其中合同价 355.90 万元，变更签证 20.40 万元，核减 2.88 万元，核减率 12.8%。按照学校安排，学校审计处会同财务处，对原后勤处饮食服务中心自主经营部分餐厅 2013 年 3 月 1 日至 12 月 31 日的经营情况进行了审计，发现其在制度建设、蔬菜等物料的采购、原材料管理等方面存在一定的漏洞和问题，并提出了一些对策和建议。按照学校安排，学校审计处会同财务处，对校办产业开发公司 2008 年 5 月 1 日至 2013 年 12 月 31 日的财务状况、经营情况进行了审计，并出具了审计报告。学校审计处配合天水市审计局完成了南校区二期住宅 4 号、6 号、7 号楼的决算审计工作，配合北京中天恒会计师事务所有限责任公司兰州分所对 1 号综合楼竣工决算审计工作。根据甘肃省教育厅下发文件（甘教审〔2014〕6 号）要求，学校审计处对学校各部门、各单位 2009 年至 2013 年度的财务收支、基本建设和修缮工程、科研经费、大宗物资采购、后勤实体和校办产业等进行审计。

2015 年，学校审计处共审计零星维修工程项目 124 项，送审造价 900.00 万元，审减额 18.00 万元；委托有资质的工程咨询公司对基建项目进行决算审计 12 项，送审价 13，465.58 万元，审减 1，271.30 万元，其中：委托甘肃金信会计师事务有限公司对 4 号实验楼、4 号教学楼进行审计，送审价 7，732.32 万元，审减 740.63 万元；委托北京中天恒达工程咨询有限公司对 1 号综合楼进行审计，送审价 4，389.14 万元，审减 421.56 万元；委托甘肃省春林工程咨询有限公司对南校区 3 号楼及周边室外硬化工程、2014 年南校区室外工程、蓄水池工程、师院路围墙工程、轻钢体育馆维修改造工程、学校东区管网改造一标段、学校东区管网改造二标段、学校东区管网改造三标段及理科楼消防管道维修改造工程等 9 项基建工程进行审计，送审价 1，344.11 万元，审减 109.10 万元。

2016年，学校审计处共审计零星维修工程项目141项，送审造价581.00万元，审减额14.00万元。委托有资质的工程咨询公司对3项基建项目进行决算审计，送审价679.11万元，审减80.20万元，审减率11.81%，其中：委托甘肃省春林工程咨询有限公司对2号实验楼地下室机电学院实训室维修改造工程、南校区环境景观工程及停车场、道路硬化垃圾清运3项工程进行审计；委托有资质的工程咨询公司进行工程预算编制，委托甘肃省春林工程咨询有限公司对学生公共浴室项目和公共浴室锅炉房工程项目进行预算编制，委托中联造价咨询有限公司甘肃分公司对信息中心装饰工程和6号、7号、8号学生公寓楼室外管网工程进行预算编制。

2017年，学校审计处共审计零星维修工程项目134项，送审造价525.36万元，审核造价504.78万元，审减额20.58万元。学校审计处委托有甲级工程造价咨询业务资质的公司对12个维修改造项目进行决算审计，其中包括1号、2号、3号学生公寓楼维修改造工程、8号学生公寓餐厅装修、6号、7号、8号学生公寓室外工程、大学生活动中心改造工程、信息中心维修改造工程等，以上项目送审工程造价2820.23万元，审定工程造价2499.87万元，审减320.36万元，审减率为11.36%；经过招标确定三家具有甲级工程造价咨询资质的单位为审计单位，分别对已完工的6号、7号、8号学生公寓、研究生公寓及学生浴室、开水房工程项目进行了决算审计，以上项目送审工程造价9931.01万元，审定工程造价9128.55万元，审减802.46万元，审减率为8.86%；根据学校业务需要，委托天水金秋会计师事务所对学校2014年4月以前原天水师范学院后勤处主管的饮食服务中心财务账目进行清算审计，并出具了审计报告。

2018年，学校审计处共审计零星维修工程项目149项，送审造价499.62万元，审核造价487.68万元，审减额11.94万元；委托有甲级工程造价咨询业务资质的公司对20个维修改造项目进行决算审计，其中包括天水师院ICT产教融合创新基地改造拆除工程、天水师范学院旧图书馆和体育馆周边改造项目、天水师范学院创新创业基地维修改造工程、天水师院曲棍球场地改造项目等，以上项目送审工程造价946.25万元，审定工程造价884.95万元，审减61.29万元，审减率为6.45%；委托一家具有甲级工程造价咨询资质的单位为审计单位，对已完工的天水师范学院机电学院2号实训楼及室外维修工程项目进行了决算审计，送审工程造价658.26万元，审定工程造价633.63万元，审减24.63万元，审减率为3.65%。

三、强化经济责任审计，领导干部守规尽责

学校审计处按照党委组织部的要求，对职能部门和二级学院主要负责人履行经济管理职责情况进行审计，审计的方式从单一的离任审计逐步发展到任期审计与离任审计相结合。

2010年，学校审计处接受学校党委组织部的委托，对学校的10名主要领导干部进行了任期经济责任审计，涉及金额533.60万元。审计内容包括：财务收支及重要经济活动的真实、合法、效益情况，资产管理情况，内控制度建设情况，中层领导干部本人遵守廉政规定情况。

2011年，学校审计处完成了中层领导干部经济责任审计工作，接受学校党委组织部的委托，对学校的2名主要领导干部进行了任期经济责任审计，涉及金额85.97万元。

2012年，学校审计处完成了学校5名离任中层领导干部的任期经济责任审计。通过审计，促进了相关制度的建立和完善，增强了中层领导干部财经法规意识和经济责任意识，加强了对领导干部权力的制约和监督，为学校管理、评价和考核使用干部提供了很好的依据。

2014年，学校党委组织部委托审计处开始对到龄转岗的干部和调整的干部（含干部调整中岗位未变化的干部）共计23人进行经济责任审计。

2015年，由学校审计处牵头，学校从监察处及财务处抽调人员，成立联合审计小组，对数学与统计学院等单位利用学校资源办班及收取场租费、管理费问题开展内部审计工作，经过审计，摸清了以上单位的基本情况，并给学校纪委上报了《关于对学校部分二级单位审计情况的报告》材料，圆满完成了审计任务。

2016年，根据学校团委要求，学校审计处对团委2014年1月至2016年6月团费收支情况进行了审计。

2017年，根据学校按照学校纪委办公室、监察处关于《天水师范学院精准扶贫帮扶工作督查方案》要求，学校审计处对2015—2017年度精准扶贫项目资金使用情况进行了检查审计。

2018年，根据甘肃省教育厅《关于开展全省教育系统学生资助资金专项审计工作的通知》（甘教审函〔2018〕10号）和《甘肃省教育厅关于开展全省教育系统学生资助资金专项审计工作的补充通知》（甘教审函〔2018〕23号）要求，学校审计处对2015至2017年学校学生资助资金进行了专项审计。根据审计

需要，学校给相关处室和二级学院下发了《关于开展全校学生资助资金专项审计自查工作的通知》（天师院办发〔2018〕43号），要求各部门开展自查工作，按时上报自查工作报告。同时，学校审计处按要求给教育厅上报了《天水师范学院关于报送2018年学生资助资金专项审计工作计划的报告》（天师院发〔2018〕42号），并按照工作计划开展学生资助资金专项审计工作，主要审计了2015至2017年国家资助政策和学校资助措施的落实、建档立卡家庭学生精准资助落实、学生资助资金的管理和发放、学生资助经费的管理和使用、学生资助档案资料的归档情况等。

（执笔人：胡平）

第十三章

后勤管理与改革

2009 至 2019 年的 10 年，是学校改革发展的重要时期，后勤人紧跟学校发展步伐，紧紧围绕学校中心工作，在不断总结经验、不断探索和改革中提高服务质量，为学校各项事业的健康发展提供了坚实的保障。学校后勤管理体制和运行机制在探索中前进，在改革中完善，总体来看，十年来经历了 3 个发展阶段，分别是 2009 年至 2011 年，2012 年至 2014 年 5 月，2014 年 5 月至 2019 年。

第一节　体制改革不断深化

一、保持原有运行体制

2009 至 2011 年，学校后勤服务工作基本保持了 2007 年形成的运行模式，按照当时对高校后勤社会化改革的理解，学校后勤服务项目分别向社会承包运营，后勤处的职责主要是监督管理。如，物业管理、校园绿化、卫生清洁由天水宏达物业管理有限责任公司承包经营，供暖项目由典盛供热公司经营，茶水炉、浴室由浙江天台县海阔天空大浴场有限责任公司承包经营，学生食堂由若干个个体户承包经营，等等。这一模式在运行初期，显示出了社会化、市场化的优势，在学校资源受限的情况下，大幅度提高了后勤服务能力、降低了后勤运行成本、提高了服务质量。但是，随着时间推移，到 2011 年，这种向社会承包的后勤服务模式已远远跟不上学校发展步伐和广大师生对后勤服务的要求，思想观念僵化、服务意识淡化、运行模式呆板、管理体制落后、工作效率不高、饮食安全存在隐患，完全失去了改革初期的活力，直接影响了后勤服务质量。针对这些问题，后勤处开始了新一轮后勤服务改革。

为了掌握高校后勤改革趋势，学习借鉴先进经验，后勤处于 2011 年底分两批先后赴西安、上海和北京部分高校学习、考察高校后勤改革工作。通过考察学习，后勤处提出了适合学校实际的改革方案，即通过进一步深化改革，构建了具有学校自身特色的"小机关多实体"后勤服务保障机制。

二、全面推进后勤改革，构建"小机关多实体"后勤管理服务体系

2012 年至 2014 年 5 月，学校全面推进新一轮后勤管理与服务改革。在学校党委的正确领导下，新一届后勤班子主动适应新形势，于 2011 年底在先后组织人员赴西安、兰州、上海和北京等地高校学习考察后勤工作的基础上，结合学校后勤实际，提出了逐步构建"小机关多实体"后勤工作机制的学校后勤工作新目标，形成后勤改革方案并立即付诸实施。面对多年来形成的顽瘴痼疾，改革艰难推进。一是做好成本核算工作，理清解除承包项目后"小实体"的运行机制。二是加强监督管理，保障合同解除前各服务项目基本满足师生要求，力求平稳过渡。三是做好接管准备工作，选好"小实体"负责人，做好相关专业技术人员及管理人员的上岗培训工作，主要是特种设备大型供暖锅炉的管理人员与司炉工的培训工作。由于准备充分，到 2012 年 7 月中旬，天水师范学院与天水宏达物业管理有限责任公司签订的《物业管理承包合同》到期，原由天水宏达物业管理有限责任公司承包的校园清洁和绿化管护项目由后勤处自行管理，按市场化机制运行；原由天水典盛公司承包运营的供暖项目由后勤处自主实施；9 月，原由保卫处负责的各楼宇值班项目划归后勤处。后勤基本服务项目实现了平稳过渡，保障了学校各项工作的正常运行。特别是自行供暖的实施，让广大师生得到了实实在在的温暖，受到全体教职员工的一致好评。

学生食堂管理体制改革。2012 年，随着 1 号综合楼即将竣工并交付使用，学生食堂管理体制改革迫在眉睫。新食堂怎么管理、如何运行是后勤人当时直接面临的重大问题。在借鉴上海、北京、西安高校先进经验的基础上，按照自主经营与餐饮企业相结合的方式进一步深化改革，解除东餐厅所有承包人和西餐厅二楼承包人的承包经营合同，实现食堂企业化管理、市场化运行。至 2013 年 1 月，原东餐厅所有承包人全部解除。2013 年 3 月 1 日，新食堂一、二楼以崭新的面貌、全新的模式正式运行，一楼由后勤处饮食中心自主经营，二楼委托中快餐饮集团经营，既保障了学生的饮食安全，又丰富了餐饮服务。2013 年 7 月，在充分考察论证的基础上，为了改善少数民族学生的就餐环境，原定在 1 号综合楼三楼建设教职工餐厅的方案改为建设清真餐厅，西餐厅一楼改建为教

学用房，至 10 中旬，三楼清真餐厅正式运营，服务质量大幅提升，全校学生的就餐环境得到极大改善。

到 2013 年底，"小机关多实体"的后勤管理服务体系基本建成，形成了饮食、保洁、绿化、动力、物业管理等多个"实体"，步入不断优化和完善阶段，基本实现了改革目标。同时，挂靠后勤处的天水师范学院产业公司、医务所等原有实体各自独立运行。

三、进一步调整管理体制，不断提高服务质量

2014 年 5 月，学校对后勤服务系统进行了进一步调整和改革。以原后勤处饮食服务中心为基础新设膳食处，将餐饮服务职能从后勤处分离出来；将国有资产管理处房产管理科和学生工作处学生公寓管理科调整到后勤处。2017 年，学校注销了天水师范学院产业公司所辖招待所、印刷中心、校办工厂等实体，部分服务项目随之终止或调整，相关业务分别由教务处、后勤处等直接履行。新的调整，使学校后勤服务职能更加明确。

至今，学校后勤服务的体制机制基本按"小机关多实体"的模式运行，但真正的实体仍然没有形成，制约了后勤服务质量和水平的进一步提升。饮食服务按企业化管理、市场化运行，形成了具有学校自身特点的管理运行机制。

第二节　全力以赴保障学校中心工作正常运行

一、以社会化为主办后勤

2009 至 2011 年，随着学校办学规模迅速扩大，在后勤服务资源严重匮乏的条件下，保障学校中心工作正常运行成为后勤工作的重中之重。将后勤服务项目向社会承包运营，有效挖掘了社会潜力，基本满足了师生需求，促进了学校的发展。

（一）全力保障学生食堂安全运营。饮食服务中心坚持已有制度，主动发挥管理和监督职能，重点加强质量监控和价格平稳，确保学生食堂安全运营。

（二）创造条件改善服务条件，提升服务质量。积极配合市委市政府做好师院路拆迁改造工作，建成了过街天桥，保障学生安全通行；充分利用已有条件，

在原校办工厂建设临街商铺和超市，增强了后勤服务保障能力。

（三）加强对天水宏达物业管理有限责任公司的日常监督与管理，提高物业管理服务水平，创造良好的校园环境。2011 年，学校被评为甘肃省绿化模范单位。

（四）全力做好水电暖等日常保障工作，尽力满足师生需求。

（五）医务所、产业公司等独立运行，按照《天水师范学院甲型 H1N1 流感防控工作方案》，完成了 H1N1 流感防控工作任务，保障了师生安全。

（六）利用暑期对原体育学院教学楼进行改造，保障当年国培计划项目顺利进行。

（七）完成了南校区改为家属区后原教学、生活用房的拆除工作。

（八）完成了一系列后勤服务维修项目（见表1—表3），全力保障学校中心工作。

表 1　2009 年主要维修项目

序号	项目名称
1	园丁苑小区地下供暖管网的更换及小区通往南校区供暖管网的铺设
2	校本部通往南校区供暖管道的铺设
3	校本部通往 5 号公寓楼原高于路面标准部分地沟下移
4	5 号公寓楼部分暖气管道改造
5	通往 5 号公寓楼的上水管道更换
6	体育学院、生物园及东餐厅上水主管网抢修及安装
7	东、西餐厅零星供电线路及南校区供电总线路安装
8	师院路临街商铺及超市建设（临时建筑）
9	西餐厅供水主管道的抢修、安装及地沟清理
10	逸夫图书馆消防管道维修
11	东餐厅活动板房的供电线路的安装
12	文、理科楼机房供电线路的安装
13	理科楼供电线路改造及安装

表 2 2010 年主要维修项目

序号	项目名称	项目金额（元）
1	天水师范学院移动宣传栏阳光板更换维修工程	6540.06
2	天水师范学院理科楼等卫生间防渗堵漏工程	14699.73
3	图书馆南门口不锈钢栏杆建安工程	5668.94
4	天水师院临街营业铺面（砖混部分）建设工程	1174891.63
5	学院煤场改造工程	29386.22
6	5 号公寓楼地下管道、排水管改造维修工程	18208.69
7	3 号公寓楼暖气管道、地沟井维修工程	19780.08
8	逸夫图书楼地下室给排水维修工程	9601.01
9	3、5 号学生公寓楼粉刷维修工程	119491.74
10	1、2 号学生公寓楼粉刷维修工程	56209.46
11	乒乓球馆、体操馆 PVC 地板铺设工程	156468.00
12	屋面防水维修工程	202829.62
13	礼堂及图书馆维修工程	106127.92
14	学院东门口门卫值班室彩钢房制安工程	5100.00
15	单身楼室外管道及卫生间维修改造工程	9946.06
16	供暖系统部分管道、阀门更换维修工程	75084.60
17	逸夫图书馆室外管道及化粪池维修工程	10256.66
18	塑胶操场外围人行道、手球场等维修工程	14145.57
19	植物园、办公楼管道改造工程	6397.81
20	塑胶操场管道维修工程	5157.63
21	东餐厅检查井维修工程	13080.16
22	办公楼、文科楼落水管维修工程	2316.21
23	艺术楼电缆开挖等零星工程	5699.03
24	原幼儿园屋面维修等零星工程	2298.62
25	原西餐厅等零星维修工程	14505.36
26	逸夫图书馆雨篷维修工程	7678.28
27	逸夫图书馆西侧矩形检查井制作安装工程	7153.89
28	逸夫图书馆东侧检查井制作工程	1717.64
29	逸夫图书馆等卫生间防渗堵漏工程	7056.70
合计	2107497.32	

表3　2011年主要维修项目

序号	项目名称	项目金额（元）
1	东西餐厅零星维修工程	1468.42
2	霍松林艺术馆装修工程	35235.91
3	3号实验楼上水管道维修工程	1607.53
4	逸夫图书楼外墙防水工程	7269.74
5	西区泵房大口深井维修工程	4639.63
6	2号实验楼地下管道消防井维修工程	10800.00
7	2号实验楼上水管道维修工程	5850.00
8	礼堂放映室消防管道维修工程	1265.00
9	1号、2号学生公寓楼室内外线路改造工程	45797.00
10	3号学生公寓楼室内外线路改造工程	18109.61
11	生命科学与化学学院实验室网络工程	6104.00
12	旧图书馆卫生间室内外及下水管道维修工程	30451.45
13	菁瑛公寓卫生间室内外改造维修工程	7256.36
14	2号实验楼地面、地下防水工程	4424.68
15	体育学院东侧浴室室外供暖管道改造工程	6007.38
16	逸夫图书馆1—7层卫生间小便器、管道维修工程	11495.97
17	文科楼外门厅吊顶等零星工程	5247.40
18	外语学院语音室维修工程	153090.00
19	4号教学楼多媒体教室窗帘制安工程	20444.94
20	行政办公楼给水管网工程	41014.35
21	发电机组发动机维修工程	38300.00
22	配电室防护栏杆制作工程	19712.17
23	配电室室外地面处理工程	7278.45
24	配电室暖气管道拆除工程	14037.64
25	配电室供暖管道安装工程	12315.76
26	东餐厅零星维修工程	4293.00
27	植物园围墙防护网制安工程	4160.00
28	天水师范学院门球场维修工程	19824.81

续表

序号	项目名称	项目金额（元）
29	1号教学楼多媒体教室改造及个别教室维修工程	9024.00
30	西餐厅上下水改造工程	2627.00
31	6号专家公寓楼143卫生间改造工程	2525.00
32	配电室防盗网制安工程	3818.12
33	行政楼、东区上水管道抢修工程	8946.21
34	学院绿化树木病虫害防治工程	14107.00
35	东餐厅屋顶防水维修工程	1935.00
36	西餐厅后厨吊顶、线路改造工程	13953.00
37	理科楼西马路维修工程	14442.00
38	礼堂、旧图书馆马路维修工程	16924.90
39	行政楼木地板（圣象）装修工程	221112.43
40	5号学生公寓楼门口路面维修工程	4017.00
41	1、2、5号学生公寓粉刷维修工程	88489.61
42	行政办公楼木地板（大自然）装修工程	411426.84
43	单身楼（旧办公楼）维修改造工程	129450.27
44	大樱桃研究中心（102实验室）地板砖维修工程	4468.20
45	东餐厅零星维修工程	1000.00
46	西餐厅零星维修工程	7451.96
47	5号公寓楼卫生间维修工程	16290.00
48	家属及办公用房（6号楼143）维修工程	9802.00
49	外教公寓（7号楼203）维修工程	4351.00
50	外教公寓（5号楼502）维修工程	15969.00
51	塑胶操场灯光轨道维修工程	1633.00
52	轻钢体育馆背后下水管道维修工程	15432.53
53	网络教室布线工程	65330.00
54	南校区及校本部树木移栽工程	62510.00
55	路面零星维修工程	8530.00
56	屋面防水维修工程	189120.59

序号	项目名称	项目金额（元）
57	园丁苑 3 号楼柴房雨棚维修工程	2859.00
58	生命科学与化学学院办公室隔断工程	9950.00
59	园丁苑 1 号楼下水主管道抢修疏通工程	5260.00
60	艺术楼防水维修工程	10083.51
61	财务处柜台装修工程	35563.05
62	霍松林艺术馆装修工程	30327.15
63	音乐学院舞蹈教室（609 教室）建设	36454.00
64	锅炉房除渣机彩钢房建设工程	17539.28
65	2 号实验楼外墙砖维修工程	15977.10
66	数学与统计学院 209 室等窗帘制安工程	8360.71
67	4 号实验楼 411、412、413、414 室窗帘制安工程	3685.40
68	工学院实验室改造工程	97678.00
69	行政办公楼布窗帘制安工程	18326.34
70	行政办公楼等窗帘制安工程	106795.97
71	物信、美术学院网络教室机房布线工程	29057.30
72	大樱桃工程技术研究中心等改造工程	78653.77
73	篮球、排球场照明维修工程	14081.36
74	"国培项目"学员公寓楼维修改造工程	206205.03
75	网球场看台维修工程	8099.00
76	音乐厅吊顶维修工程	12543.00
77	原工会二楼办公室维修改造工程	15176.22
78	原工会三楼办公室维修改造工程	2106.00
79	健美操馆水银镜等制安工程	8403.00
80	1 号住宅楼上水管抢修工程	12878.85
81	南校区 1 号楼前暖气地沟清污、检修工程	11420.00
82	音乐学院舞蹈教室（609 教室）装饰工程	30333.45
83	园丁苑小区室外采暖管道工程	155345.40
84	房屋拆除工程	20972.00
合计	2886321.75	

二、按"小机关多实体"机制推进后勤服务工作

2012—2014 年 5 月,学校逐步构建起了"小机关多实体"后勤服务工作机制,进一步深化了后勤改革,探索出了适合当时学校后勤服务工作的新体制,创新了工作机制,提高了工作效率,提升了服务质量。

(一)收回承包项目,构建服务实体。从 2012 年 7 月起,对前期服务质量无法满足学校要求的承包项目依次按合同期限收回,不再承包,后勤处按项目分为若干个"小实体",由后勤处职工管理,按市场机制运行。至 2012 年底,逐步形成了物业管理、校园绿化、楼宇值班、动力服务、冬季供暖等多个项目实体,责任到人,按项目管理,进一步提高了工作效率和服务质量,收到了良好的效果。

(二)项目化推进后勤保障建设、维修工作。2012 年暑期,完成了原 1 号教学楼(理科楼)改建学生公寓项目。在工期紧、任务重的情况下,后勤处综合考虑、科学实施,利用暑期不到 40 天的时间完成了整栋楼的改造工作,保证了当年新增加学生和国培项目学员按期入住。2013 年暑期,完成了 2、3、5 号学生公寓楼的厕所改造和 5 号学生公寓楼 361 间宿舍的窗户改造项目,11 月,完成了原行政办公楼改建研究生公寓项目和礼堂内外墙面粉刷及吊顶、电路改造项目。2012 年 7 至 12 月完成了 1 号综合楼 1 至 3 层食堂餐桌、后厨设备的采购、安装项目。2013 年 1 月,完成了餐具采购工作,为新学期食堂正常运行奠定了基础。2013 年 3 月 1 日,新学期开学,原东餐厅停办,新建学生食堂一、二楼按期运营,一楼由饮食中心自主经营,为保障性食堂,二楼引入中快餐饮集团经营,满足不同层次就餐需求,清真餐厅继续在西餐厅由原承包人维持运营。同时,规划建设教工食堂的 1 号综合楼三楼建设清真食堂的工作也在紧锣密鼓推进。2013 年 10 月,学校引进宁夏明瑞宛清真餐饮有限责任公司正式运营清真食堂。至此,学生的就餐环境发生了翻天覆地的变化。三年来根据学校改革发展需求,完成了一系列改造、维修项目(见表 4—表 6)。

(三)完善工作制度。在修订完善后勤服务工作制度的基础上,根据后勤改革新形势,先后制订了《后勤处值周制度》《后勤处物资采购暂行办法》《供暖期夜间值班制度》等内部管理制度以及未达到学校招标标准的物资采购制度,规范了处内物资采购与管理工作,同时,进一步理顺了水电暖及物业费收缴工作,减少了工作程序,方便了教职员工。

（四）全力推进冬季供暖体制改革。2012 年前，学校冬季供暖工作先后由天水华英公寓有限责任公司和天水典盛热力有限责任公司承包实施。为了保障供暖质量、让广大师生享受应有的服务，经学校研究，从 2012 年冬季开始，学校供暖由后勤处自主实施。后勤处即着手准备冬季供暖工作，制定并下发了《天水师范学院供暖锅炉突发事故应急预案》；利用暑期，对锅炉进行了全面检修，先后培训了 4 名锅炉管理人员和 9 名锅炉工并达到相应资质，提前进行燃煤招标采购等准备工作。由于准备充分，当年供暖提前点火，供暖质量有明显提高，得到广大师生员工的一致好评。之后，学校供暖按此模式运行至集中供热。

（五）南校区物业管理跟进运行。2013 年，根据学校关于按期搬迁要求，后勤处及时组建南校区物业服务与管理团队，做好物业管理与服务工作，使南校区的物业管理与服务提升到新的水平。

（六）其他后勤服务项目如医疗保障等继续独立运行。

表 4　2012 年主要维修项目

序号	项目名称	项目金额（元）
1	园丁苑 1 号楼地下室采暖、供水等维修工程	17004.00
2	南校区采暖及给水管道工程	146221.94
3	北门口排水井制安工程	3080.10
4	4 号教学楼、4 号实验楼室外给排水工程	456675.77
5	天水师院临时煤场工程	54702.78
6	3 号实验楼主水管抢修工程	1955.00
7	园丁苑小区 1 号楼后门制安工程	14036.00
8	锅炉房西南角场地硬化及给排水工程	117762.26
9	田径场围墙防护栏制安工程	5362.50
10	老干处铁艺围墙拆除、制安工程	8156.00
11	园丁苑地下室排水沟制安工程	13793.99
12	4 号实验楼变电所及室外线路安装工程	807646.00
13	行政办公楼、2 号实验楼变电所及室外线路安装工程	504735.35
14	东区配电室土建工程	349245.73
15	园丁苑小区地下柴房防渗堵漏工程	7068.00
16	12 号楼西单元 3 楼东户卫生间防水工程	2266.00

续表

序号	项目名称	项目金额（元）
17	师院移动营业厅漏水抢修工程	4420.00
18	3号实验楼室外主水管抢修工程	1495.00
19	文科楼前广场花园种植工程	17600.00
20	文科楼前广场花园种植工程	1920.00
21	工学院压力设备安装调试工程	7107.94
22	数学与统计学院、经济与社会管理学院窗帘制安工程	9935.02
23	3号实验楼零星粉刷（乳胶漆）工程	12293.72
24	国际处、3号实验楼等零星粉刷（乳胶漆）工程	14677.10
25	离退休处、2号实验楼零星粉刷（涂料）工程	5438.80
26	2号教学楼、医务所零星粉刷（涂料）工程	15083.96
27	2号教学楼零星粉刷（涂料）工程	18031.14
28	教育学院语言文字测试室装修工程	228475.13
29	2、4号教学楼资料室粉刷工程	11281.20
30	逸夫图书馆卫生间维修工程	6904.92
31	秋季校园树木移植补栽工程	11319.62
32	新征地（莲亭村）西围墙工程	151951.67
33	西区新建三栋楼周边绿化工程	251345.27
34	2、4号教学楼、轻钢体育馆防盗门、防盗网制安工程	27794.00
35	西围墙混凝土堵洞工程	720.90
36	7号教学楼多媒体教室值班室装修工程	4598.89
37	1号实验楼屋面防水工程	50592.50
38	塑胶操场管道与喷井维修工程	2195.28
39	芝园公寓消防管维修工程	5499.12
40	东餐厅后厨吊顶维修工程	18086.30
41	1号家属楼下水管维修工程	5839.07
42	5号学生公寓楼卫生间改造（土建防水）工程	19205.84
43	5号学生公寓楼卫生间改造（上下水管道）工程	4723.35
44	秦安县王窑乡彭家小学维修及零建工程	128514.31

序号	项目名称	项目金额（元）
45	音乐学院音乐厅升降台维修工程	6618.14
46	戏剧影视文学教室不锈钢栏杆制安工程	1420.85
47	工学院数控设备搬迁工程	13443.76
48	秦安县王窑乡彭家村农路修建工程	50000.00
49	2号家属楼1单元2楼3室维修改造工程	19623.65
50	2号家属楼1单元2楼1室维修改造工程	21113.01
51	新学生公寓窗帘制安工程	58688.04
52	2号教学楼、旧图书馆教室粉刷维修工程	14069.60
53	旧图书馆、体育学院教室粉刷维修工程	8437.83
54	3号实验楼教室粉刷维修工程	10949.60
55	2台20吨锅炉及辅机修理工程	117113.90
56	2台20吨锅炉炉排抢修工程	29611.89
57	4台多级泵大修、阀门更换安装工程	22245.60
58	芝园公寓消防管漏水抢修工程	2302.77
59	西餐厅地下采暖管网改造工程	13804.03
60	锅炉房照明系统安装及零星工程	56344.77
61	工学院汽车基础实验室基础设施改造工程	96457.67
62	2号实验楼前供水管道抢修工程	11214.96
63	3号实验楼西北角上水抢修工程	3760.08
64	阶梯教室屋面防水工程	34021.73
65	后勤处2楼男卫生间防渗堵漏工程	1633.28
66	东、西餐厅粉刷工程	38754.36
67	3号实验楼414室等粉刷维修工程	5628.94
68	文史学院604教室安装水银镜工程	3070.41
69	体育看台伸缩缝防水工程	3110.56
70	逸夫图书馆落水管更换维修工程	8388.24
71	2号教学楼前瓷砖及大理石维修工程	17205.97
72	塑胶田径场北侧新彩砖替换及维修工程	9254.78

序号	项目名称	项目金额（元）
73	塑胶田径场东侧澡堂通道彩砖维修工程	9118.44
74	篮球场东侧边沿六角砖维修工程	14216.74
75	塑胶田径场西侧边沿六角砖维修工程	17061.19
76	塑胶田径场北侧旧彩砖维修工程	18650.73
77	塑胶田径场东北侧彩砖替换及维修工程	18074.27
78	1、2号家属楼路面零星维修工程	1300.00
79	西足球场围栏加固、维修工程	4266.26
80	逸夫图书馆地弹门维修工程	6280.64
81	理科楼地下供暖管漏水抢修工程	11228.12
82	3号实验楼下水管抢修工程	9631.35
83	2号实验楼消防栓漏水抢修工程	2393.76
84	园丁苑水表制安工程	8385.48
85	4号教学楼暖气管抢修工程	12483.88
86	2号实验楼供水管抢修工程	9612.80
87	园丁苑供暖管道改造工程	15822.15
88	体育学院防盗门制安工程	8130.71
89	2号实验楼南侧屋面漏水维修工程	75169.00
90	校园破损路面局部维修工程	61924.63
91	4号教学楼、4号实验楼等防盗网制安工程	8627.00
92	工学院数控车床卸载转运工程	2925.00
93	文史学院601室等窗帘安装工程	19529.38
94	1、2、5号学生公寓楼粉刷工程	118261.77
95	音乐学院609舞蹈教室地面维修工程	17154.17
96	新大门右侧花园卵石路铺设工程	40694.95
97	4号教学楼、4号实验楼室外硬化工程	720033.89
98	行政办公楼室外硬化工程	261760.30
99	1号综合楼基础范围内原有给水、采暖管网改造工程	55069.95
100	新大门右侧花园给水工程	6546.42

序号	项目名称	项目金额（元）
101	田径场看台下房屋供暖管网改造工程	49000.75
102	美术学院厕所维修工程	4001.49
103	2号实验楼太阳能底座制安工程	3000.00
104	体育看台下房子粉刷维修工程	14209.63
105	新大门右侧花园树木栽植工程	11530.00
106	师院路和新大门门前路段交通安全设施安装工程	117684.56
107	锅炉房车棚制安工程	21451.96
108	大门通行地沟工程	105443.34
109	南校区住宅小区护坡及地沟工程	798878.36
110	南校区住宅小区排水工程	289863.60
111	数学与统计学院网络教室405、418搬迁工程	14415.00
112	数学与统计学院网络教室420搬迁工程	15083.00
113	多媒体教室搬迁工程	12000.00
114	3号学生公寓楼卫生间改造工程	10498.60
115	大门石材安装工程	843389.00
116	西餐厅空调维修安装工程	6104.96
117	4号实验楼微格教室门洞封堵工程	1800.00
118	1号教学楼改造工程	2772891.16
119	南校区租用土地围墙工程	279136.43
120	南校区室外给排水、消防、采暖管道敷设工程	724077.12
121	霍松林艺术馆卷闸门制安工程	7233.62
122	1#综合楼食堂后厨设备购置	1680000.00
123	学生公寓农家具采购（高低床）	444960.00
124	新建食堂餐桌椅与学生公寓家俱配置	1042452.00
合计	15048507.45	

表 5　2013 年主要维修项目

序号	项目名称	项目金额（元）
1	1 号综合楼室外电缆敷设工程	131471.00
2	生命科学与化学学院硫课题组实验室改造工程	25719.34
3	原办公楼卫生间墙面瓷砖拆除维修工程	12998.35
4	晾衣架及栏杆维修工程	18011.95
5	美术学院印刷实验室水暖电安装改造工程	67283.51
6	1 号实验楼电气设备抢修等 7 项零星工程	80958.87
7	1 号综合楼大灶维修等零星工程	17645.73
8	7 号教学楼教室间隔音处理工程	3440.03
9	7 号教学楼下水改造等零星工程	30622.66
10	5 号公寓楼暖气管抢修等零星工程	54124.34
11	田径场供水管抢修等工程	9036.86
12	工学院汽车工程实验室操作台制安工程	19538.07
13	4 号实验楼普通心理学实验室机房布线工程	13640.00
14	4、7、8 号住宅楼屋面维修工程	40574.65
15	轻体馆墙裙油漆工程	12738.68
16	外专公寓粉刷维修（9 号楼 2 单元 301 室）工程	19775.82
17	1 号综合楼线路安装工程	94474.13
18	师院超市屋面防水维修工程	3915.00
19	行政楼 217—222 办公室线路改造追加工程	13211.03
20	1 号综合楼 1 楼冷饮店隔断工程	20149.14
21	2 号实验楼二层卫生间维修等零星工程	31668.54
22	中心广场等石材零星维修工程	17127.21
23	锅炉、循环泵、补水泵抢修、暖气管道改造工程	43924.10
24	后勤处办公室网线综合布线工程	31082.70
25	美术学院铝合金隔断工程	19888.19
26	1 号综合楼餐厨设备采购增加工程	186405.34
27	1 号综合楼糕点间隔断工程	113069.07
28	1 号综合楼售饭间不锈钢台架及隔断工程	76706.01

续表

序号	项目名称	项目金额（元）
29	1 号实验楼引风机维修工程	15558.54
30	4 号实验楼 6 楼美术学院教室隔断工程	21297.92
31	行政楼南楼二楼教室装修改造工程	122172.53
32	南校区 3、5 号楼电梯轿厢木工板装饰工程	4961.88
33	行政楼、理科楼厕所维修工程	21027.18
34	园丁苑小区北侧围墙维修等零星工程	10624.26
35	师院艺术馆装饰工程	351423.53
36	零星维修工程	7836.95
37	南校区上水管抢修工程	4200.00
38	南校区供热管道抢修工程	14104.00
39	5 号学生公寓楼等屋面防水维修工程	13808.82
40	轻体馆东侧防洪抢修等暑期维修工程	156968.19
41	礼堂屋面防水维修工程	17975.48
42	4 号学生公寓楼与新闻中心屋面防水维修工程	73330.64
43	体育器材室屋面防水维修工程	6884.19
44	旧图书馆一、三楼，塑胶操场南二楼等粉刷工程	44900.32
45	1、2、5 号学生公寓楼及阶梯教室粉刷工程	138139.83
46	行政办公楼室外给排水管网工程	227202.33
47	原 1 号教学楼大厅改造（培训班报名点）工程	19310.62
48	1 号综合楼 3、4 层木地板铺设工程	118902.02
49	1 号综合楼 4 楼大厅木地板铺设工程	177347.62
50	4 号教学楼、4 号实验楼、办公楼室外采暖管网工程	196775.17
51	学校新大门室外排水（增加）工程	55789.77
52	西区北围墙外排水管网工程	397879.16
53	学校卫生所办公用房改造工程	101736.83
54	南校区 5 号住宅楼室外硬化工程	375555.64
55	塑胶操场塑胶跑道维修工程	30000.00
56	1 号综合楼地下停车场设施建设工程	65573.00

续表

序号	项目名称	项目金额（元）
57	学校礼堂及西餐厅外墙粉刷工程	135852.07
58	原行政楼三楼卫生间及宿舍维修改造工程	139135.97
59	2、3 号学生公寓楼、单身公寓楼卫生间维修改造工程	867955.03
60	锅炉房高位水箱建设工程	78011.59
61	南校区 3 号住宅楼值班室维修等工程	71696.93
62	供暖锅炉维修保养工程	196678.79
63	南校区 3 号住宅楼室外消防、水泵接合器检查井工程	11678.76
64	5 号学生公寓楼改造维修工程	1402920.63
合计	6904416.51	

表 6 2014 年主要维修项目

序号	项目名称	项目金额（元）
1	南校区值班室和行政楼 405 室维修刷白工程	5339.31
2	原东、西餐厅设备维修搬迁等工程	18981.46
3	园丁苑门房、1 号楼、市家属院等暖气抢修等工程	17492.19
4	轻体馆路面维修等工程	17234.95
5	园丁苑 2 号楼及院内落水管抢修等工程	18281.10
6	学校卫生所暖气抢修等工程	12025.46
7	行政楼地下停车场工程	76707.20
8	1 号综合楼综合布线工程	103344.79
9	零星土方（垃圾）外运工程	15619.00
10	1 号综合楼防盗栅制安工程	27974.10
11	4 号实验楼主排水管抢修工程	15777.29
12	园丁苑下水主管改造工程	12708.52
13	南校区 4 号住宅楼主体变更工程	553899.33
14	南校区 6、7 号住宅楼主体变更工程	707736.72
15	2014 年春季绿化换土工程	198801.59
16	零星粉刷维修工程	4165.23
17	南校区 3 号住宅楼地下停车场栅栏门制安工程	1836.00

续表

序号	项目名称	项目金额（元）
18	大礼堂设施维修改造工程	400627.50
19	南校区4号住宅楼铝合金门窗制安工程	3039012.20
20	教师周转房维修改造工程（天水广和）	369342.55
21	锅炉房前旧房改造工程	19203.06
22	1号综合楼综合下水改造等零星工程	16887.57
23	逸夫图书楼伸缩缝处理等零星工程	18807.21
24	印刷中心改造工程	31887.37
25	锅炉房南外墙粉刷维修等零星工程	14411.16
26	教师周转房维修改造工程（天水百盛源）	859551.74
27	教师周转房维修改造工程（秦州二建）	329706.29
28	后勤处遮阳网治安等零星工程	12239.03
29	艺术楼防盗网治安等零星工程	12219.60
30	原东餐厅前自来水抢修等零星工程	15035.90
31	7号教学楼、3号报告厅卫生间下水维修工程	14415.24
32	配电室屋面防水工程	15378.73
33	西操场围墙修补工程	18872.39
34	行政办公楼窗帘安装工程	16378.63
35	多媒体教室窗帘维修工程	8543.29
36	天水师范学院卫生所透视室维修改造（增加）工程	2954.92
37	天水师范学院园丁苑外聘专家公寓维修改造（增加）工程	46663.53
38	天水师范学院3号实验楼粉刷（315、316、417）工程	18190.61
39	天水师范学院艺术楼粉刷（106）工程	6936.65
40	天水师范学院生命科学与化学学院办公室维修改造工程	18440.63
41	1号综合楼售饭厅不锈钢隔断、灯架及灯拆除安装工程	3806.51
42	1号综合楼餐厅吊扇采购安装（1、2层）工程	66009.74
43	3号实验楼自来水抢修项目工程	1714.17
44	1号综合楼三楼面点烤饼线路安装工程	475.87

续表

序号	项目名称	项目金额（元）
45	礼堂动力电维修工程	17933.87
46	广播站改造维修项目	8145.59
47	1号综合楼售饭间不锈钢隔断拆除安装工程	7871.50
48	理科楼卫生间吊顶及七楼门窗密封维修项目工程	3632.93
49	1号综合楼洗菜间三相电安装工程	2152.96
50	1号综合楼一楼大厅及后厨灯具检修更换工程	4107.22
51	2号教学楼屋面防水维修工程	263751.50
52	1号综合楼三楼包间墙面装饰工程	12670.77
53	天水师范学院2号教学楼、5号公寓楼粉刷工程	376282.00
54	2号教学楼、2号公寓楼、4号公寓楼、1号单身楼粉刷工程	381045.70
55	研究生宿舍、1号公寓楼、3号公寓楼、1号单身楼粉刷工程	162156.60
56	天水师范学院艺术团、民乐团活动场地维修改造工程	871515.73
57	1号综合楼（学生食堂）1—3楼风幕机安装工程	59575.04
58	天水师范学院文科楼拆除、粘贴瓷砖工程	10835.50
59	天水师范学院文科楼维修工程	8983.44
60	天水师范学院文科楼花岗岩粘贴维修工程	14402.41
61	天水师范学院理科楼、5号公寓楼外墙瓷砖维修工程	10225.96
62	1号综合楼室外给排水与消防及采暖管道敷设工程	941913.83
63	天水师范学院理科楼下水管维修工程	5325.96
64	天水师范学院音乐学院电路、舞蹈教室扶手维修工程	10979.80
65	天水师范学院理科楼、5号公寓楼瓷砖维修脚手架工程	15360.00
66	天水师范学院园丁苑1号专家公寓楼工程	20767.50
67	天水师范学院田径场塑胶跑道线工程	10351.58
68	天水师范学院篮球场改造维修改造（百盛源公司）	19326.12
69	天水师范学院篮球场改造维修工程（百盛源公司）	11696.80
70	天水师范学院篮球场改造维修工程（百盛源公司）	4385.01
71	逸夫图书馆下水维修、园丁苑3号漏水维修、1号综合楼维修	8489.78

续表

序号	项目名称	项目金额（元）
72	礼堂、理科楼、2号实验楼等上下水管维修	8062.17
73	旧行政楼维修、5号学生公寓楼自来水上下管道维修工程	8766.65
74	1号综合楼隔断、锅炉房高水位水箱维修、轻钢体育馆及综合体育馆屋面维修工程	7902.77
75	天水师范学院小平房暖气管道安装维修工程	5735.10
76	天水师范学院文化广场花岗岩、道牙维修工程	11423.51
77	天水师范学院南校区二期住宅楼一楼防盗网工程	68339.70
78	师院路东侧给水、采暖管道项目工程	405029.30
79	天水师范学院锅炉主机及辅机维修项目工程	171645.00
80	天水师范学院舞蹈教室地面维修项目工程	17887.50
81	天水师范学院轻钢体育馆外道路及排水管道改造工程	24745.42
82	南校区主入口道路硬化及雨水管网与4、6、7号楼教室外管网敷设工程	81078.15
83	天水师范学院西区绿化管网改造工程	120000.00
84	市家属院地下、上水及供暖管网大修工程	20636.67
85	天水师范学院1号综合楼1—3楼风幕机安装工程	68881.36
86	天水师范学院1号综合楼舞蹈教室低柜	9721.60
87	天水师范学院艺术楼、礼堂后楼舞蹈教室低柜	9721.60
88	天水师范学院体育场篮球架喷漆工程	1200.00
89	天水师范学院旧图书馆卫生间维修工程	10557.58
90	4号教学楼卫生间漏水维修及1号综合楼污水管维修工程	13171.78
91	天水师范学院南校区暖气主管道维修工程	9753.52
92	1号综合楼污水井检修、旧行政楼及逸夫图书馆卫生间维修	7024.12
93	天水师范学院5号公寓楼、旧图书馆暖气管道维修工程	3326.58
94	天水师范学院南校区高层供暖设备及安装工程	15349.00
95	天水师范学院南校区高层供暖设备及安装工程（补充）	62000.00
96	天水师范学院1号实验楼实验室基础装修工程	131765.59

序号	项目名称	项目金额（元）
97	1 号综合楼 4 楼电路及网络综合线路敷设	89606.00
98	天水师范学院体育场地改造土建工程	203991.85
99	新建食堂餐具采购	842040.40
合计	12878884.35	

三、调整后勤机构，增强服务职能

2014 年 5 月，根据学校机构改革要求，学校对后勤处的职能进行了较大幅度的调整，原后勤处饮食中心单设膳食处，原国资处房产管理科和原学生处学生公寓管理科调整至后勤处。运行机制基本上维持了"小机关多实体"模式。

（一）餐饮服务工作

膳食处进一步加强了日常管理工作，食堂运营更加规范。食堂并于 2014 年 12 月 16 日被甘肃省教育厅、甘肃省食药监局批准为"甘肃省高等学校标准化学生食堂"和"甘肃省高等学校示范性标准化学生食堂"。2016 年学校食堂被天水市推荐为省级食品安全"示范食堂"。东餐厅原址新建的学生公寓和学生食堂的竣工，为进一步改善学生就餐环境提供了条件。2017 年，8 号学生公寓楼一楼学生食堂作为清真食堂由宁夏明瑞宛餐饮有限责任公司经营，主要满足少数民族学生的饮食需要；二楼的由中膳团餐企业广州蓝波旺餐饮公司经营，以中西餐结合为主，有各类糕点、甜品等，具有典型的南方风味特色。学生的就餐条件得到了彻底改善。2018 年 12 月，广大教职员工盼望已久的教工食堂正式运营，创造了良好的生活条件。至此，学校建有食堂 5 个，总建筑面积 15000m^2，设施固定资产 300 余万元；有在编工作人员 4 人，临时聘用工作人员 256 人；设置学生用餐座位 2500 个，可基本满足全校 15000 余师生的就餐需求；各食堂年总销售额达 2200 余万元。

（二）后勤服务保障工作

2014 年至 2018 年，学校完成了大量项目工作。2014 年，完成了南校区 2 期教师公寓陆续入住工作；完成了 11 套专家公寓的装修、家具配置及 100 余套周转房的维修工作，并制定了《天水师范学院周转房管理办法》；完成了校园西区自来水管网碰接和绿化管网敷设项目；完成了原西餐厅改造为教学用房项目。2015 年，完成了 79 套周转房的维修改造项目，校园东区地下管网改建项目、音乐厅基础设施改造项目等，蓄水池正式投入使用。2016年，完成了新建6、7、8三幢学生公寓和研究生公寓的家具购置工作并安排学生按期入住。2016年9月，学校产业公司及其所辖校办工厂、轻印刷技术开发部、招待所法人实体撤销。2017年，学校供暖并入天水市城市集中供暖系统；完成了新建学生公寓的周边绿化工作；新建学生浴室委托浙江富辉环保科技有限公司正式运营；对1、2、3号学生公寓楼进行了维修改造；完成了教学公共区饮水设备安装。2018年，完成了32套引进人才过渡安置用房维修改造项目，完成了排球场和曲棍球场维修改造项目（见表7—表10）。

表7　2015年主要维修项目

序号	项目名称	项目金额（元）
1	5号学生公寓楼更换阀门工程	1067.38
2	东门电路检查井维修工程	1594.33
3	5号公寓楼暖气维修工程	2356.07
4	行政楼地沟内暖气维修工程	2433.96
5	2号实验楼自来水维修工程	1310.28
6	2号教学楼5楼暖气维修工程	2293.95
7	5号学生公寓楼隔断门、卫生间门及镀膜玻璃拆除安装工程	3163
8	园丁苑大门石料修补工程	1883.44
9	园丁苑地下泵房通风管道维修工程	5724.84
10	5号公寓楼卫生间漏水维修工程	18784.3
11	2号教学楼卫生间疏通维修工程	6218.11
12	南校区4号住宅楼电梯板加固工程	690.55
13	南校区3号住宅楼地下改排水管工程	5628.14
14	1号综合楼卫生间漏水维修工程	4972.14
15	5号公寓楼二楼平台形梁装饰工程	17438.03
16	逸夫图书馆卫生间维修改造工程	49888.79
17	生命科学与化学学院办公室维修改造工程	18571.86
18	生命科学与化学学院312号、419号教室粉刷工程	5725.81
19	垃圾箱预制板制作工程	8849.45
20	2号实验楼沉降缝装饰维修工程	10735.49
21	锅炉房大门及南校区高层地下室栅栏门	3253.66

续表

序号	项目名称	项目金额（元）
22	文科楼栅栏门工程	3899.44
23	医务室、艺术楼粉刷工程	12373.64
24	实验楼粉刷工程	5825.58
25	音乐学院教学楼粉刷工程	7169.84
26	南校区水管抢修工程	8593.37
27	天水师范学院超市地下涵洞制作工程	11910.99
28	天水师范学院室外乒乓球台拆除工程	5950.27
29	天水师范学院2号实验楼301、302房间漏水墙面维修工程	17841.45
30	天水师范学院1号综合楼后人行道铺设工程	10150.66
31	天水师范学院逸夫图书馆沉降缝、地面花岗岩及吊顶维修工程	11854.76
32	天水师范学院1号综合楼污水管、检查井工程	12460.92
33	天水师范学院2号实验楼、逸夫图书馆卫生间漏水处理工程	11183.86
34	天水师范学院零星维修工程	6534.32
35	天水师范学院若谷公寓楼吊顶工程	6699.94
36	天水师范学院4号教学楼到大门电气沟工程	4497.98
37	天水师范学院园丁苑家属院维修工程	6305.81
38	天水师范学院蓄水池向南校区给水管道改造工程	48282.98
39	天水师范学院清理检查井、化粪池工程	15138.57
40	天水师范学院5号公寓楼水房厕所管道改造工程	14388.64
41	天水师范学院垃圾箱拆除搬运工程	7346.83
42	天水师范学院园丁园地下室水箱油漆工程	6085.83
43	天水师范学院3号实验楼115办公室地板维修工程	8913.36
44	天水师范学院旧理科楼卫生间吊顶、研究生门卫改造、5号学生公寓楼屋面维修改造	7843.23
45	天水师范学院零星维修工程	16429.7

续表

序号	项目名称	项目金额（元）
46	天水师范学院4号教学实验楼吊顶维修工程	9572.83
47	天水师范学院旧理科楼、4号教学楼前、2号文科楼前上水抢修工程	7989.94
48	天水师范学院物业铺面屋面维修工程	17661.85
49	天水师范学院物业铺面屋面维修工程	17928.42
50	天水师范学院锅炉房前花园坡道工程	9282.02
51	天水师范学院1号综合楼化粪池检查井清理工程	18600.58
52	天水师范学院大礼堂舞台铺设舞蹈地板铺设工程	34410
53	天水师范学院锅炉及辅机、电器仪表专业检修工程	264420
54	天水师范学院体育学院粉刷工程	2531.22
55	天水师范学院芝园公寓楼室外场地修整工程	18201.52
56	天水师范学院芝园公寓楼室外人行道铺设工程	17823.03
57	天水师范学院大礼堂维修粉刷工程	18015.02
58	天水师范学院音乐厅空调电路工程	18056.18
59	天水师范学院音乐厅、美术厅、2号实验楼维修工程	19114.45
60	天水师范学院人行道钢管桩制安工程	14697.98
61	天水师范学院南校区水管维修工程	4301.74
62	天水师范学院3号实验楼（302、304）教室粉刷工程	18788
63	天水师范学院南校区2号楼（201）、礼堂门口维修、3号实验楼（301）教室粉刷工程	12967
64	天水师范学院南校区地沟内上水维修安装工程	15067.94
65	天水师范学院5号公寓楼下水维修安装工程	10763.2
66	天水师范学院南校区暖气管道加装阀门工程	16894.27
67	天水师范学院零星维修工程	11949.13
68	天水师范学院2号实验楼左侧马路草坪自来水抢修	11601.58
69	天水师范学院2号公寓楼卫生间漏水维修工程	18289.3
70	天水师范学院蓄水池井盖提高防护工程	13606.35
71	天水师范学院自来水加压泵房维修改造工程	17396.55

序号	项目名称	项目金额（元）
72	天水师范学院新大门管网阀门检查井安装工程	12782.8
73	天水师范学院校区地下管网改造工程	886032.44
74	天水师范学院行政办公楼406、506室粉刷工程	7013.36
75	天水师范学院音乐厅地板、后台及音控室改造工程	388386.13
76	天水师范学院旧校门内侧大花园路面铺设工程	166600.28
77	天水师范学院零星门窗维修工程	2702.26
78	天水师范学院零星土建维修工程	16132.22
79	天水师范学院南校区3号住宅楼暖气管道、井道排水维修改造工程	91548.28
80	天水师范学院2号实验楼（3、4）层和淘漉、惠锦、菁瑛公寓粉刷工程	347135.06
81	天水师范学院2号实验楼（1、2）层和若谷、菁瑛公寓粉刷工程	301095.32
82	天水师范学院2号实验楼（5）层和芝园公寓、单身楼粉刷工程	370025.46
83	天水师范学院教师周转房维修改造工程	421841.92
84	天水师范学院3号实验楼、文科楼、中心水池边缘维修工程	8071.44
85	天水师范学院4号教学楼维修工程	8780.28
86	天水师范学院屋面维修工程	2535
87	天水师范学院2号实验楼前自来水抢修工程	6175.98
88	天水师范学院3号住宅楼暖气改造维修工程	18129.22
89	天水师范学院旧理科楼花园路铺设工程	19523.71
90	天水师范学院2号实验楼302漏水412屋面处理工程、413屋面处理工程	4997.25
91	天水师范学院2、3号实验楼、文科楼、行政楼、逸夫图书馆维修工程	3000.92
92	天水师范学院教师周转房维修改造工程	470039.83

续表

序号	项目名称	项目金额（元）
93	天水师范学院5号学生公寓楼电路抢修、卫生间维修工程	9085.88
94	天水师范学院南校区住宅小区电梯护板地板工程	18162.74
95	天水师范学院2号实验楼卫生间漏水抢修、围墙及零星维修和1号综合楼下水抢修	10092.91
96	天水师范学院逸夫图书馆粉刷、行政楼会议室维修工程	7847.3
97	天水师范学院教师周转房维修改造工程	687582.7
合计	5365516.34	

表8 2016年主要维修项目

序号	项目名称	项目金额（元）
1	逸夫图书馆书库地插维修改造工程	44000
2	南校区1、2、4、5楼暖气抢修工程	14796.54
3	围墙维修加固防盗网安装工程	17808.33
4	行政楼地面沉降缝处理及图书馆二楼铜盖板工程	15229.10
5	艺术楼前、园丁园、图书馆喷泉暖气自来水抢修工程	13452.20
6	2、3、5号学生公寓楼卫生间漏水维修工程	15950.74
7	零星维修工程	6963.49
8	小礼堂电教馆粉刷工程	19155.09
9	体育运动与健康学院健身馆维修改造工程	183371.96
10	锅炉烟气在线监测系统安装工程	300000.00
11	1号综合楼后厨排水沟改造项目工程	48832.00
12	图书馆前自来水抢修及防鼠板制作安装工程	17763.56
13	零星维修工程	19180.05
14	电工房前健身器材、地砖、树池道牙拆除安装工程	18048.11
15	2号实验楼落水管改造、1号住宅楼、行政楼屋面防水处理工程	15083.75
16	3号实验楼屋面装饰加固工程	18034.42
17	5号学生公寓楼沉降缝加固维修工程	8924.52
18	4号实验楼防护网工程	13829.22

续表

序号	项目名称	项目金额（元）
19	南校区3号住宅楼地下室阀门维修工程	8998.55
20	行政楼办公室布线工程	11007.82
21	南校区暖气改造维修工程	18261.9
22	2号教学楼四间阶梯大教室照明维修工程	31546.78
23	旧图书馆水池防水处理工程	14822.73
24	园丁苑北侧围栏加高安装工程	4252.61
25	零星维修工程	2027.05
26	园丁苑东侧围栏维修工程	2374.82
27	自来水4台多级泵维修工程	18668.04
28	综合楼布线工程	17014.02
29	路灯路线铺设工程	16849.32
30	喷泉维修工程	14407.12
31	毕业生就业指导服务大厅建设及粉刷工程	13285.71
32	逸夫图书馆3号大厅、楼梯及个别房间粉刷工程	17295.44
33	4号教学楼雨棚维修工程	13421.26
34	4号教学楼、实验楼卫生间抢修工程	18320.65
35	校园西区自来水抢修工程	17063.82
36	2号实验楼201、202室粉刷工程	4553.14
37	4号教学楼409室粉刷维修工程	9801.44
38	植物园自来水管道维修工程	8598.32
39	3号实验楼120实验室地砖拆除维修工程	11743.45
40	锅炉房出渣机房围墙维修工程	18523.93
41	零星维修工程（彬浩装饰公司）	16449.89
42	卫生间维修工程	11307.6
43	3号学生公寓楼卫生间漏水维修工程	5500.12
44	礼堂电动幕布维修工程	9246.33
45	轻钢体育馆6号住宅楼自来水维修工程	4155.08
46	图书馆伸缩缝维修工程	13915.27

续表

序号	项目名称	项目金额（元）
47	音乐广场砖道沿维修工程	14038.02
48	3 号实验楼 119、122、123 室地砖拆除工程	13969.93
49	12 号家属楼下水改造工程	14713.24
50	南校区 3 号家属楼下水改造工程	12258.8
51	5 号公寓楼化粪池清理工程	16546.71
52	园丁苑 3 号楼管道改造工程	11645.83
53	旧图书馆至家属区路灯线路抢修工程	18417.98
54	路灯路线维修工程	105800
55	5 号学生公寓楼南楼屋面防水维修工程	19604.27
56	5 号学生公寓楼北楼屋面防水维修工程	18700.54
57	旧理科楼外墙瓷砖维修工程	11150.78
58	东门保安室外墙雨棚安装及单身楼清理化粪池工程	9859.90
59	2、3 号学生公寓楼卫生间漏水维修工程	17903.45
60	东门外路面维修工程	2011.77
61	园丁苑落水管、1 号综合楼车库下水管抢修工程	10046.38
62	食堂停车场地面硬化工程	18713.59
63	研究生楼暖气管封堵工程	16648.73
64	行政楼瓷砖维修工程	5255.79
65	园丁苑 3 号楼 3 单元屋面防水工程	9557.99
66	园丁苑 1 号楼屋面防水工程	17523.45
67	零星维修工程（广和工程公司）	7361.76
68	零星维修工程（广和工程公司）	16419.28
69	零星维修工程（广和工程公司）	6325.70
70	零星维修工程（广和工程公司）	19163.34
71	就业指导面试室、接待室线路改造工程	8243.14
72	2016 年毕业生宿舍粉刷工程	228450.77
73	4 号楼 5 楼异形玻璃安装工程	3677.71
74	保卫处办公室改造工程	17625.20

续表

序号	项目名称	项目金额（元）
75	南校区 4 号住宅楼粉刷工程	11171.28
76	南校区 3 号住宅楼粉刷工程	12706.21
77	行政楼 503 室维修粉刷工程	4334.31
78	2 号学生公寓楼化粪池及地面维修工程	18055.09
79	新煤场彩钢房工程	17010.55
80	2 号学生公寓楼地面维修工程	18759.31
81	铺面外墙粉刷工程	9915.44
82	图书馆门前雨棚工程	18336.78
83	新征煤场平整场地工程	15627.31
84	3 号实验楼门头加固工程	16189.68
85	3 号实验楼后自来水抢修工程	9645.38
86	家属院屋面防水工程	13316.34
87	膳食处职工宿舍维修改造工程	181174.89
88	4 号教学楼卫生间蹲便器更换维修工程	18802.91
89	南校区围墙加固防盗网安装工程	17745.98
90	艺术楼卫生间维修工程	14672.13
91	4 号公寓楼卫生间漏水维修工程	7730.38
92	零星维修工程	16524.53
93	南校区 4 号楼东下水维修工程	13882.98
94	1 号综合楼地下车库漏水维修工程	16721.63
95	新大门西绿化工程	9098.83
96	办公楼东绿化工程	9146.63
97	1 号教职工住宅楼屋面防水维修工程	53073.84
98	12 号住宅楼屋面防水工程	19017.58
99	办公楼零星维修工程	18621.65
100	新增绿化苗木工程	7135.45
101	零星维修工程	9945.00
102	两台供暖锅炉本体及辅机维修	300000.00

续表

序号	项目名称	项目金额（元）
103	蓄水池设备抢修	300000.00
104	健身馆改造工程	148148.66
105	16 部电梯停电电源柜和 3 部电梯的无线五方通话系统安装	260000.00
106	2 号实验楼地下室维修改造工程	1210194.08
107	4 号实验楼北侧绿化项目	260000.00
108	南校区地下室供暖设备的维修保养	42000.00
109	旧招待所膳食处职工宿舍的维修改造工程	181174.89
110	毕业生宿舍粉刷工程	225324.50
111	2016 年采购供暖燃煤采购	4200000.00
112	新建学生公寓周边垃圾桶、新大门花箱及园林景观警示牌采购	95600.00
113	园丁苑小区车辆管理系统采购	44320.00
114	学校办公家具采购	65046.00
115	新建学生公寓窗帘采购安装及室内晾衣架的安装	46592.00
	合计	9772231.56

表 9　2017 年主要维修项目

序号	项目名称	项目金额（元）
1	校园内公共区域配电箱锁扣、电力锁安装工程	14818.5
2	2 号教学楼东西 1—3 层聚氨酯工程	14101.44
3	2 号实验楼 4 楼男卫生间抢修工程	6366.08
4	2 号实验楼南北 3—6 楼卫生间抢修工程	18746.14
5	园丁苑 1 号楼 12 楼 3 号墙面维修工程	15651.72
6	艺术楼三楼不锈钢雨棚工程	16594.62
7	7、8 号公寓楼南侧花园换种植土工程	18748.45
8	5 号公寓楼下水抢修工程	18723.42
9	艺术楼、舞蹈教室维修工程	18432.2
10	4 号实验楼卫生间抢修工程	19724.7

续表

序号	项目名称	项目金额（元）
11	艺术楼防水粉刷维修工程	5377.59
12	2 号教学楼卫生间维修工程	7285.2
13	南校区暖气抢修工程	9229.19
14	西操场自来水抢修工程	1775.36
15	家属楼 5 单元下水疏通工程	9398.33
16	零星维修工程	4444.21
17	勤工俭学收货厅检查井维修工程	3114.37
18	3 号实验楼主管道抢修工程	9828.78
19	门球场前暖气主管道抢修工程	9359.06
20	理科楼 3 号学生公寓楼 103 墙面维修工程	5857.48
21	12 号住宅楼地下室漏水抢修工程	8094.59
22	行政办公楼车库自来水抢修工程	9324.29
23	5 号学生公寓楼化粪池抢修工程	3862.62
24	4 号教学楼卫生间维修工程	9712.5
25	研究生公寓花池防水维修工程	14293.9
26	集水坑水泵及线路维修工程	17122.46
27	洗澡堂水路改造工程	13667.21
28	旧北门内圆形花坛拆除及路面硬化工程	97692.82
29	旧图书馆书库暖气管道维修工程	18807.95
30	单身公寓楼 10 间房屋粉刷工程	13796.25
31	学生通道及体育场渗水砖修补工程	11650.83
32	新建学生公寓周边春季绿化工程	228071.78
33	研究生公寓楼花园换填土工程	12024.49
34	图书馆后面花园换填土工程	19218.5
35	3 号学生公寓、单身楼供电主电缆更换工程	59969.43
36	南校区路面塌陷维修处理工程	14092.7
37	新征地围墙加固大门维修工程	7867.08
38	发电机组路面铺设工程	4365.74

续表

序号	项目名称	项目金额（元）
39	煤场大门防洪加固工程	2219.2
40	南校区路面塌陷换填3：7灰土工程	18971.92
41	4号教学楼、实验楼卫生间抢修工程	7182.97
42	零星抢修工程	17621.22
43	若谷公寓楼卫生间抢修工程	15293.82
44	5号学生公寓楼卫生间吊顶工程	16039.38
45	综合楼、行政楼、2号教学楼、3号实验楼漏水抢修工程	18232.29
46	5号学生公寓楼卫生间抢修工程	18219.07
47	校园水箅子及屋面清理工程	18866.23
48	北大门、阶梯教室墙面维修工程	5148.76
49	园丁苑消防通道改造维修工程	18856.55
50	南校区化粪池防洪清理工程	6681.29
51	3号实验楼西北自来水抢修工程	7398.14
52	食堂、职工宿舍围墙维修工程	5459.08
53	医务室窗子隔断维修改造工程	18757.25
54	艺术楼暖气管道更换维修工程	15838.33
55	行政楼3楼地砖维修工程	3389.8
56	校园西区雨水箅子拆除工程	12630.05
57	1号综合楼地下车库防水处理工程	15950.7
58	南校区4号住宅楼下水道疏通工程	10813.8
59	行政办公楼前路面维修工程	13501.87
60	配电室屋面彩钢瓦安装工程	17737.66
61	门球场暖气管道维修工程	13401.09
62	家属区板式换热机组检修工程	18038.92
63	12号住宅楼上水管道更换工程	18735.32
64	4号教学楼阶梯教室灯具更换工程	11411.84
65	园丁苑庭院灯安装工程	16961.18
66	轻钢体育馆后自来水抢修工程	2313.15

续表

序号	项目名称	项目金额（元）
67	零星抢修维修工程	5505.03
68	4 号学生公寓楼卫生间吊顶及防水维修工程	5796.46
69	行政楼自来水抢修工程	5020.64
70	2 号教学楼卫生间防水工程	7106.65
71	2 号住宅楼 3 单元屋面防水工程	19390.92
72	2 号住宅楼自来水抢修工程	3257.62
73	2 号实验楼右自来水抢修工程	6843.87
74	北门院子内道路维修工程	18743.39
75	南校区 4 号楼 2 楼下水疏通工程	11416.15
76	旧图书馆前道路井盖抢修工程	9647.3
77	行政楼车库门前自来水抢修工程	2287.97
78	1 号实验楼外墙清洗工程	19371.46
79	大礼堂屋面防水维修工程	173894.34
80	医务室西侧及 1 号实验楼南侧花园园路铺设工程	127772.56
81	零星工日工程	10750
82	5 号公寓楼化粪池清理、管道改造、检查井维修工程	14216.19
83	南校区供水管道维修工程	16783.2
84	5 号学生公寓楼南楼晾衣架安装工程	7692.86
85	4 号学生公寓楼卫生间便池维修及晾衣架安装工程	11297.21
86	3 号住宅楼屋面防水维修工程	7907.36
87	新大门及附属办公用房屋面防水维修工程	152252.09
88	3 号实验楼过道粉刷工程	18131.4
89	老北门紫藤粉刷维修工程	18129.8
90	4 号报告厅外墙及长廊维修粉刷工程	16457.97
91	1 号报告厅外墙及长廊维修粉刷工程	14917.73
92	毕业生宿舍零星粉刷工程	17995.7
93	学生宿舍零星粉刷及外教公寓维修工程	14759.4
94	研究生公寓楼宾馆维修改造及外教公寓维修工程	15090.4

续表

序号	项目名称	项目金额（元）
95	2017 年毕业生宿舍粉刷工程	204271.52
96	4 号教学楼防护网工程	10113.98
97	4 号楼异形玻璃更换、体育场零星粉刷工程	12136.2
98	艺术楼自来水维修工程	3986.04
99	田径场前行道维修工程	1987.06
100	1 号公寓楼、5 号公寓楼自来水抢修工程	3273.88
101	南校区 5 号楼暖气阀门更换工程	6737.69
102	西体育场绿化自来水抢修工程	5886.37
103	旧图书馆室外供热管网铺设工程	147112.54
104	新建学生公寓周边绿化	228561.08
105	3 号学生公寓、单身楼供电主电缆更换工程	56541.82
106	公共区域饮水设备电源铺设工程	98061.86
107	学校家属区版式换热机组检修工程	18000
108	校本部 162 间毕业生宿舍及部分办公用房的粉刷	208406.8
109	新大门、礼堂及部分家属楼屋面防水维修	303827.35
110	校园部分路面维修及旧北门圆形花坛拆除	97692.82
111	1、2、3 号学生公寓楼维修改造工程	7054550.53
112	新北门花箱、苗木采购及种植	20000
113	扫地车购置	210000
114	教学公共区域饮水设备的采购安装	98500
	合计	10698966.07

表 10　2018 年主要维修项目

序号	项目名称	项目金额（元）
1	南校区 3 号楼下水抢修工程	12892.24
2	新建学生公寓楼维修装饰工程	18695.36
3	新建学生公寓楼花园改造工程	18799.88
4	园丁苑 1 号楼消防抢修工程	11231.63
5	轻钢体育馆前绿化水抢修工程	3130.98

序号	项目名称	项目金额（元）
6	体育场、旧行政楼后健身器材安装工程	16381.27
7	植物园门前前自来水抢修	3816.15
8	园丁苑 1 号楼楼道粉刷及三楼下水疏通工程	8731.82
9	4 号实验楼、艺术楼、2 号教学楼落水管抢修工程	7858.03
10	行政楼、1 号综合楼拆除地板砖疏通下水及零星维修工程	8949.31
11	南校区水落管及消防井抢修工程	2501.86
12	学生公寓卫生间下水抢修工程	14886.91
13	广播电台屋面防水、2 号学生公寓、行政楼地板维修工程	6912.53
14	5 号学生公寓楼卫生间下水抢修工程	19067.81
15	文科楼、图书馆、艺术楼、实验楼卫生间下水疏通工程	11764.18
16	1、3 号学生公寓楼晒衣架制安工程	19382.33
17	2 号教学楼心理健康教育咨询中心粉刷工程	14373.7
18	音乐学院办公室维修粉刷工程	5344.4
19	艺术楼二楼教室粉刷工程	19402.8
20	美术与艺术学院教室粉刷工程	17473
21	学生公寓楼钛合金字牌子制作安装工程	17688.4
22	清理屋面垃圾及水箅子工程	17566.86
23	篮球场蓝环及道沿维修工程	5686.15
24	校园内道路维修工程	11357.75
25	艺术楼楼梯间及卫生间渗水维修工程	18947.7
26	4 号教学楼、实验楼卫生间渗水处理工程	17382.6
27	艺术楼喷泉雕塑清理维修工程	15762.78
28	2 号教学、2 号实验楼零星维修工程	9831.5
29	4 号教学楼外墙面修补工程	18800.23
30	2 号教学楼外墙面修补工程	15845.26
31	图书馆外墙面修补工程	18671.72
32	4 号教学楼外墙面修补工程	19303.26
33	4 台多级泵检修工程	18389.76

续表

序号	项目名称	项目金额（元）
34	4号教学楼后检查井及艺术楼卫生间维修工程	8380.8
35	民乐排练厅、实验楼、单身楼周边卫生清理工程	9540.56
36	6号学生公寓楼自来水抢修工程	2259.94
37	图书馆台阶、广场花岗岩贴面砖维修工程	18744.35
38	洗澡堂、煤场、停车场平整工程	19436.1
39	行政楼、4号教学楼、实验楼门前台阶贴面砖维修工程	13989.14
40	新征地、植物园后检查井及化粪池清理工程	5158.37
41	2号教学、2号实验楼花园及水池贴面砖维修工程	19447.68
42	树木栽种工程	17604.06
43	花池维修工程	18358.83
44	零星维修工程	9489.82
45	植物园垃圾场地整改工程	8442.69
46	南校区污水管更换工程	8803.28
47	4号教学实验楼屋面防水维修工程	15036.8
48	卫生间疏通、阀门更换工程	8847.04
49	艺术楼115间墙面粉刷工程	4937.39
50	南校区值班室地板更换、围墙门、抢修水工程	13847.31
51	水泵安装工程	14561.38
52	1号报道厅灯具拆除更换工程	11637.13
53	行政楼维修门、植物园检查井清理工程	10841.75
54	防洪沉淀池清理工程	11646.06
55	1号综合楼玻璃雨棚维修工程	11117.75
56	电缆抢修工程	18071.26
57	落水管改造维修工程	18045.41
58	水池真石漆工程	6306.38
59	排洪沟清理工程	6195.2
60	行政楼维修装饰工程	16207.99
61	网球场旧配电柜拆移工程	18879.4

序号	项目名称	项目金额（元）
62	勤工俭学售货厅前人行道砖铺设工程	19120.11
63	大门广场路面拆除铺设工程	18224.15
64	零星抢修工程	15500.1
65	2 号实验楼前电缆井、检查井提升工程	15926.69
66	南校区零星抢修工程	2695
67	20 套周转房维修工程	18810.62
68	4 号教学楼广场暖气井拆除抢修工程	6846.14
69	新大门消防自来水抢修工程	13291.03
70	食堂后自来水抢修工程	7129.08
71	西体育场铝合金道沿拆除安装工程	18909.28
72	3 号实验楼 105 室地板墙面自来水改造工程	11539.59
73	旧北门围墙维修工程	14096.58
74	轻钢体育馆及家属楼零星维修工程	17301.39
75	行政楼地板砖零星抢维修工程	15071.69
76	行政楼卫生间吊顶加固工程	11999.35
77	新征地防洪水下寻找检查井工程	8503
78	电信门前路面拆除工程	18962.93
79	2 号实验楼前路面拆除挖土工程	12894.56
80	2018 年毕业生宿舍粉刷工程	286000
81	学生公寓卫生间维修工程	17631.64
82	学生公寓防盗网格门拆除安装工程	15652.99
83	学生公寓卫生间疏通工程	18744
84	2 号实验楼前路处理铺设工程	18872.94
85	逸夫图书馆钢构玻璃封胶更换工程	18569.98
86	专家公寓楼 6、9 楼卫生间布线及安装角阀工程	12925
87	零星维修工程	13815.56
88	家属区板式换热机组检修工程	18056.24
89	行政楼卫生间刷暖气片工程	9059.42

续表

序号	项目名称	项目金额（元）
90	轻钢体育馆化粪池清理工程	5302
91	2号实验楼前自来水抢修及医疗所左路灯安装工程	12987.9
92	7号报道厅过道吊顶及1号综合楼地下室卷帘工程	19126.21
93	图书馆东过道吊顶及电工房路面工程	15097.57
94	5号学生楼一楼过道粉刷工程	19238.14
95	学生公寓楼晾衣绳安装工程	17590
96	南校区制安排污泵工程	18369.48
97	4号教学楼过道天棚维修工程	19097.18
98	行政楼天棚维修项目工程	13078.08
99	南校区零星维修工程	5605.83
100	4号实验楼513实验室综合布线工程	25514.01
101	喷泉改造安装工程	19322.87
102	3号实验楼311粉刷工程	10268.12
103	行政办公楼303、406室粉刷工程	4755.43
104	3号实验楼311维修改造工程	19408.97
105	医疗所窗子拆安、墙面粉刷、灯具改造、地板铺设工程	23051.3
106	行政楼5楼走道地面砖抢修工程	14011.95
107	行政楼4楼走道地面砖抢修工程	14077.95
108	南校区7号住宅楼屋面防水及暖气维修工程	3150.77
109	零星维修工程	7780.77
110	学生公寓卫生间下水疏通、屋面防水零星维修工程	13783
111	行政楼、2号住宅楼暖气抢修及地下泵房下水维修工程、11号住宅楼暖气抢修及地下泵房下水维修工程	10782.22
112	植物认知园建设项目	858848.8
113	花园换填土方工程	17121.89
114	柳树栽种项目工程	18693.24
115	花园维修工程	9563.5
116	防水零星维修工程	9387.15

序号	项目名称	项目金额（元）
117	垃圾场建设项目工程	47385.12
118	毕业生宿舍维修工程	9186.69
119	零星维修项目	9031.68
120	西操场水毁围墙的抢修	84914.16
121	旧北门围墙加固及南校区后护坡塌陷部位的填实修复	97692.82
122	师院路校园围墙改造工程	98753.39
123	旧图书馆周边绿化改造工程	551184.74
124	毕业生宿舍粉刷	286000
125	1号实验楼卫生间维修改造工程	179383.83
126	校内学生公寓、图书馆、南阶梯教室、10号家属楼及南校区5号楼屋面防水维修工程	754925.07
127	校园路灯改造及西区路灯电缆更换工程	909142.2
128	艺术楼供水供暖管网的维修改造工程	190289.82
129	校本部东、西区泵房水泵检修工程	31000
130	第二批引进博士学位人才过渡安置性住房的维修改造工程	972636.17
131	51台饮水机滤芯更换	80000
132	排球场地和曲棍球场地的维修改造工程	1308208.41
	合计	8303561.52

十年来后勤改革发展的基本经验，梳理总结如下：

2009年至2019年的10年，是学校加快改革发展步伐，各项事业快速发展的十年，学校后勤服务保障工作紧跟学校发展步伐，向改革要效益，通过创新体制机制，不断激发改革活力，有效保障了学校中心工作正常运转。纵观十年来的后勤工作，只要坚持以服务学校中心工作为使命，就不会偏离主方向；只要坚持以提高服务质量为宗旨，广大师生对学校的满意度就会不断提升；只要坚持不断提升后勤服务工作人员的整体素质，后勤服务水平就会不断提升。

同时，学校后勤服务工作还存在短板，主要是还没有真正形成适应学校发展的服务体系，运行机制还不够灵活，需要在继续深化改革的道路上探索前行，尽快构建起具有学校自身特色的后勤服务保障体系。

目前，学校处于进一步深化改革、转型发展的关键时期。在新的历史起点，后勤服务工作面临着新的挑战，需要后勤人紧跟时代要求，踏上新时代改革发展的历史步伐，继续探索制定适合学校实际的改革方案，不断提升服务质量，为新时代学校更快更好发展提供服务保障。

（执笔人：王军海）

第十四章

校园文化建设

2009 年 10 月 18 日，天水师范学院建校 50 周年校庆庆典成功举行。以此为契机，我们全面回顾总结了学校 50 年来的办学历程，理清了发展思路，活跃了校园文化生活，营造了浓厚的学术氛围，进一步激发了广大师生的主人翁意识和参与意识，推动了学校各项事业的全面发展。秉承"困境中求生存、奋斗中谋发展"的师院精神，2009 年以来的十年，学校坚持中国特色社会主义先进文化方向，培育积极和谐的校园文化氛围，丰富校园文化内容，注重学生素质提高，以创新文化引领校园风尚，服务学生成长成才。

第一节　坚持先进文化方向，培育和谐校园氛围

一、理论学习，坚定信念

学校坚持用党的最新理论成果武装青年学生，坚持开展两周一次的集中学习活动。充分发挥共青团组织团结教育团员青年的核心作用，形成了以团委中心学习组为龙头，各级团组织主导，学生骨干带动，基层支部为主体，广大青年学生参与的全方位学习工作格局。

2009 年，我们在全校青年学生中深入开展了形式多样、内容丰富的科学发展观学习实践活动，青年学生撰写学习笔记 3745 份、学习心得体会 3694 份、调研报告 1539 份；参加志愿服务活动 7533 人次；参加各类比赛活动 14598 人次。

2011 年，通过召开青年学生学习胡锦涛总书记在清华大学建校 100 周年大会上的讲话座谈会、学习胡总书记给北大研究生支教团成员的回信、团学干部学习贯彻党的十七届六中全会精神座谈会、青年马克思主义骨干培训等，把青

年学生的思想政治教育引向深入，形成重视理论学习、增强政治素养的良好风气。

2012 年校团委充分发挥共青团组织团结教育团员青年的核心作用，通过召开青年学生学习胡锦涛总书记在庆祝中国共产主义青年团 90 周年大会上的讲话精神，召开纪念中国共产主义青年团 90 周年座谈会、学习甘肃省第十二次党代会精神。

2013 年，通过学习党的十八大精神、习近平总书记在纪念五四运动 94 周年同各界优秀青年代表座谈会上的讲话精神等，把青年学生的思想政治教育引向深入。校团委为基层团组织订阅了《中国青年》《青年杂志》《青年文摘》《中国青年报》等报纸杂志，提供学习资料。

2014 年，学校开展大力培育和践行社会主义核心价值观教育活动，引导广大青年学生将社会主义核心价值观内化于心，外化于行。

2015 年学校继续开展对党的十八大精神、十八届三中、四中全会精神的学习，以"我的中国梦""读美德书籍、讲美德故事、传美德箴言、践美德行动"等主题活动带动学习走向深入。

2016 年举办了庆祝建党 95 周年、纪念长征胜利 80 周年主题书画展，"走进军营"参观、"体验红军的一天"等活动。

2017 年学校深入开展"学习总书记讲话，做合格共青团员"、学习"习近平七年知青岁月""青春祝福十九大不忘初心跟党走"等主题教育活动。

2018 年 3 月初，学校师生员工通过互联网、电视、广播、手机等多种途径热切关注"两会"进展。5 月 11 日，校团委组织团学干部及团员代表共 650 余人在大礼堂集中观看大型纪录片《厉害了，我的国》。6 月 4 日，学校团组织学习习近平总书记在马克思诞辰 200 周年纪念大会和北京大学师生座谈会上的讲话精神。7 月 5 日，校团委在 2 号报告厅召开了团的十八大精神专题学习会。2018 年 12 月 18 日，学校积极组织广大师生收听收看庆祝改革开放 40 周年大会盛况，认真聆听习近平总书记的重要讲话。

通过学习，我们坚定了全面贯彻党的教育方针，努力培养担当民族复兴大任的时代新人，培养德智体美劳全面发展的社会主义建设者和接班人的办学理念，明确了把习近平总书记新时代中国特色社会主义思想作为全面深化改革的根本指导思想，坚决拥护以习近平同志为核心的党中央的坚强领导，坚定"四个自信"，不忘初心，牢记使命，立德树人，以积极向上、丰富多彩的校园文化影响感染学生，服务于学校转型升级、内涵发展的总目标。

二、组织建设，强化保障

（一）团学干部培养

2009 年以来的十年，学校坚持分类指导，分层培训，按需施教，不断提升学生干部队伍专业化水平。持续举办社团骨干培训班、团学干部培训班暨青年马克思主义骨干培训班，培训内容包括理论学习、红色教育、团务实训、素质拓展、课题研究、廉洁教育等，引导团学干部学习如何服务学生并在服务学生中提高自己。通过培训，团学干部自身的政治觉悟和理论水平得到提高，各级团支部制度建设更加完善，各级优秀团支部、优秀团员的模范带头作用得以充分发挥。

（二）团委制度建设

在团委制度建设中，学校坚持"党建带团建，团建抓创新"的思路，改进作风，积极作为，团的自身建设得到切实加强。注重改革团委内设机构，基本形成了以团委为主导，学生会、社团联合会、大学生艺术团为支撑的共青团工作新格局。

2009 年以来，我们坚持以一年一度的"评优选先"为契机、组织全校各级团组织、共青团干部和广大团员青年以受表彰的先进集体和先进个人为榜样，积极进取，团结奋进，迎难而上，以实际行动为学校发展和青年成长成才做出积极贡献。

为进一步加强组织制度建设，2009 年我们修订了《天水师范学院共青团组织推荐优秀团员青年入党工作细则》等 4 个管理制度。

2010 年在全校各级团组织和团员青年学生中开展了"六促三创"活动。"六促"即促进分团委、学生分会、团支部、班委会、社团、团小组强化工作职责，规范工作运行，提高工作效率；"三创"是鼓励各级团学组织创建十佳主题团日活动、十佳创意校园文化活动和十佳调研活动。与此同时，在全校青年学生中开展了"五爱十创"活动。即要求广大青年学生"爱祖国、爱同胞、爱父母、爱学习、爱环境"和争做"十佳团员、十佳团干部、十佳班干部、十佳社团负责人、十佳学习标兵、十佳学术科技标兵、十佳志愿者、十佳文体骨干、十佳自强之星和十佳文明礼仪之星"。在学生党员、学生干部和优秀团员的带领下，全校广大青年学生积极践行"五爱十创"活动，唱响了以优异的成绩回馈父母，以过硬的本领报效祖国的主旋律。

2011年，进一步加强主题团日活动建设，开展创意主题团日评创观摩活动；以"6310创先争优"活动为契机，进一步加强基层团组织建设。各级团组织继续围绕"活跃基层，创新载体，加强引领"这一基本思路，坚持开展"六促三创"活动，促进了各级团学组织建设，调动了各级组织工作的积极性和主动性。学生会和学生社团工作运行良好。

2014年，召开团委会议，对《天水师范学院优秀共青团员、先进分团委、先进团支部评选办法》提出了修改意见，并报校党委同意于当年开始实施。

2017年，学校下发了《天水师范学院共青团改革实施方案》。

2019年，学校出台了《天水师范学院学生社团管理办法》和《天水师范学院学生社团指导教师管理办法》。

（三）学生会自身建设

为了提升学生组织"自我教育、自我管理、自我服务"能力，根据学生会和社团工作的实际，创新学生会和社团工作的思路和方法，加强对学生会、社团工作的指导力度，使学生会和社团在和谐校园建设中发挥了应有的作用，保证学生会和社团联合会工作运行良好，改进工作作风、确保工作成效。校团委面向基层团组织召开团干部、团员代表座谈会，广泛听取各方面对校团委工作作风、工作能力和成效的评价、意见和建议，切实做到认识有提高、作风有改变、制度有成果、工作有成效。

2013年改革了学生会内设机构，新成立校园文明建设部、纪检部和文体部。创新学生会工作的思路和方法，引导学生会积极开展特色化活动。如权益民族部举办少数民族风俗文化展，外联勤工部加强与校外企业的联系，为学生提供勤工助学岗位300人次，女生工作部举办系列女生安全健康教育讲座等。以工作模块化为基础，分设了宣传部、组织部、办公室、文体部（大学生艺术团）、社联、学生会、创新创业部、社会实践与志愿服务部、团校等部门，调整了班子成员的分管工作，基本形成了分工有序、协调有度的工作体制。

2014年，学校根据学生会工作的实际，改革了学生会内设机构，新成立大学生权益保障中心和创新创业部。创新学生会和社联工作的思路和方法，加强指导力度，引导学生会积极开展特色化活动，提升了学生组织"自我教育、自我管理、自我服务"能力，使学生会和学生社团联合会在和谐校园建设中发挥了应有的作用。

三、宣传推广，扩大影响

加大新闻宣传工作力度，不断提升学校社会声誉和知名度。围绕校内外资讯，致力于营造良好的校园文化氛围，丰富师生的精神文化生活。通过学校广播、电视台、校报等媒介，及时报道学校在转型发展、教学、科研、管理、精神文明建设等方面取得的成绩。继续发挥传统媒体的作用，在2014年创办了《团学简讯》，成为不定期出版的宣传刊物。注重学校同主流媒体的联系，积极组织稿件，在每日甘肃网、天水日报等主流媒体上积极发表反映学校办学成绩的文章，扩大了学校的社会影响。

随着互联网的日益普及，学校积极运用互联网的信息传播功能，创新学校宣传方式，利用网络开通学校宣传平台，学校宣传工作取得更大的进展。2011年，学校建立了公共主页、QQ空间、博客、微博等青年人喜闻乐见的交流平台官方帐号；2014年进一步完善了"团"字号微博体系、QQ群、飞信群等新媒体建设，并开通了"天水师范学院团委"微信平台；2015年开通了天水师范学院青年志愿者微信平台和天水师范学院学生会微信平台；2016年开通了校园微信平台，积极谋划、适时开通天水师范学院官方微信，充分利用微信这一网络多媒体平台，用新颖的题材、亲民的语言等师生喜闻乐见的宣传形式，不断开拓和创新新闻宣传，着力打造广受师生欢迎的新媒体平台，收到了良好的宣传效果，有效提升了学校的办学声誉和新媒体影响力。

2016年，围绕学校中心工作，积极加强与校外媒体的联系与合作，在主流媒体上宣传和推介学校。其中新华社以名为《从乡间非物质文化遗产到舞台，看看伏羲那会儿在干啥》的文章专题报道学校参演丝绸之路（敦煌）国际文化博览会非物质文化遗产青少年国际展演舞蹈《唯吾羲皇》；《中国教育报》以《天水师范学院功底厚理念新的毕业生这样得来》为题，刊发学校1篇专题报道，"今日头条"刊发学校新闻信息10余条。

2017年，人民网以《"文明肇启，妙相庄严"书画展览在天水师范学院举行》为题报道学校校园文化活动；天水电视台以《天水师范学院积极推进国际化办学》为题，专题报道学校国际化办学取得的新进展；"今日头条"刊发学校新闻信息20余条；天水在线通过网络和微信平台推送新闻报道200余条；在每日甘肃网、甘肃省教育厅门户网站、甘肃高校之窗、天水日报、天水电视台等主流媒体上共发表新闻稿件600余篇，产生了较好的宣传效果，提升了学校的知名度和声誉。主流媒体和新兴媒体已成为学校对外宣传的不可或缺的途径。

第二节　丰富校园文化内容，注重学生素质提高

一、校园活动，精彩纷呈

近十年来，学校的校园文化活动立足学校实际，服务学生成长成才。届次性活动提质增效，创新性活动层出不穷，二级学院分团委形成"一院一品"活动格局。学校多次举办各种校内比赛竞赛活动，积极参与各类省内外比赛，屡获佳绩。

2009 年，学校举办了第五届"祖国万岁"歌咏大赛；组织开展了第四届"规范汉字书写"大赛，全校 570 多名学生参加了二级学院的比赛活动，213 人参加了全校性比赛活动，53 人推荐参加全省比赛，10 名学生入选甘肃赛区复赛，3 人获二等奖、3 人获三等奖、4 人获优秀奖，1 人获得全国优秀奖，学校获优秀组织奖，辅导教师获优秀指导教师奖；组织开展了"向祖国致敬暨第十一届校园之夏"文艺汇演，并向省上上报参赛作品 3 个，其中舞蹈"祖国颂"获得 3 等奖；举办了"新东方杯"希望之星英语风采大赛活动，全校推荐参赛选手 152 名，参加决赛 36 名；举办了第四届"金色职场"自荐书设计及应聘技能大赛，推荐参加全校比赛作品 206 份，参加模拟应聘学生 187 人；举办了第三届"经典诵读和诗词歌赋创作"比赛，以组合诵读和诗词歌赋创作两种方式参加比赛，共收获诗词歌赋原创作品 46 篇；以班团支部为单位，按照整班推进、分层开展的方式，开展了普通话、英语口语、三笔字、多媒体课件教学等学生基本技能竞赛活动；举办了大学生书画摄影作品大赛活动，共收获书法摄影作品共 114 件，并推荐参加甘肃省大学生书画摄影作品联展大赛活动，其中 3 件书法、篆刻作品分别获得二、三及优秀奖；4 件绘画类作品分别获得一、二、三及优秀奖；1 件摄影类作品获得优秀奖，校学生会获得优秀组织奖。

2010 年，开展第十二届校园之夏文艺演出、第四届经典诗文朗诵会等一系列品牌活动。团委举办的"诗词歌赋创作比赛"、文史学院举办的"读书月"活动，工学院举办的"建筑模型及科技制作展"，美术学院举办的"环艺设计展"、经济与社会管理学院举办的"学习十七届五中全会师生对谈会"、体育学

院举办的"趣味运动会"等创新活动，为广大青年学生发展个性、拓展素质提供了良好的平台和载体。

2011 年，举办第八届雅言经典诗文朗诵会暨诗词歌赋创作比赛、第三届全国学生规范汉字书写大赛、第五届"才艺大赛"等活动。在甘肃省"五月的鲜花——永远跟党走"主题调演活动，学校选送的《秦风陇韵》节目荣获三等奖，学校获得了优秀组织奖。

2012 年，学校举办了第十三届"校园之夏"文艺汇演；与 100 名台湾青年共同举行了"两岸真情千般结，羲皇故里一家亲"联欢晚会。在甘肃省纪念中国共产主义青年团成立 90 周年暨校园歌手大奖赛中，学校选手刘贝尔、雷蕾和文武同学分别获得专业组和非专业组通俗唱法三等奖。

2013 年，学校承办了甘肃省第九届挑战杯竞赛、第四届创新创业竞赛。举办了第十四届"校园之夏"文艺汇演、第三届社团活动月、第十一届基本技能大赛等届次性校园品牌文化活动。

2014 年，学校在全校范围内开展了首届"校园之星"（创新之星、学术之星、公益之星、自强之星、文艺之星、文学之星、体育之星、道德之星、创业之星、实践之星）评选活动，活动得到了广大师生的一致好评。

2015 年，在全国第四届大学生艺术展演活动中，学校 1 件书法作品获二等奖，1 件摄影作品获三等奖，1 个节目获器乐专业组三等奖；在甘肃省第二届大学生"金话筒"主持人大赛中学校 2 名学生分别获"铜话筒奖"。

2017、2018 年，在第二届、第三届甘肃省"学宪法讲宪法"演讲比赛中，学校选手连续获得一等奖。

2018 年，在全国禁毒演讲比赛甘肃总决赛中，1 名选手获一等奖；在甘肃省"崇尚科学，反对邪教"演讲比赛中，1 名学生获一等奖；在全国第五届大学生艺术展演活动中 1 件作品获三等奖。

二、志愿服务，提质增效

十年来，学校的志愿服务发展迅速，从之前零星的个人班级志愿活动，发展为今天有组织、有规划、有秩序的学校层面的统一活动。

2012 年，青年志愿者协会申报的"关爱空巢老人"项目获得甘肃省红十字协 4000 元的二类项目资助；协会参与校园文明创建、关爱留守儿童和空巢老人、为灾区捐款等多项志愿活动，与《兰州晚报》联合进行"暖冬行动"。

2013年，青年志愿者协会积极开展禁毒、消防宣传、交通安全宣传等活动，服务地方群众；书画同盟联合天水四所学校举办了"情绘中国梦"书画展；西部阳光微尘协会组织参与了大量的公益活动，通过义务献血、支教帮扶、筹集物资款项，受益群众和学生近2000人，捐赠各类物资及款项达30万元。

2014年，组织志愿者赴天水市龙城广场开展了法律援助、心理疏导等服务；赴市戒毒所和监狱开展了帮教演出；赴68212部队举行了联谊演出；开展了"爱心支教""青春暖夕阳""星辰"关爱智障人士等主题活动。校团委主动联系、申报"天籁列车"项目，为我省听障人士申请了20000台助听器，137台聋儿语音教学机，总价值4274万元。

2015年，社会实践活动共有1000余人参与，共组建了省级和校级团队48支。在科普宣传和义务支教上做了大量突破性工作，特别是"科技扶贫我行动"社会实践服务团，赴张家川县开展了科普宣传实践活动，将志愿活动与"精准扶贫"相结合，既有锻炼价值，又有社会意义。该团队荣获全国暑期"三下乡"社会实践优秀团队。

2016年，学校向澳大利亚魏基成慈善列车项目申请全新棉衣1710件，共计34.2万元，对学校一线服务人员，天水市特校、甘谷县特校、武山县特校、清水县特校聋哑儿童进行了发放。学校青年志愿者协会被授予"甘肃省志愿服务优秀团队"荣誉称号。学校志愿服务活动于2016年12月5日被直播天水报道。

2017年的志愿服务活动已形成项目化、品牌化。学校志愿服务品牌项目有"播种梦想"义务支教、"星辰"关爱聋哑儿童、"青春暖夕阳"关爱空巢老人、"童缘 童伴计划"等。学校有6000余人次参与志愿服务品牌项目。组织160余名志愿者在中国·天水秦州第三届"李广杯"国际传统射箭锦标赛和第37届"红双喜、天水花牛苹果·向阳杯"全国少儿乒乓球比赛中完成志愿服务工作。

2018年，学校西部阳光微尘协会赴秦州区玉泉镇半坡寨开展志愿服务活动。协会拿出"温暖水杯"志愿服务项目专项结项的2000元补贴，为当地空巢老人、留守儿童添置了生活及学习用品，帮助空巢老人温暖过冬，激励留守儿童努力学习。同时，西部阳光微尘协会志愿者与秦州区南山小学的同学们举行了联谊活动。《直播天水》于11月19日对此次活动进行了宣传报道。

2018年6月20日，学校3支代表队赴西北师范大学参加甘肃首届青年志愿服务项目大赛，参赛项目"'Dream Power'爱心支教"和"童缘·再回童年"获银奖，"稚子童年筑梦之行教育关爱行动"获铜奖。

2019 年，在第二届青年志愿服务项目大赛中，学校"星辰阳光助残"项目获银奖，"伏羲文化行者"和"益起行动、护航青春——禁毒防艾"项目获铜奖。

三、学生社团，积极向上

近十年来社团活动内容丰富，形式多样。按照"特色化、精品化"的基本思路，不断加强学生社团建设，开展了丰富多彩的社会团活动。

2009 年，全校学生社团开展活动 136 项。就业创业社团开展了培训会、创业基本知识发布等 12 项活动；青年经济学会等学生社团举办了关注孤儿、南山环保宣传、透视天水旅游等活动；励志协会等多个社团举办了手抄报展、校园歌手大赛、电子竞技大赛等多项活动；书画同盟等艺术类社团举办了"三要求五热爱"书画展、摄影作品展、设计展等活动；组织了 548 名志愿者开展了接待服务等校庆服务活动，组织大学生艺术团参加了校庆文艺演出。

2010 年，学校学生社团按照"三结合三突出"的基本思路，根据团委的统一安排，共开展各类校园文化活动 360 余场次。

2011 年，立足新意创品牌，积极开展了届次化品牌活动，在继承传统项目的基础上，不断从活动策划、投入、组织、活动内容等方面推陈出新，用优秀的校园文化活动吸引青年、感染青年、教育青年。

2012 年，校团委与台湾首府大学等高校的青年学生举办了"清晰魅力丝路，相约羲皇故里"联谊活动；书画同盟举办了喜迎十八大书画展、校园书画展等活动；口才与演讲协会举办的天水四大高校辩论赛为地方高校间加强联系架起了沟通的桥梁。2012 年还成立了"大学生创业服务中心"和"舞之魂"社团，为进一步拓展社团的服务功能，繁荣校园文化起到重要作用。

2013 年，天水师范学院学生社团联合会成立，新成立学生社团 10 个。在第三届社团活动月中，56 个社团参与的辩论赛、书法比赛、趣味运动会、科技制作大赛、PPT 制作大赛、创新创业竞赛、朗诵比赛、法律知识竞赛等活动丰富了学生的课余生活。在甘肃省"弘扬延安精神，争当陇原雷锋"主题文艺演出中，学校选送的节目《延安丰碑·永垂不朽》进行了交流展演。

2014 年，学校大学生艺术团专门成立了艺术工作指导小组，为二级学院进行现场指导和服务，提高了文艺节目的质量。在甘肃省第四届大学生艺术展演活动中，学校编排的 4 个专业类节目和 13 个非专业类节目中有 3 个节目获一等奖，8 个节目获二等奖；推选的 21 件绘画、书法、摄影、微电影作品中，有 4 件作品获得一等奖，10 件作品获得二等奖，学校获得优秀组织奖。

2016 年，学校参加了首届丝绸之路（敦煌）国际文化博览会非物质文化遗产展演。学校选送的舞蹈《唯吾羲皇》获得二等奖。该舞以象征写意的艺术表现手法集中展现了中华人文始祖伏羲创造八卦的过程，并将极具天水地方特色的民间舞蹈——"夹板舞""旋鼓舞""蜡花舞"等非物质文化遗产元素融入其中，充分展示了天水深厚的历史积淀和文化传承。

2017 年，学校举办了"关注气象，走进科学"宣传、第七届"古调独弹"秦腔戏迷晚会、"我和春天有个约会"摄影大赛、绿植领养等丰富多彩的活动。承办了"再芬黄梅艺术中心""甘肃交响乐团"等团体的高雅艺术进校园活动。

2018 年 4 月 28 日举办"大冰的小屋·百城百校"音乐会，近千名同学参与，场面热烈。《穿花裙子的姑娘》《白玛》《往事》《阿朗，2016》《神奇世界》《纯真年代》《过了今年，我想回家》等原创歌曲相继上演，期间歌手们通过分享个人经历和成长过程，鼓励同学们要敢于去追求自己的梦想，在奋斗中绽放青春光芒，实现人生梦想。

四、主题活动，格调高雅

（一）组织开展纪念建党 95 周年暨红军长征胜利 80 周年系列活动

2016 年学校举办师生书画摄影展，先进基层党组织、优秀共产党员和优秀党务工作者评选，走访慰问离退休老党员，教职工合唱比赛，"校园之夏"才艺大赛、文艺晚会，理论征文暨研讨会、座谈会、纪念大会，"雅言经典"诗文朗诵大赛和青年团员"四个一"主题感怀等十余项活动，热烈庆祝中国共产党成立 95 周年和红军长征胜利 80 周年。活动激发了广大师生的爱党、爱国热情，进一步提高了各级党组织的凝聚力、战斗力和号召力，增强了广大党员和师生的荣誉感和责任感，为学校"十三五"开好局、起好步奠定了坚实基础。

（二）举行国家公祭日悼念活动

学校连续开展"国家公祭日，学子知与行"系列纪念活动，号召广大青年学子正视历史，铭记历史，珍爱和平，发奋图强，努力成为实现中华民族伟大复兴的时代新人。2018 年 12 月 13 日，在第 5 个南京大屠杀死难者国家公祭日当天，学校组织青年学生缅怀 81 年前不幸遇难的 30 万同胞，缅怀为中国人民抗日战争胜利献出生命的革命先烈和民族英雄。国旗护卫队队员饱含深情地宣读了《和平宣言》，并向全校师生发出了"勿忘国耻，振兴中华"的倡议，同学们在"勿忘历史，珍爱和平，振兴中华"的横幅上签名，表达对殉难同胞的哀悼和为国家建设与发展贡献力量的决心。同日，校团委举办了"南京大屠杀死难者国家公祭日"专题讲座，历史文化学院王睿颖老师做了题为《铭记历史圆梦中华》的讲座。她援引大量的图文史料，从南京大屠杀发生的原因、历史事实以及设立国家公祭日的意义等方面做了详细的讲解。

（三）收听收看庆祝改革开放 40 周年大会盛况

2018 年 12 月 18 日上午 10 时，庆祝改革开放 40 周年大会在北京人民大会堂隆重举行。学校学校积极组织广大师生收听收看大会盛况，在学校会议室、职能部门办公室、二级学院会议室、图书馆、学生食堂和学生宿舍，师生们踊跃收听收看庆祝改革开放 40 周年大会，认真聆听习近平总书记的重要讲话。讲话深刻总结了改革开放 40 年来党和国家事业取得的伟大成就和宝贵经验，高度赞扬了中国人民为改革开放事业做出的杰出贡献，郑重宣示了改革开放只有进行时没有完成时、改革开放永远在路上的信心和决心，明确提出了坚定不移全面深化改革、扩大对外开放、不断把新时代改革开放继续推向前进的目标要求，师生们倍感振奋，对国家的未来充满信心和期盼。

（四）"民族进步月"宣传

学校高度重视民族政策宣传落实和民族团结进步工作，积极响应国家号召，按照省、市的部署要求，连续组织开展民族团结进步宣传月活动。活动已经成为集中宣传党的民族理论和民族政策的重要平台。

2018 年，学校共有回族、藏族、东乡族、满族、土族、土家族、蒙古族、苗族、裕固族、壮族、彝族、侗族、保安族、布依族、黎族、撒拉族、仫佬族、穿青人、傣族、瑶族 20 个少数民族的学生 915 名。2018 年 5 月 24 日，学校举办少数民族知识竞赛和民族文化才艺展示活动，活动以"舞民族风、唱民族情、扬民族魂、圆中国梦"为主题。活动中，少数民族学生代表通过展示民族歌舞、民族服饰、民族风情习俗等，充分展现了少数民族独特的风情与文化魅力。5 月 25 日，以"弘扬民族文化舞动师院风采"的锅庄舞晚会在文化广场举行，学校各个民族的同学们载歌载舞，营造了"民族团结一家亲"的浓厚氛围，加深了学校各民族学生之间的交流。

2019 年 5 月 16 日下午，由中共天水市委、天水市人民政府、天水师范学院主办的天水市第 16 个民族团结进步宣传月活动启动仪式暨民族政策宣讲会在学校文化会堂举行。学校党委副书记师平安出席启动仪式并致辞，天水市委常委、统战部部长温利平做动员讲话，天水市副市长何东主持仪式，天水市委、市政府各相关单位代表及学校900多名师生参加活动。

五、特色文化，凸显亮点

（一）组建国旗护卫队

2016年12月8日，学校成立了国旗护卫队。国旗护卫队认真执行"三会两制一课"制度，通过开展理论学习、每周举行升国旗仪式、新生开学典礼等重要节点升旗仪式、"向国旗敬礼"主题教育活动、"服务校园"志愿服务活动等，切实提升了队员的综合素质，增强了他们的责任感和使命感。

国旗护卫队员不仅是国旗的守卫者，也代表着学校的精神风貌。国旗护卫队队员经过层层选拔、严格筛选和艰苦训练，都具备坚毅的性格、强烈的团队意识。这支队伍组自建以来快速成长，得到了学校师生和社会的认可。2017年，国护队员王勇作为唯一选手代表甘肃省去北京参加比赛，获得全国十佳升旗手称号；国旗护卫队团支部获全国高校"活力团支部"荣誉称号。

2019年3月28日，校团委召开国旗护卫队"青春使命砥砺前行"座谈会。座谈会上，国旗护卫队队员们围绕"青春使命，砥砺前行"这一主题，从理想信念、行为自律、人生理想等方面谈了自身参加国旗护卫队后的蜕变、成长和感悟。副校长汪聚应充分肯定了学校国旗护卫队近年来在青年学生思想政治引领、校园文明建设等方面做出的突出贡献。

（二）参与创作《敦煌印象丝路虹霓》巨幅长卷

2016年6月12日，由中国美术家协会理事、省美术家协会名誉主席莫建成先生主持、以王骁勇教授为代表的10余位画家共同参与创作的《敦煌印象丝路虹霓》巨幅长卷在学校创作完成。

《敦煌印象丝路虹霓》长34米，宽1.4米。由莫建成领衔主创、学校美术与艺术学院教授王骁勇主笔，学校教师张云、刘传水和周军、唐冲、朱晓刚等老师历时一年半共同创作完成。长卷采用重彩工笔，写实、写意兼容的风格呈现。画面分成若干章节、板块，在每个章节和板块的起首处配以与本章节板块内容相吻合的题记和印章，既保持了画面的连续性，又体现画面的段落感，浑然一体又各自相对独立。该长卷在表现内容上包括丝绸之路的自然景观、人文景观和历史文化遗产、历史人物、历史事件及历史场景，同时在画面中还融汇了敦煌飞天、伎乐、天马和敦煌壁画等艺术形象，用重叠组合的手法，穿插在画面之中。长卷穿越两千年历史，横亘东西七千公里，贯通欧亚，连接历史与现实，呈现近千个人物，承载对未来无数期许。

该长卷在 2016 年 8 月底至 9 月初举办的首届丝绸之路（敦煌）国际文化博览会上惊艳亮相并引起轰动，国务委员刘延东、文化部部长雒树刚等领导同志及广大观众均给予高度评价。2017 年 9 月 3 日至 10 日，在甘肃艺术馆进行了为期 8 天的展出，近千名干部群众观看展览，反响热烈。

《敦煌印象丝路虹霓》是甘肃美术创作的重要收获，对甘肃当代的美术创作亦有重要的示范引领意义，也是学校为华夏文明传承创新区建设和甘肃文化大省建设贡献的一份力量。

（三）踏上"星光大道"

2018 年年初，学校教师教育学院学生、大学生秦腔戏迷协会会员高媛媛经甘肃电视台推送荣登央视《星光大道》。高媛媛演唱了秦腔《花木兰》选段、京剧《梨花颂》以及歌曲《玛依拉变奏曲》，以三种不同的唱法给观众留下了深刻的印象，全方位展示了学校学生一专多长的综合素质和积极向上的青春风采。

高媛媛 2013 年考入学校后加入天水师范学院大学生秦腔戏迷协会。期间，她秉承社团"振兴秦腔艺术，繁荣校园文化"的宗旨，刻苦训练、精进唱功，在校团委和社团指导教师高学文老师的大力举荐下，多次参与校内外文艺演出和比赛，并以出色唱功获得天水市文化馆第六届戏曲票友大赛一等奖，甘肃省大学生艺术节戏曲组一等奖，成为甘肃电视台《戏迷王中王》六强选手。

2018 年 5 月 25 日，由校团委主办、大学秦腔戏迷艺术团承办的第八届"古调独弹暨高媛媛专场秦腔演唱会"在大礼堂举行，700 余名师生观看演出。

（四）传统文化进校园与励志演讲

2018 年 6 月 1 日晚，学校举办"来自大地湾的笑声"曲艺专场演出。秦安县非遗项目——《秦安蜡花舞》、清水县非遗项目——《木人摔跤》和跑驴《回娘家》，张川花儿《河里石头翻三翻》，秦安小曲《惠风劲吹夏家湾》，小品《日子不好混了》《没有星光的舞台》等节目生活气息浓厚，各具特色，精彩纷呈，演出丰富了学校学子的校园文化生活，让现场师生零距离感受了天水传统文化的博大精深和艺术的无穷魅力。

2018 年 6 月 21 日，学校举办"艺术家与天水师范学院青年学子艺术人生对谈"活动。著名相声表演艺术家、中国曲艺家协会主席、中国文艺志愿者协会主席姜昆率领的中国文联、中国曲协志愿者小分队成员殷秀梅、戴志诚、吕薇、平安、刘全和、刘全利、魏葆华、吴正丹、王传越、王一凤十多位艺术家和中央电视台资深记者、学校优秀校友裴斐莅临天水师范学院，与青年学子面对面。嘉宾们分享了他们自己的梦想和在艺术道路上的成长经历，真情畅谈艺术之道、人生至理，热情与学生互动，回答学生提出的问题，激励青年学生坚定理想信念、知行合一。活动极大地丰富广大师生的精神文化生活，传递了文化自信的坚定力量。

（五）举办端午诗会与中秋诗会

2018年6月12晚，由天水师范学院、天水市文化和旅游局主办，天水市文化馆承办的"行吟陇右"2018（戊戌）年端午诗会在学校文化广场举行。各界人士和学校师生共4000余人观看了端午诗会。诗歌诵读环节分为《端午寻诗》《行吟陇右》和《诗意天水》三个篇章，通过诗歌朗诵、咏唱、诗乐舞等精彩纷呈的节目，吟咏古今，缅怀先贤，抒发了对祖国与家乡的热爱之情。

2018年9月24日晚，由天水师范学院、天水市妇联和天水66号文化创意园联合主办了"秋风伴月·情满故乡"中秋诗会。学校部分师生和天水市文化界、媒体团队近百人参加活动。美术学院副院长杨皓教授，美术与艺术设计学院张博老师现场创作巨幅画作《苏轼邀月图》，文学与文化传播学院余粮才博士做中秋文化解读。活动主要突出中华传统文化，通过赏月、听故事、看中国书画、品中华茶艺、传统才艺术展示等环节，让大家在了解中华传统文化的同时能更深刻地领悟到中国传统文化的精髓，体现出文化传承的担当与责任，进一步增强了文化自信，活跃了文化氛围。

（六）参与伏羲文化节

伏羲文化旅游节已成为天水一年一度的重要文化活动，到2019年，伏羲公祭大典暨伏羲文化旅游节已成功举办30届。多年来，学校师生积极参与此项活动，服务地方文化建设。

在2018（戊戌）年的公祭中华人文始祖太昊伏羲大典活动中，学校承担伏羲大典乐舞告祭重要任务。为做好这项文化传承创新和服务社会的这项特殊任务，学校组建160人的仪仗队、90人的舞蹈队、80名学生组成的旋鼓队参加"乐舞告祭"的表演任务。全体演职人员发扬不怕苦不怕累的精神，经过近一个月夜以继日、加班加点的刻苦训练，完美地演绎了伏羲氏"画八卦、结网罟、刻书契、制琴瑟、授耕作、始嫁娶"等奠定中华文明根基的丰功伟绩和故事。在公祭现场，同学们精神抖擞，节目表演动作娴熟，生动传神，一气呵成，最终使活动获得了圆满成功，赢得了海内外参祭嘉宾的高度评价和一致好评，为学校争了光，添了彩。

第三节 助推创新文化成长，顺应社会发展需要

一、创新文化，成果丰硕

十年来，学校积极响应国家政策号召，为社会培养具有创业基本素质的人才。举办学生基本技能大赛，内容涉及普通话、计算机、英语口语、公文写作、三笔字、多媒体教学等多方面；组织开展"创业计划"大赛，为青年学生营造了浓厚的创新创业文化氛围；参加"挑战杯"大学生课外学术科技作品竞赛；积极加强西部计划的宣传、动员工作，先后选拔多名志愿者赴新疆，有计划、有组织地完成了毕业生素质拓展认证等工作。

2009年，在第十一届全国"挑战杯"大学生课外学术科技作品竞赛中，学校荣获二等奖1项，三等奖1项。

2011年，在以"创业成就梦想，青春奉献祖国"为主题的第二届大学生"创业计划"大赛中，共有45支团队参加了比赛，最终15件作品因特色突出，内容充实，未来销售市场广阔，极具可行性而获奖，并推荐在实战环节表现突出的8支团队参加全省比赛。

2012年，在以"创业成就梦想"为主题的第三届大学生"创业计划"大赛中共有9件作品提交参加全省大赛，有1件作品获得优秀项目奖，1件作品获得二等奖，1件作品获得三等奖，这是学校在历届创业大赛上取得的最好成绩。

2013年，学校承办了第九届"挑战杯"甘肃省大学生课外学术科技作品竞赛。在竞赛中，学校选送的30件作品全部入围决赛，其中特等奖2件，一等奖4件，二等奖10件，三等奖14件。在全国第十三届"挑战杯"竞赛中，学校2件作品入围并获三等奖。学校邀请甘肃中天生物科技集团副总经理严荣华女士为学校学生做了创业励志报告。坚持多措并举扶持学生自主创业。组织开展了以"创业成就梦想"为主题的第四届大学生"创新创业"大赛。

2014 年，学校选送的作品《天水旅游文化创意产品设计》项目荣获"创青春"全国大学生创业大赛铜奖，这也是学校在全国大学生创业大赛中首次取得名次。在甘肃省第五届创新创业大赛中，学校有一件作品获二等奖，一件作品获优秀奖。"中华优秀传统文化弘扬和教育"试点项目圆满完成，学校上报的"中华优秀传统文化弘扬和教育"试点项目被选为团中央学校共青团重点工作创新试点项目，圆满完成了各项任务。

2015 年，建立和完善学校创新创业工作平台，起草了学校关于加强大学生创新创业教育工作的实施方案，校党委审核后进行了下发；举办了首届大学生创新创业项目展示交流会；成立了大学生创新创业俱乐部；举办了 2 场创新创业专题讲座。学校在甘肃省第十届"挑战杯"大学生课外学术科技作品竞赛暨首届"丝路杯"大学生文学艺术作品竞赛中有 75 件作品获奖，学校获得"丝路杯"大赛"优胜杯"。

2016 年，学校大力营造创新创业氛围，创新创业工作迈上新台阶。制定了《大学生创新创业训练计划项目立项与管理办法（试行）》，使学校创新创业项目立项有章可循；制定了《大学生创新创业导师管理办法（试行）》，规范了导师管理，在天水市国家级工业园区创办了学校众创空间并正常运营，宣传展示了学校大学生的文化创意产品、农业科技产品、工业科技产品和影视传媒等项目作品。将创新创业课程融入 2016 版本科培养方案中，并开设了《大学生创新创业导论》课程。成功申报了《甘肃省高校大学生就业创业能力提升工程项目》，获得 100 万的立项资助。先后组织了 30 余个代表队分别参加了第二届"中国创翼"青年创业创新大赛、"华三杯"全国大学生网络技术大赛、第二届中国"互联网＋"大学生创新创业大赛、甘肃省第七届创新创业大赛和天水市首届"福迪·美通杯"青年创新创业大赛等赛事，十多项成果获奖，其中"大樱桃助农微商平台"获得一等奖，并受普高投资公司意向投资。邀请包括北京智信创元咨询有限公司创始人沈拓在内的 3 名国内知名创业导师为学校师生开展创新创业讲座。深度开展创新创业校企合作，与天水市就业服务管理局联合举办了第一期"SIYB"大学生创业培训，帮助 30 名学生获得创业资格证书。

2017 年，大学生创新创业工作成效显著，构建起了具有学校特色的"课程、竞赛、项目、实践、孵化"五位一体的大学生创新创业教育模式。获批各级各类创新创业项目 98 项，参加各级各类大学生创新创业大赛成绩突出，获第七届全国"三创赛"国家二等奖 1 项、省级奖 4 项；与清水县人民政府、天水市 66 号文化创意园、西安安世亚太、天水天创等公司签订创新创业合作协议，拓宽了学生创新创业教育渠道；学校成功入选甘肃省高校创新创业教育联盟常务理事单位。

2018年，学校举办了校级第十二届"挑战杯"竞赛，并邀请专家推选30件优秀作品参加省级比赛。

2019年3月，共青团甘肃省委对2018年"创青春"全国大学生创业大赛甘肃赛区获奖项目进行了表彰奖励，学校选送的项目"丝路陶纹"获特等奖；"DIY服装改造设计"和"DC墙体彩绘"获得一等奖；"清水扶'苹'""草工筑爱"荣获二等奖；"甘肃翼阳商务服务有限责任公司""梦翼动漫制造社""纤月摄影文化工作室"和"E&S Park our Club（Exciting and safe）跑酷俱乐"荣获三等奖，学校获优秀组织奖。

二、社会实践，服务大众

十年来，学校广泛开展社会实践活动，以部分集中组队，全校其他学生"就近就便"为原则，促进假期社会实践活动在创新中发展。学校根据"两课"教学改革的要求，把"三下乡"社会实践与"思政课"实践学分相结合，从而使实践育人从学校育人的边缘走向育中心，社会实践活动实效性明显增强。学校还积极拓展大学生校内外挂职锻炼岗位，挂职学生在不同岗位上服务部门工作的同时，接受了锻炼，增长了适应工作、服务社会的才干。

2009年，学校举办了以"我爱我的祖国"为主题的社会实践活动。集中组队的29支小分队、580多名志愿者，分赴武都、麦积区、漳县、榆中等20多个县（区），进农村、进工厂、进社区。其他各专业8965名青年学生分散参加了以专业实践和社会调查为主要内容的社会实践及志愿服务活动。共完成社会实践报告、总结达8241份；走访农户1500多户，发放社会调查问卷15500份；捐款捐物达14059元；新增社会实践基地2个；支教地点涉及灾区9个县市（区），支教服务学生1016名，支教培训总课时多达7600小时；民俗调查小分队采集到民俗调查作品915幅。

2010年，不断拓展大学生校内外挂职锻炼岗位。我们在巩固原有岗位的基础上，进一步加强与天水团市委的联系，陆续推出适合学校青年学生校外挂职锻炼的各类岗位，如秦州区社区助理、市公安局部门助理、环保局宣传员、市广播电视台记者等岗位，使原有的47个岗位拓展到96个。与此同时，在学校党委的支持下，在原有的二级学院书记（院长）助理、学校职能部门部（处）

长助理、科长助理等岗位的基础上，把挂职岗位延伸到系、班级（班主任助理），校内挂职锻炼岗位从原有的 102 个拓展到 419 个。

在 2010 年寒假社会实践活动中，学校各级团组织按照全员参与的方式，组织开展了完成一篇调研报告、开展一次道德体验、走访一所学校、开展一次政策宣讲、帮扶一名留守儿童、为基层（村、社区）出一个新点子等"六个一"为主要内容的社会实践活动。共收回报告、总结 10227 份，捐款捐物达 16213元，新增社会实践基地 2 个，支教服务学生 1456 名，采集到民俗调查作品 1025幅，为 2009 级 3416 名学生给出了实践学分，受到思政评估组专家的好评，农工网、天水电视台、陇南电视台等多家新闻媒体对此做了报道。

从 2009 年到 2011 年，参加校内外各类岗位挂职锻炼活动的报名者从 500 余人飞速增加到了 1500 余名，寒假社会实践活动参与性和实效性明显增强。

2012 年以来，暑期社会实践活动在创新中发展。开展了科学发展观学习实践、户户通行动、双联点文化下乡、义务支教、关爱留守儿童、捐建图书馆、新农村建设、基层政权建设调查、科技支农、关中天水经济区建设、新农合调查、民俗调研、科技攻关为主要内容的社会实践活动。

根据共青团甘肃省委的相关要求，学校积极主动参与"精准扶贫"行动。学校团委组织了 15 名志愿者专程赴学校联系点秦安县王窑乡魏湾村，开展了科普知识宣传活动。宣传内容主要包括"饮食保健""防灾减灾""种养技术""留守儿童的教育""春夏疾病预防""农作物病虫害防治""保护生态环境"等贴近农民生活的科普知识。志愿者们深入走访了 70 多户农户，发放各类宣传资料 3500 份，并耐心地解答了村民提出的问题，使广大农民朋友提高了科普意识和科学知识水平。组建了赴王窑乡书画下乡和支教两个小分队，开展了为期半个月的暑期"三下乡"社会实践活动，美化了韩湾小学的校园，为群众赠送了200 余幅字画作品。到联系点以文艺节目形式宣讲十八大精神，受到群众的一致好评，并受到多家媒体的高度关注和报道。2012 年学校被评为甘肃省暑期社会实践先进单位，有 6 个小分队被评为省级优秀小分队，4 名指导教师被评为优秀指导教师，3 名教师被评为先进个人，8 名学生被评为优秀队员。

2013 年，学校集中组队 700 余人，组建团队 49 支，分赴省内外 20 个县（区）开展了以"我的中国梦"为主题的基层宣讲、法律援助、科技支农、教育帮扶、文化宣传、生态环保、省情调查、"陇原情——'学子返乡'"等社会实践活动。捐赠图书、物资和现金 2 万多元，文艺演出 3 场次，获得锦旗 11 面，新增 8 个社会实践基地。

2014 年，积极引导广大学生走出校园、立足社会，开展寒假社会实践活动。2015 年，学校共组建实践团队 48 支，开展了社会实践活动，校内岗位挂职锻炼活动继续开展。

2016 年在甘肃省大学生暑期"定向扶贫"科普实践总结及成果展示活动中，学校选送的科普剧《电商风波》和《蔬菜也疯狂》分别获得了科普剧大赛一等奖和三等奖；学校 1 名学生的演讲作品获得了科普演讲大赛三等奖。学校"筑梦青春，科普在行动"社会实践服务团荣获 2016 年全国暑期"三下乡"社会实践优秀团队荣誉称号。

2017 年组织了 68 个实践服务团，近 1000 名学生分赴各实践地开展了国情社情、理论普及、教育关爱、科技支农、禁毒防艾、文化艺术、美丽中国等社会实践活动。

2018 年大学生暑期"三下乡"社会实践活动以"青春大学习，奋斗新时代"为主题，紧紧围绕理论普及宣讲、国情社情观察、科技支农帮扶等 9 个专项，组建 53 个团队、组织 734 名志愿者深入乡村、社区、街道，尤其是革命老区、贫困地区和少数民族地区开展社会实践活动。

三、专题讲座，观照现实

近年来，学校在积极开展创业创新教育，组织实践活动的同时，注重与社会的对接，多次邀请校外专业人员进行防诈骗、反邪教、保健康等专题讲座，以提高学生适应社会的能力。

（一）举办安全教育讲座

2018 年 6 月 28 日，校团委和保卫处共同组织 2018 年暑期社会实践安全教育讲座，邀请秦州区公安分局经侦大队队长董全子对暑期社会实践安全进行专业辅导。董全子围绕暴力犯罪，经济诈骗以及邪教、传销组织的渗透等犯罪行为，通过一个个典型案例向师生传授了面对安全问题时的正确处理方式。董全子还从交通安全、卫生安全、住宿安全、实践现场安全以及野外实践安全等方面，讲解了如何在暑期社会实践活动中减少安全隐患，做到防患于未然。整场讲座内容丰富，契合实际，讲解生动易懂，提高了广大师生的安全防范意识和自防、自护、自救能力。

（二）举行"送金融知识进校园"活动

为积极教育引导学生增强金融风险防范意识和安全意识，提升自我防护能力，引导学生树立正确的金融和消费观念，校团委与天水市银监分局联合举办了"送金融知识进校园"活动。2018年11月7日，兰州银行天水分行客户经理张尧森在学校2号报告厅对学生干部进行了反假币知识培训，张尧森从货币的定义、第五套人民币的面额及鉴别方法、假币的定义以及分类、伪造币以及变造币的制作手段、假币解析等各方面进行讲解，增强了学校师生鉴别人民币真伪的能力。交通银行天水分行小微企业团队负责人吕芃超做了题为"关于电信诈骗，你准备好了吗"的专题讲座。吕芃超通过讲解如何防范"QQ诈骗、冒充身份诈骗、网络购物诈骗、虚假中奖诈骗、假车祸或摔伤住院为名的诈骗、虚构绑架事实的诈骗"这六种常见的诈骗，倡议同学们防范网络诈骗要做到"三不一要"，还总结了防骗小口诀，让同学们及时了解掌握相关预防常识，切实增强自我防范意识，提高自我防范能力。

同时，校团委还联合天水市银监分局、农业银行天水分行、兰州银行天水分行、交通银行天水分行等银行在旧图书馆前开展了"送金融知识进校园"宣传活动。参与活动的银行工作人员重点围绕电信诈骗、校园贷款等金融知识对学校学生进行大力普及并发放宣传资料，呼吁同学们树立正确的消费观念，坚决抵制各类非法网贷行为，做到不参与、不接触非法网贷活动。

（三）开展"世界艾滋病日"宣传活动

2018年12月1日是第31个"世界艾滋病日"，为普及艾滋病防治常识，倡导健康文明生活方式，增强广大青年学生的健康意识、自律意识，校团委组织开展了"世界艾滋病日"宣传活动。11月29日，校团委邀请秦州区疾控中心王舒医师在三号报告厅做了题为"携手红丝带，通向零艾滋"的专题讲座。王舒医师用生动的事例、大量的数据以及触目惊心的图片，深入浅出地讲解了艾滋病的致病原理、发病状况、传播途径、防治措施等相关知识。11月30日，校团委在东操场前举行"青春健康伴我行"互动宣传活动，通过向学生们发放防艾宣传资料、艾滋病知识问卷调查、现场讲解、展板宣传、有奖知识竞答、防艾签名等方式向师生宣传艾滋病预防知识，进一步增强了在校大学生的自我防范意识和防护能力。

同时，青年志愿者协会与秦州区疾控中心联合举行了"防艾"主题书法、绘画展，活动共征集到作品200余件，评选共的100余件获奖作品在天水市龙城广场进行展出。

2018 年 12 月 29 日，甘肃省精神文明建设命名表彰大会在兰州召开，天水师范学院荣获首届省级文明校园荣誉称号。学校在 2005 年被中央文明委命名为国家文明单位，2017 年顺利通过复检。长期以来，学校党委高度重视学校精神文明建设和校园文化建设，把精神文明建设和校园文化建设纳入办学治校顶层设计、纳入立德树人根本任务，作为坚持社会主义办学方向、全面落实党的教育方针的重要内容和载体，坚持不懈培育和践行社会主义核心价值观，狠抓师德师风、学风校风建设不放松，努力构建"三全育人"体系，积极引导师生感悟文明、实践文明、创造文明，坚守"举旗帜、聚民心、育新人、兴文化、展形象"的使命任务，推动精神文明创建和校园文化建设工作不断的纵深发展。

2019 年 3 月，学校下发了《天水师范学院深入开展文明校园创建活动实施方案》，再次明确了校园文化建设的指导思想、目标任务和主要举措。我们相信，在全校上下团结一致，凝心聚力，为建设西部一流、国内知名、师范特色鲜明的高水平应用型大学而努力奋斗的伟大实践中，我们的校园文化建设必将迈向更高的台阶！

（执笔人：王宏谋）

附录1

天水师范学院现设党组织机构一览表

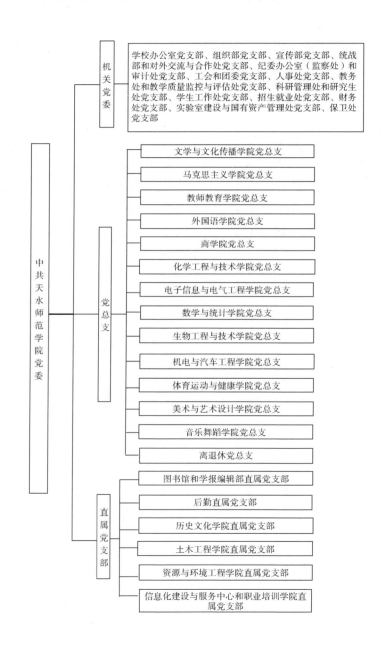

附录2

天水师范学院现设党政机构一览表

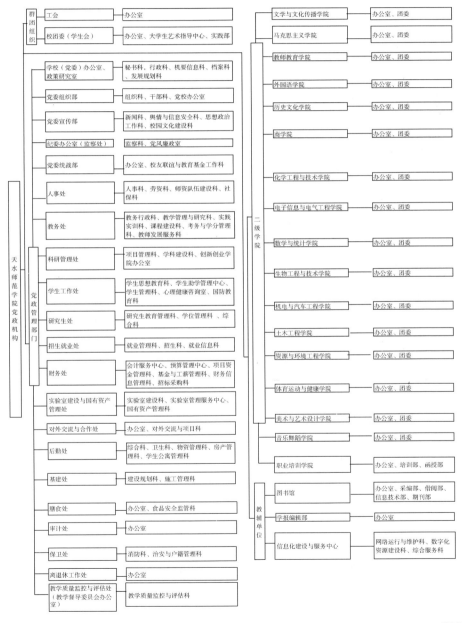

附录3

天水师范学院现任校级领导一览表

姓名	职务	任职时间
李正元	党委书记	2018.09
安涛	党委副书记、院长	2018.09
师平安	党委副书记	2015.10
汪聚应	党委常委、副院长	2013.12
王旭林	党委常委、副院长	2013.12
李淳	党委常委、纪委书记	2016.04
汪咏国	党委常委、副院长	2019.05
安建平	党委常委、副院长	2019.05
王文东	党委常委、副院长	2019.05

附录4

天水师范学院历任党委书记、副书记和纪委书记一览表

姓名	职务	任离职时间	备注
杨洪涛	党支部书记	1959.09—1960.10	
杨洪涛	党支部书记	1962.10—1969.12	
宁建基	党支部书记	1969.12—1970.10	
韩家华	党支部书记	1970.10—1978.06	
房俊峰	党委书记	1980.04—1984.08	
章静林		1984.08—1986.02	
刘满长		1986.12—1996.03	
李　伟		1996.02—2001.02	
陈保平		2001.04—2006.10	兼任院长
杜松奇		2006.11—2013.11	
陈晓龙		2013.11—2015.11	
马建东		2015.11—2018.06	
甄　锋	党委副书记	1978.06—1980.04	
杨洪涛		1980.04—1983.08	
章静林		1983.08—1984.08	

续表

姓名	职务	任离职时间	备注
刘满长		1985.03—1986.12	
郭溪若		1986.12—1990.05	
陈保平		1993.04—1996.03	
王兴隆		1996.02—1999.10	
刘新生	党委副书记	2001.02—2012.10	
杨新科		2006.11—2011.03	
陈晓龙		2011.05—2013.11	
马建东		2013.11—2015.11	
蔡文浩		2015.10—2018.05	
章静林		1984.01—1986.01	党委书记兼
刘满长		1986.01—1987.06	党委副书记、书记兼
郭溪若		1987.06—1990.05	党委副书记兼
王兴隆	纪委书记	1996.11—1999.10	党委副书记兼
成瑜		2002.12—2012.07	
吉建安		2013.11—2016.02	

天水师范学院历任正副校（院）长一览表

姓名	职务	任职时间	备注
杨洪涛	筹建负责人	1959.04	
宁建基	革委会主任	1969.04	
韩家华	革委会主任	1970.08—1978.02	
房俊峰	校长	1980.04—1981.09	党委书记兼任
李大成		1981.09—1983.08	
徐诚		1983.08—1994.12	
陈保平	校长（院长）	1996.03—2006.10	
杨新科	校长	2006.12—2011.04	
陈晓龙		2011.05—2013.12	
马建东		2013.12—2015.11	
蔡文浩		2015.11—2018.05	
杨洪涛	副校长	1959.08—1966.08	
裴建国	革委会副主任	1969.04	
马步雄		1969.04	
胡占俊		1969.04	
杨一昆		1969.04	
草平		1971.05	
余天寿		1972.05	
康秉衡		1972.11—1978.02	
李民		1975.02	
甄锋		1976.09	

续表

姓名	职务	任职时间	备注
甄　锋	副校长	1977.03	党委副书记兼任
余天寿		1978.06	
章静林		1978.08—1984.08	
李　民		1978.12	
孟轮昂		1979.02—1981.11	
杨洪涛		1980.04—1983.08	
章静林		1980.04—1984.08	
甄　锋		1980.04—1984.08	
张鸿勋		1983.08—1991.05	
张秦龄		1984.08—2002.09	
杨春棣		1986.06—1990.05	
许书熊		1991.03—1995.07	
陈保平		1994.11—1996.03	主持工作
王振凯	副校长（副院长）	1994.11—2001.12	
张北方	副校长（副院长）	1996.03—2009.01	
张俊宗	副院长	2001.05—2006.09	
马建东	副院长	2001.12—2013.12	
吉建安		2008.05—2013.12	
安　涛		2008.05—2018.09	

天水师范学院各二级学院系部、教研室一览表

学院名称		下设系部、教研室
文学与文化传播学院	系部	中国语言文学系、戏剧影视文学系、文化产业管理系、网络与新媒体系
	教研室	汉语教研室、文艺理论教研室、古代文学教研室、现代文学教研室、外国文学教研室、综合教研室、大学语文教研室、中国史教研室、世界史教研室、人文教育教研室、戏剧影视文学教研室
马克思主义学院	系部	思想政治教育系、思想政治理论课教学部
教师教育学院	系部	教育系、心理学系、学前教育系、教师教学技能部
外国语学院	系部	英语系、大学英语教学部
历史文化学院	系部	历史学系、文物与博物馆学系
商学院	系部	财务与会计系、电子商务系、酒店管理系、法学系
化学工程与技术学院	系部	化学系、化工系、应用化学系、文物保护与技术系
	教研室	无机教研室、有机及高分子教研室、分析教研室、物化教研室、应用化学化工教研室、教法教研室、文保教研室
电子信息与电气工程学院	系部	物理系、电子信息系、计算机科学与技术系、网络工程系
	教研室	理论物理教研室、基础物理教研室、电子信息教研室、计算机公共课教研室、软件技术教研室、网络技术教研室

续表

学院名称	下设系部、教研室	
数学与统计学院	系部	数学系、统计系、公共数学教学部
生物工程与技术学院	系部	生物科学系、生物工程系
机电与汽车工程学院	系部	机械工程系、材料工程系、汽车工程系、机电工程系
土木工程学院	系部	土木工程系、工程管理系
资源与环境工程学院	系部	地理科学系、测绘工程系
体育运动与健康学院	系部	体育教育系、社会体育与管理系、运动训练系、大学体育教学部
	教研室	理论教研室、球类教研室、田径教研室、武术体操和艺术表演教研室
美术与艺术设计学院	系部	美术系、绘画系、工艺美术系、视觉传达与环境艺术系
音乐舞蹈学院	系部	音乐学系、音乐表演系、舞蹈系
职业培训学院	系部	职业培训学院函授部、职业培训学院培训部

附录7

天水师范学院正高级职称在职教师一览表

姓名	职称	籍贯	研究方向
安建平	教授	甘肃秦安	植物生理生化
安涛	教授	甘肃天水	文艺学与中国现当代文学
陈于柱	教授	江苏邳州	历史文献学
崔亚军	高教管理研究员	甘肃庄浪	政治教育
董忠	教授	湖北武汉	计算机网络及其开源软件应用研究
段文义	教授	河南内黄	体育人文社会学
樊卫宾	教授	甘肃天水	政治教育
冯国平	教授	甘肃秦安	数学与应用数学
傅建芳	高教管理研究员	甘肃张川	政治教育
郭文元	教授	甘肃陇西	中国现当代文学
郭晓英	教授	甘肃甘谷	英语学科教学论
郭昭第	教授	甘肃西和	文艺学、美学
何栋才	教授	甘肃清水	人文地理学
何建华	教授	甘肃天水	计划统计
贺改芹	教授	甘肃陇西	体育教育训练学
呼丽萍	研究员	甘肃通渭	果蔬栽培
胡林霞	教授	甘肃秦安	数学与应用数学
胡祎文	教授	甘肃静宁	马克思主义理论
黄铎	教授	河南安阳	体育教育训练学
霍志军	教授	甘肃天水	中国古代文学及古典文献学
贾来生	教授	甘肃镇原	中国哲学
贾利珠	教授	甘肃徽县	油画

续表

姓名	职称	籍贯	研究方向
焦成瑾	教授	甘肃秦安	细胞生物学
李晓鸿	教授	甘肃礼县	动物学
李艳红	教授	甘肃天水	教育学原理
李正元	研究员	甘肃白银	高等教育和民族问题研究
李志孝	教授	甘肃清水	中国现当代文学
李仲芳	教授	甘肃成县	果蔬
令维军	教授	甘肃武山	光学
刘保童	教授	甘肃天水	矿业信息工程
刘大军	教授	山东掖县	体育教育训练学
刘勃	教授	甘肃天水	电路与系统
刘晓斌	教授	甘肃天水	原子与分子物理
刘晓毅	教授	甘肃天水	美术学
刘新文	教授	甘肃甘谷	无机化学
刘妍	教授	甘肃天水	材料化学
刘艳梅	教授	甘肃天水	生态学
刘雁翔	教授	甘肃武山	中国古代史与地域文化
柳淑英	教授	甘肃天水	英语教育
芦兰花	教授	青海湟源	汉语言文字学
罗海玉	教授	甘肃天水	机械制造及其自动化
罗燕子	教授	甘肃天水	英语学科教学论
吕玲玲	教授	甘肃天水	物理化学
马超	教授	河南孟津	中国现当代文学
马冬梅	教授	甘肃张川	体育教育训练学
马英莲	教授	甘肃礼县	课程与教育论
孟永林	教授	甘肃秦安	中国古代地域文化与文献
牟文义	教授	甘肃武山	国际经济法
南喜涛	教授	甘肃通渭	工业与民用建筑
牛永江	教授	甘肃天水	机械

续表

姓名	职称	籍贯	研究方向
裴瑞昌	教授	甘肃秦安	数学与应用数学
秦婕	教授	甘肃秦安	体育教育训练学
邵晓霞	教授	甘肃天水	课程与教学论（教育）
唐保祥	教授	甘肃天水	数学与应用数学
唐慧安	教授	甘肃天水	无机化学
汪聚应	教授	甘肃秦安	中国古代文学与文化
王呈祥	教授	甘肃渭源	课程与教学论
王贵禄	教授	甘肃秦安	中国现当代文学
王宏波	教授	甘肃天水	价格学
王建强	教授	甘肃甘谷	计划统计
王军	教授	甘肃天水	体育教育训练学
王麒麟	教授	甘肃天水	体育教育训练学
王廷璞	研究员	甘肃天水	分子生物学、免疫学
王文东	教授	甘肃康县	马克思主义哲学
王小芳	教授	甘肃秦安	精细化工
王旭林	高教管理研究员	甘肃秦安	科学技术哲学与高等教育
王弋博	教授	甘肃天水	生态学
王昱	教授	甘肃天水	计算机应用技术
王元忠	教授	甘肃甘谷	中国现当代文学
魏彦芳	教授	甘肃甘谷	经济法学
吴少明	教授	甘肃天水	国画
吴卫东	教授	甘肃天水	社会哲学
吴彦文	教授	甘肃秦安	基础心理学
夏鸿鸣	教授	甘肃天水	数学与应用数学
邢永忠	教授	甘肃天水	粒子物理与原子核物理
徐叶彤	教授	江苏武进	体育教育训练学
薛世昌	教授	甘肃秦安	写作与现当代文学
杨富巍	教授	河南西平	材料化学

续表

姓名	职称	籍贯	研究方向
杨皓	教授	甘肃武山	美术学、书法艺术
杨红平	教授	甘肃秦安	机械工程
杨玲娟	教授	陕西宝鸡	分析化学
杨明	教授	甘肃会宁	学科教学论、数学与应用数学
杨秦生	教授	山西临猗	音乐理论作曲
杨香玲	教授	甘肃甘谷	英语学科教学论
杨小敏	教授	甘肃甘谷	中国古代史
杨学良	教授	甘肃清水	教育学原理
雍际春	教授	甘肃清水	中国历史地理
余明远	教授	甘肃天水	思想政治教育
袁毅君	教授	甘肃天水	细胞生物学
张跟东	教授	甘肃清水	政治教育
张惠琴	教授	甘肃天水	工商管理
张纳新	教授	甘肃西和	民族传统体育
张少刚	教授	辽宁海城	随机信号分析与处理
张万余	教授	甘肃甘谷	政治教育
张亚兰	教授	甘肃清水	课程与教育论
张亚平	教授	甘肃天水	体育教育训练学
赵爱英	教授	甘肃西和	工业管理工程
赵保林	教授	甘肃天水	油画
赵菲佚	教授	江苏镇江	遗传学
赵红英	教授	山东临沂	学校教育
赵强	正高级工程师	甘肃天水	动物医学工程
赵小龙	教授	甘肃张川	无线电物理
朱杰	教授	江苏宝应	体育人文社会学
朱元成	教授	甘肃甘谷	无机化学
左国防	教授	河南偃师	分析化学

注：以上统计时间截止 2019 年

附录8

天水师范学院历年招生人数及毕业人数一览表

时间 （年）	招生人数 （人）	备注	毕业人数 （人）	备注
1959	138		71	保送小教 71 人
1960	64		27	原天水师范学院、徽成师范学院转来的中语科学生
1961	37		27	
1962	47		60	
1963	120	进修班 30 人，培训班 90 人	85	包括一年制的中语、数学轮训班，三年制的俄语专修班，半年期的小学教育行政班
1964	183	包括轮训的中学语文、数学及小学教导主任 38 人	145	
1965	311	包括农村教师培训班 93 人	149	
1966	200	按招生计划	303	包括农村教师培训班 92 人，一年制师范班 211 人
1967	停招		—	
1968	停招		—	
1969	497	为天水工读师范专科学校、天水师范学校、天水卫生学校三校合并的学生人数	184	
1970	577		92	
1971	250		179	

续表

时间 （年）	招生人数 （人）	备注	毕业人数 （人）	备注
1972	749		200	
1973	650		285	
1974	643		747	
1975	285		686	
1976	243		514	
1977	229	大专班	280	
1978	281		206	中专班
1979	185		230	进修班
1980	361		410	
1981	149		190	
1982	341		360	
1983	214		149	
1984	320		338	
1985	257		217	
1986	469		310	
1987	474		167	
1988	493		286	
1989	650		400	
1990	677		567	
1991	713		654	
1992	750	含委培生、自费生和成人教育	545	
1993	930		492	
1994	860		533	
1995	890		488	
1996	990		873	
1997	1880	含 680 人成人教育	872	
1998	1460	含 400 人成人教育	795	

续表

时间 （年）	招生人数 （人）	备注	毕业人数 （人）	备注
1999	1670	含高职生、预科生	1026	
2000	2271	含高职生、预科生和成人教育	900	
2001	2701	含预科生	1270	
2002	2855	含专升本、预科生	1256	
2003	2975	含专升本、预科生	2049	
2004	3128	含专升本、预科生	2572	
2005	2928	含专升本	2395	
2006	3300	含专升本	2296	
2007	3534	含专升本	2286	
2008	3756	含专升本	2556	
2009	3460		2905	
2010	3600	含专升本、预科生	3588	
2011	3844	含专升本、预科生	3210	
2012	4089	含专升本、预科生	3455	
2013	4264	含教育硕士、专升本、预科生	3393	
2014	4181	含教育硕士、专升本、预科生	3305	
2015	4145	含教育硕士、专升本、预科生	3642	含教育硕士
2016	4236	含教育硕士、专升本、预科生	3805	含教育硕士
2017	4190	含教育硕士、专升本、预科生	3895	含教育硕士
2018	4371	含教育硕士、专升本、预科生	3906	含教育硕士
2019	4173	含教育硕士、专升本、预科生	3938	含教育硕士

附录9

天水师范学院省级一流特色培育学科

学科名称	学科带头人	依托学院	简　介
中国史	雍际春	历史文化学院	有中国古代史、历史文献学、历史地理学、专门史、陇右石窟文化等五个学科方向，初步形成了以陇右文化研究为鲜明特色，在先秦秦汉史、敦煌学、历史地理学等领域取得研究优势的学科建设新格局。学科团队成员25人，其中教授6人，副教授8人，博士9人，硕士生导师8人。在省级以上刊物发表论文300多篇，出版专著和教材30多部，获国家级、省部级科研项目20项，项目经费700万元，获省部级科研奖励10项。
生态学	王弋博	生物工程与技术学院	有污染生态学、农业生态学和保护生态学三个学科方向，学科团队成员33人，其中教授8人，副教授14人，博士20人，4人具有1年以上海外留学经历；团队成员先后主持国家自然科学基金项目16项，省部级项目30余项，近5年到账科研经费1600余万元；发表SCI收录论文50余篇，出版教材及专著10部，获授权发明专利8项；获各类奖励30余项。

附录10

天水师范学院省级重点学科

一级学科名称	学科门类	学科带头人	依托学院
中国语言文学	文学	郭昭第	文学与文化传播学院
中国史	历史学	雍际春	历史文化学院
生态学	生态学	王弋博	生物工程与技术学院
电子科学与技术	工学	令维军	电子信息与电气工程学院
化学	理学	左国防	化学工程与技术学院
马克思主义理论	法学	王文东	马克思主义学院
教育学	教育学	李艳红	教师教育学院
数学	理学	丁恒飞	数学与统计学院

附录11

天水师范学院省级和校地共建科研机构一览表

类别	名称	负责人
教育部国别和区域研究中心	高加索地区研究中心	贾迎亮
甘肃省技术创新中心	甘肃省大樱桃技术创新中心	呼丽萍
甘肃省重点实验室	甘肃省农业固体废弃物资源化利用重点实验室	王弋博
甘肃省高校人文社会科学重点研究基地	陇右文化研究中心	雍际春
	陇东南民间文艺研究中心	郭昭第
	甘肃省高校乡村教师发展研究中心	李艳红
	甘肃省残疾人体育与运动康复研究院	马冬梅
甘肃省高校重点实验室	甘肃省高校农业微生物重点实验室	王廷璞
	甘肃省高校新型分子材料设计与功能重点实验室	唐慧安
甘肃高校新型智库	甘肃华夏文明与文化产业研究中心	郭昭第
校地共建基地	天水市农产品深加工工程技术研究中心	呼丽萍
	融媒体研究中心	汪聚应
	乡村振兴研究院	安涛

天水师范学院荣获省级以上教学、科研成果奖励一览表

成果名称	成果形式	类别	主要完成者	获奖年份	授奖部门	获奖名称/届次	获奖等级	学院
汉语言文学专业素质教育"六三"方案的实施与理论探讨与实践研究	研究报告	教学成果奖	马超、汪聚应、安涛、李宇林、刘明辉	2004	甘肃省教学成果奖评审委员会	甘肃省高等教育教学成果奖	省级二等奖	文学与文化传播学院
陇右文化校本课程建设与实践研究	研究报告	教学成果奖	雍际春、刘燕翔、余粮才、于志远	2008	甘肃省教学成果奖评审委员会	甘肃省高等教育教学成果奖	省级二等奖	历史文化学院
文艺学系列课程创新实验研究	研究报告	教学成果奖	郭昭第、薛世昌、王元忠、安涛、王贵禄	2011	甘肃省教学成果奖评审委员会	甘肃省高等教育教学成果奖	省级二等奖	文学与文化传播学院
地方高师院校教师教育改革与创新人才培养的探索与实践	研究报告	教学成果奖	马建东、汪聚应、姜炳生、郭建耀、崔德瑞	2011	甘肃省教学成果奖评审委员会	甘肃省高等教育教学成果奖	省级一等奖	文学与文化传播学院
国学慧育教育创新实验研究	研究报告	教学成果奖	郭昭第、任坚、李晓亮、杨小敏、强文学	2013	甘肃省教学成果奖评审委员会	甘肃省高等教育教学成果奖	省级一等奖	文学与文化传播学院

续表

成果名称	成果形式	类别	主要完成者	获奖年份	授奖部门	获奖名称/届次	获奖等级	学院
以就业为导向的应用型人才培养模式的探索与实践	研究报告	教学成果奖	陈晓龙、马建东、汪聚应、闫桢、杨红平	2013	甘肃省教学成果奖评审委员会	甘肃省高等教育教学成果奖	省级二等奖	马克思主义学院
校地合作开展新疆民族地区双语教育的实习支教模式探索与实践	研究报告	教学成果奖	陈晓龙、雍际春、安建平、孟永定、李海涛	2015	甘肃省教学成果奖评审委员会	甘肃省高等教育教学成果奖	省级二等奖	马克思主义学院
地方高师中文专业"三位一体"教学模式的探索与实践	研究报告	教学成果奖	郭昭第、马建东、马超、郭文元、程商	2015	甘肃省教学成果奖评审委员会	甘肃省高等教育教学成果奖	省级二等奖	文学与文化传播学院
"全程实践，区域特色"小学卓越教师培养的改革与探索	研究报告	教学成果奖	马建东、李艳红、李幸华、白冰峰、张茂增	2017	甘肃省教育厅、甘肃省人力资源和社会保障厅	甘肃省高等教育教学成果奖	省级二等奖	文学与文化传播学院
基于转型发展背景下的新建本科院校实验(实训)教学体系与平台建设探索与实践	研究报告	教学成果奖	安建平、安涛、李海芸、张红艳、向志明	2017	甘肃省教育厅、甘肃省人力资源和社会保障厅	甘肃省高等教育教学成果奖	省级二等奖	生物工程与技术学院

续表

成果名称	成果形式	类别	主要完成者	获奖年份	授奖部门	获奖名称/届次	获奖等级	学院
诗经通诂	专著	科研成果奖	雒江生	2000	甘肃省委、省政府	甘肃省第七届社会科学优秀成果奖	三等奖	文学与文化传播学院
欠发达地区师范高等专科学校教育资源配置及效益研究	研究报告	科研成果奖	张秦龄	2000	甘肃省委、省政府	甘肃省第七届社会科学优秀成果奖	三等奖	数学与统计学院
二十世纪中国女作家论述	专著	科研成果奖	马超	2000	甘肃省委、省政府	甘肃省第七届社会科学优秀成果奖	三等奖	文学与文化传播学院
陇东南地区经济发展轴与天水小城镇建设	论文	科研成果奖	樊卫宾	2000	甘肃省委、省政府	甘肃省第七届社会科学优秀成果奖	三等奖	马克思主义学院
《史记》八书与中国文化研究	专著	科研成果奖	徐日辉	2000	甘肃省委、省政府	甘肃省第七届社会科学优秀成果奖	三等奖	历史文化学院
高原	作品	科研成果奖	张玉璧	2000	甘肃省委、省政府	甘肃省第三届敦煌文艺奖	一等奖	美术与艺术设计学院
羊传染性脓包基因工程基础研究	系列论文	科研成果奖	王廷璞	2000	甘肃省委、省政府	甘肃省科技进步奖	二等奖	生物工程与技术学院
五万亩苹果园主要病虫害综合防治技术示范推广	研究报告	科研成果奖	呼丽萍	2000	甘肃省委、省政府	甘肃省科技进步奖	三等奖	生物工程与技术学院
X、Y、Z理论模式与我国企业经营研究	论文	科研成果奖	赵爱英	2002	甘肃省委、省政府	甘肃省第八届社会科学优秀成果奖	二等奖	商学院

续表

成果名称	成果形式	类别	主要完成者	获奖年份	授奖部门	获奖名称/届次	获奖等级	学院
唐人之咏侠诗刍议	系列论文	科研成果奖	汪聚应	2002	甘肃省委、省政府	甘肃省第八届社会科学优秀成果奖	三等奖	文学与文化传播学院
教师素养新论	专著	科研成果奖	陈保平	2002	甘肃省委、省政府	甘肃省第八届社会科学优秀成果奖	三等奖	教育学院
试论白银外流与鸦片战争前的银贵钱贱问题	系列论文	科研成果奖	王德泰	2002	甘肃省委、省政府	甘肃省第八届社会科学优秀成果奖	三等奖	历史文化学院
抗日战争中的回族	专著	科研成果奖	李伟	2002	甘肃省委、省政府	甘肃省第八届社会科学优秀成果奖	三等奖	历史文化学院
天水放马滩木板地图研究	专著	科研成果奖	雍际春	2002	甘肃省委宣传部	甘肃省五个一工程	省级	历史文化学院
从天水文物看伏羲对人类文明的贡献	论文	科研成果奖	李建建、李全宏	2002	甘肃省委宣传部	甘肃省五个一工程	省级	政法学院
文学创作论	专著	科研成果奖	薛世昌	2003	甘肃省委、省政府	甘肃省第四届敦煌文艺奖	二等奖	文学与文化传播学院
工笔画·	作品	科研成果奖	王晓勇	2003	甘肃省委、省政府	甘肃省第四届敦煌文艺奖	二等奖	美术与艺术设计学院
对地、县、乡三级政权的建设思考	系列论文	科研成果奖	刘新生	2004	甘肃省委、省政府	甘肃省第九次哲学社会科学优秀成果奖	三等奖	马克思主义学院
审美形态学	专著	科研成果奖	郭昭第	2004	甘肃省委、省政府	甘肃省第九次哲学社会科学优秀成果奖	三等奖	文学与文化传播学院

续表

成果名称	成果形式	类别	主要完成者	获奖年份	授奖部门	获奖名称/届次	获奖等级	学院
带青的头像	作品	科研成果奖	薛世昌	2004	甘肃省文联、甘肃省作协	甘肃省黄河文学奖（首届）	三等奖	文学与文化传播学院
天水旋数	专著	科研成果奖	海和平	2005	甘肃省委、省政府	甘肃省黄河文学奖	二等奖	体育运动与健康学院
陇右文化:中国地域文化之奇葩	专著	科研成果奖	陇右文化研究中心	2006	甘肃省委、省政府	甘肃省第十次哲学社会科学优秀成果奖	二等奖	历史文化学院
中国发展之魂	专著	科研成果奖	杨新科	2006	甘肃省委、省政府	甘肃省第十次哲学社会科学优秀成果奖	三等奖	政法学院
人的生存质量说	系列论文	科研成果奖	吴卫东	2006	甘肃省委、省政府	甘肃省第十次哲学社会科学优秀成果奖	三等奖	马克思主义学院
运动训练学基础	编著	科研成果奖	马冬梅	2006	甘肃省委、省政府	甘肃省第十次哲学社会科学优秀成果奖	三等奖	体育运动与健康学院
大学创新新述论——知识经济对高等教育的呼唤	专著	科研成果奖	傅建芳	2006	甘肃省委、省政府	甘肃省第十次哲学社会科学优秀成果奖	三等奖	政法学院
天水方言	专著	科研成果奖	王廷贤	2006	甘肃省委、省政府	甘肃省第十次哲学社会科学优秀成果奖	三等奖	文学与文化传播学院
现代大学制度——高等教育改革与发展的时代回应	专著	科研成果奖	张俊宗	2006	甘肃省委、省政府	甘肃省第十次哲学社会科学优秀成果奖	一等奖	教育学院

续表

成果名称	成果形式	类别	主要完成者	获奖年份	授奖部门	获奖名称届次	获奖等级	学院
天水放马滩木板地图研究	专著	科研成果奖	雍际春	2006	教育部	中国高校人文社会科学优秀成果奖	三等奖	历史文化学院
唐代侠风与文学	专著	科研成果奖	汪聚应	2008	甘肃省、省政府	甘肃省第十一次哲学社会科学优秀成果奖	三等奖	文学与文化传播学院
乡镇体制改革和制度创新研究	系列论文	科研成果奖	刘新生	2008	甘肃省、省政府	甘肃省第十一次哲学社会科学优秀成果奖	三等奖	马克思主义学院
文学元素学:文学理论的超学科视域	专著	科研成果奖	郭昭第	2008	甘肃省、省政府	甘肃省第十一次哲学社会科学优秀成果奖	三等奖	文学与文化传播学院
科学发展观视野下的大学生成人成才教育新论	专著	科研成果奖	杜松奇	2009	教育部	"高校德育创新发展研究"论坛	二等奖	政法学院
审美智慧论	著作	科研成果奖	郭昭第	2010	甘肃省、省政府	甘肃省第十二次哲学社会科学优秀成果奖	二等奖	文学与文化传播学院
人地关系与生态文明研究	著作	科研成果奖	雍际春	2010	甘肃省、省政府	甘肃省第十二次哲学社会科学优秀成果奖	三等奖	历史文化学院
政府行政成本与绩效研究	著作	科研成果奖	赵爱英	2010	甘肃省、省政府	甘肃省第十二次哲学社会科学优秀成果奖	三等奖	商学院
当代中国生存问题的哲学研究	专著	科研成果奖	吴卫东	2010	甘肃省、省政府	甘肃省第十二次哲学社会科学优秀成果奖	三等奖	马克思主义学院

续表

成果名称	成果形式	类别	主要完成者	获奖年份	授奖部门	获奖名称/届次	获奖等级	学院
保安族传统服饰文化及其民族心理表征研究	论文	科研成果奖	余粮才	2012	甘肃省文联、甘肃省民间文艺家协会	甘肃民间文艺百合花奖·首届学术理论奖(第三届)	二等奖	文学与文化传播学院
青海湟源"家西番"丧葬习俗的宗教学解读	论文	科研成果奖	芦兰花	2012	甘肃省文联、甘肃省民间文艺家协会	甘肃民间文艺百合花奖·首届学术理论奖(第三届)	三等奖	文学与文化传播学院
《高原》(油画)	作品	科研成果奖	贾利珠	2012	甘肃省宣传部	甘肃省敦煌文艺奖(第七届)	二等奖	美术学院
大知闲闲:中国生命智慧论要	专著	科研成果奖	郭昭第	2013	甘肃省委、省政府	甘肃省第十三次哲学社会科学优秀成果奖	一等奖	文学与文化传播学院
中国古代家训与个体品德培育问题研究	论文	科研成果奖	陈晓龙	2013	甘肃省委、省政府	甘肃省第十三次哲学社会科学优秀成果奖	二等奖	马克思主义学院
基层地方政权机构改革的模式研究	专著	科研成果奖	刘新生	2013	甘肃省委、省政府	甘肃省第十三次哲学社会科学优秀成果奖	二等奖	马克思主义学院
鲁迅的写作与民俗文化	专著	科研成果奖	王元忠	2013	甘肃省委、省政府	甘肃省第十三次哲学社会科学优秀成果奖	二等奖	文学与文化传播学院
当代中国发展语境中的正义共识研究	专著	科研成果奖	王文东	2013	甘肃省委、省政府	甘肃省第十三次哲学社会科学优秀成果奖	二等奖	马克思主义学院
前瞻性批评:消费时代的文学与影像	专著	科研成果奖	王贵禄	2013	甘肃省委、省政府	甘肃省第十三次哲学社会科学优秀成果奖	三等奖	文学与文化传播学院

续表

成果名称	成果形式	类别	主要完成者	获奖年份	授奖部门	获奖名称/届次	获奖等级	学院
唐人豪侠小说集	校注	科研成果奖	汪聚应	2013	甘肃省委、省政府	甘肃省第十三次哲学社会科学优秀成果奖	三等奖	文学与文化传播学院
注意资源的有限性——心理不应期效应的理论与实证研究	专著	科研成果奖	吴彦文	2013	甘肃省委、省政府	甘肃省第十三次哲学社会科学优秀成果奖	三等奖	教师教育学院
意识形态论与反意识形态论:关于文学意识形态本质论的综述与思考	论文	科研成果奖	安涛	2013	甘肃省委、省政府	甘肃省第十三次哲学社会科学优秀成果奖	三等奖	文学与文化传播学院
蔡京、蔡卞与北宋末晚期政局研究	专著	科研成果奖	杨小敏	2013	甘肃省委、省政府	甘肃省第十三次哲学社会科学优秀成果奖	三等奖	历史文化学院
坐式排球运动	编著	科研成果奖	马冬梅	2013	甘肃省委、省政府	甘肃省第十三次哲学社会科学优秀成果奖	三等奖	体育运动与健康学院
经理管理防御对企业过度投资行为影响的实证研究——来自我国制造业上市公司的经验证据	论文	科研成果奖	张海龙	2013	甘肃省委、省政府	甘肃省第十三次哲学社会科学优秀成果奖	三等奖	商学院
"一株原野里的大树子"——郭沫若对赵树理小说的另一种解读	论文	科研成果奖	郭文元	2013	甘肃省委、省政府	甘肃省第十三次哲学社会科学优秀成果奖	三等奖	文学与文化传播学院
东乡族女教师职业生涯发展研究	专著	科研成果奖	李艳红	2013	甘肃省委、省政府	甘肃省第十三次哲学社会科学优秀成果奖	三等奖	教师教育学院

续表

成果名称	成果形式	类别	主要完成者	获奖年份	授奖部门	获奖名称/届次	获奖等级	学院
人口迁徙与秦崛起	论文	科研成果奖	雍际春	2016	甘肃省委、省政府	甘肃省第十四次哲学社会科学优秀成果奖	二等奖	历史文化学院
马克思主义经济学框架下的国家理论研究	专著	科研成果奖	张国昀	2016	甘肃省委、省政府	甘肃省第十四次哲学社会科学优秀成果奖	二等奖	商学院
西北民族武术文化历史与开发	研究报告	科研成果奖	蔡智忠	2016	甘肃省委、省政府	甘肃省第十四次哲学社会科学优秀成果奖	二等奖	体育运动与健康学院
20世纪中国马克思主义文学理论研究	研究报告	科研成果奖	安涛	2016	甘肃省委、省政府	甘肃省第十四次哲学社会科学优秀成果奖	二等奖	文学与文化传播学院
本土化英语写作的多维视角	专著	科研成果奖	罗燕子	2016	甘肃省委、省政府	甘肃省第十四次哲学社会科学优秀成果奖	三等奖	外国语学院
智慧美学论纲	专著	科研成果奖	郭昭第	2016	甘肃省委、省政府	甘肃省第十四次哲学社会科学优秀成果奖	三等奖	文学与文化传播学院
中国现当代文学研究与批评书系	专著	科研成果奖	马超	2016	甘肃省委、省政府	甘肃省第十四次哲学社会科学优秀成果奖	三等奖	文学与文化传播学院
张东荪治理思想研究	专著	科研成果奖	侯智	2016	甘肃省委、省政府	甘肃省第十四次哲学社会科学优秀成果奖	三等奖	马克思主义学院
小学教师实践性知识发展研究	专著	科研成果奖	李艳红	2016	甘肃省委、省政府	甘肃省第十四次哲学社会科学优秀成果奖	三等奖	教师教育学院

续表

成果名称	成果形式	类别	主要完成者	获奖年份	授奖部门	获奖名称/届次	获奖等级	学院
从独白到对话——背诵式语言输入形式的创造性转换	专著	科研成果奖	马英莲	2016	甘肃省委、省政府	甘肃省第十四次哲学社会科学优秀成果奖	三等奖	外国语学院
秦州上空的凤凰——杜甫陇右诗叙论	专著	科研成果奖	薛世昌	2016	甘肃省委、省政府	甘肃省第十四次哲学社会科学优秀成果奖	三等奖	文学与文化传播学院
公司价值、资本结构与经理管理防御	论文	科研成果奖	张海龙	2016	甘肃省委、省政府	甘肃省第十四次哲学社会科学优秀成果奖	三等奖	商学院
高校地域文化传承创新与人文素质培养系列丛书	丛书	科研成果奖	闫桢	2016	甘肃省委、省政府	甘肃省第十四次哲学社会科学优秀成果奖	三等奖	职业培训学院
秦早期历史研究	专著	科研成果奖	雍际春	2019	甘肃省政府	甘肃省第十五次哲学社会科学优秀成果奖	一等奖	历史文化学院
中国叙事美学论要	专著	科研成果奖	郭昭第	2019	甘肃省政府	甘肃省第十五次哲学社会科学优秀成果奖	一等奖	文学与文化传播学院
颜色字词的识别真的无需注意力资源的参与——来自Stroop范式的证据	论文	科研成果奖	吴彦文	2019	甘肃省政府	甘肃省第十五次哲学社会科学优秀成果奖	一等奖	教师教育学院
《德意志意识形态》中的空间正义思想解读	论文	科研成果奖	王文东	2019	甘肃省政府	甘肃省第十五次哲学社会科学优秀成果奖	一等奖	马克思主义学院
敦煌吐鲁番出土发病书整理研究	专著	科研成果奖	陈于柱	2019	甘肃省政府	甘肃省第十五次哲学社会科学优秀成果奖	二等奖	历史文化学院
多元文化教育课程的理论与实践研究	专著	科研成果奖	邵晓霞	2019	甘肃省政府	甘肃省第十五次哲学社会科学优秀成果奖	二等奖	外国语学院

续表

成果名称	成果形式	类别	主要完成者	获奖年份	授奖部门	获奖名称/届次	获奖等级	学院
教育的学术传统与教育研究的实践转向	专著	科研成果奖	吴原	2019	甘肃省政府	甘肃省第十五次哲学社会科学优秀成果奖	二等奖	教师教育学院
甜樱桃贮藏保鲜与综合加工技术研究	调研报告	科研成果奖	呼丽萍	2019	甘肃省科技厅	甘肃省科技进步	三等奖	生物工程与技术学院
社会主义国家现代化进程中的城乡想象——1942~1976年中国小说研究	调研报告	科研成果奖	郭文元	2019	甘肃省政府	甘肃省第十五次哲学社会科学优秀成果奖	二等奖	文学与文化传播学院
谚语辞海	工具书	科研成果奖	马建东	2019	甘肃省政府	甘肃省第十五次哲学社会科学优秀成果奖	二等奖	文学与文化传播学院
天水金石文献辑录校注	古籍整理作品	科研成果奖	刘雁翔	2019	甘肃省政府	甘肃省第十五次哲学社会科学优秀成果奖	三等奖	历史文化学院
社会保障价值理念建构的中国话语	论文	科研成果奖	徐瑞仙	2019	甘肃省政府	甘肃省第十五次哲学社会科学优秀成果奖	三等奖	马克思主义学院
黄河流域伏羲祭祀仪式考察研究	调研报告	科研成果奖	余粮才	2019	甘肃省政府	甘肃省第十五次哲学社会科学优秀成果奖	三等奖	文学与文化传播学院
存在主义美学智慧与文学精神	教材	科研成果奖	李天英	2019	甘肃省政府	甘肃省第十五次哲学社会科学优秀成果奖	三等奖	文学与文化传播学院
秦汉焚尸非火葬刍议	论文	科研成果奖	马格侠	2019	甘肃省政府	甘肃省第十五次哲学社会科学优秀成果奖	三等奖	历史文化学院
甘肃省校园足球发展层级体系的构建与互动研究	调研报告	科研成果奖	高海利	2019	甘肃省政府	甘肃省第十五次哲学社会科学优秀成果奖	三等奖	体育运动与健康学院

天水师范学院教师荣获国家级和省级各类奖励（称号）一览表

姓名	职称	单位	研究方向	获奖名称（称号）	获奖时间
张鸿勋	教授	文史学院*	敦煌学	全国优秀教师	1988 年
雒江生	教授	文史学院*	古代汉语	全国优秀教师	1995 年
何万生	教授	数学与统计学院	微分方程	全国优秀教师	2004 年
呼丽萍	研究员	生命科学与化学学院*	果蔬栽培	全国先进工作者（劳动模范）	2000 年
郭昭第	教授	文学与文化传播学院	文艺学、美学	全国高校黄大年式教师团队	2017 年
张鸿勋	教授	文史学院*	敦煌学	享受政府特殊津贴专家	1991 年
雒际春	教授	历史文化学院	中国历史地理	享受政府特殊津贴专家	2010 年
裴建文	教授	生物工程与技术学院	生物学	享受政府特殊津贴专家	2015 年
雒际春	教授	化学工程与技术学院	中国历史地理	教育部新世纪优秀人才支持计划	2005 年
杨富巍	教授	化学工程与技术学院	材料化学	教育部新世纪优秀人才支持计划	2013 年
郭昭第	教授	文史学院*	文艺学、美学	曾宪梓二等奖	1994 年
马超	教授	文史学院*	中国现当代文学	曾宪梓二等奖	1994 年
张鸿勋	教授	文史学院*	敦煌学	曾宪梓二等奖	1994 年
胡达生	教授	艺术学院*	中国山水画	曾宪梓三等奖	1994 年
李济阻	教授	文史学院*	古代汉语	曾宪梓三等奖	1994 年

续表

姓名	职称	单位	研究方向	获奖名称（称号）	获奖时间
潘书林	教授	数理与信息科学学院*	数学分析	曾宪梓三等奖	1994 年
郜仲平	高级实验师	数理与信息科学学院*	电子技术	曾宪梓三等奖	1994 年
杨声	教授	生命科学与化学学院*	物理化学	曾宪梓三等奖	1999 年
陈逸平	教授	文史学院*	敦煌学，世界史	曾宪梓三等奖	1999 年
安建平	教授	生物工程与技术学院	植物生理生化	第八批甘肃省优秀专家	2016 年
王廷璞	研究员	生命科学与化学学院*	分子生物学、免疫学	甘肃省"555"工程创新人才工程第二层	2002 年
樊卫宾	副教授	经济与社会管理学院*	城镇化与新农村建设	甘肃省"555"工程创新人才工程第二层	2005 年
汪聚应	教授	文史学院*	中国古代文学与文化	甘肃省"555"工程创新人才工程第二层	2005 年
雍际春	教授	文史学院*	中国历史地理	甘肃省"555"工程创新人才工程第二层	2006 年
王晓勇	教授	美术学院*	中国画	甘肃省"555"工程创新人才工程第二层	2006 年
陈玉柱	教授	历史文化学院	历史文献学	甘肃省"飞天学者"青年学者	2017 年
杨富魏	教授	化学工程与技术学院	材料化学	甘肃省"飞天学者"青年学者	2017 年
丁恒飞	副教授	数学与统计学院	微分方程数值解	甘肃省"飞天学者"青年学者	2018 年
刘艳梅	教授	生物工程与技术学院	生态学	甘肃省"飞天学者"青年学者	2018 年
袁焜	副教授	化学工程与技术学院	计算化学	甘肃省"飞天学者"青年学者	2018 年
雍际春	教授	历史文化学院	中国历史地理	甘肃省"飞天学者"特聘教授	2017 年
霍志军	教授	文学与文化传播学院	中国古代文学（唐末）	甘肃省"飞天学者"特聘教授	2018 年
李晓鸿	教授	生命科学与化学学院*	动物学	甘肃省"教学名师"	2008 年
汪聚应	教授	文学与文化传播学院	中国古代文学与文化	甘肃省"教学名师"	2013 年
袁毅君	教授	生物工程与技术学院	基础兽医学	甘肃省"教学名师"	2016 年

353

续表

姓名	职称	单位	研究方向	获奖名称（称号）	获奖时间
雍际春	教授	历史文化学院	中国历史文化地理	甘肃省"教学名师"	2018 年
郭昭第	教授	文学与文化传播学院	文艺学 美学	甘肃省"教学名师"	2019 年
潘书林	教授	数学与信息科学学院*	数学分析	甘肃省十佳师德标兵	2002 年
呼丽萍	研究员	生物工程与技术学院	果蔬栽培	甘肃省十佳师德标兵	2012 年
刘新生	研究员	经济与社会管理学院*	思想政治教育	甘肃省"园丁奖"	1990 年
李耀福	助理研究员*	经济与社会管理学院*	党政管理	甘肃省"园丁奖"	1990 年
何向阳	副教授*	数理与信息科学学院*	电学	甘肃省"园丁奖"	1991 年
任振国	助理研究员*	工学院*	党政管理	甘肃省"园丁奖"	1991 年
潘书林	教授	数理与信息科学学院*	数学分析	甘肃省"园丁奖"	1992 年
杨耀运	副教授	教育学院*	教育学	甘肃省"园丁奖"	1992 年
汪世堂	副教授	教育学院*	教育学	甘肃省"园丁奖"	1993 年
康民	副教授*	经济与社会管理学院*	政治经济学	甘肃省"园丁奖"	1994 年
王文晴	教授	物理与信息科学学院*	原子物理学	甘肃省"园丁奖"	1995 年
贾俊民	教授	外国语学院	英美文学	甘肃省"园丁奖"	1996 年
朱元成	教授	生命科学与化学学院*	生物有机化学	甘肃省"园丁奖"	1997 年
郑素琴	副教授	数理与信息科学学院*	数学	甘肃省"园丁奖"	1998 年
王德军	副教授	文史学院*	中国古代文学	甘肃省"园丁奖"	2002 年
王晓勇	教授	美术学院*	中国画	甘肃省"园丁奖"	2003 年
温宝麟	教授	文史学院*	中国古代文学	甘肃省"园丁奖"	2006 年
刘保义	副教授	物理与信息科学学院*	信号处理与数理方法	甘肃省"园丁奖"	2008 年

续表

姓名	职称	单位	研究方向	获奖名称（称号）	获奖时间
王廷璞	研究员	生命科学与化学学院*	分子生物学、免疫学	甘肃省"园丁奖"	2008 年
常文海	教授	音乐学院*	音乐教育	甘肃省"园丁奖"	2010 年
马超	教授	文学与文化传播学院	中国现当代文学	甘肃省"园丁奖"	2012 年
李艳红	教授	教师教育学院	教育心理学	甘肃省"园丁奖"	2014 年
王元忠	教授	文学与文化传播学院	中国当代文学	甘肃省"园丁奖"	2017 年
刘新生	研究员	经济与社会管理学院*	思想政治教育	甘肃省德育优秀工作者	1990 年
雍际春	教授	历史文化学院	中国历史地理	甘肃省甘肃省领军人才第一层次人选	2010 年
郭昭第	教授	文学与文化传播学院	文艺学、美学	甘肃省甘肃省领军人才第二层次人选	2010 年
汪聚应	教授	文学与文化传播学院	中国古代文学与文化	甘肃省甘肃省领军人才第二层次人选	2010 年
刘新生	研究员	经济与社会管理学院*	思想政治教育	甘肃省高等院校优秀思想政治工作者	1997 年
雍际春	教授	文史学院*	中国历史地理	甘肃省宣传文化系统拔尖创新人才	2005 年
李艳红	教授	教育学院*	教育心理学	甘肃省晚原青年创新人才扶持计划	2008 年
杨富魏	教授	化学工程与技术学院	材料化学	甘肃省晚原青年创新人才扶持计划	2014 年
袁焜	副教授	化学工程与技术学院	计算化学	甘肃省晚原青年创新人才扶持计划	2017 年
赵强	正高级工程师	生物工程与技术学院	动物医学工程	甘肃省晚原青年创新人才扶持计划	2019 年
张吉慧	教授	数理与信息科学学院*	基础数学	甘肃省"青年教师成才奖"	1992 年
孔红	教授	生命科学与化学学院*	植物学	甘肃省"青年教师成才奖"	1994 年
年晓红	副教授*	数理与信息科学学院*	高等数学	甘肃省"青年教师成才奖"	1996 年
雍际春	教授	文史学院*	中国历史地理	甘肃省"青年教师成才奖"	1998 年
马超	教授	文史学院*	中国现当代文学	甘肃省"青年教师成才奖"	1999 年

续表

姓名	职称	单位	研究方向	获奖名称（称号）	获奖时间
张玉璧	副教授	美术学院*	国画	甘肃省"青年教师成才奖"	2000年
何万生	教授	数学与统计学院	微分方程	甘肃省"青年教师成才奖"	2001年
吕金顺	教授	生命科学与化学学院*	天然有机化学	甘肃省"青年教师成才奖"	2002年
陈逸平	教授	文史学院*	敦煌学、世界史	甘肃省"青年教师成才奖"	2003年
汪聚应	教授	文史学院	中国古代文学与文化	甘肃省"青年教师成才奖"	2004年
邢永忠	教授	物理与信息科学学院*	原子核动力学	甘肃省"青年教师成才奖"	2005年
唐慧安	教授	生命科学与化学学院*	生物有机化学	甘肃省"青年教师成才奖"	2006年
吴少明	教授	美术学院*	中国画	甘肃省"青年教师成才奖"	2007年
吴卫东	教授	经济与社会管理学院*	社会哲学	甘肃省"青年教师成才奖"	2008年
郭昭第	教授	文学与文化传播学院	文艺学、美学	甘肃省"青年教师成才奖"	2009年
王飞博	教授	生物工程与技术学院	植物学	甘肃省"青年教师成才奖"	2011年
郭院英	教授	外国语学院	英语学科教学论	甘肃省"青年教师成才奖"	2011年
吕玲玲	副教授	化学工程与技术学院	物理化学	甘肃省"青年教师成才奖"	2012年
王贵禄	教授	文学与文化传播学院	中国现当代文学	甘肃省"青年教师成才奖"	2012年
陈于柱	教授	历史文化学院	历史文献学	甘肃省"青年教师成才奖"	2013年
杨富魏	教授	化学工程与技术学院	材料化学	甘肃省"青年教师成才奖"	2013年
李志锋	副教授	化学工程与技术学院	计算化学	甘肃省"青年教师成才奖"	2015年
刘杨	副教授	商学院	理论经济学	甘肃省"青年教师成才奖"	2015年
王文东	教授	马克思主义学院	马克思主义哲学	甘肃省"青年教师成才奖"	2017年
丁恒飞	副教授	数学与统计学院	微分方程数值解	甘肃省"青年教师成才奖"	2017年

续表

姓名	职称	单位	研究方向	获奖名称(称号)	获奖时间
裴瑞昌	教授	数学与统计学院	数学与应用数学	甘肃省"青年教师成才奖"	2018 年
袁棍	副教授	化学工程与技术学院	计算化学	甘肃省"青年教师成才奖"	2018 年
郭昭第	教授	文学与文化传播学院	文艺学、美学	甘肃省全省宣传文化系统"四个一批"人才	2013 年
汪聚应	教授	文学与文化传播学院	中国古代文学与文化	甘肃省全省宣传文化系统"四个一批"人才	2013 年
雍际春	教授	历史文化学院	中国历史地理	甘肃省全省宣传文化系统"四个一批"人才	2013 年
王晓勇	教授	美术与艺术设计学院	中国画	甘肃省全省宣传文化系统"四个一批"人才	2013 年
王文东	教授	马克思主义学院	马克思主义哲学	甘肃省全省宣传文化系统"四个一批"人才	2019 年

注：＊表示教师获奖时间或入选时间的职称或所在单位

357

后　记

　　守正奋进六十载，风雨兼程一甲子。适逢新中国成立七十华诞，天水师范学院迎来了建校六十周年。在学校党政领导的关怀指导和各职能部门的支持协助下，校史编撰组成员团结协作，钩沉史料，严谨构思，认真撰写，反复修改校订，历时半年的艰辛劳动，终于完成了《天水师范学院校史》（2009—2019 年）的写作任务。本次校史撰写工作的基本思路为：对2009 年编撰的《天水师范学院校史》（1959—2009 年），以保持历史叙述的真实样貌为原则，仅进行个别字词勘误，整合附录，并完善封面装帧，修订再版为《天水师范学院校史》（第一卷）；以继承师院优良传统，弘扬师院精神，激励师生汲取力量，继往开来，建设西部一流、国内知名、师范特色鲜明的高水平应用型大学为主旨，续修 2009—2019 年学校重大改革发展的十年历史，独立出版为《天水师范学院校史》（第二卷）。

　　修史编志，鉴往知来。六十载生根，发十年新绿。天水师范学院建设发展的六十年，是与祖国和民族同呼吸、共命运的六十年，是一代代师院人无悔奋斗、传承创新的六十年，是一个个师院人默默奉献教育事业、终生热爱教师生涯的六十年。尤其是最近十年，更是学校内涵发展、转型发展、创新发展、差异化发展和特色发展的十年，是守正奋进、砥砺前行、奠定未来发展战略基础与方向的十年，是过去五十年持续发展的厚积薄发，也是未来十年战略发展的整装待发，它必将成为进一步凝心聚力，明晰发展战略，出台发展措施的重要依据。我们对学校发展进行阶段性回顾和总结，既是薪火相传、开拓进取的需要，也是表达谢意、真诚致敬的体现。

集思广益，群策群力。本校史的编撰完成，是多种合力综合作用的结果。从学校专门研究成立校史编委会，组织编撰组成员，将校史编撰工作确定为校级科研项目，到召集研讨会议，制订写作大纲与计划，明确编撰原则、任务和规范要求，再到收集、整理资料，完成初稿，征求意见，提出审读意见，不断进行修改，完善撰写内容和规范体例，都浸润着集体的智慧与心力。感谢校史编委会主任李正元书记和安涛校长特意为校史撰写的厚重而鼓舞人心的序言！感谢校史编委会委员李淳、汪聚应和王文东亲力亲为地悉心指导和协调推进！感谢兰州交通大学等兄弟院校提供的写作参照！感谢每位撰写者与内容相关部门负责人的倾力投入和积极配合！

本校史的编撰，采取撰稿人的形式。在主编聘请确定撰稿人的基础上，由吴卫东、刘雁翔研究制订校史编写大纲，确定撰写内容和体例，各撰稿人负责相关内容的撰写，具体分工为：武胜文、吴原（概述：奋进发展的十年）；徐强强、吴原（第一章、第十一章）；韦宝宏（第二章）；杨晓亚（第三章）；杨学良（第四章）；霍志军（第五章）；武胜文、刘雁翔（第六章）；丁念保、姜炳生（第七章）；陈于柱、奉继华（第八章）；于志远（第九章）；吴卫东（第十章）；胡平（第十二章）；王军海（第十三章）；王宏谋（第十四章）。全书由吴卫东、刘雁翔、艾小刚统稿，艾小刚审读初稿并撰写了审读报告。照片主要由黄亚珠、杨梅筛选提供，附录由周绪境、夏鹏娟整理编辑。

尽精微，致广大。历史发展有主体自觉选择、能动创造的一面，它让人充满感动与遐想，但是历史发展也有自身的客观规律，它不以任何人的主观意志为转移，特别是对我们亲身创造而形成的历史，更是如此。所以，面对六十年的风雨与辉煌，所下断语，须慎之又慎，而不能随意武断。我们所能做的就是继续传承师院精神，见微知著，勇敢创新，做好本职工作，以尽精微；并以师院人特有的风骨，胸怀宇宙，泽被苍生，为祖国的教育事业书写崭新华章，以致广大。

　　本校史的编撰工作虽然按期完成，但的确因时间紧迫，人力紧缺，事务繁忙，加之撰写人员水平有限，故疏漏之处在所难免。恳请关注学校发展的各位领导、同事、校友及广大读者批评指正。

　　　　　　　　　　　　　　　　　　　　　　吴卫东
　　　　　　　　　　　　　　　　　　　　　　2019 年 8 月